他者镜像与接受变异

西方汉学界的中国广告研究（1905—2020）

李金正　著

中国社会科学出版社

图书在版编目(CIP)数据

他者镜像与接受变异:西方汉学界的中国广告研究:1905–2020/李金正著. —北京:中国社会科学出版社,2022.10

ISBN 978–7–5203–9806–0

Ⅰ.①他… Ⅱ.①李… Ⅲ.①广告—研究—中国—1905–2020 Ⅳ.①F713.8

中国版本图书馆 CIP 数据核字(2022)第 036763 号

出 版 人 赵剑英
责任编辑 陈肖静
责任校对 刘 娟
责任印制 戴 宽

出 版 中国社会科学出版社
社 址 北京鼓楼西大街甲 158 号
邮 编 100720
网 址 http://www.csspw.cn
发 行 部 010–84083685
门 市 部 010–84029450
经 销 新华书店及其他书店

印 刷 北京明恒达印务有限公司
装 订 廊坊市广阳区广增装订厂
版 次 2022 年 10 月第 1 版
印 次 2022 年 10 月第 1 次印刷

开 本 710×1000 1/16
印 张 21.75
字 数 305 千字
定 价 118.00 元

目　录

序言　海外中国新闻与传播研究不应在本土失落*

近些年来，海外汉学（Sinology）或国际中国学（Chinese Studies）① 在学术界颇受瞩目，正如研究者所说，“对海外汉学的研究，正日益成为国内学界的一门‘显学’”②，有些研究者甚至认为，“现代中国学”已成为“当代美国的‘显学’”③。“显学”之说固然可喜，但是，通观本土学界却令人遗憾地发现，尽管海外中国文学研究、历史研究（包括党史研究）、哲学研究、国际关系研究、社会和文化研究甚至自然科学研究（比如国内学界对于李约瑟的中国科技史研究）都不乏关注者

---

* 本部分内容已发表于《中外文化与文论》（CSSCI 来源集刊）2021 年第 48 期，原标题为《西方汉学界的中国传媒文化研究：现状、价值与反思》，选入本书时有较大改动。

① 严格来说，海外“汉学”与“中国学”之间存在一定差异，前者多瞩目于传统经学、哲学、语言、历史、宗教和文化问题，是一种发端于欧洲的以人文科学为主的纯学术研究；后者是欧洲汉学重心迁移到美国之后发生在地化变迁的结果，它更为宽泛地关注中国的政治、经济、外交和社会问题，因此也被名以“中国问题研究”，其研究方法也比较倾向于社会科学，以调查和实证研究为主。对于新闻与传播研究领域来说，关于其历史部分尤其晚清民国史的研究可归属为汉学领域，而当代部分的研究则较多地带有中国问题研究的特点；这种区分在不同的媒介类型上也存在差异，比如对于广告、报刊、广播等传统媒体，历史研究色彩较浓，因此传统的汉学家涉入较多，而对于电视尤其网络新媒体，则大都体现为中国学研究，因此，该领域在这两种学科类型上应区别对待，不宜一概而论。但以任继愈、李学勤等代表的国内学者也认为，可以沿用传统的“汉学”称谓涵盖后起的“中国学”，本研究拟采用这种说法。

② 孟庆波、刘彩艳：《海外汉学研究的三点反思》，《社会科学论坛》2013 年第 6 期。

③ 侯且岸：《当代美国的显学》，人民出版社 1995 年版，第 1 页。

和探索者，且已结出累累硕果①，唯独海外中国新闻与传播研究至今门庭冷落，少人问津。这一研究向度的缺失不仅有碍于相关领域的中西学术对话和交往，而且让该领域错失了一面不可多得的“他者镜像”，乃至长期囿于“揽镜自照”的狭隘视界，难免徒增“自怜幽独”的学术焦虑。国内学界一方面对于西方的新闻与传播理论、观念和方法青眼有加，另一方面又对“他者”关于新闻传播现象和问题的研究（作为西方学术话语体系的组成部分）视若无睹，乃至忽略了一个被“异地重建”而不免扭曲破碎的“镜像中国”。这种厚此薄彼的做法实际上是重形式、方法而轻内容、实质的体现，它造成了理论方法的抽象化和去语境化，却又在其“再中国化”的过程中因失去了原生语境而难免陷入工具主义和普遍主义的陷阱。本书要做的一个重要工作就是着意于廓清这种视角偏向，它将试图表明，目前尚处于大面积缺场状态的海外新闻与传播研究，亟待引起大陆学界的关注和正视。

作为引论，本书在此将首先探讨这一被长期忽视的领地究竟现状怎样，价值几何，进而考究该领域到底有哪些问题值得本土学界的“再研究”，借以初步开掘并呈现这一“黑暗大陆”的基本轮廓。

一 外“热”内“冷”的海外中国新闻与传播研究

首先需要指出的是，所谓“海外中国新闻与传播”（Research on Oversea Chinese News and Communication），不同于以程曼丽、彭伟步等为代表的“海外华文传媒研究”（Research on Oversea Chinese Media Culture），两者

① 并不能说传播学因偏向于社会科学而致使其在国内的海外汉学研究中无立锥之地。聊举一例，由季羡林先生主编的“东学西渐丛书”（河北人民出版 1999 年版，凡七卷）所涉内容就包括哲学、文化、法律、科学技术、中国现代化等多个方面，这里不乏社会科学。事实上，自海外汉学分蘖出“中国学”以后，社会科学便已经成为其最重要的议程，成了独立自足的新兴研究领域。饶有兴味的是，费正清在燕京大学学习时曾受教于对传播学科影响深远的社会学宗师罗伯特·帕克（Robert Park），而且其时如日中天的芝加哥学派正试图“在中国开垦学术版图”（见李金铨《新闻史研究：“问题”与“理论”》，《国际新闻界》2009 年第 4 期）。惜乎这段因缘在大陆传播学界无人再提，未被目为海外中国新闻与传播研究的一个引子或契机。

虽然存在着一定程度上的交叉，但从字面意义上来看，前者是指海外学者关于中国新闻与传播问题的研究，它聚焦中国大陆，属意本土现象；后者则是“使用华文和华语，在海外编辑、印刷、出版、发行和播放的各类新闻媒体的总称”。[①] 这里显然包含有三条重要区分：其一，在研究对象上，前者主要针对海外汉学界关于中国新闻与传播研究的学术成果，而后者，根据上述定义，则聚焦于有关海外华人和华侨的新闻传媒现象，尤其媒体本身，着力点分属于“学界”和“业界”两个不同的领域[②]；其二，在语言上，前者以英语、法语、德语等西语为主，后者以汉语或华语为主，存在中西语种上的差异[③]；其三，在考察视角和学科归属上，前者“以他观我”或“以西窥中”，属于“西学”（Western Learning）或萨义德（Edward W. Said）意义上的“东方学”（Oriental Studies）的组成部分，后者则“以我观他”或“以中窥西”，实际上是本土研究的域外拓展，属于大陆学术体系的一部分，因此二者又有“西学”和“中学”之别。

基于这样的区分，“海外中国新闻与传播研究”就是以一种或多种西语语种为学术用语，并在西方学界发表、出版和交流研究成果的一个学术场域，其成员多为外国人和华裔学者，也有少数长期旅居海外并在西方发表关于中国问题之学术成果的中国人，比如李欧梵（Leo Ou-fan Lee）、林语堂（Lin Yutang）等[④]。不难看出，这一几乎被遗忘

① 程曼丽：《海外华文传媒研究》，新华出版社 2001 年版，第 1 页。

② 海外新闻与传播化研究并不回避业界，只是比较强调“透过学界看业界”，而不是直面业界，这一点也正是它与海外华文传媒研究的一个重要区别。换言之，它本质上是一种文献—学术研究，而不是事实—经验研究。

③ 当然也有部分作品被译介中国大陆，但它们不过是改头换面而已，并未脱离“西学”或“中国学”的本质属性，因此译介作品仍属于海外汉学的文献资料。

④ 这些学人长期游走于海外学术圈，受西方学术风习熏染较重，且其成果已经获得西方学界的高度认可，虽不一定拥有外国国籍，但学术志趣和成果与外国学者差异不大，因此依然被归列为海外汉学家。比如，与夏志清、王德威并称为“中国现代文学研究三杰”的李欧梵，曾在哈佛大学从事研究和任教多年，虽保有中国国籍，但本土文艺学界仍以汉学家目之。当然，这些学者在中国大陆首版的著作则另当别论。这种情形与传播学界的林语堂、李金铨等比较相似。相较之下，偶尔在西方学界发表关于中国问题的本土学者则不属于此列。

的领地实质上是本土学界的“他者”，它构成了海外汉学/“中国学”或广而言之“东方学”/“西学”的一个重要组成部分。反过来，对于本土研究者来说，所谓“海外中国新闻与传播研究”就是一种对“他者”研究成果的“再研究”（内容梳理）和“反研究”（反思批判），即是一种纯粹中西学术之间的对话和交往。

历史地来看，西方学界关于中国新闻与传播问题的研究源远流长。据笔者之陋见，自欧洲汉学19世纪初在法国创世①以来，便已有涉及中国古代传媒现象的零星论述，但其真正意义上的学术自觉，则要下溯至1920年。是年，上海圣约翰大学校长卜惠廉（W. A. S. Pott）“提议设立报学系，附于普通文科”，并延聘毕业于美国密苏里大学、时任《密勒氏评论》主笔的柏德逊（Don. D. Patterson）担任系主任②，自此以后，海外学者便以报刊为契机，开始从学理上关注中国的新闻和传媒文化问题。两年以后，由伯德逊撰写的《中国新闻事业》（*The Journalism of China*）一书③在美国出版，根据台湾新闻学者彭家发的说法，该书是“外人以英文著述之有关我国新闻学相关著作”的“第一本”④。如果说自此便为海外学者探究中国本土传媒事业之肇端的话，那么接下来很快就进入一个“他者”审视中国的密集期：1924年，留学哥伦比亚大学的汪英宾在美国出版了他的硕士论文《中国本土报刊的兴起》（*The Rise of the Native Press in China*）；

---

① 一般认为，海外汉学作为专门的学术正式开始的标志性事件是1814年法兰西学院设立“汉满鞑靼语言文学讲席”，根据法国汉学家戴密微（Paul Demiéville）的说法，它意味着汉学自此真正进入欧洲学术界，因此“这个日子不仅对于法国汉学界，而且对于整个欧洲汉学界，都有决定性的意义。”（见［法］戴仁主编《法国当代中国学》，耿昇译，中国社会科学出版社2004年版，第24页）仿照这种做法，海外学者正式探究中国传媒文化事业的起点当为1920年上海圣约翰大学校长卜惠廉宣布成立报学系并延聘美国学者伯德逊入编为教职之时。彼时距世界上首个大学新闻科研机构即美国密苏里新闻学院成立只过了12年。

② 戈公振：《中国报学史》，中国新闻出版社1985年版，第210—211页。

③ 需要特别说明的是，首版于海外的汉学家的作品被翻译到国内属于本研究的对象范围，而首版于国内的汉学家作品则不属此范围，这是因为两者所在的必须经由“同行评审”的学术圈不尽相同。

④ 彭家发：《基础新闻学》，台北：三民书局1992年版，第277页。

1933年，曾担任燕京大学新闻系主任的著名汉学家白瑞华（Roswell S. Britton）以英文出版《中国报刊（1800—1912）》（*The Chinese Periodical Press*，1800－1912）；1936年，林语堂在美国出版《中国新闻舆论史》（*A History of the Press and Public Opinion in China*），该书“在50年代前后还是美国大学中关于中国近现代史的指定参考书之一”，并“对美国汉学研究发生过影响”[①]；1940年，德国犹太裔汉学家罗文达（Rudolf Lowenthal）出版以实证调查为主的《在华天主教报刊》（*The Catholic Press in China*）；等等。此外还有大量的期刊论文、调查报告等，数量已蔚为大观。

当然，海外关于中国新闻与传播问题的研究远未止步于此。仅就报刊文化研究来说，如果我们依然将视野锁定于晚清民国这一特定的历史区间，继起的研究者明显朝着如下两个层面不断拓展。

其一是研究数量。著名汉学家魏定熙（Timothy Weston）在一篇特意向中国学界撰写的综述性长文中对此做了比较系统的介绍。该文将海外学者的研究分为知识分子报刊活动、报刊史、报刊与民族主义、报刊与中国革命、报刊审查、报刊舆论与公共领域等几个主要方面，并在参考文献中专门将相关专著和论文集（不包括期刊论文）做了不完全列举，其数目令人咋舌：迄于该文完成的2009年，已多达65部[②]。此外，以魏定熙为首的汉学家还在俄勒冈大学专门组织召开过一次国际学术会议（2002年），名为“跨国视角下的中文报刊（1850—1949）”（Transnational Dimension of the Chinese Press，1850－1949），其后又在哈佛大学（2005年）和中国台湾世新大学（2006年）举办过两次类似主题的研讨会。这样的研究成果和热情相较于本土研究者可谓不遑多让。

其二是研究深度。随着研究成果的不断增加，海外学者的关注视角必然向纵深方向拓展。这一点以海德堡大学汉学系为典范。该系受哈贝马斯

① 余英时：《中国知识分子论》，河南人民出版社1997年版，第210页。

② ［美］魏定熙：《民国时期中文报纸的英文学术研究——对一个新兴领域的初步观察》，《国际新闻界》2009年第4期。

(Jürgen Habermas）公共领域理论的感召，在20世纪90年代由著名汉学家瓦格纳（Rudolf Wagner）牵头成立了“中国公共领域的结构与发展”(Structure and Development of Chinese Public Sphere）研究小组，其成员名家云集，鼎盛时期包括梅嘉乐（Barbara Mittler)、燕安黛（Andrea Janku)、费南山（Natascha Vittinghoff)、叶凯蒂（Catherine Yeh）等。迄于2007年，这个小组已出版三部专著，两部论文集，并发表具有国际影响的长篇论文多篇。这些著述主要围绕晚清民国的报刊媒体与市民社会、公共舆论以及政治议程之间的关系展开，比较系统地探讨了近代中国公共领域的可能性及其限度。比如，燕安黛以德文出版的《只是空言：晚清中国的政治话语和上海小报》一书追溯了“论说”这一政论形式的起源、发展和公共职能，并以其主要阵地《申报》为依托，深入探讨了这种论辩形式的改良话语对中国政治进程的影响①。该小组集中优势力量单点突击的做法不仅为国内学界少见，而且以固有的“他者”视角，为本土研究者提供了大量具有参照价值的研究文献。

然而，诸如这样的研究在海外中国学界仅仅是冰山一角。依然就公共领域这一论题来说，美国汉学家萧邦奇以浙江省为个案研究指出，20世纪早期的浙江士绅阶层通过商会、同业工会、媒体等组织介入地方政治，借此一些私人力量逐渐获得公共表达的权力②；罗威廉瞩目于汉口，认为该城市在19世纪晚期已获得独立于政治权威体制之外的“事实自治”，出现了国家与公共领域和私人领域的分化③。此外，兰金(Mary Backus Rankin)、杜赞奇（Prasenjit Druara）等汉学家也提出了类似

---

① 周婷婷等：《海德堡大学汉学系早期中文报刊研究概况》，《新闻大学》2007年第3期。

② Schoppa，Robert K.，“Chinese Elites and Political Change：Zhejiang Provence in the Early Twentieth Century”，Cambridge，Massachusetts：The MIT Press，1982.

③ Rowe，William T.，“Hankou：Conflict and Community in a Chinese City，1976 – 1895”，Stanford：Stanford University Press，1989. 在另一篇题为“The Public Sphere in Modern China”的论文中，罗威廉探讨了中国官僚机构之外的“公”的观念，认为它较之于西方获得了更为充分的认知和发展［see ModernChina（16）3，1990：326］。

的观点。但是，以孔飞力（Phlip A. Kuhn）、黄宗智（Huang Zongzhi）、魏斐德（Frederic Wakeman）、周策纵（Zhou Cezong）等为代表的汉学家则与此观念向左，他们认为，近代中国尽管由于商人、媒体和私人力量的勃兴，曾经出现过疑似的公共空间和所谓“第三空间”，但严格说来，公共领域的形成与资产阶级作为历史主体的崛起紧密相关，中国的制度环境、阶级基础和文化传统很难发育出能与国家力量相抗衡的哈贝马斯意义上的“真正的公共领域”。在该话题的聚讼纷纭中，其他相关的调查报告、博士论文和期刊论文等更是不胜枚举。

然而，对于国内学界来说，面对如此丰赡且高纯度的学术矿藏，其反应又是如何呢？答案是几乎没有，或者说似有实无①。因为国内的研究凤毛麟角，偶见只言片语，也只是作为服务于全篇论题设计的引证或举证而出现，远未抵近“他者”的问题意识和核心论域，更没有本书所倡导的系统深入的反思批判，所谓对“他者”的研究不过是充实研究者视野全域性或文献丰度的一个指标罢了，远称不上系统性的“再研究”或“反研究”。

如果我们将视野放宽，面向本土学界的整个海外中国近代报刊研究，笔者收集到的资料如下：仅见 CSSCI 论文 6 篇②，没有相关专著，

---

① 需要说明的是，港澳台学术圈既背靠大陆，又往往能得西方风气之先，与纯粹的中学和西学都有所不同，因此国内其他学科一般都不把其列入海外汉学的范围之内，也不归于大陆学术体系的一部分，而是内地和海外的一个居间或过渡部分。也正是由于这个性质，海外汉学各学科的研究在港澳台学术圈内一般都比内地更为自觉和充分。比如，就海外中国传媒文化研究来说，李金铨初版于中国台湾的《文人论政》（政大出版社 2009 年版）一书对于“海德堡大学公共领域小组”的研究其实已经有过系统的梳理和反思；他的其他作品比如《报人报国》（香港中文大学出版社 2013 年版）、《中国：在历史的转折点上》（时报出版公司 1994 年版）等对于本书所探讨的问题也关切甚多。这一点与文艺学界的李欧梵、经济史学界的叶文心（Wen-hsin Yeh）等非常相似，都是同时或先后活跃于西方、港台和内地三个学术圈。

② 除前引周婷婷的综述性文章外，还包括邓绍根的《民国新闻教育先行者伯德逊和〈中国新闻业〉探析》（《国际新闻界》2011 年第 11 期），宁树藩的《怀念汪英宾教授——兼论他的〈中国报刊的兴起〉》（《新闻大学》1997 年第 1 期），王海的《中国新闻事业首次对外译介——从〈中国本土报刊的兴起〉看汪英宾的比较新闻观》（《暨南学报》2015 年第 12 期），侯东阳的《林语堂的新闻舆论观——评林语堂的〈中国新闻舆论史〉》（《新闻与传播研究》2001 年第 2 期），刘兰珍的《罗文达的近代中国新闻事业研究》（《新闻与传播评论》2012 年第 1 期）。此外，李金铨教授的专访文章《海外中国传媒研究的知识地图》（《开放时代》2012 年第 3 期）也部分涉及海外汉学界关于近代中国的报刊研究。

也未见省部级以上立项课题。而且，综观这寥寥数篇论文，除了前述关于海德堡大学“公共领域小组”的一篇文献综述外，几乎都停留在“以我观我”的狭隘视域内，罕见从汉学研究的宽广视角进行探讨分析。此外，《国际新闻界》曾在2009年推出过“海外学者看中国新闻史研究”的专栏，共收录5篇论文，意在夯实新闻史研究的“问题意识”，力避“流水账”式的史料记述①。但仔细看来，这些论文除了前述魏定熙的综述性长文和李金铨对“海德堡大学公共领域小组”的引证外，其实至多将眼光投向了港台学术圈，与国际汉学界的交涉并不深广。

再反观海外汉学界，前述近代中国报刊研究仅仅是新闻与传播研究谱系中的一个并不特殊的组成部分，它属于汉学研究的一个细分单位，其他的同级议题还包括新闻报道、电影电视、广告、网络新媒体、编辑出版，甚至国内的学术研究本身，如此等等。由此看来，海外汉学界的中国新闻与传播研究类型繁多，结构完备，体量巨大，足资为本土学界勾勒出一幅清晰而完整的“他者镜像”。

当然，我们并不是说这面话语镜像的每个部分都像前述近代报刊研究一样几乎无人问津。根据笔者目前收集到的资料，南京大学的张志强教授聚焦于海外中国出版研究领域，系统梳理了西方学者关于中国出版史的研究，尤其对日本汉学家樽本照雄有关商务印书馆史的研究做了专门介绍，并成功申请教育部项目“海外中国出版史研究之研究”（2005）。华南师范大学的刘兢副教授集中探讨了海外学者对中国新闻传播理论和传媒政治的研究，迄今已有6篇CSSCI论文见刊，并主持有教育部项目“海外中国新闻传播研究的范式变迁（1951—2010）”（2011）和博士后面上资助项目“中国议题在美国大众传播领域的兴起（1951—2010）”（2015），这也是该领域迄今最高级别的两项立项

① 该专栏刊登于2009年第4期，共包括5篇论文，除前述魏定熙外，还包括李金铨的《新闻史研究：“问题”与“理论”》、叶韦君的《走过威权：台湾新闻史报业研究的四个取径》、夏春祥的《新闻与记忆：传播史研究的文化取径》、潘家庆的《新闻史研究的困境》。

课题。此外，中央民族大学的石嵩教授以《英语世界的中国电影研究》为博士论文题目，其后出版专著《中国电影在西方的想象性接受和变异性研究》（江西人民出版社 2013 年版），并发表 CSSCI 论文 10 余篇，还获得了题为“中国电影海外研究视野下的‘北京影像’走出去策略分析”（2015）的省级课题立项。

遗憾的是，类如这样的研究在各自的领域中几乎都是孤例，而且基本上都是凭借研究者的“一人之力”探究单一语种（英语）之下的异域书写，既很难对其领域内的海外文献穷究彻查，也远没有挖掘尽“他山”之上多语种、跨文化、长时期的学术矿藏。更为重要的是，即便是如上研究者，大都也没有做到临近学科汉学研究的学术自觉，比如刘兢在一篇探讨 SSCI 和 A&HCI 期刊关于中国传媒研究的论文中就没有意识到要区分作者的学术身份①，进而区分开在海外发表学术成果的中国本土学者和海外“中国学”学者这两个异质性的学术群体，而这一点至关重要，因为前者不过是学术“自我”的海外延伸，后者才是真正的“他者”研究。而且，以上多位作者在研究对象上也出现了“业界”和“学界”的混淆，并因此渗入了对“他者”（业界）的研究，而不纯粹是对“他者研究”（学界）的“再研究”，跟严肃的海外汉学研究还是具有一定的距离。

总体来说，目前国内的海外中国新闻与传播研究可以归纳出以下三个基本特点。

第一，外热内冷。海外汉学界关于中国的新闻与传播研究已经积累了十分丰厚的研究资料和历史文献（包括国内已经遗失的珍贵历史资料），成为一个独立于本土学界之外的自足的学术系统，但国内研究者对此几乎视而不见，以至于这个专门的研究领地在当代中国异乎

① 刘兢：《20 世纪 90 年代以来 SSCI 和 A&HCI 中国研究期刊里的中国传媒镜像》，《国际新闻界》2012 年第 11 期。

寻常地冷僻，其程度不亚于汉学在法国发轫之初的19世纪的欧洲。这种境况很难形成与国内其他相关领域相当的研究风气，致使研究者往往陷入孤军奋战，既不利于对海外学术资源的深度开掘，也不利于本土学界的学术再生产，对于海外汉学界所流行的“他者化”和“东方学”偏见，自然也无力抗辩和廓清，只能任其自流，以讹传讹。

第二，关注业界多于学界。随着“走出去”国家战略的提出，国内学界追随海外中国文化和中国形象的研究已蔚然成风，仅就新闻传播现象来说，密切关注《纽约时报》《时代周刊》等媒体关于中国新闻报道者有之，深度开掘中国及各行省形象在英语世界传播者亦有之，但深究起来，这些研究主要聚焦于前文所说的媒体圈即“业界”层面，与真正的汉学或中国学研究依然失之交臂。

第三，译作先于研究。尽管真正致力于海外中国新闻与传播研究的学者并不多见，但该领域的翻译工作却进展得有声有色。比如，前述伯德逊、白瑞华、林语堂等人的著作，在2011年前后就已经由暨南大学出版社结集为“经典新闻学译丛”6册出版。又如，由刘东教授策划主编的150余册“海外中国研究丛书”中有相当一部分关涉新闻传播和传媒文化问题。此外，阎纯德主编的“中国文化研究汉学研究书系”“列国汉学史书系”，中华书局引进出版的“海外汉学丛书”，以及各种海外中国文学、历史学、社会学等学科门类的专门译丛中都有不少与新闻传播相关的著述入编。惜乎这些译作在国内传播学和文化研究界反响冷淡，并没有改变外热内冷的总体格局。

二　海外中国新闻与传播研究值得“再研究”吗？——基于广告研究的样本分析

对于这个问题的回答，可以分为两个层面：首先是普遍—宏观层面的回答，即通过考察海外汉学或中国学的一般价值来回答作为其组成部分的海外中国新闻与传播研究的价值。毋庸讳言，这种自上而下的解答的应然性，正在于该领域目前在本土学术谱系中实然性的严重缺位。

在这个层面上，可以参照国内著名的汉学研究专家张西平教授的整体性理解（包括海外中国新闻与传播研究在内的）海外汉学能够：一是“奠定……中国本土学术界许多领域展开的基础”，比如有些文献“藏在国外，西方汉学家在文献的使用上有先天的便利”，因此往往成果丰硕，从而“给我们国内的研究（奠定了）一个较高的出发点”；二是“推进中国文化在世界传播的研究”，“因为西方的汉学家是中国文化走向世界的桥梁，离开了对汉学家和汉学史的认真研究和梳理，是根本做不好中国文化外传（包括其历史、模式、途径、影响等的）……研究的”，中国文化的对外传播因此也将失去学理性的矫正和支撑；三是推动“全球化状态下的学术互动”，“学术必须是一个开放性的事业，只有在多种学术系统的相互交融过程中，学术才能健康地发展”，而且，既然“西方汉学的存在标志着中国自身的学问已经成为一种世界性的学问”，那么以此为基础展开中外学术对话和交往，促进国际学术的融合发展，便是不容错过的良机①。既然海外汉学在促进本土学术发展、推动中国文化的海外传播以及加强中西学术的对话交往等方面都举足轻重，那么作为其重要组成部分的海外中国新闻与传播研究当然也应该赫然在列，找准自己的位置，发出自己的声音。

其次是具体—微观层面的回答，即通过对海外中国新闻与传播研究领域中某一具体研究样本的探讨，自下而上地回答该领域的一般价值。在此，笔者尝试以比较熟悉的英美汉学界的中国广告研究为例进行个案分析。

据笔者目前的涉猎范围，即从1905—2020年的论域区间，英美汉

① 张西平主编：《西方汉学十六讲》，外语教学与研究出版社2011年版，第22—26页。

学界共计有学术专著16本（部分被译介国内），博士论文23篇，高水平（仅SSCI和A&HCI）期刊论文60余篇，近年来大增。面对如此浩繁的研究文献，笔者难以面面俱到，只能择取其中几个具有代表性的研究议题及其观点结论进行举证说明。

首先，近代以来的海外中国广告研究是从考察国货广告开始的。英美汉学界认为，国货广告是中国近代国货运动的重要组成部分，后者是一场奠基于近人郑观应"商战"思想的经济自强运动。在理论逻辑上，这场运动还不自觉地运用了现代商品人类学（Commodity Anthropology）思想，即通过排他性的"传记化"书写，将"民族"和"国籍"身份铭刻于超越价格、质量、外观等商品固有属性之上的所谓"根本特质"中来，从而确保"国货"（National Goods）之名的合法性和正当性。[①] 由于这种"商品的文化传记"饱含民族大义，很快便渗透商业广告领域中，并被国货广告商提炼为各种民族主义的宣传话语和营销创意。然而，在美国汉学家看来，这场乍看如火如荼的爱国运动及其广告宣传实际上在其发起之初便已经陷入了难以自拔的逻辑困境：一方面，在一个业已进入全球协作的时代，国货运动不可能将帝国主义"他者"完全剥离开来，因此纯粹"国货"观在实践上困难重重，如国货广告中经常出现大量的"洋元素"，"自我他者化"的矛盾情形时有所见；另一方面，基于商品人类学的理论预设，同时也为了维系每况愈下的动员效果，运动参与者不得不凸显产品的民族和国籍身份，甚至借用"民族和人种优生学的概念……常常把商品描绘成'国血'"[②]，以至于这种越陷越深的民族主义信念很可能会演变成

---

① David Embrey Fraser, "Smoking out the Enemy: the National Goods and the Advertising of Nationalism in China, 1880 - 1937", Dissertation for PhD, University of California, Berkeley, 1999, pp. 36 - 37, 71 - 72;［美］卡尔·葛凯：《制造中国——消费文化与民族国家的创建》，黄振萍译，北京大学出版社2007年版，第7—8页。

② ［美］卡尔·葛凯：《制造中国——消费文化与民族国家的创建》，黄振萍译，北京大学出版社2007年版，第8页。

一个非常危险的命题，其后果正如弗拉赛尔所说，“格拉西亚（Victoria de Grazia）关于意大利法西斯主义努力将商品文化当作一种国家建构工具的研究，跟中国国货运动的许多基本假设比较一致”[①]。在此意义上，所谓“国货广告”在英美汉学界究竟有何意谓，也就不言自明了。

或许这样的观点会让中国读者愤然不平，但它只是英美汉学界的一个侧面。另外一些研究者通过安德森（Benedict Anderson）的理论将近代中国的商业广告锚定为类似于报纸和小说一样的“印刷资本主义”的新形式，进而在“想象中国的方法”（著名华裔汉学家王德威的一部探讨近代中国小说的著作名为《想象中国的方法》，该书在国内流传甚广）之外，开辟出了新的“方法论”的可能性。根据这种构想，以月份牌和报刊为主要媒介物的商业广告，借由其广泛传播的西式时间模型，不经意间终结了传统地缘时间，并同时促成了一种现代性时间的发生；换言之，近代印刷广告的广泛流传造成了本雅明所谓的主要表现为人与神之间垂直关系的“弥撒业时间”让位于一种“同质的、空洞的时间”，并由此使人与人之间“水平—世俗的”共时性连接成为可能[②]。而这一点对于“民族共同体”的形成至关重要，正如李欧梵所说，“一个‘民族’在成为一个政治现实前，首先是一个‘被想象的社区’（Community，即共同体）。这个新‘社区’本身即基于‘同时’这个概念。”[③] 在这样的时空框架下，加上国货广告的民族主义鼓动和帝国主义的外部刺激，以及各类商业广告大量传播的流行想象和现代性图景，一个“现代中国”就这样逐渐被“想象”和“发

① David Embrey Fraser, “Smoking out the Enemy: the National Goods and the Advertising of Nationalism in China, 1880 - 1937”, Dissertation for PhD, University of California, Berkeley, 1999, p. 8.

② ［美］安德森：《想象的共同体：民族主义的起源与散布》，吴叡人译，上海世纪出版集团 2011 年版，第 23 页。

③ 李欧梵：《上海摩登——一种新都市文化在中国（1930—1945）》，毛尖译，北京大学出版社 2001 年版，第 55 页。

明”出来了。

不同于上述经济民族主义理论框架下对近代中国的消极被动理解，这一分析议题还可以呈现出相当积极的动向。比如，美国汉学家高家龙（Sherman Cochran）通过对近代中国医药行业及其广告宣传的研究指出，“乐达仁引介的连锁店，黄楚九创建的广告部，项茂松招募当地连号店实行分销代理，徐冠群创建的研发实验室，胡文虎开办的用于广告宣传的报纸，等等”，既与西方企业家一样“采用了资本主义的机构形式”，但又“更倾向于依赖家族纽带、同乡关系和客家人抱团观念等为基础的社会网络，在创业之初尤其如此”。这意味着，“必须对构成通常所见的那种西方中心式的自上而下的解释”进行重新理解，因为“种种机构已经在世界不止一个区域的‘中心’形成了消费文化，并将之不止从一个‘顶端’通过一种层级结构由上而下地加以传播，这些顶端包括……香港、天津，尤其是上海。”[①] 也即是说，近代中国的消费文化非但没有仰赖于西方中心，相反，它在本土发展壮大的过程中，因根植于儒家传统的人伦血亲关系而获得了一种有别于西方模式但同样成功的新的“中心”身份，并且发挥出了巨大的影响力。这种似乎旨在为近代中国“正名”的研究致思，显然不同于前述民族主义研究框架下“冲击—回应”式的消极片面理解，它实质上借助了“在中国发现历史”“中国中心论”“区域研究”等以柯文（Paul A. Cohen）为代表的新一代汉学家在中国学问题上的“方法论转向”，因此价值立场上更加合理公允。而且，如上强调儒家人伦关系在中国经济现代化进程中积极作用的思想观念，实际上从一个不同于马克斯·韦伯（Max Weber）的考察向度回应了余英时所说的“韦伯式问题”[②]，即曾引起西方中国学界广泛瞩目的“儒家资本主义”（Confu-

① ［美］高家龙：《中华药商：中共和东南亚的消费文化》，褚艳红译，上海辞书出版社2013年版，第173—174页。

② ［美］余英时：《士与中国文化》，上海人民出版社1987年版，第458页。

cian Capitalism）学说；在当代中国的广告研究中，这一议题又被海外研究者进一步延伸为中国现代化模式的特殊路径，也就是所谓的“另类现代性”（Alternative Modernity）问题①。可见，西方汉学界对于中国消费文化和广告宣传的研究既呈现出众声喧哗的多元化特点，也具有某种跨越历史的内在一致性。

这些特点在中国广告的女权主义研究上同样得到了显著体现。研究者认为，中国当代广告中的女性对白皮肤、巨乳、S 型身材曲线等各种“身体修辞术”（Body Rhetoric）的追求是一种“去种族美学”的过程，它实质上体现为一种对“他者”即高加索白种妇女（White Caucasus Women）的追慕和认同，这表明“中国妇女已经陷入了全球文化的逻辑，并且被塑造为消费文化的客体，就像西方妇女过去所经历的一样”②。甚至“现代妇女这个概念本身就是某种程度的悖论（Oxymoron），因为‘现代’经常与外国/全球之物联系在一起，而不是中国的事物；‘妇女’则倾向于称为传统的携带者”③。传统/现代、落后/进步、丑陋/美貌，这一系列二元对立的类型学分析已经把英美汉学界的欧洲中心主义面目暴露无遗。但是，这并不是“他者”的全部表达。另一些汉学家则敏锐地捕捉到，“当代中国美女产品广告的符号学揭示了一种持续性的象征运用，这就是将中国妇女平滑无毛的皮肤变成一个昭示着中国性（Chineseness）的能指符号，同时也作为他们健康、‘自然’的女性曲线的一个证据。”④ 中国妇女皮肤天然自然的平滑无毛的特点在此被指认为美女“中国性”的一个重要指标，

① Hongmei Li.，“Advertising and Consumer Culture in China”，Oxford：Polity Books，2016.

② Fowler，Jie G.，“Female Appeals Across Culture：Analyzing the U. S. Versus Chinese Fashion Magazine Advertisements”，Dissertation for PhD，University of Nebraska，2012，p. 35.

③ Kineta H. Hung，Stella Yiyan Li，Russell W. Belk，“Glocal Understanding：Female Reader's Perception of the New Women in Chinese Advertising”，*Journal of International Business Studies*，Vol. 38，No. 6，2007，p. 1036.

④ Perry Johansson，“White Skin，Large Breasts：Chinese Beauty Product Advertising as Cultural Discourse”，*China Information*，Vol. XIII，Nos. 2/3，1998，p. 60.

从而与美女的“他者”拉开了种族距离，这种观念无疑十分巧妙地实现了前述“中国中心论”的另一个翻版。

如果说上述研究或多或少总有抑扬过实、失之偏狭之处，那么以麻省理工学院比较媒体研究所的王瑾（Jin Wang）教授为代表的汉学家则着意于如其所是、客观公正地描述和探究中国广告。为此，王瑾自觉放弃了人文科学的“阐述式研究方法”，因为她发现，“尽管我们熟悉结构语言学和社会理论，但没有权力独断解释一则为年龄、心态、文化实践、专业偏见、消费习惯、情感结构和经历都与我们不同的目标消费者创作的广告”，如舒尔美卫生巾广告，由于“我们不是目标群体中的年轻妇女，这意味着分析广告（我们）没有优势”。[①] 性别差异如此，种族之别概莫能外。基于这种认识，王瑾采用了民族志的研究方法，以本土的“他者”和“局外人”身份，在奥美国际广告公司的北京分部做了两个长夏的田野调查。这样的研究结果自然达到了尽可能地客观公允，正如陈刚的评议，“本书的每一个观点背后，都有充分的数据和资料进行支持”，而且，“这种介入行业本体的学术姿态是值得提倡的”，甚至不无遗憾地感叹道，“我更想强调的是，应该由我们中国广告领域的学者自己来撰写这样的一部专著”[②]。

当然，海外中国广告研究远不止以上几个要点，其重要议题还包括：广告媒介和技术的历史性梳理，各个历史时段广告受众的研究分析，广告伦理与法规研究，国际广告在中国的本土化进程以及“辱华广告”研究等，这些著述无不是新见叠出，引人侧目。

上述文献梳理虽然没有面面俱到，但是透过这不起眼的“一斑”，我们依然可以“管窥”到海外中国新闻与传播研究的“全豹”：一种

① ［美］王瑾：《品牌新中国：广告、媒介与商业文化》，何朝阳、韦琳译，北京大学出版社2012年版，第74页。

② 陈刚：《品牌新中国》，《广告大观》（理论版）2010年第6期。

不同于本土学术体系且体形庞大、结构健全，有时略显野蛮和冷酷的“他性”物种。这样一种虽生长于海外却长久地瞩目于国内的学术物种，对于中国本土的学术研究当然是不容也不应忽视的。对于该领域的学术和实用价值，通过对上述广告研究的具体例证，显然可以总结提炼出以下几点。

首先，海外中国新闻与传播研究的有些观点结论过于极端和负面，时常流露出东方主义、西方中心主义、学术民族主义、“妖魔化中国”甚至不乏尼采所谓的“观点主义”（Conceptualism）之嫌，对此，国内学者必须立足于本土立场和现实语境，进行必要的反思批判，而不能置若罔闻。当其他临近学科领域纷纷进行汉学或中国学的批判性再研究时，传播学和文化研究界却无动于衷，这不得不说是一种严重的失察。

其次，作为异质性的“他者”，海外中国新闻与传播研究资料丰厚，内部价值多元，而且往往视角新颖，研究方法别具一格，如能树立为一面本土学界的“他者镜像”，则可以拓宽视野，反观内省，取长补短，对于提升国内的学术生产力大有补益。

最后，诚如上述，以王瑾为代表的很多汉学家执意走出书斋，深入“行业本体”，通过民族志的方法探究中国的新闻与传播现象，这种思维取径显然有利于得出客观合理且切于实用的研究成果，如能将其整理发掘，洋为中用，则对于本土的传媒产业也将具有一定的参照价值。虽然我们一再强调关注学界，但这并不妨碍“透过学界看业界”，将“他者”有价值的研究成果酌而用于中国本土。

综上可知，海外中国新闻与传播研究是一块亟待本土学界开垦的“黑暗大陆”，深入探究这一领域不仅有利于廓清“他者”视角下的东方主义偏见，有利于修正西方人对于中华民族和中国形象的刻板认知，而且对于丰富本土研究的域外视角、方法论武库以及广告实务，强化东西方学术对话和交往，都大有裨益。海外中国新闻与传播研究作为东方学和海外汉学特定领域的反思性再研究，不仅关注学界的“他者”研究实践中的理论、方法和学理，而且聚焦其问题意识和研究对象，同时注重批判吸收其对于本土学界和业界有所补益的价值元素，能够实现一举多得的研究效果。

内容概要

海外汉学（Sinology）作为中国大陆学术体系之外独立的话语共同体“异地重建”了近代以来的中国广告，本书旨在对这一国内学界鲜有触及的“他者镜像”进行整理再现，并通过“东方学”（Edward W. Said）的视角，对其中可能存在的曲解、误读、西方中心主义、学术民族主义等现象进行批判分析，借以正本清源，去芜取菁，总结提炼出学界的“他者”对国内广告研究和广告业发展有所补益的价值元素。

正如葛兆光所说，“海外汉学本质上是外国学”。本书就是以作为“外国学”重要构成的海外中国广告研究为基本对象，致力于考究学界的“他者”如何想象、重构和看待中国广告，以及在此过程中通过何种方法路径，塑造了怎样的“中国形象”，讲述了怎样的“中国故事”。

在技术路线上，本课题拟采取“以时序为经，以主题为纬，以史通论，以论带史”的方法，意在使每一个主题中都贯穿有历史的线索，每一段历史中也都蕴含有主题的深度发掘。以此为线索，本课题的主体内容分为两个部分，六个章节，其中第一部分重在文献梳理，包括第一至五章，第一章主要为纵向—历史梳理，其余各章为横向—主题分析；第二部分是对“他者镜像”的“述而后思”，并具体展开为批判反思（“东方学”）和价值启示（“西学”）两个核心议题。各章节内容扼要如下：

第一章在“绪论”部分系统阐述研究目标、价值、方法、创新点，以及详细梳理国内外文献资源的基础上，首先考察了西方汉学界关于中国广告研究的主要代表人物及其相关成果，然后在其文献资料中整理出一条自1905年国货运动以来中国广告的历史脉络（纵向），大体上可分为畸态发展期、衰变潜伏期和爆炸式繁荣期三个不同的历史阶段，同时强调指出，被西方汉学界认定为起自1905年的国货运动对其意义重大，尽管对于这个时间划分，本土学者不以为然；随后以共时性的视角对其文献中关于中国广告研究一百多年的“议程设置”（横向）进行了审查分析，借此奠定了以下几个章节的主要研究议题。

第二章重在介绍西方汉学界对中国广告的民族主义、现代性和全球化问题的研究。首先，西方汉学界对于近现代国货运动高度关注，认为它本质上是通过一种“文化传记”将“国家”与“商品”硬性拼接起来的民间爱国运动，正是通过这种方式，国货广告才被植入了一种“民族主义编码”，但这种编码方式由于跟国货运动的经济民族主义本质有所抵牾，不得不陷入一种不可克服的认同危机。其次，西方汉学界还根据安德森（Benedict Anderson）的民族主义理论，在“小说中国”之外发掘出了“广告中国”的巨大潜能，认为通过报刊广告、月份牌、商品展览等广告形式所传播的“时间意识”和“流行想象”，能够“发明”一个现代意义上的民族—国家。最后，进入新时期以后，西方汉学界对中国广告与其西方的对应物做了比较分析，并以“争议广告”/“歧视性广告”为视点，检讨了新时期的广告民族主义，认为中西广告的内在融合已成为两者关系的主流趋向。

第三章主要介绍西方汉学界对于中国广告消费主义问题的研究。本章首先对现代消费主义做了必要的概念界定，并对它的“西源”和“东渐”过程稍作审理，然后结合西方汉学界的研究指出，近现代中国正是该过程的一个具体环节。接下来，本章从整体上考察了西方汉学界对中国广告在该问题上的关注焦点，结果发现，它们将近代以来呈现于广告文本中的消费主义从总体上分为三个基本的主题范式，即“民族主义—救亡消费”“民主主义—革命消费”和“人本主义—快感消费”，这三个范式以结构化的方式比较明晰地再现了中国进入近代历史以来消费文化的历史变迁，它们在广告宣传和消费风尚方面的差异为人所共知。

第四章为西方汉学界对于中国广告的女权/女性主义问题的研究。首先，在救亡和革命的“宏大叙事”背景下，西方汉学界指出，近现代妇女运动作为时代的副主题，在追求妇女解放的同时旋又被动荡中的国权政治所收编，而且性别政治问题依然严峻；其次，这个时代的“厌女症”现象严重泛滥，这跟国货运动对妇女消费的高度关注和二元区分密切相关；最后，这个时期的商业广告中大量运用美女模特作为推销手段，虽然对于女性特质的解放具有一定积极意义，但实质上是以女性身体作为商业道具，同时还复制了父权政治下的性别秩序，性别歧视问题不容忽视。进入新时期以后，西方汉学界认为，中国妇女的社会和家庭地位获得了前所未有的提高，但同时文化、观念层面的依附性关系依然根深蒂固，而且，随着大众传媒和广告的高度发展，“男性凝视”获得了空前的实现机会，其中蕴含了深刻的权力关系和性别歧视观念。

第五章重点考察了西方汉学界对中国广告传播和受众方面的研究。首先，西方汉学界认为，所谓“现代广告”肇端于中国近代民族经济和印刷出版业的繁荣发展，尤其后者为其提供了必备的传媒技术手段，循此而进，中国广告媒介不断向印刷时代、电子时代和互联网时代跃迁；其次，西方汉学界为中国广告受众提供了一个相对清晰的历史谱系：其受众主体从老上海的城市中产阶级，到万众一心的工农兵大众，再到新时期日渐分化的金领、蓝领、白领、波波族、雅皮士、新人类直至新新人类等，显示了一百多年的沧桑巨变；最后，西方汉学界还就中国广告文本与受众反应之间的关系进行了现象学分析，内容包括近人马崇干的广告文本批评，关于广告文本解码实验的一次“田野调查”，以及新媒体时代广告受众从被动阅读/接受向积极生产/建构方向的角色身份转变。

第六章主要是对上述研究的总体性再评价，以及对其中所蕴含的价值潜能的再发现。

本章首先对“他者”的中国广告研究作了系统定位，认为它作为“海外汉学”的一部分牵连到萨义德的“东方学”和批判“中国学”思想，因此需要以“东方主义”和“汉学主义”为视点，系统检视“跨界旅行”之后的中国广告在他性学术语境下可能发生的“非等值迁移”和“接受变异”情况。这一点在接下来的海外汉学界和本土学界相关研究的平行比较得到了进一步的彰显和放大，而且借此可以廓清两者的主要特点，并提出将两者进行结构性互补的可能性。经过激浊扬清式的反复审查和比较分析以后，本章最后对于西方汉学界的中国广告研究所带来的启示价值做了系统的提炼总结。

关键词： 西方汉学界；中国广告；他者镜像；接受变异

绪　论

广告是二十世纪最杰出的艺术。

——马歇尔·麦克卢汉

广告为商业发展之史乘，亦即文化进步之记录。

——戈公振

我们呼吸的空气是由氧气、氮气和广告组成的。

——格兰·贝尔

第一节　研究缘起

一　问题的提出

著名旅美华裔学者、海外中国文学与文化研究的重要代表李欧梵（Leo Ou-fan Lee）先生在《上海摩登》一书中曾经就其写作思路做如下自解：

> 我在本书中探讨都市现代性的策略是基于这样的一种假设：不同于对传统知识分子史做精英化处理——仅仅探讨个别思想家的基本观点；我以为文化史家的任务是要探索我们所说的“文化想象”。因为“文化想象”本身可以被界定为集体感性之轮廓和

> 文化产品之意味，我们也就必须同时对这种阐释策略的双向目标做出深思——即这种文化产品的社会和体制语境，以及建构和交流这种想象的形式。换言之，我们不能忽略“表面”……在我看来，现代性既是概念也是想象，既是核心也是表面。我把这“概念”部分留给其他学者——或者我的另一本书去做——我在此打算大胆地通过“解读”报刊上的图片和广告把我的笔墨都放到“表面”上。①

在这部以探讨“都市现代性”为要旨的文化史专著中，李欧梵毅然摒弃了对精英知识分子做“心灵史”式的传统研究致思，反而聚焦于所谓的“表面”问题：不是深究“文化产品之意味”，而是描述“集体感性之轮廓”；不是探讨现代性的“概念”和“核心”内涵，而是关切它的“想象”和“表层”。基于这样的思维取径，所谓“文化史”显然别有深味——一种文化研究（Cultrual Stuides）意义上作为“日常生活之整体”（雷蒙·威廉斯）的“文化”史；而对于这样的“表面”文章，李欧梵先生选择将笔墨集中于“图片和广告”上。

在当前的国内广告研究中，这种热衷于从“边缘”和“表层”着手探究“宏大叙事”的做法——多少带有福柯（Michel Foucault）意义上“知识考古”的意味——并不多见，而深受西方新左派思潮和“后学”影响的海外中国广告研究中却不乏其例，除了上述李欧梵之外，还有王瑾（Jin Wang）、叶文心（Wen-hsin Yeh）、施尔曼·高家龙（Sherman Cochran）、卡尔·葛凯（Karl Gerth）、弗拉塞尔（David Embrey Fraser）、佩里·约翰逊（Perry Johnson）等。对于国内的广告学界，这是一连串陌生的名字，本土的文学、哲学、历史、社会学、

① 李欧梵：《上海摩登——一种新都市文化在中国（1930—1945）》，毛尖译，北京大学出版社2002年版，第71页。

国际关系等领域一般称其为“汉学家”或“中国问题专家”（Sinologist），而他们所从事的研究被称为“海外汉学”或“中国学”——萨义德（Edward Said）所开创的“东方学”的一个分支领域。

提及海外汉学，本土研究者可能会应激式地认为，作为一种“他者”话语，这些研究与国内学界相去甚远，容易凌空蹈虚，其观点结论难免失之偏狭，甚至流于空谈等。总之，这一学界的“他者”与本土研究交集甚少，无足一观。然而，即便是在较为抽象的观念层面上，这样的认知都是值得商榷的。“他者”不仅仅意味着“他性”，同时还是“在庐山之外看庐山”① 的“旁观者”，其所携带的积极影响不容小觑。比如，就文学研究来说，“一般认为，海外汉学……的正面影响主要表现在：（一）颠覆了传统文学史观；（二）拓展了研究视野；（三）引起研究方法和研究格局的转变”，而发生在现当代文学领域的“‘重写文学史’、‘再解读’等等都可以说是海外汉学影响的直接成果”。② 李欧梵上述从“表面”和大众主义的逻辑进路拷问中国现代性的做法在国内的文学和文化研究领域反响甚巨，只是这样的影响至今尚未渗透广告学界。

从海外汉学的角度来看，对于中国的现代性、民族主义、国家形象、全球化以及文化变迁和思想史等重大议题的研究，可以从表层、边缘处着手，尤其关切普通群众的物质文化用品、流行想象、消费实践以及日常生活世界，因为这其中可能蕴含着已经被此起彼伏的历史大潮所淹没或冲刷掉但又弥足珍贵的“民间叙事”和“细节性真实”，而这些问题的最佳聚焦点非消费大众日常生活中司空见惯的广告莫属。正如广告理论家豪威尔（Ralph M. Hower）所言，“对大部分人来说，广告是现代商业中最熟悉的事物。它就像天气一样与我们不离左右，

① 任继愈：《国际汉学·开卷语》1995 年第 1 期。

② 毕红霞：《我们为何批评王德威？——兼论面对“海外汉学”的复杂心态》，《当代文坛》2013 年第 3 期。

以至于除非它突然间变好或变坏，否则我们已无意于它的存在”。[①] 广告已成为普通人经不起注意的“晴雨表”，其流行化、自然化和日常化的程度可见一斑，即便广告偶或引起了我们的关注，它也是“通过有意的冒险来刺激我们日常生活中例行的徒劳（futility）。它是我们弱点的武器：恐惧、野心、疾病、荣耀、自私、渴望、无知。而且，这些武器必须时刻保持利剑一般的光亮”。[②] 广告有时也会与我们的生活世界相左，但它只是作为普通大众“弱点的武器”而存在，这不啻为生活世界投下了一抹“倒影”，或者说提供了一面反转的镜像，但毫无疑问，从中依然可以清晰地映照出“光源”的轮廓。因此，无论从哪方面考虑，广告和广告文化都非常适切于作为考察普罗大众例行化日常生活的“标本”。

当然，高度重视“他者”研究的学术价值并不意味着对其拿来主义式地全盘接纳，相反，西方汉学界事实上是基于其难以摆脱的“他性”学术机制“异地重建”了中国广告，这一过程固然不乏独到的价值，同样也不乏“独到”的问题，如东方主义、西方中心主义、学术霸权主义、观点主义、“方法论大轰炸（温儒敏语）”甚至“妖魔化中国”等现象层出不穷。这无疑意味着严重的曲解、误读、强制阐释和错误认知在西方世界的谬种流传。在这个意义上，对于“他者”的研究殊有必要，而且其本身就是一种学术道义——海外汉学包括其旗下的海外中国广告研究本来就是西方国家后殖民主义和“东方学”的一个有机组成部分。

由是观之，对于海外中国广告研究的“再研究”，无论在价值、学理还是在事实、伦理层面，都是非常必要而紧迫的。基于这种考虑，本研究将重点考察西方汉学界对中国广告的关注焦点、基本结

① Ralph M. Hower, “The Story of an Advertising Agency: N. W. Ayer Son at Work”, Cambridge, Mass: Harvard University Press, 1939, p. 3.

② Elwyn B. White, “The Talk of the Town”, *The New York*, 1936 -07 -11, pp. 7 -9.

论、价值取向以及致思路径等重要问题。具体包括：西方汉学界对中国广告的大规模研究是从何时开始的？其整体的研究可以分为哪几个阶段？各自的特点是什么？其中有何蕴意？这些研究的主要议题有哪些？得出了怎样的结论？这些结论存在哪些问题？与国内学界有何不同？从中可以得到哪些教益或启示？等等。我们将试图证实，这些重要的关节点既为中国广告拼凑出了一面相对完整而清晰的“他者之镜”，同时其中又蕴含着或隐或显或多或少的扭曲和畸变，其中价值和谬误并存，作为“再研究”，也必然是启示和批判并重。

二 研究目的与价值

本研究的最重要目标已经内蕴于以上之所述：首先，系统厘清并深度发掘西方汉学界关于中国广告研究的基本议题和重要结论，借以为本土研究提供一面具有参照和借鉴意义的“他者镜像”；其次，围绕这面话语镜像及其背后的叙述线索，深究其在材料取舍、理论资源、研究致思、价值立场等方面可能潜藏的“他者化”或“东方学”问题，并指出这同时也意味着西方汉学界在对中国广告乃至民族文化的整体接受方面存在着不同程度的扭曲或变异；最后，对于这面“他者之镜”所映照出的“镜中之我”，既要对照本土研究，总结提炼出两者之间的差异点，也要审慎而严肃地审查它可能会带来的有益思考和启示价值。以上紧密相关的三个方面自西而中，由彼及此，互为观照，共同构成了我们的主要研究目标。

基于这样的目标，本研究的工作重点，就是以西方汉学界关于中国广告的既有研究成果为中心，尽可能地再现这种“他者话语”，并提出自己的思考和判断，借以反观本土，复查自我，以期在学术研究和文化产业两个层面上都带来一定的收益。这样的研究显然具有重要的学术意义（学界）和实践价值（业界），主要包括：

第一，本研究将系统梳理西方汉学界对中国广告自近代以来逾时一百多年的研究成果，为大陆学界提供一面不可或缺的观照镜像，从而走出“以我观我”和“以我观他”的狭隘视界。令人感到诧异的是，尽管广告在中国本土的研究炙手可热，名家辈出，但是，通过查阅资料发现，本土学界在西方汉学界关于中国广告研究方面，截至目前依然几近一片空白，既查阅不到一部学术专著，也没有发现任何学位论文，甚至有价值的期刊论文都难得一见。不难看出，本土学界在广告研究领域过度关注自我和他者的同时，反而遗忘了他者对自我的关注，对其间的“二度关系”严重失察。如果将自我和他者作为两个变量做排列组合的话，那么得到四种关系模型，分别为自我与自我、自我与他者、他者与自我、他者与他者（如图0－1）；如果以这样的逻辑框架来考察国内的中国广告研究，那么就可以发现，从自我到自我的“以我观我”占据了绝大部分研究空间；而从自我到他者的“以我观他”，甚至从他者到他者的“以他观他”（比如引进出版杰克逊·里尔斯的《丰裕的寓言——美国广告文化史》一书），都有不同程度的触及，但唯独从他者到自我的“以他观我”维度，几近于一片空白。

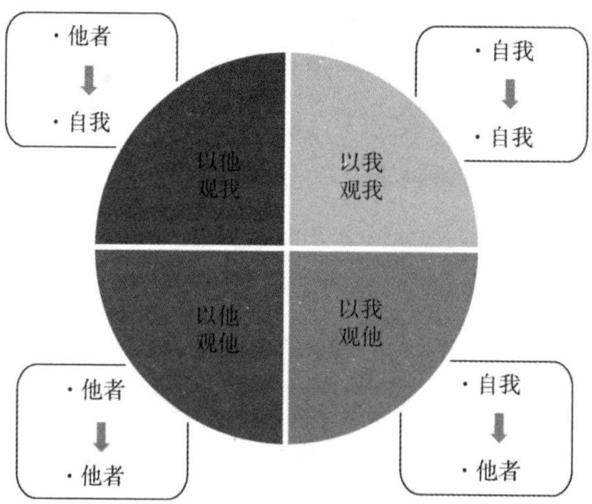

图0－1　“自我”与“他者”的四种关系维度

事实上，探究西方汉学界对中国广告的研究，甚至西方汉学界对英语语系中国广告的研究都是完全可行的。当然，后者又牵涉更深层的三度关系，我们的工作就是主要集中于前者。这种研究跳出了“以我观我”和“以我观他”的单向度关系，洞开了“以他观我”的新视角，眼界将更为开阔，风景也将更为迷人。

第二，本研究不仅着力于填补国内学界相关研究的空白，而且还将尝试甄别出这种他者性的话语“展面”上可能存在的带有“东方主义”性质的“刺点”，借以为本土学界更加明晰地看清这面“他者之镜”提供必要的认知参照。西方汉学界对中国广告的研究历时久远，牵涉深广，其中民族主义、全球化、现代性、消费主义、女权主义、媒介传播等问题尤其得到了比较集中的关注和探讨。对于这些问题的研究成果，一方面，我们不能简单地做“拿来主义”式的照单全收，而是必须要经过详审而细致的批判、厘清和甄别，唯其如此，才能让其中的营养成分被本土学界更为有效地消化吸收；另一方面，也要认清他者与自我之间在研究过程和效果上存在的差异甚至差距，从而为本土学界存在的相关问题和缺憾提供镜鉴资源。也就是说，我们的工作力求兼顾“他者化”和“本土化”两个向度，而不是动若参商，顾此失彼。这就要求我们不仅要如实地再现西方汉学界关于中国广告研究的基本轮廓，还要对其进行全方位的审查和厘清，同时还要将其与本土研究进行平行比较，这样的工作显然比较全面而细致，也有利于得出更为客观的结论。

第三，本研究还将试图厘清西方汉学界对中国广告历史进展以及当代实践的研究脉络，尤其关于广告媒介、传播机制以及受众反应的研究，这将在现实层面上为中国广告产业带来有益的思考和启示。中国广告产业自近代以来便一直笼罩在帝国主义的阴影之下，到了20世纪40年代中期以后又逐渐消融于无产阶级的奋斗纲领中，可谓积贫积弱；改革开放以后，这种局势虽然得到了一定程度的扭转，但全球化语境下无所不在的跨国广告公司在各个层面上都对其构成了新一轮的威胁，中国广告产业依然势单力薄，面临重重困难。对于这些问题，西方汉学界从中国广告的媒介演化、传播机制、受众群体及其接受—反应方式等几个层面做了比较系统的梳理和细致的考究，并以他者视角提供了一些有价值的思考，这对于中国广告产业的自我认知和未来发展显然都有一定的补益。有效利用这些研究成果，将能够更科学、更合理地发展我国的广告文化产业，提升国家的文化软实力。

当然，本研究的重要价值不止于此，比如通过内容梳理，可以挖掘出西方学界较少提及的或最新的理论资源，对这些资源的进一步发掘，可以为本土研究提供新的批评或阐释工具；又如，在方法论上，西方汉学界比较侧重实证研究和数据分析，甚至包括民族志研究、田野调查这类研究方法都已经被大量运用，这为本土广告研究的方法论问题，以及国内目前还比较薄弱的同类研究方法的具体运用，也都将会带来一定的启示或参考。

第二节　关键概念与文献综述

在对西方汉学界的中国广告研究进行具体的再研究之前，我们须首先廓清一些必要的前提，其中包括一些重要概念的界定，以及国内外研究现状和相关研究文献资源的系统梳理。

一　关键概念界说

为了更好地规范理解本研究的主要内容，有几个比较重要的概念需要作事先界定。但在这里，根据“奥卡姆原则”，我们暂且只针对标题中出现的需要被厘清的若干关键概念进行必要的界定，以免发生歧异；对于以后行文中出现的重要概念，我们将会就地、就近作适度界说，在此无须赘述。前者主要包括：

首先，西方汉学界。所谓“西方汉学界”是指以西语（Western Languages，本课题主要关注其中的 Anglophone 即“英语语系”）为学术通用语，聚焦中国现象和中国问题，并在西方国家发表或出版研究成果的一个学术群落，其成员主要为用英语写作的外国人和华裔，也有少量在西方国家接受高等教育，并主要在其主流学术圈发表学术成果的港澳台（曾为西方帝国主义国家的前殖民地）学者，比如李欧梵（Leo Ou-fan Lee）、孔庆勤（Kineta Hun）等①。显然，该群体共同构成了“海外汉学”（Sinology）或“中国学”（Chinese Studies）的重要组成部分，当然也属于萨义德（Edward Said）意义上“东方学”（Orientalism）的一个分支领域。

这里需要是说明的是，对于“海外汉学”“中国学”和“东方学”三个概念，国内研究者存在较大的分歧。一般认为，“海外汉学”多瞩目于传统经学、哲学、语言、宗教、文化、历史等问题，是一种发端于欧洲的以人文科学为主的纯学术研究。“中国学”是欧洲汉学重心迁移到美国之后发生在地化变迁的结果，它带有更多的意识形态色彩，更为宽泛地关注中国的政治、经济、人口、外交和社会问题，因此也被称为“中国问题研究”，在研究内容和方法上也比较偏向于社会科学，尤其倾向于运用田野调查、数据统计等实证方法。“东方学”则是一个更为宽泛的概念，广义上讲它虽然属于“西学”的一部分，却以“西方”为对立面，旨在批判西方中心主义，在地域范围上可以包括近东、中东和远东三个组成部分，但由于提出这一概念的萨义德本人为巴勒斯坦人，因此它的地理重心也被部分学者狭义地限定为中东地区。笔者认为，萨义德笔下的“东方学”研究虽然较多地聚焦于中东问题，但它带有一般意义，至少在反对西方霸权主义的理论观念

① 需要说明的是，这些学者首版于海外的作品被翻译到国内属于本研究的对象范围，而首版于国内的汉学家作品则不属此范围，这是因为两者所必须经由“同行评审”的学术圈不尽相同。

和方法策略上是值得国内研究者借鉴的。

对于本研究标举“海外汉学”而淡化“中国学”的问题，主要是因为海外关于中国广告问题的研究时间跨度较大，自1905年国货运动以来一直到1945年前后，这部分的研究参与者多为传统意义上的汉学家，比如其代表人物之一李欧梵在文学界一般被认为是与夏志清和王德威并名的华裔汉学家，而卡尔·葛凯师从于著名汉学家孔飞力（Philip Alden Kuhn），施尔曼·高家龙师从于毕乃德（Knight Biggerstaff），叶文新及其学生弗拉塞尔，均与哈佛大学费正清研究中心具有一定的渊源关系，而且，这些汉学家求学或任教所在机构，如哈佛大学、康奈尔大学、南加州大学伯克利分校等均为国际汉学研究的重镇（详见第一章第二节），这种境况表明，该时段的中国广告研究“汉学”意味非常浓郁。但是，涉及当代部分，确实带有一定“现代中国问题研究”的特点，其研究者多有“中国问题专家”的荣誉头衔，并采用了较多的社会科学方法，因此称为“中国学”研究并不为过。但总体上来说，关于中国广告的研究近现代部分文献较为充裕，占一半以上，而且多为学术专著，亮点纷呈；再考虑到任继愈、李学勤、阎纯德等学者的观点，即认为沿用传统的“汉学”称谓涵盖后起的“中国学”，在本土学界具有一定共识①，因此本研究拟采用这种广义的“汉学”概念，将当代部分的“中国学”研究囊括其中。当然，由于两者确有差异，本研究在具体的行文中对于这两个概念有可能会随机选用。

正如葛兆光所说，“海外中国学（汉学）本质上是外国学”，本研究就是以作为“外国学”重要构成的“西方汉学”为基本对象，聚焦其关于中国广告的研究，致力于考究学界的“他者”如何想象、重构和看待中国广告，以及在此过程中，通过何种方法路径，塑造了怎样

---

① 参见张西平主编《西方汉学十六讲》，外语教学与研究出版社2011年版，第7—8页。

的“中国形象”，讲述了怎样的“中国故事”。

当然，在语言层面上，西方汉学包括所有的西语，后者又以印欧语系为主要代表，但在该语系中还有一个更为突出的代表，这就是目前被诸多西方发达国家用作官方语言的英语。基于这种考虑，本研究在语言层面上将落实到具体的“英语语系”（Anglophone），即一个以英文作为主要书写、传播和交往工具的话语联盟，它能够表达西方汉学界最值得关注的学术成果。在很大程度上，该术语可以与史书美和王德威意义上的“（海外）华文语系”（Sinophone）对举。正如后者主要包括港澳台地区以及其他处于“离散”（Diaspora）中的海外华语圈，“英语语系”同样不仅涵盖以英语作为母语的国家，主要包括美国、英国、澳大利亚、加拿大等，还包括受英语和西方学术影响较为深远的港澳台地区，当这些地区的学者在西方主要国家发表其关于中国广告的学术成果时，也被视为西方汉学界的组成部分。由此看来，“西方汉学界”并非可以用民族、国家和地域这样的单元作为边界，只是两者存在较大的叠合区域而已。毋宁说，西方汉学界是一个处于流动中的、动态的学术共同体，其成员可能具有双语或多语种身份，正如很多居民具有双重或多重国籍。

相较之下，中国大陆学者偶尔在英语世界发表或出版有关中国广告问题的研究成果，并不能归属于西方汉学界的一部分①，虽然该群体的学术成果可能已经受到西方学界的严格检视和审查，但深入其内在肌理，尤其在问题意识、致思路径、价值立场等方面，依然与“他者”存在较大差异，毋宁说，这些研究依然是大陆学术体系的海外延伸。反言之，本研究之所以要排除掉该群体，就是要尽可能地确保原汁原味的“他者性”和“他者视角”并将研究对象集中于特定的“学术共同体”之内，既能为本土学界呈现出一面原汁原味的“他者镜

① 这种区分在实际操作上并不困难，只需要通过辨识作者署名单位即可。

像”，也便于展开针对性的批判分析和经验总结。

对于我们的研究主题来说，“西方汉学界”在研究实绩或“质”“量”重心上并非均匀分布的，其中美国明显处于该学术群体的核心位置，但这绝不意味美国以外的研究乏善可陈。事实上，正如我们将在下文反复申论的那样，不仅美国的相关研究内部歧异纷呈，并非铁板一块，而且美国以外的其他国家和地区往往不乏点睛之笔，引人侧目。

对于“西方汉学界”这个概念，我们还需要交代一点，即源自该共同体的部分关于中国广告的博士论文和专著因学术价值巨大，已经被引进出版，译成中文。对于这部分著作，我们将主要以中译本为主，部分地方参考原著。

其次，广告/广告文化。“广告”这个词按照字面的理解为“广而告之”，即一种通过特定的媒介形式将具有一定说服性意义的商业、政治、信念等信息传达给特定接受者（群体）的活动。这个概念包含有三个重要元素：首先是传播媒介，实际业务中可以引申为传播方式、传受效力、传媒机构等，因此它具有传播学意义。其次，说服性信息/文本，可以延展到文本结构、文本制作等层面，这就要牵涉广告文本的设计、包装和制作，必然包含有艺术学和美学意味，当然，由于包含了说服性因素，这些文本必然带有市场营销的意味。最后，传受主体，也就是广告主和受众之间的关系，其间广告商必不可少，申而论之，价格协商、市场调查、产品规划等也都必有触及，因此它还包含有经济学要素。在此意义上，广告实质上就是“传媒—艺术—经济”的三位一体，其中的三个“位格”可以有所偏重，但不可偏废。比如，就类别而言，广告有广义和狭义之分，后者专指商业广告，前者包括政治广告、公益广告等多种类型，在其中各种元素的结构组成或调配比率或许有所差异，但都不可或缺。

通过上述界定不难发现，广告是一种“文化”现象。至于何谓“文化”，我们在此无暇逐一厘清，因为“‘文化’可能是所有词语中最难定义的一个，仅在英语中对它的定义就达160种之多。"① 文化研究学派的重要领军人物雷蒙·威廉斯（Raymond Henry Williams）在其著名的《关键词》一书中也不得不承认："英语中有三个最为难解的词，文化即是其中之一。"② 不过对于"文化"概念，威廉斯有自己的理解，而且这种理解比较切近于西方汉学界对"中国广告"的范畴归属；他认为，"文化是普通的"，它"必须在物质生产和物质条件的背景中，通过日常生活的表征和实践来进行。对此威廉斯将之命名为'文化唯物主义'……这意味上层结构的各种活动，并不仅仅是经济基础的反映或结果，而本身就是物质性而且生产性的。"③ 对于文化的这种唯物主义的理解第一次将这个概念中所蕴含的大众性和日常性内涵解放出来，从此"大众文化"开始成为知识学的一个严肃的考究对象，而且成为"文化研究"（Cultural Studies）这门"后学科"或"反学科"的知识模型释放理论能量的最重要场地。正是在此意义上，作为一种物质生产和日常生活方式，而不仅仅是精英文艺和高雅趣味的表征的"广告"，才理所当然地与"文化"这个概念关联起来，从而组接成"广告文化"这个语词。而且，在威廉斯的意义上，广告是一种典型的"（大众）文化"现象，它典型且普遍地体现了普罗大众的审美趣味、价值观和生活方式，近乎等同于"大众文化"本身，甚至可以说广告即大众文化，所谓"广告文化"就是一种通俗化、日常化、商业化和流行化的大众文化（两者的定义几乎同义反复），它与普罗大众的日常生活彼此映照，并与文化研究的阐释实践表里应和。通观西方汉学界的相关研究实践，都没有突破这样的圈定范围。

最后，中国广告。显然，无论上述对于"广告"还是"广告文

① 蒋晓丽、石磊：《传媒与文化：文化视角下的传媒研究》，华夏出版社2008年版，第50页。

② ［英］雷蒙·威廉斯：《关键词：文化与社会的词汇》，刘建基译，生活·读书·新知三联书店2005年版，第101页。

③ 陆扬：《文化研究概论》，复旦大学出版社2008年版，第19页。

化”的界定，都充满了浓烈的现代意义。然而，这两个概念并非原本如此。事实上，它们在中国本土渊源有自，传统发育完备，只是到了特定的历史境遇下才被赋予了“现代性”意涵。据广告史学研究，神农氏时代就已经有“日中为市，致天下之民，聚天下之货，交易而退，各得其所”（《周易・系词下》）的记载，这说明上古之人已有大量的剩余财物，物质交换和广告叫卖都应有发生。从文献学来看，《尚书》中已经出现了中国广告的滥觞，正如国内广告学人黄升民所说：“‘诰’是夏、商、周三代一种训诫勉励的广告，‘誓’是夏、商、周三代告诫将士的言辞。此后各朝代的‘制’、‘策书’、‘诏书’、‘檄文’、‘露布’等，都是社会广告的形式。”[①] 在商业广告方面，《诗经・氓》中所描述的“氓之蚩蚩，抱布贸丝”的形象可谓栩栩如生：“关于‘抱布贸丝’，从字面理解，所描述的是一个满面笑容的小伙子抱着布等人们交换的情形，这里所提到的‘抱布’就是最早的实物陈列广告。”吕尚在受纳于周文王前曾操屠贾之业，“鼓刀扬声”，这是叫卖广告的典型表现。[②] 如此看来，广告以及广告文化在中国上古时代已有肇端，三代之时已不鲜见，更不要说后来曾长期雄踞世界文明之巅的五千年历史了。然而，到了近代社会，伴随着西方列强的坚船利炮，中国广告迎来了如同其国家政体一般的屈辱遭遇，但它很快在民间力量的驱动下以崭新的面目登上了历史的舞台，并与政、商、学等各界有志之士一道，为民族—国家的独立和构建贡献出了属于自己的力量。在此过程中，随着整个社会被纳入世界历史的统一进程，中国广告也发生了西方化和现代转型。我们在此所要着力考究的，正是这段时期以及此后一百多年的演进历史，这就是本研究即西方汉学界所谓的“中国广告”。

① 陈培爱：《中外广告史：站在当代视角的全面回顾》，中国物价出版社2002年版，第5页。
② 杨海军：《中外广告通史》，高等教育出版社2012年版，第16、18页。

本研究标题中可以拆解的关键概念简述如上，对于其他的诸如民族主义、全球化、消费主义、女权主义、广告传播、受众以及这些概念下蕴含的二级、三级概念，我们将在以后的行文中作随宜界说，兹不赘述。

二 西方汉学界相关文献综述

对于文献的梳理，我们将以西方汉学界的主要研究议题为基本线索，然后再对照考察国内的相关研究情况。这些议题包括民族主义、现代性、民族—国家、全球化和本土化、消费主义、女权/女性主义、广告媒介、广告运行和传播机制、广告受众及其反应等。它们在不同的理论家那里虽各有侧重，但在一定范围内又有不同程度的涉及，因此有些理论家及其著述将会在我们的论述中交替出现。

（一）中国广告中的民族主义和民族—国家问题研究

关于这个问题最重要的研究主要集中于近现代时期，这当然跟彼时轰轰烈烈的民族独立运动有关。其中对广告文化冲击最大的是自20世纪初一直延续到抗战前夕的国货运动。美国汉学家卡尔·葛凯（Karl Gerth）在其备受大陆学界瞩目的《制造中国：消费文化与民族国家的创建》（*China Made: Consumer Culture and the Creation of the Nation*）[①] 一书中指出，近代以来的国货运动以郑观应的“商战”思想为理论基础，后者认为，这场发生在经济领域的没有硝烟的战争同样会带来民族奴役和压迫，因此中国的民族工商业者和爱国志士应该广泛动员起来，以发展壮大民族经济和大批量生产国货为己任，借此与西方列强的经济帝国主义抗争到底。国货运动的民族主义倾向是显而易见的，它所发起组织的抵制日货、美货、英货以及国货展览活动一次又一次将民族主义运动推向了新高潮。而且，在印刷文化日渐发达的

① 该书已经被翻译成中文，黄振萍译，由北京大学出版社2007年引进出版。

历史语境下，国货运动充分调用各种印刷媒体来为其组织和国货理念宣传造势，这就为中国近代广告业的发展提供了一个非常重要的契机。国货运动和国货广告非常注重将民族主义和爱国主义的基本信念融入其宣传文案中，结果使得国货展览和广告变成了传导“民族主义视觉认知”的载体，这种规模浩大的“消费文化的民族化”渗入社会生活的各个角落，连普通大众的日常消费活动都被认为可以通过购买国货而贡献爱国热情。在此意义上，葛凯认为，国货产品和广告不仅为“中国制造”，也为“制造中国”，或者说，中国现代民族—国家的构建不只是安德森意义上被“想象”的结果，而且是普通大众通过实实在在的爱国消费被“制造”的结果。

美国南加州大学的弗拉塞尔（David Embrey Fraser）也探讨了国货运动和国货广告中的民族主义问题。在其名为《把敌人薰出去：中国的国货运动和民族主义广告（1880—1937）》[①] 的博士论文中，弗拉塞尔着重考察了国货运动的民族主义实现方式。他根据伊戈尔·科普托夫（Igor Kopytoff）和阿尔金·阿卜杜莱（Arjun Appadurai）等学者的观点指出，商品作为“物”并非与“个体的人”决然对立的无生命的客体。相反，在其所经历的不同社会和文化场域中，它实质上被赋予了不同的生命形式，因此也可以拥有属于自己的“文化传记”，而这种文化传记被书写的方式就是在一般化（商品化）与特殊化（意义化）之间不断转换。中国的国货运动本质上就是通过将商品从无名的自然世界提取出来，然后转换到特定的历史场域中，进行一种“传记化”的书写，即“民族主义编码”。这种编码方式一方面试图确立商品的民族属性：但另一方面由于商品固有的内在规定性以及资本的增殖逻辑，往往与前者形成矛盾，导致其不断陷入困境。这一点与葛凯

① David Embrey Fraser, “Smoking out the Enemy: the National Goods and the Advertising of Nationalism in China, 1880 - 1937”, Dissertation for PhD, University of California, Berkeley, 1999.

的有关论述相互回应。弗拉塞尔立足于以国货相标榜的香烟广告，深入探究了国货香烟把“敌人薰出去”的可能性及其限度。

康奈尔大学的著名汉学家施尔曼·高家龙（Sherman Cochran）在其《中国的大企业——烟草业的中外竞争》（*Big Business in China*: *Sino-Foreign Rivalry in Cigarette Industry*）、《中华药商：中国和东南亚的消费文化》（*Chinese Medicine Men*: *Consumer Culture in China and Southeast Asia*）[①] 等著作中以烟草、医药等行业为例，论证了近现代民族工商业者与帝国主义跨国企业之间的生死较量以及两者之间可能被误解的关系模式。高家龙在部分认同帝国主义侵略和经济民族主义抵抗的前提下，试图提出一种“企业家创新”的第三维解释向度，这个向度带有一定的去政治化指向，认为唯其如此这般的多重维度，才能够尽可能地还原或重建当时的历史情境。高家龙还认为，帝国主义侵略与本土消费文化的成长并非简单的此消彼长关系，后者有可能会以本土文化为核心“自下而上”地发育出新的模型，因此，一种“区域中心论”的海外汉学新观念，可以在诸如中国这样的社会历史语境下得以确证。在具体的论述中，高家龙比较倚重广告宣传，将其称为商品生产和政治手段之外的“第三战场”，尤其论述到中外大企业为打好“广告战”，主动购置设备，招募创作家，并创建或并购刊物、画报甚至电影公司，为本研究提供了重要的观念和文献资源。

美籍华裔学者李欧梵的《上海摩登——一种新都市文化在中国（1930—1945）》（*Shanghai Modern*: *A New Metropolitan Culture in China*, 1930 - 1945）[②] 一书，因其富有新意的研究思路和边缘立场，颇受大陆学界的瞩目。就该书涉及的民族—国家问题来说，它提供了一条值得考究的叙述路径，即抛开了国货运动的影响，仅就印刷文化及

---

① 这两本书都已被译成中文，《中国的大企业》由樊书华、程麟荪译，商务印书馆 2011 年引进出版；《中华药商》由褚艳红等译，上海辞书出版社 2013 年引进出版。

② 该书已被译成中文，毛尖译，由北京大学出版社 2001 年引进出版。

其引发的流行想象来切入主题。仅此而言，就已经不难看出安德森的影子。事实上，该书算得上是《想象的共同体》的一个比较成功的运用范例。书中认为，中国近代的民族—国家进程肇端于时间的现代性发生，因为这意味着特定地缘环境下的“共时性想象”成为可能；但这种时间的发生并非肇始于民国政府的成立，更早在中华人民共和国成立前夕诗人胡风发出“时间开始了”的感喟之前，而是出人意料的在1899年梁启超东渡日本的小船上，因为他在日记中率先采取了西历纪年，还宣称自己从此由“乡人”变成了“世界人”，开始“追赶统一时间度量的世界潮流”。梁启超以知识分子的身份向“同胞”发言，这种传播效果在安德森的民族主义理论中是被充分重视的。时间发生以后，各种大众传媒在李欧梵的视域中包括小说、教科书、广告、月份牌等开始在民族—国家的构建过程中产生核心的作用，因为它们所组构起来的“印刷资本主义”传播了一种流行想象，而正是通过这种想象，那些从未谋面的读者大众才形成了兄弟之谊和同胞之情，进而结成了万众一心的“共同体”意识，现代意义上的民族—国家也就缘此得以创建。

南加州大学的美籍华裔学者孙绍谊（Shao-yi Sun）在其题为《城市景观与文化想象：文学、电影与视觉上海（1927—1937）》（*Urban Landscape and Cultural Imagination: Literature, Film, and Visuality in Semi-Colonial Shanghai*, 1927 – 1937）[①] 的博士论文中，也以上海为中心探讨了民族主义的文化想象问题。这篇从其标题中便触目可见安德森之影响的博士论文，与上述李欧梵的运思逻辑比较接近：将主要研究对象锁定为海派文学、电影、广告等几个方面，借以窥探半殖民地

① 该书已经被翻译成中文，书名为《想象的城市：文学、电影与视觉上海（1927—1937）》（复旦大学出版社2009年版），由作者亲自翻译，但译著删改较大，由原著的四百多页变成了不足三百页，考虑到“西方汉学界”的写作主旨，本研究拟采用英文原著，只在写作中部分参考译本。

上海的昔日景观。孙绍谊认为，在受西方现代性影响最为深广的半殖民地上海，中国的本土文化传统虽然并没有丧失其生存空间，但在诸如电影、广告之类的文化产品中都已经被注入了现代性的内核，在此，所谓的民族—国家想象实质上被置换成了一种现代性想象，乃至成为西方文化的遥远回声。

（二）中国广告中的全球化议题和跨文化广告研究

麻省理工学院比较媒体研究所的王瑾（Jin Wang）教授在其《品牌新中国：广告、媒介与商业文化》（*Brand New China*：*Advertising Media and Commercial Culture*）① 一书中指出，葛凯曾经描绘的消费民族主义在社会主义新时期已成为遥远的过去，代之而起的是一种全球化的新气象，在此，民族主义运动固然时有发生，但它已然不再是人们经济和文化生活的主流，新的价值理念是追求互利和共赢。这本书因其民族志学的研究方法和文化研究的立场备受国内学界重视，其中牵涉的主题也非常宽泛。仅就全球化和跨文化广告问题来说，书中认为，中国广告产业一方面在尽力学习和模仿跨国机构的经营方式和专业化实践；另一方面又对后者时常流露出来的霸权主义逻辑以及严苛的4A 标准表达了强烈不满，产业界曾经爆发过以本土4C 对抗国际4A 的大辩论，全国范围内也曾经围绕立邦漆“龙篇”广告、耐克的“恐惧斗室”广告等发生过新时期以来最严重的广告民族主义运动；但是，本质上以盈利为目的的跨国广告等无意于制造文化争端，它们对于中国文化传统存在一个考察和适应过程，在此过程中不乏优秀范例，尤其到了晚近时期，它们愈益认识到在经营理念上从“全球思考，本地执行”转换到“本地思考，本地执行”的必要性。但这并不意味着它们会因此放弃其专业性立场。在此意义上，传统观念中全球和地方的二元论分野已经丧失了合法性基础，尽管“球域化”（Glocalization）

① 该书已被译成中文，何朝阳、韦琳译，由北京大学出版社2001年引进出版。

这个概念存在诸多问题，但它还是比较适切于当代中国的现实语境。王瑾的另外一本专著《外国广告在中国》[①]也非常细致地考察了中西方广告关系问题，尤其对“球域化”的关系模型做了具有启发意义的论述，大体上将其分为强全球化和弱本土化、弱全球化和强本土化以及全球和地方之间平衡对等三种，这对于该概念的内涵是一个重要的补证。

密苏里—哥伦比亚大学的尹佳飞（Jiafei Yin）在其题为《向“中央王国”倾销：国际广告在中国的一项调查研究》[②]的博士论文中，以广告策略的标准化和特殊化或地方化为核心议题，考察了跨国广告公司在中国语境下的跨文化实践。她通过实证研究发现，跨国公司大都以标准化和特殊化相结合的策略在中国进行广告活动，它们所考虑的最重要影响因素不是受众的人口学问题，而是文化学问题，中国消费者对于集体需求、个人目标、工作、面子、收入和支出等问题的态度是它们制定策略的依据。这再次彰显了文化差异的极端重要性。爱荷华大学的华裔学者本雅明和曾立仁在其题为《全球化及其对中国媒介的影响：中美杂志广告视觉表征的比较符号学内容分析（1979—1998）》[③]的博士论文中也表达了类似的观点。他认为，尽管中国广告在形式方面与美国相差无几，专业化进程明显加快，但它在内容上依然比较贴合于儒家文化传统，并被政治意识形态深度浸染。

对于以上问题，南加州大学的李红梅（Hongmei Li）在其博士论文中也做了不同程度的探讨。这是一篇比较厚重的中国当代广告文化

---

① Jin Wang, “Foreign Advertising in China”, Iowa: Iowa State University Press, 2000.

② Jiafei Yin, “Selling to the ‘Central Kingdom’: a Survey of International Advertising in China”, Dissertation for PhD, University of Missouri-Columbia, 1997.

③ Liren Benjamin, Zeng, “Globalization and Its Impact on Media in China: a Comparative Content Analysis of Visual Representation in Chinese and US Magazine Advertisements, 1979 – 1998”, Dissertation for PhD, the Ohio State University, 2000.

专论，题目为《后毛泽东时代的中国广告与消费：在地方与全球之间》①。该文涉及的主题非常宽泛，就跨文化广告研究来说，新时期以来虽然中国广告产业获得了空前的大发展，但依然严重落后于不断涌入中国市场的跨国广告公司，很长一段时间内后者是作为前者的“导师”身份而存在的。但由于东西方文化不容抹杀的巨大差异，跨国广告公司也频频制造了不少事端，尤其新世纪以来的多起“争议广告”，在中国大陆引发了新一轮的广告民族主义热潮。李红梅对此一方面引述国内外的研究材料做了深度分析，认为它实质上是在某种利益的驱使下被鼓动起来的一种“伤害叙事”，跟毛泽东时代广泛盛行的“胜利叙事”形成更了鲜明的比照，同时在整个民族—国家的尺度上还具有某种民族中心论的倾向；另一方面，改革开放以后，全球化的趋势毕竟不可阻挡，本土文化的合理心态应是拥抱和交融，认为这才是中西广告关系的主流。

在这个问题上，来自台湾的美籍华裔学者陈红（Hong Chen）和香港浸会大学陈家华（Kara Chan）教授联合编著的《广告与中国社会：影响与问题》② 一书，辟专节讨论了中国大陆的争议广告问题，并以实证研究的方法确定了争议广告高发的敏感文化区域。此外，由法姆（Kim-Shyan Fam）等三人合作的《中国争议产品的广告表达：一个经验调查》③ 一文也通过实证研究的方法就酒（alcohol）和避孕套（condom）一公一私两类产品可能存在的广告争议做了调查，发现前者出现的可能性远低于后者，这是因为在一个被儒家文明高度熏染的高语境文化（High-Context Culture）社会，对于性的公开谈论必须

---

① Hongmei Li，“Advertising and Consumption in Post-Mao China：Between the Local and Global”，Dissertation for PhD，University of Southern California，2006.

② Hong Chen，Kara Chan，“Advertising and Chinese Society：Impacts and Issues”，Copenhagen Business School Press，2009.

③ Kim-Shyan Fam，David S. Waller，Zhilin Yang，“Addressing the Advertising of Controversial Products in China：An Empirical Approach”，*Journal of Business Ethics*，2009（88），pp. 43 –58.

通过曲折隐晦的方法。

由此可见，争议广告之所以时有发生，跟中西文化传统的巨大差异关系密切。对此，一部分西方汉学界的研究者进行了跨文化分析。这些分析在观念和文化产业层面上都有深刻的揭示。在前者，美国学者霍夫斯提德（G. F. Hofstede）提出的“五维理论模型”（Five-Dimension Theoretical Framework）引起了研究者的广泛关注，尤其是其中的 I – C 维度（Individualism-Collectivism）成为检测中西广告文化差异的重要标准。美国北卡罗莱纳州立大学的张远（Yuan Zhang）在其题为《对我好还是为我们好？——中国全球和地方电视广告中的个体主义和集体主义价值和导向的比较内容分析》① 的博士论文中，就以 I – C 模型为判断标准，通过实证研究的办法考察了中国的全球和本土电视广告，结果发现前者的个体主义倾向明显高于后者，因此两者分别采用了相应的广告策略，而且个人用品广告中的个体主义倾向明显，与公共用品中的集体主义倾向互为呼应。胡修玉（Siu Yu Hsu）和姬娜·巴克尔（Gina G. Barker）在其合著的《中美电视广告中的个体主义和集体主义》② 一文中，同样通过实证研究的方法发现，中国年青一代的广告受众已经开始出现个体主义和西方化倾向，相应地，集体主义和传统文化主题渐趋淡化，这与美国广告文化逐渐靠拢。张婧（Jing Zhang）的题为《中国 X – 世代消费者群体中个体主义和集体主义广告诉求的说服力》③ 一文，基本上支持了这样的观点，并认为中国的 X – 世代为双边文化一代，比单边文化的老一代更倾向于接受个体主义的

① Yuan Zhang, “Good for Me or Us? A Comparative Content Analysis of Individualist and Collectivist Values and Orientations in Global and Local Television Advertising in China”, Dissertation for PhD, University of North Carolina, 2004.

② Siu Yu Hsu, Gina G. Barker, “Individual and Collectivism in Chinese and American Television Advertising”, *The International Communication Gazettle*, 2003, 75 (8), pp. 695 – 714.

③ Jing Zhang, “The Persuasiveness of Individualistic and Collectivistic Advertising Appeals among Chinese Generation – X Consumers”, *Journal of Advertising*, Vol. 39, No. 3, 2010, pp. 69 – 80.

价值观。但是，陈红等主编的《广告与中国社会》一书中指出，即便如此，中国的年轻消费者依然深受儒家传统文化的影响，甚至作为晚生代的Y－世代群体都依然存有根深蒂固的集体主义价值观念。堪萨斯大学的王丹（Dan Wang）在她的硕士论文《中美商业杂志广告诉求之视觉描述的文化影响》① 中也表达了类似的观点。

在广告文化产业层面上，中西广告之间的差异同样表现为落后/先进、自发/专业、模仿/标准等一系列的二元对立。这些都深刻见证了吉登斯（Anthony Giddens）的著名论断，即现代性生产“差异、排斥和边缘”。

（三）中国广告的消费主义问题研究

这是另外一个由众多研究者参与的历史性重大议题。葛凯认为，国货运动通过将商品进行本国和外国的二元论区分，进一步区分开了制造者、经营者、消费者等多个群体，而且这种区分在救亡图存和爱国主义的名义下产生了道德上的强制性，由是，一种非常精致且深入人心的民族主义的消费主义或“救亡消费”开始在近代中国生根发芽。弗拉塞尔发现，这场轰轰烈烈的民间运动越是到后来越强调引入机械化大生产的必要性，以期为大幅度降低国货产品价格提供技术基础；而且，以寿勉成为代表的理论家还在理论上扩大了“必需品”的范围，在“衣食住行”的基础上增加了“知（识）、（娱）乐、工（业）”三项，这种观念力求为消费行为的合法性提供更为宽泛的舆论基础。伴随着生产能力的提高和消费合法性地位的逐步确立，普通大众的生活世界开始出现了“商品的日常生活化”和“日常生活的商品化”，商品的重要性前所未有地被注入中国人生活世界的中心区域。然而，主要由国货运动所鼓动起来的消费主义，其民族主义内核是不

① Dan Wang，“Cultural Influence on Visual Depiction of Advertising Appeals Across the U. S. and Chinese Business Magazines”，Dissertation for Master of Science，University of Kansas，2009.

容置疑的，这就形成了近现代中国历史上特有的“救亡消费”模型。事实上，“国货”这两个字本身就已经很好地见证了民族主义和消费主义的结合。

葛凯还发现，科举制度的废除对于中国的消费文化影响至深，因为它一刀切断了后者延续数千年的象征符号系统，从而导致了另一种象征体系的重建，该体系当然要忠实于导致这种变化的观念性力量，这就促成了以“革命”和“进步”为内核的新的消费模型的出现。这种模型可以从当时广泛流行的各种日用品及其包装和广告宣传上见出。但正如唐小兵等海外华裔学者所说，以“延安文艺”为代表的另一种消费文化模型与此形成了鲜明对比，它坚决弃绝了自由市场所带来的“感性分离”以及城市中产阶级的“无机生存”，取而代之的是一种“前现代的、农业式感觉”。这种观念在其主编的《再解读：大众文艺与意识形态》（北京大学出版社 2007 年版）一书中得到了展开论述。其中月份牌广告在两个不同文化区域的流变为此提供了最好的例证。

美国印第安纳大学的陈江（Jiang Chen）在其题为《文化进程与广告：广告在 1978 年以后中国文化转型中的作用》① 的博士论文中指出，进入新时期以后，中国历经多次的“消费革命”，每一次变化都由广告文化参与并被其忠实记录。李红梅直言不讳，认为中国已经进入消费社会（Consumer Society）。犹他州立大学的赵昕（Xin Zhao）博士同达维斯（S. D. Davis）、诺伊·维塔奇（Nury Vittachi）等研究者，也认为当代中国已经进入消费社会。他在题为《Adeology：转型期中国作为竞争性意识形态之角斗场的广告》② 的博士论文中，以其独创的“Adeology”符号学模型，对新时期中国如何从革命时代转换到消

① Jiang Chen，“Cultural Process and Advertising：the Role of Advertising in the Cultural Transformation in China Since 1978”，Dissertation for PhD，Indiana University，1998.

② Xin Zhao，“Adeology：Advertising as a Battlefield of Rival Ideology in Transitional China”，Dissertation for PhD，University of Utah，2005.

费社会的整体进程进行了详审的符号学分析。路易斯维尔大学的江春(Chun Jiang)在其题为《中国插图印刷广告的内容与批判隐喻分析》[1]的博士论文中，将中国自1979年到2008年的广告发展史以十年为界分为三个阶段，并分别在其中各自随机抽取了100幅插图印刷广告，然后依次对这些广告进行了内容和隐喻分析，结果发现，它们所反映的主导价值理念经历了深刻的变化，依次被概述为"经济—民族—和谐"三种意识形态模型，其代表形象分别为带有女性气质的"微笑的美女＋商品质量"、充满男子气概的"传统祈福文化＋物质成功"，以及将前两者平衡的"和谐社会＋英雄的个人主义"。

此外，丹尼尔·A. 斯塔德(Daniel A. Stout)等三人在题为《中国报纸广告所反映的消费价值之变化》[2]的合作论文中，通过问卷调查的方法对《人民日报》自1979年到1991年的306份广告进行了实证研究，结果发现，其中明显存在实用价值降低和享乐主义价值升高的反差趋向。大卫·K. 谢(David K. Tse)等三人在题为《成为一个消费社会：香港、台湾和中国大陆印刷广告的纵向跨文化内容分析》[3]的合作论文中，也通过实证研究的方法指出，中国大陆和港台地区整体上都已进入消费社会，但相对来说大陆广告文化比较强调实用诉求和美好生活，香港则更强调享乐主义、便利和美国生活方式，台湾则处于这两者中间。作者特别指出，对于大陆广告文化主要蕴含有反物质主义的政治意识形态假定是不成立的，因为它正朝向消费社会迈进的脚步不容置疑。

---

① Chun Jiang, "The Content and Critical Metaphor Analysis of Illustrated Print Advertisements in China", Dissertation for PhD, University of Louisville, 2010.

② Daniel A. Stout, etc., "Changes in Consumption Values Reflected in Chinese Newspaper Advertising", *New Jersey Journal of Communication*, 2: 2, 1994, pp. 146－168.

③ David K. Tse, etc., "Becoming a Consumer Society: a Longitudinal and Cross-Cultural Content Analysis of Print Ads from Hong Kong, the People's Republic of China, and Taiwan", *Journal of Consumer Research*, Vol. 15, No. 4, 1989, pp. 457－472.

（四）中国广告的女权/女性主义问题研究

葛凯认为，在中国近现代民族解放的宏大叙事议程中，妇女解放只能作为其中的一个副主题而存在，它必须为之牺牲并屈从于其无可置辩的宏伟愿景。国货运动为了遏制妇女们的崇洋媚外和“时髦”冲动，在其思想动员和广告宣传中执意将女性道德与爱国消费结合起来，将向往“洋货”的妇女们斥责为“叛国消费者”“帝国主义的忠实推销员”。国货运动甚至鼓动国民政府将1934年专门设定为“妇女国货年”，但这一年因妇女们在各种媒体上频遭羞辱，也被称为“妇女受骂年”。正是基于国货运动的二元逻辑，彼时之社会各界“厌女症”现象广泛流行。爱国的女性消费者被尊奉为“祖国母亲”，向往洋货的女性则被斥为“妓女”。

孙绍谊认为，半殖民地上海的时髦女郎们同样被主流观念视为异端，但她们所展露的形象外观却是女性气质的切己性和本真性的张扬，对此所产生的道德恐慌实质上显示出了父权政治深层次的“去势”焦虑。他还通过一则意在表达“红颜祸水”之性别污蔑的广告强化了这个观点。

弗拉塞尔通过对国货理论家马崇干思想的研究指出，后者着意于将美女形象纳入国货广告的做法，反映了将她们的真实身份商业化、道具化和抽象化的真实意图，在此过程中，女性身体已沦为工具主义的陷阱。

进入新时期以后，中国妇女的政治、经济、教育和职业地位都得到了前所未有的提高，而且“女人之为女人”的女性气质在这个时期也很快脱离了毛泽东时代“男女平等”观念的束缚，新时期的“新女性”形象逐渐浮出历史的地表。江春在其博士论文指出，20世纪80年代中国广告的最典型形象为微笑的美女和对商品质量的宣传，反映了中国社会从政治意识形态向经济意识形态的转变。但他随即又指出，进入90年代以后，中国广告的典型形象被物质成功的男性形象所取代，女性的焦点地位开始有所回落。事实上，新时期的中国妇女在社会生活各个领域的地位并不容乐观。孔庆勤和斯泰拉·伊彦·李（Kineta Hung & Stella Yiyan Li）在题为《中国广告中的当代女性形象：一个内容分析》[①] 的合作论文中，通过实证研究的方法指出，中国广告中的女性形象表现为成熟女性的占44%，花瓶的占28%，女强人的占12%，教养型的占8%。陈红在其题为《“妇女能顶半边天”？——中美广告中性别角色特征的社会文化比较》[②] 的论文中也表达了类似的观点。此外，陈红等人主编的《广告与中国社会》一书辟专节讨论了广告中的裸体形象与受众的信任度之间的关系，通过实证研究发现，女性代言的产品广告中身体暴露值越高，其可信度便越低；而男性代言的情况远没有如此明显。黄颖与丹尼斯·劳利（Ying Huang & Dennis T. Lowery）合著的题为《中国杂志广告中的裸体形象分析：性别、种族和品牌差异的考察》[③] 的文章，通过实证研究的方法指出，新时期的中国妇女已经告别了革命时期“铁姑娘”式的经典形象，取而代之的是现代、时尚、自信的新女性；而且，中国广告中女性模特的身体暴露情况远高于男性，这已经跟美国的情形非常相像，说明中国广告的性别文化以及广告策略已经深受后者的影响。两人合作的另一篇题为《为了更好的性别平等？——中国杂志中广告模特的职业地位特征》[④] 的论文中，对近年来中国广告中所反映的女性职业地位情况进行了实证调查，结果发现，妇女出现在工作场所的比率已经有所提高，

---

① Kineta Hung & Stella Yiyan Li, “Images of the Contemporary Woman in Advertising in China: a Content Analysis”, *Journal of International Consumer Marketing*, Vol. 19 (2), 2006, pp. 7 – 28.

② Hong Cheng, “‘Hold up Half of the Sky’? A Sociocultural Comparison of Gender-Role Portrayals in Chinese and US Advertising”, *International Journal of Advertising*, 16, 1997, pp. 295 – 319.

③ Ying Huang & Dennis T. Lowery, “An Analysis of Nudity in Chinese Magazine Advertising: Examining Gender, Racial and Brand Differences”, *Sex Roles*, 2012, 66, pp. 440 – 452.

④ Ying Huang & Dennis T. Lowery, “Toward Better Gender Equality? Portrayals of Advertising Model's Occupational Status in Chinese Magazines”, *Journal of International Consumer Marketing*, 27: 1, 69 – 83, 2015, pp. 69 – 83.

与之相应，男性出现在家庭场景的比率也有所提高。然而，女性形象多为娱乐明星，而男性形象多为企业和政府主管以及专家学者。

就中国妇女本身而言，陈家华（Kara W. W. Chan）在题为《创造吸引中国妇女的广告》① 一文中，通过实证研究的方法指出，她们比较欢迎情绪性广告，而非告知性广告，认为前者比较具有吸引力、娱乐性和创新性，后者则容易令人厌倦。这跟女性本身的思维特点有显著关系。

来自哥本哈根诺迪克亚洲研究所（Nordic Institute of Asian Studies）的博士后佩里·约翰逊（Perry Johansson）在题为《白皮肤、大胸：作为文化话语的中国美女产品广告》②《消费他者：中国广告和流行文化中的西方妇女崇拜》③ 等文章中指出，中国广告中频频出现对西方女性的白皮肤、大胸、S 形曲线等女性特质的追捧和崇拜现象，其中白皮肤的流行虽然与中国古代社会的阶级、地位状况有关，但近代以来却被打上了西方种族主义的深刻烙印；尤其大胸与 S 形曲线被认为是纯粹西方审美价值的东渐，它们最早出现于中国近代沿海的通商口岸。佩里还在文中挖掘出了中国女性皮肤的平滑性、无毛性等所谓的“美女的中国性”问题。

（五）中国广告的媒介传播与受众研究

孙绍谊、弗拉塞尔在他们各自的博士论文中都探讨了近现代中国广告的大众传播媒介和受众问题，前者包括报纸、杂志、户外展览、月份牌、收音机等；对于后者，他们谈到了半殖民地上海的城市居民如何崛起为中产阶级群体，以及该群体的文化水平、职业特点和收入情况。近现代中国大城市的中产阶级群体被认为是传播媒介和广告文

---

① Kara W. W. Chan, “Creating Advertising That Appeals to Chinese Women”, *Asian Journal of Communication*, 7: 1, 2009, pp. 43 - 57.

② Perry Johansson, “White Skin, Large Breasts: Chinese Beauty Product Advertising as Cultural Discourse”, *China Information*, Vol. XIII, Nos. 2/3, 1998, pp. 59 - 84.

③ Perry Johansson, “Consuming the other: The Fetish of the Western Woman in Chinese Advertising and Popular Culture”, *Postcolonial Studies*, 2010, 2, (3), pp. 377 - 388.

化的受众基础。值得一提的是，对于月份牌广告问题，美籍华裔学者艾伦·约翰斯顿·梁（Ellen Johnson Laing，一译梁庄艾伦）在其所著的《售卖幸福：20 世纪早期上海的月份牌和视觉文化》[①] 一书中进行了系统的论述。该书主要围绕杭稚英、周慕桥、郑曼陀、徐永清、谢志光等著名月份牌画家在20 世纪初上海的活动经历展开论述，包括他们的师承、经营、创作、风格等。最后部分也提到了新中国成立以后一直到 1980 年的月份牌画家及其创作转向问题。王瑾和李红梅在她们的各自著作中都谈到了新时期以来的中国广告媒介，包括电视、互联网、移动电视以及手机新媒体等。这些论述为中国广告的媒介进化描绘了一个相对清晰的谱系。她们还谈到了新时期广告受众的急剧变化和阶层分化问题。当代中国的受众群体包括金领、白领和蓝领三个阶层，其中白领阶层备受关注，他们还被冠以中产阶级、波波族、新人类等新的名字。比他们更为前卫的是一群名为“新新人类”的晚生代青年，该群体以非主流和“杀马特”造型被我们所熟知。

葛凯对国货运动时期“中华国货维持会”的组织和传播机制问题进行了系统研究，这种机制也在一定程度上奠定了国货广告的传播学基础。进入新时期以后，李红梅从宏观层面对中国广告的整体运作机制进行了系统研究。法国奢侈品产业专家米歇尔·谢瓦利埃（Michel Chevalier）与中国学者卢晓合著的《奢侈中国》（*Luxury China*）[②] 一书立足奢侈品广告，对其传播机制问题进行了多个模型的研究分析。

弗拉塞尔的博士论文以近人寿勉成对于国货广告文本的批评为视点，检讨了广告文本及其接受和反映问题。寿氏认为，国货广告文本存在太多不尽如人意之处，比如版面混乱、次序不明，尤其没有留下足够的空白区域为读者提供必要的想象空间。为此，他要求广告创作

---

① Ellen Johnson Laing, “Selling Happiness: Calendar Posters and Visual Culture in Early-Twentieth-Century Shanghai”, University of Hawaii Press, 2004.

② 该书已经被译成中文，由国际文化出版公司于 2010 年引进出版，徐绍敏译。

借鉴月份牌美女画的方法，将美女形象引入广告文本中。王瑾对奥美国际广告公司为高洁丝卫生巾所做的推广活动进行了民族志学的研究，结果发现，该活动的编码意义总是被目标消费者错误或无效解码。她认为这在根本上是由文化差异造成的。她还就中国当前的消费者创造内容进而形成广告媒体的现象进行了研究，认为这意味着中国广告的 UGC 或“用户”时代已经来临，对于消费者和生产者进行二元论区分，无论在理论上还是在实践上都已经不再适切于当代中国的真实情境。

以上我们基本上厘清了西方汉学界对中国广告问题的研究谱系。应该说，这些研究选题宽泛，内容丰富，牵涉深广，而且大部分都立意高远，探讨深入，值得我们做进一步的发掘，以为本土研究提供镜鉴资源。

三 本土学界相关文献综述

下面我们再来系统梳理一下国内学界关于以上几个主题的研究情况，以与国外的研究形成比照。通过资料查阅发现，中西方学界对中国广告的研究存在很大的差异，尤其在研究主题方面表现出了明显的不均衡性。借用物理学的一个术语来说，中西方学界关于中国广告的研究存在着一定程度的“对称性破缺”现象，彼此之间并不能够形成完整的照映关系。这种现象背后所潜藏的深层次问题值得我们深究，我们也将在下文做重点考察。在此，以“中国广告研究”为视点，对照西方汉学界的相关研究，我们先将本土学界的主要研究成果梳理如下。

（一）近现代国货运动与国货广告研究

出人意料的是，本土学界并没有表现出西方汉学界的那般研究热情。笔者仅见过一本专著，即上海社会科学院经济所潘君祥研究员主编的《近代中国国货运动研究》[①] 一书和另一本带有材料汇编性质的

① 潘君祥：《近代中国国货运动研究》，上海社会科学院出版社 1998 年版。

《中国近代国货运动》[①]，此外再没发现其他有分量的研究文献，包括博士和硕士论文。关于该主题的期刊论文倒是零星可见。比如，潘君祥专门撰写了一篇题为《辛亥革命与上海国货运动》[②] 的论文，在这篇论文及其专著中，他都认为抵制外货运动和国货思潮既是辛亥革命的推动力量，又是它的一个重要产物，因此 1911 年“中华国货维持会”的成立标志着国货运动从思想酝酿阶段发展到实质性阶段，即是把辛亥革命指认为国货运动的开端；这一点与葛凯的研究明显不符，后者认为，1905 年的抵制美货活动已经标志着近代国货运动正式开始，而潘君祥只是把这一年当作“中国的民族资产阶级开始登上历史的舞台”。此外，吕建云、钱小明、程麟荪、张爱平等研究者以为数不多的几篇文章考察了近代以来国货运动的基本情况，文章在赞颂爱国志士和团体积极抵制外货的同时，也对该运动的必然失败做了历史唯物主义的理论分析。有些内容还追溯了国货运动在抗战和中华人民共和国成立后的发展情况，这一点很少被西方汉学界提及。[③] 此外，陈振锟还考察指出，国货运动增强了中国的工业化、城市化和对外开放进程，同时还有助于提高现代市民意识，因此对于中国的现代化意义重大。[④] 此外，对于国货运动本身没有再发现其他更有价值的研究。该主题在中国学界的冷遇值得深思。

关于国货运动与国货广告所体现的民族主义和民族—国家问题，国内学界有相关研究，但没有达到与西方学界相应的层次和高度。到目前为止，笔者没有发现专著和直接相关的博士论文，即便是硕士和

---

① 潘君祥：《中国近代国货运动》，中国文史出版社 1996 年版。

② 潘君祥：《辛亥革命与上海国货运动》，《历史研究》1992 年第 1 期。

③ 具体文章包括：吕建云的《论中国三十年代的国货运动》（《江西社会科学》1991 年第 6 期），钱小明和程麟荪的《略论二三十年代的中国“国货运动”》（《上海经济研究》1984 年第 10 期），以及张爱平的《在民族的土壤上，洒下工业的种子——二十世纪上半叶的国货运动》（《档案与史学》2004 年第 4 期）。此类议题的文章并不多见。

④ 陈振锟：《论国货运动在中国现代化过程中的作用》，《中共福建省委党校学报》2000 年第 10 期。

期刊论文也为数不多。先看博士论文。王儒年以《申报》为主题的博士论文后来出版为专著，题为《欲望的想象：1920—1930 年代〈申报〉广告的文化史研究》①，该书以消费主义为核心议题，其中辟一小节（第 287—309 页）论述了国货广告的民族主义问题。后来，他又发表了几篇期刊论文，在这个问题上稍有掘进。王儒年在这些著述中指出，国货广告一方面鼓动了受众群体的爱国热情，使得通过日常消费即可以实现民族认同的国货运动理念得到了广泛传播；但另一方面，其言说方式也消解了爱国主义的神圣性和严肃性，成为诸多“娱乐救国”“跳舞救国”等混世哲学的口实。除此之外，在诸如《跨文化广告与市民文化的变迁——1910—1930 年〈申报〉跨文化广告研究》（庞菊爱，上海交通大学出版社 2011 年版）、《民国时期商业广告研究》（黄玉涛，厦门大学出版社 2009 年版）之类的民国广告研究专著中，几乎都很难发现国货运动和国货广告的影子。

再看硕士论文。吴新攀认为，国货广告可以映照出一个清晰的民族主义想象图景，这种图景对于中国现代民族—国家的构建功不可没。该文明确以安德森的思想来考察民族—国家的构建问题，而且认为这个过程中可以部分地由“国货广告”来承担，因为“广告是媒体诉诸于形象的一种特殊的但又必不可少的文本表达方式，而此前学者大都从文字文本解读‘民族’……广告较之文字是一种补充”。② 向娟以国货运动和《申报》广告为主要研究议题，指出这两者具有相互强化的作用，后者通过“灾难的呈现、国人责任和国货的进步三方面向国人进行提倡国货的舆论动员”，并以其描绘的民族图景，实质性地参与了民族—国家的创建。③ 肖

① 王儒年：《欲望的想象：1920—1930 年代〈申报〉广告的文化史研究》，上海人民出版社 2007 年版。

② 吴新攀：《国货广告中的民族图景——以 20 世纪 30 年代的〈申报〉、〈大公报〉为中心》，硕士学位论文，安徽大学，2010 年。

③ 向娟：《民族主义语境下的国货运动与〈申报〉广告 1912—1926》，硕士学位论文，安徽大学，2010 年。

乐考察了二三十年代《广州民国日报》中的香烟广告问题，其中谈到民族烟草业的广告文本极力鼓动国货主义，成效显著，但它同时也塑造了一种虚构的爱国主义，且与当时的禁烟思潮严重背离，从而消解了爱国思想的严肃性。[①] 以上三人的研究思路和结论有显而易见的海外汉学家的影子。李晓娟着重考察了“孤岛”时期（1937—1941）《申报》广告的抗日宣传情况，认为这个时期的《申报》广告贯穿了深刻的民族主义意识，对于发动“全民抗战”具有重要作用。[②] 李东标的研究与该主题非常接近，将“孤岛”时期的《申报》广告理解为“商业”与“爱国”的二重奏，它有效促进了民众的爱国热情转化为消费国货的具体实践，文章还着重分析了广告对爱国主义的建构过程，认为这种商业营利模式至今不失为一种典范。[③]左上的研究针对抗战初期的《申报》广告，认为这个时期的广告文本策略包括“抗战话语”的融入、通过新闻或时评的广告植入，以及寻求军民健康问题的切入等，其中既有爱国之心、民族之义，也有迎合民众情绪、抢占商机的明显商业动机。[④] 这三篇论文都谈到了抗战爆发后国货广告的基本状况和发展趋向，填补了西方汉学界的相关研究空缺。此外，吴意歌的对国货运动所促成的不同阶层间的“世俗化的消费主义意识形态”和“民族主义消费文化”进行了较为细致的描述分析。[⑤] 温林博对上海机制国货工厂联合会（简称“机联会”）进行了考察，认为它是仅次于中华国货维持会的一个国货运动组织，但后者主要代表商业资本家的

---

① 肖乐：《〈广州民国日报〉香烟广告研究》，硕士学位论文，暨南大学，2015 年。

② 李晓娟：《从报刊广告宣传看中国抗战的全民性——以〈申报〉抗战广告为例（1936—1937 年）》，硕士学位论文，首都师范大学，2008 年。

③ 李东标：《爱国与商业的二重奏——孤岛时期〈申报〉广告研究》，硕士学位论文，安徽大学，2013 年。

④ 左上：《硝烟下的广告——以抗战初期的〈申报〉广告为中心》，硕士学位论文，复旦大学，2013 年。

⑤ 吴意歌：《20 世纪二三十年代上海市民消费心理探析——以英美烟公司在华企业产品为例》，硕士学位论文，东华大学，2015 年。

利益，20 世纪 20 年代以后，随着工业资本家的崛起以及两者间的利益摩擦不断升温，“机联会”才被建立起来，它们都为国货运动做出了重要贡献[①]。

另外还有几篇比较有代表性的期刊论文。杜艳艳对近现代国货广告运动做了比较系统的论述，包括媒介形式、话语策略等，认为它对于鼓动民族主义方面价值巨大，但同时商业与政治的结合并非常态，尤其国货广告试图以政治来压抑商品固有的属性必遭致失败。[②] 廖慧贞则对这种广告模式表达了积极的态度。她通过对 1927—1937 年《申报》政治节日广告的研究指出，节日广告提高了政治的权威性，并凝结了民族认同，从而实现了商业和政治的“双赢”。[③] 此外，杨魁和文君根据“传播仪式”理论对五四国货广告所宣扬的爱国主义及其走向大众化和世俗化的内在机理进行了系统分析，借以为全球化时代的广告传播提供方法论镜鉴。[④]

（二）新时期以来广告的全球化和跨文化广告问题研究

本领域国内研究者投注了较大的热情，仅就专著来说，就已经发现多部。首先，戴元光主编了一本专论全球化与广告传播新进展的论文集。该书为“全球化语境下的广告理论与实务”国际学术研讨会（2006 年，上海）所提交论文的结集出版，主要探讨了全球化对广告观念的影响、新媒体与广告的互动发展、广告设计的新动向、广告教育、跨文化广告传播以及消费社会语境下的广告文化嬗变等重要议题，基本上廓清了该领域的话题焦点。该书“编后”中的一段话语出精

① 温林博：《论 1927—1937 年的上海国货机制工厂联合会》，硕士学位论文，北京工商大学，2006 年。

② 杜艳艳：《近现代的国货运动广告探析》，《理论学刊》2009 年第 4 期。

③ 廖慧贞：《浅析民国节日政治广告——以 1927—1937 年的〈申报〉节日广告为例》，《经济与社会发展》2013 年第 2 期。

④ 杨魁、文君：《“五四”时期国货广告对爱国主义消费仪式的构建——纪念“五四”新文化运动九十周年》，《甘肃社会科学》2010 年第 2 期。

辟：当前国内的广告研究“大多数都在复制、介绍，谈感想，谈经验，实务层面研究较多，理论层面研究不深入，学术研究不规范……关于理论话语的建设较少，理论创新的勇气还不够”。[①] 这基本上道出了国内学界广告研究的实际情形。汤志耕集中考察了中国当代广告受西方文化的影响情况，其中第一部分着重比较了中西文化的差异及其在广告中的体现，包括思维方式、价值观、宗教、人际关系、家庭、风俗以及社会历史传统等几个方面，与西方学界的研究可互为参照。该书还谈到了西方现代文化对中国广告的影响，指出其本质在于推销西方的价值观和生活方式，这种推销之所以可能，与中国广告产业的整体落后休戚相关。书中还谈到了争议广告和民族主义问题，对于这些现象作者持理性批判的态度。[②] 贺雪飞主要从学理上考察了跨文化广告传播问题，对它的概念、特点、基本模式、历史发展以及目标层次、前提条件等理论要素做了比较详尽的论述，认为广告以文化为存在之本，以传播为存在方式，跨文化广告传播本质上即是“一种特殊的广告运动”，因为它具有不容抹杀的“跨越性”，这也导致它不可避免地会带来文化冲突。据此，该书立足于本土实践，进一步探讨了中西广告文化之间的具体差异，以及应对冲突事件的若干策略。[③] 此外，孙欣茹的《广告与民族文化产业》（人民出版社 2011 年版）一书泛论广告与民族文化以及民族性之间的关系，将广告看成一种带有深刻民族印记的象征符号体系，因而是民族产业的一个典范。书中还谈到了中西广告文化之间的关系，为该领域提供了一些比较基础层面的参照。

在学位论文方面，博士论文没有发现相关研究，硕士论文有如下

① 戴元光：《传媒 · 传播 · 传播学——全球化与广告新理念》，上海交通大学出版社 2008 年版，第 286 页。

② 汤志耕：《中国广告中的西方广告影响因素——从文化角度看》，浙江大学出版社 2009 年版。

③ 贺雪飞：《全球化语境中的跨文化广告传播研究》，中国社会科学出版社 2007 年版。

几篇：首先，关于“争议广告”问题，刘海波主要考察了近年来的“辱华广告”事件，认为这些事件的发生包括两个方面的原因，主要由于语言、审美、风俗、宗教等文化差异所导致，但并不排除文化霸权、民族主义和国际博弈等因素，但前者更为根本。当前国内学界应该思考重建广告和传播伦理新秩序，以适切于文化全球化的时代吁求。① 其次，关于中西广告文化的比较研究，硕士论文非常之多，比如毕莹通过内容分析的方法重点考察了中美广告中的文化差异，包括思维方式、解决问题方式、价值取向、行为模式、情感表达方式、宗教信仰六个方面②；又如，田琳专门对中西广告文化的价值观问题进行了比较分析，将其理解为集体主义与个人主义、政府导向与科学导向、爱国主义与英雄主义等几个方面。③ 此外，关于中西广告文化的伦理表达差异、性别差异以及具体产品广告的文化比较等都有涉及，兹不赘述。最后，关于全球化与广告文化的关系问题也略有所获，比如王志成重点考察了两者的关系，认为全球化的潮汐深刻牵动着广告文化的走向，乃至使之成为文化冲突和融合的前沿，当务之急是深挖自己脚下的文化岩层，并以普世价值为切入点，在全球与本土之间重新定位未来的走向。④

这方面的期刊论文也非常之多，代表作品包括：关于“争议广告”问题，陈静静和孙斌华以“丰田霸道”为例，通过深度访谈的方法分析了广告民族主义的内涵及其发生条件，尤其侧重于受众理解的文化维度，同时对于民族关系也给予了足够的重视⑤；潘知常和苗青

---

① 刘海波：《跨文化广告传播伦理问题研究——从“辱华广告”看跨文化传播》，硕士学位论文，苏州大学，2008 年。

② 毕莹：《文化视角中的中美广告差异研究》，硕士学位论文，西北大学，2013 年。

③ 田琳：《中美广告中的文化价值比较研究》，硕士学位论文（英文），天津财经大学，2010 年。

④ 王志成：《全球化时代的广告：作为文化观念的图景》，硕士学位论文，吉林大学，2005 年。

⑤ 陈静静、孙斌华：《跨文化传播的民族主义解读——丰田“霸道”广告个案研究》，《新闻大学》2004 年冬版，第 38—42 页。

考察了媒体在“耐克广告”事件中的作用，认为它是该事件的实际制造者和主导者，而且能够强化和升华民族主义的情感认同，并为新意识形态同化其内部言论提供了重要契机①。关于“跨文化广告”问题，战淑桦从文化语境对跨文化广告传播创意、文案、表现手法等方面的影响入手，探讨了它在策略性调整与本土化适应方面的成败得失②；贺雪飞将文化差异视为跨文化传播中的变量，指出正是由于该变量的不确定性才造成了各种争议广告③。此外，关于中西广告文化的差异问题，也有大量的期刊论文，但基本观点大体上已如上述，在此不一一列举。

（三）中国广告的消费主义问题研究

国内学界的研究在这部分也比较充分。专著方面，王儒年的《欲望的想象》一书是针对20世纪二三十年代《申报》广告消费主义研究的重要论著。该书对当时的物质文化、日常消费以及饮食男女的审美追求等问题都做了比较细致的论述，尤其将透过广告文化所表现出来的带有强烈西方现代性色彩的消费主义提升到“个人存在价值和生存状态根本问题”的高度上，认为广告图像和话语宣传实质上是对普通大众的人生观、审美观和身份认同的再造，为当时尚且浓重的传统消费伦理带来了巨大的冲击。庞菊爱的《跨文化广告与市民文化的变迁》一书将研究年限上溯了十年，并以《申报》的跨文化广告为基本对象，这对于当时流行的消费文化是一个重要补证。所谓“跨文化广告”，作者将其界定为国际广告的跨国家、跨区域传播。该书对当时见诸于《申报》的这类广告形态进行了系统的分类和调查研究，并着重考察了它的广告策略，包括借用西方强势文化、巧用理性和感性

① 潘知常、苗青：《“耐克广告”事件：民族主义话语权力的滥觞》，《东方论坛》2007年第2期。

② 战淑桦：《跨文化广告传播初探》，《当代传播》2006年第6期。

③ 贺雪飞：《文化差异：跨文化广告传播中的变量》，《新闻记者》2006年第6期。

诉求、注重品牌塑造和维护、活用本土化和现代市场营销技巧等。书中还系统论述了跨文化广告对市民物质文化、风俗文化和精神文化的影响，认为它在促使中国文化的世俗化和消费化方面“充当了历史的不自觉的工具”。[①] 新时期以来广告的消费主义研究，也见诸多部著作，其中赵津晶的研究比较具有代表性。她在严格厘清消费、消费文化和消费主义概念的基础上，借助结构主义、符号学、后现代文化理论等多种理论资源，对商业广告所体现的消费主义进行了全面透析，尤其侧重于它的生成和运作模式。书中还对消费主义现象做了批判分析，力图抵制其负面影响，以促进商业广告的可持续发展。[②]

在学位论文方面，孙朕宇的博士论文主要考察了 1927—1937 年《新闻报》广告与上海市民休闲生活建构之间的关系问题，这份报纸在全盛期曾长期超越《申报》，对于上海流行的消费主义同样起到了重要的推动作用。该文认为，《新闻报》紧密地浓缩并生产了上海当时的休闲空间，它还见证了休闲文化从有钱有闲阶级向普通市民的开放和转化，这显然为消费主义的流行敞开了大门。文中重点考察了消费的身份认同问题，并认为广告在其中起到了关键作用，它实质性地生产着不同身份的差异和区隔，从而奠定了消费主义的运行基础。[③] 孙会的博士论文主要探讨了《大公报》广告从 1902 年到 1936 年的基本发展情况，其中部分涉及消费文化问题。作者指出，这份以“文人论政”见长的报纸为了维系生存不得不向《申报》之类的商业报纸一样求助于刊登广告；但也正是通过这些广告，才见证了消费文化的历

① 庞菊爱：《跨文化广告与市民文化的变迁——1910—1930 年〈申报〉跨文化广告研究》，上海交通大学出版社 2011 年版。

② 赵津晶：《我国商业广告中的消费主义文化研究》，华中科技大学出版社 2012 年版。

③ 孙朕宇：《〈新闻报〉广告与近代上海休闲生活的建构（1927—1937）》，博士学位论文，复旦大学，2009 年。

史变迁。要言之，这三十多年来明显经历了从“禁欲尚俭”到追求享乐、从独立自足到开放崇洋以及求新逐潮的变化，为中国彼时北方的消费主义变迁描绘了一个相对清晰的历史图谱。[①] 新时期以后，刘艳子通过统计分析的方法考察了我国广告与居民消费的相关性问题，包括消费水平、消费结构和消费波动性三个方面。结果发现，广告对于居民的消费增长呈明显的正相关性，而且对生活享受类和文化信息类产品的影响更为显著。作者还发现，广告可以起到很好的经济调节作用：繁荣期可以通过广告促进消费水平的增长和结构升级而成为“加速器”，低迷期可以通过广告平抑消费波动而成为“减震器”，这两种作用可谓为经济发展的“阿基米德杠杆”。[②] 王慧通过建构由“消费主义和普遍文化价值”组成的“广告二元价值观模式”，以及修改后的波利广告文化价值测量框架，对中国当代电视广告中的文化价值模式进行了实证研究。该研究在数据分析上还借助了结构主义符号学和修辞学的零度与偏移理论，为国内少有的将实证调查与理论思辨相结合的方法论范例。结果发现，结构主义的表层文化价值观比较繁杂多元，而其深层则表现出了消费主义的文化取向，其中最典型的模式即为上述的“二元价值模式”，但该模式并非恒定不变，它会随着接受主体的不同而有所偏移，而且这种二元模式表现出了典型的西方现代性倾向，对本土的传统文化带来了很大的冲击。该研究还对全球化和本土化这一对变量进行了专门测量，结果发现包括中国在内的发展中国家的本土化趋势逐渐弱化，相应地，全球化影响稳步增强，这对于王瑾所提出的“球域化”概念的层次结构（详见第二章第二节）是一个比较好的验证。[③] 此外，孙钢以 1992—2004 年的成都市房地产广告为样

---

① 孙会：《〈大公报〉广告与近代社会（1902—1936 年）》，博士学位论文，河北师范大学，2007 年。

② 刘艳子：《我国广告与居民消费的相关性研究》，博士学位论文，武汉大学，2014 年。

③ 王慧：《中国电视商业广告文化价值模式研究》，博士学位论文，复旦大学，2003 年。

本，探讨了其中所蕴含的社会和消费文化的变迁。通过内容分析，作者将这段历史分为转型期（1992—1995）、消费主义临近期（1996—2000）和审美化生存期（2001—2004）三个阶段。[①] 如果不是涉嫌过速的话，其结果至少浓缩了中国经济和文化生活高速发展的真实图景。硕士论文也有几篇这方面的专论，如陈翌霖主要探讨了《申报》广告与上海晚清社会之间的关系，关于消费主义问题，作者将其斥为广告“失范”和“消费异化”，表现在崇洋媚外以及早熟化和恶习性消费等。[②] 曾欢欢主要考察了电视广告符号与消费主义之间的关系，认为消费主义最大的特点是无限度地追求符号价值及其所指向的社会地位、声望、名誉等，而这恰恰建立在摒弃消费品使用价值的基础之上，其后果是通过符号控制受众，“让人沦为神话的信徒”，而电视广告则为此提供了最重要的符号资源。[③] 此外，沈一兵以消费异化与广告伦理之间的关系为论题，指出当前广告中普遍存在的虚假性、虚幻性和功利性误导了人们的消费观念，造成严重的消费异化，这又反过来作用于以迎合消费者为旨归的广告制作，使得二者循环恶化，每况愈下。[④] 当然，这方面的学位论文还有很多，我们在此只能以直接相关性为标准，别不烦举。

期刊论文方面，关于广告问题的消费主义研究更为繁多，比较有代表性的有如下几篇：蒋建国以广告符号所导致的“消费主义文化危机”为基本议题，指出当前广告的符号化倾向直接导致了消费异化，进而对消费文化和意识形态带来了严重扭曲，表现在歪曲消费目的和购物的原初意义、推行消费至上的价值观、造成消费时间和空间的殖

① 孙钢：《房地产广告：一个时代变迁的真实文本》，博士学位论文，四川大学，2006 年。
② 陈翌霖：《〈申报〉广告视野中的晚清上海社会》，硕士学位论文，苏州大学，2005 年。
③ 曾欢欢：《电视广告符号与消费主义神话》，硕士学位论文，湖南师范大学，2006 年。
④ 沈一兵：《论消费异化与广告伦理》，硕士学位论文，南京师范大学，2004 年。

民化等。[①] 屈雅丽考察了广告对消费审美化进程的影响，认为广告是后者的重要表征系统，它在不同时期的传播内容、产业定位以及信息源等方面的变化与后者具有正相关性，而且认为它可以通过积极健康的意义编码和审美品位的提升为后者的未来发展“提供正能量”。[②] 张殿元对“世界性消费主义”在广告领域的表现进行了批判检讨，指出广告的跨界运营和跨国公司的全球一体化促生了一种风行世界的消费主义热潮，它使得本来不被商业文化染指的领域如传统人格、民族精神以及私人领域等都遭到了迅速感染，它像一个由资本组装的庞大的机器在世界范围内横冲直撞，在其面前甚至那些被宣称具有主体意识的受众个体也显得势单力薄。[③] 何辉对作为“镜像”的中国广告所映现的“现实”进行了调查分析。他认为，中国广告反映了消费文化的深刻变迁，概言之，1988—1991 年、1989—1993 年两个部分重合的时间段内分别见证了日本和欧美文化的流行；此后一直到 1997 年为中国、日本、欧美三种文化的共生期；此间从 1994 年开始一直到 1996 年，港台文化风潮席卷中国大陆；1997 年国内开始大规模反思和批判这些现象；到了 20 世纪末，呈现在广告中的整个社会文化已如同万花筒般争奇斗艳。[④] 该文与西方汉学界通过修辞分析对中国广告所反映的社会历史变迁的研究可以互为参照。这方面的研究当然还有很多，在此不一一列举。

（四）中国广告的女权主义问题研究

本领域的研究在国内学界同样蔚为大观，不过专著和博士论文依然比较鲜见，大多与其他内容尤其消费主义问题并陈杂处。比如，在

① 蒋建国：《广告符号与消费主义文化批判》，《消费经济》2007 年第 1 期。

② 屈雅丽：《当代广告发展与消费审美化进程》，《中州学刊》2014 年第 2 期。

③ 张殿元：《世界性广告消费主义的文化批判》，《中南民族大学学报》2008 年第 2 期。

④ 何辉：《镜像与现实：广告与中国社会消费文化的变迁以及有关现象和问题》，《现代传播》2011 年第 3 期。

学术专著方面，王儒年的《欲望的想象》一书对于《申报》广告所体现的女性理想美和性别认同分别做了专节论述。作者指出，任何时代的女性美都为男性美的附庸，男性的情趣、要求、情欲及其阶级利益引导并决定着女性美的内容和形式，或者说，它只是由主控阶级的男性群体所制造出来的时代风尚，本质上为其欲望和需求的外显。以此为视点，作者考察了《申报》广告中女性的肉体、服饰和行为美，其中无不彰显着“男性制造”的深刻烙印。这些广告同时还以告知女性“天然美必有缺陷”的方法传达了女性美的认同吁请，而且这种认同甚至被提到了女性生存本体的高度，美被指认为女性之为女性的安身立命之本，从而为广告宣传开辟出了巨大的可操作空间。刘鸿在一本广告文化批评的专著中专节讨论了中国当代广告的女权主义问题。他通过数据分析发现其中呈现出了明显的话语不对等现象，男性显著高于女性，这充分说明了男性话语的“霸权”地位，因此，男性获致了“文化符号体系操纵权”和“话语理论创造权”，从而非常容易实现美国学者塔奇曼所说的“对妇女象征性的歼灭”。他还发现，广告中的女性往往表现得与技术非常隔膜，认为这是对技术的性别化操作，或者说技术也被赋予了性别，而且通过广告所传达的这种信息将会在受众群体的日常经验中得到不断地复制和传播，进一步形成了整个社会的“刻板成见”。书中还专门谈到了女性作为“景观”在广告中的呈现，她们被迫摆出各种模式化的所谓性感或撩人的姿势，但这种“景观”实质上被“不在场的男性”所操纵，而且是对真实女性的片面化抽象，严重扭曲了她们的本来面目。① 张殿元在关于广告视觉文化批判的专著中，对广告的性别建构问题做了专门论述。书中认为，广告往往通过带有明显二元论印记的“诗学方法”来传达一些关于女性身份的社会迷思，主要包括女主内、男主外，女人以外貌和性感为本、

---

① 刘鸿：《消费、象征和权力——广告文化批判》，海峡文艺出版社 2002 年版。

男人以智慧成熟立身，女人必须温柔自持、男人必须果敢坚毅等，通过这种方法的运作，女性被建立了“优秀范例”，既作为被消费的对象，也成为再生产的摹本。① 此外，花家明对中国广告批评的历史梳理也部分地提到了女权主义研究，观点大体如上，兹不赘述。

博士论文方面，孙朕宇关于《新闻报》广告的研究专节讨论了二三十年代民国女性的休闲生活及其在广告文本中的再现。这些广告为她们的生活提供了一个较为明晰的图景：以家庭为中心，以购物和消费为副中心，这两点基本上构成了她们的全部。但是，妇女解放运动毕竟也在一定程度上撬动了父权制的版块构造，致使妇女的“主体性地位”有所提高。比如，一幅别克汽车广告竟然选用女性为司机，男性为乘客，这完全颠倒了两者传统意义上的支配/被支配关系。但作者旋又发现，画面中男子转脸直视女子的定格动作，使得这种关系再次陷入了凝视/被凝视的传统窠臼，而后一种关系深深扎根于文化—心理结构深处，更加难以触动和改变。关于中国广告女权主义研究的博士论文截至目前没有发现更多。如果把“相关性”稍微调低一个档次，即放宽国籍束缚，针对广告本身，还能搜获少许。比如，彭小华针对当代广告中的性别再现究竟是贬低还是讨好女性进行了阐释分析，其创新之处在于，放弃文本研究的老套做派，重点检视广告生产、传播和接受—反应等“非文本性因素”，以期得出一些“与主流学界相左的结论”。结果发现，广告的生产—发布者并没有能力制约消费者，相反，后者往往通过对文本的灵活性和能动性解读规避或颠覆其所传达的真实意义，甚至刻意回避解读；广告为了迎合女性受众不得不把她们表现得年轻美丽，拥有消费的决定权；性感广告的创造者往往不是男性群体，而是女性本身。② 该研究虽然并不针对中国，但其结论

① 张殿元：《广告视觉文化批判》，复旦大学出版社2007年版。

② 彭小华：《贬低还是讨好？——消费文化语境下广告性别再现的解读》，博士学位论文，四川大学，2005年。

显然更适用于中国。硕士论文比较多，但创新性略显贫乏，聊举二例：其一，王皓通过实证研究的方法考察了中国网络广告之于女性形象的刻板成见，具体内容包括完整性、真实性、年龄、暴露程度、角色等八个维度，结果与基本假定比较吻合；① 其二，孙美琳归纳了新时期以来中国电视广告中女性形象的基本类型，按照时间顺序依次分为贤妻良母、职业白领、清新学生、魅惑女郎四种，最近以来“泛魅惑女郎”尤其被广泛推崇。②

期刊论文方面不胜枚举，但以下两篇尤其值得关注：其一，李思屈通过两则广告案例，对中西方广告中的女性符号作了比较研究，认为“性指涉”在中国文化语境中产生“不洁感”的原因在于传统守旧思想的陈陈相因，而西方广告自20世纪70年代以后则经历过自觉反思和女权主义的洗礼之后，已经非常开明。正是由于传统女性文化的集体无意识根深蒂固，所以广告中才呈现出“浪漫的天使”和“实用的女婢”两类截然相反的形象。③ 这已经触及了下文将要谈到的“厌女症”现象。其二，温彩云通过内容分析的方法，考察了中国女性杂志广告中的身体模式，并与西方模式做了比较研究，结果发现，二者在具体姿势、体态上有所不同，白人女性的暴露程度和性指引倾向高于包括中国在内的东亚女性，在广告中具有更大的性诱惑力。④ 这与我们即将谈到的女权主义的种族美学问题关系很大。

（五）中国广告的传播媒介、受众以及广告产业问题研究

国内学界的相关研究相对于以上几个问题来说更为充分。首先，在专著方面，黄玉涛对民国时期（1911—1949）的商业广告进行了专

---

① 王皓：《中国网络广告女性形象研究：对中国网络平面广告的内容分析》，硕士学位论文（英文），浙江大学，2013年。

② 孙美琳：《近30年中国电视广告中女性形象的建构》，硕士学位论文，中央美术学院，2013年。

③ 李思屈：《中西方广告的女性符号比较》，《西南民族学院学报》2009年第9期。

④ 温彩云：《中国女性杂志广告中的现代女性身体模式研究》，《新闻界》2015年第5期。

门研究，包括广告名人、广告媒介、广告公司以及广告管理等重要议题，涉及的广告名人有史量才、汪汉溪、黄楚九、李叔同、周慕桥、郑曼陀、杭稚英等，广告媒介包括以海报、月份牌为载体的招贴广告，以路牌、匾额、交通、橱窗、墙体、霓虹灯等为载体的户外广告，还有专门的商标广告、报刊广告和广播广告研究。① 这些研究涵盖广泛，史料翔实，具有一定的参考价值。苏士梅对中国近代以至于“文革”之前的广告进行了编年史式的研究，依次考察了鸦片战争、晚清、维新变法、辛亥革命、五四时期、民国上海、抗战国统区和解放区、建国初期以及“文化大革命”等历史关键时期的广告传播情况，然后又对广告媒介、广告美学、广告管理、广告教育以及广告作用等重要议题进行了专门论述，历史研究与主题研究并重，尤为系统而全面。作者特别指出，中国近代广告带有半殖民、半封建的鲜明特色，即深受西方殖民文化和传统封建文化的双重影响，它以报纸和广播为主要媒介手段，而且由于工商业发展的不平衡，近代广告的发展也表现出了严重的区域不均衡的特点。② 此外，黄志伟和黄莹的《为世纪代言：中国近代广告》（学林出版社 2006 年版）一书也是近代广告的重要论著，该书倾向于关注更加细节性的史料，有一定参考价值；庞菊爱对于 1910—1930 年代《申报》跨文化广告的研究论述到了受众、广告主等以上著述没有涉及的问题，可以互为补益；陈培爱（《中外广告史》，中国物价出版社 2002 年版）、赵琛（《中国广告史》，高等教育出版社 2005 年版）、黄升民（《中国广告图史》，中国传媒大学出版社 2006 年版）等撰写或主编的中（外）广告史虽非断论一代，但都提供了比较有价值的史料和观点，与西方的相关研究可以互为参照。

在学位论文方面，或许是因为该领域不太适合作为选题，直接相

① 黄玉涛：《民国时期商业广告研究》，厦门大学出版社 2009 年版。
② 苏士梅：《中国近现代商业广告史》，河南大学出版社 2006 年版。

关的研究仅搜到一篇。于石光以实证研究的方法考察了广告中的情感诉求对中美受众的影响差异。该文指出，广告的说服方式表现为理性诉求和感性或情感诉求两个方面，后者可以分为幽默、内疚、怀旧、恐惧心、同理心等多种类型。通过对0—6岁婴幼儿的中国和美国母亲的实证调查显示，广告中有无情感诉求与她们是否进行消费选择呈正相关关系；而且，不同类型的情感诉求方式对两者的影响效果有显著差异，如内疚和同理心诉求对于中国母亲影响比较大，但恐惧心诉求对两者都没有影响；此外，不同的产品类型与情感诉求的效果有关，婴用产品和母亲自用产品中，前者更容易受到影响。[①] 该文立足于消费者以及产品和受众之间的关系，具有一定的创新意义。杜积西考察了从1978年到2008年中国广告审美意识的流变，指出这30年间中国广告界与美学界形成了一定程度上的并行互动关系，广告审美在文本和受众两个层次上都经历了显著的变化，这种变化集中体现于广告设计的历史变迁。该文还对部分广告案例进行了美学分析。[②] 许敏玉的研究与上述相反，她横向考察了广告文化的审美特点、发生机制及其与传统审美的差异和对社会文化的影响，惜乎并没有针对中国广告。[③] 事实上，如果降低一下“相关性”程度，即聚焦于广告本身而不论国籍，国内的博士论文在这方面倒是发现多篇。比如，张华针对困扰广告业界的“不知道浪费掉一半的广告费在哪里”这一难题，进行了“网络调查”研究（一种实证研究的调查方法）。[④] 该研究立足于广告效果，几乎不关涉文化元素，与王瑾的“民族志”研究或可一较。又如杨海军关于“广告舆论”的系统研究体大而虑周，几乎廓清了这个

---

① 于石光：《广告中的情感诉求对中美消费者影响的比较研究》，博士学位论文，北京外国语大学，2014年。

② 杜积西：《1978—2008：中国广告审美意识的流变》，博士学位论文，西南大学，2013年。

③ 许敏玉：《商业视域下广告审美研究》，博士学位论文，吉林大学，2013年。

④ 张华：《基于网络调查的广告效果研究》，博士学位论文，华东师范大学，2012年。

概念的全部内涵，尤其关于广告舆论传播机制的阐发与西方汉学界的研究具有一定的相关性。① 这方面的硕士论文也比较少，且创新意义不大。值得一提的是薛可关于奢侈品品牌的广告传播方式研究。该文引述指出，2011 年中国将成为世界第一奢侈品消费大国，奢侈品广告的“终极目的和核心内容”是超越品牌本身的“梦想和愿景”，它们构成了奢侈品的（意义）消费空间。奢侈品的传播过程分为三个阶段：通过有序的符号组合产生潜在的意识形态和价值观，经由名人背书进行意义转移，最终达到目标消费者完成意义解码，这三个阶段分别对应品牌意义的三个层次，即安全、功能和品牌效应，它们在各自阶段都表现出了不同的偏重。② 该文与西方汉学界关于中国奢侈品广告传播机制的研究有对应关系。

期刊论文方面，关于广告传播和受众的研究在国内学界不胜枚举，但严格来说，围绕中国广告本身的研究并不算特别充分。比照于西方汉学界的相关研究，以下几篇文章引起了我们的格外注意。首先，黄升民和陈素白以电视广告为主要对象对中国广告受众的“态度意识”做了比较系统的研究。文章指出，中国受众对广告的依存度比较高，但信任度却比较低，后者的原因包括广告业突飞猛进带来的良莠不齐、媒体对不良产品及其广告的曝光频繁、广告受众自身的不断成熟三个方面；但信任度在不同的受众人群中又存在较大差异，其中低收入盲从者、高收入高消费者、包容性格消费者和小资消费族群对广告比较敏感且青睐。该文还从历史的角度指出，自新时期以降直到 90 年代初，中国受众对于广告的信任度一直都很高，但随后却不断下跌，这一变化当然其来有自，要言之，广告所具有的镜像功能真实映现了消费大众内心深处的欲

① 杨海军：《广告舆论传播研究——基于广告传播及舆论的双重视角》，博士学位论文，复旦大学，2011 年。

② 薛可：《奢侈品品牌在中国的传播方式研究——以五大奢侈品品牌为例》，硕士学位论文，上海交通大学，2011 年。

望追求，它往往与主流媒体的政治宣传不尽一致。同时，这面镜像还反映了中国社会日渐凸显的阶层分化、群体的碎片化和利益的多元化趋向，这其中必然会发出不和谐音；而且，随着社会发展，广告所代表的消费主义意识形态与主流意识形态冲突加剧，再加上跨国广告公司“争议广告”事件频发，致使广告本身被“泛政治化解读”，成为社会问题的“替罪羊”。该文结语中的一句话发人深思：“在目前的中国，由于资本化运作还不充分，因此对广告等大众文化展开全面批判的时代尚未到来，分析应该多于批判。”① 其次，王菲、孙美玲等四人通过数据统计的方法对近三十年来中国本土学界的广告媒介研究做了历时性的梳理，将其分为文体类型、研究方法、媒介形态研究、媒介特性分析、研究时间分布、媒介策略研究、媒介经营研究、媒介产业研究、媒介生态研究以及研究视角十个维度，结果发现，本土学界的研究总体上从无到有，从少到多，研究方法逐渐科学化，视角也呈现出多元化倾向。该文对于中国广告媒介研究不足之处的研究结论值得我们关注：

> 一是整体研究水平提高缓慢，在1999年之前对广告媒体的研究总体来说是零散、表层和匮乏的，二是研究以追踪性的描述为主，多为对现状的分析总结，对于热点问题喜欢一哄而上，扎堆研究，前瞻性的理论引导缺乏，多数研究对于媒介发展的贡献不大，三是研究方法简单，论证深度不强，学科范畴单一，研究结论突破性较弱，四是研究的选题陈旧，总是集中于媒体特性、媒介策略等范畴，难有视角创新。这些不足都表明中国广告媒介研究尚未结构出一个科学的学术研究框架，呈现出随意性和不均衡性。②

---

① 黄升民、陈素白：《社会意识的表皮与深层——中国受众广告态度意识考察》，《现代传播》2006年第2期。

② 王菲、陈美玲等：《中国广告媒介研究的学术语境变迁——基于1981—2008年五本代表性期刊相关文章的实证分析》，《国际新闻界》2009年第5期。

这里虽然主要以中国广告的媒介研究为视点，但从中应该可以大抵照见本土学界关于中国广告研究的整体轮廓。对此，复旦大学的王慧在其博士论文中的结论或可与此互为参照：本土学界的广告研究“起步较晚，撷取西方理论观点的偶发式论述往往呈现非系统、弥散和混乱的状态。……（这些研究）颇有特色，但不系统，缺乏理论深度”。①

基于以上文献梳理和研究结论，笔者认为，国内学界对于中国广告的研究虽然已琳琅满目，洋洋大观，但截至目前依然存在诸多不尽如人意之处：首先，研究立意普遍不高，相对缺乏关于民族—国家、现代性、意识形态以及更高层次的思考；其次，研究对象和选题取材过于集中和偏狭，态度略显浮躁，对于诸如国货运动、跨文化研究之类的重要议题涉足较少，但对于策略、特征、技巧、困境、出路之类的实用主义选题则比较偏爱；再次，研究层次不高，有些需要深度探讨的重要问题专著和博士论文匮乏，有价值的论述比较零星、散乱，不成系统；最后，研究方法比较单一，虽然理论和实证研究都有大量运用，但是懂实证的理论研究偏弱，理论做得好的实证研究又过于简单，更多情况只是取其一种。

当然，必须要强调指出的是，我们只是按照西方学界的既有研究成果来比照国内的研究，在这个范围之外，国内学界关于广告文化本身的研究当然并不少见，仅就专著来说，如各大高校的“广告文化学”教材，又如《一种大众传播模式的结构主义解读——关于广告文化现象的社会学分析》（人民出版社 2010 年版）之类的专著，国内学界已不胜繁举。一定意义上，这些论著都可以为本研究提供重要参考。

但是，围绕“中国广告研究”这一主题，西方汉学界和本土学界

① 王慧：《中国电视商业广告文化价值模式研究·摘要》，博士学位论文，复旦大学，2003 年。

确实存在一定的错位和偏差，在关注焦点、材料选取、论证过程以及结论等方面尤然，而这些恰恰构成了我们需要思考的一个重要问题，即是本部分开头所说的中西广告文化研究的“对称性破缺”现象。

第三节　研究思路、方法与创新点

一　研究思路与技术路线

本研究以西方汉学界的中国广告研究为基本对象，本质上为“再研究”或“反研究”，意在系统梳理和深度发掘它在中国广告的内涵、特质、构成、历史、价值等层面的观点取向以及研究致思，并对这些内容进行从细部到整体的多层次评议，以期去伪存真，剖璞显玉，然后再与本土研究进行平行比对，力图为学界和业界贡献一份力所能及且切于实用的研究价值。基于这样的立意主旨，并结合西方汉学界的主要议题，在技术路线上遵循了“以时序为经，以主题为纬，以史通论，以论带史”的原则，力图使每一个主题中都贯穿有历史线索，每一段历史中都含有主题的深度发掘。据此，本研究除文献综述外，通过历史分期、代表人物、主题发掘、总体评价、中西比较、价值启示六个内在连贯的环节来组织叙述流程（如图0－2）。

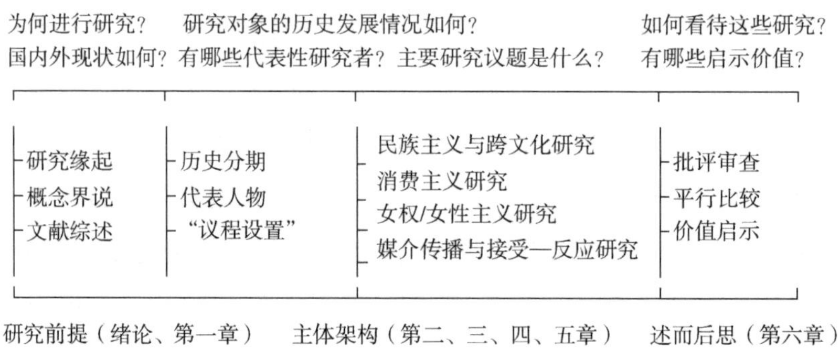

图0－2　研究思路与结构框架

第一，“历史分期”环节从总体上考察西方汉学界对中国广告自近代至当前这一百多年的历史变迁进行了怎样的阶段性区分，旨在为后文的研究厘清一条时间线索。

第二，“代表人物”部分试图澄清西方汉学界相关研究的主要代表人物以及他们的学术背景、研究领域等，并进一步探究他们为中国广告设置了哪些主要议题，以为接下来的行文组织提供内容资源。以上两部分连同文献综述以及关键概念界定一起，共同廓清了本研究的必要前提。

第三，“内容发掘”部分从逻辑架构层面来说，为本研究的主体构成，分为紧密相关的四个方面，即“民族主义和跨文化研究”“消费主义研究”“女权/女性主义研究”“媒介传播与接受—反应研究”，它们占据了本研究的大部分内容。

第四，“总体评价”环节是在各主题内容分别评价基础上的整体再评价，目的是发现西方汉学界相关研究的不足、不是甚至扭曲变异，以为将其与本土研究做平行比较做好铺垫。

第五，“中西比较”环节准确说是本土研究与西方汉学界的整体对比，以期发现各自的优缺长短，增进互相补益。

第六，“价值启示”部分意图鲜明，即经过以上两个环节的逐步厘清或者“消毒”之后，西方汉学界的中国广告研究大体上已“无毒无害”，它最宝贵的部分可以放心拿来，为我所用了。

以上六个环节可以明显分为三个部分，加上文献综述，就构成了本研究的贯穿一体的整体架构。

二 研究方法与创新点

本研究在方法论上可以分为两个层次：首先，就西方汉学界来看，其研究方法可谓五花八门，如同乱花繁眼（如图0-3），大有国内学界对海外汉学所形容的“方法论大爆炸”“炫耀大规模杀伤性武器”之势；

尽管此番形容着意揶揄，但这些研究方法在成效上毕竟实绩显著，应该引起我们的关注。西方汉学界的研究方法粗略来说可以分为理论思辨研究、文献研究、实证研究、民族志学研究、区域研究、比较研究等几个方面，其中思辨研究中频繁出现的理论资源包括民族主义理论、消费社会理论、全球化理论、符号学理论、女权主义理论、后殖民理论、现代性理论、接受美学理论及东方学理论等，实证研究包括问卷调查、话语分析、统计分析等。基于如此丰富的研究方法，当然能生产出富有延展性和启发性的研究成果。尤其值得一提的是王瑾在“奥美国际”所做的民族志学研究。这位美籍华裔学者于2002年和2004年两度在奥美北京分部进行了田野调查，并据此在其著作中提出了很多异于他人的观点。

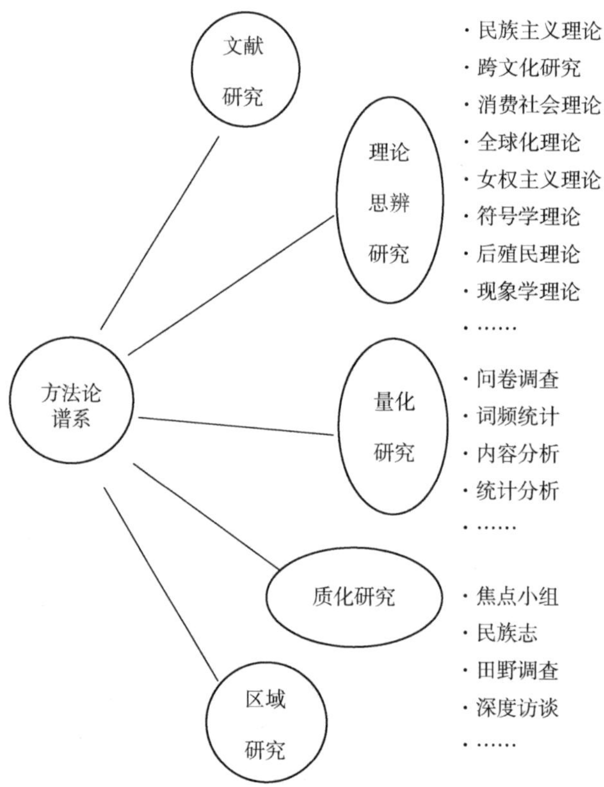

图0－3　西方汉学界中国广告研究的方法

其次，就本研究来说，由于必须要熟悉以上研究方法并将其部分呈现文本中来，因此对于这些方法大都有所触动，尤其以下几种被频繁运用。

第一，理论思辨研究。上述所列理论方法本研究几乎全部都有用到，很大程度上来说，这些方法已经构成了一个相对完整的文化批评的方法论谱系，本研究因此与之非常切近。

第二，文献研究。由于本研究是对西方汉学界相关研究的再研究，第一要务就是收集文献，并对其进行整理、汇编、翻译、文本细读、内容发掘以及价值评议等，这些都是文献研究的必备环节。

第三，比较研究。本研究主要考查英语语系中的中国广告，在首要层次上已经触及了比较研究的一个重要环节即跨语言，在具体的行文过程中，跨学科、跨国、跨文化、跨民族、跨文明等层面都有不可避免的触及。因此，本研究运用了大量的比较文学的研究方法，包括平行研究、影响研究以及文中多次出现的变异学研究。

第四，实证研究。在整个西方汉学界的研究谱系中，实证研究几乎占据了半壁江山，而且这种倾向越到后来就越发明显，新世纪以后势头更劲，这使得我们不得不对这些研究进行数据统计、内容整理、构成分析等实证性的工作，使本研究也打上了实证研究的鲜明印记。

基于以上逐层论述，本研究的创新点也就愈显豁了，归纳起来可以概括为以下几个方面。

首先，本研究为国内第一部系统梳理和深度发掘西方汉学界对中国广告研究的博士论文，主题探讨历时一百多年，横跨民族主义、全球化、现代性、消费文化、女权主义、媒介传播、受众分析等多个研究领域，着力填补本土学界在这方面的话语空白，为国内相关研究提供一面不可或缺的“他者镜像”。

其次，本研究在系统还原“他者镜像”的基础上，还对中国广告在异质语境下“跨界旅行”所带来的“接受变异”追本溯源，力图通过批判分析、中西比较等多个向度的考究，将其携带的负面价值最小化，积极因素最大化，从而为本土研究树立一个参考框架，这在国内学界尚属首案。

再次，本研究基于西方汉学界在方法论上的优势，倡行“洋为中用”“方法论即生产力”的原则，在行文中着意引介并利用其比较有价值的研究方法和考察视角，对于丰富本土学界相关研究的“方法论武库”有所助益。

最后，本研究在立足“学界”的同时，还力求瞻望“业界”，通过西方汉学界对中国广告产业的研究，抽绎出其中比较富有启发性和建设性的观点，以引为我用，充分开掘“局外人”的身份优势和中立价值，这在国内业界同样富有新意。

此外，本研究通过对西方汉学界相关研究的系统厘清，还发掘出了一些在本土研究中遗失或不被关注的新材料，尤其关于国货运动的研究材料和重要人物档案，这些内容在国内学界鲜有论及，具有一定的开创性意义。

第一章　西方汉学界中国广告的历史分期与核心论域

尽管国货运动的起源可以追溯至 1905 年之前，1905 年的反美爱国运动是强调这一年为国货运动起点的最显而易见的原因。

——卡尔·葛凯

一个委员会通常都有一个议程，它是一系列按轻重缓急的顺序进行讨论的话题。任何未列入这个议程的话题，都得不到正式的讨论。

——约翰·费斯克

在前文的文献综述部分，我们已经通过横向的主题结构系统分析了西方汉学界关于中国广告研究的一系列主要议题，从中不难发现，这些议题在不同的时代曾被不同的研究者做了不同角度和程度的研究分析，这意味着除了“主题”之外，“历史”和“人物”这两个变量也应该成为我们研究谱系的一部分。这就构成了本章的主要内容。

第一节　中国广告的历史分期

就“历史”这一主题来说，由于我们的研究是对西方学界相关研究的再研究，从学理意义上来讲，共时性的主题学和历时性的流变学都是不可或缺的，它们共同构成了全部研究文献的经纬线。“主题之经”是我们将要在如下几章论述的重点，本章我们先沿着“历史之纬”，深度开掘中国广告在西方汉学界的演进发展情况。整理发现，这些纬线并非均匀分布的，而是时断时续，轻重有别，但整体上又可以区分出三个明显不同的历史阶段，分别为1905年到20世纪40年代前半期，20世纪四十年代中后期到1978年，以及1979年至今，这其中又可以划分出更为细微的时间区段。下面我们将对这些历史分期作逐次论述。

一 畸形发展期：1905年到20世纪40年代前半期

西方汉学界的中国广告研究开始于近代，这是毋庸置疑的，但所谓“近代广告”具体的起始日期却无据可考，没有哪一份文献曾对此做出过解释说明。弗拉塞尔将其研究时段限定为1880—1937年，这里的起始年是目前查到的西方汉学界关于中国广告研究的时间上限，但作者在文中并没有说明何以截取这样的时段。查阅史料发现，这一年在中国历史上并没有发生与国货运动直接相关的大事件，如果非要说的话，清政府与美国在《蒲安臣条约》（1868）的基础上续签的《中美续修条约》倒值得一提，该条约对在美华工做了非常严苛的限制，成为美国一系列“排华法案”的重要步骤。提到这一点的原因在于，到了1905年，由于美国再次强化了有关法案，引发了中国近代史上第一次全国性的抵制美货活动，而这一点与国货运动关系重大，正如葛凯所说：“尽管国货运动的起源可以追溯至1905年之前，1905年的反美爱国运动是强调这一年为国货运动起点的最显而易见的原因。为了抵制有歧视性的美国移民入境政策，遍及中国和海外的中国商人在1905年夏天兴起了一场抵制美国活动。……这场第一次全国性的抵制活动揭开了十年中逐步增强的反帝主义的序幕，这一反帝主义是通过消费行为或者更准确地说是不消费行为的方式展开的，它促成了运用民族国家来作为主要特征鉴别商品和消费者的行为的广泛传播。”① 如此看来，西方汉学界将1905年的抵制美货活动视为国货运动的真正起点，它促成了以国籍来区分商品的观念在全国范围内的广泛传播，这当然会在主要大众传媒和广告领域里展开。而既然西方汉学界言“商品”必称“国货”，论“广告”不离“民族主义”，那么这一年也应作为其研究中国广告的起点年，因此我们的研究就以1905年作为上限。

值得一提的是，正如前文所说，国货运动的国内研究专家潘君祥认为，它的实质性发生在1911年，这一年“中华国货维持会”正式成立，而且辛亥革命爆发，国货运动被认为正是这场革命的一个重要产物。这种观点与葛凯的结论截然不同：前者将其与国内事件联系在一起；后者则恰恰相反，认为它是对外事件的产物，而且该事件与抵制美货有关。饶有兴味的是，研究者本人葛凯正是地地道道的美国人。

其他的暂不多论，单说从这一年开始一直到20世纪40年代初，中国广告在西方汉学界的总体概况。孙绍谊引述指出：“根据一位老上海广告界的著名人物徐百益（Xu Baiyi）的说法，1949年以前的上海广告从总体上可以被分为四个阶段：从晚清到民国的‘接种（inoculation）期’，20世纪20年代的‘发展期’，20世纪30年代的‘繁荣期’，以及20世纪40年代的‘衰落期’”。② 这四个阶段中的“接种期”应该是指大量引介和学习西方广告的阶段，“衰落期”虽语焉不详，但仅就上海来说，20世纪40年代确实迎来了一个每况愈下的历史时期，其商业文化的核心地位正在从历史上消失，代之而起的是另

① ［美］卡尔·葛凯：《制造中国——消费文化与民族国家的创建》，黄振萍译，北京大学出版社2007年版，第58页。

② Shao-yi Sun, “Urban Landscape and Cultural Imagination: Literature, Film, and Visuality in Semi-Colonial Shanghai, 1927－1937”, Dissertation for PhD, University of Southern California, 1999, p. 334.

一种与其全然不同的文化模式。这是我们下一个环节将要论述的主题，在此趁便指出，该情形的出现，客观来说不能完全归因于战争，意识形态的“型塑”力量往往也能起到基础性的作用。以上关于上海广告发展阶段的论述代表了西方汉学界的基本观点。

当然，这好像很难代表当时整个中国广告的发展情形。事实上，被称为“建造在地狱上的天堂”和作为当时世界第六大城市的上海，与全国其他城市和地区相比，在广告上的差异不啻霄壤之别；但是，仅就这一段历史时期来说，西方汉学界的研究文献很难再找到其他有价值的论述，即便是有，如关于广东和南京的散乱陈述，大都也被严重“上海化”了。如果这是一种显而易见的错误和疏漏，作为尽可能忠实于原著的再现，我们也只能暂且“将错就错”了。但这并不意味着其中潜藏的问题可以回避。

对于这个时期的上海，葛凯、孙绍谊、李欧梵、叶文心等研究者都有大量的细节性描述，尤其是李欧梵，他在《上海摩登》一书的开篇便着意于以史诗式的笔法“重绘上海”，其中的重要场景包括外滩建筑、百货大楼、咖啡馆、舞厅、公园、跑马场、“亭子间”生活等，可谓一幅令人眼花缭乱的现代城市生活的“清明上河图”。值得一提的是，李欧梵对于半殖民地上海的审视深受本雅明关于城市漫游者思想的影响，用文中的话说：“‘这些漫游者、花花公子、城市闲人，超然地、疏离地注视着他们身边的世界’……正是在他们疏离的注视下，城市被寓言化了。”① 作者将自己置身于城市漫游者的地位，并以其边缘化、疏离化的身份，获得了对现代城市的波德莱尔式的经验感知，其中充满了悖论和寓言。

但所有这些场景和感知，被无所不在的广告敏锐地捕捉到了，它

① 李欧梵：《上海摩登——一种新都市文化在中国（1930—1945）》，毛尖译，北京大学出版社 2002 年版，第 45 页。

们以其特有的“符号学”方法表达了另一种版本的城市生活。正如李欧梵所说：

> 上海现代生活的物质消费指南，可以在无处不在的广告上找到，这些广告有的被霓虹灯照着，有的贴在临街的店铺上，还有的是五花八门地印在报纸杂志上。由此，它们也产生了一门物质文化的“符号学”。……从这些无处不在的广告上，我们可以轻易地为现代城市家庭的日常开销和享受列一张单子：各类食品（桂格燕麦、宝华干牛奶）、洗衣粉（Fab）、保健品（韦廉士大医师粉红药丸）、电锅和自动汽锅（广告标明“近年来多数中国人将煤灶换成自动汽锅，该产品特别适合中国家庭冬季使用，以确保全家健康”）、药、香水、香烟、相机、留声机和录音机（Pathé，RCA）及其他。也就不用说那些无处不在的汽车广告了。[①]

这就是以半殖民地上海为底版的中国广告肖像，从中可以清晰地辨认出一个由商品、美女、明星、游乐园、电影院、购物广场等拼贴而成的几近泛滥的消费市场，它与那扑面而来的流行想象和底层欲望，共同构织了一个现代城市的消费文化拼图。这里确如“东方的巴黎”“西方的纽约”[②]，它是“冒险家的乐园”（艾迪米勒语），也是城市中产阶级的消费天堂。

在这样发达的城市经济和商业文化的基础上，已经缓慢发展长达两千多年的中国传统广告，当然会获得一个空前的质的飞跃。事实上，所谓“现代广告”正是在这个时期才被奠定了真正肇端。按照孙绍谊的说

① 李欧梵：《上海摩登——一种新都市文化在中国（1930—1945）》，毛尖译，北京大学出版社2002年版，第21页。

② 王儒年：《欲望的想象：1920—1930年代〈申报〉广告的文化史研究》，上海人民出版社2007年版，第2页。

法，中国的“现代广告最重要的发展源自于商业化和印刷出版的日益盛行”。[①] 正是商业化、大众传媒尤其印刷业的兴起为现代广告奠定了坚实的物质和技术基础。根据西方汉学界的研究，在现代印刷技术的基础上，当时的广告传媒花样繁多，且规模巨大。诸如报纸、杂志、月份牌、霓虹灯等广告形式已是司空见惯，就连车体、墙体、道路两旁等可以被展示的空间也都铺满了大幅的广告。而且，随着电子文化的出现，上海迅速赶上了世界的广播潮流，自 1927 年上海建成了首家国有电台，到 1936 年，这座城市注册的电台就已经有 56 家之多。电台广播为受众解放了双眼和双手，将广告传播带进了一个前所未有的新时代。

当然，现代广告出现质的飞跃的一个重要刺激因素与国货运动的蓬勃发展密不可分，至少在西方汉学界的研究者看来是这样。正如葛凯所说，“在中国，国货运动与广告的发展之间是一种互动关系。一方面，近代广告业为传播国货运动议程提供了一种途径。另一方面，国货运动通过界定广告的新词语，并通过强化中外之间的竞争而为广告带来了收益，从而深刻影响了广告文化的形成”。[②] 国货运动与现代广告互相强化，使后者在爱国主义的名义下获得了一个千载难逢的发展机会，这样的说法似乎不无道理。然而，从另一个角度来说，由于广告的消费主义本性，它在民族主义的宣传实践中，总是难免与其发生矛盾，甚至将其扭曲，产生畸变。因此旨在倡行“消费爱国”的国货运动在很多消费者那里实质性地演变成了“娱乐救国”“跳舞救国”等奇谈怪论。但总体上来说，这个时期流行的消费主义很大程度上确实被空前的民族主义化了，这一点在抗日战争期间达到了最高潮，尽管那个时期以上海为中心

① Shao-yi Sun, “Urban Landscape and Cultural Imagination: Literature, Film, and Visuality in Semi-Colonial Shanghai, 1927 – 1937”, Dissertation for PhD, University of Southern California, 1999, p. 334.

② ［美］卡尔·葛凯：《制造中国——消费文化与民族国家的创建》，黄振萍译，北京大学出版社 2007 年版，第 214—215 页。

的商业广告正日薄西山。而且，在此期间，以革命党、国民党和共产党为首相继倡导的“革命”和“进步”理念，也逐渐渗透广告中，成为它的另一种重要的话语模型。这个时期广告中的女性形象是西方汉学界的另一个关注焦点。她们在国货运动和国货广告中被强制性地分成了两类，一类被誉为温柔贤淑、爱国顾家的“祖国母亲”，另一类是崇洋媚外、追新逐潮的“摩登女郎”，后者往往被斥为“叛国消费者”“帝国主义的忠实推销员”，甚至“妓女”。同时，随着“解放叙事”在妇女界的广泛流传，中国妇女终于可以将身体从传统文化的桎梏中解脱出来，“天足”“天胸”“剪发”等女权运动成为时尚，这也迅速演变为商品的卖点和广告宣传的重要主题。但是，西方汉学界的研究者也指出，在这场前所未有的女权运动背后，被解放的妇女不仅很快被收编为国家议程的一个副主题，而且她们还沦为了商业宣传的工具，成为广告叙事中的一个带有刺激性的话语或图像符号；更为根本的是，她们压根没有也无从走出父权制禁锢数千年的文化牢笼。

总之，这段时期的中国广告在时间上从 1905 年一直延续到 20 世纪 40 年代初，在地点上以上海为中心，在形式上以报纸和广播作为最重要的传播介质，在受众上以城市中产阶级为主体，在内容上民族主义、消费主义和女权主义多元并存且相互交织，在本质上被植入了西方现代性的基本要素。因此可以说，它是在封建传统、帝国主义力量、民族资本、自由市场、资本主义方式等多种因素的合力作用下共同培育出来的一支质羸体虚却又妖艳娇美的花朵，它被前所未有地刨除了传统文化的土壤，却又能很快发育成长，以至于让此后数十年的“同类物种”显得黯淡无光。

二　衰变蛰伏期：20 世纪 40 年代中后期到 20 世纪 70 年代末

尽管我们在文献综述中已经指出，中西方学界的广告研究在主题结构上存在着一定的“对称性破缺”现象，但是到了中国广告的第二阶段，即20世纪40年代中后期一直到1978年，却表现出了令人惊奇的一致，但这不是说两者研究主题的“对称性”没有发生破缺，而是连主题本身都破缺了：对于这段时期的商业广告，两者都很少论及，包括西方学界，哪怕是有关抗日战争时期的研究都凤毛麟角，笔者仅仅收集到一些片段性的论述和两本显然有失严肃的画册。然而，这种情况仔细想来好像也并不奇怪，因为广告尤其商业广告现象，必须以特定类型的经济形态作为基础，就此而言，所谓“革命广告”本身就是一个悖论，因为“革命”的对象（至少在相当长一段时期内）恰恰针对于资本主义的自由市场，计划经济体制下严格来说是不需要商业广告的。但这种说法只是着眼于政治和市场环境这些外在因素，对于广告本身而言，它无所不能的穿透力似乎所向披靡，无论环境何其严酷，总能找到适切的生存空间，其所携带的消费主义的种子总能够生根发芽。在此意义上，很难说第二阶段的（商业）广告不存在，只是它在数量、外观和存在方式上发生了一些变化。或许正是基于这样的一些变化，这段时期的广告才默不作声地溜出了西方汉学界的关注视野。

事实上，至少抗战中的“孤岛”时期（1937—1941），上海并没有失去市场活力，恰恰相反，正如国内学者吴晓波所说，“就在炮火的硝烟还没有散尽的时候，繁荣的幽灵居然在废墟和尸体上很快复活。到1938年年底，租界内恢复生产和新建的工厂总数达4700多家，超过战前两倍以上，在1939年，又新设工厂1705家。其中，传统的纺织业复苏最为迅猛。据布厂同业公会调查，至1939年，租界内新设织布、染织及手织厂823家，新增布机2.32万台，日夜运转每月可产棉布142万匹，而工厂的利润是战前的两到三倍”。造成这种情况的原因很简单：人口激增，消费基数大，且为租界内提供了大量的廉价劳动力，同时工业生产的能力尚在，又可对外开发战争需求。[①] 以此作为

① 吴晓波：《跌荡一百年》（下卷），中信出版社2014年版，第1页。

经济基础，商业广告的持续繁荣并非不可期许。国内学界也有对于孤岛时期商业广告的研究文献，如前述的一篇题为《爱国与商业的二重奏——孤岛时期〈申报〉广告研究》的硕士学位论文（李东标，安徽大学，2013 年），只是有价值的论著难得一见。

总之，抗日战争爆发后，尤其淞沪会战失利以后，由于国货运动已经从根本上丧失了存在的必要性（葛凯等西方学界的研究者甚至认为，持续高涨的国货运动是导致日本发动全面对华战争的一个重要原因，详见后文），关注国货运动和国货广告的西方研究者基本上都就此止笔，如葛凯、弗拉塞尔以及孙绍谊都将其研究时限截至 1937 年，很难发现此后的有价值的论述。高家龙的《邀请南京路》一书将其关于近代以来商业文化的论述截至 1945 年；李欧梵的研究很少谈及国货运动，他也将时间截至 1945 年。这两位研究者所划定的如上时间节点，大概也就是西方汉学界对中国广告研究的第二阶段的分界点。这一年抗日战争取得全面胜利，紧接着内战爆发；国货运动的部分倡导者曾试图在这时重启该项运动，但很快遭致失败，国货运动已经彻底丧失了其存在的根基。但是，根据王瑾的研究，作为国货运动大本营的上海一直到解放以后都保存着相当可观的商业广告力量。她指出：

> 抗日战争和内战期间，广告继续作为中国人经济生活的一部分。伴随着共产主义者在内战中的胜利曙光，上海依然保存有 90 家广告机构。1950 年，上海广告协会注册了大约 100 个会员。中国政府开始将私有公司转变为国有，并宣布私有企业改革的全面完成是在 1956 年。在上海，108 家广告机构被合并成一个国有企业，名为上海广告公司。①

① Jin Wang, "Foreign Advertising in China", Iowa: Iowa State University Press, 2000, p. 34.

半殖民地上海曾经绚烂辉煌的广告业，虽然历经多次的战争洗礼，但依然屹立不倒，其生命活力之顽强，可见一斑。事实上，即便是私有企业改造完成以后，包括上海在内的中国广告依然没有丧失其生存空间，只是很大程度上“广告不再服务于商业利益，而是成为展示中国经济成就的宣传工具。换言之，广告变成了一种政治营销，而非传统意义上的商品和服务营销。就像詹姆斯·楚（James Chu）所观察的，‘广告在中国是一种政治宣传形式。它为经济政策和现代化成就代言’”。[①] 这就是第二阶段中国广告的主要特点。它脱离了民族主义的钳制，遂又被红色革命和政治意识形态所接管，使得广告愈益恢复了它的本来面目，即“宣传”。

至于它和第一阶段的转化究竟是如何完成的，借助于美籍华裔学者唐小兵（Xiaobing Tang）对“延安文艺”（当然也包括广告）的研究可以得到很好的举证。他指出，自从1942年毛泽东发表延安文艺座谈会讲话以后，作为“现代商业、工业和娱乐业吸引力中心”的城市，逐渐变成了“缺乏活力的文明的象征”，它迅速从“中国大陆的文化景观上消失”，取而代之的是一种“可替代的现代性的意识形态试验场”即农村。这个时期的农村，“以其所有的浪漫品质，包括简朴和稳定的乡村生活，成为整个社会话语和想象的主导力量。”正是从20世纪40年代上半叶开始，中国文化和艺术的叙事模式发生了一个根本性的“范式转移”。[②] 在此过程中，半殖民地上海的商业广告逐渐褪去了资本主义式的那抹残留的胭脂红，最终融入为充满战斗气息的“延安文艺”的一部分，红色革命遂成为时代的主旋律。而且，根据李欧梵的研究，中国现代文艺可以划分为城市和乡村两种模式，前者当然以上海为代表，后者则指向了作为传统文化中心的北京。他认

① Jin Wang, “Foreign Advertising in China”, Iowa: Iowa State University Press, 2000, p. 35.

② Xiaobing Tang, “Introduction”, Modern Chinese Literature, 9. 1, Spring, 1995, p. 7.

为，北京这个五四传统的发源地，无论从哪方面看都“不是一个大城市”，而是“一个大的中国式的有文化的乡村”。[①] 这个“乡村”当然与唐小兵笔下令人神往的革命圣地延安一样，都充满了乡土气息，也都流淌着革命的热血，即便新中国成立以后，文艺上的“延安模式”依然在北京延续，并终于在“文化大革命”期间达到了最高潮。

在这样的社会语境下，广告无论在内容、形式还是受众上显然都会经历革命性的变化。首先，在内容上，正如唐小兵对延安文艺的分析，这场大众化的文艺运动“反衬出对以现代城市为具体象征的市场经济方式的一种集体性抵抗意识，尤其是对资本主义生产方式所带来的‘感性分离’、价值与意义的分割所催发的无机生存的下意识恐慌和否定”。[②] 它形成了一种与城市、市场经济和资本主义尖锐对立的广告文化模型，而且可以一定程度上克服前者加之于人的“感性分离”和“无机生存”。其次，这种广告文化模型的受众主体当然也不再是半殖民地上海的城市中产阶级，而是万众一心、战天斗地的工农兵大众。最后，报纸和广播失去了广告传播的核心地位，这两者都被派上了严肃的政治用场——除非少量的带有政治性的书刊广告——取而代之的是海报和招贴画，其中最典型的是月份牌广告的变迁，它所描画的“摩登女郎形象很快地取代传统年画中的福禄寿形象、神鬼英雄形象，成为市民生活的新偶像。……随着新中国的成立，延安年画的路子和方向得到肯定和推广，占据主流地位”。[③] 当然，这个时代的妇女也经历了显著的身份和形象变迁：“文小姐”变成了“武将军”，“摩登女郎”变成了“铁姑娘”。“妇女能顶半边天”的口号既提高了妇女

---

① 李欧梵：《徘徊在现代与后现代之间》，陈建华录，生活·读书·新知三联书店 2000 年版，第 118—119 页。

② ［美］唐小兵：《再解读——大众文艺与意识形态·代导言》，北京大学出版社 2007 年版，第 6 页。

③ ［美］唐小兵：《再解读——大众文艺与意识形态·代导言》，北京大学出版社 2007 年版，第 154—155 页。

的地位，又掩盖了“女性气质”，女性的去性别化成为时代的新风潮。

三　爆炸式繁荣与平稳增长期：20世纪80年代初至今

西方汉学界的大部分研究者都将1979年作为中国广告第三阶段的起点年。他们注意到了这一年发表于《文汇报》的一篇划时代的文章，题为《为广告正名》。该文反对将广告纯粹看作“资本主义的生意经”，认为“我们有必要把广告当作促进国内贸易、改善经营管理的一门学问对待”。而且，广告“作为一种具有广泛群众基础的艺术……可以美化人民的城市，令人赏心悦目，使人在愉快的艺术熏陶中，感受到社会主义文化的欣欣向荣”。[①] 广告的经济和艺术价值都不容置疑，它当然应该用来服务社会主义生产，繁荣群众文化。因此，就在这一年，上海电视台播出了一则滋补药酒广告，随后各种媒体上才陆续出现了各类商业广告。但西方汉学界的研究者也指出：“一般来说，中国广告在整个20世纪80年代仍然被理解为资本主义的腐朽。……广告从业者在执行广告事务时经常面对诸多困境，他们不得不证明广告对于社会主义经济具有建设性。……直到1992年邓小平发表‘南方谈话’，号召中国在市场经济上要放开脚步之后，所有的广告从业者才真正卸下心理负担。”[②]

在这样的社会语境下，中国广告进入新时期以后的相当长一段时间内，依然步履蹒跚，发展缓慢；同时，随着改革开放和全球化时代的到来，跨国广告公司开始大规模进驻中国市场，在日渐活跃的市场经济环境下，与本土广告业展开了激烈的竞争。由于总体实力上差异悬殊，中国广告至少在其重获新生的前二十年，基本上都在向西方的同行学习，后者因此拥有了“竞争者”和“导师”的双重身份。跨国

① 丁允鹏：《为广告正名》，《文汇报》1979年1月14日第2版。

② Hongmei Li，“Advertising and Consumption in Post-Mao China：Between the Local and Global”，Dissertation for PhD，University of Southern California，2006，p. 98.

公司以其专业主义的经营和管理模式既开拓了中国市场，又为其制定了行业规范，其中素以严苛著称的“4A”标准，成为本土公司生存竞争的黄金规则。本十广告的这种“他者性”，深刻见证了中国文化产业在全球化时代的尴尬处境。

但广告的特殊性在于，它以吸引和取悦受众为至上法则，因此受众反应是其第一生命线；但受众又是特定地域、族群和文化情境中的具体的人，他们的任何反应几乎都牵连着广泛而深刻的文化历史因素。在此意义上，跨国——通常意义上表现为跨语际、跨文化或跨文明——广告作为一种他者话语，难免与本土文化产生复杂的冲突和融合关系。因此，“争议广告”“球域化”等问题在民族主义运动日渐淡化的历史情境下，就成了中西广告文化关系的最重要议程。西方汉学界的研究者虽然对于新时期的广告民族主义也做了细致的探讨，但他们整体上还是把中西融合、彼此共生认定为这个阶段中西广告文化关系的主流趋向。这个时期的中国是一个不断创造“经济神话”的时代，也是一个“环境友好”的时代。

伴随着广告文本中民族主义情绪的日渐消退，其中所蕴含的革命和政治因素也逐渐让位于消费主义的强烈诉求。在西方汉学界看来，这个时期的中国在很短时间内连续经历了多次的“消费革命”，人们的物质欲求和消费能力都在不断攀升。在此过程中，具有特定意涵的意识形态逐渐走向终结，革命也蜕变成了一种“氛围”，弥散周遭，这种变化终于让近百年来的消费主义逐渐脱去了历史的“辎重”，将“经济冲动力”（丹尼尔·贝尔）、人性欲望和享乐主义的快感推送到其价值观的核心，一个快感消费的时代正在来临，尽管“后革命”的幽灵还在上空徘徊。

这个时期的妇女地位无论是政治、经济、职业、教育还是家庭方面都有了显著的提高，半殖民地上海的“摩登女郎”和延安模式的“铁姑娘”都已经埋没于历史的风尘，新时期的“新女性”重新焕发出神秘的东方气质和神采。但西方汉学界以其独特的边缘视角，依然窥见了经过两千多年儒家伦理熏陶出来的父权制的强制和压抑。这种情形被吸收并浓缩于广告文本中，复又传播给女性受众，成为她们无意识中的模仿范本。

在文化地理学的意义上，这个时期的中国广告虽然也有影响中心，但此前被称为“大都会”和“圣地”的具体的点已不复存在，取而代之的是线状分布，即国内学界熟悉的一线城市、二线城市等划分。西方汉学界甚至开始关注中国村镇广告市场，这块尚未被跨国公司占据的小利基市场已经正在逐渐成长为中国广告业的“长尾”。王瑾详细考察了娃哈哈、海尔等国内品牌的广告营销战略，认为从城市走向村镇的“战略下移”对于它们的成功贡献良多。她指出：“娃哈哈取得巨大成功的蜘蛛网战略深受中国企业推崇。它依据‘农村包围城市’和‘侧翼进攻’的军事战术，推动非常可乐深入江西、新疆和黑龙江等中国内陆省份，在新世纪早期收获颇丰……娃哈哈计划，很大程度上应归功于毛泽东的游击战思想。诚如毛的红军避免与蒋介石的城市力量正面冲突，蜘蛛战役使得娃哈哈避免与可口可乐和百事可乐正面遭遇。”① 革命变成了广告营销战略，这就是所谓“后革命氛围”中的革命实践。如此看来，西方汉学界对这段时期中国广告的论述不仅有线的延伸，也有面的铺展：广告宣传在告别工农兵大众和“乡土叙事”之后，乡村和农民再次以崭新的面目出现在英语语系的研究视野中。

当然，伴随着中国广告事业的逐渐繁荣，广告传播媒介也获得了空前的大发展。在媒介形式上，以报纸、杂志、户外广告等为代表的印刷文化盛况空前，电子文化除了广播网络在全国范围内的无缝隙覆盖外还孕育出了电视，后者作为视觉文化的典范（尼尔·波斯曼）迅

---

① ［美］王瑾：《品牌新中国：广告、媒介与商业文化》，何朝阳、韦琳译，北京大学出版社2012年版，第105—106页。

速成长为第一大广告媒介。此后相继出现的互联网、手机、移动电视等新媒体更是将广告带进了一个可以随身携带、随时观看的全新时代。与此相对应，广告受众也早已告别半殖民地上海的城市中产阶级和万众一心的工农兵大众，新时期的广告受众出现了前所未有的层次化、碎片化和分众化特点，金领、蓝领、灰领、白领、粉领、布波族、新人类甚至新新人类等共同构成了庞大且繁杂的受众市场。以互动传播为根本特点的自媒体的出现，传统媒介模式下纯然被动的受众逐渐稀少，消费者与生产者之间的界限被打破，用户自己生产内容来吸引广告植入成为重要的发展趋势。

至此，中国广告从传统到现代，从报纸杂志到移动互联网、从救亡图存到娱乐狂欢，这一百多年的沧桑巨变在西方汉学界时断时续的研究图谱中已经依稀可辨。这幅百年长卷由“他者”所绘制，也并非出自一人之手，需要我们在以后的行文中进行尽可能细致的甄别和厘清，以与本土研究互为镜鉴。另外值得关注的是，对于新时期以后的中国广告，笔者没有查阅到历史分期方面的文献，这可能是西方汉学界过度关注现实问题，尤其宜于做实证研究的问题，而对历史研究有所忽略造成的，这一点与近代广告研究形成了巨大反差。

第二节　中国广告研究各时期代表人物

诚如前述，西方汉学界的重要代表人物也是本研究的一个不可或缺的考察维度，这将为我们提供必要的知识背景。在此，我们依然以上述的时间界限为标准，将这些研究者分为三个群体；由于第二阶段没有发现代表性的研究者，故暂行空缺，只在结尾处略作交代。

整体上来说，西方汉学界为中国广告撰写专门著述的研究者并不是太多，其中王瑾、陈红和艾琳·约翰逊·梁（梁庄艾伦）三位美籍华人为专业的广告文化学者，她们均有专著问世；但如果将视野稍稍放宽，查阅其他临近学科的研究文献，则可以发现有大量的论述，其代表人物包括卡尔·葛凯、李欧梵、高家龙等，这些论述大部分都归属于历史学、经济学和文学研究，为我们贡献了不可多得且往往是最具有深度的内容资源。

西方汉学界关于中国广告的其他比较重要的专门论述出自学位论文，尤其博士论文，有十余种之多。这些论文的研究者大部分为美籍华裔，有少量美国人，还有数人来自欧洲。其中最重要的人物我们将在下文中逐步论及。

一　葛凯、李欧梵、高家龙、叶文心等与第一、二阶段广告研究

美国历史学家卡尔·葛凯是海外汉学家群体中对中国广告的消费主义、民族—国家、女权主义等问题最为倾力的研究者之一。他的两部重要著作即《消费中国》和《中国消费的崛起》都围绕这些问题展开，而且都被很快翻译成了中文，足见他的研究颇受国内学界瞩目。

葛凯博士就读于哈佛大学，研究领域为历史学，师从著名的中国学大师孔飞力（Alden Kuhn）教授；毕业后曾任教于牛津大学莫顿学院（Merton College，Oxford），因此他的两部著作国籍分别显示为美国和英国。随着他的中国学研究在美国学界声望日隆，葛凯后来被加州大学圣地亚哥分校（University of California，San Diego）延聘，成为该校历史系最年轻的首席讲座教授（Endowed Chair Professor）。

葛凯小时候家住临近芝加哥的一个大学城，周围学风比较浓厚。他非常喜欢逛书店，有一次在附近的一家书店中看到了很多中国书籍，当他无意中读到“道可道，非常道”这句话的解释时被深深打动，称“一下子改变了我的世界观”，自此以后他对中国的兴趣与日俱增。①

① 参见《葛凯：不能指望中国消费者拯救世界两次》，“观察者”网，http：//www. guancha. cn/Karl-Gerth/2013_08_14_165656. shtml。

终于在他读大二也就是1986年时，葛凯只身来到中国求学，辗转于北京大学、南京大学等著名高校。当时的中国新时期伊始，葛凯在《制造中国》一书中谈到了很多有意思的经历。这些切身感受为他多年以后写作博士论文提供了很多有益的启示，这篇博士论文即《制造中国》。这部著作的主要内容我们在前文已做了初步介绍，而且在下文中将重点引介，故在此无须赘述。值得一提的是关于这部著作的评价。在西方汉学界，这部著作引起了不小的热议，仅书评就有7篇，作者包括著名汉学家阿尔夫·德里克（Arif Dirlik）。

葛凯的这篇博士论文于2000年完成，四年后他写作了关于中国的第二部著作，即《中国消费的崛起》。在这部作品中，葛凯提出了一个重要观点：当代中国正在崛起为世界第一的消费大国，中国消费者正在迅速替代美国人成为推动全球经济增长的引擎，它将重塑世界经济，而且这一过程不可逆转。这一观点与其在前一部著作中对中国消费主义民族化的警惕已判然有别。只是这部著作论述广告问题的地方不是很多，我们将在后文中酌而用之。

对于著名旅美学者李欧梵先生，他的学术背景以及身世经历我们几乎都耳熟能详。他与李玉莹女士的传奇爱情经历还被其好友、著名作家白先勇先生写下了一篇广为流传的文章，题名为《李欧梵与李玉莹的倾城之恋》。名家名媛，声名远著，我们在此就毋庸赘言了。单就本研究来说，我们需要指明一点，即在李先生堪称“浩如烟海”的著作海外汉学界少见的高产者中，关于广告和传媒文化的直接论述并不多见，仅在《上海摩登》一书中和叶文心主编的《中国来了——通向以及超越现代性的途径》[①] 两本著作中有少量触及，而国内学界在这方面的发掘又少之又少，这与对其现代文学的关注极不对称；我们

① Wen-hsin Yeh ed.，“Becoming Chinese：Passages to Modernity and Beyond”，University of California Press，2000.

在此重要的努力指向，就是要在这方面做深度开掘和系统厘清，借以探问其中的宏旨大义。

美国著名汉学家高家龙也是关于中国近现代广告研究的重要领军人物之一。他关于这方面的著作有三种，外加数篇价值不菲的期刊论文，这些内容构成了本研究中的另一个重要叙述资源。高家龙 1940 年出生于美国俄勒冈州的波特兰，高中就读于罗斯福中学。1962 年，高家龙从耶鲁大学获得学士学位，此后不久移居中国香港，并一度执教于新亚书院，教授英语。由于他对中国学的兴趣日渐浓厚，决定继续完成学业，分别于 1967 年和 1975 年获取耶鲁大学的硕士和博士学位。毕业后，高家龙一直执教于美国，曾连续多年担任康奈尔大学历史系主任，成为美国著名汉学家毕乃德（Knight Biggerstaff）的继任者。在其学术专长上，高家龙以中国近代经济和商业文化的研究蜚声海内外汉学界，该领域甚至已成为康奈尔大学的一个特色研究项目。他的主要著作包括《中国的大企业》《中华药商》《邀请南京路》《遭遇中国关系网》以及《移动的城市：中国的内地、沿海和跨民族散居》① 和新近出版的纪传体小说《上海刘氏》② 等，堪称高产。根据一项专门介绍，高家龙曾计划撰写一部有关中国近代以来广告文化的专著，题名为《城市中国的大众文化：上海内外的广告和商业渗透（1850—1985)》（*Popular Culture in Urban China*：*Advertising and Commercial Penetration in and from Shanghai*，1850－1985)，这本专著显然价值巨大，但非常遗憾，至今未见付梓，笔者只查阅到了其中可能包含的数篇期刊论文。高家龙的部分著作，尤其前两种部分论述到中国近现代广告，为本研究提供了珍贵的文献资源。鉴于高家龙在相关领域出版的一系列重要著述，亚洲研究学会（the Association for Asian Studies）

① Sherman Cochran，“Cities in Motion：Interior，Coast and Diaspora in Transnational China”，Berkeley：University of California Institute of East Asian Studies，2007.

② Sherman Cochran，“The Lius of Shanghai”，Cambridge：Harvard University Press，2013.

在2008年给他颁发了“约瑟夫·列文森图书奖”（Joseph Levenson Book Prize），颁奖词为：“为增加理解中国1900年以来的历史、文化、社会、政治和经济做出了极大贡献”。

孙绍谊关于半殖民地上海广告的研究为我们提供了另外一些不可多得的文献资源，在此我们有必要略微交代有关他的一些背景材料。孙绍谊为美籍华裔学者，1961年出生于中国大陆，在国内取得硕士学位，后留学美国，分别于1997年和1999年取得南加州大学的硕士和博士学位，主攻文学和电影学方向。毕业后，孙绍谊长期执教于中美两国的上海大学和南加州大学，在中美多个电影协会担任要职。他还被美国司法部认可为对美国教育和文化事业做出突出贡献的专业人才。他的博士论文《想象的城市》已经在国内引进出版。除此之外，他还汇编了一本题为《新媒体与文化转型》的论文集，主要引介国外主流学术刊物上关于新媒体对社会文化和艺术转型的重要论述。这些研究对我们都具有重要的启示价值。

当然，除了上述几个重要人物外，关于中国广告在第一和第二阶段的论述还包括其他一些绕不过去的人物，如大卫·艾姆波利·弗拉塞尔，他于1976年在哥伦比亚大学取得学士学位，1991年在南加州大学贝克莱分校取得硕士学位，1999年在该校取得博士学位，主攻历史学方向。该博士论文的答辩组专家成员包括著名汉学家弗里德里克·威克曼（Frederic Wakeman）、叶文心（Wen-hsin Yeh），还有刘禾（Lydia He Liu）。遗憾的是，有关他的其他资料很难被搜集到。他的题为《把敌人薰出去》的博士论文对于近现代中国的广告民族主义做了深入研究，对本研究意义重大。此外，任教于密歇根大学的艾伦·约翰逊·梁（梁庄艾伦）也不容忽视，她关于上海月份牌的研究虽然主要立足于人物经历和文本创作，但也为本研究提供了重要的史料资源。此外，著名华文文学批评家唐小兵先生也须在此略作交代。他于1984年毕业于北京大学，然后赴美留学，于1991年获得杜克大学博士学位，此后在科罗拉多州大学、芝加哥大学、南加州大学等多校执教，现为密歇根大学讲座教授。唐小兵先生的著述虽然没有直接触及广告问题，但他关于木刻画和延安文艺的论述在学界声名远著，尤其他为《再解读》一书所做的序言，为中国广告在第二阶段的发展转型提供了重要的叙述线索。

在所有这些研究者之外，我们当然不能忘记加州大学伯克利分校东亚研究所所长叶文心教授，这不仅是因为我们的很多研究资料和理论家都来自该研究所——据信，该研究所也是美国东亚研究领域的佼佼者；而且，叶文心教授本人对于本研究都提供了价值巨大的观念和文献资源，尤其《上海繁华》（*Shanghai Splendor*：*Economic Sentiments and the Making of Modern China*，1843 – 1949，University of California Press，2007）[①] 一书，与李欧梵的《上海摩登》，堪称上海商业和人文研究的“双子星座”，只不过前者在历史主题上更加侧重罢了。我们在后文中有多处引述到这本书以及叶文心教授撰写或汇编的其他著述。值得一提的是，叶文心家学传统深厚，其父叶明勋（1913—2009）为报界泰斗，曾任“中央通讯社”社长等重要职务，而且在国华广告公司、联广广告公司等担任过董事长，因其成就卓越，被业界称为（现代）“广告业鼻祖”；其母华严（原名严停云）为严复孙女，也是声名远著的女作家。作为报人和作家的长女（另有一兄两妹），叶文心当然深受这两方面的濡染，因此她在历史研究中对于传媒和广告文化的重视也就不难理解了。

二　王瑾、陈红、李红梅、约翰逊等与第三阶段广告研究

西方汉学界的中国广告研究进入第三阶段以后在研究成员上出现了出人意料的新变化，其中最重要的一点是女性研究者明显增多，包括王瑾、李红梅、佩里·约翰逊、江春等，这与第一和第二阶段的研

① 该书已经由中国台湾时报文化出版企业股份社 2010 年引进出版，王琴、刘润堂译。

究主力主要由男性成员构成可谓对比鲜明，这种现象发人深思。就研究实绩来说，后者虽然为数不多，但大都以专著为主，且几乎都被引进出版，在方法论上，理论思辨和文献研究被广泛运用；前者虽数量大增，但以博士和期刊论文为主，专著较少，不过实证研究、田野调查等都比较流行的社会学、人类学研究方法开始派上用场。因此这三个阶段、两个部分的研究可谓各有千秋，共同构成了中国广告研究的整体脉络。

王瑾是第三阶段中国广告研究的最重要代表。王瑾现为美国麻省理工学院（MIT）比较媒体研究所教授，主攻方向为中国媒介和文化研究。作为一名美籍华裔学者，王瑾为中国大陆以及第三世界国家做了不少实际工作，其中最重要的就是在 MIT 成立了“新媒体动力实验室”（New Media Action Lab），该实验室致力于实施发展中国家正在寻求由新媒体和信息科技提供解决方案的研究启动项目，它与公益团体协作，旨在缓解数字鸿沟的症状和提高目标受众的传播能力，重要实施项目包括中国的“村联村工程”（From Village to Village Project）等。王瑾比较热心公益事业，曾于 2009 年在中国发起 NGO 2.0（公益 2.0）行动，与各大学、科研机构、基金会、公益组织、IT 公司等联手合作，掀起了一场信息时代的“扫盲行动”。王瑾还是维基媒体基金会（Wikimedia Foundation）的顾问委员会委员，此外还兼任全球性版权保护组织“知识共享”中国大陆版（Creative Commons China）主席，该组织的宗旨是“在默认的限制性规则日益增多的今天，构建一个合理、灵活的著作权体系”。不难看出，将学术研究与社会活动尤其公益活动结合起来，是王瑾富有特色且令人感佩的个人风格，其堪称学术界的“公益活动大使”。在中国广告研究这一议题上，王瑾迄今出版了两本专著，即是我们前文重点介绍的《外国广告在中国》和《品牌新中国》，其中前者为其博士论文的整理出版，后者为最新专著，这本书民族志学的研究方法在海内外中国广告研究领域谓为开山之作。根据王瑾在该书后记中的表述，为了完成研究计划，她曾经在2002年和2004年两度深入奥美国际（Ogilvy & Mather）——由闻名世界的广告大师大卫·奥格威（David Ogilvy）于1948年创立，是国际广告界的泰山北斗，其北京分部做田野调查，这种做法值得国内同行致敬。除了以上著述外，王瑾还出版有《高雅文化热：邓小平时代的政治、美学和意识形态》（*High Culture Fever: Politics, Aesthetics, and Ideology in Deng's China*, University of California Press, 1996）等著述。因其著述成果卓著，她也获得了和上述高家龙一样的“约瑟夫·列文森图书奖”。此外，她还担任9家同行评审杂志的编辑和顾问委员，涵盖广告、媒介与传播研究、文化研究、中国研究等多个领域，其中刊物包括《全球媒介与传播》（*Global Media and Communication*）、《传媒产业》（*Media Industries*）以及《定位：亚洲批评》（*Positions: Asia Critique*）等。王瑾目前的研究兴趣包括广告与营销、公民媒体与传播、社交媒体行动、流行文化、非营利技术等，并且焦点都主要集中于中国大陆。

在中国广告研究第三阶段的成员队伍中，陈红是少见的男性学者。他与另一位华裔学者陈家华（Kara Chan）合编的《广告与中国社会：影响和问题》（*Advertising and Chinese Society: Impacts and Issues*）一书与王瑾的民族志学研究方法堪称交相辉映：以各种实证研究作为最基本的方法论原则，包括问卷调查、深度访谈、词汇分析、内容分析等，颇有“方法论大爆炸”之奇观；而且，书中针对中国广告存在的十四个重要问题，各拟代表性研究一篇，对于国内的广告研究圈来说，无论是观点结论还是操作方法都可圈可点。他还撰写了数篇关于中国广告与女性主义问题的期刊论文，对于本研究启发甚大。陈红为美籍华裔学者，现供职于俄亥俄州大学，主要研究国际广告、全球品牌和社会营销，并以中国问题为主要视点。

如果必须要在西方汉学界选取一个文本最为厚重的中国广告专论的话，那就非李红梅的博士论文《后毛时代的广告与消费：在全球与地方之间》莫属了。这部著作有450多页，内容几乎涵盖了我们即将要谈到的第三阶段广告的所有议题，且附有大量图表和数据，大有“百科全书”之势。李红梅1974年出生于重庆市奉节县某镇，1992年以全县高考状元的身份考入北京大学，1997年取得北京大学英语和法学双学位，毕业后就职于中央编译局，担任图书编辑和版权贸易工作。从2000年开始，李红梅赴美留学，在南加州大学安伦堡传媒学院（Annenberg School of Communication）攻读博士学位，并于2006年毕业。此后，李红梅执教于美国高校，现为佐治亚州亚特兰大大学教授。自1998年以来，李红梅便开始活跃于国内学术界，翻译出版了英国著名政治经济学家苏珊·斯特兰奇（Susan Strange）的《赌场资本主义》（*Casino Capitalism*）等著作。李红梅的研究为我们提供了重要的参考资源，这一点从下文的引用频率中可以见证。

佩里·约翰逊主要致力于发掘中国当代广告中的女性主义主题，她的博士论文通过符号学和话语分析的方法考察中国广告和女性杂志中的女性形象及其美学诉求，认为中国妇女对于白皮肤、大胸、S形曲线等方面的追求深受高加索白种女性的影响；同时，她还在西方电影和文艺作品中发现了东方美女的特质，并认为这一点已经被中国媒体和政府有意宣传，这即是所谓美女的“中国性”问题。约翰逊和其他的几位研究者都强调了这一主题。在我们所介绍的重要研究者中，约翰逊是少有的来自欧洲的学者。她的博士论文署名单位为瑞典斯德哥尔摩大学（Stockholm University）东方语言系（Department of Oriental Languages）；从其期刊论文来看，后又于丹麦哥本哈根大学（Copenhagen University）诺迪克研究所（Nordic Institute）的亚洲研究方向研读博士后，此后再没有搜集到更多的信息。

除了上述人物以外，美国犹他州大学的赵昕、印第安纳大学的陈江以及路易斯维尔大学的江春等都写了中国广告方面的博士论文，对于本研究价值巨大。此外，正如前述，第三阶段最大的特点就是人物众多、专论偏少，大都散见于期刊论文，这些研究对我们同样不可或缺，但在此不一一赘举。

第三节　中国广告研究的“议程设置”

西方汉学界对于中国广告各个历史时期的研究各有主要论域，而这些论域并非自然自发形成，按照知识社会学的观点，它是在特定学术场域下被“建构”和“发明”的结果，或者说，是通过“议程设置”的产物。所谓“议程设置”，按照费斯克（John Fiske）等人在《关键概念》一书中的界定，指的是“一个用来说明媒介有意无意地建构公共讨论与关注的术语”；如果说西方汉学界的文献文本也算作一种“媒介”，并意在引起海内外学术圈“公共讨论和关注”的话，那么，这些文本所涉及或设计的主要议题，便很难摆脱一种权力视角的考量，如“一个委员会通常都有一个议程，它是一系列按轻重缓急的顺序进行讨论的话题。任何未列入这个议程的话题，都得不到正式的讨论”。或者确而言之，这个概念包含有两个关键点：“首先，议程设置说的是媒介向受众提供了什么话题这样的问题，其次，有关这些话题的信息是如何呈现的。……比如多大范围的观点、象征、问题被选择出来以建构一则具体的新闻或纪实性节目。”① 转换成本研究的语言，也就是说，西方汉学界选取什么样的研究议题以及具体采用什么样的研究方式方法，都可以在话语权力的框架内进行审查厘清。对于后者，我们将在下文的每一个主题叙述单元进行细节和整体的多层次考究；对于前者，在进入正式的主题叙述之前，有必要对“主题”的构成状况本身先做一个全面澄清，借此确立我们的主要叙述线索。

① ［美］约翰·费斯克等编：《关键概念：传播与文化研究词典》，李彬等译注，新华出版社2004年版，第7页。

在这个问题上，最简便的方法莫过于逐个考察代表性作品的副标题，因为正标题往往高度凝练，“微言大义”，副标题则申而论之，可以透露出作品中最重要的主题内容。基于这种思考，我们选取了上述代表性人物的主要论著，对这些作品的主书名和副标题做了一一列举，然后抽绎出其中所体现的研究议题，并对它可能延伸并在书中做了实际探讨的主题做了进一步发掘。详情见表 1－1。

表 1－1　　西方汉学界中国广告研究的主题梳理

主标题名	副标题名	核心议题	延伸议题
《制造中国》	消费文化与民族国家的创建	消费文化、民族主义	国货运动、女权主义、广告媒介与传播
《上海摩登》	一种新都市文化在中国	消费文化、都市现代性	民族主义、女权主义
《上海繁华》	都会经济伦理与近代中国	经济民族主义、现代性、民族—国家	民族主义、现代国家
《把敌人薰出去》	国货运动与中国民族主义广告	国货运动、民族主义	女权主义、广告传播
《中国的大企业》	烟草工业中的中外竞争	国货运动、民族主义	消费文化
《中华药商》	中国和东南亚的消费文化	消费文化	国货运动、广告营销
《想象的城市》	文学、电影与视觉上海	消费主义、民族—国家	女权主义、广告媒介
《品牌新中国》	广告、媒介与商业文化	广告传播、媒介文化、消费文化	全球化与本土化、广告文化产业、广告受众
《外国广告在中国》	无	跨国广告、本土广告	全球化与本土化、广告文化产业
《后毛时代的广告与消费》	在全球与地方之间	消费文化、全球化与本土化	民族主义、广告受众
《中国妇女与消费文化》	广告和妇女杂志中的美丽和认同话语	广告传播、女性主义	广告媒介、受众

不难看出，这些著作中频频出现的主要议题包括国货运动、民族主义、现代性、全球化、消费主义、女权主义、传播媒介、广告受众等，

它们占据了西方汉学界对中国广告研究的几乎全部“操作空间”。对这些内容的考察当然也就构成了本研究的最基本叙述线索。但毋庸讳言，以上的不完全列举并不能穷尽西方汉学界对中国广告研究的全部，对于其他较少被关注的次重点或非重点议题，我们会在二级标题以及具体的行文中进行不同程度的探求和追索，尽管理想中的“面面俱到”不可能实现。

然而，问题在于，有些议题在西方汉学界不被关注——当然不排除出于研究者对“选题价值”的考虑——这件事本身就已经很有“议程设置”的嫌疑了，毕竟这其中已经凸显了某种“轻重缓急”之别，以至于造成有些议题——或许价值不菲——出离了西方汉学界的关注视野。我们在文献综述中所提出的本土研究和西方汉学界在主题构成上存在“对称性破缺”的疑问，或许可以在此得到解答。如果就这个问题作继续追问的话，会发现就连“选题价值”问题也难辞其咎，因为西方汉学界的研究者对这个问题的考量行为本身，就已经多多少少陷入了某种权力运作空间，因为这种既带有研究者不可磨灭的目的意识，又受到诸多外在条件限制的行为，显然受制于特定学术体制、价值取向甚至——用一个更大的词来形容——“学术空气”的影响。

对于这些问题，我们会在最后一部分做专门论述，在此仅只略作评议。接下来，我们就将围绕西方汉学界关于中国广告研究的主要议题，进行通盘考究和系统厘清了。

第二章　西方汉学界中国广告的民族主义和全球化问题研究

商品是一种非常奇怪的东西，富于形而上学的微妙和玄学的精密。

——卡尔·马克思

一开始，上帝就给每个民族一只杯子：一只陶杯，从这杯子里，人们饮入了他们的生活。文化是化育人类的一杯泥土，它赐给人第二生命。

——露丝·本尼迪克特

通过广告，你可以发现一个国家的理想。

——诺曼·道格拉斯

第一节　国货运动与广告民族主义[①]

作家茅盾在其著名小说《林家铺子》中，讲述了这样一个故事：1931 年，日本在东北发起了侵华战争，全国人民极其愤怒，各地青年学生纷纷发起了抵制日货活动。杂货铺掌柜林老板的女儿这时却不合

① 本部分内容已发表于《现代传播·中国传媒大学学报》2018 年第 8 期，原标题《近现代“国货”观念与广告的民族主义致思——基于美国“中国学”的批判性视角》，收入本书时内容有较大改动。

时宜地穿起了由日本布料做成的旗袍，她为此受到了同学们的嘲弄，回到家里大哭大闹。正在这时，当地国民党党部派人来检查“日货”，但林老板明白，这不过是借机敲诈钱财，于是他不得不行贿到访的官员，好处是可以将店内的日货改头换面，包装成“国货”，继续在货架上出售。但是好景不长，由于林老板的做法在当地盛行，很快日货泛滥，商品价格下跌，林家铺子陷入了债务危机。不久，在其生意稍有转机之际，党部又借口抓走了林老板，而且警察局局长也扬言要霸占其女儿作为姨太太。无奈之下，被店铺伙计寿生赎救出来的林老板，只有将女儿匆忙许配给他，然后携带家眷和财产连夜出逃，连他欠下的那些老弱孤寡们的债务，也一同销声匿迹。

这是汉学家葛凯在其《制造中国》一书中所举的一个例子。他对此评论道：“在茅盾的这篇经典讽刺小说中，贪婪的商人、不道德的官员和利己主义的消费者都参与到这种民族消费文化中来，但似乎每个人都不必为这种消费文化承担真正的义务。很显然，一个新概念——‘产品民族化’（product-nationality）——开始强制约束消费者”，而且“这种强制是真实的，没有人能否认商品拥有民族性，或者说存在‘消费的民族主义类型’（nationalistic categories of consumption）”，就连作家茅盾本人，“虽然对那些自称为爱国者的人哗众取宠地炒作这种消费类型而深感厌恶，但他自己并没有挑战‘产品民族性’这个概念”。①

葛凯显然认为，他所谓的“产品民族化”和“消费的民族主义类型”是导致“林家铺子”归于破产的直接原因，而对于这些概念，就连该小说的创作者茅盾本人都没有提出异议。那么，这些概念到底所指者何？它们为什么具有这样的“破坏力”？或者说，民族主义何以非但不能“救国”，反而颇具“殃民”的反讽意味？进言之，它们究

① ［美］卡尔·葛凯：《制造中国——消费文化与民族国家的创建》，黄振萍译，北京大学出版社 2007 年版，第 3 页。

竟具有什么样的魔力才逃出了作家本人的检讨视野？这就要从西方汉学界对中国近代“国货运动”的研究说起，这场运动潜藏着太多问题。

一　“习兵战不如习商战”：国货运动的思想基础

根据西方汉学界的文献材料，近代国货运动之所以发生与清政府关税自主权的逐步丧失有直接的关系。鸦片战争以后，清政府被迫签订了丧权辱国的《南京条约》，其中规定，英国商人“应纳进口出口货税饷费，均宜秉公议定则例”，并约定“五口通商”，首开协定关税之恶例；其后接连而至的中美《望厦条约》、中法《黄埔条约》等一系列不平等条约，大量涉及进出口税率以及片面最惠国待遇等议题，清政府逐步失去了自主调整税率的权利。关税自主权的丧失意味着外国商品可以几乎不受约束地在中国市场倾销，这不仅造成了大量银圆外流，也让处于起步阶段的民族工商业不断遭受到沉重的打击，为西方列强的经济侵略大开方便之门。令人扼腕的是，在《南京条约》签订后的几年，清政府并不认为关税控制是一个多么紧要的问题，甚至连是否已经放弃这项控制权都不甚清楚。[①] 既然政府失职，来自民间的实业家、民族工商业者以及部分富有远见的知识分子便只能越俎代庖，自发组织抵御外辱了。这就是国货运动这场绵延近半个世纪的民间运动的缘起：在关税自主权遭遇到实质性的破坏以后，民间组织不得不发起一项自下而上的“精神关税”，旨在通过影响或监督普通大众的购物意愿和消费实践来抵御外来经济侵略。

在西方汉学界看来，国货运动的部分主张在洋务运动那里已经崭露端倪。以李鸿章（1823—1901）为首的洋务运动倡导“自强”“求

① Mary C. Wright, “The Last Stand of Chinese Conservatism: Zhang Binglin and Revolutionary China”, Stanford: Stanford University Press, 1957, pp. 178 – 179.

富”的基本理念，尤其要在军事和科技方面“师夷长技”。尽管这场运动后来被证实只能作为近代民族国家的“救亡叙事”之一种，但在客观上极大推动了科学技术和民族工业的近代化发展，而且还以“官督商办”的形式创办了大量实业，这就为接踵而来的“实业救国”和“国货运动”思潮提供了观念的和物质的重要基础。国货运动不仅与洋务运动有瓜葛，它跟近代历史上的另外两种“救亡叙事”即改革派的维新变法和实业派的救国思想也有很多交叠之处。康有为、梁启超等人的维新改革已经涵括了“开办实业”“重商富国”等实业派的基本主张。来自清政府内部、心向立宪改革的张謇（1853—1926）被认为是实业救国思想和实践的最重要代表，其经济主义的救亡路线与国货运动尤为切近。虽然这些运动最终都未免于败局，但它们的客观结果在政治改革、思想解放以及民族国家的近代化转型等方面依然功不可没，尤其在政策制定上促使清政府当局逐渐放宽了对民间设厂的限制，这一点成为近代民族资本主义和国货运动大规模发展的重要制度保障。①

上述这些运动和思潮为国货运动提供了丰厚的精神、物质和制度基础，但是，它们还没有直接构成国货运动的理论资源。后者直到清末买办学者郑观应（1842—1921）系统提出“商战”（Commercial War）思想后才真正确立。

1894年，脱身于洋务派并深受维新思想感染的郑观应出版了他“首为商战鼓与呼”的传世经典《盛世危言》②。弗拉赛尔指出：“郑

---

① ［美］卡尔·葛凯：《制造中国——消费文化与民族国家的创建》，黄振萍译，北京大学出版社2007年版，第52—56页。

② 这本书出版后引起了社会各界的强烈反响，几年内被再版二十余次，销量超过十万册，乃至出现连续数年的“盛世危言热”。光绪帝曾下诏将该书印刷两千册分发给总理衙门和其他高层官员，并一度将其列为科举考试时事方面的参考书。自认为受到这本书影响的著名人物包括康有为、梁启超、孙中山、蔡元培、鲁迅等。几乎在与该书面世同一年出生的毛泽东曾向美国记者埃德加·斯诺坦称，他青年时代受到这本书影响很大。

观应将当时的社会看作一个商业竞争的社会，他是近代中国历史上第一个倡导商业民族主义的改革派"[①]。郑观应的《盛世危言》一书被奉为国货运动的经典文献。该书"首为商战鼓与呼"，它反复告诫时人这样一条被长期忽视的真理："国家陨灭于军队很容易被觉察，但被商业所毁灭却可以视而不见"[②]。在郑观应看来，要想打赢这场"看不见的战争"，仅靠洋务运动的军事现代化和维新派的立宪改革远远不够，因为中西方国家的根本差异在于立国之本："中国以农立国，外洋以商立国"，而且"西人以商为战，士、农、工为商助也"[③]，实质上是"藉商以强国，藉兵以卫商"[④]。因此他提出了"习兵战不如商战""工业即国防"等一系列广为流传的经济民族主义论断，竭力为国货运动鸣锣开道。[⑤]

不宁唯是，"通过在功能性的贸易群体间将商品进行分类，并且将它们认定为一种为特殊的贸易策略而准备的商战武器，郑观应重新界定了消费者、生产者和产品之间的关系，并将它们都设定到国家对外关系的背景之下"。这种观念对于"国货"思想的形成无疑是至关重要的，因为它不仅史无前例地凸显了商品的民族主义功能，而且将其与消费和生产等量齐观，并被全部纳入"商战"范畴中来。[⑥] 即是说，在这里被类别化的商品以及日常消费活动都变成了一种带有民族主义性质的战略资源，这显然为"国货"观念奠定了重要的思想根基。

---

① David E. Fraser, "Smoking out the Enemy: the National Goods and the Advertising of Nationalism in China, 1880 - 1937", Dissertation for PhD, University of California, Berkeley, 1999, p. 32.

② Joseph Fewsmith, "Party, State, and Local Elites in Republican China: Merchant Organization and Politics in Shanghai, 1890 - 1930", Honolulu: University of Hawaii Press, 1985, p. 26.

③ 郑观应:《盛世危言》，辽宁人民出版社 1994 年版，第 244 页。

④ 郑观应:《盛世危言》，辽宁人民出版社 1994 年版，第 255 页。

⑤ [美] 葛凯:《制造中国——消费文化与民族国家的创建》，黄振萍译，北京大学出版社 2007 年版，第 54—55 页。

⑥ David E. Fraser, "Smoking out the Enemy: the National Goods and the Advertising of Nationalism in China, 1880 - 1937", Dissertation for PhD, University of California, Berkeley, 1999, p. 36.

二 商品的文化“传记”及国货广告的“商战”功能

但是，对于“国货”观念何以能够深深嵌入民族主义抵抗活动的内部，为其提供源源不断的生命活力，中国的国货思想家并没有充分论证。美国中国学界则未就此止步，他们发现，如火如荼的近代国货运动实质上不自觉地运用了商品人类学（Commodity Anthropology）思想，这一过程精巧而绵密，它从“商品”这个核心语词开始，止步于“国货”之名合法性和正当性的牢固确立。

美国中国学界引述马克思的经典论著指出，商品“是一种非常奇怪的东西，富于形而上学的微妙和玄学的精密”[①]。对于国货产品来说，要使其被赋予“微妙而精密”的含义，意味着必须实施一系列“政治挪用”（Political Appropriation），这便“与人类学家伊戈尔·科普托夫（Igor Kopytoff）的理论观点发生了共鸣”[②]。科普托夫在其《物的文化传记：作为过程的商品》一文中认为，西方社会晚近兴起的关于“个体的人与商品的物”的认识是一种“或是或非”的二元论观点，它不能解释（作为个体的人的）奴隶如何被商品化、去商品化和再商品化的往复循环。这种将人个体化同时将物商品化的理解必须让位于一种过程论的视角，在此，物本身像人一样获取了“社会生命”，成为“传记”（Biography）的对象。就其被传记化的方式来说，物的一般化（商品化）和特殊化（意义化）之间的转换始终与文化力量彼此消长：“文化是商品化这一潜在的突进趋势的对抗力量。商品化使价值同质化，而文化的本质在于区别，在这个意义上说，过度的商品化是反文化的”。扩大到社会学的层面，“每个社会都公开地把一

① 转自［美］葛凯《制造中国——消费文化与民族国家的创建》，黄振萍译，北京大学出版社2007年版，第20页。

② David E. Fraser, “Smoking out the Enemy: the National Goods and the Advertising of Nationalism in China, 1880 - 1937”, Dissertation for PhD, University of California, Berkeley, 1999, p. 5.

些物品排除在商品化之外。其中的一些禁令是文化的，由集体来维护。在国家性的社会中，许多禁令是国家的必修课，它们或者在整体上服务于社会，或者服务于国家，或者服务于某些特殊的权力群体”。[①] 毋庸讳言，中国近代经济民族主义对于商品和民族国家之间关系的理解，正是贯穿了这样一道“文化禁令”：必须将某些物品排除在一定的“商品化”范围之外[②]，毕竟它与特定集团乃至整个国家关于物的文化“传记”的期许迥然有异。

“阿尔金·阿卜杜莱（Arjun Appadurai）接过科普托夫的观念，并将它注入更具有政治性的轨迹中来，在此，社会意义起源于商品关系的政治语境范围之内。”[③] 阿卜杜莱更进一步的看法是，“物的流动在任何情况下都是在社会规范的路径（Paths）以及由竞争所激发的偏移（Diversions）之间不断妥协的过程”。[④] 物在此过程中不断经历商品化和去商品化的循环，直至生命的终结。其中在商品化阶段，物听命于市场的逻辑，价值交换发挥着基本的约定作用；在去商品化阶段，物参与一定的社会情境中来，遵循文化的逻辑，被各种权力、荣誉、利益等竞争关系的“偏移”决策所左右。“这些理论观点为国货运动的理论家……企图在民族和商品之间建构意义和关系的讨论分析提供了一个知识背景”[⑤]。据此，由于特定语境下的“竞争偏移”，民族国家与商品之间不得不达成一定的“妥协”：商品被迫部分地脱离其商品

① 转自罗岗、王中忱编《消费文化读本》，中国社会科学出版社 2003 年版，第 407—408 页。

② David E. Fraser, “Smoking out the Enemy: the National Goods and the Advertising of Nationalism in China, 1880 - 1937”, Dissertation for PhD, University of California, Berkeley, 1999, pp. 36 - 37.

③ David E. Fraser, “Smoking out the Enemy: the National Goods and the Advertising of Nationalism in China, 1880 - 1937”, Dissertation for PhD, University of California, Berkeley, 1999, p. 71.

④ David E. Fraser, “Smoking out the Enemy: the National Goods and the Advertising of Nationalism in China, 1880 - 1937”, Dissertation for PhD, University of California, Berkeley, 1999, p. 17.

⑤ David E. Fraser, “Smoking out the Enemy: the National Goods and the Advertising of Nationalism in China, 1880 - 1937”, Dissertation for PhD, University of California, Berkeley, 1999, p. 72.

化的市场生活路径，同时被强制性地纳入去商品化的“政治语境范围之内”，它的传记由此被市场逻辑和民族国家的逻辑共同撰写，同时它的名字也被篡改为这两种力量的集结物，即“国货”（National Goods）。正如卡尔·葛凯所说：“‘国货’……这个术语……表明运动的参与者渴望把他们的产品与民族主义和工业制度联系在一起”，产品、民族主义与工业制度三者之间的联结，正意味着“国货”产品的大批量生产；“与此同时，被贴上‘中国的’和‘外国的’标签的货物在流通中就把‘民族国家’这个概念灌输给了消费者”。“国货”产品的这种身份属性及其价值功能显然意味着它已经被赋予了相当激进的内涵，比如“国货运动的印刷品常常把商品描绘成‘国血’”。而且，这样的逻辑还会进一步蔓延：“通过在名字前加上‘民族’或者‘国’的字样，中国人生活的其他方面也在被民族化，并且被赋予了民族化的名字，包括‘国药’、‘国语’、‘国父’和‘国剧’以及‘国旗’和‘国歌’。”①

至此，“国”字号作为一种民族文化“传记”，或者说一个喻示着不可抗拒的民族大义的称谓，开始被广泛传播，其合法性和正当性地位也就被逐渐确立起来了。

这种深层次的致思逻辑无疑是至关重要的，因为它提供了一种通过日常的消费实践就能实现爱国主义和“救亡”援助的精巧理论预设，其逻辑进路深刻而清晰：通过对商品文化“传记”的民族主义书写，将“民族”和“国籍”铭刻进超越于商品价格、质量、外延等固有属性之上的所谓“根本特质”中来，从而使得科普托夫意义上的“物的社会生活”被注入了一种至高无上的爱国主义情怀和救亡图存的崇高感、使命感。在此基础上，国货运动就变成了一场带有道德强

① ［美］葛凯：《制造中国——消费文化与民族国家的创建》，黄振萍译，北京大学出版社2007年版，第7—8页。

制性的全民参与的民族主义日常消费实践。

关于“国货”如此精巧缜密的民族主义致思，不可能不渗透与之如影随形的广告宣传活动上。事实上，国货运动从一开始便盯上了商业广告，正如葛凯所说：“在国货运动萌芽之初，运动参与者就开始利用广告宣传国货。”① 这种情形之所以可能，葛凯认为，是由于国货运动中“包含了一种社会化的特殊形式”，即通过“训练眼睛来识别视觉线索”，其核心内容是“试图建构民族主义的视觉认知”，而能够承担这种认知的最佳载体正是作为国货商品之传播形象的民族商品展览和视觉广告，借此将“使消费者认识到，他们自身可以过一种纯‘中国’的生活”。② 至于其内在逻辑，美国中国学界聚焦于“国货”思想对商业广告的多层次渗透关系，进行了考察分析。

首先，“国货”思想渗入广告宣传领域，形成“作为观念的国货广告”。葛凯指出：“国货运动……提倡构筑只强调产品国籍的广告文化，取消了先前赋予商品的定义，例如‘土货’这样的商品观念。”③ 广告文化中“只强调国籍”，民族主义信念才会被深度植入；而取消“土货”这样的传统称谓并冠之以“国”字号，则进一步在广告文本中强化了商品作为战略资源的经济民族主义功能。

其次，“国货”思想进一步向广告话语层面渗透。弗拉赛尔发现，“国货运动与宣传国货商品的广告商所运用的营销手段产生了共鸣，这些广告商经常把国货标语口号纳入到他们的商业信息中来”。④ 葛凯着眼于两者之间的交互作用，对此做了更为清晰的表述：“在中国，

① ［美］葛凯：《制造中国——消费文化与民族国家的创建》，黄振萍译，北京大学出版社2007年版，第215页。

② ［美］葛凯：《制造中国——消费文化与民族国家的创建》，黄振萍译，北京大学出版社2007年版，第9—10页。

③ ［美］葛凯：《制造中国——消费文化与民族国家的创建》，黄振萍译，北京大学出版社2007年版，第211页。

④ David E. Fraser, “Smoking out the Enemy: the National Goods and the Advertising of Nationalism in China, 1880 - 1937”, Dissertation for PhD, University of California, Berkeley, 1999, p. 19.

国货运动与广告的发展之间是一种互动关系。一方面，近代广告业为传播国货运动议程提供了一种途径。另一方面，国货运动通过界定广告的新词语，并通过强化中外之间的竞争而为广告带来了收益，从而深刻影响了广告文化的形成。"[①] 近代广告业推动了国货运动的发展，反过来国货运动也"深刻影响了广告文化"：它的"新词语"和"标语口号"成为商业广告的重要话语资源，并由此制约了其整体的文化风格。这即是把国货广告改造成了一种民族主义的话语表述方式。事实上，国货运动对于商业广告的渗透如此深刻，以至于它实质性地充当了国货观念的背书机器，甚至其合法性地位只有在"国货"语境下才能得到确证，正如弗拉赛尔所说："国货运动的参与者为国货展销创造了一种仪式化的背景，藉以为其赋予一种作为道义经济之组成部分的商业合法性"。[②]

最后，将观念和话语转化为实际行动，形成中西广告文化对峙。这是整个渗透过程最重要的环节，而且，只消稍稍还原一下当时的历史情境便会发现，这种转变早已经迫在眉睫：广告宣传领域已成为商品生产和政治法律之外的"第三种战役"，中外公司在此展开残酷竞逐。至于外国公司对这种"战役"重视到何种程度，高家龙以英美烟公司为例，描绘了这样一幅图景："1905 年，当英美烟公司在上海建立新厂时，公司同时建立了装备有进口印刷机器的全新印刷厂，这些印刷厂拥有当时中国最先进的印刷设备。在 1905—1910 年间，这些印刷厂制作了相当大一批广告材料"，以致使该公司的"广告体系渗入到中国的每一个地区"。[③] 为了广告宣传而不惜自建印刷厂，这在当代

① ［美］葛凯：《制造中国——消费文化与民族国家的创建》，黄振萍译，北京大学出版社 2007 年版，第 214—215 页。

② David E. Fraser, "Smoking out the Enemy: the National Goods and the Advertising of Nationalism inChina, 1880 - 1937", Dissertation for PhD, University of California, Berkeley, 1999, p. 6.

③ ［美］高家龙：《中国的大企业——烟草工业中的中外竞争（1890—1930）》，樊书华、程麟荪译，商务印书馆 2001 年版，第 31—33 页。

企业界恐怕都不多见。事实远不止于此：该公司还“开设了一个学校训练中国工人平版印刷技术，使他们能够使用英美烟公司战后进口的印刷机械”，从而让“大量五颜六色的招贴、卷轴、日历、挂历、手册及香烟牌从英美烟公司的印刷厂滚滚而出”。而且，该公司还建立了专门的电影制片厂，其产量之大令人愕然：“拍摄了比中国其他任何电影制片厂更多的镜头。……包括‘191 卷 100 英尺的有关城镇的题材、59 部单卷的风景片、15 部单卷的教育片、6 部双卷的喜剧片和 4 部故事片。’……所有这些电影的目的是为了促进香烟的销售。为此……每一部电影的每一个镜头的每一个副标题下，都印上了英美烟公司各种牌号的香烟。”①

面对如此来势汹汹的外国广告，民族资本家当然没有等闲视之。其实，当时的中国人对此已有非常清醒的认识。一篇题为《商业广告之研究》的文章指出：“广告者，乃攻城掠地之工具也。盖商人以诚信为壁垒，以广告为战具。广告精良，犹战具之犀利也，执有利器，战无不克，故商业之于广告，关系至为密切。”② 另一篇题为《广告谈》的文章，作者已经明确意识到广告的“商战”功能：“近世商战之声浪，若怒涛澎湃然，各逞其能，各炫其技，以互相角逐于世界，孰胜孰负，变在俄顷。而商人之持以战争者，厥为广告……广告，枪炮也。果广告而能得其逞，则枪炮锐利，可操算；反是则一无所能，拱手让人而已。”③ 可见，以广告为“战具”（图 2－1）来宣传国货和“商战”思想在当时很多人的意识里已经成为心照不宣的共识。

高家龙以南洋兄弟烟草公司为例继续论证指出，为了打好与英美烟公司之间的这场战役，该公司在广告活动方面同样不遗余力：其创

---

① ［美］高家龙：《中国的大企业——烟草工业中的中外竞争（1890—1930）》，樊书华、程麟荪译，商务印书馆 2001 年版，第 209—211 页。

② 徐启文：《商业广告之研究》，《商业月报》第 14 卷第 1 号。

③ 君豪：《广告谈》，《上海总商会月报》第 4 卷第 6 号。

图 2－1　作为战具的国货和国货广告

（资料来源：《申报》1935 年 6 月 3 日。）

始人简氏家族“20 年代初……在香港、广州和上海设立了自己的报纸。……每份报纸都是公司的‘喉舌’，刊登南洋广告部职员拟定的广告。……南洋在它们自己的报纸以及其他报纸上刊登的广告与英美烟公司‘不相上下’”。此外，南洋也建立了印刷厂，出版报纸和书籍，并通过慈善事业来提高公司的美誉度。[①] 尤其值得一提的是“广告大王”黄楚九，他于 1917 年建造了著名的“上海大世界”，其主要目的就是为了打广告：“在这个奇特的建筑中从一层来到另一层时，迎面而来的就是黄楚九张贴在墙上的关于其药品的广告。在外面，黄楚九也不失时机地利用‘大世界’进行广告宣传。……日复一日，黄楚九利用‘大世界’铺天盖地地打广告，以致当时的人们戏称‘大世界’为黄楚九的‘商品世界’。”此外，黄楚九还在其公司内部“专门成立了一个‘广告科’，为它拨出大量经费。在他最热销的商品的预算费用中，60% 到 75% 用在广告身上，只有 25% 到 40% 用于药品的生产和销售”。甚至为了制造宣传奇观，他在其药厂的“招牌上镀了 20 盎司真金”。[②]

① ［美］高家龙：《中国的大企业——烟草工业中的中外竞争（1890—1930）》，樊书华、程麟荪译，商务印书馆 2001 年版，第 249—250 页。

② ［美］高家龙：《中华药商：中国和东南亚的消费文化》，褚艳红译，上海辞书出版社 2013 年版，第 64—65 页。

如此看来，观念已经成熟，阵式也已经摆开，在国货运动的鼓噪之下，“商战”正紧锣密鼓地敲响，“第三种战役”一触即发。

三 国货思想在广告领域的战术化延伸及其内在困境

然而，对于中国公司来说，这场战役却注定是困难重重的，因为“国货”思想虽然饱含民族大义，但它实质上很难统一参与者利益诉求的多样性，由此展开的国货运动便不得不面临着组织涣散的巨大压力[①]；而且，运动所处的实际境地也相当令人堪忧：外国公司无论在经济实力、技术手段还是宣传经验方面，都远远超过国内同行。面对这种困境，参与者唯有以不变应万变，将其所紧紧抱持的民族主义信念——它具有不容置疑的合法性和正当性——做进一步的战术化延伸，从而使之深度介入国货广告的宣传实践中来，这就有了“作为方法的国货广告”。根据美国中国学界的研究，其方法论策略主要包括以下几个方面。

首先，秉持二元论思维，在广告话语中极力宣传和赞美“国货”，同时贬斥“洋货”“仇货”（日货）。正如叶文心所说：“国货运动……使用民族主义的语言来推销中国制造的产品，在中国报纸上以及其他媒体中大肆宣传，旨在将排外运动和购买国货结合在一起。”[②] 国货广告中夹带的这种语言策略不可胜举。比如，《申报》广告中频频出现这样的语句：“要强须先国富，要国富须先提倡国货”（1925 年 7 月 2 日），“爱用国货，即是救国”（1925 年 10 月 22 日），“凤凰非梧桐不栖，志士非国货不用，吸大长城香烟者，皆我国之长城也”（1923 年 2 月 5 日），如此等等。这些广告中“国货”术语被频繁提及，而且都被用以强调它与

① ［美］葛凯：《制造中国——消费文化与民族国家的创建》，黄振萍译，北京大学出版社 2007 年版，第 167—168 页。

② ［美］叶文心：《上海繁华——都会经济伦理与近代中国》，王琴、刘润堂译，台北：时报出版公司 2010 年版，第 99 页。

“救国”“富强”“凤凰”“长城”等民族语文之间的意义关联。

吹捧国货之余，国货广告还不遗余力地攻击外货以及身份暧昧的国内同行。比如，1934 年《申报》的一个漫画广告就描绘了一只中国啤酒瓶怒殴外国洋酒的画面，标题为“国产饮食品的胜利”（图 2 –2）。《机联会刊》的一则图像广告更为激进：大中华橡胶厂生产的双钱牌套鞋，正拿起刺刀刺穿日本鞋，而这个画面的倒影则被艺术化地处理为中国军人正挥刀刺死日本兵（图 2 –3）[①]。国货制造商为自证清白和争夺消费市场，与国内同行的争斗也不可避免。弗拉赛尔以烟草广告为例指出，销量最好的南洋和华成两家烟草公司，由于其原材料、技术等方面与外国公司有染，都曾成为被攻击的目标，甚至出现了专门的“攻击性广告”（Attack Ads）。[②] 看来，国货商同时与本国同行和外国公司左右开弓，内外各有矛盾冲突，这场战役因此更加错宗复杂。

图 2 –2　怒殴外国啤酒的酒业国货广告

（资料来源：《申报》1934 年 7 月 2 日。）

图 2 –3　刺杀日本兵的胶鞋国货广告

（资料来源：《机联会刊》第 46 期封面，1931 年 11 月 6 日。）

① ［美］葛凯：《制造中国——消费文化与民族国家的创建》，黄振萍译，北京大学出版社 2007 年版，第 342 页。

② David E. Fraser, “Smoking out the Enemy: the National Goods and the Advertising of Nationalism in China, 1880 –1937”, Dissertation for PhD, University of California, Berkeley, 1999, p. 161.

其次，挖掘并整合“国货”思想的话语资源进行创意营销，力求出奇制胜。葛凯指出：“国货运动产生的抵制文化深刻地影响着公司和商品名称的选择”[①]。实际上，这些所谓的“抵制文化”已经成为国货公司命名和广告话语的最重要资源。比如，围绕“国货”和“洋货”的关系问题，就能巧妙地创造出公司品牌：1932 年，天津人赵子贞主导创立了东亚毛纺品股份有限公司，该公司别出心裁地将其毛纺品命名为“抵羊”，它不仅是其品牌英文“DearYoung”的音译，而且与“抵洋”（“抵制洋货”）谐音，其注册商标也以颇具民族主义意味的山海关长城上两只正在抵头的公羊为背景图案。[②] 类似这些巧妙桥接其品牌内涵与国货观念和话语资源的做法不一而足，可谓煞费苦心。

利用灾难事件、纪念日、国耻日等进行营销和广告创意是另一种比较常见的做法。比如，由袁世凯政府与日本签订的被称为有“亡国灭种”危险的《二十一条》在 1915 年 5 月 9 日正式生效，这一天因此被名为“国耻日”。某些生产厂家看到此中有机可乘，于是将其产品注册为“5 · 9 牌”。另一些厂家则在广告中利用这一天进行创意营销。比如，在 1916 年的纪念日上，《申报》刊登了一则香烟广告，其广告词云：“同胞注意，5 月 9 日是我们的国耻纪念日，请诸君千万不要忘记了，要想抵制外货，必先提倡国货，本公司的‘大喜’、‘长城’、‘双喜’、‘和平’、‘鸳鸯’、‘爱国’等品牌香烟，就是国货的一种，请诸君从速提倡才好呢。”（1920 年 5 月 9 日）有的广告创意则直接将国货话语改装套用，使其与品牌宣传糅合在一起。比如，南洋公司的“爱国”牌香烟广告，将“爱国香烟”四个繁体字里面巧妙地套用了“五月九日”（图 2 –4）。

---

① ［美］葛凯：《制造中国——消费文化与民族国家的创建》，黄振萍译，北京大学出版社 2007 年版，第 183 页。

② ［美］葛凯：《制造中国——消费文化与民族国家的创建》，黄振萍译，北京大学出版社 2007 年版，第 184 页。

图 2－4　爱国牌香烟广告对“五九”事件的巧妙运用

（资料来源：《申报》1924 年 5 月 9 日。）

最后，运用美学和艺术手段，发展出一种富有“道德经济”意味的广告美学。广告本来就是一种艺术形式，在广告中大量运用美学元素不可避免，但国货广告的特殊之处在于，它将审美与政治紧紧绑在一起：“如果说‘美’是被用来效力于商业机制的，那么国货运动在‘爱国主义’观念上强化了同样的运用。其结果是某种类型的‘审美道德经济’（Aesthetic Morale Conomy），在此，爱国主义与美（Pulchritude）同行”①。如果说美学是一切宣传话语的催化剂，那么它在国货广告中的出现寓意则是多重的：不仅美化了产品，也美化了广告，同时还美化了爱国主义。

比如，李欧梵曾经提到华成烟草公司刊登在《良友》画报上的一则广告案例：在一个装饰考究的中产阶级客厅里，精心打扮的妻子正拿着一盒白金龙香烟送给悠闲地坐在沙发上的丈夫。“而（画面）一旁的被框起来四列字……传达了某种古怪但带有剥削意味的信息：‘美人可爱/香烟亦可爱/香烟而为国货/则尤可爱。’”（图 2－5）② “美

① David E. Fraser, “Smoking out the Enemy: the National Goods and the Advertising of Nationalism in China, 1880－1937”, Dissertation for PhD, University of California, Berkeley, 1999, p. 160.

② 李欧梵：《上海摩登——一种新都市文化在中国（1930—1945）》，毛尖译，北京大学出版社 2001 年版，第 83 页。

人”“香烟”“国货”，这三个被精心串联起来的主题词背后的寓意，正不偏不倚地指向了弗拉赛尔所谓的“审美道德经济”。审美主义在此正被悄悄植入消费主义和民族主义的话语中心。

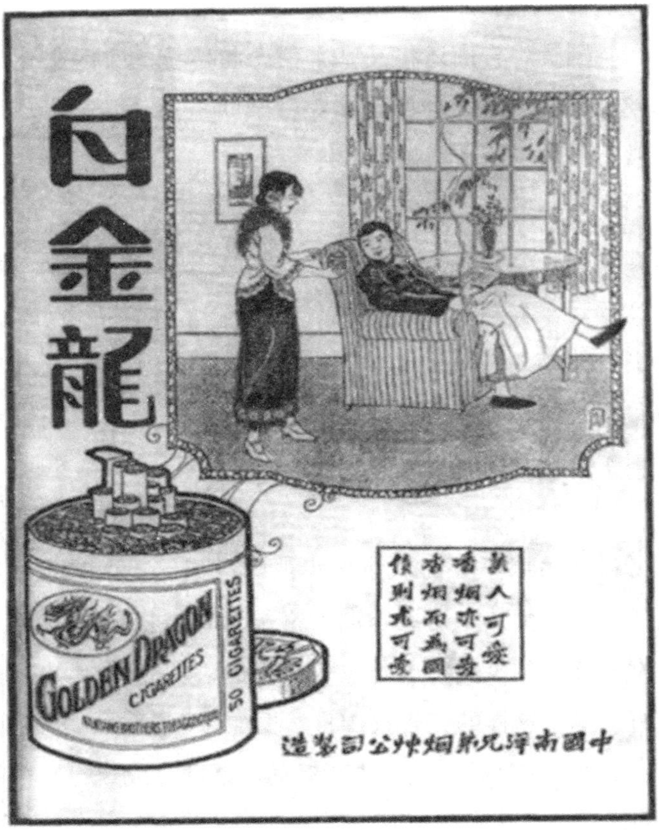

图 2－5　“美丽牌”香烟的国货广告

（资料来源：《良友》杂志第一期，1926 年 2 月。）

有时候，这种道德经济甚至还与封建迷信扯上了关系，借以发挥其强制性效果。高家龙的举证意味深长：在上海出现的一组红底黑字的宣传画中，“雷神”向凡间发布了一道圣旨，其中一方面褒扬了“拒绝购买美孚油公司洋油、美国贸易公司肥皂和英美烟公司香烟

（举出了英美烟公司的三种最畅销的牌子）的‘善男信女’”，另一方面还警告，“任何违背抵制外货运动的人要‘小心我的雷霆之怒’”。①尽管作者没有深究“天打雷劈”在中国文化中的寓意，但当时和现在的读者都可一目了然。

在广东，国货广告商还将其基本信念与传统的灾运文化结合在一起，宣称爱吸外国烟的人会倒运多灾，亲朋疏远，乃至妻离子散。其内容还被谱写成了粤语流行歌曲：

> 真系倒霉。系美国香烟，见你而家倒运呀，就想起你从前。你往日行运个阵时，谁把你厌？人人中意你，话你好运过活边。因你个种香气袭人，胜过烧鸦片。令人闻见就口流涎。我共你有咁耐相交，都算有乜点。估话地久天长有乜变迁。谁料天道无常，人事哙变。就有呢趟拒约慨风潮，到处遍传。

这首名为“吊烟仔”的歌曲很快被口口相传，据时人供述：“无论贫富贵贱，人们都熟知这些歌曲：窑子里花枝招展的妓女，富人家的盲人歌女和郊区贫民窟的邋遢乞丐都唱这些歌曲。”② 美学理念被具象化为流行艺术，这样的广告宣传自然更加深入人心。

通过以上种种方法论策略，国货运动可谓富有成效，如与英美烟公司死磕的南洋兄弟就从中获利匪浅，周期性爆发的国货运动一次又一次将其从破产边缘拯救回来，致使作为敌对阵的经营英美烟公司高管科伯思（Cobbs）不得不承认，中国公司“机会主义地利用了……如今在整个中国变得日益强烈的‘中国是中国人的’这种感情”。并认为，“南

① ［美］高家龙：《中国的大企业——烟草工业中的中外竞争（1890—1930）》，樊书华、程麟荪译，商务印书馆2001年版，第74页。

② ［美］高家龙：《中国的大企业——烟草工业中的中外竞争（1890—1930）》，樊书华、程麟荪译，商务印书馆2001年版，第75页。

洋最受欢迎的香烟被称为‘大爱国’牌不是偶然的”。[①]

然而，尽管中国公司的很多广告国货与美女并陈，道德与消费兼具，爱国主义话语铿锵有力，美国中国学界却一针见血地指出，它的产品包装出人意料地出现了大量的“洋元素”，中西杂处的情形时有所见。比如，1927 年《良友》杂志上刊登了这样一则广告：在以“宝华干”儿童牛奶为视觉重心的画面上，右侧写着“强国必先强民，强民必先强儿”，牛奶下面则写上了“美国制造”四个醒目的大字。这明显是一边大打国货运动牌，一边又在明目张胆地卖美货。正如李欧梵所说，“这个粗略的教育故事”，一面“带上了民族主义色彩”，另一面却是“美国产品参与了一个民族的健康教育”[②]。又如，1934 年一则《申报》广告呈现出了这样一番图景：一向作为烟草界国货运动引领者的南洋公司，竟然在圣诞节来临前夕用圣诞老人图像做广告。葛凯对此分析道：“使用圣诞老人形象集中体现了在运动中和中国新生的消费文化中‘西方’的两难处境。圣诞老人被当做帝国主义的促销舶来品的傀儡而遭受惩罚，但是，正如‘西方’的其他图像一样，他也被看作推广国货的具有吸引力的推销员。”[③] 高家龙对黄楚九的研究更加明确地证明了这一点：后者一方面利用中国人的崇洋媚外心理推广其“艾罗补脑汁”，为其取了一个富有争议的英文名“T. C. Yales”，并将其药店取名为“上海中法大药房”，且牌匾铭刻英文，尽管该药房被证实与法国没有任何关系；另一方面，他还取法日本的“仁丹”，将其改名为“人丹”，并及时利用国货运动中对于“仇货”的抵制“大打民族主义的广告”，结果是，“尽管日本仁丹的名字含有为中国消费者熟悉的儒家和道教术语，并含混地以‘东

① ［美］高家龙：《中国的大企业——烟草工业中的中外竞争（1890—1930）》，樊书华、程麟荪译，商务印书馆 2001 年版，第 248 页。

② 李欧梵：《上海摩登——一种新都市文化在中国（1930—1945）》，毛尖译，北京大学出版社 2001 年版，第 91 页。

③ ［美］葛凯：《制造中国——消费文化与民族国家的创建》，黄振萍译，北京大学出版社 2007 年版，第 319 页。

货’而不是‘日本’货来推销，但在20世纪一二十年代，这却无法阻止黄楚九和抵制日货的示威者们反复认定它是日货并予以痛斥”。①

但这还不是最根本的问题。葛凯在其著作中用大量篇幅论述了作为国货运动组织核心的“中华国货维持会”所遭遇的困境：该组织自1911年成立以来便将判定国货“纯度”的标准问题作为其基本任务之一，然而，由于这一任务太过困难重重，该方案迟迟未能完成。经过17年的不懈努力，维持会终于促成南京国民政府颁布了“中国国货暂定标准”，该标准按照资金、原材料、经营者和劳动力四个方面与中国的关联程度，将“国货”分为七个等级，后来又增加“参国货”作为趋近于洋货的国货类别。②“暂定标准”的制定实施固然为甄别产品纯度提供了不可或缺的参考依据，但它既然被分为七个等级，而且将“参国货”视为国货之一种，就已经反映了某种程度的无奈和妥协。

这也正是国货观念和国货运动最深层次的危机：尽管“产品民族性”作为一个概念被提出来，但是“民族身份”在一个业已进入全球市场和全球协作的时代，却不可能与它的民族主义“他者”剥离开来。正如葛凯的举证：“以底特律为基地的公司可能会把一种汽车推向市场，但是那辆汽车也许是由德国工程师设计，使用的是日本发动机，以及是在墨西哥把来自全世界各个地方的零部件组装在一起的。”③ 这样看来，所谓“国货”想要保持其纯粹民族性几乎是不可能的，它最多只能获致一种霍米·巴巴（Homi Bhabha）意义上中西掺杂的“混杂”（Hybridity）身份。关于这一点，叶文心的分析更加系统而深入：

---

① ［美］高家龙：《中华药商：中国和东南亚的消费文化》，上海辞书出版社2013年版，第44—56页。

② ［美］葛凯：《制造中国——消费文化与民族国家的创建》，黄振萍译，北京大学出版社2007年版，第187—189页。

③ ［美］葛凯：《制造中国——消费文化与民族国家的创建》，黄振萍译，北京大学出版社2007年版，第8页。

> 国货运动中的爱国主义……容易产生误导。一般来说，当时人们要批判任何产品中的民族成分，通常使用四组二元对立的词汇。关乎到产地的空间划分，产品可能是“国产的”或“进口的”，也可能是“本土的”或“外来的”。而在时间划分上，如果着眼于中国过去与现在的差异，产品可能是“中国的”或者“西方的”，也可能是“传统的”或者“现代的”。……对保守者来说，只要不是太久远的，他们很容易认为一个东西是“外来的”而非“本土的”。换句话说，只要经营者和推广者是中国人，商品很自然就是“中国的”，但……它们还是现代的，而非传统的，因为它们挑战而非维持了现有的生活方式。任何一件国货，只要它们有时间空间特性上的交叉，都必然是本土化过程的结果。[①]

这段文字已清晰地表明，基于时间和空间的二重性，几乎任何商品的四个根本特点（国产/进口、传统/现代）都存在着交叉关系，以这种关系为基准很难决断一个商品的民族身份，国货运动所执求的纯粹“国货”观念因此在付诸实践时必然面临重重困境。

如此看来，所谓“国货”，根本上就是运动参与者们为实现其观念合法化的一种话语建构，以此来指导社会实践，无疑已经预先推倒了一系列社会后果的第一张多米诺骨牌：“国货”思想的不纯粹，必然导致经济民族主义理念的不纯粹，国货（广告）话语及其宣扬的爱国精神的不纯粹，以及具体抵制行为的不纯粹，乃至于——正如葛凯所说——“对于如何区分国货和洋货这个长久性问题”的最终解决方案“是含糊不清的，从而为主观武断和产生腐败留下了空间”[②]。这样

① ［美］叶文心：《上海繁华——都会经济伦理与近代中国》，王琴、刘润堂译，台北：时报出版公司2010年版，第100页。

② ［美］葛凯：《制造中国——消费文化与民族国家的创建》，黄振萍译，北京大学出版社2007年版，第197页。

一来，一场本以“爱国”“救亡”为鹄的经济民族主义运动，反而有可能造成“误国”甚至“殃民”的嫌疑。这也就是葛凯何以在其著作的开篇便引述作家茅盾的著名讽刺小说《林家铺子》的原因：林老板和她女儿的悲剧，正是国货运动实际后果的一个缩影。①

不唯如此，近代国货观念及其广告宣传还潜藏着另一种更为可怕的面向，这就是在实践过程中很容易蜕变为一个非常危险的命题：葛凯认为，“在民国时期，通过种族竞争和优生学这两种思潮，关于民族和人种优生学的概念得到广泛传播，这反映出当时有一种纯粹经济或纯粹商品的概念。……（这种概念）尝试借用了优生学的口号”。②弗拉赛尔则做出了更为激进的诊断：“格拉西亚（Victoriade Grazia）关于意大利法西斯主义努力将商品文化当作一种国家建构工具的研究结论，跟中国国货运动的很多基本假设比较一致。”③ 有些研究者甚至追溯了这种民族主义的根源：“燃起中国民族主义革命之火的不是其他，正是长久以来深埋着的沙文主义式的中国人的骄傲。”④

从自相矛盾的民族主义到激进种族主义再到法西斯主义和沙文主义，这样的研究结论恐怕很难被中国学界所接受。

第二节　全球化语境下的新时期中国广告

来自美国麻省理工学院比较媒体研究所的华裔美籍学者王瑾教授在其近年来颇受大陆学界关注的《品牌新中国》一书中认为：进入新时期

---

① ［美］葛凯：《制造中国——消费文化与民族国家的创建》，黄振萍译，北京大学出版社2007年版，第2页。

② ［美］葛凯：《制造中国——消费文化与民族国家的创建》，黄振萍译，北京大学出版社2007年版，第8页。

③ David E. Fraser, “Smoking out the Enemy: the National Goods and the Advertising of Nationalism in China, 1880 - 1937”, Dissertation for PhD, University of California, Berkeley, 1999, p. 8.

④ 转自李欧梵《上海摩登——一种新都市文化在中国（1930—1945)》，毛尖译，北京大学出版社2001年版，第321页。

以来，“诚如葛凯（Karl Gerth）《制造中国》一书中的描绘，消费民族主义时代早已经过去。……2003 年奥美著名的营销调查《爱国者的悖论》（*Patriot's Paradox*），调查中国年轻人对民族品牌和国际品牌的看法，发现最爱国的人使用国际品牌的程度，与民族主义情感不那么强烈的人使用的一样多”。[①] 应该说，王瑾的观念很大程度上代表了西方汉学界对于新时期以来中国民族主义的基本态度，尽管葛凯在其著作的“结论”部分也提到了“当代国货运动”，比如 20 世纪 80 年代中期因警惕日本的“新经济帝国主义”“二次占领”而发起的抵制日货运动，后来也出现了诸如《中国可以说不》之类的反美论著[②]；但国外学者同时认识到，随着改革开放作为基本国策的稳固确立，以及继起的全球化时代的到来，当代中国确实已经敞开怀抱，迎接八方来客，至少在商业广告领域逐渐蜕变为“一个整体上对外国广告和商业非常友好的国家”，[③] 也就是说，近代以来的民族主义情绪在经济一体化和利益共享的全球化时代渐趋和缓。基于这样的认识，西方汉学界关于中国广告的研究议题也出现了一些变化，其中最明显的一点就是逐步将近现代民族主义转换为跨文化比较以及“球—土”（Global-Local）关系等问题上来。换言之，西方汉学界已经将全球化时代作为分析中国当代广告的基本参照背景。当然，所谓“全球化”内蕴极为复杂，仅就时间维度来说，正如高家龙所引证的那样，在全球范围内它包括两种模型：“一个是从 1989 年开始的至今仍在持续中的全球化时代；另一个则是始于 1870 年而随着一战在欧洲爆发就于 1914 年结束的全球化时代。”[④] 显而易见，这两波全球化

---

① ［美］王瑾：《品牌新中国：广告、媒介与商业文化》，何朝阳、韦琳译，北京大学出版社 2012 年版，第 17 页。

② ［美］葛凯：《制造中国——消费文化与民族国家的创建》，黄振萍译，北京大学出版社 2007 年版，第 362 页。

③ Hongmei Li，“Advertising and Consumption in Post-Mao China：Between the Local and Global”，Dissertation for PhD，University of Southern California，2006，p. 245.

④ ［美］高家龙：《中华药商：中国和东南亚的消费文化》，褚艳红等译，上海辞书出版社 2013 年版，第 141、144 页。

进程与中国自身的历史节奏都有所偏差，中国和中国问题的特殊性不得不引起国外研究者们的格外关注。本节就将以广告研究为视点，一一透析西方汉学界与此相关的主要研究议题。

一 失语与喧哗："他者"视域下中西广告文化平行比较

也许只有在远离殖民战争和狼烟遍地的全球化时代，西方汉学界的研究者才真正静下心来仔细审视中西广告文化之间的横向差异，尽管此前他们对于中国广告民族主义的评价已经暗中施行了某种形式的比较分析。

正如吉登斯所说，现代性生产"差异、排斥和边缘"①，这个论断完全适用于西方汉学界关于中西广告文化的平行比较研究。这些研究可以分为以下几个层面。

首先，在观念层面上，中西广告文化之间的差异一般被描述为集体主义/个人主义、传统/现代、特殊/普遍等一系列的二元对立。

关于中国广告在基本观念上究竟是集体主义还是个体主义主导，这个问题一直备受西方学界关注，他们对此进行了大量的理论和实证研究，甚至还提出了一个"个体主义—集体主义"（Individualism-Collectivism，简称I-C）的解释框架。"根据I-C，东西方文化的成员具有不同的个体主义和集体主义的价值和导向，这将引起认知、态度、情绪、行为等方面的差异。作为一种被用于影响和改变消费者认知、态度及选择行为的说服媒介，东西方社会的广告能够反映这些文化差异。"② 研究者还认为，I-C解释框架并非凭空虚构，它的最重要理论

① Hongmei Li, "Advertising and Consumption in Post-Mao China: Between the Local and Global", Dissertation for PhD, University of Southern California, 2006, p. 216.

② Yuan Zhang, "Good for Me or Us? a Comparative Content Analysis of Individual and Collectivist Values and Orientations in Global and Local Television Advertising in China", Dissertation for PhD, University of North Carolina, 2004, pp. 9-10.

来源是美国学者霍夫斯提德提出的“五维理论模型”（Five-Dimension Theoretical Framework），该模型“通过统一指标为理解跨国文化铺平了道路，这些指标分别是：权力距离（Power Distance）、个体主义/集体主义、男性气质/女性气质、对不确定性的回避（Uncertainty Avoidance），以及后来提出的儒家动力（Confucian Dynamism）”。西方汉学界的研究者通过该模型做了实证调查，结果不出所料：“‘中国是最具有代表性的集体主义和儒家动力型的社会文化’。这意味着：一、中国是一个具有较高权力距离的国家，这种文化模型‘接受和期待权力分布得不平等’；二、中国人通过进出某个群体（最重要的当然是家庭——译者注）来进行自我区分；三、中国市民在行为上具有未来导向，尤其强调坚忍（Perseverance）和节俭（Thrift）。”① 这些调查虽然不一定基于广告文化，但它们无疑为后者提供了重要的佐证。

尽管霍夫斯提德的这个理论模型近年来受到了一些质疑，但是该模型在西方汉学界影响深远，I－C 解释框架正是择取其中一维，自成系统。其实，在霍夫斯提德之前，澳大利亚学者特里安迪斯（H. C. Triandis）已经对 I－C 框架进行了系统研究，指出它可以分为自我认知、社会理解、归属、情感模式、动机结构以及沟通模式六个变量或维度，并认为东西方文化在 I－C 之间各有偏向②。美国北卡罗来纳大学的张远在其博士论文中对此做了进一步补证，他提出了一个规模庞杂的 I－C 分析模型，尤其对这两种观念的文化表现做了重点描述。根据该模型，张远分别以上述个体主义和集体主义的六种变量作为纵向维度，以表现主题、策略、产品类型三种变量作为横向维度，并选取国内的 523 种电视商业

① Hong Cheng, “Advertising and Chinese Society: Impacts and Issues”, Copenhagen Business School Press, 2009, pp. 178－179.

② Yuan Zhang, “Good for Me or Us? a Comparative Content Analysis of Individual and Collectivist Values and Orientations in Global and Local Television Advertising in China”, Dissertation for PhD, University of North Carolina, 2004, pp. 102, 68－80.

广告进行了内容分析，结果发现：首先，在广告主题上，全球广告（为“西方跨国公司的产品和服务所做的广告”）使用更多的个体主义主题，而本土广告（为“中国商业的产品和服务所做的广告”）的集体主义倾向明显；其次，在广告策略上，全球和本土广告分别以个体主义和集体主义策略为主；最后，在产品类型上，个人用品广告比公共用品广告运用了更多的个体主义的主题和策略。此外，以 I－C 模型为基准，通过跨国比较还发现，“韩国与西方文化之间的差异比中国要小，说明前者经济更发达，广告文化状况更加西方化”。[①] 显而易见，I－C 模型如此准确无误地表达了中西广告文化之间的巨大差异，以至于在它的每一个测量维度上都得到了验证。

当然，由于研究方法自身的局限，任何实证研究都不可能是彻底全面的，比如，上述研究虽然比较细致，但还缺乏了一个重要的时间变量。西方汉学界的其他研究者在这方面做了进一步研究。一项围绕广告受众代际差异的实证调查开篇即指出：“过去的几十年来，以 I－C 文化维度为核心，在跨文化广告和消费者研究方面受到强烈的关注。一种个体主义文化比如美国强调独立和追求个人目标，而一种集体主义文化比如中国……强调互相依赖和对群体目标的追求。”然而，作者继续论述道，这种观念近年来受到不断的挑战，主要原因是全球化的冲击，它很有可能会造成集体主义导向的偏移。至于会发生多大程度的偏移，作者就以受众的代际年龄为轴心展开了实证调查。之所以选定这个轴心，是因为根据作者的经验观察，年轻人（X－世代）[②] 更

① Yuan Zhang, “Good for Me or Us? a Comparative Content Analysis of Individual and Collectivist Values and Orientations in Global and Local Television Advertising in China”, Dissertation for PhD, University of North Carolina, 2004, pp. 75－82.

② X－世代（Generation－X）以及后文出现的 Y－世代（Generation－Y）是对消费者人群进行代际划分的一个国际通用表述方式。X－世代一般认为在 1965—1980 年出生，Y－世代在 1980—1995 年出生，后者又被称为千禧一代。后文中还将出现 Generation－Z，即 Z－世代，出生于 1995—2010 年，又称为数字技术原住民一代。——译者注。

容易受到西方文化的影响。结果发现："在公共用品方面，I&C 广告诉求对于年轻人具有同等的说服力，而老年人比较倾向于 C 诉求。私人用品方面，两代人都更倾向于 I 诉求。"作者对这种变化解释道："X－世代的消费者是双边文化（Bicultural）的一代，他们兼容 I&C 作为其文化价值……老年消费者是单边文化（Monocultural）的一代，因此他们认为 C 诉求比较可以接受和有说服力。"① 如此说来，中国消费者在价值导向上存在一定的代际差异，老年人依然保守，但年轻一代由于受全球文化的影响已经出现了 I 和 C 并重的倾向。这当然很好理解，毕竟大开国门的中国人不可能不受到西方文化的影响。然而，如果继续追问下去，继 X－世代之后的 Y－世代情况又是如何呢？这方面确实引起了西方学界研究者的关注。有研究者做出了如下论述。

> 甚至中国的 Y－世代——他们自然比其前辈接触到更多的西方文化——已经展现出了对全球影响的"抗拒"。这群城市青年和年轻人确实成长在中国历史上最开放的经济和社会环境中，他们是从手机到软饮料的大众市场策略所觊觎的消费对象，但是，他们受中国文化遗产的影响和西方品牌一样多。……他们确实比中国历史上的任何时刻都有更多的选择，他们不满足于这些选择，而且非常想表达自己，但他们依然"仅仅在安全、社会上可接受的语境中"才选择这么做。②

显而易见，即便是中国的两代年轻人都受到了西方文化的强烈冲击，而且一代更甚一代，但西方汉学界的研究者发现，他们在消费行

① Jing Zhang, "The Persuasiveness of Individualistic and Collectivistic Advertising Appeals Among Chinese Generation－X Consumers", *Journal of Advertising*, Vol. 39, No. 3, 2010, pp. 69－80.

② Hong Cheng, "Advertising and Chinese Society: Impacts and Issues", Copenhagen Business School Press, 2009, pp. 37－38.

为上依然受制于社会语境和外在导向，也就是说，集体主义倾向依然根深蒂固。

中国广告的集体主义倾向不仅见诸于上述各项实证研究，在具体的文化行为上同样可以得到验证。这首先要从家庭说起。个人主义和集体主义之间的分界线往往以家庭为基准，因为家庭可以再分为个人。研究者发现，“中国人对家庭关系怀有强烈的情感，他们享受社会性的聚集”，因此中国广告中出现了大量的“家庭照、家庭聚餐、家庭团聚以及结婚照、妻子向丈夫耳语”等主题形象。[①] 重视家庭当然是集体主义文化的题中应有之义，但扎根于家庭关系，中国文化还衍生出了其他特色：“就像多科特拉夫（T. Doctoroff）所理解的那样，在家庭之内，一个人拥有确定的角色，该角色被儒家伦理预先决定。一旦超出了家庭圈子，一个人的角色地位就不再那么明晰了。……研究者相信，中国消费者认为有必要在外面的世界通过高度可视的品牌产品比如手表、手机等来建构他们的社会角色。因此，中国消费者在多人聚餐时可能会将他们的诺基亚手机放在桌面上，以便所有人都能看清他在用什么牌子。”[②] 这就是富有中国特色的“面子文化”，而这种文化形式并非孤例，它还有一个众所周知的伴生物即“送礼文化”。王瑾指出：“送礼和面子消费，对我们理解消费者行为非常关键，尤其是节日期间。以中秋为例，一个很流行的说法叫‘买的人不吃，吃的人不买’。你若觉得这种说法自相矛盾、让人费解，表明你对中国的送礼文化了解还不够。购买高档月饼的人，大多把月饼送给比自己更富裕、地位更高的朋友或上司，自己吃的则是比较便宜的、最普通的品种。这正是面子消费的症结所在，建立在发展了千百年的儒家文化

① Chun Jiang, “The Content and Critical Metaphor Analysis of Illustrated Print Advertisements in China”, Dissertation for PhD, University of Louisville, 2010, pp. 126 – 128.

② Hong Cheng, “Advertising and Chinese Society: Impacts and Issues”, Copenhagen Business School Press, 2009, p. 54.

的等级与社会网络体系的礼仪之上。……（因为）送礼表现的往往不是对地位的炫耀，而是中国日常生活更为朴实的目的：维系人情与关系。”[①] 这就引出了另一种更为重要的文化形式即“关系”。史怀泽（John C. Schweitzer）等人指出：“关系在中国文化中是一个核心概念。它是指个人与其他人际网络之间的连接。它关系到‘社会资本’的观念，并且可以通过号令关系网之内的人进行‘花费’。……关系源自于对外来者的文化怀疑。中国数个世纪以来……一直被‘野蛮人’包围（长城因此被修建起来），所以他们学会了只相信他们熟悉的人，同时对‘外国人’表示怀疑。”[②]

家庭、面子、送礼、关系等这一系列体现集体主义价值观念的文化形式被西方学界的研究者们津津乐道，作为文化差异的重要标本，他们认为由此已经抓住了中国文化的精髓。然而，抛开西方汉学界的这些兴奋点暂且不说，上述中西文化之间的差异似乎隐然可见如下之倾向，即在集体主义和个人主义之间，潜藏着传统和现代、地方和全球的二元区分，而且，在这些对举系列的后项，往往还若隐若现地闪烁着本质主义或普遍性的光晕。正如托马斯·默克（Tomaz Mok）所说，“外国品牌出售‘普遍真理’”（universal truth），也就是说，“有些价值可以超越民族边界，比如爱（异性之爱以及广义之爱）、家庭、寻求认同、梦想成功、年轻、个人主义等等。即便这些价值导源于西方并在不同的国家再现出来，它们依然被跨国广告制作成一种普遍性的价值”。对中国广告价值内涵的二元区分正是隐含了这样一个普遍性的预设，对于该预设，正如西方汉学界的研究者所说：“一定程度上，国际真理的观念源自于跨国公司和机构生产其全球统一形象的标

---

① ［美］王瑾：《品牌新中国：广告、媒介与商业文化》，何朝阳、韦琳译，北京大学出版社2012年版，第15—16页。

② Hong Cheng, “Advertising and Chinese Society: Impacts and Issues”, Copenhagen Business School Press, 2009, p. 98.

准实践。不同国家的广告活动对同一或相同的概念使用赋予它们以普遍意义和国际真理的地位。我认为，这种国际真理的概念与欧洲现代性有千丝万缕的联系，后者宣称西方现代性是普遍的，而非西方国家的地区差异仅仅是它的一个变种。"[①] 美国著名广告文化学者杰克逊·利尔斯（Jackson Lears）也指出，跨国广告出售"普遍真理，在此某些价值被准许，而其他的被阻止，成为边缘或不可见之物"。[②] 无可否认，I－C 模型正是基于普遍/特殊、全球/地方、中心/边缘等逻辑链条上的一个衍生物，在此，特定的地方文化无论何其深厚、何其根深蒂固，终究还是被置于现代性的普遍背景上，并以之为标准公设，在特定的分寸上进行比对和抽绎。

其次，在中西广告文化产业层面，西方汉学界的研究更呈现出了落后与先进、自发与专业、模仿与标准等一系列的二元对立。

以广告产业中的语言为例。在中外合资的广告公司[③]，"英语技巧通常成了判断一个人能力的标准。就像霍尔所说，全球大众文化的主导领域'保持着西方的中心地位……而且经常以英语来表达'。……外国广告机构创造了一个口语交流的混杂模式，它包括英语也包括汉语，而英语在其中占据着优先的位置"。[④] 如果说这些合资公司（西方人并不持有优势股权）的口语交流状况还不足以说明问题，那么发生在品牌营销方面的情形也许更值得关注："给中国品牌取一个外国名字确实很流行。……上海一家颇有影响力的报纸《新闻报》调查发现，在 200 个主要的中国服装品牌中，一半以上取了外国名字。……如果购

① Hongmei Li, "Advertising and Consumption in Post-Mao China: Between the Local and Global", Dissertation for PhD, University of Southern California, 2006, p. 269.

② Jackson Lears, "Fables of Abundance: The Cultural History of Advertising in American", Basic Books, 1994, p. 3.

③ 2005 年以前，中国政府只允许外国资本以合资形式开办广告公司，且其持有股份不得超过 49%。李红梅在其博士论文中也提到了这一点。——笔者注

④ Hongmei Li, "Advertising and Consumption in Post-Mao China: Between the Local and Global", Dissertation for PhD, University of Southern California, 2006, pp. 226－227.

买力允许，53.3%的中国消费者具有购买外国品牌服装的意愿，仅仅16.7%的人选择中国品牌。这种倾向在年轻人中间更加明显。”① 毋庸讳言，至少在语言符号的层面上，当代中国的广告文化正经历着严重的“失语症”，而与之相伴的，是西方文化的“高声喧哗”。

所谓“失语症”是曹顺庆先生针对当代中国的文学理论和文化现实提出的一个重要学术观点，意指在西方现代性的压力下，由于传统文化被长期破坏和否定，不仅造成了当代文论和文化与传统根脉的断裂，而且使得它们在众声喧哗的全球化语境下发不出自己的声音，成了活生生的“哑巴”②。上述国内广告业出现的语言交流和品牌符号方面的“失语”，正是这种“文化病态”的一个证明。造成这种现象的原因当然并非中国文化不发达，而是中国文化产业不发达。在广告领域，文化产业处于弱势地位，就会导致广告话语权甚至话语能力的丧失。

可见，广告产业至关重要，但正在这一点上，中国被远远甩在了西方的后面。根据李红梅等人的研究，1979年以后，随着跨国公司越来越多地进驻中国市场，服务于其产品销售的跨国广告公司也如影随形，逐渐增多，而且“外国广告公司迅速成为主导”，到了1998年，总收入排名前十的广告公司中包含有六家外国公司和一家合资公司，本土公司只有三家，而且排名分别为第七、第八和第十。更重要的是，成长中的本土广告公司被认为缺乏外国公司的三种必备素质，即理性、科学管理和专业主义：“杰克逊·利尔斯在其《丰盛的寓言》（*Fables of Abundance*）一书中认为，19世纪的美国广告存在两个截然相反的传统特征，即‘非理性的狂欢’（irrational carnivalesque）与‘理性管理’的专业主义和‘伪科学主义’。随着科学传统和管理专业主义逐渐超越

① Hongmei Li, “Advertising and Consumption in Post-Mao China: Between the Local and Global”, Dissertation for PhD, University of Southern California, 2006, p. 379.

② 曹顺庆：《文论失语症与文化病态》，《文艺争鸣》1996年第2期。

非理性的狂欢，广告产业才获得威望（respectability）。……与美国广告专业的兴起阶段一样，中国广告业也具有自发的广告实践和广告非理性的特点。”这就非常需要向西方广告公司学习，“中国广告业把外国广告公司当成了启蒙导师”[①]，因此也就出现了上述“中国员工在合资广告公司中失语（Wordless）和丢脸（Faceless）”的种种情况。很显然，大部分中国员工在其中都经历了艰难的岁月，他们的提案不被重视，而且由于意识到“关系”的重要，他们经常被派去拉通私人和政府关系，与公司的核心业务相去甚远。而且，由于要发展业务，“外国公司也成了中国客户的老师。他们教中国客户恰当地执行广告事务，并由此获得权威地位”。结果是，一方面，“外国广告公司通过向中国雇员提供培训项目、介绍外国理论和传授经验有效塑造了中国广告市场。外国机构以老师的身份进入中国，并将继续起到老师的作用”；另一方面，“相对于外国的主导，中国元素在其机构中被边缘化了。外国机构已经成功地兼容了中国伙伴、中国员工和中国语言，因为中国经济已经变成了受制于西方力量的全球资本主义的一部分”。[②]

王瑾的研究指出了同样的问题，但她更多地关注了本土机构的反应。她认为，“跨国公司在三方面有明显优势，即人才招募（高薪水的诱惑）、资源调度以及积累的塑造品牌的专业知识”。关于最后一点，最典型的代表就是所谓的“4A”（the American Association of Advertising Agencies）标准。关于该标准，国内一直有个很有意思的争议，即4A又被理解为“广州市广告行业协会综合性广告代理公司委员会”（the Association of Accredited Advertising Agencies Guangzhou），即广州4A。但无论哪种称呼，它们首先都导源于外国标准，而且是行

① Hongmei Li, “Advertising and Consumption in Post-Mao China: Between the Local and Global”, Dissertation for PhD, University of Southern California, 2006, p. 150.

② Hongmei Li, “Advertising and Consumption in Post-Mao China: Between the Local and Global”, Dissertation for PhD, University of Southern California, 2006, pp. 210, 233 – 234, 216, 253.

业的最高典范。其次，4A 标准以及基于其标准成立的 4A 协会素以严苛著称，乃至造成“大多数国内广告公司受严格的入会标准所限，不能加入 4A 协会，本土广告业内的反叛者开始发起争论，挑战国际 4A 标准”。后者即本土制定的“4C”（Chinese、Consumer、Civic、Communication）标准。王瑾分析指出：

> 概括地说，4C 概念理论上嵌入一个对抗的二元框架之中：中国人对美国人，消费者对广告主，民意对霸权，沟通对广播。……一篇引起我注意的文章开篇即是对本土广告公司的情感诉求，“直视中国消费者的眼睛”。此文建议国内广告公司，要牢记据说是中国人独有的、与“西方”对立的三大心理特征，分别是以家庭为中心的主体对以个人为中心的主体、实践理性对纯粹理性、自我与他者的统一体对主体—客体二元论的西方认识论。诚如第二个 C 字母所指，该模式特许以消费者为主体的认识模式，挑战以广告主为中心的 4A 体系。……4C 理念从“广告主到消费者”的转变，是传播概念的重大突破。4C 反对广告主向消费者说话的单向广播模型，提倡以对话、以双方认可为基础的沟通模型取而代之。接着，是福柯式预言性批判，视霸权为广播模型所固有。

就这样，在 4A 与 4C、全球与本土之间发生了一场反对霸权主义和标准垄断的论战。王瑾对此的评价是，后者有批评广告文化存在基础即消费主义之嫌，4A 观念并没有抛弃消费者，而且不存在所谓的“同质的”中国消费市场，“4C 以单一心理模式为特征认识‘中国’大众市场，是过时的，必将导致营销失败”。[①] 这样看来，在中西广告

① ［美］王瑾：《品牌新中国：广告、媒介与商业文化》，何朝阳、韦琳译，北京大学出版社 2012 年版，第 42—53 页。

行业之间，以及在中西广告文化的研究者之间，争议甚至争端，是注定要发生了。

二 新时期广告民族主义：基于若干“争议广告”的案例分析

王瑾在其著作的结尾部分引用了一个国内业界流传甚广的广告案例：总部设在广州的协作广告公司为百度搜索引擎制作了一系列网络微电影，其主题意在锚定百度搜索作为“搜索引擎首选”的地位。其中一组，“唐璜式的传奇人物”唐伯虎出场了，这位素以语言竞技著称的大才子，将要就张贴在城墙上的一张关于断句的告示，与老外展开一场辩论赛。只见他以其特有的笑谑风格，对告示中的那句话念念有词：

> 我知道你不知道→我知道，你不知道
> 我知道你不知道→我知道“你不知道”
> →你不知道，我知道你不知道
> →我知道。你不知道我知道。你不知道。

面对如此之滔滔辩才，不明就里的老外完全懵了，他的中国女友果断决定追随唐伯虎，气得老外吐血不止。

该广告显然套用了著名喜剧电影《唐伯虎点秋香》中的经典桥段，其中唐伯虎就是百度搜索的化身，老外暗指谷歌，其女友则代表了网络用户。一场极其成功且富有喜剧性的语言竞技，将外国公司对中国文化的不了解诠释得淋漓尽致。该广告因此获得了2005年第十二届中国广告节金奖。①

然而，正如黑格尔所说，喜剧往往是最深刻的。对于这则广告，

① ［美］王瑾：《品牌新中国：广告、媒介与商业文化》，何朝阳、韦琳译，北京大学出版社2012年版，第261—263页。

值得深思的是，它究竟在哪方面大获全胜？广告中唐伯虎对老外对手酣畅淋漓的打击究竟意味着什么？进言之，中国人对该广告的“观看快感”究竟来自哪里？只消我们稍加思索，似乎都不难给出有关民族主义的解答。

如前所述，民族主义曾经对中国广告带来了巨大影响，以民族主义为主题的广告也成了近现代广告的重要类型。对于当代广告来说，民族主义的力量同样不容小觑。西方汉学界对反映在广告中的当代民族主义及其起源作了如下陈述：

> 中国流行的民族主义……不仅呼吁建立中国的民族经济，也号召复兴中国传统文化，要求被西方平等对待，还有反美和反日情绪，等等。……民族主义的出现源自于中国的市场改革已经融入了全球语境。中国人发现，他们被置放于一个不熟悉的环境当中……因此诉诸在不确定环境中不可挑战的民族主义。中国的民族主义也来自于正在增长的复兴中国的信心。……结果，中国在与外国交往的时候，已经发展出了一种坚定自信的认同。中国广告反映并逐渐变成了中国流行的民族主义话语的一部分。①

不难看出，西方汉学界把当代中国的民族主义归因于近代以来的民族奴役，全球化冲击下的文化自卫，以及日渐增长的民族自信心，是多种因素合力塑造的结果。但这也只说明了问题的一个方面。对于广告文化而言，因其需要达到特定的宣传效果，民族主义有时不仅不是避之唯恐不及，反而有可能是要与之“周旋”的理想对象：“中国繁荣的广告产业，历来不缺乏问题。比如，一些广告商倾向于引入易

① Hongmei Li, “Advertising and Consumption in Post-Mao China: Between the Local and Global”, Dissertation for PhD, University of Southern California, 2006, pp. 346 - 347.

于获得的广告诉求，而不去充分理解中国消费者是否愿意接受。其他人则相反，试图通过设计冒犯公众期待以寻求自我差异的广告信息来切断这样一个群体性的广告环境。他们抓住每一个吸引眼球的机会，大胆地在‘边缘’和‘冒犯’之间的钢丝绳上行走。”[①] 如此一来，基于广告自身的传播特性，一些围绕民族主义的“争议广告”（Controversial Advertising），也就应运而生了。

西方汉学界的研究者还专门对“争议广告”下了定义。澳大利亚学者华勒（D. S. Waller）指出，所谓争议广告是指“一定的产品和展演类型，当其被表达时，能够让部分人群激起尴尬、厌恶、恶心、冒犯或者愤怒等反应”。[②] 这个定义显然也适合当代中国的争议广告，尽管后者的情绪反应另有其具体原因。

就跨国广告而言，20 世纪 80 年代的争议广告“多被直接联系到宣传资本主义的腐朽生活和经济入侵，这是由于数十年来对资本主义和帝国主义的攻击以及对中国资产阶级复辟的恐惧所致”。[③] 但到了 20 世纪 90 年代，情况就很不一样了：“如果说 20 世纪 80 年代的中国民族主义可以被理解为关于那些‘曾经熟悉的词汇——比如新殖民主义、新帝国主义、意识形态、政治，甚至阶级斗争’——的活的记忆，那么 20 世纪 90 年代以后，中国民族主义则更多地起因于中国与他国的贸易交往，比如美国对中国人权和贸易问题一直施加的压力。……20 世纪 80 年代中国民族主义的参与者主要局限于学生，但 20 世纪 90 年代以后，它成了一种中产阶级现象，同时也是一种被广泛分享的情感。”[④] 我们将看到，20 世纪 90 年代以降的民族主义确实具有国际交往性和参与广

① Hong Cheng, “Advertising and Chinese Society: Impacts and Issues”, Copenhagen Business School Press, 2009, pp. 175.

② Kim-Shyan Fam, David S. Waller, Zhilin Yang, “Addressing the Advertising of Controversial Products in China: an Empirical Approach”, *Journal of Business Ethics*, 2009 (88), p. 45.

③ Gungwu Wang, “The Chineseness of China”, Hong Kong: Oxford University Press, 1991, p. 27.

④ Gungwu Wang, “The Chineseness of China”, Hong Kong: Oxford University Press, 1991, p. 27.

泛性等特点。

这其中最具代表性的是针对日本的两次广告文化大反击。第一次发生在2003年。这一年12月，日本丰田汽车在国有杂志《汽车之家》（*Auto Fan*）上刊登了一则宣传其旗下品牌“丰田霸道”（Toyota Prado）的平面广告。该广告展示了这样一幅画面：当丰田霸道经过两头巨大的石狮子时，它们中的一个向其敬礼，另一个则向其下跪。旁白是：“霸道，不得不尊敬。”这则广告引起了全国上下的强烈抗议。中国各大网站热议沸腾，各大传统的新闻媒体也纷纷对此提出严正批评，认为这则广告严重伤害了中国人的民族情感，也是对民族文化的一种践踏，因为狮子被认为是中华民族的重要象征符号；更严重的是，一些分析家还将它与1937年的卢沟桥事变联系起来，因为卢沟桥正是以形态各异的石狮雕塑而闻名天下。经过这些批评解释，“丰田事件转换成了其他的东西：它暗示丰田支持并美化日本的帝国主义侵略。丰田由此变成了中国的敌人”。[①] 鉴于事件的严重后果，丰田公司以及该广告的制作商——著名的跨国广告公司萨奇·萨奇（Saatchi & Saatchi）不得不向中国人郑重道歉。

2004年9月，丰田广告事件刚趋沉寂，《国际广告》杂志又刊登了一则立邦漆（Nippon Paint）广告，该油漆同样系日本著名品牌，内容很简单：两条龙分别盘踞在园林的柱子上，其中一根柱子没有刷立邦漆，飞龙盘踞安然；另一根柱子刷了立邦漆，结果飞龙从顶端滑落下来。这则广告的意图非常明显：只是为了表达立邦漆能使物体表面平滑的效果。但该广告的制作商，也是一家享誉全球的跨国广告公司里奥·博耐特（Leo Burnett），好像没有考虑到龙在中国文化中至高无上的象征意义，它根本不可能失足，更不可能因为日本漆失足。这则广告所引发的民族主义大批判更是如惊涛拍岸，声浪迭起。批评者还

① Hongmei Li, “Advertising and Consumption in Post-Mao China: Between the Local and Global”, Dissertation for PhD, University of Southern California, 2006, p. 307.

敏锐地发现，这则广告选择当年9月刊登用意恶毒，因为9月18日素被称为中国现代史上的“国耻日”，日本广告的挑衅意味昭然若揭。这难免会让一些民族主义者以牙还牙，如著名策划人韩颐和就别出心裁地创造了一幅“后羿射日”的广告，广告主为河南张弓酒业公司，其“射日”的用意非常明显，可谓妙到毫巅。

除了日本之外，美国也制造了大量的争议广告。比如，与上述立邦漆事件同一年，耐克发布了它声名狼藉的“恐惧斗室”（Chamber of Fear）广告。该广告刊登于《华商晨报》（2004年11月26日），其主角为NBA著名篮球明星勒布朗·詹姆斯（LeBron James）。他在一组图片中，连续击败了两位古装女子、一位白发老人和两条龙，还有其他一些人物。这则广告被认为严重亵渎了中国文化的两大象征符号，即功夫和龙，它所引发的强烈抗议使得该年的民族主义热情推向了最高潮，而且这次官方媒体和传统媒体起到了中坚作用，而不再是互联网上的一枝独秀。此外，第二年夏，麦当劳的一组电视广告在其最后五秒描绘了一个中国消费者以下跪方式祈求麦当劳延长其优惠时间的画面，再次引起了民族主义者的强烈抗议。

通观上述争议广告，西方汉学界的研究者总结指出，“中国的民族主义者表现出了对全球化和中国认同的深度焦虑。这在他们对‘爱国精神’的广泛运用以及赋予诸如龙和狮子等中国文化符号以固定意义等多个方面可以见出。跨国公司、全球网络和信息流的发展，以及中国社会的层级化，已经质疑了通常的假设，即认为在公民权、民族—国家和中国的普遍利益之间存在稳固不变的关系。中国的民族主义者因此经历了一种无力感。确实，即便存在普遍的反日情绪，但日货依然在中国市场大受欢迎”。[①] 这似乎走到了近现代时期国货运动中

① Hongmei Li, “Advertising and Consumption in Post-Mao China: Between the Local and Global”, Dissertation for PhD, University of Southern California, 2006, p. 322.

的广告民族主义的反面：商品人类学在全球化高度发达的当代世界已变得寸步难行。

三　东西方广告的跨文化变异与融通[①]

美国经济学家托马斯·弗里德曼（Thomas Loren Friedman）曾有一个著名论断："任何两个都有麦当劳的国家不会打仗。"[②] 上述发生在中国本土的争议广告都针对跨国公司产品，也都由跨国广告公司所制作，但这些事件究竟能引发多大的冲突，事实和逻辑上都是不言而喻的。其实，在民族主义者强烈抗议争议广告之余，更多的消费者则表现为品牌认同的"感知主义"，即按照星空传媒（Star TV）负责广告销售的前执行副总裁布鲁斯·奥尔特奇克（Bruce Oltchick）的说法——对于"什么能让一品牌成为本土品牌?"这一问题的确切答案是："消费者对品牌的感知。"也就是说，品牌形象"是发生在消费者头脑中的事，属哪个企业、在哪里制造不重要，除非它们被清楚、特意地加以标明"。比如，"舒尔美卫生巾即便被金伯利（Kimberly-Clark）公司收购，始终被使用者认为是中国本土品牌……为对抗'全球'而构建'本土'，此举毫无意义，因为两者并不互相排斥"。[③] 如果非要追究其本质，也许王瑾的说法比较确切："在这里，意识形态不是驱动力，实用主义才是驱动力。"[④]

事实上，事件之所以是事件，就是因为其稀有性。这也从反面说

① 本部分内容已发表于《中外文化与文论》（CSSCI 来源集刊），原标题为《国际广告文化在中国的跨界旅行与接受变异——基于美国"中国学"的考察视角》，收入本书时有较大改动。

② 转自［美］王瑾《品牌新中国：广告、媒介与商业文化》，何朝阳、韦琳译，北京大学出版社 2012 年版，第 94 页。

③ 转自［美］王瑾《品牌新中国：广告、媒介与商业文化》，何朝阳、韦琳译，北京大学出版社 2012 年版，第 34—35 页。

④ 转自［美］王瑾《品牌新中国：广告、媒介与商业文化》，何朝阳、韦琳译，北京大学出版社 2012 年版，第 51 页。

明，中西广告文化之间必然还存在另一种相反的维度，而且它将以其恒常性和持续性的特点而起到更为基础的作用。该维度即是中西广告文化之间的融合关系，它正是两者冲突之维的对面，也是两者之间更常见、更持久的关系模式。

正如经济学家斯鲁（Lester C. Thurow）所说：这是“人类历史上的第一次，……任何物品都可以在任何地方制造，并在任何地方出售”。[①] 而这些“物品”不仅是消费的对象，而且通过包装、设计和广告宣传，它们同时也成了联通世界的一种理想的传播媒介。西方汉学界的研究者言简意赅：“可以这样说，广告和营销是一个国家的非正式外交，它们对一个国家生活方式的戏剧性和真实性的表达，远胜于官方外交部和对外大使馆。”[②] 由此看来，商品和广告在促进国际交流和文化传播方面功不可没，反之，也正是因为它们的存在，全球广告文化才呈现出了多元并存、互相交融和协作一体化的进程。这样的进程，正如蓬勃发展的跨国广告公司，如今已不可阻遏地成为国际广告文化关系的主流趋向。而用于描述这一趋向的理论术语，从西方汉学界的研究文献来看，可以凸显为以下三个，它们同时也代表了全球广告文化交融关系的不同方式和层次。

首先是变异（Variation）问题。“变异”和“变异学”是国内著名学者曹顺庆先生针对比较文学学科理论的缺憾提出的一套重要的理论学说。按照曹先生的说法：比较文学中的影响研究（法国派）和平行研究（美国派）都存在共同的缺憾，那就是过度关注同一性和亲和性的问题，而“变异理论是就学科建构所提出的一种概念转换，它使比较文学从寻求同一性（Homology）转移到异质性（Heterogeneity）的研究理路上来。换言之，不仅同质性和亲和性（Affinity），而且变

① Lester C. Thurow, “The Future of Capitalism: How Today’s Economic Forces Shape Tomorrow’s World”, New York: William Morrow and Company, 1996, p. 115.

② *Advertising Age International*, 15 January, 1979, p. 2.

异性和异质性，都应该成为比较文学关注的焦点”。① 具体来说，所谓“变异”不再仅仅聚焦于对象的自我同一性，它“所着力关注的不是旅行在地的理论与理论原本的‘同’，而是‘异’。不是凸显它们之间的在理论观念‘同源’基础上的同一性，而是在历史状态中的差异性。‘异’的意识基础不是简单的对象性与事实性的‘差别’，而是坚持从情景出发的历史立场”。② 这里包含有以下两个关键点：其一，变异意味着原型或“源文本”的“旅行”及其在地化的“植入”过程和结果，因此对该过程及其产物即“变异体”的观照不仅要强调差别和异质性，而且要进入特定的历史情景，其寻求系统性、动态性、历史具体性的理论旨趣不言而喻；其二，这里的聚焦对象已经从“文学”凸显为“理论”。事实上，“变异”现象非常普泛，变异学对各类文学、文化、艺术以及理论问题都具有同等的阐释效力，当然也包括我们这里所说的广告文化现象。至于变异究竟会在哪些层面上发生，曹先生在其《比较文学变异学》（*The Variation of Comparative Literature*）一书中主要指出了四种，即跨国、跨语言、跨文化和跨文明。在其他的著述中，曹先生也分为语言、民族国家形象（形象学）、文学文本和文化四个方面或范畴③。对于广告文化研究来说，这些范畴已足够将其变异问题说清楚了。

根据西方汉学界的研究文献，广告文化的“变异”主要是指跨国品牌及其形象在“旅行”到中国语境时所发生的变化和转换现象，即出现中国化、本土化或上文所说的“在地化”的变迁。跨国广告文化的中国化变异从理论上来说应该在各个层面或者上述的各个范

---

① Shunqing Cao, “The Variation Theory of Comparative, Introduction”, Heidelberg, Berlin: Springer-Verlag, p. XXX.

② 吴兴明：《“理论旅行”与“变异学”——对一个研究领域的立场或视角的考察》，《江汉论坛》2006 年第 7 期。

③ 曹顺庆：《变异学：比较文学学科理论的重大突破》，《中山大学学报》2008 年第 4 期。

畴里都会发生，但广告文化作为特殊的现象可能会聚焦在某些特定的领域。

首先，语言符号层面上的变异，主要指品牌名称和Logo翻译的中国化和本土化。“给‘洋品牌’起个中国名，是西方广告常用的一招。宝洁公司将产品命名为‘潘婷’——宛如中国邻家女孩的名字；‘飘柔’——用地道的中国词汇点出产品特征。它们都是借助中国本土元素的利用，形成对中国消费者的亲和力。还有巴伐利亚汽车公司的品牌BMW进入中国就变成了‘宝马’，德国Mercedes Benz汽车在中国则叫‘奔驰’，都占尽了中国的便宜。”① 当然，富有中国语言和文化特色的翻译比比皆是，又如，我们耳熟能详的家乐福（Carrefour）、百事可乐（Pepsi-Cola）、宜家（IKEA）、香奈儿（Chanel）等，这些翻译基于其符号源文本，巧妙运用中国语言文字，将邻里、祈福、快乐等中国文化中固有的祥瑞和美好因素表达得淋漓尽致，可谓语言符号“旅行”到异质性的文化语境，取材于当地特色，进而造成他国化变异的典型案例。

这其中，最具有经典意义的当属“可口可乐”（Coca-Cola）。这一举世闻名的品牌早在1927年就已经“旅行”到中国，并最早在上海、天津等沿海大城市登陆。但该品牌此时的中文译名是听起来相当古怪的“蝌蝌啃蜡”（chew wax Ke Ke），加之其产品本身色泽棕黑，味苦，有似中药，让人不禁想起中国成语“味同嚼蜡”。这些原因致使其销量一直低迷。无奈之下，公司不得不在英国《泰晤士报》刊登广告，悬赏350英镑征募中文译名。这时，一位时况窘迫、后来成为著名美籍汉学家的中国留学生蒋彝（Chiang Yee）应征将其译为“可口可乐”，一举夺魁。根据美国研究者的理解，这个译名“既保持了Coca-

① 汤志耘：《中国广告中的西方广告影响因素——从文化角度研究》，浙江大学出版社2009年版，第178页。

Cola 的发音，也迎合了中国消费者的心理：‘美味’被强调，‘可乐’的效果也被揭示出来。……‘可口可乐’也显示出了中国语言文化的另一层蕴意：中国人喜欢‘好运’，而且喜欢使用‘喜庆’（auspicious）之类的词语”。[①] 这种转变将原译名中的贬义意涵一扫而光，凸显了中国传统对美食和乐感文化的追求，无疑更能让中国消费者喜闻乐见。可口可乐的中国销售区围绕这一主题进行广告宣传，不久便扭亏为盈。由此看来，语言符号的本土化变异不仅意味着美感的“在地化”，还与经济效益直接挂钩。

其次，形象层面的中国化变异。提及这一点，美国中国学界自然不会忘记堪称其“国烟”的万宝路（Marlboro）香烟，以及它富有传奇色彩的成功广告营销案例。令人诧异的是，这个在人们眼中素以铁骨铮铮的西部牛仔作为形象代言的著名品牌，曾经试图走过“红粉佳人”的广告路线，在商品包装和广告设计上都大量运用粉、紫、红、白等女性色彩和气质忧郁的美女形象，但这样的尝试一直不成功。后来，经著名广告策划人李奥·贝纳（Leo Burnett）之手，这些形象突然之间变成了戈壁沙漠和野性粗犷、跃马扬鞭的西部牛仔，取得了超乎想象的市场成功。有人估计，仅万宝路品牌的商标价值就不低于300亿美元。但我们的重点还不是在这里，而是在中国。美国麻省理工学院比较媒体研究所的王瑾教授观察发现，在这一国际品牌的中国广告中，“取代万宝路彪悍的乡村牛仔的，是中国西部黝黑、狂野的乡村鼓手，在热烈庆祝丰收。万宝路的标志——男子气概，用本土化方式淋漓尽致地表现出来”。[②] 虽然广告形象在表现威猛、彪悍、粗犷的男性气概上没有太大改变，但从美国西部牛仔到中国乡村鼓手，显然已经发生了中国化的形象“变异”。

---

① http://www.coca-colacompany.com/stories/celebrating-35-years-of-coca-cola-in-china.

② ［美］王瑾：《品牌新中国：广告、媒介与商业文化》，何朝阳、韦琳译，北京大学出版社2012年版，第55页。

我们再看另外的例子。日本著名的儿童饮料酷儿（Qoo），在其发源地日本的包装和广告形象是个男孩模样的蓝色小精灵，该形象设计“意在既吸引孩子也吸引他们的妈妈”，因为调查发现，日本的“年轻妈妈很怀念自己童年的时光，酷爱日本卡通画人物。而她们的孩子却不为甜美、可爱的人物所吸引，更喜欢比较世故、早熟的角色，比如樱桃小丸子和小新”，因此，该公司不得不在孩子和妈妈两大细分市场之间寻求“巧妙的折中”，最终的广告方案是：“一位成年人饮下第一口啤酒，满意地发出‘酷儿’的声音，紧接声音出现的，是一个生动的卡通人物，看上去很早熟，虽为孩子面孔，却一点不孩子气。”该形象具有鲜明的个性特点，如“‘比桌子略高’，出生在森林，憎恨欺凌弱小，只会说‘酷儿’，‘体重为三个菠萝之和’”，等等。然而，当该形象一旦走出日本时，变化可就难以把控了：“酷儿这个人物在引进新加坡时，被改变成了中性人物，半男半女。酷儿早熟的特征在德国被去掉，因为德国团队坚持认为，孩子品牌应当‘只有孩子气’。……在中国经受了与德国类似的被幼儿化的经历。”① 从带有成人特征的蓝色小精灵到半男半女的中性人物再到纯粹的孩子气，酷儿的国际“旅行”，显然也经历了形象鲜明的“变异”过程。这种变异显然与民族文化心理紧密相关。在此，中国和德国都被认定为比较分明成人和儿童之间的边界。

从以上例证不难看出，形象变异在国际广告中俯拾即是，美国中国学界的研究者发现如下的案例非常少见，即“对所有市场保持同一的全球传播策略。地方市场只是简单以非常微小的变化来填补其全球策略。比如，贝纳通（Benetton）以其著名的服装和化妆品瞄准年轻富裕的时髦购物者，它的广告在不同市场仅有的修整就是将其源文本

① ［美］王瑾：《品牌新中国：广告、媒介与商业文化》，何朝阳、韦琳译，北京大学出版社2012年版，第65—66页。

翻译成不同的语言，卢西亚诺·贝纳通（Luciano Benetton）分析认为，‘我们需要传达一个唯一而强大的形象，它可以被世界的任何地方所分享’”。[①] 在全球市场保持其同一的形象，不发生任何变异，这种情形确实存在，但只是极少数大公司才（敢）有的广告策略，但即便如此，它在不同国家的文化语境里，同样会发生不同的“解码”或接受反应。因为在这里，文化将起到一种基础性的过滤作用。

最后，文化以及进而文明层面上的变异。曹先生在《比较文学变异学》一书中对变异学的“跨文化”与“跨文明”做了明确的区分，即“跨文化变异研究限定于同质性的文化圈层，而跨文明变异研究在异质性的两种文明之间”[②]。这样的区分实际上是将文化认定为比文明更小一级的单位：文明本质上是异质性的（尽管它是否可通约尚无一是之论），而在其范围之内的文化则可能是同质性的。根据这样的区分，使用“东西方文明”这样的称谓或许更为确切。但无论文化也好，文明也罢，曹先生指出，在它们之间都存在一道隐形而严密的屏障，这就是“文化过滤”（Cultural Filtering）：“文化过滤在跨国、跨语言、跨文化和跨文明过程中同时存在。”究其原因，曹先生认为在于“文化模式之间的差异。……不同的文化模式拥有不同的美学假设、价值假设及其不同的意义建构方式。……人们根据他们从历史中沉淀的以及作为一个群体无意识存在的文化模式之类型、思维方式和美学经验，来认知、判断和描述其他文化模式的传播信息，结果，源信息的扭曲和变异也就不可避免了”。[③]

可见，正是由于不同文化和文明模式的相互交往以及彼此之间“文化

---

① Hongmei Li，“Advertising and Consumption in Post-Mao China：Between the Local and Global”，Dissertation for PhD，University of Southern California，2006，pp. 263 - 264.

② Shunqing Cao，“The Variation Theory of Comparative，Introduction”，Heidelberg，Berlin：Springer-Verlag，p. 161.

③ Shunqing Cao，“The Variation Theory of Comparative，Introduction”，Heidelberg，Berlin：Springer-Verlag，p. 163.

过滤”的存在，才有可能发生各个层面和各种类型的“变异”现象。

而对于这种文化过滤，美国中国学界的研究者是有自觉意识的。他们对中国文化或准确说中华文明进行了细致而透彻的考察分析，上述广告文化的平行比较即可为此佐证。而且，研究者还对中国文化做了系统的结构化拆分，其中被拆分的单元可多达40项（表2－1）。[①]这无疑是将无形的文化过滤显影化、具象化了，其结果是编织成了一张巨大的且可见的“文化滤网”（Net of Cultural Filtering），尽管这张“他者之网”似乎跟我们的日常经验有出入。

表2－1　　作为“文化滤网”的中国文化结构元素

1. 谨守孝道	11. 团结	21. 真诚	31. 有耻恶感
2. 勤劳	12. 中庸	22. 洁身自好	32. 殷切
3. 宽容	13. 克制自我	23. 节俭	33. 安于现状
4. 和睦	14. 严守等级秩序	24. 持之以恒	34. 趋于保守
5. 谦卑	15. 正义感	25. 忍耐	35. 好面子
6. 忠于上级	16. 恩威并施	26. 善恶必报	36. 团体主义
7. 明礼	17. 不妄争讼	27. 文化优越感	37. 女人贞洁
8. 礼尚往来	18. 个性稳重	28. 适应能力强	38. 欲念多
9. 热心	19. 抗腐蚀	29. 谨慎	39. 敬惜传统
10. 有修养	20. 爱国主义	30. 值得信赖	40. 守财

正是在这张巨网的过滤之下，国际广告的中国化变异，才被加入了理据性的学理支撑。比如，“一向以快捷、廉价取胜的麦当劳来到中国后，竟然放弃了它们的‘法宝’，打出了‘欢聚麦当劳，共享家庭乐’的主题广告词。这句广告词表明，麦当劳在中国‘慢’下来了，不再是上班族为赶时间而匆忙就餐的地方，而成为中国消费者亲朋团聚、享受天伦之乐的场所”。[②]麦当劳显然考虑到了中国的集体主义文化及其推崇的家庭和人伦关系，于是一改其以上班族为主体的快

① Hong Cheng & Kara Chan, “Advertising and Chinese Society: Impacts and Issues”, Copenhagen Business School Press, 2009, p. 35.

② 汤志耘：《中国广告中的西方广告影响因素——从文化角度研究》，浙江大学出版社2009年版，第78页。

节奏形象，风卷残云般的“快餐”消费因此也变成了慢悠悠、乐融融的家庭聚餐。

然而，在中国化和本土化这一点上，麦当劳还是输给了它如影随形的竞争对手肯德基。王瑾在其著作中明确指出，后者远比前者的中国化更彻底，“麦当劳也许正在曼谷卖大米汉堡，在印度售羊肉汉堡，在荷兰售素食汉堡，在日本售红烧汉堡，在德国售法兰克福汉堡，在乌拉圭售水煮鸡蛋汉堡”，但这个“汉堡大王”在中国也只有汉堡，与中国美食的融合度非常之低，因此她猜想，“如果农村人哪天真喜欢上西方快餐了，我猜肯德基会比麦当劳经营得好，不光是因为与牛肉相比中国人更喜欢鸡肉，还因为肯德基菜单上的中式食品一定吸引农村人”。[①] 提及农村人，显然是因为他们才真正代表地道的中国美食和味蕾。这就再次证明，接不接受或者何种程度上接受本土化的“变异”将直接影响到产品的销售市场和公司发展前景，这种经济学意义上的“变异”显得实际和真切多了。看来，“变”还是“不变”，这确实是个问题。

王瑾还提到了另一个更有意思的跨文化/文明“变异”。举世闻名的金伯利集团（Kimberly-Clark Group）旗下有一个专营女性卫生用品的品牌即高洁丝（Kotex），该品牌合并了中国的同类产品舒尔美，后来联合推出一款新型卫生巾，根据其产品中的蓝条，取中文名“瞬吸蓝”，王瑾对这个命名赞不绝口：“该词的中文翻译非常有诗意，不仅把它的功能联系减至最低，而且非常成功地呈现了英语原词中缺少的丰富的视觉形象和隐喻含义。把功能还原为形象，是一种异乎寻常的营销策略，此为金伯利的妙招。”王瑾所谓的诗意和隐喻显然已经包含了文化的维度，即中国人委婉、隐晦、曲折的表意心理，这种心理

① ［美］王瑾：《品牌新中国：广告、媒介与商业文化》，何朝阳、韦琳译，北京大学出版社 2012 年版，第 60 页。

使得中国妇女们宁可在其视线中扭曲经血之红为可见之蓝，方才觉得赏心悦目——这当然也是前述语言变异的一个典范。但是，在其他文化或文明中却未必如此。高洁丝曾在多个国家发起了以“红点”为核心的产品广告，其用意是明确的：“运用红点象征月经”。然而，出人意料的事情发生了：

> 所有红点广告……引起欧洲和北美青年女性的强烈共鸣，但输入亚太市场，却大走麦城。红点推广在亚洲遭遇的问题，简言之，是因为对有些形象，文化与文化之间的阐述大相径庭。推广活动撤出越南，因为一位共产党的高官认为红点太容易让越南观众产生联想。中国年轻一些的消费者不怎么注意红点的视觉象征，但年长些的妇女不喜欢改形象，因为它让人与血产生强烈联想。……在韩国，消费者抵制红点，推出一个白点推广活动，基于韩国妇女爱干净、纯洁、清新，这些特征都与白色而非红色相连。①

卫生巾的广告推广，欧美女性钟情于红色，中国偏爱蓝色，韩国则干脆换成了白色，从作为起源地的欧美到亚太地区，其间显然发生了巨大的变异，而这种变异的基础又明显源自不同的文化传统：欧美文化人格的直截了当，中国的温婉含蓄，韩国的纯洁唯美。这是其一；其二，从色彩心理学的角度来看，蓝色和白色无疑具有更为紧密的亲和关系：它们都蕴含着安静、内敛的特质，而红色则与此相反，传达的是奔放、热烈和激情。这显然也意味着儒家文明与西方文明之间的分野；换言之，以上三种色彩的两种类别之间，同时还存在着一种更为深层次的跨文明的变异。当这些迥然有异的文化和文

① ［美］王瑾：《品牌新中国：广告、媒介与商业文化》，何朝阳、韦琳译，北京大学出版社 2012 年版，第 81—82 页。

明模型共同作用于商业领域时，也就带来了风格上截然不同的产品形象和广告创意。因此如下的言论不能谓之过当，即商品世界之所以如此丰富多彩、琳琅满目，语言、形象、文化、文明等多个层次的“变异”，于期间功不可没。

当然，纯然用“变异”这个术语，还不足以描述国际广告在中国市场复杂运作的全部，尤其是其中蕴含的政治维度。事实上，任何变异都不是与其源文本彻底决裂的新生物，它必然或多或少地携带有一定的源发基因，并将其植入新的语境中，从而发育成新的物种，而且在此过程中难免伴随着生存适应的复杂斗争。用于描述这一过程和结果的术语，西方汉学界一般采用了后殖民批评三剑客之一的霍米·巴巴（Homi Bhabha）的“混杂”（Hybridity）理论。李红梅指出：“作为一种经济和文化力量，跨国广告通常扮演了全球资本主义和现代性的渠道功能，它同时还吸纳中国文化，创造出了霍米·巴巴意义上的‘第三空间’，这打开了挑战东方和西方二元论的新的可能。”也就是说，纯粹或本质意义上的跨国和本土广告并不存在，任何现存的广告形态都属于混杂化的“第三空间”，它的存在同时还挑战任何形态的二元论：“跨国广告公司混杂化（Hybridized）的广告实践……已经超越了东方与西方、本土和全球之间的二元划分。”[1]

“混杂”现象对于东方/西方、全球/本土等一系列二元论的超越，王瑾以威汉营销传媒集团（WE Marketing Group）做出了进一步阐释。该公司的基本业务“就是填补传播的空缺：它提供平台，‘促进（国产）品牌进入全球市场，同时帮助国际品牌在中国寻求据点（本土广告公司）’，从而整合中国本土资源和全球资源”。[2] 这种业务当然是应

---

① Hongmei Li, “Advertising and Consumption in Post-Mao China: Between the Local and Global”, Dissertation for PhD, University of Southern California, 2006, pp. 203 – 204.

② ［美］王瑾：《品牌新中国：广告、媒介与商业文化》，何朝阳、韦琳译，北京大学出版社2012年版，第257—258页。

国际潮流而动，但这里要说的是它富有隐喻意味的命名：“WE”。它显然分别代表了西方（West）和东方（East），而汉语“威”是West的音译，“汉”又是“汉族”简称，这个公司从业务到命名，无不体现了“混杂”和“球域化”（Glocalization）的理念，同时也是国际广告文化之主流关系的一个最好的隐喻。

本章小结与评述

本章首先系统梳理了西方汉学界对中国近现代“国货运动”的研究，在此基础上，进一步考察了国货广告的民族主义编码及其困境，然后针对西方汉学界关于新时期以来的中国广告研究，从中西广告文化的平行比较、关系冲突和融合三个方面作了逐步厘清。这些内容以中西广告文化关系为主线，基本上厘清了这条线索从1905年至今一百多年的演进历史，其中贯穿了民族主义、现代性、全球化等重要议题，初步呈现了西方汉学界中国广告的一个侧面轮廓。

毋庸讳言，西方汉学界对中国广告的研究成效显著，价值巨大，值得本土学界耽思妙赏；但是，这并不意味着“他者视角”的观照不存在什么问题，相反，值得我们追问的问题并不少见。比如，就国货广告民族主义编码所出现的困境而言，西方汉学界如果从霍米·巴巴的“混杂”和“戏拟”理论来审视，或许可以看到另一番光景，而并非一味的对抗和难以摆脱的困境。事实上，国货运动及其所引发的爱国主义消费实践在近现代历史进程中究竟能起到多大的作用，这个问题在国内学界是存疑的，至少它并没有引起西方世界那般的研究热潮，或者说，这支抵抗力量并没有后者想象中那么大，更难说它构成了五四运动和日本全面侵华战争的一种诱导因素。至少著名报界学人戈公振的研究不支持这样的观点，他的说法是，在当时中国报纸上刊登的商业广告中，“外货居十之六七，国货仅十之二三"①，国货如此稀少，何来如此强大的抵抗力量？反过来，西方学界对于"抵抗"的想象如此锲而不舍，仅此一点就可以说明，它们已经深深陷入了美国中国学的鼻祖费正清所提出的"冲击—回应论"的窠臼：中国近代的民族主义以及现代性进程，只是在西方列强军事、政治、经济和文化强烈冲击下的一种被动反应，而并非出自中国社会历史自身的演进逻辑。对于上述研究，我们有必要深入考究其致思路径、价值立场等学理性问题，借此追问其中是否存在他者化和东方学内涵，以至于形成前述极端结论。这一过程将在它与国内主流学界相关研究的平行比较中展开，主要分为如下三个层面。

首先，逻辑起点从理论概念出发，还是从历史事实出发。这是美国中国学界与本土研究最根本、最重要的差异。

诚如前述，美国中国学界认为中国近代国货观念及其广告宣传奠基于"商战"思想，而且与商品人类学高度契合，由此实现了"国货"观念的自我合法化；但同时，由于"国货"概念被严格预设了国籍和民族的逻辑，先在性地排除了它与任何"他者"之间的内在关联，在一个业已进入全球协作的时代，不得不陷入难以自拔的逻辑困境。如此这般的理论说辞固然不乏合理性，但是，一旦跳出这种用理论概念构筑的、地基松软的逻辑大厦，站在坚实的历史土壤上，其庐山真面目便显露无遗。

后者正是国内主流学界的做法。根据潘君祥等人的研究："起先人们一般把外国进口产品统称为洋货，而把与洋货相对的我国产品都称为土货。……但是随着近代资本主义的发展，近代工业企业不断开设，我国也有了机制工业品，这些机制产品仿照洋货，又与原土货有别，随着国家和民族意识的增强，有人也把它称为国货，或把包括手工土货在内的我国产品统称为国货，以与进口的包括外资在华企业生

① 戈公振：《中国报学史》，生活·读书·新知三联书店 1955 年版，第 220 页。

产的洋货相区别。”[①] 王敏在《从土货到国货》一书中也指出：“国货正是洋货泛滥之后才出现的，在此之前没有‘国货’的概念，我们称之为‘土货’或‘土杂货’。可以说，如果没有洋货，就没有国货的存在。”[②] 这里基于经验事实考察了“国货”概念的历史发生，包含有两层意思：其一，“国货”概念是一个外缘、后发的现象，它作为“他者”即“洋货”的一个反命题而出现；其二，“国货”中带有近代资本主义因素，它“仿照洋货”，涵纳机制品，非但不排斥“他者”，反而具有开放性和包容性的特点。这似乎与美国中国学界的“国货”概念刚好相反。后者正如葛凯所说，“‘国货’的英文翻译通常是native goods（土货）或national goods（国货），……我更喜欢‘国货’这个词，因为这个术语包含了更多的含义”。[③] 其“更多的含义”便是排除原初的“土货”意涵，从而强化“国货”概念的排他性和不兼容性，这种界定显然是所谓商品人类学的一种逻辑贯彻。

相反，本土学界从“土货”出发，对于“国货”概念的理解相当开放包容，这种做法在学理上能够兼蓄“他者”，做到“洋为中用”，与彼时“师夷长技”的主流思想也能互为映衬。由此可见，正是以“土货”为契机，中美学界实际上形成了两个全然不同的研究路向：一个趋于保守自闭，一个则开放自由；一个视“他者”为寇仇，一个则兼容并蓄，转益多师。

以此反观前述研究，我们理所当然地认为，国货产品被分为“七国货”和“参国货”并不值得大惊小怪，广告宣传中出现英文字母和

---

① 潘君祥主编：《近代中国国货运动研究》，上海社会科学院出版社1998年版，第1页。需要指出的是，葛凯曾经引用过这部著作，而且在英文版序言中特别表达了向本书主要作者潘君祥、徐鼎新等人致谢，但是很显然，他本人对于该书的观点很不以为然，甚至与其截然对立。葛凯的研究在西方学界流传甚广，其他的几位研究者对其著作都有参详或引证。

② 王敏：《从土货到国货：近代消费行为政治化与民族主义思潮》，知识产权出版社2014年版，第34—35页。

③ ［美］葛凯：《制造中国：消费文化与民族国家的创建》，黄振萍译，北京大学出版社2007年版，第7页。

异国形象更是小题大做，因为这正是开放国货观的一种具体实践。

当然，深究起来，这种开放态度的形成及其在国货广告中的呈现并非一个自然自发的过程。本土研究者发现，中国近代广告中的“他者”元素具有“强烈的西方文化象征功能，（致使）很多本土广告主为了推销自己的产品……在使用西方强势符号上乐此不疲”。[①] 来自西方的符号反客为主成为“强势符号”，并广泛出现于广告文化中，这种情形反映在广告史上就是所谓“跨文化广告”在近代中国的大量涌现。作为一种“在不同文化领域间传播”的新型广告形态，跨文化广告一方面固然意味着美国中国学界津津乐道的本土广告（包括国货广告）的“自我他者化”现象所言非虚；但另一方面，它同时也意味着西方文化已经“轻易地通过中国传统文化的维模把关”[②]，即是说，西方文化元素在中国广告中的大行其道，实质上是在其强势入侵之下本土文化阵地失守进而造成广告“失语”的一个表现，乃至于形成“当时广告的一个鲜明特色，就是洋气四射”。[③] 进言之，中国近代国货思想和国货广告之所以采取积极开放的策略，其实是一种无奈的选择，它具有不容抹煞的被迫性和妥协性，是一种吊诡的“被动的积极”。在此意义上，上述现象断不能成为美国中国学界批判中国国货广告的一个原因，反倒应该被看作其母国（包括美国）帝国主义侵略的必然结果。由此看来，“返躬自省”而不是“倒因为果”，才是美国中国学界理当采用的思维取径。

其次，基于上述截然不同的出发点，国货运动和国货广告本质上体现了激进达尔文主义、经济义和团主义，还是进步主义、理性民族主义。

由前述可知，美国中国学界通过国货运动和国货广告实际上把近

① 邹赞、欧阳可惺：《“想象的共同体”与当代西方民族主义叙述的困境》，《中南民族大学学报》2011年第1期。

② 庞菊爱：《跨文化广告与市民文化的变迁——1910—1930年〈申报〉跨文化广告研究》，上海交通大学出版社2011年版，第34页。

③ 孙会：《〈大公报〉广告与近代社会（1902—1936）》，中国传媒大学出版社2011年版，第178页。

代中国描绘成了一种衰落、保守、盲目排外、充满敌意的晦暗的“他者”形象，甚至认为国货运动具有蜕变为种族优生主义、沙文主义甚至法西斯主义的潜在危险，这些观念不仅与国内研究大相径庭，而且与史实严重悖谬。

当然，美国中国学界之所以得出这样的结论，其背后依然遵循了严格的理论逻辑：基于其封闭保守的商品人类学观念，国籍和民族被指认为商品文化“传记”的唯一主题，国货运动由此便陷入了两难困境，即一方面注定不纯粹的国货观难免导致产品制造的不纯粹，宣传和广告话语的混乱失序，乃至为“主观武断和腐败”留下了空间；另一方面，苛求国货观念纯粹性本身已经陷入了某种形式的国家民族主义逻辑，因此在实践上很容易蜕变为排外主义、激进种族主义甚至法西斯主义。这样的逻辑困境，终究将国货运动拖入了进退失据的尴尬境地。但事实上，综观其研究，我们很容易意识到一个问题，这就是很难将美国中国学界斥为盲目抵制和排外主义的“抵货运动”与“国货运动”① 实质性地区分开来。而根据本土研究，二者之间泾渭分明：前者多起因于列强滋事，突发性强，持续时间短，以达到特定政治效果为目标；后者则往往紧随其后，以日渐发展壮大的民族资本家为领导者，持续时间长，组织机构严密，因此，“与抵货运动相比，它在倡用国货，抵制外货

① 即便是抵货运动，也并不纯然表现为一种盲目排外的义和团主义，只不过其反帝主义意味更浓，可参阅王立新《中国近代民族主义的兴起与抵制美货运动》（《历史研究》2000 年第 1 期）、［韩］金希教《抵制美货运动时期中国民众的“近代性”》（《历史研究》1997 年第 4 期）等文章。此外，美籍华裔学者王冠华在其《寻求正义：1905—1906 年的抵制美货运动》（刘甜甜译，江苏人民出版社 2008 年版）一书中也表达了类似观点（需要申明的是，本书作者探讨的时代重在抵制“洋货”，距离“土货”进化成真正意义上的“国货”并酿成“运动”尚需时日；综观其书，也几乎没有正面论及“国货”问题，因此该书未列为本文研讨范围之内）。甚至当时就有人指出：“晚近我国民排外之观念，与前兹之排外观念有绝异者。前兹之排外，锁国之主义也，内中国而外夷狄思想也。今兹之排外，则浸进为权利之主张”（汉民：《排外与国际法》，《民报》第 4 号），因此，“吾人固非绝对主张排外”，而是“主张自国际权利依国际法行动”（汉民：《排外与国际法》，《民报》第 8 号）。

时往往进行科学的具体分析……更加有利于我国的经济发展”。[①] 在此意义上，“国货运动从主流上来看……不是一种简单的排外运动，而是一种主要由民族资产阶级和进步人士倡导的，较理性的主张向先进的外国学习，参与市场竞争的自强运动”。[②]

毋庸讳言，国内学界立足于经验事实，恰好对“他者”的观点结论再次进行了“镜像翻转”：国货运动着意于自立自强，进步发展，力主科学和理性，表现出了相当程度的进步主义和理性民族主义精神。

根据史料记述，这种精神还进一步延伸到国货广告的宣传实践中来。比如，国产五洲固本皂在对抗英制祥茂皂时将其产品与后者所含成分进行逐项分析对比，用具体数字辨明优劣，其结果“比一般广告宣传更有说服力，广大消费者在无可辩驳的事实面前对自诩高品位的洋货打上了问号”。[③] 此类诉诸理性的广告形式绝非孤例，因为时人已清醒认识道：“经商者应用广告……非引诱顾客，而是感动顾客。所谓感动顾客，乃宣布其实际，以听购买者之评判，故不应有夸张伪饰之词语。”[④] 事实上，在一个以“劝用国货”为旨归的总体语境下，晓之以理的“示证性广告”理当为上上策。比如，南洋兄弟烟草公司“大爱国”牌香烟广告文案：“英彦罗素有云：‘中国最紧要的需要，就是爱国心的发达’，旨则斯言，可谓一语破的。”[⑤] 诸如此类的广告话语指陈利弊，观点鲜明，论证有力，断不是刺激官能的情感型广告所能涵纳。这也从一个侧面印证了本土研究者的论断：“近代报刊广告传播的主要特色是告知性和劝说性。”[⑥]

① 潘君祥主编：《近代中国国货运动研究》，上海社会科学院出版社 1998 年版，第 49—50 页。

② 潘君祥主编：《近代中国国货运动研究》，上海社会科学院出版社 1998 年版，第 350 页。

③ 潘君祥主编：《近代中国国货运动研究》，上海社会科学院出版社 1998 年版，第 275 页。

④ 陈子密：《谈中国之广告事业》，《商业月报》第 17 卷第 2 号。

⑤ 《申报》1921 年 8 月 10 日。

⑥ 蒋建国：《消费意象与都市空间——广州报刊广告研究（1827—1919）》，暨南大学出版社 2008 年版，第 16 页。

同样，对于葛凯所谓的民族商品展览即国货展销会，根据国内研究，“其功用有三：一是让国产陈于一处，互相比较，切磋研究……；二是对国产品评高下，奖励勉旃，‘褒扬其过去之成绩，而勖勉其将来之努力’；三是宣传国产，广告国货，为生产者与消费者牵线搭桥。因此，（组织者要求）参与陈列者……要细心考察研究，展开良性竞争……要不求眼前小利，以远大眼光谋品质之改良”。[①] 显而易见，国货运动的理性精神不仅见诸于广告话语中，而且在营销展览活动的组织形式、行为规范上都有自觉意识。

相较之下，在美国中国学界的描述中，国货广告似乎充满了话语暴力、美女诱惑、道德恐吓，甚至诉诸灾运诅咒，给人以追求感官刺激甚至专事挑拨的印象。借此，诸种誓不共生、盲目排外且内部混乱的“群氓”形象便跃然纸上。这样的广告或许不乏其例，但它并不能为总体代言。

总之，国内学界基于开放主义和追求进步的国货观，认为抵制洋货与吸收洋货并行不悖，爱国激情与理性行为同构并置，据此便无以合乎逻辑地推导出所谓种族优生主义甚至法西斯主义的潜在危险。而且，据实而论，国货广告之所以表现为进步主义精神同样也并非一种自由自愿的选择。正如近人戈公振所说，“外货之推销，以广告为唯一方法，不胫而走，实报纸传播之力也”[②]。列强诸国利用报纸广告推销产品，无往不利，有识之士因是效法学习，此前无足轻重的“告白”才成为国货“战具”；而且，时人发现，“提倡国货，不仅中国，列强尤甚”[③]，就连国货运动也列强居先，“师夷长技”之论因此被奉为这场经济民族主义运动的主导观念。可见，无论是国货广告还是国

① 马敏、洪振强：《民国时期国货展览会研究：1910—1930》，《华中师范大学学报》2009年第7期。

② 戈公振：《中国报学史》，上海古籍出版社2003年版，第138页。

③ 《国货月报》第一卷第3期。

货运动都是在“落后挨打”的局面下进步自强的一种表现，而对于中国人来说，师法有道、取长补短自古亦然，它根植于中国文化传统深处，离美国中国学界所警惕的诸多激进思潮相去甚远。

在此意义上，毋宁说中国近代国货运动从根本上无关乎“商品人类学”，而是更切近于吉登斯，后者认为，“民族主义是对主权的文化感受，是拥有边界的民族国家行政力量的伴随物。”① 中国的民族主义之所以发生，是对行政边界和持续的观念/文化共同体之间的不一致所做出的合理反应，它具有一定的必然性和正当性，理应获得理论上的理解和同情，正如民族主义理论家安德森的做法，应“同情弱小民族的‘入戏的观众’”。② 然而，美国中国学界的理论态度则似乎相当漠然。

最后，作为中西比较的一种逻辑延伸，在西方学界内部，美国中国学者在方法学理上过于凸显“作为观念的中国”，反而遗忘了“作为方法的中国”。

基于上述研究不难发现，美国中国学界的研究尽管在观点结论上显得比较激进，但在方法学理上却出人意外地保守；或者说，它们因对于“作为观念的中国”过于关切，反而忽视了一直以来海外汉学界所瞩目的“作为方法的中国”。这一点可以从著名汉学家柯文（Paul A. Cohen）的自我反思中得到确证：他在《传统与现代性之间》一书的中文版序言中回顾自己的研究方法时追悔不已，因为该书过于侧重“把西方影响中国……的程度作为衡量晚清变革的决定性尺度”，从而低估了“内生的刺激”，以至于成为其“瑕玷所在”③。事实上，以柯文为代表的一大批汉学家在20世纪70年代就提出了“在中国发现历

① ［英］吉登斯：《民族—国家与暴力》，胡宗泽等译，上海人民出版社2007年版，第308页。

② ［美］安德森：《想象的共同体·导读》，吴睿人译，上海人民出版社2005年版，第1页。

③ ［美］柯文：《在传统与现代性之间：王韬与晚清改革·中文版序言》，雷颐、罗检秋译，江苏人民出版社2006年版，第2页。

史”“从民族国家拯救历史”“区域研究”等颇有新意且价值立场上更为客观公允的汉学研究新思路，惜乎这一点几乎没有反映到国货运动的研究实践中来。就此而言，美国中国学界关于中国近代国货运动和国货广告的研究依然处于“费正清时代”，没有真正摆脱所谓“冲击—回应论”的窠臼；也正是基于这样的理论预设，有着五千年传统的近代中国才显得缺乏能动意识和创造活力，只能对西方的经济和文化侵略做机械被动的刻板反应。

必须要指出的是，前述意在揭示“他者”二元论思维的反思批判，无意于在比较研究问题上再制造一系列新的二元对立。我们认为，中美学界在很多观点结论上的共同点不容抹杀。比如，对于国货运动和国货广告存在的弊端，本土主流学界也不乏严肃的省察批判，只不过这种批判基于其逻辑起点主要针对民族资本家自身的阶级局限性和官僚资本主义的腐朽堕落，以至于造成各种权力滥用和贪污腐败等内部矛盾。此外，即便如上不乏“东方学”思维的研究未能尽如人意，我们也并不认为这面被扭曲的“他者镜像”一无是处，事实上，作为辩证考察中国近代国货运动及其广告宣传的“二面之词”，美国中国学界以其固有的“他者性”视角为国内研究提供了一面不可多得的话语镜像，这面镜像突破了本土研究长期以来“以我观我”的狭隘视界，不仅有新材料、新视角、新观点，而且其关于商品、广告与民族主义之关系的研究结论也并非全然不足可取，至少对于当前经久不息的经济民族主义热潮具有一定的参照价值。

进入新时期以来，西方学界对中国广告所体现的民族主义问题依然表达了一贯的关注，它们关于中西广告文化的平行比较充斥了二元论思维，其实质恰恰是一种隐秘的民族主义，即学术民族主义，而且这种带有东方学色彩的民族主义固着依然没有走出安德森的理论阴影。正如国内研究者所说，“安德森凭借其丰富的历史知识和娴熟的文本细读技巧，精心建构了一个‘放送影响—回馈反应’的模式，每一波民族主义似乎都能从法国革命/欧洲后民族主义那里找到可供盗版的原型。……安德森以欧洲民族主义为放送影响的绝对源头，自觉不自觉地将亚非民族主义挟裹进欧洲的叙述逻辑”。[①] 这显然是上述“冲击—回应论”在学理层面上的表述。基于这样的视角，中国的民族主义只是欧洲的一个“盗版”模式，在如此这般带有深刻西方中心主义和学术民族主义的解释框架下自然很难找到一个本真的、切己的“中国性”（Chineseness）的置放空间，更容不下合理的、基于本土立场的民族主义的广告话语和行动。这样看来，西方汉学界对于新时期以来中国广告的民族主义问题的观察，只是特定理论设定和片面的语境提取的产物，这是“他者化”和“远距思维”的又一表现。国内主流学界的看法是，中国当代的民族主义在经过多次的洗礼和改进之后，已经变成了相对理性的、知情的民族主义，一次次令人鼓舞的“帝吧出征”事件就是明证。

在这些问题上，国内研究者逐渐表现出越来越清醒的认识。比如即便是对于旨在体现中西广告文化关系融合趋向的“变异”和“球域化”问题，研究者也提出了比较有说服力的辩驳：它所携带的西方文化底色、现代化形式与“伪本土文化”的内涵共同构成了志在征服全球的“真实的谎言”，它通过对本土意识形态的“涵化”造成了“受众日益加深的对媒介长时间的依赖”，这是“球土化”作为一种隐蔽的“文化他者入侵”的必然结果。[②] 体现在广告中，“‘球土化’的策略广告文本中所创制的新语境只是本土文化符号的堆砌，同时，本土受众对其广告文本的浸淫也仅仅是一种肤浅的、无机的符号消费”，因为这种看似东西合璧的策略，“从根本上来说是对本土文化的曲解、支离破碎的引证和诠释，其中掺杂着隐晦的西方视角的东方

① 邹赞、欧阳可惺：《“想象的共同体”与当代西方民族主义叙述的困境》，《中南民族大学学报》2011 年第 1 期。

② 陈龙：《媒介文化全球化与当代意识形态的涵化》，《国际新闻界》2005 年第 5 期。

主义情结”。[1]

如此看来，本土研究者正在获致一种对于“他者”的免疫能力，在这样的学术语境下，中西广告文化的融合关系远没有达成共识，两者之间的对话和谈判，依然有很长的路要走。

① 徐静，转自戴元光主编《传媒·传播·传播学——全球化与广告新理念》，上海交通大学出版社2008年版，第231页。

第三章　西方汉学界中国广告的消费主义及其主题范式研究

既要印卖，自然想多销，既想多销，自然要做广告，既做广告，自然要说好。

——鲁迅

在 20 世纪上半期，中国已经发生了一场消费革命。

——高家龙

广告是资本主义对自己说“我爱你”的方式。

——迈克尔·舒德森

当代学界关于消费社会的理论研究已经证实，随着生产能力的不断进步和社会文化、经济结构的变迁，人类迄今的消费活动较之古代社会已经发生了深刻的变化，正如雷蒙·威廉斯对“消费”概念历史演化的描述：“可追溯的最早词源拉丁文 cosumere——意指消耗、吞食、浪费、花费。在几乎所有早期的英文用法里，consume 这个词具有负面含义，指的是摧毁、耗尽、浪费、用尽。[①] ……（但）从 18 世纪中叶开始，

① “Consumption”一词至今有一种耗费性致死疾病即“肺结核”的含义，这足见古代社会人们对“消费”内涵的负面理解。——译者注

consumption 这个词开始以中性的意涵出现在有关中产阶级的政治、经济的描述里。"[①] 这个词到了 20 世纪六七十年代又发生了更为根本性的变化，按照 L. P. 梅耶的说法："作为新的部落神话，消费已成为当今社会的风尚。它正在摧毁人类的基础，即自古希腊以来欧洲思想在神话之源与逻各斯世界之间所维系的平衡。……我们的社会是通过消费及对其揭示来建立平衡的。"[②] 波德里亚（Jean Baudrillard）将这样的社会描述为"消费社会"（Consumer society），以与生产为主导的社会类型区别开来。

消费概念的历史变迁与其在人类社会生活中范型的转变和地位的不断攀升互为印证。历史地来看，学界所谓的"福特主义"已经为现代意义上的大众消费提供了必备的物质、经济和时间基础；进入"后福特主义"以后，这样的消费再次被提升到一个全新的高度，在此，消费大众不再仅仅专注于产品使用价值的单纯实现，它总要被一种特定的社会文化和信念所注入或引导，并以此展现为形态各异的风格、品味和时尚；消费由是不再被理解为一种人类与生俱来的生理和肉体需求，而是在繁复万象的产品设计和美学包装下被刺激或被创造出来的精神需求。在此过程中，古老的广告行业自工业革命以降再次焕发出了勃勃生机，因为能够承担此项创造性和刺激性工作之重任的，非它莫属。正如威廉斯对商业广告与消费之间关系的敏锐洞察："现代商业广告（Commercial Advertising）——说服或市场渗透——的发展，是与同期的资本主义有关：创造各种需求以满足它们的特殊方法；这与早期宣传的方式——通知可购买货品的供应量——有所不同（这种说服可被视为夸大的宣传：'puff'或'puffery'）。Consumer 作为一个

---

① ［英］雷蒙·威廉斯：《关键词：文化与社会的词汇》，刘建基译，生活·读书·新知三联书店 2005 年版，第 85—86 页。

② ［法］让·波德里亚：《消费社会·前言》，刘成富、全志钢译，南京大学出版社 2000 年版，第 2 页。

普遍而通用的词汇，是制造商以及他们的经纪人制造的。”① 如果说广告文化创造了原本并不存在的消费需求，那么作为这些需求之行动原则的消费伦理也必然被它同时创造出来，因为广告文化本质上来说正是瞄准了新的消费主义的生活方式，而后者只有在新的伦理条件下才有其可能性。马尔科姆·库利的观察令人信服：“在20世纪20年代末，消费伦理被广告业所控制，它大肆鼓吹的是得过且过、享乐主义、自我表现、美的身体、异教主义、逃避社会义务、向往遥远国度的异域风情、培养生活情趣、使生活具有独特的格调。”②

库利在这里所说的20世纪20年代西方社会的消费伦理被广告所左右的情形，对于差不多同时期的中国颇有可比之处，毕竟半殖民地上海为当时世界的“第五大城市”；只不过中国传统的消费伦理更加根深蒂固，而且彼时之中国恰逢东西方文化剧烈冲突的激变成型期，其间民族主义与消费欲望的激荡、东西方消费伦理的激烈碰撞，可谓人类消费文化史上的一个不可多得的研究范本。对此，西方汉学界当然没有错过，而且还将其视角延伸到了本土研究者意想不到的深广之处。

第一节　现代消费主义及其在中国语境下的三个主题范式

消费主义是人类社会有史以来即广泛存在的一种经济学和社会学现象，但所谓“现代消费主义”与传统的消费主义有着根本的不同：前者是指以工业革命和商品经济为基础、以大众传媒和广告为传播手段逐渐发育形成一种新型消费范式，它因此带有明显的大众化、日常

① ［英］雷蒙·威廉斯：《关键词：文化与社会的词汇》，刘建基译，生活·读书·新知三联书店2005年版，第86—87页。

② 转自［英］迈克·费瑟斯通《消费文化与后现代主义》，刘精明译，译林出版社2000年版，第166页。

化和流行化倾向；后者则是指在生产能力有限的条件下，主要流行于宫廷、贵族、富商及其他上层社会的消费风尚，它以通过层层权力结构和经济实力对普通大众进行实际上的多重限制为存在之前提。在此，我们有必要对现代消费主义的缘起及其在全球范围内的散布稍作厘清，然后再反观中国本土，看看西方汉学界如何考究它在这块古老大陆上的旅行和遭遇。

根据世界文明史的一般理解，与自然环境得天独厚的中国不同，古老的西方社会因为受到自然地理条件的限制，不得不发展出一种以商业贸易为中心的文明形态，这是一种以对外交流、探险、扩张等为重要特点的外向型文明。虽然进入中世纪以后，这种文明被蒙上了一层宗教的神秘面纱，使徒的日常生活和财富积累唯一的意义都变成了对上帝的奉献，成为尼采所批判的“针对人生的虚无主义”，但是在“上帝死了”以后，一种以享乐主义和炫耀性消费为基本追求的消费伦理逐渐进驻到清教徒的生活世界，世俗生活取代了神圣生活，马克斯·韦伯所说的“祛魅”开始在各个领域发生。生活世界的这种变化显然为西方现代消费主义伦理的形成奠定了不可或缺的观念性基础。另一方面，随着工业革命在全欧洲的迅速普及，商品生产能力的革命性进步又为它奠定了丰厚的物质基础。同时，在政治领域，资本主义革命很快席卷了整个欧洲，民主制度在西方主要国家纷纷确立。但资本主义作为一种新型的商业文明，同样是一种外向型、扩张型的文明形态，资本的增殖逻辑宿命般地驱使着全球市场的不断开拓，“用马克思难以模仿的风格所言：‘一个持续扩张的市场对产品的需求把资产阶级赶到了地球表面的每个角落’”。[①]

近代中国正是资本主义扩张其商品市场的“地球表面”的一部

① 转自［美］本尼迪克特·安德森《想象的共同体——民族主义的起源与散布》，吴叡人译，上海人民出版社2016年版，第130页。

分。西方列强对于中国的军事侵略，本意上就是为开拓其国际市场而来。也正是由于它在本质上带有经济侵略的倾向，它所携带的资本主义世界的消费伦理不可避免地将随着其坚船利炮和被国货运动譬为威力不在其下的工业产品，同时侵入古老中国的领土和文化观念中来。于是，以半殖民地上海这个 20 世纪前半叶的“东方巴黎”为中心，中国现代消费主义便开始逐渐在全国蔓延开来。

当然，就近代社会以来的一百多年历史而言，西方消费主义进入中国语境以后不可能一成不变，毕竟它只是历史进程的一部分。如果对西方汉学界在这个问题上的相关文献做一个知识考古的话，即以不同时期的广告文化为主要线索，可以发掘出以下几个彼此差异甚巨的主题范式。这种划分在高家龙的有关著述中得到了比较集中的表达。

高家龙力图证实，中国近代以来的消费主义文化主要有如下三种类型：首先，“中国当前消费革命的历史有其 1949 年以前的渊源，并理应在发生于二战以前的世界消费文化的历史上占据一席之地。换句话说，中国消费文化的开端需要追溯到 1949 年以前，而世界性的消费文化也须向外突破原有的界线，将中国历史囊括在内”。其次，根据卢汉龙（Hanlong Lu）这位“对 1979 年之前的中国进行讨论的唯一作者”，在这两个时间端点之间，“中国的消费文化变得‘大众化’了，以至于‘广大人民’遵照单一形式的消费，吃同样的食物，穿同样的衣服，使用同样的交通方式，用同样的方式来庆祝同一个节日”。[①] 最后，“正如人类学家阎云翔最近所指出的那样，中国政府自 1979 年开始通过一种‘新型的文化全球化’来‘管理’中国的消费文化”，从而将中国消费文化带进了一个全新的时代。[②]

① ［美］高家龙：《中华药商：中国和东南亚的消费文化》，褚艳红等译，上海辞书出版社 2013 年版，第 182 页。

② ［美］高家龙：《中华药商：中国和东南亚的消费文化》，褚艳红等译，上海辞书出版社 2013 年版，第 185 页。

不难看出，高家龙、卢汉龙等汉学家将中国的消费主义文化以1949年和1979年为界分成了主题不同的三个阶段和类型，这种划分方式非常值得关注。如果再结合其他学者的相关研究，我们可以将西方汉学界对中国广告所折射的消费主义大体上分为与上述三大类型比较接近的三个主题范型，具体表现为：

首先，近现代以来以民族主义和爱国主义为基本内核的消费主义，即一种将“亡国灭种”之危险警惕通过大众传媒和广告灌注到普通大众日常消费活动中去的“救亡消费”模式。根据西方汉学界的研究，这种消费模式以反对帝国主义作为其正当诉求，旨在唤醒普通民众的责任感和爱国心，它创造了一种即使在日常生活领域也能有助于释放爱国主义情怀的精巧理论预设。正是这种具有强烈崇高感和切己感的理论逻辑，通过铺天盖地的国货广告和长期的大规模展览活动，在普通消费者的意识深处植入了一种带有强制性的道德自律。在其逻辑和历史的双重后果上，一方面，正如前一章所述，它在西方汉学界呈现出了一套相对完整的民族—国家想象图景，尽管本质上我们认为不过是一种现代性想象的假象；另一方面，它对中国传统的消费伦理也带来了空前的冲击，因为将“消费”与“爱国”等同起来，也就是将本土与他者或传统与现代对立起来，文化传统的大崩溃实质上显现为一场断无胜算的特洛伊战争：它从内部被拆解了。

根据西方汉学界的研究文献，“救亡消费”可以被分为两个不同阶段：其一，首先现代消费主义的草创期，即一种带有浓厚近代/传统风格的消费主义模式，这是中西方消费风格剧烈冲突而又不断融合的时期；其次，抗日战争时期，朱自清、梅兰芳等著名人士为此做了很好的表率。其中西方汉学界对第一阶段的研究比较详审而透彻，第二阶段很少被论及。本研究也只能循序渐进，以第一阶段为主。其二，如果说“救亡消费”的主旨是一种反对帝国主义的民族主义，那么在此稍后并在很长一段历史时期内与其并行的，还有一种以反对本国的统治阶级为基本主题的消费模式，它可以被称为“革命消费”。所谓“革命”，正如孙中山在《革命运动概要》中说：“革命之名字，创于孔子。中国历史，汤武之后，革命之事实，已数见不鲜矣。”这里所谓的“革命”就是推翻本国的统治阶级或反动势力，从而建立新的统治秩序。西方汉学界所谓的“革命”即就此种意义而言。由革命所带来的“翻天覆地”的变化，对于现代中国的消费主义造成了非常重要的影响，在广告宣传、着装、仪表、日用品等方面，到处可见其影迹，“红色文化”也属于其中的一种表现形态。

最后，进入新时期以来，随着改革开放和持续的经济增长，中国的消费主义进入一个前所未有的新阶段：出现了一种关注人本身、更富有人文主义色彩的消费模式，根据西方汉学界的研究，可以称为“快感消费”。当然，所谓“人文主义”并非彻底与政治意识形态隔绝，而是李泽厚意义上的“告别革命”：作为时代标记的某些消费文化元素在普通大众的日常生活领域逐渐褪去，代之而起的是新时期的新风尚。但是，在西方汉学界看来，这个时期的消费主义既不可能脱离于民族主义的影响，也无以抗拒革命的渗透，而是正如苏联作家阿尔马里克所说，不过是革命的“总发条已经松了”，但它并没有消失，只是化身为一种氛围，弥漫周遭，成为阿尔夫·德里克（Arif Dirlik）所谓的“后革命氛围”。

总之，立足于广告文化，西方汉学界对中国近代以来的消费主义从总体上框定了三种不同的主题范型，它们在比较宽泛的意义上再现了这一百多年来的消费文化变迁。从以上特征素描不难看出，这些范型并不能够体现出严格的历史分期，而是存在多处时间上的重复交叠，它大致描画出了一条自近代以降逐步延展而来的时间线索。以下我们将逐次展开各个主题类型消费主义文化的繁华画卷。

第二节　救亡消费：近现代广告与消费民族主义

正如一位当代研究者所说的那样："从文化产品推广和消费的角度讲，谁能将商品中的'民族性'与广告活动有效结合，进而产生观念和文化上的强制感，谁就可以控制市场，甚至控制世界。"① "民族性"被认为是广告文化得以自我实现进而产生观念和文化强制力的一个根本因素，如此说可信，那么当一个民族国家面临"亡国灭种"危险的时候，其广告文化若被"民族性"所灌注，无疑会对它的商品生产和消费活动带来决定性的影响。中国近代社会所面临的正是这样一种情形：一方面，东西方列强的军事和经济侵略势不可挡；另一方面，不甘受辱的中国有志之士在民族工商业领域发起了如火如荼的救国运动，这种运动的基本观念又通过广告文化宣传被进一步延伸到普通大众的消费活动中来，形成了近现代中国一种特有的消费模式，这就是我们所说的"救亡消费"。

从西方汉学界的研究来看，这种消费模式的形成与20世纪上半叶的国货运动关系至为密切，正是它将民族主义灌注于消费活动，并奉为最基本的原则。

一　消费合法性的确立：一种民族主义的消费主义

绵延于整个20世纪前四十年的国货运动，不仅在民族工商业的建设上做出了卓越贡献，而且在观念领域对传统的消费伦理也做了一次彻底的改造，这种新的观念又通过大量的印刷制品和广告宣传而被鼓动和放大，成为当时大众消费活动的一个重要的信念和认同原则。具体来说，国货运动之于近代消费模式的形成主要起到了以下几个方面

① 孙信茹：《广告与民族文化产业》，人民出版社2011年版，第1页。

的作用。

首先，国货运动提供了一种通过日常的消费活动就能实现爱国主义和“救亡”援助的精巧的理论预设。该理论的基本构成可以被拆解为两个核心模块：第一，诚如前述，通过对商品文化“传记”的民族主义书写，将“民族”和“国籍”铭刻进超越于商品价格、质量、外观设计等固有属性之上的所谓“根本特质”中来，也就是说赋予卡皮特夫意义上的“物的社会生活”以一种至高无上的爱国主义和救亡图存的崇高感、使命感；第二，通过印刷媒体尤其国货广告宣传（包括葛凯所说的“展览综合体”），极力放大商品文本的民族主义和爱国主义意涵，同时攻击、贬斥“洋货”的他者性和侵略本质，从而对普通大众的消费活动造成一种文化心理上的强制性。当然，这种强制性是以罗兰·巴特所说的“自然化”方式运行的：它看起来如此合情合理甚至“天经地义”，以至于很少有人对此怀疑，尤其是那些普普通通的消费大众。

在西方汉学界看来，国货运动的理论预设本质上是一系列的二元对立，即将所有涉及的要素进行本国/外国、本土/他者、反抗/侵略的区分，进而在具体的执行上产生爱国/叛国、道德/不道德等对立性的解释效果。这种简单的逻辑在针对普通大众的广告宣传上显然会带来积极的效果，尤其如果这样的广告被设计得同样微妙精巧的话。

当然，广告宣传的本质，并非仅仅表面上的推销商品，而是更深层次的对消费主义的生活方式的推销。正是扎根于普通大众的生活世界，国货运动的理论预设通过大量的广告宣传才成功地嵌入了消费者的意识深处，尽管它在具体的执行中难免存在各种问题。这正如葛凯对国货运动的总体评价：一方面，“国货运动本身不停地恳请不忠的消费者、商人、官员以及其他人购买国货的号召，就证明了国货运动是一场旷日持久的战争……。另一方面，就更为细微的文化方面、制度的以及观念的传播层面上说，国货运动是比较成功的。国货运动使民族主义融入了中国新生的消费文化的方方面面，并且，民族主义和消费主义的这种融合构成了生活在‘现代中国’的基础。……这种深入人心的影响是国货运动的主要成就”。[①] 他在其著述中笃信：“对所有商品进行本国的和外国的区分，有效产生了叛国的商品和爱国的商品这两个概念，这就使得民族主义塑造出了消费文化的基本形态。”[②] 毋庸讳言，正是国货运动中所蕴含的民族主义“塑造”出了近代中国消费主义的基本形态。

然而，国货运动对于近代消费主义的塑造或生成作用并非仅仅停留在观念宣传和消费领域，它在商品生产、文化传统乃至社会结构的变迁等方面都有不可磨灭的影响，而这些方面又反过来促进了消费合法性的确立。这就要牵涉下面一个更深层次的问题。

其次，国货运动及其广告宣传扩大了“日用品”的范围，改变了大众的需求结构和社会关系，进而为消费活动的合法化奠定了基础。

20 世纪 20 年代的国货运动发生了一些重要变化，以寿勉成（Shou Miancheng）为首的理论家开始聚焦于市场的拓展和商品消费问题。弗拉塞尔指出：“就像此前的郑观应，寿氏将商品看作道德和经济斗争领域反对外国所主导的现代工业的典型元素。郑观应只是将消费品看作被用于商战的现代工业产品的一个子集，而寿氏则将机器和批量生产的商品的宽泛领域理论化为一种现代性的整体且必备之部分。他认为今世（the Modern World）应依靠这些商品，而且如果依赖于外国商品和进口货，中国现代性将残缺不全。”这种观念实质上已经将商品消费视为中国经济现代性的不可分割的组成部分，正如弗拉塞尔所说，他“创造了一种经济结构，在此，机械化生产和

---

① ［美］卡尔·葛凯：《制造中国——消费文化与民族国家的创建》，黄振萍译，北京大学出版社 2007 年版，第 361—362 页。

② ［美］卡尔·葛凯：《制造中国——消费文化与民族国家的创建》，黄振萍译，北京大学出版社 2007 年版，第 4 页。

它的成果都成了中心。商品和机器，要言之，已经同时移到了前台。”因此，“当寿勉成的言论开始关注民族主义和政治经济的民主化方面的时候，它大体上已经聚焦于社会生活水平（Society's Standard of Living）的提高。……他的解决方案是富有创新性的，因为它为消费者、生产者和国货运动提供了一个针对于机械化生产和增进消费的广泛的理论基础”。①

基于这样的思考，寿勉成在中国近代史上第一次拓宽了所谓“必需品”（Needed Items）的范围：将中国人所熟悉的四种最基本的消费需求增加了三项，变成了衣、食、住、行、知（Knowledge）、乐（Recreation）、工（Industry）七项。这种拓展及其背后的理论逻辑对于近代消费文化来说是革命性的，因为它不仅意味着消费品在整个民族工业和个人生活中地位的提高，而且还对文化传统乃至社会结构带来了一定的冲击。弗拉塞尔以“食”为例指出，机械化生产的电热灶（Electronic Stove）彻底改变了中国灶神（Stove God）文化的传统：“在中华帝国，灶台以及广而言之厨房，就像在很多其他文化中一样，是家庭的社会纽带和连接家庭关系与文化/宗教信仰的发生空间。这些都集中于对灶神带来家庭繁荣的敏锐觉察能力。但是，现代性强制性地带来了文化想象的新变化，并因此导致了对新产品的渴求或者部分渴求。这样，一个电热灶就变成了一种有吸引力的理念，它嫁接了厨房灶具的耐用性与电子设备迷恋之间的新关系。”在此新关系之下，灶神显然已无处可去，它的神圣位置及其所连带的种种文化仪式和宗教心理都统统让位给了一种实用/功利主义的现代性。②

---

① David Embrey Fraser, “Smoking out the Enemy: the National Goods and the Advertising of Nationalism in China, 1880 - 1937”, Dissertation for PhD, University of California, Berkeley, 1999, pp. 78 - 79. 斜体为作者所加，下同。——引者注

② David Embrey Fraser, “Smoking out the Enemy: the National Goods and the Advertising of Nationalism in China, 1880 - 1937”, Dissertation for PhD, University of California, Berkeley, 1999, p. 81.

不唯如此，弗拉塞尔还以“娱”即娱乐文化为例，着重分析了它对于人们消费活动的重要影响。“寿勉成的解释框架包含了现代性的文化层面，并通过这种解释预见了它对城市社会转变已经并将一直起到的关键作用。假如娱乐和其他的需求都被日常生活涵括进来……那么它必然被锚定于一种能够修正其内涵的观念性地位。娱乐变成了一种必需品。娱乐是重要的。这种合法性表明，宽泛意义上的休闲不再被认为是一系列社会上的开胃菜（Amuse-Gueules），而是某种形式的社会的营养基（Nutrition）。因此它是一种严肃的生意。”娱乐的地位被合法化了，它成了一种日常生活的必需品，也成了一种严肃的民族经济，这在中国现代经济学的历史上显然具有开创意义。而娱乐文化一旦在商业伦理和日常生活领域中被合法化，与之相关的人们的需求结构、消费品位等也必然会随之发生变化，弗拉塞尔指出，即便在国货运动期间，消费品中的“帝国主义”内涵甚至都有被弱化的嫌疑：“留声机、微型电话以及电影放映机——寿勉成所谓的必需品——是将各种信息传达于城市大众的媒介形式。……（这些信息）稀释了强加于被动且幼稚的大众的文化帝国主义观念。……他们的消费习惯……是具有高度的选择性的。”①

正是由于人们的消费方式发生了如此巨大的变化，消费活动的现代意义——对通过商业宣传和广告所“创造”出来的需求的趋之若鹜，才有可能被凸显出来。这就是弗拉塞尔的观点。他认为，消费品以及人们对它的各种需求包括社会的、经济的、文化的等，已经彻底融入了现代生活，消费活动的多重功能已经被发掘出来，消费本身的合法性地位因此也被确立起来了。

① David Embrey Fraser, “Smoking out the Enemy: the National Goods and the Advertising of Nationalism in China, 1880 - 1937”, Dissertation for PhD, University of California, Berkeley, 1999, p. 91.

二　“商品的日常生活化”与“日常生活的商品化”

消费合法性地位的确立并不意味着它所指称的消费模式即刻就可以在消费大众中普及开来，成为时代之风尚，事实上，这“之间”还有很多其他必须被搭建起来的环节。其中包括商品与大众生活之间关系状况、居民可支配收入、商品单位成本状况等重要因素。

前文已经指出，消费合法性得以确立的一个重要前提就是消费活动对商业宣传和广告所创造出来的需求的积极认同，雷蒙·威廉斯曾明确指出过这一点：“现代商业广告……与同期的资本主义有关：创造各种需求以满足它们的特殊方法。……Consumer 作为一个普遍而通用的词汇，是制造商以及他们的经纪人制造的。”[①] 确乎如此，“没有一直挑逗大众消费者的广告的积极卷入，从基于需要（needs-based）的‘消费文化’向基于渴求（desires-based）的‘消费文化’的转换是不可想象的”。[②] 中国近现代消费模式推广普及，同样离不开商业广告的鼓动和渲染。这其中值得一提的，就是它在促进商品向“必须品”的转移，即在所谓“商品的日常生活化”转向中所起到的重要作用。

弗拉塞尔以详细的笔墨描述了这个过程：“1910 至 1920 年代之间，新兴的中外工业不仅为中国人提供了范围宽广的商品，也通过较低的单位成本提供了大量便宜货。与此同时，复杂的营销技巧帮助这些新产品暴露于各个层次的消费人群之中。”这些营销技巧至关重要，“事实上，我们可以称其为消费现代性，因为它——由市场营销和广告来承担，同时也聚焦于展览和其他场地——是为公众/私人生活来交

① ［英］雷蒙·威廉斯：《关键词：文化与社会的词汇》，刘建基译，生活·读书·新知三联书店 2005 年版，第 86—87 页。

② Shao-yi Sun，“Urban Landscape and Cultural Imagination：Literature，Film，and Visuality in Semi-Colonial Shanghai，1927 – 1937”，Dissertation for PhD，University of Southern California，1999，p. 328.

叉商品的运行轨迹并重塑它们的自传的部分努力，这种努力将作为现代性客体的消费品和必需品带入到人们的生活中来，并且为销售量的稳步提升而将这个过程政治化了”。[①]

毋庸讳言，商业广告和展览在促进商品向日常生活领域的扩展方面功不可没，它的意义不仅在于推动了上述所谓“消费现代性”的形成，而且在各种各样的话语、图片和想象景观中，中国人几千年来一贯的“日常生活”也被装点一新，或者说被“点亮”了。正如弗拉塞尔所说，国货理论家们某种意义上是在“企图以商品为工具来塑造中国现代性文化”，而正是这种带有浓重商业气息的文化通过广告宣传和消费活动向日常生活领域一步步扩散开来。而这个过程将不可避免地导致一个重要的逻辑后果，这就是造成“日常生活的商品化”（commoditization of daily life）。

事实上，寿勉成在其日常生活必需品的分类中就已经为这样的逻辑后果奠定了基础：“寿氏额外增设的‘生活’或‘生活方式’类目是一种关键性的理论扩展，它在开发消费主义或商品社会（Commodity-Focused Society）的核心地带上运行。”[②] 这种努力不只是将必需品引进日常生活领域，而且是在将日常生活本身变成一种商业意义上的“必需品”，因为“一些商品不可避免被暗示于家庭环境，成为日常生活的一部分。用罗兰·马沙德（Roland Marchand）的话说，有些商品比如像自行车或者电风扇之类，变成了‘现代性的偶像（Icon of Modernity）’”。[③] 这里

① David Embrey Fraser, “Smoking out the Enemy: the National Goods and the Advertising of Nationalism in China, 1880 - 1937”, Dissertation for PhD, University of California, Berkeley, 1999, pp. 94 - 96.

② David Embrey Fraser, “Smoking out the Enemy: the National Goods and the Advertising of Nationalism in China, 1880 - 1937”, Dissertation for PhD, University of California, Berkeley, 1999, p. 90.

③ David Embrey Fraser, “Smoking out the Enemy: the National Goods and the Advertising of Nationalism in China, 1880 - 1937”, Dissertation for PhD, University of California, Berkeley, 1999, p. 96.

的日常生活显然已经被商品的拜物教所感化，成了它的一个膜拜者。

图 3－1　冲破传统道德和消费伦理约束的月份牌广告

（资料来源：Ellen Johnston Laing，“Selling Happiness：Calendar Posters and Visual Culture in Early-Twentieth-Century Shanghai”，University of Hawaii Press，2004，p. 216。）

毫无疑问，上述商品与日常生活之间所缔结的这种新关系，在中国是史无前例的，它将彻底摧垮几千年来以农耕文明为底色的消费伦理，同时，由于商品消费已经被置于日常生活的核心，它被用于交换流通的一般等价物即金钱的地位将被拔高到一个前所未有的位置之上。

进一步的问题是，作为消费主义风气之所以形成的一个必备条件，当时国人的各消费阶层及其可支配收入状况究竟是怎样的呢？孙绍谊以上海为例指出：“这个时期上海的‘上流社会’不到十万人，主要包括买办、官僚和民族资本家，他们取代了传统特权的贵族阶层并主宰了这个城市的经济生活。但是一个正在浮现的中产阶级对于这个城市的消费增长也许更加重要。一般而言，‘上海中产阶级’包括公司职员、教授、知识分子、私营业主以及其他的‘白领’雇员。尽管他们的收入和消费能力有时候差异巨大，但他们大部分触及日常必需品以外的商品，并且可以企及某种休闲消费。”[①] 弗拉塞尔也指出：“可获得商品的持续增长与居民可支配收入的增长往往保持一致。这包括外国‘飞地’（Enclave）的上层中国居民，他们可轻易获得现代化装备（Accoutrements of Modernity），也包括那些设法节省他们的职员或教工薪水的来购买新设备或者进行休闲旅游的小市民（Petty Urbanities）。”可见，20 世纪前四十年的中国尤其像上海这样大城市的居民，还是具备了一定的购买实力，消费主义广泛流行的物质基础已经被初步奠定起来了。与此同时，“机械化产品意味着更低的单位成本……（比如）药品和补品在量和价格上都有很大的可选择空间，它们充斥于市场，使得其价格可以被大部分市民接受”。[②] 商品的单位成本和价格也都已经比较合宜，这就又为消费主义提供了至关重要的物质基础。

既然已经具备了这样的充足条件，消费主义自然风生水起，广泛流行。正如高家龙所说：“在中国，消费文化的主要推动力量和同时期的美国的消费文化推动力量一样，也在 20 世纪早期为大众文化打下了根基。在整个 20 世纪上半期，中国企业家和企业在从女性服饰到装饰艺术风格的建筑等各个方面，紧跟美国、欧洲和日本的文化潮流。”[③]

但是，毕竟欧美和日本潮流与本土语境不尽相合，这就不可避免地会引发消费伦理冲突。这一点在广告中尤见凸显。比如，被称为

---

① Shao-yi Sun, “Urban Landscape and Cultural Imagination: Literature, Film, and Visuality in Semi-colonial Shanghai, 1927 – 1937”, Dissertation for PhD, University of Southern California, 1999, p. 327.

② David Embrey Fraser, “Smoking out the Enemy: The National Goods and the Advertising of Nationalism in China, 1880 – 1937”, Dissertation for PhD, University of California, Berkeley, 1999, pp. 92 – 94.

③ ［美］高家龙：《中华药商：中国和东南亚的消费文化》，褚艳红等译，上海辞书出版社 2013 年版，第 183 页。

“广告大王”的黄楚九在其药品广告中大量调用了女性身体，尺度之大可令当代广告人咋舌。高家龙通过引述英国汉学家伊懋可（Mark Elvin）的表述指出：“‘中国传统上一直认为，在合乎伦理与伤风败俗之间存在着一条巨大的鸿沟……在‘正’与‘邪’或‘公’与‘私’之间，无论是在艺术上还是在哲学上都无法进行对话’。因此，‘德’从来便是不可妥协的、理想主义的和枯燥乏味的，而‘恶’却是充满人性的生机勃勃的，但却又是不可救药的。”然而，以黄楚九为代表的广告人毅然选择了后者，因为“黄楚九通过女性身体形象……所要吸引的，绝不仅仅是作为精英的中国消费者”，这类消费者在当时已经可以“围绕女性身体”进行“有关概念和道德伦理的对话”，“事实上，在委托像郑曼陀和杭稚英这样的精英画家为他制作广告画后，尤其在上海这个地方，不管人们识字与否，黄楚九已经将它们散布到了整个社会的各个阶层中去”。[①] 换言之，以黄楚九为代表的广告人恰恰不为了躲避争议广告，而是唯恐不引发争议，甚至唯恐不对传统的道德和消费伦理带来破坏性后果。

当然，主要由国货运动所推动的这种消费文化，其实并不可能彻底走向“反道德”或者“无道德”，至少它必然包含有一种民族主义的道德，或者说，它至少是一种民族主义的消费主义，并表现为一种反帝主义的“救亡消费”。即便是其中后期在指导理念上稍有变化，这场运动对消费伦理至少在理论上从没有被放弃。弗拉塞尔对寿勉成国货理论中的伦理倾向做了这样的概括：“通过在社会功能上改编中国传统的日用品类目，并将它们与特殊的货物、产品和机械化类型并置，寿氏的分析在国货运动的民族主义公共语境下重塑了工业生产的资本主义道德观，也在现代生活的（相对的）私人家庭语境下重塑了

① ［美］高家龙：《中华药商：中国和东南亚的消费文化》，褚艳红等译，上海辞书出版社 2013 年版，第 179—182 页。

商品消费，并在这两者之间建立了一种连续性。”商业伦理和日常消费领域之间被建立起了连续性关系，而维系它们的正是一种所谓的“道德经济”（Moral Economy）：“经济发展和民族文化生存的并置，可以被看成一种‘道德经济’，其含义是，国货意识形态提供了一种提高国内工业生产力和爱国购买行动的集体认同。……由于被奉献于‘救’国，工业生产和消费才是有道德的。”① 基于这种统一性的生产和消费伦理，国货运动所推动确立起来的消费活动的民族主义性质是显而易见的。

反过来说，也正是由于人们的消费观念中被灌注了如此浓烈的民族意识，一种足以与帝国主义侵略和西方现代性相抗衡的本土/民族消费文化才得以浮出历史的地表。高家龙以“中华药商”为视点令人信服地举证了这种独立于“西方中心”的民族消费文化类型：首先，在消费者层面，由于民族意识的凸显，“可毫不夸张地说，在20世纪上半期，全国各地的中国消费者已开始以不同的精确度去辨别‘土’药（包括传统中药和‘老字号’中药）和‘洋’药（包括西方制的药和中国制的药）了”。其次，在生产者或企业家层面，“中国企业家接触到了中国知识精英所理解的‘西方的’想法、形式、符号和话语。而且，他们自由地添加中国的想法、形式、符号和话语——甚至当这些中国元素和‘西方的’看似矛盾时也在所不惜……从这层意义上说，中国企业家实现了本土化”。② 最后，在生产机构层面，“乐达仁引介的连锁店，黄楚九创建的广告部，项茂松招募当地联号店实行分销代理，许冠群创建的研发实验室，胡文虎开办的用于广告宣传的报纸，

① David Embrey Fraser, “Smoking out The Enemy: The National Goods and the Advertising of Nationalism in China, 1880 – 1937”, Dissertation for PhD, University of California, Berkeley, 1999, pp. 92 – 94.

② ［美］高家龙：《中华药商：中国和东南亚的消费文化》，褚艳红等译，上海辞书出版社2013年版，第178—179页。

等等”既与西方企业家一样“采用了资本主义的机构形式”，但又“更倾向于依赖以家族纽带、同乡关系、和客家人抱团观念等为基础的社会网络，在创业初期尤其如此”。[①] 这就使得“必须对构成通常所见的那种西方中心式的自上而下的解释需要承认：种种机构已经在世界上不止一个区域的‘中心’形成了消费文化，并将之不止从一个‘顶端’通过一种层级结构由上而下地加以传播，这些顶端不仅包括西方的纽约或伦敦，还包括亚洲的新加坡、中国香港、天津，尤其是上海”。[②]

这就是说，由消费者、生产者和企业机构所构成的商业体系已经形成了一种带有深厚民族意识的消费文化格局，这种格局不同于“西方中心”，而是扎根于“本土”，独立于“他者”，带有浓重的民族气息，而且是以儒家思想为内核的根深蒂固的民族文化气息。

第三节　从革命消费到快感消费：现当代广告的消费模式变迁

当救亡图存作为时代主题被渐渐冲淡，特定历史条件下的消费模式随着政治历史和经济环境变迁也逐渐发育出来。这其中最为典型的两种模式，就是本部分重点讨论的“革命消费”和“快感消费”，其中前者又分为两个性质完全不同的阶段。

一　“革命消费”的两个阶段与两种形态

根据前述，所谓“革命”一般是指以暴力手段或者说以流血牺牲的方式促使统治秩序发生根本性变革的过程，但革命往往不会随着旧

① ［美］高家龙：《中华药商：中国和东南亚的消费文化》，褚艳红等译，上海辞书出版社2013年版，第173—174页。

② ［美］高家龙：《中华药商：中国和东南亚的消费文化》，褚艳红等译，上海辞书出版社2013年版，第171页。

政权向新政权的屈服、交替而马上销声匿迹，相反，为了巩固新的统治秩序，它一般都带有空间上的延展性和时间上的持续性特点，着意于对政治政权以外的其他领域也同样造成颠覆性的影响和转变。尤其是中国近现代历史上具有划时代意义的两次民主主义革命（“资产阶级革命”和“无产阶级革命”），由于它们都牵涉史无前例的经济结构和文化传统的深刻变迁，所谓“二次革命”“不断革命”等政治方针和口号被频繁抛出也就不足为怪了。但反过来说，也正是这种“革命传统”——都必须通过大众媒体、文艺作品以及广告文化的渲染和放大——向更大范围和更深层次的渗透发展，才深刻影响到社会生活的方方面面，从而对普通大众带来具有一定强制性的流行观念。这种观念连同其背后的经济结构的深刻变革反映于人们例行的日常生活领域，尤其作为其旋转轴心的经济生活方面，就会不可避免地催生出新的消费风尚。就此而言，革命，由于其造成的经济结构和社会文化的深刻变迁，必然会带来“消费革命”；而消费，由于在其发展历史过程中“革命传统”的全面渗透，也必然会产生“革命消费”。

在西方汉学界看来，近现代中国的旧民主主义革命即所谓的资产阶级革命，就带来了一种令人耳目一新的消费主义新风尚。美国汉学家葛凯如其所是地指出：“在中国城市萌芽的消费文化与社会、政治的变化密不可分，其中最重要的两件事是1905年废除科举制度和1911年不仅仅推翻了清王朝帝制的辛亥革命。”① 事实上，葛凯所说的这两个重要事件历史上都可以被称为“革命”事件，因为废除科举正是激进的革命家的一个必不可少的目标和任务；反过来，（根据某些历史学家的考证）也正是由于废除科举，大部分知识分子仕途无望，民主革命的进程才被以更加迅猛的速度加快推进。如此看来，科举制度的

① ［美］卡尔·葛凯：《制造中国——消费文化与民族国家的创建》，黄振萍译，北京大学出版社2007年版，第46—47页。

废除绝非一个简单的制度史和革命史事件，它对于一般民众的经济生活乃至近代民族工业的创建都具有重要影响：一方面，传统官僚的生活做派作为普通民众的最高消费认同逐渐日薄西山，延续数千年的消费象征体系发生了革命性转变；另一方面，由于消费大众不得不使用其他的替代品来重建身份象征，史无前例的新的消费需求出现了，围绕这些需求新的工业体系也被逐渐建构起来，而这显然又会进一步促成以各种商品和服务作为身份象征的新的消费风尚的定型化和模式化。

随之而来的辛亥革命在这条道路上走得更远。根据葛凯，辛亥革命对于传统消费模式的变革影响至深，尤其民国政府成立伊始在全国范围内发起的“剪辫”运动，更是直接造成了整个社会的消费文化为之焕然一新。

对于占中国人口绝大部分比例的汉人来说，留辫子曾经是民族压迫的象征，但时至晚清，“这些中国人已经忘记了最初被强制剃发留辫子的时期，而且不知道辫子意味着对清王朝的效忠。……这些人对于‘时尚背后的含义’并不感兴趣”。[①] 这是因为，短短几百年的清朝统治已经形成了非常稳固的身份认同模式：“社会惯例认为，一个人辫子越长，他的社会等级就越高。”至于何以如此稳固，葛凯令人信服地指出：“正如难以保持清洁的白色衣领在工业社会中被看作地位的象征一样，发式的保养有助于识别社会身份，强化社会划分。完全剃光的前额部分的头发长度透露出一个人能够保持前额清洁的经济能力，干净的前额需要频繁光顾理发店。”[②] 这种情形完全可以用凡伯伦（Veblen Thorstein）的“有闲阶级”理论来解释：对于非实用性物品在时间、精力和经济上的巨大投注，正是向他者展示或炫耀其身份地

---

① ［美］卡尔·葛凯：《制造中国——消费文化与民族国家的创建》，黄振萍译，北京大学出版社2007年版，第91页。

② ［美］卡尔·葛凯：《制造中国——消费文化与民族国家的创建》，黄振萍译，北京大学出版社2007年版，第78页。

位的最重要方式。

但是，随着辛亥革命的决定性成功，这种旧的消费认同模式不得不发生一次彻底的转变，因为对于以“驱逐鞑虏，恢复中华”为口号的革命家来说，辫子必须是而且也首要是最具有标志性的“革命”对象。早在1895年，广州起义失败后逃亡日本的孙中山，就已经携同陈少白、郑士良等人“断发改装”，以示与清廷彻底决裂。孙中山在个人仪表上的重要举措，自然会引起其他革命党人的纷纷效仿，“断发改装”一时间成为革命和进步青年的代名词。基于此种情形，民国政府成立以后，“剪辫”也就顺理成章地成为“新民”资格在个人仪表上的一条最重要的“准入”标准，剪辫法令很快在全国下达。剪辫与否，就像两百多年前一样，再次成为判定政治进步/反动以及是否为“革命”对象的最显著标记，尽管在执行方式上尽可能地表现出了一个民主政体应有的“文明”。

然而，事情并未就此终结。根据波德里亚的消费理论：“消费是具有某种程度的连贯一致的话语中所呈现的所有物品和资讯的真实总体性。因此，有意义的消费乃是一种系统化的符号操作行为。”① 也就是说，消费象征具有“总体连贯性”和“系统性”的特点，它绝不可能止于一端，而是要绵延到所有指涉物符号表征的总体。事实上，即便是当时的人也已经预感到，“随着人们剪去辫子，也不可避免地改变服装”②。但对于后者，经营丝绸产业的民族资本家由于担心他们的利益受损，一再劝说民国政府不要在政策法令上提倡“改易服制”，甚至以此为契机成立了“中华国货维持会”，对后来的国货运动产生了重要影响；但是，以“剪辫”为契机，一场消费文化彻底变革的

---

① 转自王儒年《欲望的想象：1920—1930年代〈申报〉广告的文化史研究》，上海人民出版社2007年版，第14页。

② ［美］卡尔·葛凯：《制造中国——消费文化与民族国家的创建》，黄振萍译，北京大学出版社2007年版，第86页。

“多米诺骨牌”毕竟已不可遏制地倒下了去第一张，而且就连孙中山本人也已经在公开场合正式穿上了传统服制内不容许的“中山装”，甚至象征着西方文化的“西装”：他本人已经为其政治、阶级身份以及消费风格做了最好的广告代言。时势已相当明晰，无论出于怎样的情感抵触，服装制造业及其与此相关的其他行业就不得不进行一次彻底的现代性的产业转型。它的进一步后果是：所有其他行业领域的商品生产和服务，逐步“总体连贯性”地全面跟进。

可见，正是从“头”开始，一场轰轰烈烈的由资产阶级革命引发的“革命消费”，正式登上了普罗大众生活史的舞台，成为近现代中国一个旗帜鲜明的消费范式。这种消费范式在民国时期影响广泛，其“革命性”的烙印在消费文化中随处可见，尤其表现在作为日常生活之镜像的商业广告和图像上。正如麦克卢汉所说：“广告是日常生活最丰富、最忠实的反映。”① 革命消费在广告上主要集中于体现革命事件、革命符号、革命精神、革命口号等，同时也不忘打压、贬斥其对立面即封建主义的消费伦理。比如，“对于商人和制造商来说，在商标设计上搜集旗帜是表达他们政治忠诚的最好办法，这对于促进商品消费也同样有效”。因此，当时的广告和招贴画上出现了大量以青天白日旗作为符号元素的商业设计。比如，20 世纪 20 年代的一个名为“庆昌电染织厂”的品牌广告就描绘了这样一幅画面：“一个仙童手持一面青天白日旗，站在金元宝上。他的喜庆的表情和背后闪闪发光的太阳，暗示了对中国幸福、舒适未来的满怀期待，而其图像周边，则用大丰收的谷物作为装饰。”这种乌托邦愿景正是革命植入广告之后带来的眩晕和幻觉；但两者合璧也并无不妥，因为它们都热衷于以美好未来为期许。②

① ［加］马歇尔·麦克卢汉：《理解媒介》，何道宽译，商务印书馆 2000 年版，第 289 页。

② Andrew S. Cahan，“Chinese Label Art，1900 – 1976”，Atglen：Schiffer，Publishing Ltd，2006，pp. 132，136.

但是，在这些革命消费的各种表象之下，真正具有支配作用的还是人的灵魂深处的革命：这场由资产阶级所主导的消费文化革命，必然会重建相应的资产阶级的消费伦理，并对其“革命”对象即带有鲜明封建主义印记的传统消费伦理予以致命性的打击。事实上，这种消费伦理也正指向了传统消费模式的核心：反对俭朴、节约，倡导浪费和奢侈；反对物质主义的实用主义，倡导资本主义的符号象征和浪漫伦理。经此之变，再加上与此同时起伏不定的国货运动的刺激，中国人底层的物质需求和欲望就被空前地激发出来了。从本质上来说，以商业文化作为底色的资本主义，不得不依靠对人性欲望的不断激发来维持其生存，或者说，商业行为和欲望之间本来就具有根深蒂固的连带关系：“就商业本身而言……它在成为一个行业之日起，就是一个将商业行为同欲望紧密结合在一起的统一体，在这个统一体内，商业行为同欲望已经无法分成彼此。商业行为作为具体的行为以获取财富为直接目的，而欲望既是其动力也是其本身。欲望不仅体现在商业行为的每时每刻，同时还以奢侈性消费，为商业行为正名。”① 看来，由商人或者资产阶级所主导的消费伦理，必然会走向奢靡和浪费，它既为资本家立法，也为其所从事的行业正名。

正如前述，消费主义总是随着政治和文化的差异而表现出不同的形态，因此与这种消费模式迥然不同且在现代中国历史上曾长期并存的还必然有另外一种更具有“革命性”的消费模型②，这就是在中国共产党领导下的无产阶级式的消费主义新风尚。

至于这种消费主义类型存在的实然性及其与前者究竟有多大的差

---

① 王儒年：《欲望的想象：1920—1930年代〈申报〉广告的文化史研究》，上海人民出版社2007年版，第41页。

② 需要再次强调指出的是，近现代中国，由于军事上的地理切分以及经济基础和政治目标的不同，很难用一个单一的消费模型来进行总体性的概括，因此，这里所说的“革命消费”的第一、二阶段以及“救亡消费”的不同表现在时间和空间上存在一定的并置现象比较合乎彼时的真实情境。事实上，消费模式的这种区分，也正是主要着眼于它们的结构类型，而不是时序逻辑。

异，美籍华裔学者唐小兵曾如此描绘：20 世纪 30 年代晚期，尤其 1942 年延安文艺讲话发表以后，中国乡村“作为可替代的现代性的意识形态试验场”正式登上了现代历史的舞台，都市不再是“现代商业、工业和娱乐业令人神往的中心”，相反，“乡村与它所有的浪漫品质，连同其被假定的淳朴而安稳的生活方式，共同主导了社会的话语和想象”。[①] 可见，两种不同的革命形式首先带来的是以意识为内核的空间的置换，而且后者在新时代的背景下愈益焕发出勃勃生机：“这场（延安文艺）运动隐约地反衬出对现代城市为具体象征的市场经济方式的一种集体性抵抗意识，尤其是对资本主义生产方式所带来的‘感性分离’、价值与意义的分割所催发的无机生存的下意识的恐慌和否定。……甚至可以说，很大程度上当时的焦虑来自前现代的、农业式感觉方式与现代的城市文化之间的历史性冲突碰撞。”[②] 毋庸讳言，彼时中国正在分裂的文艺创作实践，已经显现出了两种全然不同而且彼此对立的社会文化图景：一种基于资本主义的市场经济和现代城市文化，它传达出了“感性分离”和“无机生存”的现代性焦虑；另一种则以乡土文化为底色，它带有“前现代的、农业式感觉”；而且这两种模式正在发生“历史性冲突碰撞”，一如正在展开的军事和政治层面的斗争。

在广告领域，美国学者凯恩（Andrew S. Cahan）在其《中国商标艺术》（*Chinese Label Art*）一书中对于这段时期商业广告的变化及其在无产阶级革命氛围中的新风尚做了很好的论述：

社会主义在大陆的胜利改变了国家的广告包装和美学进

① Shao-yi Sun, “Urban Landscape and Cultural Imagination: Literature, Film, and Visuality in Semi-Colonial Shanghai, 1927 – 1937”, Dissertation for PhD, University of Southern California, 1999, p. 11.

② ［美］唐小兵：《再解读——大众文艺与意识形态·代导言》，北京大学出版社 2007 年版，第 6 页。

> 程。……由于要反映坚韧（stoicism）和实用性（practicality）的意识形态，广告中的设计排版和包装艺术开始逐渐失去它们的装饰性和个体化特点。新政权承诺的大发展在各种反映生产的、技术进步社会的图像中被描绘出来，在此，人们幸福、健康、富有、团结，并在强大的军事力量保护之下。……新政权的一个基本承诺是自由企业在社会系统中应渐渐淡出，因此，在广告艺术被用于推销商品依然受到保护的同时，政府规范也置换了包装设计中带有私人动机的资本主义竞争。……强制性的变化并没有马上发生。20世纪50年代早中期，广告艺术依然反映了解放前上海风格的流风余韵，商业广告甚至宣传招贴画都是如此。某种程度上，这些年美女特写依然被采用，但是被广告展示出来的女性日益在使用产品，而且很少表现在懒洋洋的画面背景中炫耀的城里人（flamboyan turban sophisticates）。渐渐地，男人和女人的特写呈现出了革命英雄和军人的标准模样，而不是金钱和性别诉求。①

虽然广告领域的“革命”进程有点姗姗来迟，但总体上体现资产阶级“革命消费”典型形象的美女、金钱、性别、奢侈品以及艺术风格上的个人主义和唯美诉求，已经不容置疑地向它的反面倾斜，取而代之的商业形象是扑面而来的“努力工作、丰富的食物、军事力量以及被武装的妇女”，或者是“庆祝农业大丰收和工商业增长的形象健康、衣服簇新的工人们”。② 正是这些颇富画面感的形象及其后来更为激进的变形逐渐主导了中国现当代历史近四十年的大众文艺风格和消费想象。

① Andrew S. Cahan, “Chinese Label Art, 1900 – 1976”, Atglen: Schiffer, Publishing Ltd., 2006, pp. 146 – 150.

② Andrew S. Cahan, “Chinese Label Art, 1900 – 1976”, Atglen: Schiffer, Publishing Ltd., 2006, pp. 146 – 150.

对于这些商业形象群落之间的显著差异及其丰富的政治文化寓意，国内的一些研究者也有类似的观察。姚玳玫等学者通过比较两种不同类型的年画发现，20 世纪二三十年代“年画藉以生存、滋长、繁衍的新的大众文化环境已经形成，并且出现两大类型的走向：一是以市场经济为调控轴心的城市市民文化走向；一是由左翼文艺思潮的全面铺开而带来的工农大众文化、苏区（红色边区）文化走向，后者最终发展为一种延安文化模式。两种‘大众文化’在各自的轨道上运行，带来各自的大众文艺。作为大众艺术的年画，体现着这种分化：一方面是口岸商业城市出现铺天盖地的广告年画。……画面多是一个甜美娇媚的摩登女郎，她身上包裹着时装，身边堆满洋货和正在发生的时髦生活，这类画面传递商品和时尚的信息。另一方面，在左翼大众化文艺浪潮中，苏区出现表现土改斗争、反映农民新生活风尚的年画”。他们认为，月份牌年画与延安年画之间的不同本质上体现为“‘城市—商业’群体与‘乡土—政治’群体之间”的差异和对抗关系，其中“延安年画采用前现代的、农业式感觉方式呈现解放区农村的新生活，固然有其所处的地理位置、所要表达的政治乌托邦主题以及所拥有的印刷技术的限定，同时，其实也有其对城市的由市场经济所带来的另一种感觉/表达方式的抵制，它明显地与月份牌年画划清界限，各行其是”。①

这种两相对立的图景似乎很好地验证了法国新马克思主义理论家居伊·德波（Guy Debord）的“景观”理论：“景观并非单单是形象的集合，实际上它是人们之间以形象为中介的一种社会关系。”② 商业美学和社会实践的双重图景彼此呼应，在这种关系中介之下，两种不同的广告

① 姚玳玫、王璜生：《面对“月份牌”：1950 年代的中国新年画》，载［美］唐小兵《再解读——大众文艺与意识形态》，北京大学出版社 2007 年版，第 154—175 页。

② Guy Debord, “The Society of the Spectacle”, tran., Donald Nicholson-Smith, New York: Zone Books, 1995, p. 12.

“景观”正宣示了两种不同的革命形式、生活方式及其消费意识形态。

二　回归“快感消费”——基于 Adeology 的符号学分析

随着社会主义新时期的帷幕徐徐拉开，整个国家的消费文化环境戏剧般地发生了翻天覆地的新变化。打开所有西方汉学界关于这一阶段广告和消费文化的研究文献，几乎都可以找到如下的描述文字：

> 带有展示外国模特的巨大告示牌，依附在高塔般矗立的建筑群上。车流无尽的繁忙的霓虹灯街道。四面八方而来的人们穿戴整齐、形色匆匆。大大小小、森然罗列的购物商场，充塞着来自世界各地的商品。被置放在城市中心的巨大电视屏幕，播放着最近的新闻和商业信息。完美的模特展示着如何消费商品才能让一个人自我满足、令人渴欲、酷和美丽。从早到晚，街道小贩大声叫卖着他们的商品，以吸引南来北往的客人……①

较之于 20 世纪 70 年代末以前，这种沧桑巨变不仅让亲历的国人深感惊奇，也让身居海外的研究者们击节赞叹，诸如“经济奇迹”“东方神话”之类的溢美之词层见而错出。有的研究者按照时间顺序详细描述了新时期以来的“消费革命”（Consumer Revolution）：

> 所谓“消费革命”分为三个阶段。第一阶段涉及非耐用的基础必需品，中国人称之为“三大件”，即自行车、手表、缝纫机。第二阶段，从 1984 到 1986 年，耐用品的销售量在这个时期平均增长 41.9%，尤其是令人印象深刻的新“三大件”的增长，即电

① Hongmei Li，“Advertising and Consumption in Post-Mao China：Between the Local and Global”，Dissertation for PhD，University of Southern California，2006，p. 72.

> 视机（69.3%）、冰箱（157.3%）和洗衣机（77%）。20世纪80年代后半期以后，新的“六大件”很快成为灼人眼球的新鲜事物，包括盒式收录机、电风扇、摩托车、照相机、音响、录像机。随着消费狂热，这个清单进入20世纪90年代以后保持持续增长。……1994年夏天，最受吹捧的消费品变成了空调、电话、汽车、商品房。而且，该清单随着经济的持续增长将不断被刷新。①

基于这些考察，海外的相关研究者对于中国社会的性质做出了新的判断，而且大部分都不吝于运用最时新的理论词汇，即波德里亚的“消费社会”（Consumer Society）。比如，在前述第一段引文后，南加州大学的李红梅博士紧接着写道：“这样一个可见于中国任何大城市的微缩模型（Miniature），揭示出了消费社会在城市中国的崛起。”并在另一处进一步引证说明：“‘消费社会’这一术语在中国媒体和市场调查中被频频引用。例如，与国家统计局协作运营的一个专业调查公司‘中国监察调研’的副总刘荣指出：‘中国因可购买任何类型的小微商品而将于2005年全面进入消费社会。’”② 犹他大学的赵昕博士引用美国学者达维斯（S. D. Davis）、诺伊·维塔奇（Nury Vittachi）等人的观点，在其博士论文中也明确指出：“在全球化世界中，今天（作者所在的截止时间为1997年。——译者注）的中国已经变成了一个消费社会。”更重要的是，这篇论文紧接着还抛出了以下观点：“儒家传统和共产主义的反消费主义意识形态已经淡化，消费主义变成了当代中国的主导意识形态。”③ 而正是这个观点成为该研究的立论主

① Jiang Chen, “Cultural Process and Advertising: the Role of Advertising in the Cultural Transformation in China Since 1978”, Dissertation for PhD, Indiana University, 1998, pp. 55 - 56.

② Hongmei Li, “Advertising and Consumption in Post-Mao China: Between the Local and Global”, Dissertation for PhD, University of Southern California, 2006, pp. 89 - 90.

③ Xin Zhao, “Adeology: Advertising as a Battlefield of Rival Ideologies in Transitional China”, Dissertation for PhD, University of Utah, 2005, p. 1.

旨，而且作者还运用符号学分析的方法，系统论述了这一转变过程。对于主要考察中国消费主义模式之当代变迁的本部分研究来说，赵昕的研究没有理由不引起我们的重点关注。

对于当代中国意识形态上的这种深刻变化，赵昕借用麦德森（Rechard Madsen）、大卫·香博（David Shambaugh）等学者的论断，对其做了明确的定性化处理："在过去的二十年，13亿毛泽东时代永远精力饱满的同志们（Spirited Comrades）现如今已经变成了永不满足的消费者。"① 当代中国的消费文化在西方汉学界的研究者看来，确实是"改天换地"了。

在广告领域，赵昕指出："广告启动并设定了中国在整体上转入消费社会的基调。"② 他还力图为此寻求更广泛的理论基础："在全球消费主义的崛起过程中，广告在培育和促进诸如享乐主义等消费主义价值观方面都起到了关键作用。"比如，美国学者利尔斯（Lears）就曾经"勾画出了一部美国广告的文化史，并考察了民族广告在促进其消费社会出现过程中的基础性作用"。当然，中国的社会政治环境有其不容抹杀的独特性，作者指出，这就是"资本主义生产与社会主义意识形态的内在不兼容性（Inherent Incomparability），它不可避免地导致了有待解决的危机。……这些冲突只有留给广告以及其他的文化产业机构来解决。在弥合意识形态上的不兼容性上，它们起作用的方式，就是通过消费主义的神话化（Mystification）和拆解作用（Cannibalization）"。③

这其实已经卷入了罗兰·巴特关于"神话"的符号学理论分析。

---

① Xin Zhao, "Adeology: Advertising as a Battlefield of Rival Ideologies in Transitional China", Dissertation for PhD, University of Utah, 2005, p. 9.

② Xin Zhao, "Adeology: Advertising as a Battlefield of Rival Ideologies in Transitional China", Dissertation for PhD, University of Utah, 2005, p. 145.

③ Xin Zhao, "Adeology: Advertising as a Battlefield of Rival Ideologies in Transitional China", Dissertation for PhD, University of Utah, 2005, pp. 11 –42.

但研究者没有照搬巴特的理论，而是提出了一种名为 Adeology 的双符号理论（表 3 -1）。对于这个明显自出机杼将 advertising 和 ideology 两个词的某些字母合并提炼的语词，作者在文中并没有做过多的解释，只是大体上指出了它的基本特点和功能："Adeology 主要聚焦于主导意识形态通过广告而发生的转换。它揭示出，广告如何通过指称和颠覆以往的主导意识形态而将新生的意识形态合法化和自然化。它关注两种意识形态在广告文化语境中为竞争符号意指而产生的互动。它的原材料源自已经在广告中起表征作用的预先存在的意识形态话语或话语的型构（Discursive Formations）。"

表 3 -1　　主导意识形态的 Adeology 转换

<table>
<tr><td>一级能指Ⅰ</td><td>一级所指Ⅰ</td><td colspan="2">Adeology</td><td>一级能指1</td><td>一级所指1</td></tr>
<tr><td colspan="2">一级符号Ⅰ
二级能指Ⅱ</td><td colspan="2">模糊地带
二级公共所指Ⅱ/2</td><td colspan="2">一级符号1
二级能指2</td></tr>
<tr><td colspan="3">去语境化三级符号Ⅲ</td><td colspan="3">新生三级符号3</td></tr>
</table>

（资料来源：Xin Zhao，"Adeology：Advertising as a Battlefield of Rival Ideologies in Transitional China"，Dissertation for PhD，University of Utah，2005，p. 158。）

赵昕通过其独特的 Adeology 双符号理论模型对《人民日报》截至 1997 年之前的 27 个东芝家电广告做了研究分析，结果发现，消费主义意识形态在新时期伊始逐渐抬头，到了 20 世纪末已经成为广告文本中不容抹煞的主流话语，甚至出现了"（政治）意识形态的终结"。但作者同时指出，"即使消费主义已经在广告中演变为主导性的意识形态话语，人们日常生活领域的政治意识形态属性总体上并不会减少。尽管人们对于购买何物有自己的选择，但消费主义逻辑却又固定了一个新的关于消费商品的等级制。只不过人们的注意力被从政治热情中导引到消费活动中去罢了"。[①] 在作者看来，革命时代的政治热情经由

① Xin Zhao，"Adeology：Advertising as a Battlefield of Rival Ideologies in Transitional China"，Dissertation for PhD，University of Utah，2005，p. 171.

广告的话语置换并没有消失，它只是被导引到了它的“反方向”，即迫使人们开始关注“货真价实”的消费主义问题，消费生活再次成为日常生活的重心，而且其中蕴含着深刻的“消费商品的等级制”，在这个意义上意识形态便不可能已经终结。

这种情形总让人有似曾相识之感，似乎某种程度上回到了“革命消费”的第一阶段。但它显然与后者在主流的意识形态话语上颇为不同。路易斯维尔大学的江春（Chun Jiang）博士通过对20世纪80年代中国广告文化中频现的关键词分析，对此做出了更为清晰的呈现：

> 意识形态转变可以通过……频现的关键词来解释。在政治意识形态的严控之下，“消费”这个词并不存在。但是，20世纪80年代被鼓励的消费文化通过频繁使用以下在广告宣传和口号中的语汇被物质化了：公共（运动），质量（保证），质优价廉（金钱价值），效率，舒适的生活方式，传统（密切的家庭关系），美女，幸福，健康，人群，姿势（微笑、优雅、手势），聚集，服务。……中国消费者所梦想拥有的是美丽、健康、幸福、成功、自由生活和融洽的家庭关系。……这个时期使用了大量的微笑而幸福的美女、漂亮的电影明星以及亲密的家庭或群体作为广告形象，这些形象明确传达出，中国人多么渴望拥有幸福、美丽、健康和成功的权利，以及对于舒适而自由的生活方式的渴望。

这些语词拼凑出了整个时代的物质文化生活和流行风尚，它们在话语层次上预示了整个社会性质的根本转变，正如作者所说：“这些流行的经验创造出了从‘政治意识形态’向‘经济意识形态’转变的必要氛围，这同时也意味着从‘平均社会’转型到了‘实用的或物质的社会’，这就为中国现代消费文化的商品崇拜奠定了基础。"① 稍稍审视一下这些关键语词便不难发现，其中频现的是生活方式、消费欲望以及各种感官需求，消费主义的浪漫伦理和快感经验第一次被标明到了突出的位置。在此背景之下，"革命"的影子已经开始变得模糊不清了。

在稍后的消费文化研究中，这种趋向更加明显。南加州大学的李红梅博士引用了一系列相关研究数据来说明当代中国年轻人群消费趋向的新变化，其中涉及收入和支出问题、流行时尚问题以及生存目标问题等，作者试图证明："当代中国已经从强调集体主义利益的社会转移到拥抱个人愉悦的社会。还有很多见诸于《青年研究》和《中国青年研究》等中国青年杂志上的类似研究资料，可以为此佐证。假如愉悦是文化的（Cultural），而不是道德的（Moral）——这种对资本主义的辩解，与丹尼尔·贝尔（Daniel Bell）对于资本主义的理解相一致——那么，对于一直招致在'工作和付出'与'消费和享乐'之间进行谈判的所谓社会主义新中国，我同意资产阶级的愉悦（Capitalist Pleasure）已经被接受为一种合法性的生活方式。"② 所谓"资产阶级的愉悦"是一种追求个人享乐的、道德无涉的愉悦，也就是丹尼尔·贝尔所说的"宗教冲动力"走向衰竭，同时"经济冲动力"开始支配大众精神生活的愉悦方式。这种愉悦表现在当代中国的日常实践中，也就是一种享乐主义和浪漫主义的"快感消费"。尽管传统中国相对欠缺贝尔所谓的"宗教冲动力"的伦理束缚，但是现代以来的"革命文化"向来不乏集体主义、奉献牺牲精神和经济生活上的苦行主义传统，或许正是这种"革命冲动力"在异质性的语境下逐渐失去了它的约束效能，作为其对立面的"资产阶级的愉悦"和"快感消费"才主导了消费大众的基本

① Chun Jiang, "The Content and Critical Metaphor Analysis of Illustrated Print Advertisements in China", Dissertation for PhD, University of Louisville, 2010, pp. 127 - 129.

② Hongmei Li, "Advertising and Consumption in Post-Mao China: Between the Local and Global", Dissertation for PhD, University of Southern California, 2006, p. 95.

生活信念。

本章小结与评述

本章主要呈现了西方汉学界对于中国广告消费主义问题的研究。这些研究总体上将近代以来出现在中国广告中的消费主义分为三个基本的范式和若干重要阶段，这三个范式分别为“民族主义—救亡消费”“民主主义—革命消费”和“人本主义—快感消费”，它们在话语层次上比较明晰地反映出了中国进入近代历史以来的消费模式的类型学变迁。但这些本质上属于“他性”的研究，不可避免地存在一些问题，其中包括：

第一，对于民族主义消费模式的研究，过分强调民族主义特点和消费的救亡功能，忽视了它可能带来的一些负面影响。诚然，民族主义的消费主义在现代民族工业的建立和国内市场的开拓等方面贡献良多，但同时，由于它本质上源自特定的利益集团，它所鼓动的“国货救国”“消费救国”等理论观念一旦被广泛实践，那么接下来的各种千奇百怪的救国思想同样会顺理成章：比如，鲁迅、茅盾、廖沫沙等人所批判的“娱乐救国”“坐汽车救国”“美容救国”“吸烟救国”“跳舞救国”等现象。更有甚者，救国心与地位、金钱也挂上了钩，正如当时的一位批评家观察的那样：“‘拿不出一个西铀’，连救国都没有了资格。”① 这些怪异的观念和实践在当时的社会上起到了很不好的影响。对于西方汉学界的研究者来说，由于他们急于批判中国的消费民族主义，反而忽略了这种民族主义对于具有多元利益诉求的民族—国家本身究竟意味着什么、会带来哪些细分化的不良影响等这些同样重要的问题。

① 章克标：《杂谈三·金钱万能》，《论语》半月刊第9期。

第二，进入新时期以后，有些研究脱离了中国的历史和/或本土语境，得出了不容易被国内学界接受的论断。比如，关于中国整体进入“消费社会”的观点在多个研究者那里都有论述，虽然这些研究者当中有些列举了大量的数据，有些付诸理论思辨，但是当代中国作为发展中国家的实际情形毕竟太过复杂，用某个单一的论断作总体性的概括未免失之武断。对于当代中国的现实情形，中国学界有自己的判断，更准确的表达应该是为数不少的研究者的共识：中国社会的现代、前现代和后现代被积压在一个平面上，共时性地存在。或许这样的论断更为公允，也更能避免在理论运作上引起不必要的麻烦。至于中国是否总体上进入消费社会，大陆学界至少有很多研究者是不予承认的。这些观点的积极倡导者，为什么往往都是来自西方学界，这一点值得国内的研究者深思。

第三，存在一些理论研究的不当运用现象。比如，赵昕等人关于“意识形态终结”的论断，虽然论证过程尽显符号学分析的复杂和精密，但事实上所谓“终结论”也不过是带有具体相对性的一种“极而言之”；而且，这种符号学分析本身也不是万无一失的。比如，作者根据其 Adeology 分析模型，仅以 1979 年的广告就可以得出“意识形态终结”的论断，而不必跨越时间维度分析剩下来的 27 条广告，这就忽视了历史演变的问题。这当然是因为该分析模型本身只能显示共时性的操作界面，无法反映历史变化问题。作者虽然借用罗兰·巴特的“量化”概念，强调历史积累的重要作用，但是至少在他本人的分析框架下，“量化”无法被调用到理论操作的逻辑流程中来，这也就是说，历史在他那里是缺席的。也许作者正是要运用这样的理论推衍，才一次又一次得出对中国社会性质即作为“消费社会”的判断，而事实上这种判断在其第一次开动其理论机器的同时，已经被“制造”出来了。这些理论运用上的错位现象，让人不得不怀疑，有些西方学者眼里的中国，也许只是其理论分析的试验场，换言之，西方学界所呈现的中国不仅是被“想象”出来的，也是被其学术机制“制造”出来的一种“东方学”的话语虚构。

第四，新时期尤其进入21世纪之后中国大陆的快感消费确乎存在，但不是没有问题，而西方汉学界对后者缺乏必要的探讨分析。所谓快感消费本质上标示着一种中产阶级生活方式的新变化，这就是消费实践中美学因素的日益凸显：消费品被设计包装得越来越像艺术品，消费活动逐渐向超身体、超功利的审美化方向倾斜，消费经验也越来越多地沾染上了能指拜物教和审美的迷狂色彩；而且，反之亦然：艺术品的市场化日趋加剧，与消费品之间的界限变得模糊，审美实践逐渐被沉降为一种身体化和功利性的日常活动，审美体验则与消费快感一道，共同参与了市场和世俗的狂欢。而这一切之所以发生，又是在消费和审美双重过剩，或者从理论话语的层面上来说，在“消费社会”和“日常生活审美化”同时出现的双重语境下，逐渐形成的一种“后回归”现象，即二者都回到了它们原初/原始意义上的感性同一性关系。此番情形，正如英国后现代社会学家斯科特·拉什（Scott Lash）所说：“如果说现代性意味着各个场域的分化，那么后现代性则至少意味着某些场域陷入另一些场域之中，比如，‘审美场’破例了，进入了‘社会场’，或者说，随着商品化的加剧，‘审美场’并入了‘经济场’之中。”①

这种变化无疑具有重要的历史意义：在“告别革命”以后，随着消费主义的无往不胜、无处不在，当代中国正在进入一个“普遍快感”的时代。诸如各种过度包装、微笑服务、幽默段子、美色消费，尤其当前媒体界风行的大型选秀和娱乐节目，无不传递着过量的美学和艺术，也无不传递着这样的快感经验。面对这样的现实情景，也许法国理论家奥利维耶·阿苏利（Olivier Assouly）关于资本主义发展阶

① Scott Lash, “Sociology of Postmodernism”, London: Routledge, 1990, p. 252.

段的著名论断，也能适应于当代中国的部分现实语境：资本主义的发展已经经历了“工业资本主义”“文化资本主义”两个阶段，而从20世纪末至今，则迎来了一个全新的第三阶段，即“审美资本主义”阶段，它带来了“一种经济的变革，这种经济本质上不是有用的商品流通和购得的问题，而是一个服从审美判断的吸引力和排斥力的审美空间”。[①] 至少在很多商品经济和传媒文化高度发达的大城市，“审美资本主义”以及由其带来的“快感过剩”，多多少少占据了很大一部分消费者的文化生活空间。

在这样的审美和消费双重过剩的文化—经济圈层中，“快感”和“革命”或许依然同时并存，但后者的弥散性力量显然正在加剧收缩，“氛围”和“气息”日益冲淡，甚至仅作为能够触发消费快感的意义资源的一部分而存在；相较之下，更能传达人性欲望和底层需求的“快感消费”占了上风。这固然不失为一种“人文主义”，但却看不到以理性和启蒙为大旗的人文精神，力比多、审美主义和多巴胺并不能引领社会健康发展，其本身的合理性是值得商榷和质疑的，更不值得为其大唱赞歌。

综上，西方学界在本章的讨论议题中不乏深刻，但总体上还流于一种“片面的深刻”或“深刻的片面”，尤其在理论话语的适用语境上，值得国内的研究者思考和辨别，而且，总体上来说这些研究大多聚焦于清末民初和新时期到20世纪之间两个阶段，对于新世纪之后尤其社交媒体时代的消费文化考察不力，这与国内的广告研究存在较大差异。

---

① ［法］奥利维耶·阿苏利：《审美资本主义》，黄琰译，华东师范大学出版社2013年版，第6页。

第四章　西方汉学界中国广告的女性主义与性别伦理研究

中国女子缠足，其刑若斫胫……龀齿未易，已受极刑。骨节折落，皮肉溃脱，创伤充斥，脓血狼藉。呻吟弗顾，悲啼弗恤，哀求弗应，嗥号弗闻。数月之内，杖而不起；一年之内，舁而后行。

——梁启超

吾辈爱自由，勉励自由一杯酒。男女平权天赋就，岂甘居牛后。

——刊登于《中国女报》（秋瑾主创）上的一首“勉女权歌”

欲享男女平等权利，必先表现平等力量。妇女既不宜效力疆场，自应尽全力提倡国货。

——“妇女国货年”（1934）的一则官方宣传语

当代中国美女产品广告的符号学揭示了一种持续性的象征运用，这就是将中国妇女平滑无毛的皮肤变成一个昭示着中国性（Chineseness）的能指符号，同时也作为她们健康、“自然”的女性曲线的一个证据。

——佩里·约翰逊

英文中的 feminism 一词有两种译法，“早期译成‘女权主义’，强调女性争取平等权利的要求。20 世纪 80 年代一些学者开始用‘女性主义’来代替女权主义，目的是淡化西方‘激进’女权主义运动的色彩”。[①] 该词译成“女权主义”意味着妇女们为争取政治、经济、就业、教育等权利方面的斗争，而译为“女性主义”则更多地转到了文化和符号意义的斗争领域中来。feminism 一词的这两层含义在不同的时代虽然有所偏重，但严格来说，它并不能被硬性划归为女权运动的“前期”“后期”，因此本研究根据具体的分析语境，将分别采取这两种不同的译法。

第一节　倾城之幻：从一幅战前“女权主义狂想图”说起

1936 年 9 月，在山雨欲来的半殖民地上海，《时代漫画》（*Times Sketch*）杂志刊登了两幅标题为“上海景象之未来狂想”（A Maniac Predication of Shanghai's Scenery in the Future）的漫画，其中一幅以颠倒的想象预测了未来中日之间被扭曲的友好关系，以及上海城市更加严峻的殖民化情景；另一幅则大胆描绘了未来上海完全沦陷于“女权政治”（matriarch）之下的各种匪夷所思的画面。这幅“女权主义狂想图”（图 4－1）共分为八组，主要记述了以下几个场景。

> 女人的周身上下，除了能够遮挡其重要部位的“一缕窄布条”（a thin strip of cloth）之外，其他全部暴露于光天化日之下；相反，男人则被要求依然穿起整齐的长衫，他们因此终日被那些“解放”女性讽刺为“封建主义的余孽”。日益发达的女权政府创造了一个彻底女性化的城市，在此，所有公共的和劳动密集的工

① 陆扬主编：《文化研究概论》，复旦大学出版社 2008 年版，第 101 页。

作——包括人力车夫和交警——全部被浑身几近赤裸的女性所取代，而男人则因大量失业逐渐“退化”（Retrogress）为无用之物，乃至于彻底沦为“家庭妇男”。随着社会由“一夫多妻制”（Polygamy）向“一妻多夫制”（Polyandry）的转型，男人变成了异性的性感对象和必需品；在大都会的城市街道上，女人们被一个或多个男性奴隶簇拥，同时训练他们的各种能力……。由于女性的身体不再性感，男人的性感“秘密”变成了一些严肃和通俗出版物的最吸引人的主题；而且“男人的色情的身体”被公开辩论，成为上海繁荣的出版市场的重要卖点。[①]

图4－1　抗战前的一幅女权主义狂想图

材料来源：《时代漫画》第30期，1936年9月20日，原标题为《未来的上海风光的狂测》。

① Shao-yi Sun，“Urban Landscape and Cultural Imagination：Literature，Film，and Visuality in Semi-Colonial Shanghai，1927－1937”，Dissertation for PhD，University of Southern California，1999，pp. 1－2.

将近80年过去了，抗日战争的胜利也刚刚举行过70周年庆，但这组狂想图现在看来仍不免让人惊诧不已：原来民国时代，曾经有人如此荒诞不经地设想过上海两性格局的未来！

就像“祖师奶奶”张爱玲在其著名小说《倾城之恋》中所传达的“倾覆与成就的离奇主题”那样，这组漫画再现的是倾城之际女权主义者们系于侥幸的“颠覆妄想”，只不过这里被压抑和被解放的不再是两性心底深处的情欲，而是正在觉醒的女性意识以及她们蠢蠢欲动的身体。

对于普通的读者来说，这组令人咋舌的狂想图很容易让人联想起几乎每个中国男人都心存向往的极乐天堂——《西游记》中的“女儿国”；而对于女权主义的研究者来说，如果要追问起它所表达的深层意蕴，却不会让人感觉那么轻松。法国后女权主义理论家茱莉亚·克里斯特瓦（Julia Kristeva）曾经论述过一个与此番图景颇为相像的“女性社会”：“在这个‘女性社会’中，所有获取幻想的真实抑或快感的可能都获得栖身之处。这是个反对献祭的、压抑的社会/象征秩序，因为被想象为和谐、自由、完美、无拘无束。”但是，克里斯特瓦笔锋一转：“现代抗议运动经常重复这种逻辑，将罪疚置于——为防备批评——异己之域，例如另一种宗教，另一种性别。当这种逻辑贯穿于女性主义始终时，女性主义是否成了一种变向（相）的性别主义？”不仅如此，“人们盼望已久的因为妇女进入权力体系而带来的制度的民主化，结果仅在她们之中产生了几位‘领袖’”。① 显而易见，这样的“女性社会”，正如漫画中女人们的真实处境——不仅没有真正实现自由、和谐、美好的女权主义运动目标，反而变成了另一种“性别主义”，它只不过是将压迫秩序完全倒转过来的父权政治的翻版；而且，这种政治秩序对于妇女本身也不能带来真正的民主，它至多产生

① 张京媛：《当代女性主义文学批评》，北京大学出版社1992年版，第360—361页。

几位女性“领袖”，仅此而已。换言之，“女性社会”显示出，父权政治以外再没有其他更多的女性想象空间，这才是女权运动真正的深层次危机。

事实果真如此。正如符号学家赵毅衡先生所说：“意义不在场，才需要符号。”① 如此看来，这组颇具浪漫色彩的女权主义“倾城之幻”，恰恰意味着某种“意义的不在场”；或者说，它所表达的不是女性对男性的奴役，相反，是男权政治之下女性生存境遇的真实写照。

那么，隐蔽于这组漫画之下的真正现实性的问题就来了：近现代以来的女权主义运动以及女性生存状况究竟怎样？它在整个国家独立和民主化进程中究竟扮演了怎样的角色？它有没有对男权社会带来威胁？又引发了怎样的评议？尤其近代以来中国女性生存的总体趋向如何？对于这些问题，西方汉学界立足于中国广告的相关研究，给出了他们自己的解答。

第二节　救亡与革命时代的女权主义叙事

一　被解放与被收编的：国权叙事中的女权

美国汉学家葛凯指出：“20 世纪的女权运动和其他社会运动的研究显示出，不管是自愿的还是被强迫的，妇女运动只能扮演次要的角色，从属于民族国家创建方案。在这一过程中，女权的鼓吹者在被预设为先决条件的更大的民族主义话语面前不断地服从、牺牲她们的目标。在这种主流叙述话语中，民族解放成为妇女解放将要（或者应该）遵循的首要目标。”② 葛凯对于女权叙事与民族解放叙事之间的从属关系的这种理解，道出了近现代中国妇女运动的实质。

---

① 赵毅衡：《符号学》，南京大学出版社 2012 年版，第 46 页。

② ［美］卡尔·葛凯：《制造中国——消费文化与民族国家的创建》，黄振萍译，北京大学出版社 2007 年版，第 292 页。

近现代中国的妇女解放运动正是伴随着国家独立和革命运动的进展而逐渐发展壮大起来的。而且，在民族国家的解放过程中，中国妇女的战斗勇气无愧于鉴湖女侠秋瑾（别号“竞雄”）所说的“拼得十万头颅血，须把乾坤力转回”，她们之中出现了大量可歌可泣、“不让须眉”的巾帼“英雄”。但是，在战争之外的更广阔的天地里，中国妇女的实际遭遇却是与此截然不同的另一番景象。

根据前述，在世界范围内，女权运动都是从争取妇女的基本权利开始的，如教育权、就业权、参政议政权等，但中国妇女界最具标志性的解放运动不得不屈身于更低的层次——从“脚”开始，因为它的首要任务是要破除一种世界上极为罕见的女性酷刑，即“缠足”。被誉为“近代女权之父”的梁启超曾写《戒缠足会叙》一文——该文实为梁氏主力参与的“戒缠足会”的最强有力的宣传广告——中严厉指责了缠足对于中国女性的巨大危害：“中国女子缠足，其刑若斫胫……龀齿未易，已受极刑。骨节折落，皮肉溃脱，创伤充斥，脓血狼藉。呻吟弗顾，悲啼弗恤，哀求弗应，嗥号弗闻。数月之内，杖而不起；一年之内，舁而后行。”① 梁启超将缠足谓为中国男性偏狭的审美癖好加之于女性的“斫胫”之刑，其害惨无人道。因此他与康有为等改革派志士早在维新变法之前，就开始大力倡导“不缠足运动”，此即后来席卷整个近代中国的“天足运动”之先声。

但是，在西方汉学界看来，这次对于妇女至关重要的解放运动却“另有隐情”。正如葛凯所说：“梁启超非常严厉地批评缠足行为，因为它不能为国家富强做出贡献。”原来，解放妇女双脚，使之还原为“天足”，本质上并不为妇女的健康、人权计，而是要——按照福柯的说法——将她们“规训”为“能干而驯顺的肉体”，从而更好地纳入

① 梁启超：《戒缠足会叙》，载《新民丛报》（丙申），另见 http：//img. mg1912. com/news/2011/06/30/5d670bb930d680ff0130df3631a60039. html。

国家和社会的生产秩序中来。葛凯对此认识得很清楚："自晚清以降，男人关于妇女解放运动的论说总是强调提高妇女地位，如此可以使她们与男人一道，更好地为国家服务，他们很少讨论承认妇女的天赋人权或不能被剥夺的权利。"因此，"妇女运动的目标被民族主义所整合是妇女运动一直以来面临的威胁"。[①] 所谓"整合"，也就是被民族主义的宏大叙事所吸纳，这显然意同于文化研究中的"收编"（Incorporation）概念：意指"支配文化对体制外的文化进行再次界定和控制的过程，换言之就是支配阶级主动放弃武力和暴力镇压的方式，而对亚文化进行柔性遏制、招安、整合、消毒和缓解的过程"。"收编"最大的特点，按照格拉姆·默多克（Graham Murdock）的说法是"基本通过诱导和说服，而不是强制和武力"[②]。回到女权主义问题上也就是，近代中国妇女在被解放的同时，旋又被送入了另一种牢笼，只是这次来得比较"正当"：它不再诉诸"缠足"式的暴力手段，相反，在国家和革命的合法性议程中，它被视为一个不可或缺的副主题，进而被名正言顺地收纳其中。

当然，这样的"收编"实践绝非仅限于妇女们的"双脚"。但正是因为传统妇女的双脚被禁锢，她们跟社会性的物质生产劳动不得不拉开了距离，因此被迫沦为"消费的动物"：她们不仅主宰着个人消费，还实质性地影响到整个家庭的购买决定。妇女们的这种角色功能或许与男人的国家和历史事业相比显得"等而下之"，但在特定的历史情境下，这种功能却可能具有无可取代的价值地位。西方汉学界的研究者已经洞察到这一点。在他们看来，近代以来的国货运动，已将中国妇女推向了民族主义叙事的聚光灯之下："民族主义消费的支持

---

① ［美］卡尔·葛凯：《制造中国——消费文化与民族国家的创建》，黄振萍译，北京大学出版社 2007 年版，第 292—293 页。

② 胡疆锋：《亚文化的风格：抵抗与收编——伯明翰学派青年亚文化理论研究》，博士学位论文，首都师范大学，2007 年，第 108 页。

者们懂得妇女所扮演的两种角色传统上主宰了家庭消费。首先，妇女是代表着她们家庭的主要消费者；其次，她们抚养孩子的职责意味着她们处于向孩子灌输民族主义消费习惯的最好位置。”[①] 而对于那些年轻女性的个人消费来说，她们太容易被“以都市和国际化为导向的现象”所误导，蜕变为所谓的“摩登女郎”，显然“这种消费与国货运动相关内容对立。消除这类形象的吸引力就逐渐成了国货运动的关键”。因此，围绕妇女的消费观念和行为，在国家主义话语主导之下的另一轮“收编”实践便拉开了帷幕。

这次“收编”显然是与国货运动对妇女的关注分不开的。它在1934年达到了历史的最高潮。这一年国民政府专门针对妇女增设了一个“妇女国货年”。然而，这个貌似专属于妇女的节庆，对于她们来说却并不轻松，乃至被时人谑称为“妇女受骂年”。

正如历史学家列拉·奥斯兰德（Leora Auslander）所说，家庭妇女的一个重要职责就是“通过商品来建构以及代表家庭的社会身份”。但国货运动却“使得妇女如何代表自身和家庭的问题变得复杂”，因为“在实践上，这在想通过购买舶来品来建立和强化社会地位的欲望与去购买代表较低身份的国货的要求之间造成了冲突，换言之，这是一种源自民族种族观念的品位与建立在阶级基础上的品位之间的竞争——也即那种面对外国人和面对不同社会阶层的中国同胞要摆出不同姿态的对立”。为了解决这种对立冲突，妇女国货年唯一的办法就是“把不爱国的含义加之于外国货，以此迫使妇女面对这种紧张，并以有利于国家的方式解决这种紧张”。[②] 亦即以民族国家的名义来重新解释和界定消费活动，从而达到缓解紧张的目的。

① ［美］卡尔·葛凯：《制造中国——消费文化与民族国家的创建》，黄振萍译，北京大学出版社2007年版，第291页。

② ［美］卡尔·葛凯：《制造中国——消费文化与民族国家的创建》，黄振萍译，北京大学出版社2007年版，第311页。

这种解决思路在这一年被大量传播的宣传口号（妇女国货年的官方广告）中可以得到明晰的见证。葛凯列举出了一系列宣传文案，择要如下：

1. 妇女如能率领家人使用国货，就等于率领将士在疆场上为国杀敌。

2. 妇女如果绝对不买外货，就等于战士收回失地。

3. 欲享男女平等权利，必先表现平等力量。妇女既不宜效力疆场，自应尽全力提倡国货。

4. 国家兴亡，匹夫匹妇均有责任。妇女救国的武器，就是一颗服用国货的决心。

…………

8. 妇女们，稍牺牲一点美观吧！既可救国，又可救人，这是多么伟大的行为呀！

9. 以服用外货为华贵，为漂亮，那是一种最可耻的心理！

10. 浪费金钱购买外货是最不道德的行为，我们从此就购买国货吧！

11. 国货虽不及舶来品美观，但既生为中国人，就只配用中国货。

12. 我们要以永远不买外货来教训我们的子女！

…………

显而易见，这些宣传文案的战斗意味是非常强烈的，葛凯指出，这是一种“把军事化延伸到更深层的尝试。这种军事化深入家庭，以至于妇女希望能够把她们的家庭角色同救国者联系起来”，因此它不啻将女权主义“收编”为一种军国主义。同时，其收编方案中还大量贯穿了“匹夫匹妇”“男女平等”等女权主义思想，充分展现了“收编”理念所应有的“诱导”和“说服”的特点。而且，这些文案还

“通过论证美丽是取决于民族性的，明确了把民族主义纳入到女性审美和时尚中的巨大需要”。[①] 也就是说，它们将原属于妇女本己性、私有性的美貌，也一并“收编”到民族主义的话语秩序中来，使她们的审美意识中也被贯彻进国家意志。

当然，这并不是说近代以来的妇女解放运动对于广大妇女来说全然无益，事实上，作为历史主导叙事的解放和进步让中国妇女获益良多，正如西方汉学界的研究者所指出的那样：“自从 20 世纪以降，尤其随着 1915—1923 年的新文化运动的进展，从旧体系中解放女性一直是政治知识分子（Politically-Engaged intellectuals）最重要的任务之一。这个时期大量出版的文章和言论广泛关注妇女的教育权、婚姻自由权、财产继承权、离婚权以及参与各种社会和政治活动的权利。这对于城市女性确实带来了一些戏剧性的变化。”但是，作者马上又指出：“这种一开始就由男性主导的女权运动并不能从中国要变成一个强大的民族国家的诉求中解脱出来。认同女性并利用她们的声音向旧制度宣战仅仅是五四一代发起的反传统攻击和唤醒中华民族复兴的一种策略。换言之，这一代主要关注的是如何在文化上使国家强大起来。至于其他问题，必须屈从于这个更大问题的细究（Scrutiny）之下。”[②] 这就是加之于近现代中国妇女的铁一般的逻辑：策略性的“解放”只是为了本质性的被“收编”。

面对妇女们如此不堪的生存境遇，女权主义者并不是没有做出相应的反抗，葛凯研究指出：“在 20 世纪 20 年代末期，妇女解放运动中更为激进的部分和国家利益支持者之间的关系紧张到了顶点。……尽

① ［美］卡尔·葛凯：《制造中国——消费文化与民族国家的创建》，黄振萍译，北京大学出版社 2007 年版，第 294—298 页。

② Shao-yi Sun, “Urban Landscape and Cultural Imagination: Literature, Film, and Visuality in Semi-Colonial Shanghai, 1927 – 1937”, Dissertation for PhD, University of Southern California, 1999, p. 302.

管妇女解放运动的鼓吹者在这前后非常活跃，20 世纪 20 年代的激进分子用‘革命行动作为一种手段去有意识地重塑中国的性别秩序’。”这种做法虽然取得了一些成功，比如三八妇女节被官方认可、新的妇女组织也得到了空前的发展等；但是，葛凯继续说道：“他们的直接目标失败了……这十年（1920—1930）历史揭示了政治家们因试图建立广泛的男性支配而牺牲这些最初的成就是多么地迅速和容易。……（国内的）政治分裂使双方先前的立场迅速发生了变化，他们改变并收回了先前在妇女解放方面表现出的激进立场，双方都发现推进诸如平等就业机会、自由离婚以及扩大法律权利是政治负债。”①

看来，承认女权原来只不过是政治竞争的冠冕口号或者说一种漂亮的“政治广告”，当竞争趋于不可调和时，那些已经被许诺让渡的权利，都有可能会成为对双方都不利的“政治负债”。因此，近现代中国的妇女运动是国家政治的牺牲品，一部救亡和革命的中国近现代史，就是一部女性不断被“解放”旋又被“收编”的历史。

二 厌女症：在祖国母亲/大家闺秀与摩登女郎/妓女之间

“厌女症”（Misogyny）是以美国黑人学者伊莱恩·肖瓦尔特（Elaisne Showalter）为代表的女性主义理论家对父权政治最为严厉的指控之一。这个概念源于女性主义文学批评理论，是其中“妇女形象批评”的一个重要语词，意指男性文学文本中对女性形象的两种不切实际的极端描绘，即天使和恶魔形象的二元对立。正如肖瓦尔特所说：普遍存在一种“文学实践中的厌女癖：文学中作为天使和恶魔的陈规形象，在古典和通俗的男性文学中对妇女进行的文本骚扰，以及把妇女摈拒于文学史之外在的做法。”② 具体来说，“前者被塑造为美丽温柔、天真

① ［美］卡尔·葛凯：《制造中国——消费文化与民族国家的创建》，黄振萍译，北京大学出版社 2007 年版，第 293—294 页。

② 张京媛：《当代女性主义文学批评》，北京大学出版社 1992 年版，第 256 页。

无知、忍怨无私的安琪儿；后者被塑造为貌丑刻薄、阴险刁钻、贪婪自私的悍妇。……这两种形象都不是女性的真实表现，而是男性的臆造，其目的是维护男权政治对性别诠释的权威性和垄断性，把女性放逐在两级边缘来保证男性中心的合法。”① 这种极端的形象刻画被肖瓦尔特视为男性对女性的“文学虐待”和“文本骚扰”。

肖瓦尔特所谓的“厌女症”现象当然并非只存在于文学文本中，在大众传媒普遍发达的现代社会，各种媒介文本中都不乏厌女现象的实例。西方汉学界对中国近现代广告文本的研究深刻揭示了这一点。

葛凯通过对近现代国货运动的研究明确指出：“在1934年的妇女国货年中，两类对立的女性代表特别突出：一类是英雄的‘爱国的消费者’，一类是顽固的‘不爱国的消费者’。”前者在国货运动的官方宣传语中被颂赞为“民族主义的女英雄”“国家救星”，对于国货消费功不可没。正如一幅题为“慈母爱子”的官方宣传画（图4－2）所描绘的那样，一位乳房丰满的母亲（喻为国货消费的支持者）正在充满慈爱地哺育她的孩子（喻为国货事业），爱国女性消费者之于国货运动的关系，正如慈母之于婴孩，没有她们的支持后者几乎要变成孤儿。葛凯总结指出：“在这些表述中，中国女性消费者开始使一套与消费紧密相关的观念，即‘自我牺牲和忠诚的永恒中华文明美德’具体化起来。她们扮演纯真或真正的爱国消费者，……理想的女性爱国消费者既是其他女性效法的英雄榜样，也是男性认可追求的对象。”显而易见，加之于民族主义的消费“英雌”们头上的光环已经足够大了——她们不仅个人品行端正，成为女性消费者的榜样，而且还成了男人们理想的追求对象，“爱国”与“爱情”似乎也彼此难分了。这显然不是妇女们的真实形象，而是彻头彻尾的男性虚构和臆想。而且，这种几近完美的“女性想象”绝非一种“女性美学”的纯粹表达，相

① 陈本益等：《西方现代文论与哲学》，重庆大学出版社2000年版，第374—375页。

反，它还潜藏着一个父权政治的巨大阴谋，即在此女性理想的鲜明映衬之下，试图告诫广大妇女，她们“几乎不能完成她们为国家服务的家庭责任。这转而证明了中国继续远离早期以妇女解放为目标的更为激进的社会思潮是正确的”。换言之，“在民族主义的伪装下，在逐渐形成的消费文化中，国货运动的妇女形象话语表征……强化了父权制”。

图 4 –2　国货运动中颂赞爱国消费妇女的宣传广告

（资料来源：《国货评论刊》第 1 卷第 2 期，1926 年 1 月。）

正如“厌女症”的形象表征理论所揭示的，国货运动确实再现了另一种与上述“祖国母亲”形象截然相反的“不爱国的女性消费者”，她们以“摩登女郎”（modern women）为典型代表。这类女性“被当做帝国主义侵略的代理人而遭到攻击，她们还被认为是导致国家毁灭的催化剂。……她们不管物品的深刻意蕴，而被浮华表面所迷惑……在购买商品时，权衡再三的是价格和质量而不是国别”（图 4 –3）。如果这些描述还算比较切合于实际的话，那么接下来就让人很难以信服了：

“最要命的是，她们是‘贤妻良母’的对立面：把家务弄得乱七八糟，并且在抚养孩子的时候不去考虑民族主义消费的重要性。”① “摩登女郎”是否确然不归于“贤妻良母”之列，她们是否在家务和抚养孩子方面存在根本性的问题，尤其这两者即所谓的“爱国消费”与个人品行之间是否存在必然联系，对于这些问题的回答，国货运动支持者们看来并不是那么令人信服。

图 4－3 被帝国主义玩弄于股掌间的“时髦女郎”

（资料来源：《国货月报》第 1 卷第 1 期，1934 年 5 月。）

但对于“摩登女郎”形象的污蔑不唯如此。一般来说，摩登女郎都属于比较有经济购买力的一群人，她们大部分属于城市的中上层妇女，“用社会学家皮埃尔·布尔迪厄（Pierre Bourdieu）的话来说是‘时髦制造者’（tastemaker）和‘文化媒介人’（cultural intermediar-

① ［美］卡尔·葛凯：《制造中国——消费文化与民族国家的创建》，黄振萍译，北京大学出版社 2007 年版，第 289—291 页。

ies)”。所谓“文化媒介人”，根据布尔迪厄的解释，主要指那些介乎资本家和中下层社会群体之间的一类“新型小资阶级”，他们大多都拥有一定的文化资本，但又缺乏大资产阶级的经济实力、社会生活场域和“惯习”，这就造成“与资产阶级对自己的身体感到安静与自信相反，新型小资产者（新文化媒介人）总是对他们的身体感到拘束不安，总是有意识地反复检点、观察与校正自己。因此身体维护技巧、美容化妆、健康食品、时尚休闲等等，都深深地吸引着他们”。[①] 这种人对个体生活品位和身体如此之关注，自然会成为社会上比较引人瞩目的一类消费群体，他们的风格、品位和消费方式将会对其他人带来“示范”效应，其本身则变成了一种活生生的（广告）“媒介”。而对于时髦女性来说，这群“文化媒介人”消费品位和风格的维持如果仅仅诉诸“国货”显然是难乎为继的，故此，时人认为，“作为一般意义上的时髦制造者，这些妇女……是最坏的罪犯——她们具有知识知道什么是好的，并且有能力改变……她们的选择被城市乃至全国的其他低层阶级模仿”。这些人生活奢靡，处处以洋货来标榜自己，“依照一篇文章所说，这些女人‘比乞丐和流浪汉更坏’，像这两类被轻视的社会群体一样，她们什么都不生产”。不仅如此，葛凯指出：“这些形象还同时包含着更为深刻的种族、阶级和性别意义。这些妇女盲目崇洋媚外的倾向显示出她们对自己种族的背叛以及‘奴隶心理’；因为她们明显拒绝官方主宰下的对女性气质的解释，所以又是女性中的叛徒；她们铺张奢侈的消费破坏了约定俗成的习俗，并使之失去威信，而且加剧了阶级紧张，从而对社会阶级造成了危险。”[②] 这即是说，她们同时是他国的奴隶和本国的叛徒，也是女性中的败类，而且伤风败俗，还加剧了阶级冲突，这些罪状真可谓“罄竹难书”了。近人确实

---

① 陶东风：《新文化媒介人批判》，《首都师范大学学报》2003 年第 6 期。

② ［美］卡尔·葛凯：《制造中国——消费文化与民族国家的创建》，黄振萍译，北京大学出版社 2007 年版，第 299—300 页。

将她们赐予罪名者，谓为“摩登病”①。但讽刺在于，“一些这样的妇女在（国货）运动中是最活跃的——政治家、职业人士以及商人的妻子和女儿”。②

当然，在西方汉学界看来，父权社会对摩登女郎的批判并非仅限于国货运动以及她们所起到的“坏广告”意义，在此之外她们依然是整个男性文化的活标靶，因为依然担负着“新型媒介文化人”的广告功能。

我们知道，“摩登”一词的本意就是时髦、时尚、现代，它与传统、守旧截然对立，所谓“摩登女郎”也就是“传统妇女”的对立面。一般来说，衣物为妇女最重要的身体修饰，也是妇女身体行为的最显著标记，故此，颇有反叛意味的摩登女郎们纷纷在服装穿戴上下足了功夫。但这种反叛明显存在一个历史递变的过程。根据孙绍谊等人的研究，“（19—20）世纪转折之际，当中国仍在清政府的统治（1644—1911）之下，年轻妇女的时之所尚为一件宽大、齐膝的外衣和一条同样宽松的裤子的联合。外衣和裤子被刺绣（Embroidery）所修饰。根据资料显示，为制造这种衣服需要超过 3. 3 米的丝绸和大约 1 米的花边（Lacework）。结果，一个女人的身体轮廓就被隐匿在这种

① 近人刘祖恩有一段关于“摩登女郎”的文字，在这方面的刻画可谓入木三分，题为《时下女性之摩登病希望教育家有以诊治而预防之论》，择要摘录如下：“言其外表，则艳服靓装，分花拂柳。锦衣绣袄，镂月镶云，即一履一袜之微，亦靡不勾心斗角，尽能极妍，甚有袒胸出臂之矜奇！赤足露肤以炫异者！肥臀颤动，直销柳惠之魂。曲线微呈，足醉鲁男之魄。观其身，则神迷目眩，已觉心荡意消，近其旁，则麝馥兰芬，更使筋酥骨软！故万人行注目之礼，群众起染指之心！……若言其内性，何者为家政？何者为合作？何者为勤俭？何者为职责？以及缝纫应如何？烹饪应如何？举凡一切敦亲睦族敬上恤下相夫教子洒扫应对进退主持，整理家务之道应如何？不独非其所知也，非其所习也，非其所顾也，非其所问也，且非其所愿也。彼其所知所愿也，艳妆耳，玉食耳，游乐耳，消遣耳，恋爱耳，金钱耳，消费是其专门特长，享乐为其唯一任务，甚有难遂其欲，暗匿异性者。……至于对待男子，或出诸刚，或出诸柔，或出诸刚柔互用，其手段虽千百其途而不同，而施展其专门之特长，与进行其唯一之任务。……于是男子遂不敢采断然之处置，唯有运用若国外交之方式，忍辱而已！负重而已！”（转自王儒年《欲望的想象：1920—1930 年代〈申报〉广告的文化史研究》，上海人民出版社 2007 年版，第 247—248 页）

② ［美］卡尔·葛凯：《制造中国——消费文化与民族国家的创建》，黄振萍译，北京大学出版社 2007 年版，第 299 页。

显然过于宽大和松弛的衣服里面去了”。[①] 但这种情况随着辛亥革命以及各种女权运动的进展，逐渐发生了翻天覆地的变化。孙绍谊以“旗袍”为例指出，这种字面意义上被归为统治阶级服制话语的所谓“旗人的长袍”，之所以在民国时代流行开来，与彼时男人们的着装习惯紧密相关，后者长期的稳定形势即是“长袍”；为了与男人们的这种服装款式相匹配，部分女人开始从既定的服制中寻求灵感，于是满清贵族妇女的旗袍就被推上了现代中国时尚史的舞台。虽然旗袍的再发现依然显示了男权政治主导下的女性的依附心理，但它一经被发现便具有了无可替代的女性气质：

> 20世纪20年代晚期，旗袍还是一种平板、齐踝的长袍，宽松地覆盖着女性的身体，同时配有同样宽松的袖子。与男人们的长袍一样，这种风格整体上缩减了女性形象的自然曲线。到了20世纪30年代，旗袍在长度和袖子上都开始变短。虽然身体的下部依然被松松垮垮地覆盖着，但上身的曲线却被凸显出来。……或许最具有戏剧性的变化发生在1932年前后。为了整体上展现女人欲望化的性感和女性气质，旗袍被设计得很窄，以至于它能够紧密贴合女人的腰部、胸部和臀部。……这种新“时髦女郎”的整体效果是一种柔缓起伏的S形曲线，这就与中国古典文学中反复出现的“女人如蛇”的形象间接地关联了起来。

就这样，原本意义上属于传统的、贵族的、保守的旗袍经过反复缩减和变形（图4-4）就变成了“摩登女郎”展现其“妖女”般性感身段的最有力的美学武器。尤其到了20世纪30年代中后期，“双边

① Shao-yi Sun, “Urban Landscape and Cultural Imagination: Literature, Film, and Visuality in Semi-Colonial Shanghai, 1927-1937”, Dissertation for PhD, University of Southern California, 1999, p. 282.

高开叉旗袍的采用，有时候甚至达到了臀肌线，这种旗袍若隐若现地展露着女人的大腿，创造了一个极具诱惑力的长腿女人的形象”。[①] 面对这满世界的性感尤物们，大多数的谦谦君子恐怕都难以自持，忍不住偷瞄上几眼。而那些卫道士们，则不免口诛笔伐，大加抨击。时髦女郎的这些举动甚至引起了国民政府的高度关注。在“新生活运动”期间，《现代女性》杂志刊登了一条由蒋介石亲自签署的反对女性“奇装异服”（Bizarre Dress）的法令，其中规定：

> 这则法令针对于禁绝妇女之不雅和不卫生的奇装异服……1）最长的旗袍必须高于足背一寸；2）最高的衣领必须低于颌骨一寸半；3）最短的袖子必须与肘部齐平；4）旗袍的开衩不得低于膝盖之上三寸；……这项法令将被公共安全局复印并分发到每一个家庭。警察有权审查不遵守法令的妇女。拒不遵守者将被拘留或罚款。[②]

图 4－4　旗袍的进化

（资料来源：《申报》1934 年 1 月 25 日。从左到右时间顺序依次为 1929—1934 年。）

① Shao-yi Sun, “Urban Landscape and Cultural Imagination: Literature, Film, and Visuality in Semi-Colonial Shanghai, *1927 – 1937*”, Dissertation for PhD, University of Southern California, *1999*, pp. *288 – 289*.

② Shao-yi Sun, “Urban Landscape and Cultural Imagination: Literature, Film, and Visuality in Semi-Colonial Shanghai, 1927 – 1937”, Dissertation for PhD, University of Southern California, 1999, p. 278.

对妇女旗袍长短、尺寸、开叉高度等的苛细规范被认为是蒋介石政府力求廓清当时之不良风气、复归儒家性别伦理的一项重要举措，在有些西方汉学界的研究材料中，这种做法也被认为是“南京政府为展现其全国性威力，拼命施加其每一项权力，从而至少在理论话语上构建起一种一统全国的印象”① 的努力。但不管怎样，既然“奇装异服”及其行为主体“摩登女郎”被如此这般地以行政命令的方式加以强制规范，这些形象作为男权秩序中异己的、“她者”的角色定位确信已被确定下来了。她们就像社会中的异类一样被另眼相看，她们公开的社会行为遭到监察和驱逐，在父权文化传统的掩护下，有些人甚至愿意看到她们最好被禁闭到“一间自己的屋子”（弗吉尼亚·伍尔夫）里，成为美国女性主义理论家桑德拉·吉尔伯特（Sandra M. Gilbert）和苏珊·古芭（Susan Gubar）所说的“阁楼上的疯女人”（the mad woman in the attic）。

当然，就伍尔夫（Virginia Woolf）来说，“一间自己的屋子”以及“年收入 1500 英镑”对于像她那样可以独立思考的女权主义者来说是必不可少的。这同时也说明一定的经济基础对于女性生存的决定性作用。但是，具有经济基础的女性既可以成为伍尔夫、摩登女郎一类的女权主义者，同时也可以成为另外一种女人，这种女人出身名门、雍容华贵、知书达理，她们就是中国传统士大夫最为心仪的对象：大家闺秀。

“大家闺秀”几乎是中国女性的最完美形象。这样的形象同时也出自男权社会最精巧、最细致入微的政治设计。她们是从男权秩序内部走出来的最高范本。自然，她们也就成了近现代国货运动和商业广告的不可或缺的“宠女”。比如，西方汉学界指出，“20 世纪 30 年代，主要瞄准女学生和知识分子的阴丹士林（Indanthrene）布匹广告创造

① Shao-yi Sun, “Urban Landscape and Cultural Imagination: Literature, Film, and Visuality in Semi-Colonial Shanghai, 1927 - 1937”, Dissertation for PhD, University of Southern California, 1999, p. 293.

了一系列优雅、端庄的女性形象，她们是被中国传统文化高度褒扬的'大家闺秀'。一则阴丹士林广告刻画了两个学生模样的女孩正在直视着潜在的消费者。她们的高跟鞋和旗袍暗示出了她们所属的时代，但这幅广告的背景却被设计成了中国古典诗学的想象图景：亭台、花朵、湖泊与假山花园。与此诗意的背景相映衬，穿绿色衣服的女孩右手拿了一本唐诗，成为其较高身份和品位的象征"。[①] 当然，这些大家闺秀的所有气质和魅力通过潜在的话语置换全部都被成功地转接到了该广告的品牌上了。这样的女性形象非常多见，在二三十年代半殖民地上海广泛流行的"美女月份牌"中尤多。美籍台湾学者李欧梵在其著名的《上海摩登》一书中曾经这样描述过他自己收藏的一张美女月份牌（图4－5），他将其中的画面称为"时装仕女图"：

> 当我们注视着这画中的女郎……她别在襟上的一朵花既大又触目地粉红，不仅和她旗袍的浅色湖绿形成对照，而且同时也带出并低调处理了常见的美学原色的关联。那话的醒目位置自然也指涉了她本人，由此令人想起那熟稔的对女性的比喻："一枝花"——一朵孤寂的（褪了）芬芳的花，带着模糊的激情。到底她佩戴的是什么花？玫瑰、牡丹，还是（令人想起诗句"一枝梨花春带雨"）梨花？我可能有倾向性地重读了花的联想，因为我发觉她的脸令人忆及著名影星阮玲玉[②]，她在20世纪30年代左右声名赫赫，造就了伟大偶像和一个激情女子的传奇，她最终因爱自杀。[③]

① Shao-yi Sun, "Urban Landscape and Cultural Imagination: Literature, Film, and Visuality in Semi-Colonial Shanghai, 1927－1937", Dissertation for PhD, University of Southern California, 1999, pp. 364－365.

② 李欧梵所言是对的，根据美籍华裔学者梁庄艾伦（Ellen Johnson Laing）在其《兜售幸福》（*Selling Happiness: Calendar Posters and Visual Culture in Early-Twentieth-Century Shanghai*）一书中所提供的材料，这位湖边端坐的女子，正是著名电影明星阮玲玉（p. 196）。——引者注

③ 李欧梵：《上海摩登——一种新都市文化在中国（1930—1945）》，毛尖译，北京大学出版社2002年版，第92—93页。

图 4－5　哈德门香烟月份牌广告画

（资料来源：李欧梵《上海摩登》，北京大学出版社 2002 年版，第 93 页。）

问题的关键已经越发显豁了：对一则商业广告仕女形象的凝神静想，居然让一位现代知识分子徒增无限伤感，而对一位陌生女子的伤怀通常被认为是对其最高的赞誉——这种仕女形象若不是“天仙”，又该用怎样的语言去形容呢?

但是，对于女性主义者来说，如此天仙般的仕女、大家闺秀引得男人们浮想联翩，并不意味着是对她们的赞美和肯定，相反，她们只是“作为人类知识文本的范例”而存在，“但是这些范例中真实的女性并未出场，出场的只是男性观念中的女性幻象，即男性体制希望出现的、规范后被允许出现的女性形象”，是男性鉴赏者“自我预先投入的合理产出的结果”①，是父权政治秩序下“制度理性”的想象副产品，或者用伍尔夫的反面之词说：“一个人要是先看历史再看诗集，那么女人在他的眼里一定成了一个奇特的怪物。”② 诗集中的女子个个貌美绝伦，温柔贤淑，而历史里的女人却要么形异貌丑，心性恶毒，要么水性杨花，风行不端，这正是“厌女症”的典型症状之所在。而后者也正是西方汉学界的研究者重点关注的另一类女性形象。她们的典型代表，根据西方汉学界的陈述，是“妓女”。

这类形象在国货运动宣传语中出现得最为频繁。葛凯指出：“‘妓女’这个群体也成了妇女国货年和国货运动中理想的民族主义女性消费者的对立面。在同情国货运动的媒体表述中，妓女形象是和不爱国消费联系起来的有力象征。”时人专门写过一篇题为《国货与妓女》的文章，旨在“使用由外观提供的视觉线索暗示来羞辱那些顺从地穿着外国衣服的妇女……因为妓女以穿着时髦的外国衣服出名，所以作者就建议把所有穿着舶来品的妇女称为‘妓女’，并敦促使一个新口号流行起来：‘所有穿着外国衣裳的女人都是妓女。’正如作者提到的：‘我们要鄙视她们。只要看她们一眼，就知道这些女人道德败坏、声名狼藉。’……不幸的是，这篇文章并没有给出‘一眼’就可以辨

① 陈本益等：《西方现代文论与哲学》，重庆大学出版社 2000 年版，第 371—372 页。

② ［英］弗吉尼亚·伍尔夫：《一间自己的屋子》，王还译，生活·读书·新知三联书店 1992 年版，第 53 页。

别出织物国籍的秘密”。看来，妓女分为两类，一类本身即是，另一类属于被强加于某些妇女的“污名”，二者的共同点在于：她们的衣饰穿戴所引发的视觉联想。连鲁迅先生也早已说过：“妓女的装束，是闺秀们的大成至圣先师。”所谓“大成至圣先师（文宣王）”，孔老夫子是也。妓女的着装打扮是所有妇女的“圣人”，这句话在当时也许言之未过，因为另一篇同情国货运动的文章也传达了同样的焦虑：“（这篇）文章谴责妓女们开始有这个习惯（流行在腿上撒粉——引者注），‘摩登妇女’接纳了它，而农村妇女效仿都市妇女。”[①] 由此可见，妓女，这类也许最受广大妇女痛恨的低贱群体，反而成了她们的“活体广告”，她们的装束打扮成了其他女性的效法圣经，这着实具有反讽意味。但毫无疑问，事实的另一面则是极端残酷的：在父权政治的意识形态阴影下，妓女不仅遭到了妇女们的忌恨，同时也是男人们——尽管提到她们出于生物本能的驱使常常伴随有一时之快的强烈欲念——的厌恶对象，成为“第二性中的第二性”“被压迫者中的被压迫者”。

但在西方汉学界看来，与上述两类形象相像的还有另一类女性形象，她们在男权意识形态中遭到了更为恶毒的对待。这类形象可以用民国时代一则充满隐喻的广告来说明。这是一则宣传治疗儿童蛔虫病（roundworm disease）的药品广告。画面中，一位正襟危坐的小和尚正在凝神沉思，围绕着他的是七个面若桃花的古典美女，她们摆出了各种引诱的姿势试图打断这个和尚的冥思。其中的两个甚至已经全身半裸。然而，这位和尚旁边的诗句却揭示出了他完全不为所动：“坐身非我身，低眉性变空。六根本清净，何来起七情?”正如分析者指出的那样：“这则广告用七个美女代表人类之七情，它们就像蛔虫一样

---

① ［美］卡尔·葛凯：《制造中国——消费文化与民族国家的创建》，黄振萍译，北京大学出版社2007年版，第303—304页。

欲图侵入孩童生来清净的身体。但坐怀不乱的和尚已经暗示出，年轻的消费者需要通过服用这种药物来提高自我防御的能力。尽管如此，无论佛教主题还是商业宣传，这则广告都同样严重地重申了那个传统的性别智慧：红颜祸水。”[①] 将女人视为灾祸和不幸的征兆，在父权政治下的中国确实具有一个悠久的传统。

然而，“红颜祸水”一方面固然反映了男性传统根深蒂固的“厌女症”情结；但另一方面，它也许传达了男性社会最深层次的焦虑和恐惧：女性身体的诱惑力具有颠覆父权政治的巨大潜能。这一点已经被很多女性主义者敏锐地捕捉到了。在她们看来，女性的另类的身体及其无可取代的感知经验不仅是她们个体存在的明证，同时也是表达其“差异政治”的最有力武器。正如法国女性主义者艾莱纳·西苏（Hélène Cixous）在《美杜莎的笑声》一文中谈及女性写作时所说：“我们一直被摈拒于自己的身体之外，一直羞辱地被告诫要抹煞它，用愚蠢的性恭谦去打击它，我们成了老傻瓜那些诡计的牺牲品”[②]，而性别权力话语决胜的关键在于“必须通过她们的身体来写作，她们必须创造无法攻破的语言，这语言将摧毁隔阂、等级、花言巧语和清规戒律”，因为这种语言正是来自克里斯特瓦所说的尚未进入象征秩序的前俄狄浦斯语言，或者溢出象征秩序之外的潜意识语言，她们才是根源于女性经验的本己的“元语言”。这种语言拥有古希腊神话中“美杜莎的笑声”一般的威力，能够瞬间“石化”强大的男性欲望并固结其权力秩序。在此意义上，赤诚表达女性的“身体经验”，甚至进行赤裸裸的“身体写作”，也就成了女性主义者的一项重要的政治策略。

---

① Shao-yi Sun, “Urban Landscape and Cultural Imagination: Literature, Film, and Visuality in Semi-Colonial Shanghai, 1927 - 1937”, Dissertation for PhD, University of Southern California, 1999, pp. 366 - 367.

② 转自张京媛《当代女性主义文学批评》，北京大学出版社 1992 年版，第 188、201 页。

至此可见，所谓“厌女症”的背后其实埋伏了一个男性社会的巨大政治危机，而那些摩登女郎、妖女和妓女们恰恰是这种危机的直接制造者，也许这才是她们被男人们深深“厌恶”和“仇视”的最深层次的原因。正如西方汉学界的研究者在评述女性追求时髦时所说：“时髦对于夸大女人的性感具有一种潜在的力量，它也可以将她们转换成一个‘威胁的客体’，并使男人们由于传统感觉的失势而‘痛哭’（cry bitterly）。换言之，时尚以其对身体的（部分）遮蔽能够产生逆向凝视，迫使凝视者不得不与女性权力进行谈判。1934 年《良友》杂志的一份调查显示，女人的高跟鞋在绝大部分男人看来不仅是‘性感的符号’，更重要的也是‘家庭权威的象征’。”① 如此说来，“厌女症”现象所真正传达的不是别的，正是父权政治深深的“失势焦虑”（castration anxiety）。

三　性道具：商业广告中的美女和女性身体

肖瓦尔特认为，“正如许多女性主义批评家尖锐地指出的那样，女性美学强调女性生理经验的重要性非常危险地接近了性别歧视的本质论”。② 肖瓦尔特的意思是说，身体策略固然在表达女性经验以及建构女性主义本己的知识学方面不可或缺，但同时，这种做法也可能使得本来以反性别本质主义为鹄的女性主义再次陷入本质主义的深渊：过分强调女性气质，将可能导致“反客为主”。肖瓦尔特的顾虑也许可以具象化为本章开头那幅令人唏嘘的“女权主义狂想图”。这种观念显然有悖于女权主义重要先驱之一穆勒（John Stuart Mill）在《女性的屈从地位》一书中所表达的著名论断：“一种性别从属于另一性

---

① Shao-yi Sun, “Urban Landscape and Cultural Imagination: Literature, Film, and Visuality in Semi-Colonial Shanghai, 1927 – 1937”, Dissertation for PhD, University of Southern California, 1999, pp. 309 – 310.

② 张京媛：《当代女性主义文学批评》，北京大学出版社 1992 年版，第 258 页。

别是错误的。”[①] 换言之，如果说女性的“第二性”地位是一种文明史的错误，那么，将她们颠倒为“第一性”同样是一种错误。

但问题不止于此。抛开理论话语上的聚讼纷纭暂且不表，单说这“身体策略”本身，它到底具有多大的颠覆性力量呢？毋庸讳言，在特定的性别情境下，它确实具有一定的“威慑力”，但不幸的是，这种反对“老傻瓜诡计”（艾莱纳·西苏语）的做法，在具体的政治实践上可能恰恰再次中了他们的“诡计”：加剧女性主体性地位的沦丧，使之被进一步降格为他者化的“客体”。也就是说，女性主义的“本质主义”，在强大的、异己的父权政治面前反而有可能只落得一种“工具主义”的下场，成为各种文化策略的“手段”或“道具”。

如果返回到近现代中国父权政治根深叶茂、女权主义力量尚在萌芽期的历史现场中，实际情形也许就更加严峻了。事实上，当时的父权政治以其强大的传统势能，恰恰是通过各种方式巧妙利用了上文所说的时髦女郎们。这一点已被西方汉学界敏锐地捕捉到了：她们不仅可以见诸各种具体的社会生活场景中，当时正在崛起的大众媒体尤其广告中同样可见一斑。

众所周知，广告学有一个著名的“3B”营销原则，即女性（Beauty）、儿童（Baby）和动物（Beast），其中第一点早在20世纪20年代的中国就已经被发现并被理论化了。这位理论家名叫马崇干。弗拉塞尔在其博士论文中对此做了专门研究。他将马崇干的理论称为“广告美学”（the aesthetics of advertising），并指出，“这种广告美学首先要有一个聚焦于美女的定义，它要像绝大部分的男性商业体制所理解的那样，并且具有像华成烟草公司一样的全部商业艺术作品（Commercial Oeuvre）的特点。这些都在一些天才的商业艺术家——比如杭稚英、谢志光——的作品中得到了实现”。弗氏所说的艺术家正是当时

① 转自陆扬主编《文化研究概论》，复旦大学出版社2008年版，第102页。

风行的美女月份牌的主要创造者，而他所说的华成烟草公司，则是成功运用“美女营销”的经典案例，其主导品牌“美丽”（My Dear）在广告策略上运用了大量的美女图像（图4－6），其slogan更是闻名遐迩：“有美皆备，无丽不臻。”该品牌以“美和美女”为核心的做法在当时的业界被奉为标杆，以至于很多烟草公司纷纷围绕“美丽”命名，导致“美丽和它的效仿者在当时的报纸香烟广告中至少产生了106个变体”。

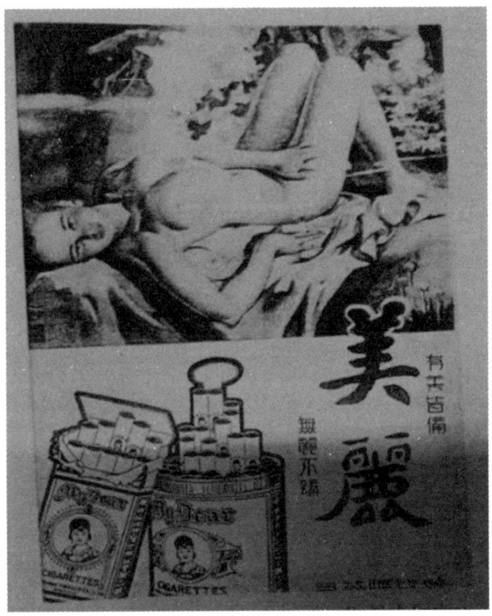

图4－6　月份牌画家谢志光为美丽牌香烟创作的香艳广告

（资料来源：Ellen Johnston Laing，“Selling Happiness：Calendar Posters and Visual Culture in Early-Twentieth-Century Shanghai”，University of Hawaii Press，2004，p. 159。）

马崇干正是看到了美女的巨大商业潜能才极力呼吁“商业美学”。正如他自己的理解：“无人不喜欢美女图像，因此美女应该被插入广告。”“但这还不够。女人的外观和修饰‘必须入时’（must be fashionable），以便能迎合‘社会心理’（mentality of society）。”也就是说，

“马崇干的美女概念需要在美丽和适合时代之间建立一种动态机制”，[①]只有打扮入时、具有现代气息的美女才适合于被用作商业广告。至此，马氏“商业美学”的工具主义意图已表露无遗：将打扮入时的女性们拿来纯然作为商业营销的道具。正如文化学者李陀所说：“一部广告发展的历史，始终与女性形象怎样被当做一种特殊的商品来生产和消费有着极为密切的关系。”[②] 就此而言，马氏的广告美学已相当新潮和前卫。

不仅如此，对于这种具有现代气息的美女商业广告，马氏还对其所要表达的形象主体设计了一种特定的位置关系，至于是什么样的位置关系，弗拉塞尔直言不讳：“这种视觉风格包含了严重的文化压抑，它反映了一种保守主义的操作……马氏确定了女人在广告中恰当位置的观念，尤其关于她们应该在主位（我称之为‘主角’）还是宾位。马氏将其理解为主宾关系。”也就是说，广告图像要“正确”处理“人物关系”：美女只能屈从于产品的陪衬地位。而这种主宾关系一旦被置放于男女同时出现的商业广告中，其性别秩序也就显而易见了：男尊女卑，各就其位。虽然马氏出于商业策略也明智地指出“在化妆品广告中女人处于主位是可以的，因为那是‘女性用品’”，[③] 但这无补于他根深蒂固的工具主义和性别歧视观念，即一方面美女作为营销学的“道具”应该出现在商业广告中；另一方面，她们不仅要屈从于物（商品）的主导地位，还要屈从于（男）人的主导地位，说到底只能是或此或彼的配角或仆从。

---

① David Embrey Fraser，“Smoking out the Enemy：the National Goods and the Advertising of Nationalism in China，1880 – 1937”，Dissertation for PhD，University of California，Berkeley，1999，pp. 160 – 163.

② 李陀：《“开心果女郎”》，《读书》1995 年第 2 期。

③ David Embrey Fraser，“Smoking out the Enemy：the National Goods and the Advertising of Nationalism in China，1880 – 1937”，Dissertation for PhD，University of California，Berkeley，1999，p. 186.

在西方汉学界看来，马崇干以美女为核心的“广告美学”策略在当时确实得到了一定的响应，正如李欧梵在探讨哈德门香烟的美女月份牌广告时所说：“我猜月份牌上的女子是决定顾客选择的关键因素，而烟草公司的‘传奇’声誉也许会和他们所招贴、所设的偶像女子有关。因此画中的女子就像香烟一样成了商品。”[①] 这是美女被物化、被道具化的鲜明案例。又如，叶文心通过“可口可乐女郎”广告指出，该形象“极为诱惑地表现了一种美国饮料的甜蜜可口，也在一定意义上标志着上海20世纪前二十多年的行销达到了顶峰，商业力量既使得洋货本土化，又使得妇女形象商品化”。[②]

妇女的被商品化、被物化或者被道具化已经达到了相当高度的水平，这在其他的广告中也得到了印证。比如，20世纪30年代中期，一则橡胶鞋广告展示了这样一幅看似简单的画面：一位美女正在沉浸于电话聊天中（电话在当时为奢侈品的象征），其上为该厂商标识，其下为其鞋类产品。但是，这则看似简单的广告却暗藏深意：“与在主导形象（美女和电话）和促销产品（各种鞋子）之间建立紧密关系的做法不同，这则广告展现了在实际产品与其形象表征之间分离的运动趋向。然而，正是这种分离造就了一种更深层次的连接。……明晰的图/文关系在此被微妙的观念连接所取代。这种观念桥梁通过福尔克（Falk）所说的‘将消费再定义为一种经验’而被建构起来。换言之，这则广告的两种话语，即作为‘硬’商品促销的橡胶鞋和作为‘软’图像的美女，通过美好和时尚的纯粹经验被连接起来：美女对于现代发明物（电话）的满足间接提到了橡胶鞋的令人满意，它们都被带到了消费者面前。就像美女发现了电话聊天的愉悦一样，消费者被确保

① 李欧梵：《上海摩登——一种新都市文化在中国（1930—1945）》，毛尖译，北京大学出版社2002年版，第54页。

② ［美］叶文心：《上海繁华——都会经济伦理与近代中国》（繁体版），王琴、刘润堂译，台北：时报文化出版企业股份社2010年版，第102页。

他们穿上这种‘高质量’的橡胶鞋，将会同样发现幸福并感觉与时尚同行。”① 看来，美女在广告中确实具有无可取代的价值：一方面，她们与其他的“物”一起成为吸引眼球的展示客体；另一方面，她们还被赋予了各种表征意义转换枢纽的重任。值得一提的是，这则广告虽然将美女设计为画面的中心位置，但她对“物”所表现出的沉迷和满足，实质上已经被边缘化或者“物化”了。电话如此，橡胶鞋当然更不例外。

根据西方汉学界的研究，这种以美女为中心的广告在当时触目可见，不可胜数，尤其在半殖民地上海，美女广告之多，甚至造成了巨大的性别反差：“20 世纪 20 年代—20 世纪 30 年代的上海可以看到一种令人吃惊的男性形象的缺席。很多广告，尤其是月份牌和图像画册，都描述了一个单身女性摆出撩人的姿势并直勾勾地看着消费者的眼睛的形象。当广告涉及多于一个人物形象时，通常的情形是两个或多个女性而非男女之间的平衡。甚至对于那些传统意义上需要男人出场的活动，广告的视觉重建依然用女性取代男性。”对于这种现象，研究者给出了如下解释：

> 广告中男性形象的缺席可以从不同的角度来理解。在广告人看来，这可以被简单地解释为美女和性更有利于产品销售。……通过表达女性形象，广告制作人不仅使产品获得了魅力，同时也物化了女性。另一方面，根据福瑞迪（Fruedian）的理论，男性的缺席恰恰反映了他们在商品领域的重要性。可以合乎逻辑地这样说：在广告世界，男性的胜利可能并不在于他们是否在视觉上出席，而在于他们的象征性存在。这种“象征性存在”通过使商

① Shao-yi Sun, “Urban Landscape and Cultural Imagination: Literature, Film, and Visuality in Semi-Colonial Shanghai, 1927 - 1937”, Dissertation for PhD, University of Southern California, 1999, pp. 358 - 359.

品替代男性而得以实现。在上海广告中的案例中，女性形象或许是自持（Self-Reliant）或独立的，但事实上，她们被创造出来是为了美化男性最终在其中制定规则和设立标准的商品世界。假如商品可以被看成一种菲勒斯（Phallus）的替代品，那么，女性形象和商品的联合清晰地传达了这样的观念：没有男性，女人不可能实现自我满足。①

如此看来，男性形象在商业广告中的缺席完全是一种似是而非的假象，事实上，他们就像银河系中心的黑洞，虽然不可观测，但其无可匹敌的巨大质量和能级彻底改造了性别空间的曲率，从而隐秘而牢固地控制着所有看似闪亮的恒星——那些艳光四射的美丽女性们。这就是两性之间在场与缺席的辩证关系的实质：所有女性形象都只不过是父权政治的牵线木偶，尽管作为演出角色，其出镜效果显得过于华丽炫目了一些，从而给人一种自主性的幻觉。实际上，所有这些演出，都不过是源自父权设计的自我欣赏、自我陶醉罢了。这就是商业广告中女性形象的“道具”本质，而且越多的女性形象反而映衬出越强大的男权政治的威能，这与新时期广告中男性形象的大量出现恰好形成鲜明的对比（下详）。正如汉学家所说的那样：“在男性中心主义时代，女性从没有获得主体性地位，她甚至是不具有实体性只具有功能性的存在，而其形体也只具有工具性的意义，甚至被抽象为性别符号。”②

既然女性形象是完全出自父权政治设计的表演道具，那么其角色形象的细分化也就必不可少了。比如，“‘美丽’品牌广告的美女形象

① Shao-yi Sun, “Urban Landscape and Cultural Imagination: Literature, Film, and Visuality in Semi-Colonial Shanghai, 1927 - 1937”, Dissertation for PhD, University of Southern California, 1999, pp. 369 - 373.

② 刘泓：《消费、象征和权力：广告文化批判》，海峡文艺出版社2002年版，第150—151页。

由两种系列构成，一种是软的、香的、有修养的，有时甚至是母亲般的；另一种是幽暗的、神秘的、诱惑的，而且经常是带有性感破坏力的。”[①] 然而，研究者又进一步指出：“由‘美丽’广告所建构起来的这两类女性形象，……事实上都是男人对女性的两种欲求的反映。就像张爱玲在她的短篇小说《红玫瑰与白玫瑰》中所说。”当然，如此揭示女性形象在商业广告中的道具本质并不是说她们全然被动，完全任由父权政治摆布，至少商业广告没有传达如此彻底消极的信息，“毕竟比起性别来，广告更专注商品。……强调女性的个性和独立性——尽管在某种意义上显得虚伪——已经与一种将女人界定为附属和驯顺之物的文化背道而驰。在此意义上，即便由男人创造，‘美丽’广告在一定程度上还是打开了一个使得妇女的性别认同和社会角色能够再谈判和再概念化的可能空间”。而这种可能性的诠释学基础，就来自霍尔“制码和解码”理论，尤其他关于“协商码”和“抵抗码”的论述。[②] 这也就是说，商业广告的女性形象在促进妇女的意识解放方面还是具有一定的积极作用的：它至少能促进女性自我意识的觉醒。

这样说或许自有其理，但在当时的历史情境下，觉醒以后的女性又能如何呢？娜拉的两难困境毕竟无法摆脱，像萧红一样地勇敢出走，只能换来“服了毒的一生”。更重要的是，正如“女权之父”梁启超在《戒缠足会叙》一文中所说：“尘尘五洲，莽莽万古，贤哲如鲫，政教如海，无一言一事为女子计。”这“尘尘五洲，莽莽万古”正是整个父权制的文化历史传统，没有这一文化传统的根本性变化，中国妇女便不可能“浮出历史的地表”（孟悦、戴锦华语）。

---

① Shao-yi Sun, “Urban Landscape and Cultural Imagination: Literature, Film, and Visuality in Semi-Colonial Shanghai, 1927 – 1937”, Dissertation for PhD, University of Southern California, 1999, p. 377.

② Shao-yi Sun, “Urban Landscape and Cultural Imagination: Literature, Film, and Visuality in Semi-Colonial Shanghai, 1927 – 1937”, Dissertation for PhD, University of Southern California, 1999, pp. 384 – 385.

第三节　新时期广告文本中的新女性

用法文和英文双语写作的女性主义理论家茱莉亚·克里斯特瓦曾郑重其事地指出："在妇女运动的压力下，首先在社会主义国家（诸如苏联和中国），继而在西方民主国家，一些妇女取得了在政府、企业和文化部门之中的领导地位。对于妇女的不平等对待、贬抑、低估甚至迫害已经得到制止。"[①] 克氏在这里特别提到了社会主义新中国的妇女地位问题，而这位著名的法国左翼思想家本人也曾经两次到访过中国，并受到政府和学界的热烈欢迎。克里斯特瓦的两次中国之行，谓为大陆女权主义史上的盛事，不仅是因为她本人作为女性主义理论家的国际声誉，而且她确实也将中国女性编织进了她那声名赫赫的理论文本中：写下了《关于中国妇女》《房中术》等理论论著，并多次发表涉及中国女性的重要学术演讲。出人意料的是，克里斯特瓦对于中国妇女及其社会地位的看法比较积极，她认同道家文化对女性身体的关切，并对中国革命与女权运动的关系作了如下论断："中国共产主义的历史同妇女解放的历史是一致的。"[②] 就此而言，革命成功之后的社会主义新中国，妇女地位的提高当是势在必然。她果断宣称，中国在这方面甚至已经走到了资本主义世界的前列。

那么，克里斯特瓦的看法是否属实？当代中国妇女的社会地位究竟如何？对此，西方汉学界给出了属于它自己的回答。接下来，我们就从革命成功之后的中国广告说起，进一步探究西方汉学界的相关论述。

一　从"铁姑娘"到"新女性"：中国妇女地位的实证研究

定量化的实证研究方法最能在事实上说明中国妇女地位的实际境

① 转自张京媛主编《当代女性主义文学批评》，北京大学出版社 1992 年版，第 359 页。
② 转自朱立元主编《当代西方文艺理论》，华东师范大学出版社 1997 年版，第 351 页。

况。西方汉学界在这方面恰好提供了充足的数据支持。

故事还要从新中国成立以后的“不断革命”说起。不可否认，这段时期中国妇女的社会和家庭地位确实得到了前所未有的提高，正如曾立仁所说，自从“建立了新政权，妇女的平等权便被政府和媒体拥护。……并且频繁（对她们）以男性角色的形象进行描绘，比如劳动中的农民、工厂里的工人、技术人员和政党领导等”。[①]“在这个时代，政府强调社会上所有妇女的义务和机会均等，并用‘妇女能顶半边天’‘时代不同了，男女都一样’等标语口号来表达。工作成就的标准对男人和女人一律平等。”然而，作者接着指出：“国家促进性别同一性却忽略了女性的身体和她们作为女儿、妻子和母亲的特质。”[②] 西方汉学界的研究者发现，“在毛泽东时代……以社会主义方式推进的性别平等导致了中国妇女在工作和着装上像男人一样的角色预期。政府赞美‘铁姑娘’（Iron Girls），她们‘强壮、结实、有男性特质，大胆展现在身体要求上只有传统意义上的男性才做的工作。’实际上，推广强壮的女性造成了贬低妇女认同和个性表达的后果。那个时代唯一的广告类型，即宣传社会主义意识形态的招贴画，经常把女性描绘为短发、一身军装或者穿着简朴的形象”。[③] 可见，在当时的广告也就是招贴画中，被誉为“能顶半边天”的“铁姑娘”形象是被政府和人民认可的最具有代表性的女性形象，她们不仅在地位上像男人一样，而且形象特质上也都被男性化了。因此以政治意识形态和男性形象来归化女性特质，是这个时期特有的女性性别诉求。

---

① Liren Benjamin, Zeng, “Globalization and Its Impact on Media in China: a Comparative Semiotic Content Analysis of Visual Representation in Chinese and US Magazine Advertisements, 1979 – 1998”, Dissertation for PhD, the Ohio State University, 2000, pp. 6 – 7.

② Jie G. Fowler, “Female Appeals Across Culture: Analyzing the U. S. versus Chinese Fashion Magazine Advertisements”, Dissertation for PhD, University of Nebraska, 2012, p. 50.

③ Ying Huang & Dennis T. Lowry, “An Analysis of Nudity in Chinese Magazine Advertising: Examining Gender, Racial and Brand Differences”, *Sex Roles*, 2012 (66), pp. 440 – 452.

然而，到了社会主义新时期，“时代”真的“不同了”，一种全然不同于 Iron Girls 的 Modern Women 重新登上了历史的舞台。但这些 Modern Women 不再被认为是旧上海式的“摩登女郎”，因为不仅“女郎”一词已经褪去了前文所述的特定内涵，而且作为其修饰语的“摩登”一词由于在语义及指涉对象上的急剧泛化，也使得其意指功能贫乏无力，也就是说，连它的用法也不再“摩登”了。社会主义新时期的中国妇女正在追逐势不可挡的新趋势：紧跟日新月异的时代步伐，迅速恢复她们作为女性的专属特质、地位和尊严。她们因此被称为社会主义新时期的“新女性”。

西方汉学界的研究者对这种新女性出现的可能性做了如下论述：“（20 世纪 80 年代）重建中国经济的新政策以及正在增长的全球化力量为中国妇女打开了（相较于‘革命’时代——译者注）其他的可能性，使得她们基于当代社会/历史的动因代理了作为全球消费文化、大众媒介和国家政策的力量，所有这些被施加的力量重新界定了女性。”这种被重新塑造的新女性迅速焕发出了另一番群体性光彩：“富有魅力和吸引力，使用护肤品和具有美容、抗衰老效果的化妆品以及丰胸产品，发式新潮，以提高她们的吸引力。总体上来说，新女性（Modern Women）享受她们的外观。这跟‘文革’时代中性化的（Androgynous）女性形象判然有别。”①

这些永远时尚、新潮、灼人眼球的新女性形象演化的背后，当然意味着其形象主体地位的显著变化，正如西方汉学界研究者的断言：“本质上来说，妇女的时尚始终与她们的权利、社会地位以及女性气

① Kineta H. Hung, “Stella Yiyan Li and Russell W. Belk: Glocal Understanding: Female Reader's Perceptions of the New Woman in Chinese Advertising”, *Journal of International Business Studies*, 2007, Vol. 38, No. 6, p. 1038.

质的历史变化有关。"[①] 可见，追逐时尚是妇女解放和地位攀升的明证。对于新时期的新女性而言，通过广告形象的统计分析，已经将这种变化给予了大量实证性资料的支持。

首先，女性形象，而且是健康、正面的形象，在广告中的数量增多，甚至已经超过了男性。美国路易斯维尔大学的姜春（Chun Jiang）在其博士论文中随机抽取了100幅20世纪80年代的中国广告进行了统计研究（表4－1），结果发现，在她划分的十种广告形象类别（包括女性、男性、群体、传统、自然景观、现代设施、动物、日用品、娱乐以及其他形象）中，女性占据了23%，远远超过男性形象的出现频率（8%）。作者分析指出："表格中出现最频繁的形象显示出消费者的梦想是拥有美丽、健康，幸福、成功、自由的生活方式和亲密的家庭关系。为了支持这种价值导向，广告中频繁运用了微笑、健康、漂亮的女性，包括外国美女（两个最频繁出现的形象即女性和群体形象占据了49%）……。由于微笑的幸福在1978年以前被短缺经济和严酷的政治运动剥夺殆尽，这个时代就运用了微笑和幸福的美女、漂亮的电影明星和亲密的家庭和群体形象来（表达其价值诉求）。"[②] 可见，20世纪80年代的中国妇女已经成为一种美好、健康和自由的价值符号，她们在各类商业广告中频频出现，喻示了整个时代的精神风貌。

表4－1　20世纪80年代中国广告隐喻形象的出现频次（部分）

20世纪80年代	频次	隐喻形象
女性	23	美女，微笑和幸福的女人（9），女乘务员（2），体操运动员（2），电影和体育明星（4），外国美女（3），仙女，舞动的女孩

① Jie G. Fowler, "Female Appeals Across Culture: Analyzing the U. S. Versus Chinese Fashion Magazine Advertisements", Dissertation for PhD, University of Nebraska, 2012, p. 50.

② Chun Jiang, "The Content and Critical Metaphor Analysis of Illustrated Print Advertisements in China", Dissertation for PhD, University of Louisville, 2010, pp. 128－129.

续表

20世纪80年代	频次	隐喻形象
群体	10	家庭照，家庭聚餐，家庭重逢，已婚夫妇（2），女性向男性低语，相声演员，多副面孔，聚会，女模特群
男性	8	微笑和成功男士（2），电影和体育明星（2），男孩（2），古代士兵，男性卡通人物
……	……	……
总数	68	

（资料来源：Chun Jiang，“The Content and Critical Metaphor Analysis of Illustrated Print Advertisements in China”，Dissertation for PhD，University of Louisville，2010，pp. 125－126。）

来自西方汉学界的实证研究不仅有力支持了新时期女性形象在广告中的出现频次及其内蕴褒扬的象征隐喻，而且还对其中的女性形象进行了细部研究，尤其集中于她们的职业身份和工作场景方面，因为这些因素作为经济生活的象征更能见证妇女地位的现实境况。来自西方汉学界的研究首先聚焦于中西女性在职业情况方面的对比，借以说明中国女性在世界格局中的比较性地位。在一篇关于中美杂志广告对七种女性诉求（female appeals，包括教养、职业、时尚、异国风情、邻家女孩、古典和女人气七种）表达情况的博士论文中，作者对中美女性在广告中的职业形象诉求进行了比较研究。经方差分析，统计结果显示，“女性诉求中职业类型的比率中国（0.6%）比美国（2.2%）少”，但是女性职业形象诉求（加上教养形象诉求）在这两个国家的七种诉求中所占比率都是最低的，作者分析道，“或许这些类型的形象被理解为与广告所试图传达的特殊意义不协调，或者说与这些杂志所推销的产品类型（比如香水、珠宝等）不一致”。[①] 也就是说，作者不排除她所选取的广告样本与调查结果有意义冲突的可能。为了进一步确保其研究结果的

① Jie G. Fowler，“Female Appeals Across Culture：Analyzing the U. S. Versus Chinese Fashion Magazine Advertisements”，Dissertation for PhD，University of Nebraska，2012，pp. 62－64.

可靠性，作者还对这七种女性诉求以女性接受者为中心进行了深度访谈，在提到中美女性职业形象诉求时，作者继续分析道："通过访谈我发现，中国女孩对于广告中的职业形象态度非常积极。这或许因为，在中国，由于一胎政策，中国女孩获得了来自父母的与男孩一样的投入量，因此成为职业女性的社会角色被很多中国女孩热切追逐。尽管母亲与女儿之间在这个问题上存在一定的意见分歧，但中国母亲对职业女性并没有表现出消极的态度。……相反，美国的目标受众（女孩）和非目标受众（母亲）都倾向于拒绝职业形象诉求，认为这种描绘来自于大众媒介产品（的推销意图）。职业形象诉求在时尚广告中一般都表现出一个较低的出现频率。然而，如果在文化标准上（比如强调中国妇女的成就）出现这种变化，那么中国广告或许需要推出更多的职业女性形象。"①

果不其然，这个深度访谈的结果几乎同时在另一项关于中国广告模特职业地位的研究中得到了证实。该研究（表4－2）通过随机抽取2009年四个月份（2、6、8、11月）12家国内外杂志的973幅印刷广告，一共获得了1524个广告模特形象，结果发现，"在461个女性广告模特中，51%显示为工作状态，在329个男性广告模特中，48%显示出工作状态"，虽然两者差异并不是特别大，但"这项研究的结果并没有证实男性将会被展示为更多的工作状态的假设。相反，女性比男性展示为工作情景的几率更高"。这已经明确说明女性职业地位在中国大陆已经有明显提升，甚至超过了男性。这个结果似乎有点让人难以置信。

① Jie G. Fowler, "Female Appeals Across Culture: Analyzing the U. S. Versus Chinese Fashion Magazine Advertisements", Dissertation for PhD, University of Nebraska, 2012, pp. 114－115.

表4－2　　中国广告模特中男女职业形象比率

	女性		男性	
	数量（人）	百分比（%）	数量（人）	百分比（%）
工作形象	235	51	158	48
非工作形象	226	49	171	52
总数	461	100	329	100

（资料来源：Ying Huang & Dennis T. Lowry，"Toward Better Gender Equality? Portrayals of Advertising Model's Occupational Status in Chinese Magazines"，*Journal of International Consumer Marketing*，27：1，2015，p. 78。）

该项研究的进一步结果分析（表4－3）也显示出了中国女性对于男性在其他层面的比较优势。比如，其中女性出现在家庭场景中的几率（8.7%）低于男性（11.2%）。这两项结果显然都有点出人意料，它们"都与以前关于中国以及西方和其他非西方广告的研究有所矛盾"①，它显示出了中国妇女在职业和家庭中的地位都在显著提高。有关数据显示，"截至2004年，中国城市和乡村妇女的就业人数达到三亿三千七百万，或者说占据整体劳动力总数的44.8%。"② 这个数目虽然并没有像上述研究中占据大半，但也足以说明中国妇女在职业地位方面前所未有的提升。

表4－3　　中国广告模特中男女性别和角色出现频率

	女性		男性		
	数量（人）	百分比（%）	数量（人）	百分比（%）	
较高水平的职位和职业	24	5.2	39	11.9	x2 = 10.7** （df = 1）
娱乐	176	38.2	53	16.1	x2 = 45.4*** （df = 1）
家庭角色	40	8.7	37	11.2	x2 = 1.4（df = 1）

① Ying Huang & Dennis T. Lowry，"Toward Better Gender Equality? Portrayals of Advertising Model's Occupational Status in Chinese Magazines"，*Journal of International Consumer Marketing*，27：1，2015，pp. 69－83.

② Hong Cheng，"Advertising and Chinese Society：Impacts and Issues"，Copenhagen Business School Press，2009，p. 225.

续表

	女性		男性		
	数量（人）	百分比（%）	数量（人）	百分比（%）	
模特	101	21.9	37	11.2	$x2 = 15.1^{***}$（df = 1）
其他的工作与非工作角色	137	29.7	183	55.6	
总数	461		329		

（资料来源：Ying Huang & Dennis T. Lowry，"Toward Better Gender Equality? Portrayals of Advertising Model's Occupational Status in Chinese Magazines"，*Journal of International Consumer Marketing*，27：1，2015，p. 78。）

对于这种出人意料的现状，作者分析指出："首先，有选择地推行某种价值（包括相关的性别角色）的全球消费文化可能会被本土文化所稀释，尤其具有中国强烈的意识形态压抑和为期不长的市场经济环境。……其次，结果证明，广告不是作为一面社会的镜像，而是有时作为一个延后（lagging）的显示器而存在。在这些案例中，中国早期通过鼓励妇女参加劳动和宣传男性的家庭角色而推行的性别平等政策，或许在性别表征方面依然在起作用。最后，尽管早期中国广告的研究显示出了不同结果，但它们都基于其他的媒介类型，并且没有将中西方广告模特区分开来。在普遍性的结论被确定之前，还需要对中国的商业和电视广告做进一步的研究。"① 作者显然认为，尽管中国广告处在全球化的语境之下，但西方的价值观念（在其研究中证实西方女性以工作形象出现的频率极低）对于中国的影响已经被本土文化部分地过滤掉了；而且广告文化并不一定能及时显示社会现状，它或许在创意执行上存在保守主义的倾向，因此当代中国妇女在职业形象和家庭场景方面过高的出现频率，有可能导源于"文化大革命"期间推行的男女平等观念；同时，目前的研究立足于特定的媒介类型，尚且未足定论。

① Ying Huang & Dennis T. Lowry，"Toward Better Gender Equality? Portrayals of Advertising Model's Occupational Status in Chinese Magazines"，*Journal of International Consumer Marketing*，27：1，2015，pp. 69 – 83.

这样的分析当然有一定的道理，尤其中华人民共和国成立后强制推行的男女平权政策确实对女性地位的提升具有一定的积极作用，但是，西方汉学界其他研究者的观点也许同样值得参考。比如，有研究者指出：“尽管如此，走出家庭和充分参与社会活动并不意味着平等。格拉塞尔（Glasser）指出，对于中国妇女来说，在外工作是一种经济上的必须而不是为了自我实现和社会贡献。……中国妇女不得不面临工作和家庭的双重压力，而且，自 20 世纪 80 年代以降，存在一种向男性主导的传统性别关系回归的趋向。”① 这种保守主义性别关系的回归正是根植于中国两千多年的儒家传统和父权制文化。

二　儒家文化传统的性别伦理及其当代延续

如此看来，既不能用中国妇女在广告文本中职业形象出现的（高）频率来说明其社会和家庭地位的显著高企，也不能借以得出她们已获得与男性平权的结论。事实上，结果可能恰恰相反。比如，江春在对 20 世纪 80 年代中国广告的形象隐喻进行研究之后，在其博士论文中采用同样的方法对 20 世纪 90 年代的形象隐喻做了进一步研究，结果发现，它恰好推翻了前一阶段的结论：这两个时段之间“在形象隐喻上的显著差异表现为传统和男性形象（比如男性结实的肩膀和父亲的双手）的崛起，占了将近 31%。……相反，使用女性和群体形象占了 11%，而它在 20 世纪 80 年代的对应值是 49%。这可以被理解为父亲权威和男性文化相对于女性气质和女权制文化（Anarchical Culture）的故意推进（Deliberate Promotion）”。而且，这种情况到了新世纪被进一步加剧了，“结果已经证实，随着男性形象（尤其是成年男性）从 20 世纪 80 年代到 2000 年代的大幅度增长，中国正在日益蜕变

① Liren Benjamin, Zeng, “Globalization and Its Impact on Media in China: a Comparative Semiotic Content Analysis of Visual Representation in Chinese and US Magazine Advertisements, 1979 – 1998”, Dissertation for PhD, the Ohio State University, 2000, p. 8.

为一个男性主导的社会。……更多地运用中老年男性形象而不是年轻人和妇女形象来代言产品，一方面表现出经济力量集中在前者的手里，另一方面也说明，消费者更多地倾向于通过成功的男性形象来信任对象和自我认同，以此作为社会各阶层的成熟和权威形象”。[①] 自 20 世纪 90 年代以降，中国社会整体上都在追求经济利益和个人成功，曾经充满美好甚至诗意幻想的“微笑的美女”形象已经不再被消费大众接纳为合格的产品代言者，甚至美女形象非但不能为产品带来销售动力，反而会造成相反的效果。一项关于中国广告形象性别诉求的研究显示：

> 女性代言人的信任度受其在广告中的性暴露程度影响很大。假如其性暴露程度很高，那么其信任度就很低。尽管男性代言人也是如此，但信任差异并不明显。这个发现反映了儒家性别伦理的双重标准依然影响着中国消费者在广告中对性别诉求的态度。这与 Li C. Y. 的研究结果是一致的，即今日之中国，在每个年轻男女消费者的心中，儒家文化依然盛行。该研究还发现，对同一个男性广告代言人的态度反映相对于女性代言人存在性别差异，即后者随着其性暴露程度从低到高发生明显变化，然而，在女性主体中对于女性代言人的信任度变化上并不明显。这种性别差异确证了广告中的性诉求效果与性别相关。这再次揭示出，在今日之中国，儒家文化对于性别伦理的双重标准对男性消费者的影响比女性更大。[②]

这即是说，在当代中国的普通消费者群体中，实质上依然盛行传

---

① Chun Jiang, “The Content and Critical Metaphor Analysis of Illustrated Print Advertisements in China”, Dissertation for PhD, University of Louisville, 2010, pp. 135, 169 – 170.

② Hong Cheng, “Advertising and Chinese Society: Impacts and Issues”, Copenhagen Business School Press, 2009, pp. 169 – 170.

统儒家文化的性别伦理：一方面，广告代言人的信任度与人们对其所代言品牌的态度之间存在性别认知上的差异，其中男性代言人更易于取得信任；另一方面，他们不惑于性暴露，对于女性代言品牌存有戒心，其中男性消费者尤甚。或许这在潜意识上依然是受到了所谓“红颜祸水”的古训的影响。

综上不难看出，在当前的中国社会，也许可以被证实女性的职业和家庭地位确实已经取得了很大甚至极大的提升，但她们在文化认同上依然处于等而下之的角色地位，也就是说，她们在“女权（主义）”的意义上或者说在政治、经济、职业地位等方面已经获益良多，但在“女性（主义）”的意义上即文化心理地位方面依然备受歧视。她们不仅依然作为父权制文化中的“她者”而存在，而且随着大众媒介技术和广告产业的飞速发展，愈益沦为男人们在性别经验和具体观看情境中被物化的“客体”。

本章小结与评述

立足于西方汉学界关于中国广告的研究文献，本章主要关注了以下几个问题：首先，在救亡和革命的宏大叙事背景下，近现代妇女运动作为时代的副主题，在追求妇女解放的同时旋又被动荡中的国权政治所收编，而且在渐趋稳固的统治秩序中性别歧视问题依然严峻。其次，这个时代关于性别歧视的一个重要方面就是所谓“厌女症”现象的严重泛滥，这跟国货运动对妇女消费的高度关注关系密切，同时也跟知识界对西方文化帝国主义的警惕有关，其中半殖民地上海的摩登女郎和妓女形象尤其成为“厌女症”批判的活标靶。再次，这个时期的商业广告中大量运用了美女模特作为推销手段，女性的身体历史上第一次借助大众传播媒介出现在公众视野，但这些形象展示不仅以女性身体作为商业道具，抽空了其丰富的价值内涵，同时还大量复制了父权政治下的性别秩序，存在严重的性别歧视和压迫问题。最后，进入新时期以后，中国妇女的社会和家庭地位终于获得了前所未有的提高，这在西方汉学界的实证研究中已经得到了证实，但同时这些研究也揭示出当代女性在社会秩序中依然处于边缘位置，尤其是她们尽管在“女权主义”（政治、经济、职业、教育等领域）的一面得到了极大的改善，但“女性主义”（文化、观念和符号意义）的一面依附性关系依然根深蒂固。尤其值得一提的是，随着大众传媒和广告文化产业的高度发展，“男性凝视”获得了空前的实现机会，其中蕴含了深刻的权力关系和性别歧视观念。

西方汉学界的这些研究在很多方面都是非常深刻且富有启发意义的，但囿于“他者”的学术身份，有很多问题也非常值得商榷。比如，关于新时期中国妇女地位的问题，尽管他们的实证数据总体上支持了中国妇女地位明显提高的主导趋向，但有些研究得出来的实证结果似乎与国人的实际经验有一定出入，而且这些数据之间也是相互矛盾的，尤其跟中国本土研究所得出的结果也不一致。比如，根据《关于我国电视广告中女性形象的研究报告》所提供的数据，“在能辨别出地点的广告中，女性出现在家庭的占 50. 8% 。在能辨别出职业的广告中，女性为家庭妇女的占 51. 5%”。① 这跟西方学界对于中国妇女职业形象出现频率的乐观结论明显不符。当然，出现这种情况也跟实证研究这种研究方法本身在时空环境以及样本量选取等方面的局限性有关。

值得关注的还有西方汉学界对于中国妇女的“她性”研究，以及由此连带出的延续至今的中国儒家伦理对于两性关系的约定。关于这些认知和解释，也许可用以下中国学者对克里斯特瓦关于中国妇女研究的批评作为回应：

① 转自张殿元《广告视觉文化批判》，复旦大学出版社 2007 年版，第 83 页。

> 发明和挪用“中国妇女”的身份时，克里斯特瓦忽视了当代中国妇女的复杂情境……不时把历史、生理上的“妇女”同美学、心理上的“女性”或“女性特质”相混同，把马克思主义与精神分析方法相结合，并加上她的主观想象，因而得出一个偏颇的结论：中国与西方的真正差异似乎在于女性的“利比多”权威。换言之，中国的异质性在于“中国是女性的”。①

正如克里斯特瓦，西方汉学界的“中国妇女”也是被“发明”出来的产物，是对中国妇女进行“理想化”“东方化”和“他者化”的产物，而且，依据其西方中心主义的不自觉（潜在）立场，实质上是在“女性化中国”——这本身已经体现了一种学术上的东方主义和“男性中心主义”奇怪共谋：中国不仅是“他者”，而且是“她者”；中国和中国女性只是建构和发明的结果，因此“自我”永远是缺席的。

另外，西方汉学界对于中国女权主义的研究焦点过度集中于女性问题本身，对于女性气质、妇女歧视等问题的论述确实比较详尽，但对于作为其对立面的男性文化尤其男性气质问题基本上没有触及，由于缺乏后者这种辨证环节和参照背景，前者的研究在有些地方显得稍欠公允。事实上，有很多研究者认为，“男性气质是男人的负担，也给他们自己带来痛苦”。正如英国学者吉尔·奥尔伍德（Gill Allwood）所说：男人们“没有想到的是它（指男性气质——引者注）也可能成为他们自己的牢狱”。② 缺乏对于男性气质的充分理解，很有可能会得出比较片面化的结论。比如，对于本章开头以及后来再次出现的女权主义的颠覆狂想，西方汉学界并没有给出比较客观的评价。

---

① 罗婷：《克里斯特瓦视域下的中国与中国妇女形象》，《文艺理论与批评》2002 年第 5 期。

② 陆扬主编：《文化研究概论》，复旦大学出版社 2008 年版，第 112 页。

第五章　西方汉学界中国广告的传播媒介与受众研究

广告就像一个国家的非正式外交，它比外交部和驻外使领馆更能够戏剧性和真实性地表达一个国家的生活方式。

——《国际广告时代》

广告把我们卖给我们。

——维拉姆森

广告，这个既古老而又新潮的文化现象，看似短小精悍，但深究起来却又异常地繁复驳杂。按照一般的定义，广告至少包含有三个方面的内涵，即社会文化、市场营销和媒介传播，也就是说，它至少是社会学、经济学和传播学这三个经典学科的研究对象，而非任何单一学科领域的知识能够将其穷尽。通过以上几个章节的论述，我们已经从主题学上将中国广告的文化内涵做了尽可能明晰的透视。就其主要内容来说，这些研究牵涉的社会学、文化研究和消费经济学的知识明显要多一些，对于作为广告研究另一个知识学支柱的媒介传播学却涉及较少。在这里，我们就将根据西方汉学界的研究线索，进一步将这方面的主题内涵发掘出来，借以拼凑出一个相对清晰完整的“他者镜像”。

说是要拼凑出一面完整的镜像，但统观西方学界的相关文献，我们遗憾地发现，关于传播学方面的研究相对来说最为薄弱，与它们对广告文化内涵的热切关注形成了鲜明对比，因此我们只能抓住其中被集中讨论过的若干主题，进行尽可能连续的检视和评述。

第一节　广告与传播媒介：一个技术史的考察

正如南加州大学的孙绍谊博士所认为的那样，“尽管广告在中国本土渊源有自，但——伴随着西方的扩张——现代形式的广告在19世纪后半期才被引入中国”。① 自此以后，“现代广告”才真正在中国这片古老的土地上生根发芽。但历史地来看，直到20世纪初，它才引起了人们的格外关注，其触发机缘依然是本研究前文反复提到的国货运动的迅猛发展。葛凯对此做了很好的总结论述：

> 在中国，国货运动与广告的发展之间是一种互动关系。一方面，近代广告业为传播国货运动议程提供了一种途径。另一方面，国货运动通过界定广告的新词语，并通过强化中外之间的竞争而为广告带来了收益，从而深刻影响了广告文化的形成。②

看来，国货运动与现代广告之间发生了相互强化的作用，或者说直到国货运动期间，中国广告的“现代性”才真正发生。

---

① Shao-yi Sun, “Urban Landscape and Cultural Imagination: Literature, Film, and Visuality in Semi-Colonial Shanghai, 1927 - 1937”, Dissertation for PhD, University of Southern California, 1999, p. 334.

② ［美］卡尔·葛凯：《制造中国——消费文化与民族国家的创建》，黄振萍译，北京大学出版社2007年版，第214—215页。值得注意的是，葛凯用以修饰广告业的“近代”一词显然只是一个历史学概念，根据下文，其语义内涵的现代性毋庸置疑。

一　印刷资本主义与广播广告时代

而所谓“现代广告”或中国广告的现代性是具有特定内涵的，按照孙绍谊的说法，“现代广告最重要的发展源自于商业化和印刷出版的日益盛行”。[①] 因此，商业化、大众传媒尤其印刷业的兴起为现代广告奠定了坚实的经济和技术基础，它意味着广告至少从媒介形式上已经可以取代鲁迅先生所厌恶的“街头叫卖”[②] 了。这其中，以印刷业为基础的报纸广告被认为是出现最早，也是最基本的现代广告形式。印刷广告时代当然还存在一些其他形式的媒体，就西方汉学界的研究来看，以展览为主的广告受到了较多的关注。葛凯将博览会、陈列馆、商场、橱窗等组成的广告传播形式统称为“展览综合体”（Exhibitionary Complex）。所有这些广告载体实质上都与印刷术在晚清时代“重回”——原本为中国的发明——中国有关：安德森意义上的印刷资本主义缔造了西方的现代民族国家，而在中国它起到了同样的缔造作用，不同在于，后者以前者为样板。关于这些研究前文已有详解，兹不赘述。

西方汉学界的研究者还指出：“现代杂志和报纸做广告的广泛流行并没有遮蔽其他的广告形式。商店装饰、各种招牌、橱窗广告、霓虹灯广告、旗帜广告、收音机广告、汽车广告以及街道布告牌将城市空间变成了一个商业符号群集的海洋。”[③] 葛凯进一步指出：“到 1910

---

① Shao-yi Sun, “Urban Landscape and Cultural Imagination: Literature, Film, and Visuality in Semi-Colonial Shanghai, 1927 - 1937”, Dissertation for PhD, University of Southern California, 1999, p. 334.

② 鲁迅在一篇文章中谈到了他对于街头叫卖这一古老的广告形式的不满，并指出之所以“闹闹嚷嚷，满城风雨”，是因为霓虹灯广告的失败。见鲁迅《花边文学·零食》，载《鲁迅全集》第 5 卷，人民出版社 1982 年版，第 498—499 页。

③ Shao-yi Sun, “Urban Landscape and Cultural Imagination: Literature, Film, and Visuality in Semi-Colonial Shanghai, 1927 - 1937”, Dissertation for PhD, University of Southern California, 1999, p. 338.

年，信件、报纸和杂志在中国的流通量是 1901 年的 25 倍。甚至那些不识字的人也都盯着广告和插图中的新文化图像看。不久，新的视觉和听觉大众传播工具出现了，包括电影、收音机、留声机和西式话剧。"① 插图广告当然也包括橱窗、展览等带有图片和实物性质的广告甚至可以在文盲中起到很好的传播效果，这当然是一个巨大的进步。

但这些进步都可以被一种新的广告传播形式所吸纳，这就是广播广告。在其实际用途上，广播不仅有文化、商业价值，而且还有财政和政治功能："卡尔顿·伯恩森（Carlton Benson）阐明了收音机是一样既可以适应于传统的讲故事又可以适应现代广告的传播媒介，这种传播方式，不仅可以使得收音机作为一种推销国货的民族主义之声，而且可以增加国民党的财政收入。"② 就这样，广播作为第二媒介时代的典型代表，以声音的形式建构起了一个属于它自己的虚拟世界。这个世界至今依然在真实的世界里发展延续。

二　视觉广告时代的来临与嬗变

进入电视时代以后，由于文字、声音等信息载体都被前所未有地整合到图像传播系统中来，由电视所开启的时代因此又被称为"视觉文化时代"。继之而来的互联网和手机虽然以其智能化、互动化和个体化的传播方式达到了媒介进化的新高度，但它们本质上都不过是再次加固了视觉性的基本特点，因此也同属于视觉文化的不同表现形式或阶段。在此意义上，电视及以后的媒介发展阶段可以统称为"视觉文化时代"。这个时代当然也会对报纸、杂志、图书等传统媒介打上图像化的烙印，因此也经常被学界称为"读图时代"。

---

① ［美］卡尔·葛凯：《制造中国——消费文化与民族国家的创建》，黄振萍译，北京大学出版社 2007 年版，第 38 页。

② David Embrey Fraser, "Smoking out the Enemy: the National Goods and the Advertising of Nationalism in China, 1880 - 1937", Dissertation for PhD, University of California, Berkeley, 1999, p. 87.

理论上来说，视觉文化时代必将广告传播推向一个前所未有的新阶段，因为视觉化以及各种电子媒体的“遍在性”特点对于广告文化的演进功不可没。正如西方汉学界所说：“提及视觉文化，人们自然会想到那句古老的谚语，即‘一图胜千言’。或许这就是很多广告商倾向于在视觉上传递信息而不是使用繁琐的文字文本的一个重要原因。”① 但遗憾的是，西方汉学界对视觉广告媒介本身的兴趣远远低于其所携带的（前几章已经做过深入探讨的）内容信息，因此我们只能从片段的文字中寻找到一些比较有价值的论述。

根据西方汉学界的研究，中国视觉广告开始于社会主义新时期，准确说是20世纪90年代电视机开始普及之后。西方学者发现，“在中国所有的广告形式中，电视广告在过去的20年达到了最快的增长速度，即便全球电视广告出现了普遍衰退”。② 事实上，“自1991年以降，在所有被广泛关注的广告媒体中，电视一直是焦点（除了1993—1994年，在这两年电视广告的王座曾一度让位于报纸）”。③ 电视广告成为中国广告业的王牌，而且电视媒介在中国影响巨大，这些观点在不同的研究者那里从不同的角度得到了论述：“中国电视产业的戏剧性发展被认为是中国经济和广告产业令人震惊的增长的贡献性力量之一。20世纪90年代，电视的广告收入超过了以前占据主导性地位的报纸。……尼尔森（Nielsen）调查显示，2003年有四分之三的广告市场被电视垄断。电视不仅变成了中国最具影响力的大众媒介，还变成了中国最大的广告媒介。”④

① Dan Wang, “Cultural Influence on Visual Depiction of Advertising Appeals Across the U. S. and Chinese Business Magazines”, Dissertation for Master of Science, University of Kansas, 2009, p. 16.

② Hongmei Li, “Advertising and Consumption in Post-Mao China: Between the Local and Global”, Dissertation for PhD, University of Southern California, 2006, p. 103.

③ Hong Cheng, “Advertising and Chinese Society: Impacts and Issues”, Copenhagen Business School Press, 2009, p. 29.

④ Zhen Sun, “Celebrities, Products, and Presentation Styles: A Content Analysis of Celebrity-Endorsed TV Commercials in China”, Dissertation for PhD, University of Utah, 2009, p. 9.

王瑾对中国电视广告的传播内容及政府规制作了一定研究。她认为，“中国政府视媒体为‘文化安全’门户，控制外国合资的政策不断变化”。加入世界贸易组织（WTO）以后，中国电视业被获准可以接受节目内容的外国投资，但是有很多内容依然被严格限制，尤其对那些政治和文化上比较敏感的话题严禁“商业化”。王瑾认为，这种限制不仅一定程度上贫化了电视节目的内容质量，而且“给中国广告带来重大后果，因为，媒体向广告主兜售内容，而广告主需要媒体受众吻合其目标群体。……因此，中国广告业成长的主要障碍之一，就是电视内容领域只能部分商业化”。而这些不能被商业化的领域可能恰好最适合于广告投放。其进一步的后果是，“如此仔细地区分安全与危险的内容和服务，也促进了1999年指示播出与生产分离（制播分离）的里程碑式政策的出台”。这就是著名的“82号文件”，其内容主要包括制播分离、台网分营、广电集团合并，以及撤并、整合各级电视网等。这些做法被认为是一方面强化了中央控制；另一方面无论对于节目质量还是广告都带来了进一步的不利影响。比如，整合资产和资源本来意在开发付费节目，但优质节目内容从来都没有得到兑现，以至于电视台不得不靠广告收入来维持生存，“此单一商业模式进一步增强了唯节目收视率是瞻的现状，造成电视台宁愿不断复制老节目，以确保大众吸引力，而广告主据此计划自己的广告费用”。其结果便形成了一种恶性循环，“节目雷同已是家常便饭。……反而，有线、无线电视网整合，减少了供选择的媒体，对广告容量有负面影响。”①

看来，在中国电视媒体和电视广告迅猛发展的同时，还伴随着严重的内容质量、体制、经营模式等方面的问题，而这些问题如果被导入迅速普及的网络和手机新媒体视域中，形成媒介“代际”的竞争关

① ［美］王瑾：《品牌新中国：广告、媒介与商业文化》，何朝阳、韦琳译，北京大学出版社2012年版，第219—224页。

系，也许就更加严峻了。

根据西方汉学界的界定，所谓“新媒体”（new media），“宽泛地来讲，是指数字的、互动的通讯和传播技术，包括——但不限于——互联网、数字电视、手机，以及各种数字设备，比如PDA、MP3以及视频游戏机等”。基于这个定义，利用新媒体做广告的比较优势是显而易见的：“尽管仍处于进化过程中，新媒体在广告上的优势包括：1. 互动性，允许双向传播；2. 习惯性，意味着用户可以习惯化媒介内容以适应于他们的需要；3. 移动性，意味着移动中依然可以接近目标受众；4. 多媒体性，强化了广告和推销信息通过文本、图像、音频和视频流等方式的传播。这样，新媒体广告以富媒体（rich media）的形式更加精确化和个人化了。”①

正如麦克卢汉的那句著名论断：“媒介即信息”，新的媒介形式带来了完全不同的信息传播方式，其本身就意味着信息内容，或者说形式本身在接触用户的一瞬间就已经转化成了内容，因此有什么样的媒介形式就必然有什么样的信息内容。基于传播母体的新媒体广告在传播方式上的优势显然可以转化为内容优势，因此它们在与传统媒体争夺广告阵地时也必然能够更胜一筹。比如，以互联网为例，“自2000年起，伴随着一个令人震惊的年均增长率14.77%，截至2008年9月，中国的总广告支出达到一个创纪录的38亿1千万元。该数据同时显示，中国人均广告支出为人民币108.32元，达到1979年广告重返中国后的最高水平。尽管截至2004年年底，传统媒介的总支出达到57亿6千万元，其广告支出的比率却从50.8%下降到46.5%”。② 互联网广告投放的与日俱增与传统媒体的每况愈下形成了鲜明的对比，这是

① ［美］王瑾：《品牌新中国：广告、媒介与商业文化》，何朝阳、韦琳译，北京大学出版社2012年版，第245—246页。

② ［美］王瑾：《品牌新中国：广告、媒介与商业文化》，何朝阳、韦琳译，北京大学出版社2012年版，第247页。

新媒体广告异军突起的一个明证。

西方汉学界的其他研究者还考察了新媒体广告的总体趋势："ACCAA 媒介调查显示，将近 50% 的被调查媒体承认'传统媒体投放方式的作用正在降低'。大约 55.7% 被调查媒体认同互联网的价值，46.7% 认同手机，30.5% 认同移动电视。互联网被认为是最最重要的广告和营销媒介。"

以上所有数字显然都没有超过 2008 年，如果截至目前，此种情形也许就更加明朗了。

除了网络和手机外，西方汉学界的研究者还探讨了其他的（新）媒体广告传播形式，它们几乎覆盖了当代中国所有的私人和公共空间：

> 移动电视经常被放置在火车、地铁、出租车或远距离运输的公共汽车中。平板电视在成千上万的办公楼和居民楼的走廊和电梯间涌现。电话亭、公共汽车站、汽车、省际高速公路网、机场、巨型建筑等等都已经变成了户外广告媒体。信件、目录营销和电邮广告在中国都已经被开发。商场陈列、事件营销、赞助、打折、产品处理、优惠券、礼物赠送以及各种各样的营销形式都已经变成了普通的市场营销手段。①

从最初的口耳相传，到报纸、杂志、广播、电视，再到如今无处不在的新媒体，中国广告媒介的进化链条在西方汉学界的研究中呈现出了一面不太连续但又依稀可辨的镜像。透过这面镜像，我们好像很少发现西方汉学界有关中国广告媒介特征、功能以及营销策略的论述，按照国内学界的研究致思，似乎还没有"切入重点"。但注重史料发

① Hongmei Li, "Advertising and Consumption in Post-Mao China: Between the Local and Global", Dissertation for PhD, University of Southern California, 2006, pp. 104 – 105.

掘、实证数据的同时，还比较关注其价值内涵，这就是西方汉学界的研究特点。

第二节 从老上海到新新人类：中国广告受众的百年变迁

所谓“受众”（audience），按照费斯克（John Fiske）等人在《关键概念》一书中的界定，是指“大众传播所面对发言的无名个体与群体。……毫不奇怪，对大众传播方面的研究来说，受众问题传统上形成一个首屈一指的——如果不是压倒一切的——核心”。[①] 在大众传播研究中，受众一方面是大众媒体所要发言的“对象”，另一方面又是其“核心”，足见受众群体及其作为一个研究议题的重要性。如果切换到广告文化的研究视域中，受众的“核心”地位就更加牢不可破了：它不仅是广告传播的“对象”，而且简直就是“上帝”，因为不能招徕受众的广告在商业意义上是彻头彻尾的败笔。

中国广告的受众从20世纪到21世纪初经过了一百多年的历史变迁，按照我们对西方汉学界研究文献的阶段划分，这一百多年的历史从主题学上可以分为三个不同的阶段，这同时也意味着受众群体的不同变化或分化。概言之，它们大体上呈现为“中产阶级—城市居民”“无产阶级—工农兵”和“阶层分化—部落群体”三种不同的范式或类型。这当然是一个相对性的划分。而且，就西方汉学界的整体文献来说，广告受众研究的这三个阶段并不是均衡的，尤其第二阶段没有发现比较系统的研究，因此我们只能对其百年变迁做一个简谱式的大致描述。

我们先看第一阶段即1905—1945年前后中国广告的受众情况。这

---

① ［美］约翰·费斯克等编：《关键概念：传播与文化研究词典》，李彬等译注，新华出版社2004年版，第18页。

一阶段最典型的标志就是大众消费群体的崛起。所谓“大众”，按照威廉斯的说法，“这个词……具有正反两方面的意涵：在许多保守的思想里，它是一个轻蔑语，但是在许多社会主义的思想里，它却是个具有正面意涵的词汇”。[①] 在此我们没必要纠缠于它的正反两方面的具体含义，只需要对其做一个一般性的界定：意指由数量众多且无个性分化的匿名个体组成的松散群体，而且该群体必须具备一种不可或缺的能力，即大批量商品的购买力。适因于此，提起“大众”这个概念往往连带着一个众所周知故而不言自明的限定词，这就是“消费（大众）”。唯其如此，“大众”才有可能成为大众传媒和广告的受众。

通过上述界定不难发现，“大众”概念其实充满了现代性的潜台词：只有奠基于工业革命及其带来的机械化大生产，普通民众才有可能被赋予大规模商品消费的能力。当然，消费大众未必就是广告受众，一般来说，前者为后者提供了必要基础，因此这两个领域显然又存在着大量的叠合区域，尤其在印刷文化风头正盛、大众群体尚未分化的历史初期。

就广告文化的研究视域来说，西方汉学界关于中国大众群体的论述，往往跟国货运动联系在一起，尽管并没有排斥其他方面的因素。总体而言，主要包括以下几个方面。

首先，近代以来轰轰烈烈的国货运动为大众群体奠定了人口学基础，并为其提供了消费主义的意识形态。国货运动既是一场民族—国家意义上的政治运动，又是一场史无前例的消费文化运动，这场运动对于近现代大众群体的崛起功不可没。正如葛凯所说：“根据运动的口号（就如……‘中国人消费中国货’，是一个普通的口号），中国人，新的定义是‘公民’或者‘国民’，将以新的政治集合体的成员

① ［英］雷蒙·威廉斯：《关键词：文化与社会的词汇》，刘建基译，生活·读书·新知三联书店2005年版，第281页。

看待自己，这种政治集合体是通过消费国货而被称为中国人的‘国家’的。”① 这里至少包含有两层含义：其一，国货运动促成了人口的团体化或集合化，尽管其中不乏民族主义意味；其二，这种民族主义的政治集合体同样不乏消费主义意味。在此意义上，国货运动促成了一种民族主义的消费者集合体。如果再考虑到该运动一直极力宣传的观念主旨，即（购买国货的）消费即爱国，或者说（购买国货的）消费者即爱国者，其人口学基础和消费主义意识形态就更加显而易见了。

其次，国货运动在客观上刺激了民族工商业的发展，同时在理论观念上还极力倡导引入机械化的商品生产，要求改善民生，这都带来了一定的现实影响，并为消费大众的产生提供了必要的经济基础。国货运动极力倡导的“工业即国防”即发展民族工业同样具有保家卫国功能的观念，对于中国民族经济的发展起到了极大的振导作用，葛凯明确指出：“无论如何，抵制活动创造了对国货的需求，这使得整个中国工业建立起来了。”② 不仅如此，国货运动的理论家还特别强调引进机器大生产的必要性，如寿勉成“概念化了内涵宽泛的机器—大批量生产商品（machine mass-produced commodities）的观念，以其作为现代性的一个被整合的且必要的部分。他争辩说，现代世界依赖于这些产品，而且如果中国现代性要依靠外国商品和进口货那将是残缺不全的”。在国货运动理论家看来，中国现代性不可或缺的维度就是机械化、大批量商品生产能力的提高，而且必须建基于属于中国人自己的民族工业之上。更重要的是，理论家们所谓的“商品”是包含有特定意涵的：“具体的商品要被整合进工业生产的脉络中去。寿氏的新议程聚焦于生活或生活方式的七个类别，它拓宽了‘衣、食、住、行’

① ［美］卡尔·葛凯：《制造中国——消费文化与民族国家的创建》，黄振萍译，北京大学出版社2007年版，第13页。

② ［美］卡尔·葛凯：《制造中国——消费文化与民族国家的创建》，黄振萍译，北京大学出版社2007年版，第182页。

的传统框架，增加了三个新元素：‘知（knowledge）、乐（recreation）、工（industry）’。”① 所有这七种元素都统属于“商品”的概念框架，这种观念显然为城市居民的现代日常生活奠定了坚实的舆论基础，用弗拉塞尔的话说，它意味着一种“日常生活的商品化（commoditization of daily life）。……产品和消费品的生产和使用被认为是必需品，明显不同于可替代品或者奢侈品”。在此，普通人难以获得的“稀奇之物”（fresh and novel commodities）经过机器大生产的批量加工，将变得日常化、大众化，以至于遍布城市生活的每一个角落。如此看来，国货运动如此强调引入机械化大生产确实具有重大的现实意义，至少“机械生产意味着更低的单位成本”②。经过机械化的大生产，这些物品不仅随处可见，而且具有了可以被普通人消费的可能，只要他们拥有一定的可支配收入。

而这一点恰恰被国货运动的理论家们敏锐地捕捉到了。国货运动到了中后期特别强调“民生”问题，比如“寿勉成的观念一方面关注民族主义和政治经济的民主问题，另一方面，它还聚焦于提高社会生活标准。寿氏认为，工业发展将会带来政治稳定、税收改观并提高交通水平。……作为其必然结果，‘一般社会生活标准’将会自动提高”。③ 事实上，民族工商业的快速发展，尤其1927—1937年的所谓“黄金十年”，确实让城市居民的生活水平甚至经济收入都获得了前所未有的提高。对此，孙绍义以上海为例指出，“自晚清以降，上海经历了

① David Embrey Fraser, “Smoking out the Enemy: the National Goods and the Advertising of Nationalism in China, 1880 - 1937”, Dissertation for PhD, University of California, Berkeley, 1999, pp. 78 - 79.

② David Embrey Fraser, “Smoking out the Enemy: the National Goods and the Advertising of Nationalism in China, 1880 - 1937”, Dissertation for PhD, University of California, Berkeley, 1999, pp. 92 - 93.

③ David Embrey Fraser, “Smoking out the Enemy: the National Goods and the Advertising of Nationalism in China, 1880 - 1937”, Dissertation for PhD, University of California, Berkeley, 1999, pp. 77 - 78.

一场所谓的‘消费革命’，它以时尚、剧院、茶园以及各种新奇之物为生活方式的标记”。这场消费革命不仅让社会上流（High Class）卷入其间，而且包括“正在浮现的中产阶级”，其成员“由职员、教授、知识分子、部分商人以及其他的‘白领’雇员”组成，而这样的群体在城市人群中分布极为广泛：“1920—1930 年间，一个五口之家月收入在 60 元就会过得相对舒适。……没有经过正式的大学训练、仅仅在商务出版社有过四年工作经验的茅盾在 1921 年的月收入为 100 元。毕业于上海圣约翰大学的邹韬奋以英语秘书的职位月收入 120 元。最基层的小学教员可以维持在一个月均工资 60 元的水平。甚至一个外国公司的电话员每个月也能收入 60—90 元。”① 这些数据充分说明，中产阶级群体已经具备了庞大的经济学基础。

这样看来，由中产阶级组成的消费大众群体至少在类如上海的大城市，已经开始浮现于中国历史的地表。而且，通过以上论述不难发现，这部分人群在社会身份上多为公司职员、教师、知识分子和商人，这类群体最大的特点就是受到现代城市生活的召唤，背井离乡，在繁华大城市开创其个人事业，变成“原子式的、孤立无援的、没有传统地缘与亲缘纽带的个体”②。该群体属于城市化进程的一部分，而且在他们身上显然已经具备了大众个体的基本特质。

最后，上述消费群体的出现与现代广告相互强化，相得益彰，使两者都得到了空前的大发展。正如孙绍谊接下来的分析：

> 中产阶级群体有闲钱可以消费基本需求之外的商品的事实对

① David Embrey Fraser, “Smoking out the Enemy: the National Goods and the Advertising of Nationalism in China, 1880 - 1937”, Dissertation for PhD, University of California, Berkeley, 1999, pp. 327 - 328.

② ［美］约翰·费斯克等编：《关键概念：传播与文化研究词典》，李彬等译注，新华出版社 2004 年版，第 158 页。

> 于消费文化和现代广告的成长至关重要。正如帕西·福尔克（Pasi Falk）所说，大众消费和现代广告的发展奠基于人们从“潜在顾客”（the potential customer）到不再依赖“理性需求物”（a rational need-satisfying creature）的消费者的转化，即消费者仰赖于购买和拥有的渴望。没有增长的可支配收入来消费商品，“商业从整体上将无从发展成为现代意义上的广告”。相反，如果没有积极卷入一直挑逗大众消费者的现代广告，“消费文化”从基本需求（needs-based）向渴望需求（desires-based）的转换也是不可思议的。[①]

一方面，基于一定额度的可支配收入，消费者的感性欲望被激发出来，使得以欲望而非基本需求为存在前提的现代广告获得了发展空间；另一方面，现代广告也刺激或挑逗了消费大众，两者相互强化，彼此共生。弗拉塞尔也指出：“20 世纪 20 年代上海中产阶级的经济和娱乐生活的活力可以通过旅馆、音乐厅、茶馆、休闲拱廊和电影剧院的激增来理解。尤其电影，与百货大楼一道，成为上海现代性的重要偶像。而广告教唆（abetted）并刻画（delineated）了休闲活动和城市生活方式进展之间的关系联动。”[②] 现代广告既对城市中产阶级的经济和娱乐生活起引导或教唆的作用，同时又反映了它的梦幻图景，这再次说明了两者间密不可分的联动关系。

总之，在西方汉学界研究者看来，主要得益于国货运动的推进和激发，以上海为中心的大城市自 20 世纪 10 年代中后期以降逐渐形成

① Shao-yi Sun, “Urban Landscape and Cultural Imagination: Literature, Film, and Visuality in Semi-Colonial Shanghai, 1927 – 1937”, Dissertation for PhD, University of Southern California, 1999, p. 328.

② David Embrey Fraser, “Smoking out the Enemy: the National Goods and the Advertising of Nationalism in China, 1880 – 1937”, Dissertation for PhD, University of California, Berkeley, 1999, p. 86.

了一群由城市中产阶级组成的消费大众群体，该群体是消费文化和现代广告的人口学基础，同时又与后者形成一种交互式发展。集中到我们的研究主题上，他们既是广告的主导性受众群体，又是其推动性力量。现代意义上的广告—受众组合模型正在登上中国传媒文化史的舞台。

但是，一方面泯灭于战火，另一方面受制于政治意识形态，这个刚刚上演不久的“现代组合模型”随着中国现代历史的巨轮逐渐驶入其剧情的最高潮，不得不悄然谢幕。抗日战争和全面内战的爆发，对于城市居民（包括中产阶级在内）经济生活的影响自不待言；意识形态作为精神世界的角斗场，同样会让他们例行化的日常生活卷入其间，并与之沉浮，直至变得面目全非。自 20 世纪 40 年代中前期以后一直到 20 世纪 70 年代末，这三十余年的中国广告及其受众的历史，就其主要方面来说，一直隐没在以“延安精神”为主导的无产阶级的奋斗纲领中。

美籍华裔学者唐小兵追溯了这种新型的“大众”群体。他指出：“‘大众’作为意义载体在新文学话语中的出现，是与新起的社会运动和历史主体密不可分的，尤其是与 20 年代后期涌现出来的农民力量密不可分的。”① 这种新的“历史主体”登上历史舞台的一个重要的文化史节点，就是 1928 年北伐失败后成仿吾（1897—1984）呼吁“从文学革命到革命文学”的转变，他希望“印贴利更追亚”（intelligentsia）要“努力获得阶级意识，要使我们的媒质接近农工大众的用语，我们要以农工大众为我们的对象”。② 这种观念后来演变为所谓“大众文艺”的出现，其充分的实现形式即“延安文艺”，包括群众写诗运动、街头诗运动、秧歌运动、“抗战文工团”以及诸如《文艺突击》《文艺

---

① ［美］唐小兵：《再解读——大众文艺与意识形态·代导言》，北京大学出版社 2007 年版，第 3 页。

② 转自张若英编《中国新文学运动史资料》，光明书局 1934 年版，第 380—387 页。

战线》等大众出版物，当然也包括年画、木刻画、招贴画等宣传媒介，大众广告自然也进身此列。不过，这时所谓的“广告”，基于其特定的受众群体，已经与前一个阶段在内容和形式上都判然有别。唐小兵对此分析道：“延安文艺既可以是‘大众化’的（普及），也可以是‘化大众’的（提高），但根本的出发点是与‘大众’认同，并为‘大众’提供一个强化主体意识的自我镜像，而不是一面将‘大众’客体化、对象化的镜子。”而且，在其本质意义上，这场大众化的文艺运动“反衬出对以现代城市为具体象征的市场经济方式的一种集体性抵抗意识，尤其是对资本主义生产方式所带来的‘感性分离’、价值与意义的分割所催发的无机生存的下意识恐慌和否定。”① 这些观点显然贴合于文艺为大众服务、为工农兵服务的延安文艺思想，而后者即工农兵群体才是这个时期所有文艺和传媒真正聚焦的受众主体。

这种观念虽然来自汉语文献，但它无疑体现着主要用英语写作的唐小兵作为该书主编的基本立场。而且，这一点在其他西方汉学界的研究者那里也得到了验证和共鸣。正如王瑾所说：新中国成立后，“广告的作用和影响发生了戏剧性的转变。结果是，所有的发展策略和政策都在试图缩小商业广告，事实上，取消了广告作为一种市场营销手段的必要性”。“并非服务于商业利益，广告被视为一种例证中国经济成就的宣传工具。换言之，广告变成了一种政治营销手段，而非传统意义上的商品和服务营销。”② 一方面，在广告主题和功能上，商业变成了政治，市场营销变成了革命宣传；另一方面，虽然没有直接言及受众问题，但字里行间到处都流溢着受众的群体形象：他们绝非资本主义生产方式下承受着“感性分离”的城市中产阶级，而是“来

① ［美］唐小兵：《再解读——大众文艺与意识形态·代导言》，北京大学出版社2007年版，第9、6页。

② Jin Wang, “Foreign Advertising in China”, Iowa: Iowa State University Press, 2000, pp. 32, 35.

自前现代的”、具有“农业式感觉方式”（唐小兵语）的无产阶级大众。这个群体的肖像素描如下：“倡导自我克制（Abnegation）、牺牲（Sacrifice）和平均主义（Egalitarianism），拒绝追求物质财富的享乐主义愉悦。”①

这就是中国广告受众第二阶段的基本情况：商业广告被政治招贴画所取代，而以中产阶级为主导的城市消费大众也逐渐蜕变为充满战斗和牺牲精神的无产阶级工农兵——一个带有深刻苦行主义和集体主义观念的阶级群体。

这种情况到了1979年以后的第三阶段又发生了翻天覆地的变化。正如赵昕的一个研究结论：“过去二十年内最重要的转变就是带有清晰的政治目标和阶级意识的社会阶层的消解——它们在社会主义革命时期曾经是主导性力量。如今不同的社会阶层被统一在变成一个消费社会（Consumer Society）的共同目标之下。人们不再去表达政治热情，毋宁说，年青一代……学会了通过消费来表达他们的抗议（Opposition）。”② 一旦阶级斗争的行动纲领蜕变成“消费社会的共同目标”，一旦被意识形态聚合起来的社会群体开始消解，其政治热情转化为抗议，尤其当这种抗议（作为一种个体意志）与消费实践联系起来时，集体主义观念的破灭和继起的消费主义的盛行也就为时不远了。这一点已经被实证数据所验证。美国著名的盖洛普（Gallup）咨询公司通过在中国大陆十年（1994—2004）的调查发现，海内外的学界和业界对中国消费者一直存在有很多误解，其中之一为：

> 根据其统计数据，尽管2004年努力工作和勤劳致富对于大部

① Xin Zhao, “Adeology: Advertising as a Battlefield of Rival Ideologies in Transitional China”, Dissertation for PhD, University of Utah, 2005, p. 49.

② Xin Zhao, “Adeology: Advertising as a Battlefield of Rival Ideologies in Transitional China”, Dissertation for PhD, University of Utah, 2005, p. 171.

分中国人来说依然占据优势地位（53%），但它从1994年下降了15%。另一方面，1994年仅有10%的被调查者认为他们不在乎金钱和名誉，而要选择一种适合他们自己品味的生活方式，但到了2004年26%的人表示赞同这一点。日益增长的表达个体的渴望意味着“一种倾向，即标志着当代中国新的‘我时代’（Me Generation）”的出现。①

种种迹象表明，集体主义和平均主义的工农兵“大众”正在让位于被解放的追求生活品位的消费者个体，换言之，大众传媒和商业广告或者说市场营销学意义上的受众群体，重新被新的政治议程激活了。事实上，他们也必须被激活，否则就不会有后来中国持续三十多年的爆炸式发展。

根据王瑾的界定——这种界定甚至比中国本土学者还要“入时”——当代中国的消费者群体根据收入情况可以分为四种，即金领、白领、蓝领和灰领，其中最后一种在“品牌使用模式上更接近白领中的尾端水平”②，在此统归于白领。这三个阶层当然也是当代中国大众传媒和广告的主要受众群体。王瑾、李红梅等西方汉学界的研究者对此进行了程度不同的论述。

先看金领。这是中国消费者群体中的名流和精英。王瑾指出：“从上海举行的2005《金融时报》奢侈品首脑商务峰会上所获得的答案，虽非直接但很乐观。与会的来自乔治·阿玛尼（Giorgio Armani）、布莱奥尼（Brioni）、古奇（Gucci）、路易·威登－轩尼诗（LVMH）及其他西方奢侈品品牌公司的著名的首席执行官（CEO）们都相信，

① Hong Cheng, “Advertising and Chinese Society: Impacts and Issues”, Copenhagen Business School Press, 2009, p. 36.

② ［美］王瑾：《品牌新中国：广告、媒介与商业文化》，何朝阳、韦琳译，北京大学出版社2012年版，第12页。

2010年左右，市场将达到最高峰，届时，为避国内新增的奢侈品税，将有1亿中国旅客从国外购买质优价高的商品。”[①] 这1亿的奢侈品消费者被认为即中国的金领成员。但王瑾随即指出，这样的估计也许太过乐观了，但无论如何，中国拥有日益庞大的金领人群，他们的消费行为瞄准了奢侈品品牌，而且国际奢侈品公司也非常看好中国市场，这都是不争的事实。而根据席美尔（Georg Simmel）、凡博伦（ThorsteinB Veblen）等人的研究，该群体对时尚的追求或“炫耀性消费”的特点将对中下层人群形成示范效应，后者模仿前者，而前者必须与后者保持一定的距离，一旦其消费风尚开始普及泛滥，就不得不进行再次创造翻新，乃至形成新的流行趋势。该过程即“时尚”的运行机制。而在此机制的运行过程中，广告和宣传的参与当然不可或缺。反过来，“宣传和广告一向是品牌在任何市场的重要议题。尤其对于时尚和奢侈品公司而言，在中国这类市场的宣传格外重要，是经营成败的关键”。[②] 强调广告宣传在中国市场格外重要的原因，大概与其判然有别于西方社会的文明传统有关。对于这样的市场，如果没有我们在第一章所论述的本土化和全球化有机结合的广告宣传策略进行“意义赋值”，所谓的奢侈品将与普通商品之间不存在什么本质性的差异。

与为数稀少的金领人群赫然对峙的是庞大的蓝领大军。王瑾对该群体的基本特征做了如下描述：第一，在年龄构成和收入水平上，“中国蓝领工人年龄跨度从18岁到69岁，其中，80%的人个人月收入为1000元（120美元），70%的家庭月收入为3000元（365美元）。”第二，在职业结构上，“他们主要由以下人员构成：传统工业领域训练有素的员工，交通、商品流通和建设领域的熟练技术工人，纺织女

① ［美］王瑾：《品牌新中国：广告、媒介与商业文化》，何朝阳、韦琳译，北京大学出版社2012年版，第12页。

② ［法］米歇尔·谢瓦利埃、卢晓：《奢侈中国》，徐邵敏译，国际文化出版公司2010年版，第127页。

工，柜台售货人员和公司销售人员，出租车司机，高档餐厅的厨师，甚至包括从事现代农业技术的农民”。第三，在消费心理上，“他们比白领少些浪漫，生活方式与自己的收入匹配，花费上不攀比”。第四，在整体特点上，“中国蓝领并未形成一个同质体，而是分成了三大子群：深蓝（Deep Blue，蓝领的主体）、普蓝（Ordinary Blue，品位上更接近灰领）和锐蓝（Sharp Blue，群体中最年轻的一群，受教育更高，最有上进心，消费模式更接近白领的尾端）”。最后，在市场定位上，蓝领工人“有可能加入中国利基市场行列，形成中国市场中的长尾（Long Tail）”。也就是说，“巨量的小众市场（长尾）行为——其购买冲动、售卖和分销——最终将超过大销量品种带来的大额回报”。王瑾认为，尽管目前蓝领工人“似乎很难归入安德森长尾理论中提出的同一联盟。……但一旦成为现实，中国的长尾将变成被奢侈品产业忽略的累计数亿的蓝领市场”。因此，“若企业欲在中国寻求稳固的市场立足点，有必要关注中国市场的两端——金领和蓝领”。①

但目前，中国消费者群体的这两个端点事实上都没有被准确地认识和定位，他们与其中间的夹层即白领群体在营销学意义上没有被很好地区分开来，以至于——比如——“很少有品牌受蓝领夫妻的支持，因为很多品牌虽为该群体而造，但却在用白领的语言和形象作品牌塑造，结果疏离了真正的目标消费者，实在荒谬。”② 这就不得不对白领即所谓的中产阶级进行考察分析。

正如我们在第一阶段中所论述的那样，中产阶级向来被认为是广告和消费文化至关重要的人口学基础，西方汉学界的研究者对此并无讳言，如李红梅就引用了一本中国专著的如下论断：“在西方国家消费文

① ［美］王瑾：《品牌新中国：广告、媒介与商业文化》，何朝阳、韦琳译，北京大学出版社 2012 年版，第 12—14 页。

② ［美］王瑾：《品牌新中国：广告、媒介与商业文化》，何朝阳、韦琳译，北京大学出版社 2012 年版，第 12 页。

化具有中产阶级的本质”，但“中产阶级”这个概念也向来被认为难以界定。作者进而指出：“讨论上升的‘中产阶级’在流行的文献和学术调查中并不罕见。对于中国的中产阶级如何界定的讨论也非常火热。像‘白领’、‘金领’、‘布波族’、‘雅皮’（Yuppie）和‘嬉皮’之类的术语都已经渗透到汉语中，并在中国广告中被用作指称中产阶级的风格。尽管人们倾向于使用‘白领’来描述受过大学教育并拥有高薪水的人群，现在‘中产阶级’成了更流行的用语。”① 白领也好，中产阶级也罢，但李红梅旋即在严格意义上否定了该族群的存在：

> 成为中产阶级……不仅意味着有能力，而且要有消费能力。中产阶级总是被界定为拥有海外经验、知识和教育背景，尤其是通晓外语，这不仅反映了西方文化在中国的霸权地位，而且显示了一个悖论：中国中产阶级并不存在。西方的事物具有指涉关键点和界定标准的功能。成为中产阶级意味着中国的媒介想象和风格，它使得这个国家日益转变成了一种形象社会（Image Society）。②

在反讽性的文化帝国主义的意义上，所谓“中国中产阶级”群体确实并不存在，尤其当它通过媒介形象使得整个国家都在转变成一个“形象社会”的时候，至多不过是西方现代性的附庸。但如果抛开这一点，该群体在统计学意义上不容否认。米歇尔·谢瓦利埃等研究者指出：“中国社会科学院有份详尽的研究报告，认定中产阶级家庭是指年所得在7.5万元人民币以上（这份首度的研究报告采用较低的标准）。根据这项标准，2005年的中产阶级人口约有1.05亿人（约占大

① Hongmei Li, “Advertising and Consumption in Post-Mao China: Between the Local and Global”, Dissertation for PhD, University of Southern California, 2006, pp. 89, 86–87.

② Hongmei Li, “Advertising and Consumption in Post-Mao China: Between the Local and Global”, Dissertation for PhD, University of Southern California, 2006, p. 89.

城市人口的 19%）。……到了 2009 年，中产阶级人口将突破 2 亿大关。”他们还将该群体与国外进行了比较研究：“中产阶级的总所得接近一兆美元，相当于英国和法国的市场规模。这个数字经过调整物价后，整体潜在购买力大约是英国、德国、法国和意大利总和的 3 或 4 倍。这个族群拥有的家庭设备，相当于 20 世纪 90 年代欧洲家庭的生活水平。”① 看来，即便购买力无与伦比，但中国中产阶级在生活水准上依然落后于欧洲国家至少 10 年。在此意义上，该族群的附庸地位同样昭然若揭。

王瑾对于中国中产阶级的看法与以上观点有所不同，但又有所相同。她将中国的“中产阶级”指认为一个时下流行的新概念，即“波波族”（Bobos，一译“布波族”）。所谓“波波族”即布尔乔亚（Bourgeois）和波西米亚（Bohemians）这两个词首字的组合体，它源自布鲁克斯（Daŕid Brooks）的著名畅销书《天堂里的布波族：一个社会新阶层的崛起》（*Bobos in Paradise*：*The New Upper and How They Got There*）。随着该书 2000 年在中国大陆的引进出版，“波波族”变得流行起来，甚至使得广为流传的“‘小资’一词，一夜间过时”。新世纪之初，中国大陆确实有过一股“波波热”。各种媒体和网站都在热议中国的波波问题，西祠胡同（www. xici. net）专门制作了一个“波波网页，就波波族的行为举止、哪里能找到他们以及怎样才会成为波波族之类，提供建议”，网易开辟了专门的“波波娱乐”网站（http：//www. bobo. com）。广告商们当然不会错过这样的概念炒作机会。王瑾引述了一系列广告案例，聊举一二：

听说过波波族吗？这个时尚的名字代表了都市中优秀杰出的

① ［法］米歇尔·谢瓦利埃、卢晓：《奢侈中国》，徐邵敏译，国际文化出版公司 2010 年版，第 37—38 页。

群体，他们追求自由，挑战自我，实现心灵的满足，创造属于自己的生活真谛。作为其中的一员，对生活中的一切都要求颇高，不但要有品位和质量，更要有个性和自由。因此，为了找到一款符合心中理想的手机寻寻觅觅。直到最近，阿尔卡特即将上市的OT715GPRS手机闯入我们的视野。

这是一款名为“阿尔卡特OT715”的手机广告，意在说明该手机将成为“波波族的新宠儿”。而联想笔记本电脑E100的广告文案是这样的：

有教养的人是不会和张三李四去争第一的，波波族们当然是有教养的人。所以，他的笔记本要表现出简约的风格。波波族爱死了那些深色穿着的乡下人，历经风霜的渔夫，穷乡僻壤的工匠和跳土风舞唱民俗歌的矮胖艺人。在波波族门看来，这些“单纯”的土著，看起来宁静而安详，他们虽然贫穷，但是过着富足的生活。①

由是观之，波波族是如此之完美，以至于将中国的乡土风情、田园牧歌与西方的消费现代性结合得天衣无缝，在大众传媒和广告话语中，这个族群确实像生活在“天堂”里一般。

然而，王瑾在逐一检讨完中国的波波热现象之后，随即笔锋一转：“波波热表现出一种症状，我称之为‘品味与“阶级”分离的信念飞跃’。中国的文化掮客将波波主义作为一种生活方式时尚而不是阶级文化产品，在中国出售。”原来，布鲁克斯在美国提出波波族问题是

① ［美］王瑾：《品牌新中国：广告、媒介与商业文化》，何朝阳、韦琳译，北京大学出版社2012年版，第157—158页。

带有讽刺意味的，而且该阶层在实体意义上真实存在，而“中国的波波主义，只是发起者认定的波波主义，阶层与品味分离，最终发展成了一种社会想象”。换言之，事实上中国并不存在波波族，恰恰相反，“波波概念在中国流传如此之好，或许就是因为它瞄准了中国既缺乏波西米亚又缺乏布尔乔亚。消费这部伟大书籍的第一号法则，即言之稀缺，是保证其销路迅速增长的最快方法”。[①] 一言以蔽之，波波族不过是被“文化掮客”或广告商们捏造出来的一种虚假形象，这些人不过是“以波波的名义将波波族作为一种城市想象和营销”。说到底，波波族只是一个源自外国却在中国本土被炒作起来的空洞概念而已，它并没有实体的对应物。

从实存的阶层到虚拟的想象，从批评讽刺到赞颂褒扬，波波族概念从美国“旅行”到中国所发生的文化“变异”值得我们深思。然而，更值得深思的是这种变异所折射出来的文化心态。正如王瑾所说，“中国的波波热，可看作分离波波阶级与波波品味的社会对话或话语”，亦即，中国消费者并不具备实质意义上的波波族的消费品位，后者只能从其对应的阶层建构中生发出来，而不是相反。对此，布尔迪厄说得明白：“品味是阶级决定的建构。”[②]

也正是由于波波族植根于虚无，它很快便被“其他更炫的新人类”取而代之。属于“新人类”的部落包括波波族，也包括丁克族（DINKs）、国际自由族等。法国社会学家米歇尔·马费索利（Michel Maffesoli）曾专门探讨过这种族群现象，他认为：“当代消费者生活在一个风格文化激增的‘部落时代’，部落以品牌名称及角色扮演幻想建构。”所谓“部落”最基本的特征是一种新形式的“社会性”（So-

---

① ［美］王瑾：《品牌新中国：广告、媒介与商业文化》，何朝阳、韦琳译，北京大学出版社2012年版，第167、164、163页。

② ［法］皮埃尔·布尔迪厄：《区分——判断力的社会批判·导言》，刘晖译，商务印书馆2015年版，第3页。

ciality）——该词与“社会的”（Social）全然不同，后者意指“有确切身份的个体的合理联盟”，前者则意味着一个“非常不稳定的空间，很多暂时的部落圈在此交叉，其意义重在当下”。也就是说，“部落”本质上是一种匿名的、松散的、消费主义意义上的联盟，这种联盟只能带来个人身份因特定机缘的短暂交叉，而绝无个体性和反叛性可言。王瑾按照这样的观点，对中国的新人类做了总体性的描述：

> 中国摇滚之父崔健的时代已经过去。承载忧虑的中国亚文化亦是如此。……中国年青一代追求一种“安全酷”，这种用于社交聚会的机智，并不伴随着某种灵魂探索（Soul-Searching），而后者正是新欧洲后亚文化运动的倡导者追随的，该运动热衷于将被狂欢气氛扭曲的青年文化重新政治化。①

王瑾接下来继续论述道，中国几无反叛意识、灵魂肤浅的部落族群或亚文化青年，正在逐渐让位于“一个新的轰动性部落”，他们将使得“被狂欢气氛扭曲的青年亚文化重新政治化”，这就是以所谓“后亚文化”为认同基础的“新新人类”。王瑾指出，“中文新新人类，是日语 Shin shinjinrui 的音译，由中国香港和台湾引介进入内地”，在中国，“该部落成员年龄二十左右，不分性别。他们共同的特点，是总带着高科技通讯工具，行为不羁，没有波波族有钱，主流消费主义不容易抓住他们”。②“新新人类”在政治反叛意义上之所以成为可能，主要得益于英国文化研究学派尤其迪克·赫伯迪格（Dick Hebdige）的有关理论论述。在赫伯迪格看来，以朋克团体为代表的青年一代

① ［美］王瑾：《品牌新中国：广告、媒介与商业文化》，何朝阳、韦琳译，北京大学出版社 2012 年版，第 175 页。

② ［美］王瑾：《品牌新中国：广告、媒介与商业文化》，何朝阳、韦琳译，北京大学出版社 2012 年版，第 176、175 页。

“通过风格，在对审美习俗、社会习俗作间接挑战”，其成员“团结一致、致力于进行反对神圣物的颠覆性活动，‘对法律和秩序构成最为显著的威胁’”。相比之下，“马费索利的新部落不参与抵抗当时的权力结构。……（他们）只追寻潮流，不抵抗现状”。[①] 2011 年在维也纳举行的“后亚文化时代”论坛，被认为是新新人类崛起的一个象征性标志。此外，新新人类的形成还必须依靠技术发展的可能性，“技术自身以‘新部落’也感陌生的特征创造了自己的部落。在中国，新新人类是互联网聊天室中成长起来的第一代人”。就技术的塑造作用而言，“中国新新人类的经典形象，是‘一个伏在电脑上的身影，像只大虾’”。[②]

王瑾说新新人类的经典形象“像只大虾”还半带褒扬之意（“大虾”一般为“大侠”的婉称），但在其笔下，这一具有反叛意识的族群，我们并不陌生：不就是那些我们早有耳闻且时有所见的“肥猪流”“杀马特”们吗？这个“新物种”对于个体形象的刻意追求，王瑾所言甚为精当：“你若看着像人，就不属于新新人类。”这个族群确实不再追逐波波族的“安全酷”，但认为如此不着边际的扮酷，能带来新左派所寄予的所谓“反叛”效果，恐怕只能让人付之一笑。

吊诡的是，从旧上海追新逐潮的城市中产阶级，到延安苏区万众一心的工农兵大众，再到新时期日渐分化的金领、蓝领、波波族，行文至此，戏剧性的一幕发生了：新新人类几乎已经将中国广告受众驯顺温良的一面扫灭殆尽，他们不仅是反传统、反文化、反“人类”的，而且简直就是反受众和反广告的，正如王瑾上文所言：该族群实质上没有什么购买能力，因此“主流消费主义抓不住他们”。虽然这

① ［美］王瑾：《品牌新中国：广告、媒介与商业文化》，何朝阳、韦琳译，北京大学出版社 2012 年版，第 173—174 页。

② ［美］王瑾：《品牌新中国：广告、媒介与商业文化》，何朝阳、韦琳译，北京大学出版社 2012 年版，第 176、179 页。

个边缘部落偶尔也在广告媒体上露一下脸——“新新人类”概念本身即来自中国台湾的一则广告——但至多也不过是引来一片嘲弄，或者干脆当作他们自说自话般的梦呓罢了。就此而言，或许真不能说新新人类的文化抵抗毫无意义，毕竟无意义也是一种意义。

第三节　广告现象学：中国广告的文本结构与接受—反应研究

“广告现象学”（the Phenomenology of Advertising）是南加州大学的弗拉塞尔在论述民国国货广告时提到的一个术语，尽管弗氏没有给该术语下一个严格的定义，但就其主要的研究内容来说，并不乏现象学的观念主旨。后来，王瑾在《品牌新中国》一书中着重论述了当代中国广告受众的接受—反应问题，而且她尤其侧重实证性或者——按照她自己的说法——“民族志”的研究方法，她认为，“人文学科总以阐释在研究广告，视它为完整的文本，等待在复杂的交互阅读上训练有素的专家解码。这样的研究虽然在文化价值的社会心理形成上有指导意义，但在这些解释性框架下被重构的消费者，最终是想象出的实体，而不是在品位与行为上与学者几乎没有共同点的目标消费者”。① 比如，对于舒尔美卫生巾广告，“尽管我们熟悉结构语言学和社会理论，但没有权利独断解释一则为年龄、心态、文化实践、专业偏见、消费习惯、感情结构和经历都与我们不同的目标消费者创作的广告”，这是“因为我们不属于目标群体中的年轻妇女，这意味着分析广告没有优势”。② 可见，纯然的文本分析对于广告研究存在巨大的

① ［美］王瑾：《品牌新中国：广告、媒介与商业文化》，何朝阳、韦琳译，北京大学出版社2012年版，第271页。

② ［美］王瑾：《品牌新中国：广告、媒介与商业文化》，何朝阳、韦琳译，北京大学出版社2012年版，第74页。

缺憾，因为在其视野中的消费者只能是被想象和被建构的结果，正如从不使用卫生巾的男性学者很难理解其目标受众的接受心理一样，这样的研究最终只能陷入独断论。适因于此，现实意义上的受众接受—反应研究不仅需要理论分析，更需要实证性的考察观测。这样的研究致思，从学理上来说，比较近似于阿尔弗莱德·舒茨（Alfred Schutz）所提出的“阐释人类学”的方法。恰如王瑾的自我辩解：“大卫·莫利（David Morley）注意到，文化研究的民族志学转向，是一种健康而不可避免的趋势。”[①] 这里的“民族志学”，包括王瑾在其著作中具体运用的“田野调查”法，都是阐释人类学的基本方法。而阐释人类学也正是所谓“应用现象学”的一个卓越的分支领域。

一　缺席的“隐含读者”：马崇干的广告文本批评

我们先看弗拉塞尔关于国货运动中广告现象学的研究。他是从国货运动理论家马崇干的思想中发掘出这个主题的。20 世纪 20 年代，马崇干对国货运动提出了一系列新的指导思想，其中一点就是所谓的“科学营销（Scientific Marketing）”。弗拉塞尔认为，这种思想“与……试图通过‘科学’来重塑中国社会的共产主义者和五四改革派颇为接近”。不过马氏所谓的“科学”确有所指：他“运用心理学，而不是经济学，作为提高商品话语的恰当学科。其效应是，在一种塑造视觉表达和社会心理再现的解读背景下，重新铭写商品的传记”。[②] 这种心理主义的国货运动理论前所未有地将读者尤其读者心理置放到了突出的位置上。马崇干运用现象学进行国货营销的方法在此已初现端倪。

当然，马氏远未止步于此。他更大的理论贡献在于对国货广告的

---

① ［美］王瑾：《品牌新中国：广告、媒介与商业文化》，何朝阳、韦琳译，北京大学出版社 2012 年版，第 90 页。

② David Embrey Fraser, “Smoking out the Enemy: the National Goods and the Advertising of Nationalism in China, 1880 - 1937”, Dissertation for PhD, University of California, Berkeley, 1999, p. 157.

文本结构批评。马崇干对当时的很多广告文本表达了不满。比如，他认为一则没有用大号字体标明其公司名的纺织品广告是一个“重大失误”“广告标题都应该被强调突出”，以易于被读者接受。这些批评不仅倚重于读者立场，而且针对时之流弊，对广告的排版设计提出了新要求。正如弗拉塞尔所说：“马氏对广告设计和排版的批评反映了自19世纪晚期以来的一个持续性的倾向，即广告被挤压在一起，小号字体被堆放在大标题之下，其间几乎没有任何空白。实际上，这些广告仅有的图像元素就是标题的字体和字号。”① 晚清以来的广告似乎过于急功近利，以至于强调商业宣传的同时忘记了广告自身的美感。马崇干所批评的排版设计和文本空缺问题显然都属于诸如此类美学方面的诉求，而且都立足于读者接受的立场，这种观念无疑已经触及了接受美学的基本思想。在接受美学看来，文本结构中需要留下足够的“空缺”和“不定点”，以便为接受者提供必要的想象空间，提高文本接受的美学效果。德国康士坦茨学派的代表性人物之一伊瑟尔（Wolfgang Iser）将文本中不确定的空白区间称为“文本的召唤结构”，并将其对应的接受者称为“隐含读者”，并指出前者对后者有一种召唤或吁请的功能。② 这种理论如果用在以追求受众响应为基本诉求的广告创作中显然是令人鼓舞的。然而，马崇干的年代（由于时间错位）不可能接触到系统的接受美学思想，但他的主导观念事实上已经与此相去不远。也许，马崇干从中国古典美学和艺术中得到了启发，后者素以强调“留白”、反对“过实欠虚”而著称。

马崇干的广告现象学思想还特别强调视觉元素的运用。他认为，

① David Embrey Fraser, “Smoking out the Enemy: the National Goods and the Advertising of Nationalism in China, 1880 – 1937”, Dissertation for PhD, University of California, Berkeley, 1999, pp. 157 – 158.

② ［德］沃尔夫冈·伊瑟尔：《阅读活动：审美反应理论》，金元浦、周宁译，中国社会科学出版社1991年版。

“广告制作人应该更多地依靠视觉/图像元素，而不是文字”，之所以如此，跟“城市生活节奏和阅读时间”有关，“文字读者……经常操心俗务，太过匆忙，不能阅读细节”，但“假如（广告）有一个高质量的图像展示……它们将抓住读者的眼球。看看那些麻木匆忙的大众，当他们看到月份牌广告时，没有一个忍心释手，都渴望去发现其中所展现的含义”。[①] 这里有两点值得关注：首先，马崇干的所有解释依然站在广告受众的立场之上，说明他始终坚持自己提出的“科学（心理学）营销”理念。其次，马崇干对于图像元素重要性的强调依然基于接受者的理解和想象，正是在此意义上，他非常看重月份牌广告，尤其其中的美女形象，按照他自己的说法，“无人不关注美女”，因此他所谓的“广告美学首先需要一个集中于美女的定义”；至于如何界定美女，马崇干提出“外观和装束必须‘时髦’，以迎合‘社会心理’”[②]。看来，寸步不离广告受众的“社会心理”需求，是马崇干广告营销思想的核心，因此美女才被确立为一种想象的媒介，也因此才形成了他以美女形象为中心的广告美学现象学。

关于美女形象具有现象学效果，马崇干是深信不疑的；而至于它究竟具有怎样的效果，我们可以用如下一段关于美女广告的分析文字作为例证：

> Gande, Price & Company 在 1933 年为 Haig Whisky 及其他的酒品做了一个广告，该广告描绘了一位诱人的美女，她穿着透明的旗袍，坐在设计优雅的沙发上，并用眼睛直视着潜在的消费者。

---

① David Embrey Fraser, “Smoking out the Enemy: the National Goods and the Advertising of Nationalism in China, 1880 – 1937”, Dissertation for PhD, University of California, Berkeley, 1999, p. 159.

② David Embrey Fraser, “Smoking out the Enemy: the National Goods and the Advertising of Nationalism in China, 1880 – 1937”, Dissertation for PhD, University of California, Berkeley, 1999, pp. 160, 163.

> 广告中的大部分产品都摆放在边缘位置，而一瓶打开的酩悦（Moet）香槟被展示在一侧的桌子上。值得关注的是，在酒瓶旁边，有两只香槟酒的杯子，而不是一只。这个颇为吸引人的场景，使广告的意义多极化了：某种层面上，戴着结婚戒指并满脸堆笑的女子，看起来是为其丈夫摆了这个姿势，而其丈夫则刚刚和他的爱妻干了一杯，然后匆忙为她拍下了这张照片；但是，那只多余的杯子也许暗示着该女子刚刚与某个花花公子经历过一番云雨，就像当时很多小说描绘的那样；最有可能性的情景，也许是该摩登女郎和那只多余的杯子正在吁请潜在的消费者来享受进口货以及广告中所许诺的现代家庭生活。……在此，产品变成了形象，而形象则由价值来编码。①

这则以美女形象为中心的广告虽然构图非常简单，但其中却布满了结构性的空缺，从接受者的角度来看，可以进行多极化的意义解码，充分调动了接受者参与文本解读的主动性和积极性。正如分析者所说，被广告的产品已经转换成了美女形象，而美女形象则可以用多种价值进行编码，其最终的结果，用现象学的术语来说，就为不同接受者的“意向性建构”提供了殊足充分的文本空间。

二　广告文本的解码实验：王瑾的读者反应分析

王瑾对于中国广告的研究不同于近百年前的马崇干，诚如前述，她非常关注实证性研究，具体的方法为阐释人类学所倡导的“田野调查”法，即深入广告的生产和制作“车间”，从经验观察和实地测量中获取第一手的数据（为了进行这项研究，王瑾在分别于2002年和2004年在

① Shao-yi Sun, “Urban Landscape and Cultural Imagination: Literature, Film, and Visuality in Semi-Colonial Shanghai, 1927 – 1937”, Dissertation for PhD, University of Southern California, 1999, pp. 350 – 353.

北京奥美广告公司工作了两个长夏）。但王瑾同时也指出："没有广告媒体，商品无以被公众知晓。同样，没有消费者，商品便无法出售。因此，以生产为中心的方法，一定首先考虑消费者观点。"① 基于这样的理解，王瑾非常重视消费者（受众）研究，尤其是群体分类、层级差异、价值取向等，这一点我们在前文已有详述。在此，我们要重点考察的是她通过田野调查对中国消费者接受—反应情况的研究，这同样也牵涉广告中的现象学问题。

王瑾是通过一个非常有意思的广告解码实验来进行论述的，但该广告的目的不在于推销产品，相反，它意在通过消费者的反应来验证和完善广告本身。广告中被推销的产品依然是我们在第二章提到的一款由金伯利公司倾力打造的"高洁丝"卫生巾，而广告制作单位为享誉全球的奥美国际广告公司。我们曾经提到过，金伯利公司以红色为主题的卫生巾推广活动（"红点"战役）在欧美国家大获全胜，在亚洲地区却惨遭败绩，我们在此就考察一下它在中国战场究竟是如何失利的。

奥美为金伯利的卫生巾产品制作了一则以"鱼"为主题的视频测试广告，以考察被试（"焦点小组"）的反应及解码情况，正如王瑾所说，"其隐含的创意完全依据'红点'概念"。该广告的基本构思"由三个连续的镜头组成：很多鱼在一起→一只鱼被网住→这只迷失的鱼又游回鱼群。与'鱼'对应的人的故事，也是以三段式进行：一位年轻女孩正与朋友玩得愉快→例假来了，她心烦意乱，懒得与朋友交往→高洁丝重新让她感到安全，她又开始交际起来"。② 这则广告的创意无疑别出心裁，以颜色变化的鱼及其与群体的关系来隐喻使用卫生巾前后目标消费者的变化。王瑾将该过程用图表的形式表述如表 5－1。

① ［美］王瑾：《品牌新中国：广告、媒介与商业文化》，何朝阳、韦琳译，北京大学出版社 2012 年版，第 8 页。

② ［美］王瑾：《品牌新中国：广告、媒介与商业文化》，何朝阳、韦琳译，北京大学出版社 2012 年版，第 82 页。

表 5－1　　“鱼”的编码

呈现给焦点小组的形象	预期的信息
一群黑色的鱼在游泳	与朋友在一起
↓	↓
一条鱼变成红色	例假来了
↓	↓
出现一只网子	经期的种种障碍
↓	↓
那条红色的鱼被网子罩住	受障碍阻挠——孤立了
↓	↓
产品视窗（3 层，中间层更宽一些）	卓越的吸湿性/中间层安全合适的特征
↓	↓
那条红色鱼逃离网子	逃离孤立
↓	↓
重新加入该鱼群	重新回到朋友中间
↓	↓
众鱼欢笑	交往一如既往

表 5－1 左侧为视频广告通过意义编码呈现给被试的形象，右侧为期望得到的意向性解码。然而，通过对多个焦点小组的测试发现，该广告编码完全没有达到预期的解码效果，见表 5－2 所示。

表 5－2　　“鱼”的解码

实际获取的感知	实际的解释
一群黑色的鱼在游泳	与朋友在一起
↓	↓
~~一条鱼变成红色~~（未感知）	例假来了（猜测断定）
↓	↓
~~出现一只网子~~（未感知到）	~~受障碍阻挠~~（未感知到）
↓	↓
~~那条红色的鱼被网子罩住~~（未感知到）	被隔离（猜测）
↓	↓
高洁丝出现	衬垫的好处
↓	↓
那条红色鱼逃离网子	~~（没理解）~~
↓	↓
重新加入该鱼群	重新回到朋友中间
↓	↓
众鱼欢笑	交往一如既往

不难发现，广告意义的编码和解码在此出现了巨大的落差，首先“网”的象征意义几乎完全被忽视。其次，以红色为中心的颜色变化也没有引起预期的关注效果，如被试做出如此回答：“好像从开始到结束，所有鱼都是红色的”“我只看到红色的鱼，没有红点”“好像有一个红点，但不知道那里为什么有个红点”。总之要么没注意红色变化，要么知道了也不明就里，其中所隐含的“‘人性化’的寓意未被领会”。最后，关于鱼，“所有华裔（包括台湾焦点小组）的受访者马上想起‘如鱼得水’这个词（很有名的谚语），这更加证实了这样一个经验，即形象解码并非与视觉更相关，而是与文化更相关”。[①] 编码和解码如此之大相径庭，最终只能在文化传统上寻求原因了：“如鱼得水”确实是中国人关于鱼的第一印象，尤其当它被放进水里加以展示的时候。

通过以上解码实验，事实上已经宣告了金伯利的“红点”战役在中国的必败无疑，因此它的广告制作公司奥美不得不另寻其他的编码模式。经研讨决定，奥美实施了另一项以“意外”为主题的测试活动。这次彻底放弃了红色意象，改用直接切近于目标女性日常生活的叙事场景。编码过程如表 5－3。

表 5－3　　“意外”的编码

呈现给焦点小组的形象	想要得到的信息
在购物中心 ↓ 女孩正在躲藏/逃离/到处看 ↓ 冲进电梯/迅速关上门 ↓ 周围有许多人 ↓ 悄悄溜进停车场的汽车 ↓	第一公共场合 ↓ 想找没人的地方 ↓ 想找没人的地方 ↓ 第二公共场合 ↓ 第三公共场合 ↓

① ［美］王瑾：《品牌新中国：广告、媒介与商业文化》，何朝阳、韦琳译，北京大学出版社 2012 年版，第 85 页。

续表

呈现给焦点小组的形象	想要得到的信息
汽车里，后座位子上的包包	产品介绍
↓	↓
产品视窗（3层，中间一层更宽些）	卓越的吸湿性/中间层安全合适的特征
↓	↓
到家	终于到没人的地方了
↓	↓
妈妈和两个年轻男人在一起	更为自信地面对他人，即便是两位男友
↓	↓
女孩大笑	重获往日快乐

这则测试广告显然要比“鱼”的主题来得直接明快，其叙事内容和风格也更加贴近目标女性的现实经历，但结果发现，它的解码效果依然未能尽如人意如表5－4。

表5－4　　“意外”的解码

实际获得的感知	实际的解释
在购物中心	（场景太繁杂无法理解）
↓	↓
女孩正在躲藏/逃离/到处看	想单独待着
↓	↓
冲进电梯/迅速关上门	想单独待着
↓	↓
周围有许多人	（场景太乱，不明白）
↓	↓
~~悄悄溜进停车场的汽车~~	（不明白，太乱）
↓	↓
~~汽车里，后座位子上的包包~~	（不明白，太乱）
↓	↓
~~产品视窗~~	关于衬垫（不渗漏）
↓	↓
到家	只是到家而已
↓	↓
妈妈和两个年轻男人在一起	她或许有比较多的仰慕者
↓	↓
女孩大笑	因为有较多男朋友而高兴

从解码情况来看，被试显然没弄明白女孩为什么会在公共场合躲躲闪闪，她通过“单独待着”的一系列动作所表达的“怕渗漏”的担

心没有人领会；而且——依然基于中国式的家教传统——家长作为监督者的形象虽然被查知，但这位女孩“自信面对追求者”的画外音却没有人能听得懂；最后，也是最为关键的，女孩开心大笑的原因显然被误解了：她不为较多的仰慕者，而是为自己免于尴尬。鉴于如此有悖于该广告的解码预期，“意外”也被搁置了。

以上两个解码实验不由得让我们想起接受美学的“期待视野”概念，它意指“读者在阅读理解之前对作品显现方式的定向性期待，这种期待有一个相对确定的界域，此界域圈定了理解之可能的限度”。[①]根据其提出者德国康士坦茨学派另一个代表人物耀斯（Hans Robert Jauss）的理解，所有的接受实践，都必须围绕读者接受视野的限度展开，而无论是对它的打破还是契合，都可能会引起读者的审美快感——对于广告文本来说，这当然就意味着受众和市场。然而，以上两个解码实验，因其太过含蓄和复杂，似乎很难进入目标受众的期待视野，更不用说会产生什么接受快感了。但正如王瑾所说，支撑起读者接受期待的，最终只能归结于接受者所属的文化传统，这就再次验证了前述广告本土化的必要性和必然性。正是这种异质性文化的压力，迫使很多跨国广告公司在广告创意和实践上不得不从“全球思考，本地执行”向“本地思考，本地执行”方向蜕变。[②]

三　“把我们卖给我们”：UGC，Prosumer与广告“用户”时代的来临

“广告把我们卖给我们。”[③] 这是英国文化学者维拉姆森（J. Williamson）的著名论断，意指广告将原本属于消费者的需求、意愿、价

① 朱立元：《当代西方文艺理论》，华东师范大学出版社1997年版，第286页。

② 朱立元：《当代西方文艺理论》，华东师范大学出版社1997年版，第44页。

③ J. Williamson, “Decoding Advertising: Ideology and Meaning in Advertising”, London: Sage Pulication, 1978, p. 13.

值观乃至文化传统按照某种标准模型提炼加工后，反又卖给了消费者本身。这种做法同样反映了现象学的基本观念：始终围绕着意向主体的意识周旋，相信只有被彻底还原的意识本身才是终极存在的真理。不过，就广告文本来说，在其具体的创作过程中所执行的显然只能是一种有限的现象学"还原"，因为创作者必须首先预设一种"意图定点"，并围绕该定点来悬隔目标受众意识样本中的干扰因素（"噪音"），唯其如此，才有可能将符合既定意向的意识元素抽绎出来，最终予以客观化和效用化。从西方汉学界的研究文献可以看出，这样的一种"应用现象学"已经广泛见诸当代中国的广告实践，尤其在以互动传播为根本特点的新媒体广告中更是频繁出现。

让我们依然通过具体的例证来描述上述广告模型究竟是如何运作的。姑且依然围绕金伯利公司的卫生巾产品为例。不过这次是我们耳熟能详的"舒尔美"。后者原为中国公司生产，后来该公司的卫生巾产品被金伯利并购，成为合资品牌。广告制作方依然是奥美。目标是系统检验舒尔美存在的问题，重新让其焕发市场活力。（亚洲）奥美通过其独创的"360 度品牌管家"对中国大陆的多个城市进行了 24 次检验，结果发现，该品牌形象老旧，而且目标消费者希望它能带来更多的"舒适感"。随后，"舒适"概念的具体意涵就成了全部工作的重心。又经过 21 次检测后，"舒适"的意涵被明确化，最终分成了五类：简单快乐、内心安宁、感觉满足、充满美丽与活力、无忧无虑。此后的概念测试又陆续划除了其中的前三种，因为这些因素缺乏活力，"不够刺激"（针对形象老旧问题）。然后又经过对焦点小组（被试）的反复概念测试，最终的广告文案脱颖而出，即"释放自己，做我想做的"。

做完以上论述之后，王瑾一针见血地指出：广告制作就是"将目标群体首选的这些信息，重又销售给他们"。这句话显然是"把我们卖给我们"的精确翻版。毋庸置疑，此即为现代广告的标准制作模型。在此过程中，“广告中的意义生产，已经完全不同于文学或其他精英写作形式。观念不是凭空来自策划和营销人员的头脑，而是从品牌检验中提炼，以焦点小组讨论的形式呈现”。[①] 目标消费者的需求意识消失的地方，广告创作开始了，它的素材不是来自精英个体的天才发现，而是根据某种预定的数学模型，进行程式化的数据收集、输入和反复验证，最后小心翼翼地推导出一个精确的结论。至此，近百年前国货运动理论家马崇干竭力倡导的基于受众“心理学”的“科学营销”理念，终于在当代跨国广告公司手里发挥到了出神入化的水平。

王瑾进一步指出：“舒尔美和高洁丝案例研究，让‘有意编配’这个前提，产生疑问，因为它表明，今天，在制造（和控制）物质文化的意义方面，企业广告主和消费者均无独占权。品牌塑造过程非常复杂，须经所有三方（目标消费者、企业广告主和广告公司）之间层层协商，将权力赋予任何一方，都是过于简单化了。”不难看出，生产者和消费者之间传统意义上的二元对立关系已经陷入了彻底崩溃的境地：消费者本身也被赋予了创造和生产的权利，而且——

> 随着品牌生产链的推进，消费者开始起到至关重要的作用，不仅决定每个推广活动背后的观念，而且深度影响创意，并最终决定是否制作广告。整个品牌塑造过程，从定位、概念撰写，一直到创意执行，目标消费者无处不在。[②]

消费者以其有意无意的参与同时也成为广告制作的一支决定性力量，这在传统意义上以文本为中心的文化批评和阐释实践中显然

① ［美］王瑾：《品牌新中国：广告、媒介与商业文化》，何朝阳、韦琳译，北京大学出版社2012年版，第76—78页。

② ［美］王瑾：《品牌新中国：广告、媒介与商业文化》，何朝阳、韦琳译，北京大学出版社2012年版，第88、87页。

是很难被发现的，因为其理论基础大都以生产（者）和消费（者）的二元分立为前提。这无疑凸显了田野调查或民族志研究的重大学术意义。

不唯如此，王瑾还指出："写博客，以及《第二人生》这类角色扮演游戏（一个完全由居民想象、创作并拥有的3D虚拟世界），为消费者提供了更大的游戏室，他们正以从前无法想象的方式，塑造企业议程。新媒体迅速销蚀生产者与消费者之间的界限，产生生产消费者（Prosumer）这样的新型概念。""生产消费者"，这个源自著名未来学家阿尔文·托夫勒（Alvin Toffler）的"新型概念"——像极了前文论述到的"球域化"（Glocalization）概念——显然是生产者（Producer）和消费者（Consumer）两个术语的字法学拼合，它最初意指那些反对大规模生产的激进消费者，后者呼吁向"沃尔玛世界……收回权力，证明自己能生产自己想消费的产品，且乐于自行生产"，这群人自食其力创造了一种托夫勒所谓的"次生经济"，对常规经济模式带来了一定的扰动①。但在新媒体尤其自媒体大行其道的年代，这一概念的斗争性意涵显然已经退化消解，它只意味着生产者和消费者之间的界限已经变得模糊，或者用波德里亚的话说，两者之间产生了"内爆"，并重新创生出了一个新型的意义空间。这种情形不仅是当代广告业的事实真实，也是大众传媒业的事实真实，纯粹消费者概念的消失已经成为无可阻遏的"后现代性"理论事件。

可以为该事件提供佐证的，是另一个新术语的出现，即UGC（User Generated Content），意为"用户生成内容"。王瑾指出：对于当代中国的广告业，"需要明了的一点是，预制和生产者驱动的内容已不再吸引网民。相对于广告人的创意，用户生成内容是一匹黑马"。

① ［美］王瑾：《品牌新中国：广告、媒介与商业文化》，何朝阳、韦琳译，北京大学出版社2012年版，第255页。

以用户自己创造的内容来植入广告，这就是当代广告的“UGC 模式”。它与上述 Prosumer 的不同之处在于，消费者不是作为解码游戏中的实验对象（被试）而存在，相反，他们通过积极的个体创作来主动吸引广告的投放。用王瑾的说法：“创造力掌握在个体用户手中，他们创造的媒体景象具有真正的销售价值。”① 比如，一个非常带有反讽性的 UGC 广告案例：陈凯歌导演的电影《无极》被胡戈以恶搞的方式制作了一个视频短片，取名为《一个馒头引发的血案》，该视频迅速引起了中国网民的极大关注，甚至陈凯歌本人也扬言要起诉胡戈团队。但令人意想不到的事情发生了：“与广告直接相关的，是‘馒头’实际上成了陈氏电影有效的营销工具。许多‘馒头’粉丝……就是在看了恶搞版之后，购买了陈氏原版电影，以便更好地品评后者。这是一则逆向广告的优秀案例。”② 看来，所谓的 UGC 模式以点击率为生命，它无关于内容本身的善恶褒贬。

通过以上论述不难发现，无论是 Prosumer 还是 UGC，传统意义上作为接受方或传媒过程“后台”的消费者，都已经被凸显到了前所未有的位置上来，他们不仅不再是广告传播的对象，而且自行在舞台上表演，俨然已经成为令整个广告业为之旋转的中心或主体。消费者地位的这种变化显然与法兰克福学派的深沉忧虑和悲观主义的预言大相径庭，后者认为大众传媒必将造成受众“主体性地位的丧失”，社会世界将越来越趋于平面化和单向度化。恰恰相反，在已然全面降临的新媒体时代，消费者不仅成功攫取了主体性地位，而且他们连他们的名字也都已经被改写：不再是历史起源上颇带贬义色彩的“消费者”（详见第三章），而是在经济学上往往与上帝之名联系在一起的“用

① ［美］王瑾：《品牌新中国：广告、媒介与商业文化》，何朝阳、韦琳译，北京大学出版社 2012 年版，第 27—29 页。

② ［美］王瑾：《品牌新中国：广告、媒介与商业文化》，何朝阳、韦琳译，北京大学出版社 2012 年版，第 28 页。

户”。现时中国的广告行业，也正在走进它的“用户”时代。西方学界的研究者对此已有敏锐的觉察。王瑾就在其著作中，通过“叶茂中现象”举证了这个时代：“叶的座右铭是，始终不渝地‘迎合消费者，绝不指导消费者’。他在独立撰写的《创意就是权力》中提出大量营销建议，其中有‘我们做广告就是取悦大众’，‘不应迷信4A广告公司’”等等旨在捍卫消费者地位的言论①。“创意就是权力”，一旦当广告创意来自消费者时，他们就具备了主体性的权力。在这个严肃的事实面前，即便是传统媒体时代烜赫一时的4A广告公司也不得不低下它那高贵的头颅。

UGC，Prosumer和“用户”时代的来临，这就是新媒体对中国广告所带来的冲击，这种冲击及其后果用王瑾如下一段文字来描述应并无不妥，该段文字用来描绘发生在美国广告产业中的最新变化：

> 定位之类的旧模式如今颇受攻击。美国新一代营销人士宣称，消费者已经成为制造商业信息的一分子，期望亲身与品牌进行（有意义的）愉快而难忘的一对一互动。这一新学派强调，消费者为自我赋权的力量，无论有无商家干预，均能与品牌进行真实的互动对话。②

传统媒体模式下动辄以框定和切割消费者的定位理论已日薄西山，为新媒体时代信奉用户创意能力的互动营销理念洒下了绚烂的光辉，这就是当代中国广告产业的真实图景。

---

① ［美］王瑾：《品牌新中国：广告、媒介与商业文化》，何朝阳、韦琳译，北京大学出版社2012年版，第55—56页。

② ［美］王瑾：《品牌新中国：广告、媒介与商业文化》，何朝阳、韦琳译，北京大学出版社2012年版，第255页。

本章小结与评述

本章我们重点考察了西方汉学界对中国广告的媒介技术、传播机制、受众及其接受—反应等方面的研究，主要内容依次为：首先，所谓“现代广告”肇端于中国近代民族经济和印刷出版业的繁荣发展，尤其后者为其提供了必备的传媒技术手段，这种手段又随着现代科学的突飞猛进而不断进化，从纸媒时代的报纸、杂志、月份牌，到电子时代的广播，再到视觉文化时代的电视、移动电视、互联网和手机新媒体等，这些不断叠加的进化元素不啻为中国广告安上了四肢、耳朵、眼睛和大脑，使之日益健全，发展壮大；其次，对于中国广告的运行和传播机制问题，虽然西方汉学界并没有给出一张明晰的历史图谱，但它还是提供了一些重要线索，其中包括近代以来的国货运动对国货广告的组织宣传，当代中国广告的宏观运作模型，以及以奢侈品广告为参照背景的微观环节的广告传播机制等，这些从宏观到微观各个层面的论述为整体上认识中国广告的运作模型提供了不可或缺的背景材料；再次，对于中国广告的主体受众，从老上海的城市中产阶级，到延安苏区至“文化大革命”前夕万众一心的工农兵大众，再到新时期日渐分化的金领、蓝领、白领、波波族、新人类直至新新人类，其间沧海桑田，从一个侧面见证了百年中国的历史沉浮；最后，对于中国广告的接受和反应问题，西方汉学界做了一定的现象学分析，其中包括弗拉塞尔对近人马崇干的广告文本批评，王瑾通过田野调查对当代广告文本的一次解码实验的“深描”，以及在新媒体时代背景下广告受众从被动消费到积极生产的转变，这种文本与受众关系的现象学研究在方法论上对于国内学界具有一定的启发意义。

毋庸讳言，西方汉学界在如上问题上对中国广告的研究是比较细致和深刻的，基于传播学的这面“他者镜像”值得本土研究者观照镜鉴。但是，这并不意味着这种“他者视角”不存在什么问题，“无毒无害”，相反，其中的很多地方都值得我们严格检视。比如，在广告的传播媒介问题上，西方汉学界显然没有表现出足够的耐心，只有少数研究者在其研究中就少数必须被说明的广告媒介才做了相应的介绍。这种情况显然与西方汉学界对广告中所反映的价值内涵，如民族主义、现代性、全球化和本土化、消费主义、女权主义等形成了鲜明对比。两相比较不难发现，西方汉学界对于中国广告的硬件即器物和技术层面兴趣不大，而对于其中的软件即行动和价值观层面却细致入微。我们无意于对此做过多的“东方学”解读，只是将其与本土研究稍作一个比较：国内学界对于广告的传播媒介“关怀备至”，笔者随便抽出手头的一本关于中国近代广告研究的专著，其广告媒介的类别就包括招贴广告、传单广告、油漆路牌广告、包装纸罐盒广告、报刊广告、霓虹灯广告、无线电广告、空中广告、电影广告、窗饰陈列广告、游行广告、邮件广告、报纸看板广告十三种，并对其做了详细介绍。[①]不难发现，其中的大多数广告媒介在西方汉学界都找不到对应物。当然，或许可以说本书作为近代广告史的专门著作，在传播媒介上难免会着力较多；但问题在于，通观整个西方学界，其论题五花八门，但依然找不到如此这般的专门介绍，这就值得我们深思了。由是观之，我们在前文指出西方汉学界与本土研究在主题构成上存在“对称性破缺”问题，或者说存在“选择性关注”的差异问题，看来并非无稽之谈。

又如，西方汉学界对中国广告受众的研究，存在一定的泛政治化倾向，即在不否认其作为经济学存在的同时，试图将他们赋予一种政治学的潜能，以与主流价值形成对峙力量。这种解读在老上海的城市中产阶级和万众一心的工农兵大众那里自不待言；到了新时期，有些

① 杜艳艳：《中国近代广告史研究》，厦门大学出版社 2013 年版，第 44—52 页。

研究者继续在日渐分化的受众群体中捕风捉影。通过对白领、波波族和新人类的研究，他们没有发现比较有价值的迹象，但是在新新人类那里，却找到了新希望：这些人具有针对主流价值的颠覆潜能，他们被视为中国的“亚文化”。但是，对于那些“杀马特”和“肥猪流”们，国内学界的看法似乎并不这样，研究者们非但没有在这些人身上寄予抵抗的希望，反而对他们的生活命运表现出了诸多忧心苦虑，批评、引导和规范研究明显居多。

其他的问题当然还有很多，在此我们不拟作一一评比。对此，我们想说的是，“他者性”的视角尽管语出独到甚至不乏犀利，但是国内学界最好不要做“拿来主义”式的照单全收，在“货比三家”之后再酌而用之，或许是比较明智的选择。

第六章　西方汉学界中国广告研究的整体再评价与再发现

汉学者，名 Sinologits or Sinoloques，其用功甚苦，而成效殊微。然其人多不为吾国成见陋说所拘束，故其所著述多有启发吾人思想之处，不可一笔抹煞也。

——胡适

观点只是事实，方法才是生产力。

——季进

外货居十之六七，国货仅十之二三。

——戈公振

通过以上几个章节的论述，我们基本上廓清了西方汉学界关于中国广告研究的整体轮廓。毋庸讳言，这些研究虽然稍嫌残缺，历史叙述和主题谱系并不十分连续，但它依然为本土学界拼凑出了一面不可多得的“他者镜像”，而且其中的新观点、新方法、新材料层见而错出，在总体实绩上，与本土研究相比不遑多让。但另一方面，我们也须明白，西方汉学界的相关研究毕竟“身存魏阙”，就算我们可以绕过其背后可能潜藏的“意识形态图谋”，它与本土学界在考察视角、致思路径、观点结论等方面的差异终究也还是不容忽视的。对于这些问题，本章就将尝试做一个粗线条的大致梳理，以终结全篇。主要内容涉及国内学界对（包括广告研究在内的）海外汉学和中国学的基本态度立场，本研究的具体评议，中国广告的平行比较，以及“他者镜像”反衬之下的思考和启示等。需要说明的是，对于如上问题，笔者未敢奢望予以断言或定论，只是提供一些必要且粗浅的个人见解，或可借此以待来者之申议。

第一节　海外汉学谱系中的广告研究：系统定位与批评预览

诚如绪论中所述，西方汉学界的中国广告研究在身份归属上属于“海外汉学”的一部分，这是我们对该研究的一项基本认定；这种认定是必要的，但它同时也意味着关于“海外汉学”的诸多是非争端将不可避免地被延伸到广告研究的基本议程中来，其中包括价值立场、研究致思、学术体制、异国旅行、接受语境、文化变异等诸多聚讼纷纭的问题。在这里，我们暂且择取其中一些比较重要且与我们的研究密切相关的问题稍作述评，并在此基础上对西方汉学界的中国广告研究做一个粗浅且必要的整体再评价，以为本土学界提供一个抛砖引玉式的“批评预览”。

一　写在家国以外：“离散”中的海外汉学

本研究是对西方学界关于中国广告研究的再研究，对于这种研究，国内学人程裕祯说得很明白：

> 所谓海外汉学的研究，是指对境外中国文化研究的反研究，是我们站在母体文化的氛围里，探索母体文化在世界范围内传播的情况、历程、规律和特点，了解它在异质文化中影响的广度、

> 深度和不同的层面，分析不同文化背景的汉学家采取了什么不同的研究方法，走过了什么样的学术道路，等等。从外延上说，它是我们对中国文化研究的一种延伸；从内涵上说，它是我们对中国文化研究的一种补充。研究海外汉学，可以在整体上促进我们对中国文化的研究，它可以作为一个深刻有力的参照系，来观照我们研究中国文化的深度；它还可以作为一个独特而新颖的视角，来启发我们研究中国文化的角度。①

通过对“海外汉学”关于中国（广告）文化研究的“再研究”或“反研究”，能够为本土研究提供一个不可或缺的考察视角，从而使其在学理上获致延展、加深和拔高，这当然是难能可贵的。然而，这种纯然专业主义的说法未必会得到国内学界同人的一致认可。比如，季进的理解是这样的：“所谓‘海外汉学’是指，中国之外的关于中国历史、文化、文学、政治、宗教等方面的研究，也就是所谓的‘国外中国研究’。其命名本身直指地缘构造，不难看出背后潜藏的国家政教意识形态和领属自觉，乃近代以来民族、国家观念下的产物。”② 同是对于“海外汉学”的评估，这种观点显然多出了“政教意识形态”、民族—国家等维度，这种判然不同的态度立场当然应该引起我们的思考。

事实上，这两位学者的态度立场在“海外汉学”不同的历史时期和地缘政治条件下都是不无道理的。正如研究者所说，海外汉学“作为一个专门的学科”最早出现于1814年的法国，这一年，“法兰西学院首次在欧洲开设汉语讲座，并任命第一位教授，标志着这门学科的正式诞生。从此，它以法国为中心，以注重对中国历史、文学、语言、

① 程裕祯：《关于海外汉学研究》，《中国文化研究》1997年第2期。

② 季进：《论海外汉学与学术共同体的建构——以海外中国现代文学研究为例》，《文艺研究》2015年第1期。

典籍等古典文化的研究为特点，在欧洲各国相继建立起来”。这个时期的海外汉学——准确说为“欧洲汉学”——除了上述研究内容上的特点以外，还有以下两点是显而易见的：其一，它是一门边缘性学科，在19世纪欧洲灿若繁星的学术天空中并没有散发出特别引人瞩目的光芒，尤其他对多种语言和学术功底的苛刻要求，令试图涉足的研究者每每望而生畏，尽管这种边缘性地位在当前的西方学界依然不同程度地存在；其二，它“被认为是而且应该是一门纯粹的学问，与现实无关”，亦即一种整治无涉的、纯粹超然的冷门学科。这就是传统意义上的海外汉学。但是，至迟到20世纪30年代，这门学科旅行到美国以后，逐渐发生了一些根本性的变化；尤其第二次世界大战结束以后，得益于国际政治局势和中国的崛起，海外汉学终于迎来了一次“华丽转身”，美国的汉学研究也从此在国际学界定于一尊。但是，美国汉学研究全然不同于它在欧洲的前身：首先，它不再一门心思地钻研故纸堆，而是调转方向，将研究力量集中于当代中国问题；其次，它获取了前所未有的政治身份，“迫于形势，他们急需一群中国问题专家，以深入了解中国尤其当代中国的情况。这样，以研究当代中国为目的的‘中国学’就在这种‘敌情研究’需要的基础上逐渐兴盛起来，并逐渐成为美国汉学研究的主流”。①

如果此言非虚，那么海外汉学的“政教意识形态”立场也就昭然若揭了。明白到这一点，也就不难理解为什么本土研究者会提醒国内学界要警惕“汉学心态”和“汉学主义”，为什么将王德威的现代文学研究贬作“理论爆炸”“标签批发”“炫耀大规模杀伤性武器”，甚至理直气壮地将刘禾的跨语际研究斥为“花拳绣腿”。一定程度上来说，这些认识和理解都是不无道理的。但悖论在于，美国的汉学越是

① 范志慧、朱静：《美国的中国学：汉学从传统到现代的转身》，《河北大学学报》2008年第5期。

强调“敌情研究”，就越需要客观公正，以便借此做出科学的战略决策；而事实上，历史、政治和文化研究不仅不可能做到这一点，反而不能摆脱萨义德所深刻揭示的“东方主义”的幽灵：想象、扭曲、变异甚至妖魔化。

如此看来，对于包括广告研究在内的海外汉学应该尽可能地辩证理解，客观看待，而不能诉诸情绪化地一概批判，甚至上升为对研究者的人身攻击。事实上，所谓“美国汉学”——这也是关于中国广告研究的主导力量——本身即是一个自相矛盾的概念，它并非铁板一块，而是呈现出了多元并存、众声喧哗的“离散”状态：首先在历时性维度上，美国汉学本身有一个逐步发展的过程。在其早期阶段，著名华裔学人费正清（John King Fairbank）起到了关键性的作用，他不仅扭转了汉学研究的整体方向，呼吁其同行关注当代中国问题，而且写下了大量关于中国社会、历史和文化问题的著述，同时还提携后进，广收门徒，为这门学科的后续发展奠定了坚实的学理和人力基础。其次在共时性维度上，费正清所提出的“冲击—回应说”曾经长期占据着美国汉学研究的正统地位，这种观点认为，中国现代化是一种外缘、后发的缓慢进程，它的演进和发展从根本上是对西方冲击的一种反应，其中所蕴含的西方中心主义的内核显而易见；但是，这种观点不断遭到该学术共同体成员的不满和挑战，其中最著名的是费氏的美国门生保罗·柯文（Paul A. Cohen），他在题为《在中国发现历史——中国中心观在美国的兴起》（*Discovering History in China – American Historical Writing on the Recent Chinese Past*）的一书中系统清算了“西方中心论”的诸多弊端，认为中国现代性“最终是由中国社会的性质及历史发展趋势决定的，与西方冲击关联很少”，他据此提出了“中国中心观”，“即倡导以中国为出发点，深入精密地探讨中国内部的变化动力与形态结构，进行多学科协作性研究”，主要内容包括：“（1）研究与中国发展有关的课题，而不是寻找能证明西方对中国影响的课题；（2）对中国进行区域性研究，而不在于把中国看成铁板一块；（3）分层次研究中国社会，既考查上层，也研究下层；（4）引进各种社会科学的方法和理论，与传统的历史学方法结合研究。”[①] 此外，美国另一位著名的汉学家，也是我们在前文多次提到的阿里夫·德立克也表达了类似的观点。他认为，中国的本土主义运动并非全部针对全球资本主义和西方现代性，而是分为批判性的本土主义和作为意识形态的本土主义两种类型；前者旨在抵制西方的冲击，但后者则伴随着儒学的复兴，逐步演变成了一种“儒家现代性”，这种现代性不仅独立于西方模式，成为一种“另类现代性”，而且可以弥补西方资本主义的缺憾，疗救其现代性病症。这些观点至少在致思初衷上试图摆脱“就西方论中国”的传统套路，力求“就中国论中国”，在学理甚至政治身份上的转型并非一无是处。

当然，即便如此，也并不是说美国的汉学研究就不存在什么问题了，相反，这些研究中出现的问题以及立足于本土学界出现的“反问题”都大量存在，而且非常值得我们深思。对于后者，借用季进关于国内学界对夏志清批判的评议来说：“不一定是夏志清有多少政治情结要借文字的品评来疏解，倒可能是由于地缘的因素，大陆的批评者们看到了其中的政治芥蒂，与其要指正其人其作的不足与偏颇，不如说是自认为操持着批评的‘正义’……殊不知，这种以权威形象所塑造的‘公正’，也许不过是基于地缘因素所形成的另一种压抑。”国内学界所谓的“批判的公正”本身即可能携带批判者自身的压抑，何况在此过程中断章取义、“观点主义”、源文本缺失、“内外之别”等现象并不少见。[②] 饶有兴味的是，在很多情况下，批评不仅问题重重，

① 范志慧、朱静：《美国的中国学：汉学从传统到现代的转身》，《河北大学学报》2008年第5期。

② 季进：《论海外汉学与学术共同体的建构——以海外中国现代文学研究为例》，《文艺研究》2015年第1期。

而且可能会走向被他者同化的“反批评”，正如研究者所说：“但逐渐的，在不断的纠结和争论中，我们不知不觉地其实也在采用王德威们介绍给我们的研究方法和角度，甚至那些还在批评他的人，采用的方法也非常接近于他。至少我们开始注意到不同的批评方法和角度的重要性。”[①]，毕竟就观点和方法来说，“前者是事实，后者才是生产力”。[②]生产力的解放才是学术研究自身的解放。而且，本土学者也越来越清楚地认识到，在批评中取得进步，在比较中取长补短，这才是“师夷长技”之举，也才能形成“环境友好”的学术生态。

对于前者，也就是美国汉学所存在的问题，我们可以借助萨义德的那句著名论断予以评价：“迄今还没有发明一种方法，能够使学者脱离生活环境，脱离他（有意无意）参与的某一阶级、某一信仰、某一社会立场的事实，或脱离作为某一社会的一个成员所从事的纯粹活动。”[③] 任何研究者都无以脱身于其所处的社会语境，美国汉学家当然也概莫能外。而且，根据我们在第二章所述，在中国广告这一特定的研究议题上，其参与成员大都为美籍华裔学者（“离散中国人”），只有少部分是纯粹的外国学者，但他们都有一定的在华生活经验。显而易见，这些人尤其前者所携带的文化经验以及社会生活的烙印无不如影随形，并将密密交织于文本的书写过程中。他们不可能脱离“自我”来书写一个完全异己性的文本，因此他们的研究不可能纯粹，甚至不可能像传统的欧洲模式那般“纯粹”。

事实上，即便是“中国中心论”这种看似已经完全“放低身段”的研究致思又如何呢？国内研究者同样提出了合乎情理的异议：“这

① 毕红霞：《我们为何批评王德威？——兼论面对“海外汉学”的复杂心态》，《当代文坛》2013 年第 3 期。

② 季进：《论海外汉学与学术共同体的建构——以海外中国现代文学研究为例》，《文艺研究》2015 年第 1 期。

③ ［美］爱德华·萨义德：《萨义德自选集》，谢少波、韩刚等译，中国社会科学出版社 1999 年版，第 10 页。

个观念美则美矣，却也难逃辩证的吊诡和两难的尴尬。其一，它虽然打破了'西方中心主义'的迷思，肯定了中国文化的流动变迁及其能动效应，但是，相应的结果则是引来所谓的'文化相对主义'，以纯然对等的结构来探讨中西关系，从而漠视现实世界的文化流是永恒的'不平流'（asymmertrical cultural flow）这一事实。……其二，'文化相对主义'的另一个极端是文化孤立主义，将'文化多元'变成'文化保守'，'中国立场'变成'中国本位'，只执著于在一个封闭的环境中虚构自己的'文化原貌'。恰恰是这些被想象的'另类'（alternative）的本土文化形象，构成了一种典型的'自我东方化'（Self-orientalism）和'东方主义'（Orientalism）的凝视。"①

如此看来，即便是已经认识到海外汉学必然存在一种宿命般的"离散"现象，其内部结构并非铁板一块，本土研究者对于其中的"碎片"依然盯紧不放，哪怕是对于那些与本土研究近乎处在同一个"档位"的致思模型，依然可以咀嚼出"他者性"的"异味"来。因此，对于海外汉学，本土研究者有一种近乎本能的警惕，这种心理几乎结成了一张无边无际的滤网，不容许任何"有害物质"被渗透进来，其筛查程序甚至已近于苛刻和挑剔。在这张滤网中，我们再来"反审视"西方汉学界的中国广告研究，应该是足够细致且安全的。

二 中国广告的跨界旅行与接受变异

自近代以降，尤其从1905年的"国货运动"开始，土生土长的中国广告便引起了西方学界的广泛关注，这项课题由此便踏上了它在西方汉学界的漫长旅程。在与"他者"语境的接触过程中，中国广告至少经历了跨国、跨语言、跨文化、跨文明四个层次的"颠沛流离"，

① 季进：《跨语际与跨文化的海外汉学研究——以海外中国现代文学研究为对象》，《中国比较文学》2011年第3期。

它的本来面目——诚如前述，很大程度上并非出自刻意扭曲——或多或少，或隐或显地发生了一些改观或变异。正如研究者以文学文本为例所指出的那样：

> 一种文学文本在不同的文化区域中旅行时，并不是在一种审美共同体或普遍价值体系下的等值迁移，而必然受制于传播者或接受者的文化意识和立场、语言结构、传播和接受区域的文化政策和文化传统等合力因素。作为文化中重要分支的文学体制本身、文学文本（包括经典）本身、文学研究模式本身以及从事该门学科进行教学和研究的人群等，均难以在这一整体过程中独立、客观或中性地存在。那种预设或认定一种超越差异的审美共同体的存在的观念，即是一种文学大同乌托邦的设想；那种声称自己的书写或研究是脱离了意识形态的个人行为的说法，亦是一种意识形态的显现。①

否认意识形态同样是一种意识形态，不承认偏见本身即是一种偏见，在此意义上，差异必然存在，接受变异不可避免地发生，关于跨界旅行的研究因此才显得有必要和有意义。这种情形适切于文学研究，当然也适切于广告研究。

基于这样的前提，我们有必要通过考察西方汉学界为中国广告设置了哪些研究议程，进行了怎样的研究致思，以及得出了怎样的观点结论，从而对其做进一步的整体把握，以为后文的平行比较略做铺垫。

首先，西方汉学界对中国广告的研究过于偏重“国货运动”及其反映的民族—国家问题，对于民族主义的抵抗活动关切有加，甚至将这种关切延伸到消费主义和女权主义的研究议程中来，这在很大程度

① 王晓路等：《文化批评关键词研究》，北京大学出版社2007年版，第204—205页。

上陷入了“冲击—回应论”的窠臼。

根据前述，西方汉学界关于中国近现代民族主义问题的研究过于集中，在已经查明的相关文献中，仅专著就包括六种，而关于中国广告研究的所有专著也不过只有十余种。这些专著包括葛凯的《制造中国》、李欧梵的《上海摩登》、孙绍宜的《想象的城市》，以及高家龙的《中国的大企业》《邀请南京路》和《中华药商》，每一种都蕴含着有相当厚重的学术含量，非当代广告的研究力度可比。这种情况与本土学界的相关研究形成了鲜明对比。即便是抛开狭隘的广告研究，国内学者对于国货运动本身的关注都比较匮乏，正如我们在文献综述中所列，这方面的专家屈指可数，专著不过一两本；关于民族主义广告的博士论文非常罕见，仅发现数篇创新乏力的硕士和期刊论文聊可一观。在这些问题上，西方汉学界的热情有余与本土研究的漠不关心形成了鲜明的对比。此番情境不由得不引发我们的慎重思考。

一组令人信服的统计数字首先为这样的思考叩开了大门：在一项关于《申报》跨文化广告与本土广告构成情况的调查研究中发现：

> 《申报》创刊后的一段时间内，跨文化广告在数量上一直占商业广告的60%以上，与本土广告相比，居于绝对优势。从跨/本广告构成变化趋势上看，跨文化广告处于62%—90%的区间，而本土广告在10%—38%之间徘徊。……（而且）西人在《申报》上刊登广告的价格是华人登报的4倍。但即便如此，《申报》上跨文化广告的数量还是远远超出本土广告的数量。从中可见，在《申报》上刊登广告对洋商来说是一种“必需”的商业手段，即使所付广告刊登费用要远远超出华商也在所不惜；而华商还没有刊登广告的习惯。……进入20世纪后，随着中国民族工商业的发展及本土工商业人士对广告的重视，本土广告的数量上升，在商业广告的比例也加大，跨文化广告在构成比例上降到50%左

> 右。从跨/本广告构成变化趋势上看，跨文化广告在45%—53%之间变化，而本土广告在47%—55%之间变化。表面上看跨文化广告的主体地位遭遇到了本土广告的冲击，但进一步分析，就会发现，跨文化广告仍是《申报》商业广告的主体。①

根据这项研究，所谓“跨文化广告”主要以洋商为广告主，“本土广告”以民族工商业者为广告主。上述数据分析有以下两点需要引起我们的注意：首先，与跨文化广告相比，本土广告的刊登哪怕被给予了相当大（4倍）的价格优惠，依然没有成长为商业广告的主体力量，它的边缘、劣势地位虽有逐步改观，但进展比较缓慢，在此意义上，如果说它承担起了——就像西方汉学界所描述的那样——国货运动的一个举足轻重的宣战阵地，那么它的实际效力和威能不得不让人心生疑窦。事实以令人比较沮丧的情形出现在我们面前：“跨文化广告是中国近代广告的先驱，也是近代上海广告市场的主体。从近代上海的主流媒体上看，以登载推销洋货的跨文化广告居多，促销国货的广告，明显很少。”② 著名报业学人戈公振说得更直白：“外货居十之六七，国货仅十之二三。”③ 因此，认为国货广告能够传播强大的爱国主义精神以及关于民族图景的流行想象，进而极大促进了现代民族—国家的构建，这种论断恐怕是要大打折扣了；其次，正如我们反复申述的，在国内学界看来，本土广告数量构成上的逐步增多，与国货运动关系并不大，正如文中所说，只是由于“中国民族工商业的发展及本土工商业人士对广告的重视”，这是本土商业发展的一个自然过程，

① 庞菊爱：《跨文化广告与市民文化的变迁——1910—1930年〈申报〉跨文化广告研究》，上海交通大学出版社2011年版，第59页。

② 庞菊爱：《跨文化广告与市民文化的变迁——1910—1930年〈申报〉跨文化广告研究》，上海交通大学出版社2011年版，第56页。

③ 戈公振：《中国报学史》，生活·读书·新知三联书店1955年版，第220页。

并没有什么特殊的政治内涵，也并不一定非要与国货运动扯上关系。

由此可见，西方汉学界对中国近现代广告的研究存在一种民族化和政治化的“过度阐释”倾向，总体上与本土学界的分析视角和研究结论都大异其趣，这就在一定程度上扭曲了中国广告，为其塑造了一种扭曲、变异的形象。或许从最低限度（“欧洲式的超然”）的学理上来说，这样的结果不可避免，但当这种形象在异质性的文化和学术语境下被广泛传播，显然并不会带来良好或者具有正面价值的接受效果。

然而，西方汉学界对国货运动的阐释实践远未止步于此。诚如前述，有些研究者认为，近代以来越演越烈的国货运动与五四运动关系紧密，它是后者的一种不可或缺的触发机缘和组织力量，甚至成为日本宣布全面对华战争的一个重要原因。这些观点置放于国内历史学界恐怕会招致不小的争议。反过来说，果且如此，那么国内历史研究的很多结论观点看来都需要做一番重新的审视和修订了。

关于历史问题的是是非非超出了我们的检讨范围，在此姑且存而不论。就我们的研究主题来说，西方汉学界所揭示的广告民族主义还被引申到消费主义和女权主义的研究议程中来，大有将民族主义贯彻到底的嫌疑。比如，对于广告中消费主义问题的研究，葛凯、弗拉塞尔、高家龙等都认为，近代中国的消费主义受国货运动影响至深，后者通过一种旨在宣扬爱国消费的“道德经济”不仅有效传播了“工业即国防”“消费即爱国”等国货运动的基本信念，而且在爱国主义的威名之下破除了禁欲主义和苦行主义的儒家消费伦理，从而为现代消费主义的产生奠定了重要的合法性基础。这种研究一方面高估了国货运动以及国货广告在波澜壮阔的中国近现代历史上所能发挥的实际力量；另一方面也忽视或遮蔽了中国现代消费主义自身存在的重要问题，比如区域差异、阶层分化、城市化进程等，这些问题同样需要审慎地对待。对于女权主义问题的研究同样如此。在国货运动和民族主义的视角下，中国女性切己的、本真的经验世界被遮蔽了，取而代之的是解放叙事、商业异化以及政治议程的条块化切割，它所能提供的也只能是如此条分缕析但又模糊不清的性别陈述。

由上可见，西方汉学界对中国广告的论述虽然不乏深刻之考究，独到之见解，但其态度立场是鲜明且冷漠的，它们站在西方学术体制的背景之下来审视中国广告在面对外来冲击时究竟会发生什么样的反应，程度几何，以及受到了哪些方面的重要影响，这就没有走出“冲击—回应论”的传统研究范式，西方中心主义的倾向一望而知。正如我们在第二章对广告民族主义研究的评述，西方汉学界所仰赖的安德森的理论，本身即存在西方中心论的浓重色彩，现在看来，这种色彩已经蔓延为西方汉学界整体研究的一种底色。

其次，西方汉学界对中国广告的研究存在着一定的他者化、泛政治化和二元论倾向，从而将广告中所呈现的中国在整体上想象或描述为一种沉默、衰落、政治保守、传统文化浓重甚至“面子”至上、“关系”复杂的形象，与国人的日常经验有较大的出入。这也是中国广告在西方语境下发生“接受变异”的另一个明证。

毋庸讳言，造成这种情况的原因与上述西方中心论的致思模式密切相关。正是立足于作为中心的西方，一个被想象、虚构和捏造的东方，一个异己的、边缘化的“他者”才跃然纸上。“他者具体指的是一些什么人呢？从性别上来说，在男权社会中，女性是他者；从族群上来说，少数族裔是他者；从人种上来说，有色人种是他者；从地理上来说，东方是他者；从国别上来说，殖民地时代的殖民地、全球经济时代的发展中国家是他者；从文化归属上来说，异质文化、非西方文化是他者。”① 在西方汉学界的研究视野中，中国就是一个女性的、有色人种的、东方的、发展中的、非西方文化的“他者”。正如我们从前述克里斯特瓦关于中国妇女和传统文化的解读中所看到的那样，

① 王晓路等：《文化批评关键词研究》，北京大学出版社2007年版，第324页。

中国被描述为一个阴性的、沉默的、静态的国度，哪怕人民正生活在集权政治的阴影之下。

至于在广告研究中，西方汉学界如何生产“他者”，如何“想象”和“发明”中国，只要我们稍稍回顾一下关于中西广告文化的平行比较、中国民族主义广告的抵抗活动、广告文化产业的严重落后以及中国女性对高加索妇女美学的趋之若鹜等问题的有关论述便可一目了然。比如对于中西广告文化的比较问题，西方汉学界的相当一部分研究者始终围绕 I－C 模型（个体主义—集体主义）做文章，通过理论思辨、量化研究、内容分析、田野调查等多种办法试图证明中国广告所反映的文化模式依然带有强烈的儒家传统和集体主义倾向，进而与中国社会爱面子、靠关系、送礼文化盛行等观点相互印证，进一步说明中国的本土主义和民族主义风气胜炽，似乎任何一家跨国广告公司进驻到中国市场以后在战略定位上都必须要经受“全球思考，本地执行”到“本地思考，本地执行”的痛苦蜕变，才有可能获得存活下去的基本条件。又如，对于中国广告产业的整体评估，很多西方汉学界的研究者都坚持全球/地方、普遍/特殊的二元论思维，认为中国广告总体滞后，观念保守，市场混乱，处于低幼期的“蒙学”阶段；而跨国公司作为启蒙老师，既与只具有“自发经验”的本土公司展开竞争，又为它们带来了“专业主义”，后者不仅对中国广告的产业生态影响至深，而且廓清了市场的混沌，树立了典范模型，尤其 4A 标准的推广普及及其严苛的准入制度，为本土广告之间的残酷竞争投下了一块不啻能激起千层巨浪的“他山之石”。这种通过“他者”来为本土制定标准的思想观念不啻于将中国广告的现代进程解读为一种詹姆逊意义上的“民族寓言”，其中所蕴含的泛政治化和他者化的论调昭彰可睹。

最后，正如我们在前文所反复申述的那样，西方汉学界对中国广告的研究整体上并非匀质化和铁板一块的，而是在一定程度上呈现出了上文所述的离散化或者碎片化的特征，尽管这种倾向并不十分明显。

西方汉学界对中国广告的研究可以作为一个整体来考量，但未必它的组成部分都能彼此和谐相处而不产生矛盾，事实上，西方汉学界的相关研究并非铁板一块，它的内部存在着不同的声音，而且有的声音可能相互激辩，判然不同。比如，对于广告民族主义的理解，可以从民族主义编码入手，在国货广告领域作对抗式的解读，也可以着眼于流行想象，国货广告反而获得了民族—国家的建构价值；又如对于新时期女性身份地位及其与西方女性的比较研究，不同研究者的调查数据和内容分析彼此矛盾，甚至截然相反。比如，王瑾对奥美广告公司（北京）长时间的民族志调查，已经具备了阐释人类学的自觉的方法论意识和态度立场，其结论观点大都从田野调查的一手材料中抽绎出来，尤其对“球域化”概念的批评和结构分析，对于本土问题给予了前所未有的关注，这就再次接近了柯文意义上“中国中心论”的基本命意。

当然，即便如此，我们也不能说这些研究就不存在东方学和接受变异问题了，从根本上来说，跨界旅行中的“非等值迁移”现象毕竟不可破解，萨义德的如上论断也并未失去应有的阐释效力，季进等国内学者对“中国中心论”批判也同样不容忽视。只是说，这样的研究致思，相较于其他研究者在客观性和中立性这个基准线上更进一步、“东方学”色彩更冲淡一些罢了。

如上之研究致思的存在，说明西方汉学界的中国广告研究总体上是系统完备的，它已经将西方学界比较晚近或比较先进的考察视角搬进了中国广告论域中，尽管这样的研究还未为大观；也正是因此，我们才可以说，西方汉学界的相关研究并非铁板一块，前文所谓的“离散”现象，在我们做任何审议批评时，都必须有充分的考虑。

第二节 他者镜像与自我观照：中西广告研究的平行比较

基于以上之所述，包括其存在的问题和不足在内，我们已经悉尽描画了西方汉学界关于中国广告研究的最重要相面，至此终于可以脱开身来站在中西方相关研究的宏观视角上做一番整体观照和平行比较了。对此，我们将着眼于本质、立场、方法、结论、价值等几个重要方面，进行一番总体比对，期以进一步发掘西方汉学界中国广告研究的成果及其不足。

一 “他山之石”与“蚌中之沙”

中西方学界对中国广告的研究在学术语境、致思路径、方法论原则、观点结论等方面各有差异，从而形成了两种不同的整体风貌。

对于西方汉学界来说，它们的中国广告研究属于他者视角下的审查观照，或者说一种“他山之石”。尽管所谓“他者”在文化批评的意义上远不能被指认为一种中立、客观的价值立场，但“偏见”本身并不乏学术意义，甚至只有偏见才具有学术意义。正如英国文化学者汤林森借自福柯之口所说，“在每一个社会，话语的生产过程都不是漫无定则的。它必定存在着若干程序，控制着、选取着、组织着以及重新分配着话语的生产”。学术话语的生产当然也概莫能外，但这样的话语生产却不乏积极意义。汤林森指出，以下两个特定的原则，任何研究者都无以摆脱：首先是“学术‘学科’的原则”，其次是“作者的原则”，前者旨在“增强本身控制话语的能耐”，用以强化秩序，“学科”这个语词的英文表达 discipline 本身即有“纪律”和“规训”的意涵；后者是一种“群体话语的原则”，它在“某一个意义上认定了前后连贯性的存在，个中原因是我们通常都觉得‘有权威的个人’(authorial self) 是前后连贯的”，“作者”这个语词的英译 author 本身即有“权威”“官方”等意思。[①] 就此来看，一方面，任何一种海外汉学，当然也包括广告研究，一旦进入某一学科领域，必然会被体制化

① ［英］汤林森：《文化帝国主义》，冯建三译，上海人民出版社 1999 年版，第 17—20 页。

和规训化，成为其表达机制的一件加工制成品；另一方面，作者的议程设置具有前后一贯性和权威性，连作者本身也无法摆脱自己的身份强制，除非我们能够像福柯那样“杀死作者”，否则，它的幽灵将始终盘绕于文本的每一个字里行间。正如汤林森对自己写作身份的判断：“以英语写作这个主题这事件本身亦是文化帝国主义现象的一种”，因此只能“期望与读者透过相互建构的过程，清理本书文本的意义”，也只是由于“保持这样的态度，本书遂与实际上没有体认英语亦是文化帝国现象之一的著作有所区别”。[①] 区别仅仅在于作者对此有没有自觉的意识，这种情形大概就像不能“拔着头发离开地球”一样，本身即是一个难以开解的悖论。学科和作者这两种力量在任何写作实践中都难以摆脱，已经形成为根深蒂固的强制机制，哪怕在海外汉学的欧洲传统模式下也都不能幸免。在此意义上，任何海外汉学的文本生产及其写作者都必然受制于其所在的社会文化语境和学术规范，这些力量顽强且牢固地嵌入每一个文本的深部，成为它潜藏和超验的“先结构”。在这样的生产机制下，毋庸讳言，对于任何域外主题的研究都必然带着根深蒂固的“偏见”；但由于这种偏见本质上即是其制度本身，舍此之外学术产品无以被制作生产，因此它获得了阐释学上的“合法性”，成为一种“合法的偏见”。在此意义上，偏见显然具有积极意义，甚至只有偏见才具有积极意义。

由是观之，所谓“他山之石”远非意味着某种俗套或庸见，正如季进所说：“‘他山之石，可以攻玉’，这是对海外汉学最常见也最中庸的评价。不过……这绝不是表面的文字游戏，越是习以为常的东西，越需要认真地审视。‘他山之石’提示我们海外汉学有其独到的价值，也有其自身的限制，而‘可以攻玉’则表明其可能的影响，代表一种未然的趋势，而非已然的实有。认识这一点很重要，至少它说明海外

① ［英］汤林森：《文化帝国主义》，冯建三译，上海人民出版社 1999 年版，第 25 页。

汉学的价值并不孤立地取决于自身，也来自于它的接受者。”① 对于海外汉学中广告研究的“独到价值”，我们在前文已经做了多个层次和侧面的审理，而且截至目前仍在继续探问和追述；对于其“可能的影响”以及“未然的趋势”，至少在大陆学界，在广告研究的“学术共同体”之内，我们还没有给予足够的重视和开掘。这就牵涉中国广告的“自我观照”问题了。

“自我观照”或曰“对镜自览”，这是对本土学界关于中国广告研究的最一般概称。它如同河蚌，将一粒尘沙封闭于柔软的肉体，并通过坚固的蚌壳与外界隔绝开来，分泌痛苦，也渴望成果的辉煌，期待最终结成一粒光彩夺目的珍珠。也正是因此，它形成了另一套独立的解释系统，与“他山之石”交相辉映。在此系统之内，几乎任何西方汉学界所论述的问题，包括中国广告的民族主义、现代性、全球化、消费主义、女权主义、传播媒介、受众及其接受—反应模型等，都有不同程度和角度的触及，并得出了有所差异的结论。

但另一方面，所谓“蚌中之沙”的另一层寓意是“敝帚自珍”，或者比较严肃地说，叫作“自我封闭”。我们在前文已反复申论，本土学界的中国广告研究多则多矣，但严重缺乏“他者视角”，没有从他者角度“反观自我”的自觉意识。对于西方学界的中国广告研究，国内截至目前几乎没有发现一篇像样的期刊论文进行“再研究”，或者如程裕祯所说的“反研究”，甚至连选题灵活的硕士论文都查无一篇，更不要说博士论文和专门著述了。在此意义上，本土学界如此这般的“揽镜自照”，多少可见一番“自怜幽独”的况味。

综上，中西方学界对中国广告的研究恰如“他山之石”与“蚌中之沙”，并各自结晶为玉石与珍珠，各美其美，交相辉映；但同时，

① 季进：《论海外汉学与学术共同体的建构——以海外中国现代文学研究为例》，《文艺研究》2015 年第 1 期。

两者在彼此映照之下又瑕瑜互见，最显而易见的即为上述西方汉学界根深蒂固的他者性“偏见”和本土研究失之褊狭的“封闭”；而揭櫫“偏见”，破除“封闭”，在两者之间搭建彼此交通之津梁，借此使其互通有无，互相补益，正是我们全部努力的希望之所在。

二　边缘立场/泛政治化与主流价值/专业主义

这是中西方学界关于中国广告研究在致思路径和态度立场方面的一个重要差异。

我们先从本土学界的相关研究说起。对于中国广告，本土研究的主流价值立场和专业主义甚而实用主义的致思取向几乎自始（1905）至终（2015），一以贯之。比如，对于中国近现代广告，国内学界很少做民族主义和政治化的解读，甚至对颇受海外汉学关注的国货运动和国货广告都表现出了出人意料的冷漠，以至于在两者之间形成了我们在文献综述中所说的“对称性破缺”现象。当然，这并不是说国内学界对此完全漠视，而是说既有的少量研究其实大多观点雷同，即站在帝国主义侵略和民族反抗的主流立场之上，反复申论两者之间压迫与解放的双重主题以及中华民族的英勇抗争，几乎没有——像西方汉学界那样——论及它对于民族—国家的构建所带来的积极意义。毋宁说，国内学界对于这段时期广告的消费主义和女权主义问题兴味反而更高，很多博士论文和学术专著都主要针对这两个主题；当然其中也不乏基于严肃学术立场的广告学和传播学研究。更有意思的是，为数不少的本土研究者着力于在这些广告案例中深度挖掘其艺术美学、表达技巧和营销学价值，以求“古为今用”，服务于当代广告的营销战略。正如我们在文献综述中所说，即便对于当代广告，本土学界在特征、困境、对策、出路等方面同样显示出了极大的兴趣，这其中的实用主义致思可见一斑，而对于这些广告中所蕴含的文化、价值、意义、意识形态甚至哲学内涵等议题漠不关心。

再看西方汉学界，且不说它们对于中国广告在思辨研究、符号学分析等方法论视域下主要聚焦于民族国家、消费权力、性别政治、意识形态等非实用化的议题，而且即便是通过问卷调查、深度访谈、量化分析、田野调查等实证研究的方法，它们依然旨在考究其中的某种文化模型（比如 I－C 模型）或者意识形态内涵（比如球域化问题），这种“泛政治化”的倾向与国内学界的实用主义和专业主义研究取向大异其趣。我们当然可以说，西方汉学界的研究取向存在严重问题，它包藏祸心，“意识形态图谋”昭然若揭，甚至恰恰成了“东方主义”的最好例证；但是仅就学术研究本身来说，这样的层次或侧面，这样的研究领地，如果确实已经撂荒既久，如果只能拱手相让于“他者”，在异质文化语境中被开垦和耕种，同样也未必不是一桩幸事。

除了上述价值立场的泛政治化倾向以外，西方汉学界对于中国广告的研究还带有明显的边缘化特点。这不仅仅表现为围绕广告的文本生产、传播机制、接受反应等问题所做的数据分析或者民族志学的调查研究不再恪守“文本中心论”的传统教条，而且，即便对于广告文化文本中所蕴含的主要议题，同样也抱持边缘化的立场，力求从边缘着手以逼近于中心。正如我们在“绪论”中引述李欧梵所说，相对于以文学和艺术为代表的高雅趣味，以及对这些问题的“精英化处理”，广告、电影、娱乐、报纸等所谓的“大众文化”本身处于外围和边缘，但它们作为“表层”和“想象”，同样能抵达“核心”，而且正是基于这些被主流研究有意无意地忽略掉的细节性真实，才有可能更加有效地“还原”历史。西方汉学界的广告研究就是属于这种研究致思的一部分。比如，在西方汉学界看来，基于广告所传播的“流行想象”以及其中蕴含的民族主义图景，就可以奠定一块构建现代民族—国家的理论地基；而民族—国家的构建在主流叙述当中大抵只能诉诸民族独立运动和政治精英的决策智慧。从这两条不同的逻辑进路可以接近同一个问题的核心，而且导致研究结论各异其趣，这就是中西方学界在研究致思上的一个重要差异。西方汉学界对中国广告在消费主义和女权主义问题上的深度发掘，基本上也都秉持着这样的理念。就此而言，它们关于中国广告细致入微的论证分析说到底也只是工具，问题及其结论才是最终目的，甚至这些所谓的“问题和结论”一直都是西方汉学界所瞩目的核心议题，广告研究只不过是其中的一个例证罢了。这也就不难理解为什么中西方广告研究在主题学上会存在巨大的“对称性破缺”现象。然而，即便如此，对于这种差异未必一定要做出后殖民策略的解读，这或许只是一个自然过程，与中西方学界对于主流和边缘价值的不同定位有关：国内学界所谓的主流也许正是西方体制下的边缘；反之亦然，西方的边缘，那些被排斥或放逐的价值观念，在国内恰恰是主流。或许正是这种“价值错位”造成了两种判然不同的研究模式。在此意义上，中西方两种不同的广告研究模式中所蕴含的恰恰是一种深刻的“政治无意识”，而非出于刻意作为，因此所谓的“泛政治化”倾向其实并不一定包含特定的政治目的。

当然，我们以上所说的边缘立场/泛政治化解读与主流价值/专业主义研究之间的差异并不一定在每一项具体的研究中都能体现出来，主要还是就其主导性方面所做的一种大致界说，因此只具有相对意义，这一点必须在此申明，毕竟“作为方法的海外汉学”对本土学界影响至深，诸如钱理群先生等本土研究者长期以来都在致力于缩小这样的差异。

三　深刻的片面与整体的工稳

这是在结论观点层面西方汉学界与本土研究之间的一个重要差异。

“深刻的片面”，抑或反言之，“片面的深刻”，是西方汉学界关于中国广告研究的另一个重要特点，这与本土研究总体上命意宽泛、结论工稳的现象形成了鲜明对比。比如对于消费主义问题，国内的研究纵然相对于其他两个主题“火力”最为集中，但是依然很难从中抽绎出一个连续性的主题范式，即“救亡—革命—快感”的深刻递变，并将政治主线贯穿始终；然而，这并不意味着本土研究者对这些问题没有触及，实质上正如我们在文献综述中所说，王儒年对《申报》广告的消费救亡与欲望主题的深入探究，孙朕宇从《新闻报》广告中所解读的上海休闲生活与消费认同，孙钢着眼于房地产广告所揭示的社会和消费文化变迁等，都对这些问题做了不同程度的论述，只是这些论述未见一以贯之的主线，而且在此之外国内研究者还对广告策略、表达技巧、营销方案等比较专业性和实用性的问题兴味盎然，与西方汉学界的研究实践大异其趣。又如对于女权主义问题，尽管国内外的研究者都有关于妇女解放、厌女症、妇女地位、男性凝视等问题的论述，但是西方汉学界特重于厌女症现象，因为其中蕴含了民族主义的深刻意涵，尤其还在广告模特中发掘出了中国妇女对于高加索白种女性的美学渴求以及所谓的“美女的中国性”等问题，这其中所贯穿的依然是根深蒂固的“民族寓言”和泛政治化解读；而对于本土研究而言，在广告议题上，压迫一般溯源于父权制文化传统，政治大都止于两性之间，种族和国际政治的宏观考量难得一见，如此一样，研究结论的中规中矩和主流价值趋向也就势在必然了。

当然，中西广告研究在结论观点上的差异同样是基于总体视角的比较分析，这并不一定意味着西方汉学界与本土研究存在良莠高下之分，它们只是特定的社会和学术体制下两种不同研究模式的产物而已。事实上，中国广告的本土研究不乏累累硕果，对此我们无须妄自菲薄。需要引起我们审慎思考的反而是“他者镜像”所呈现出来的一些反常的“异象”。因为毕竟从学理上来说，结论观点的“深刻的片面”和“片面的深刻”，必然意味着对其研究对象的特征化、扭曲化甚至漫画化的描述，这种现象的东方主义意涵不言而喻。

四　对称性破缺与结构性互补

我们在文献综述中已总结指出，西方汉学界与本土研究在主题构成上存在着一定的“对称性破缺”现象；通过以后几个章节的逐步探讨，这种现象的基本内涵越发清晰了。对此，我们必须做进一步梳理。

事实上，单就西方汉学界的研究主题分布来说，就已经很不均衡了，或者说其内部的对称性首先已经出现了破缺：它们的兴奋点大都集中于民族主义、民族—国家、现代性、全球化和本土化、消费文化、女权主义、受众反应等问题，对于国货运动尤其关切有加，几乎以此贯穿了近现代广告的全部主题。但是，对于广告的传播媒介和技术，西方汉学界显得漠不关心，只是在必须要交代的时候才略做说明，造成了这个研究谱系的残缺不全。质言之，西方汉学界对于中国广告的硬件和软件采取了区别对待的方式：在作为硬件的器物、技术层面上关切不足，而在作为软件的行动、价值观层面上则热情有余。之所以出现这种情况，显然与上述泛政治化的研究立场休戚相关，毕竟硬件问题上很难显示政治主题，而软件领域则是一座政治学的“富矿”，被深度挖掘的可能性当然更大。对于这种情形，可以用苹果手机与谷歌搜索引擎与中国市场的关系来举证说明：后者专注于内容开发和数据挖掘，属于内容产业，因此往往会触动到一些敏感的神经，最终只得被迫退市；前者则致力于卖硬件，出售设备，因此在该领域很快占据并长期保持了相当大的市场份额。看来，无论硬件还是软件，这是一个问题。饶有兴味的是，西方学界对中国广告的软件的关注，与中国市场对谷歌搜索引擎作为一种软件（“内容产业”）的拒斥，形成了鲜明的“正相关”性。这说明，他者性与自我性从来都是相对而言，我们无须过度苛责“他者”，因为这就是其存在方式本身。

其次，西方汉学界与中国本土研究在主题结构上同样存在“对称性破缺”现象。这一点我们在文献综述中已经做了明确说明。但我们需要进一步说明的是，中西方学界在对称性上的“破缺”具有“互补”的可能性：诚如前述，本土学界对于中国广告的研究专业主义和实用主义取向比较明显，因此在广告的传播媒介、营销策略、困境出路等方面着力较多，即便是近代广告，同样也可以考究出它的创作学、营销学和管理学①意义来，从而达到“古为今用”的目的，但就是很少论及国货运动及其蕴藏的民族主义和消费主义内涵；这种情形与上述西方汉学界刚好相反，后者紧紧围绕民族主义、消费主义、女权主义等问题，对此浓泼重墨，细究深挖。这就形成了鲜明的对比：中国学界重实用、重策略、重技术操作，同时轻内涵、轻观念，前者为硬件，后者为软件；西方汉学界与此相反，重价值观、重行动、重实践，而轻策略技巧和实际应用，前者是软件，后者为硬件。

如此看来，中西方学界相较之下确实各有侧重，存在一定的“结构性互补”的可能。如果此言非虚，那么对于中国广告研究来说，只有打通东西这两个异质性的学术圈，才有可能建立起一个完整的结构整体，使之相得益彰，互相补益。当然，前提是已经对他者想象及其接受变异做了足够充分的“过滤”和本土化“还原”。

第三节　西方汉学界对中国广告研究和广告产业的启示价值

胡适曾说过：“西人之治汉学者，名 Sinologits or Sinoloques，其用功甚苦，而成效殊微。然其人多不为吾国成见陋说所拘束，故其所著述多有启发吾人思想之处，不可一笔抹煞也。”② 胡适所说的“用功甚苦，而成效殊微”的情况大抵还停留于欧洲式的传统汉学阶段，但“启发吾人思想之处”无论传统还是现代汉学均不鲜见。西方汉学界的中国广告研究当然也概莫能外。

就我们的研究流程而言，在经过如上概况综述、内部发掘、总体

① 这三个方面为国内某近代广告文化专著的基本架构，其专业主义和实用主义取向显而易见。

② 胡适：《胡适留学日记》，安徽教育出版社 2006 年版，第 860—861 页。

评价、中西比较等逐层逐次论述之后，行文至此，我们终于来到了最后一个环节，亦即考察西方汉学界的中国广告研究对于国内的学术探讨（学界）和产业发展（业界）究竟能够带来哪些比较有价值的启示。下面我们就将在研究致思、方法论、广告产业等几个方面依次展开论述。

一　研究致思：从边缘抵近中心

无论是笔者所努力呈示的广告研究，还是作为整体的海外汉学，边缘立场，着眼于外围或表面，以抵近核心议题，都是他者视角下研究致思的一个突出特点，对于这一点国内学界尤其是文学和历史学方面的研究者早已有所察觉，并将其引入特定的研究实践中来，但对于本研究主要探讨的广告主题来说，这种自觉意识似乎还远远不够，具体的研究实践也就少之又少了。

所谓边缘立场，在这里包含有广义和狭义两个方面，它们分别着眼于学术研究的整体构造以及作为其中一种结构元素的广告研究。

从广义上来说，国内主流学界对于作为“大众文化”之一种或者李欧梵所谓的属于“边缘”和“表面”的中国广告所蕴含的学术价值严重失察或低估，没有预想到从这种边缘性的文化类型中同样可以开掘出深刻且严肃的主题，甚至是民族—国家、现代性、全球化、消费主义、女性主义、受众分析、海外汉学等当前学界炙手可热的“核心”议题。

毋庸讳言，海外汉学界所谓学术研究的“边缘立场”主要受惠于文化研究这门新兴学科，而且文化研究所谓的“文化”主要针对于大众文化，这种文化当然也包括广告在内，但问题是，尽管文化研究在国内学界已被广泛接受且普遍叫好，但是其中广告的研究议题却从未有得到充分的发掘。当然，这么说绝不意味着国内学界对此完全置之不顾，事实上我们在前文反复引述的诸如张殿元的视角广告文化研究、汤志耕的跨文化广告研究、张泓的广告文化批判研究等都可谓卓有成效；但是，这些研究在立意上大都泛泛而谈，并没有针对中国广告，更重要的是，压根不触及近现代中国的广告文化。殊不知，相当大一部分的海外汉学家都致力于各个研究领域的历史再发掘，如就广告而言，葛凯、李欧梵、孙绍谊、高家龙、弗拉塞尔等都针对中国近现代广告，这些研究的实绩和成效要远大于当代的相关研究。而对于这些问题，国内学界仅有王儒年、孙朕宇等少数研究者有所触及，而且要么从博士论文延展为专著，要么就停留在博士论文，规模体量与英语语系的相关研究已经相去甚远，这还不包括其他语种。而与此相对的是，对于该议题的广告学和传播学研究为数不少，贯穿其中的价值中立原则和实用主义取向，与西方学界的文化批评可谓大异其趣，这也正是国内相关研究稍嫌“整体工稳”的原因之所在。

如此看来，在国内学界广告文化相对于娱乐文化、网络文化、影视文化等大众文化类型已经属于边缘和冷门，近现代广告文化相对当代研究更是边缘的边缘、冷门的冷门，它的备受冷落也就不难理解了。笔者在此只想说，边缘处可以抵近中心，冷门中也可以开掘出热门，如国货运动和国货广告中所蕴含的民族主义和爱国主义主题，谁能说不合乎主流价值，不属于热门问题呢？

从狭义上来说，广告研究本身也存在边缘与中心的相对位置关系：首先，相对于广告文化文本的内容主题、构造元素及其制作者，它的生产制作过程、运行机制以及受众反应情况是边缘。文本中心论和主题先行的观念在广告文化研究中并不鲜见，这种情况正如前引王瑾的犀利举证：大部分由中青年男性组成的研究者队伍，在理解卫生巾广告目标受众的接受心理方面并不具有比较优势，因此这样的研究只能流于臆想和虚构。面对此种窘境，最好的办法就是做民族志研究和田野调查，作为一个不参与的旁观者（尽管在严格的阐释人类学意义上很难做到）跟随广告文本，细致观察从立意来源到生产制作再到接受情况的全过程，这种做法并没有着眼于文本，具体结论也从实证材料中得出，与传统研究迥乎不同。

其次，相对于西方社会及其学术语境，中国本土是边缘。着眼于本土语境也许对国内研究来说自然而然，但是这依然没有抵近海外汉学界所谓“中国中心论”的基本内核，后者更加强调研究对象的差异、层级和内部分化，区域研究、群体研究和多元差异等问题被严肃对待。王瑾、李红梅等西方汉学界的研究者对海尔电器的渠道策略、叶茂中现象等问题的研究已经注意到“农村包围城市”“小利基市场的长尾效应”等问题，可谓这方面的重要表述。对于本土研究来说，关注底层叙事，体察大众生活，甚至深入边远乡村，在广告文化所能达到的一切领地进行相应研究，运用包括文献分析、深度访谈和田野调查等内在的任何适切的研究方案，这即是西方汉学界带给我们的一个重要启示。

当然，无可否认的是，对于中国广告研究的边缘立场，严格说来西方汉学界做得并不充分，很多研究者还没有从“冲击—回应论”的传统陷阱中摆脱出来，这也说明这些异己的“他者”在很多问题上远没有做到尽善尽美，这也正是我们在上文必须进行系统批评的一种重要原因之所在。

二 “方法论大爆炸”颇值一观

“方法论大爆炸”“炫耀大规模杀伤性武器”这是国内学界对海外汉学的一项重要指控。但我们愿意再次引述国内研究者的那句事实性描述且胜于雄辩的驳论：“逐渐的，在不断的纠结和论争中，我们不知不觉地其实也在采用王德威们介绍给我们的研究方法和角度，甚至那些还在批评他的人，采用的方法也非常接近于他。至少我们开始注意到不同的批评方法和角度的重要性。”（见前引）至于个中缘由，季进说的明白：观点只是事实，方法才是生产力。而且“无可否认，

‘西方作为方法’，已经成为一种知识与思想的构造，并深刻地影响着当前海内外中国文学与文化的研究”。[①] 如此看来，尽管方法论有可能会带来扭曲或者不合宜的结论，但有效掌握或者参照海外汉学的研究方法对于本土研究来说不啻为一种生产力大解放，这当然会有助于提高我们的研究成果。因此，我们有必要稍稍厘清一下西方汉学界在中国广告研究中所运用的具体方法，或可为本土研究略资镜鉴。

首先，理论思辨与文献研究相结合。对于人文社会科学来说，这两种研究方法大概司空见惯，但它们在西方汉学界的研究者那里因完美结合而焕发出了迷人的光彩。比如，运用安德森和霍布斯鲍姆的民族主义理论深度剖析作为流行想象的广告文化，从中发掘充满爱国情怀的民族图景，并以此为基础来“发明”现代意义上的民族—国家，在此过程中广泛调用报纸、杂志、月份牌、商品展览等历史文本中的文献资源，使其彼此佐证，互相强化，从而达到了很好的论证效果。这种研究方法当然在海内外学界已几成通则，但作为典型范例依然值得我们借鉴。

其次，符号学及其理论创新。运用符号学研究广告文化在国内外学界也已经屡见不鲜，其中美国文化学者苏德·杰哈利（Sut Jhally）的《广告的符码》（冯建三译，台湾远流出版社 1992 年版）、大陆学者李思屈的《广告符号学》（四川大学出版社 2004 年版）等著作都已早著学名，罗兰·巴特的符号学分析更是尽人皆知，而且葛凯的广告民族主义分析也运用了符号学方法；但是西方汉学界对中国广告的符号学研究却不乏新意，这其中最具有代表性的是赵昕，他别出心裁地提出了“Adeology”概念，也就是将 Advertising 和 Ideology 两个英文字母掐头去尾，拼凑成一个全新的概念语词，并用符号结构的分析逻辑进行理论推衍，从而将广告文化中所蕴含的消费主义和政治意识形态

① 季进：《跨语际与跨文化的海外汉学研究——以海外中国现代文学研究为例》，《中国比较文学》2011 年第 3 期。

意涵糅合为一体。这种做法提出了“意识形态的终结”这样的新观点，而且提供了一种新的符号学模型，运用该模型可以对很多类似的议题进行理论分析，比如消费主义与审美主义、全球化与地方化等。这种大胆的理论创新，值得我们借鉴和思考。

再次，基于文化研究向度的问卷调查、深度访谈等实证研究方法。由陈红等编著的《广告与中国社会》一书可谓西方汉学界对中国广告在实证研究方法论上的一次“大秀场”，这些研究方法包括问卷调查、深度访谈、词语分析、内容分析等，不一而足，就其规范程度以及操作流程而言，严格的标准化和专业化操作寓目可见；而且，正如前述，这些研究绝不止于数据分析，而是要深度挖掘其背后的文化、历史、政治等人文内涵，可以说本质之上依然属于文化研究的范畴，而不仅仅是呆板孤立、浮泛空浅的实证调查。至少在这一点上，国内学界尚须跟进学习，因为正如我们在文献综述中的归纳总结，本土研究者懂实证的理论研究欠缺，做理论的实证研究贫弱，将这两者有效结合起来将是我们值得期许的一个重要努力方向。

最后，民族志学研究和区域研究。王瑾的《品牌新中国》一书可谓这方面的典范之作，正如该书封底推荐语所言，“本书是将广告产业研究和文化研究相结合的优秀范例”。作者本人对这种研究具有深刻的理论自觉：“与企业相结合的研究方式表明，当学者不再在自己的象牙塔中推断消费者时，会获得怎样的研究机会！人文学科总以阐释在研究广告，视它为已完成的文本，等待在复杂的互文阅读上训练有素的专家解码。这样的研究虽然在文化价值的社会心理形成上具有指导意义，但在这些解释框架下被重新建构的消费者，最终是想象的实体，而不是在品位与行为上与学者几乎没有共同点的目标消费者。”① 以文本为中

① ［美］王瑾：《品牌新中国：广告、媒介与商业文化》，何朝阳、韦琳译，北京大学出版社 2012 年版，第 270—271 页。

心的阐释分析只能带来研究者的虚构和臆想，必须深入生产、传播和消费过程内部与制作者、传播者和消费者同呼吸、共命运，才有可能真正切近事实的真相，这种观念就是民族志学和田野调查的真髓。遗憾的是，迄今为止国内学界的广告研究领域尚未发现任何一部类似的著述。至于区域学研究，虽然在中国广告研究的议题上尚未充分展开，但是诚如前述，李红梅和王瑾都已经稍有触及，而且事实上葛凯、高家龙、李欧梵等人对上海广告的集中关注已经在不同程度地牵涉到这种研究方法，只是大都没有充分展开罢了。但这并不妨碍国内研究者从中汲取经验，补足缺憾，进而丰富广告研究的方法论武库。

当然，西方汉学界的中国广告研究远不止以上所列方法论，只是这些方法要么出现频繁，要么效用突出，要么特色鲜明，值得国内学界研究鉴借。

三　广告产业：全球意识，本土根脉，分众定位，粉丝营销

回首百年，中国广告产业在西方汉学界的视域下确实如“蚌中之沙”一般艰难而可贵：那粒微渺的沙尘最初即伴随着欧风美雨的狂吹滥打，它在殖民侵略的苦难历程中坠落于中华复地，很快便宿命般地被分派到了着床位置，这便是与帝国列强最为邻近也最为险恶的半殖民地上海，因此它的成长发育不得不仰赖于并不十分坚韧的民族主义之壳的保护；在此后的成长历程中，它伴随着母体的政治分泌和历史阵痛，一步一步，且行且徘徊，终于迎来了荧光可见的那一天，但在相当长的一段时期内依然只能隐隐闪烁，直到 20 世纪 90 年代才逐渐如拨云见日，焕发出别样的神采。这即是西方汉学界的画笔下，中国广告产业一百年来的集体肖像素描。对于这幅鸿篇巨制，西方汉学界虽然并非意在指点江山，也不可能面面俱到，但其中的某些笔触依然流露出了某些有规可循的技巧或章法。对此，除了学界需要观瞻临摹以外，产业界同样也可以汲取有用的素材，以为本土广告的繁荣发展

提供镜鉴资源。在这个问题上，结合上述研究，本土产业界需要在以下几个方面引起注意。

首先，正如我们在本研究第三部分所论述的那样，进入新时期以来，虽然广告民族主义曾经一度活跃，但它断已不再是中西广告文化文关系的主流，所谓“争议广告”“帝国奇观”等在信息资讯严重泛滥的时代，越来越失去了稀缺时代的“眼球经济”效果，不仅心存戒心的跨国广告公司着意规避且越来越不屑于这样的雕虫小技，就连国内开明的业界人士和学院研究者也开始自我反思，诸如“胜利叙事”和“伤害叙事”的深度解剖，“后革命氛围”“后民族主义”的自我认知，在本土语境下日渐深得人心。毕竟进入新时期尤其新世纪以来的中国经济成就斐然，“大国崛起”的经济自信和国人心态，与积贫积弱的晚清民国时代早已经不可同日而语。如今，全球化与地方性之间固然冲突事件依然频发，但“球域化”的洪流正在席卷一切，而且本土力量越来越起到中坚作用。在这样的时代背景下，正如王瑾对“威汉”公司的命名寓意所做的解析一样，中西合璧，将“球域化”的逻辑深入每一个细枝末节，并进行“浓度”不同的调配组合，将是这个时代广告文化产业的主流趋向。在此意义上，本土广告产业必须要一方面植根本土，向下扎根，同时也要放眼全球，横向生长，那种偏于一隅的传统栽培方式，将越来越失去全球一体化时代的水分和阳光。

其次，随着大众传播时代在互联网和移动新媒体语境下的土崩瓦解，中国广告产业必须要进行转型升级，在产业结构、营销模式、市场定位等各个方面都要及时跟进。在西方汉学界看来，当代中国新媒体、自媒体或者社交媒体已经遍地开花，受众类型早已不再是老上海的城市中产阶级和红色革命时期万众一心的工农兵大众，而是分化成了金领、白领、蓝领、粉领、灰领、波波族、新人类甚至新新人类等不同的部落群体，他们就像那幅著名的油画“挤扁压碎的一切”那样共时性且碎片化地共存一处，但是又没有彼此交融，而是边界分明，特点突出。基于这样的传播模式和受众类型，一个“广告产业 2.0”的时代已经来临，它与传统模式至少可以归结为以下三个方面的区别。

其一，在广告传播对象上，传统广告模式下被动的“受众”，变成了积极主动甚至可以通过生产内容来吸引和发布广告的“用户”，从而将广告传播带进了“用户”时代。

受众与用户有明显的不同：首先，在传受关系上，“受众”强调“受”，即“被动接受”；“用户”强调“用”，即“主动消费”，用户明显使传受双方的地位变得平等了。其次，在身份上，“受众”的身份比较模糊，带有他者导向和匿名性的特点；而“用户”的身份比较明晰，具有明显的个体化特点。正是基于这些特点，用户可以发布属于自己的信息，只要他们能够生产质量足够好、吸引粉丝持续关注的内容，就可以引来广告投放。这就是广告传播的 UGC（Users Generated Content）模式，即通过用户而不是专业的传媒机构来生产内容，从而将用户所在的信息“节点”变成广告的发布平台。王瑾对后舍男生案例援引，已经非常生动地说明了这一点。李红梅还援引了英国文化学者维拉姆森对广告做过一个经典的概括，即“广告把我们卖给我们”，意思是，广告商通过调查研究，将目标受众的追求、梦想、价值观、文化心理等进行专业化的制作包装，然后再售卖给受众本身；现在，在“广告产业 2.0”时代，情况发生了根本性的变化，成了“我们把自己卖给广告”，即通过自觉主动地生产内容，来吸引广告投放，将自己变成了广告的展示平台。

其二，在广告的传播方式上，由传统的市场细分、大面积投放，变成了现在的粉丝营销、精准定位，或者说，“广告”变成了“窄告”。

王瑾指出，广告界一直流传着一个著名的难题，它由美国著名广告大师约翰·沃纳梅克提出，即“被浪费掉一半的广告费究竟去哪了?”沃纳梅克出生在 1838 年，他的难题显然属于大众传播时代的产物，困扰了广告界一百多年。这期间尽管诸如里斯等人提出了“定位”理论，试图将市场细分化，但最终的效果，也只能从“漫天撒网”转变成“大面积投放”，精准定位依然很难实现。但是到了“广告产业2.0”时代，这个难题好像迎刃而解了，因为这些媒体的受众大都由与信息发布者具有共同志趣和追求的粉丝组成，这就形成了一个天然的同质化市场，精准定位的神话得到了前所未有的实现。

我们发现，在粉丝营销时代，广告的受众规模虽然明显缩小，由“广而告之”变成了“窄而告之”，但细分市场的明晰性和定位的精准性得到了空前的提高，由此，广告费的浪费现象得到了很好的改观。

其三，在广告文本及其制作方式上，从大众传播模式下的“硬广告”主导，变成了自媒体时代“软广告”的无处不在，广告行业进入了一个“软硬兼施”的新时代。

“硬广告”是指，由专业的市场策划人员或广告商制作，用以正面宣传企业产品和服务的广告形式。这种广告比较常见，传统的四大广告媒体即报纸、杂志、广播、电视上出现的广告大都属于硬广告。当然，新媒体和自媒体平台上也不乏硬广告。但是，这些媒体也催生了另一种广告形式的遍地开花，这就是软广告，它是指由非专业人员制作，以软文的形式发布在传播平台上，侧面宣传企业品牌、产品或服务的广告形式。软广告可以表现为内容转发、经验分享、主题文章、新闻报道、案例分析等。软广告最大的特点是隐晦曲折，藏而不露，直接命中受众的潜意识，因此具有“潜传播”的特点。这种传播方式很容易变成“病毒式营销”，也就是通过他人自觉或不自觉地宣传，“让大家告诉大家”“让粉丝传播粉丝”，从而最大限度地扩大受众规模。著名的“凡客体”曾经引发数以万计的网络名人及其粉丝围绕其广告文案的句式进行造句，这即是软广告和病毒式营销的典型案例。

由是观之，西方汉学界关于中国广告产业的论述事实上已经导向了一种新的发展模式，它的启发性和前瞻性如此之巨，不由得我们不贬义。

当然，无论西方汉学界对中国广告的研究如何观点奇警、方法新异、内容发人深思，我们绝不认为这样的研究就不存在什么问题了，对于这些，我们几乎在任何一个具体议题上都做了相应的批评分析，而且还特意进行了“总体再评价”；在行文的最后我们还想再说：西方汉学界的中国广告研究存在明显的“议程设置”偏见，最重要的表现是，从近代一直到新时期，从来都是单向度地探讨西方现代性、跨国公司对本土广告文化的影响，这个向度上的喋喋不休与中国广告“反影响”的话语空白形成更了鲜明对比。在全部的西方汉学界，大概只有高家龙论述到了近代中华药商以及中国药品广告在海外的传播，但也只是局限于东南亚地区，与西方世界相距甚远。

这种情形的出现或许与迄今为止的中国广告产业在体量、规模、专业化等方面依然比较落后有关，它与文学研究中的“意象派”诗歌运动和政治经济学研究中的“中国模式”等“逆袭”现象不可同日而语；抑或，这正是“中国中心论”以及其他比较具有后现代性或自反性特质的理论方法在西方汉学界的广告研究实践中尚没有被广泛采纳的一个客观原因。但是，从严格的逻辑意义上来说，广告文化的“球域化”不可能是单向度的，中国广告“走出去”话语的付诸阙如，与西方汉学界的严重失察，或者从根本上说特定社会和学术体制下不可避免的“政治无意识”“理论无意识”有脱不开的关系。

结　语

通过以上几个章节的论述，我们在海外汉学的宽广视域下，大体上厘清了西方汉学界关于中国广告自 1905 至 2020 年这一百多年的演化历史和主题脉络，尤其在观点结论、材料取舍、论证方法、研究致思等方面加以细致考究，并进一步对这些研究“述而后议”，从细节到整体进行了多层次的审查分析，期以去伪存真，剖璞显玉，最后还将其与本土研究进行了平行比较，力图同时为学界和业界贡献出具有一定启示意义的价值元素。研究过程中，我们基本上贯彻了“以时序为经，以主题为纬，以史通论，以论带史”的技术路线，在内容组织上按照文献综述、历史分期、代表人物、主题发掘、总体评价、中西比较、价值启示七个内在连贯的环节来结构全篇，并以“历史分期”“主题发掘”和“总体评价”三个方面的内容作为主体架构，由此框定了主要研究议程。在笔者力所能及的范围之内，这些研究大体上实现了对西方汉学界的中国广告研究进行“再研究”的目标任务。

毋庸讳言，西方汉学界的中国广告研究实绩显著，成果丰硕，非常值得国内同行耽思妙赏。比如，国货广告的民族主义编码、通过国货印刷广告和展览来重新“想象”和“发明”现代中国、消费主义的三个主题范式、女权与国权和男权的关系、中国女性的“身体技术”及其与高加索白种妇女之间的“她性”关系、美女的“中国性”、中国广告受众的百年历史变迁、广告文本与受众之间关系的现象学分析，以及广告传播从大众时代向 UGC 模式和“用户”时代的蜕变等。所有这些观点结论，共同连缀成了西方汉学界关于中国广告研究的结构整体，其规模之恢宏，命意之深邃，堪称“体大而虑精，思深而意远”（章学诚《文史通义 · 诗论篇》）。

而且，西方汉学界在研究方法上花样百出，令人以如行山荫道上，乱花繁眼。这些方法包括理论思辨研究、文献研究、实证研究、民族志学研究、区域研究、比较研究等，其中思辨研究中频繁出现的包括民族主义理论、消费社会理论、全球化理论、符号学理论、结构主义理论、女权主义理论、新历史主义理论、后殖民理论、现象学理论等，实证研究包括问卷调查、词语分析、深度访谈、统计分析等，尤其还动用了本土广告研究中很少运用到的焦点小组、民族志学和田野调查等方法，基本上将人文社会科学中所涉及的研究方法一网打尽，确有国内学界所谓的“方法论大爆炸”甚至“炫耀大规模杀伤性武器”之嫌——对此，我们当然也做了必不可少的批判分析。

此外，在中国广告论域内，西方汉学界在考察视角上已经开始触动了诸如“中国中心论”“区域学研究”“另类现代性”“在中国发现历史”（柯文）以及“从民族—国家拯救历史”（杜赞奇）等比较具有开创性的研究致思，尤其高家龙通过中华药商所提到的“自下而上的消费文化”和“儒家资本主义”，王瑾通过民族志学研究对全球/本土、消费者/生产者等二元论思维的消解等，都非常值得国内研究者细酌深究。

当然，本研究也指出，西方汉学界的中国广告研究虽然成效卓著，但存在的问题也不容忽视，包括其中蕴含的他者化、东方学和接受变异等问题——对此我们已从细部到整体做了比较详审而细致的批评检视。

当然，作为对西方汉学界中国广告研究的“再研究”或“反研究”，本研究也不可避免地存在一些问题，比如囿于笔者有限的英语水平，其中的理解不周、偏颇甚至——如同西方汉学界理解中文资料一样——断章取义之处在所难免，且受版权保护等因素的制约，研究资料未必十分充分，尤其未经电子录入的纸质材料，在国内无从查阅，这不得不说是一种损失。这些问题值得笔者在后续的研究中继续努力，以竭尽所能地纠偏匡正。此外，在整体架构上，有些问题值得辟专章或专节讨论，尤其方法论和广告业务的本土启示问题，笔者所述不多，力有未逮。另外，西方汉学界对中国近现代国货运动和国货广告的深挖细究及其研究致思，颇令笔者脑洞大开，由于该主题饱含有民族主义、爱国主义、现代性等比较值得关注的内容元素，可望今后在这个方向上继续深挖，期待有所创获。

参考文献

一　西方学界相关参考文献

（一）西方汉学（中国学）界相关参考文献

Barnes, B. R. & Siu, N. Y. M. & Yu, Q. & Chan, S. S. Y., "Exploring Cosmetics Advertising in Southern China", *International Journal of Advertising*, 2009, 28 (2): 369 – 393.

Belk, Russell W., Glocal Understandings: "Female Readers' Perceptions of the New Woman in Chinese Advertising", *Journal of International Business Studies*, 2007, 38 (6): 1034 – 1051.

Bilby, J. & Reid M. & Brennan, L., "The Future of Advertising in China: Practitioner Insights into the Evolution of Chinese Advertising Creativity", *Journal of Advertising Research*, 56 (3): 245 – 258, September, 2016.

Boden, Jeanne, Mind Mapping China: "*Language, Discourse and Advertising in China*", ASP – Academic & Scientific Publishers, 2010.

Cahan, Andrew S., "Chinese Label Art, 1900 – 1976", Atglen: Schiffer, Publishing Ltd., 2006.

Chan K. K. W., "Information Content of Television Advertising in China", *International Journal of Advertising*, 1995 (4): 365 – 373.

Chan, Kara W. W., "Creating Advertising That Appeals to Chinese Women", *Asian Journal of Communication*, 7: 1, 2009.

Chan, Kara, "Information Content of Television Advertising in China: an Update", *Asian Journal of Communication*, 2005, 15 (1): 1-15.

Chen Jiang, "Cultural Process and Advertising: The Role of Advertising in the Cultural Transformation in China Since 1978", Dissertation for PhD, Indiana University, 1998.

Cheng Hong, "Advertising and Chinese Society: Impacts and Issues", *Copenhagen Business School Press*, 2009.

Cheng Hong, "Hold up Half of the Sky? a Sociocultural Comparison of Gender-role Portrayals in Chinese and US Advertising", *International Journal of Advertising*, 16, 1997.

Chun Jiang, "The Content and Critical Metaphor Analysis of Illustrated Print Advertisements in China", Dissertation for PhD, University of Louisville, 2010.

Ciochetto Lynne, "Globalisation and Advertising in Emerging Economies Brazil, Russia, India and China", Routledge Press, 2011.

Cochran Sherman, "Cities in Motion: Interior, Coast and Diaspora in Transnational China", Berkeley: University of California Institute of East Asian Studies, 2007.

Cochran Sherman, "Inviting Nanjing Road: Commercial Culture in Shanghai, 1900-1945", Cornell University East Asia Program, 2000.

Cragin, J. P. & Kwan, Y. K. & Ho, Y. N., "Social Ethics and the Emergence of Advertising in China: Perceptions from within the Great Wall", *Journal of Business Ethics*, 1984, 3 (2): 91-94.

Davis, Deborah S., ed, "The Consumer Revolution in Urban China", University of California Press, 2001.

Deng, S. & Zhao, J., "Evolution and Evaluation of Export Advertising in China", *Journal of Business & Industrial Marketing*, 1995, 10 (5): 38 – 49.

Fam, Kim-Shyan & Waller, David S. & Yang, Zhilin, "Addressing the Advertising of Controversial Products in China: an Empirical Approach", *Journal of Business Ethics*, 2009 (88): 43 – 58.

Fam, K. S. & Waller, D. S. & Ong, F. S. & Yang Z., "Controversial Product Advertising in China: Perceptions of Three Generational Cohorts", *Journal of Consumer Behavior*, 2008, 7 (6): 461 – 469.

Fowler, Jie G., "Female Appeals Across Culture: Analyzing the U. S. versus Chinese Fashion Magazine Advertisements", Dissertation for PhD, University of Nebraska, 2012.

Fraser, David Embrey, "Smoking out the Enemy: the National Goods and the Advertising of Nationalism in China, 1880 – 1937", Dissertation for PhD, University of California, Berkeley, 1999.

Frith, Katherine T. & Tsao, James, "Advertising and cultural china: Challenges and Opportunities in Asia", *Asian Journal of Communication*, 1998, 8 (2): 1 – 17.

Gao, Z., "Controlling Deceptive Advertising in China: An Overview", *Journal of Public Policy & Marketing*, 2008, 27 (2): 165 – 177.

Hsu, Siu Yu & Barker, Gina G., "Individual and Collectivism in Chinese and America Television Advertising", *The International Communication Gazettle*, 2003, 75 (8).

Huang, Ying & Lowery, Dennis, "Toward Better Gender Equality? Portrayals of Advertising Model's Occupational Status in Chinese Magazines", *Journal of International Consumer Marketing*, 27: 1, 69 – 83, 2015.

Huang, Ying & Lowery, Dennis, "An Analysis of Nudity in Chinese Magazine Advertising: Examining Gender, Racial and Brand Differences", *Sex Roles*, 2012, 66 (7 - 8): 440 - 452.

Hung, Kineta & Li, Stella Yiyan, "Images of the Contemporary Woman in Advertising in China: a content Analysis", *Journal of International Consumer Maketing*, Vol. 19 (2), 2006.

Hung, Kineta & Tse, "Caleb H. Shirley & Cheng Y. Y., Advertising Research in the Post - WTO Decade in China: Meeting the Internationalization Challenge", *Journal of Advertising*, 41 (3): 121 - 145, September 2012.

Johansson, Perry, *Chinese Women and Consumer Culture*: "Discourses on Beauty and Identity in Advertising and Women's Magazines 1985 - 1995", Dissertation for PhD, Stockholm University, 1998.

Johansson, Perry, Consuming the other: "The Fetish of the Western Woman in Chinese Advertising and Popular Culture", *Postcolonial Studies*, 2010, 2 (3).

Johansson, Perry, "White Skin, Large Breasts: Chinese Beauty Product Advertising as Cultural Discourse", *China Information*, Vol. XIII, Nos. 2/3, 1998.

Keane, M. & Spurgeon, C., "Advertising Industry and Culture in Post-WTO China", *Media International Australia*, 2004 (1): 104 - 117.

Keown, C. F. & Jacobs, L. W. & Schmidt, R. W. & Ghymn, K. I., "Information Content of Advertising in the United States, Japan, South Korea, and the People's Republic of China", *International Journal of Advertising*, 1992 (3): 257 - 267.

Kim, K., "Advertising Appeals as a Reflection of Culture: a Cross-Cultural Analysis of Food Advertising Appeals in China and the US", *Sian*

Journal of Communication, 2010, 20 (1): 1 –16.

Laing, Ellen Johnson, "Selling Happiness: Calendar Posters and Visual Culture in Early-Twentieth-Century Shanghai", University of Hawaii Press, 2004.

Laroche, M. & Toffoli, R. & Zhang Q. & Pons, F., "A Cross-Cultural Study of the Persuasive Effect of Fear Appeal Messages in Cigarette Advertising: China and Canada", *International Journal of Advertising*, 2001, 20 (3): 297 –317.

Lee, W. N., "Acculturation and Advertising Communication Strategies: a Cross-Cultural Study of Chinese and Americans", Psychology & Marketing, 1993, 10 (5): 381 –397.

Li Hongmei, "Advertising and Consumer Culture in China (China Today)", Oxford: Polity Books, 2016.

Li Hongmei, "Advertising and Consumption in Post-Mao China: Between the Local and Global", Dissertation for PhD, University of Southern California, 2006.

Li, H. & Li, A. S. & Zhao, X., "Internet Advertising Strategy of Multinationals in China", *International Journal of Advertising*, 2009, 28 (1): 125 –146.

Li, H., "Foreign Advertising in China: Become Global, Becoming Local", Journalism & Mass Communication Quarterly, 2000, 77 (4): 925 –926.

Li, Xinghua, "Environmental Advertising in China and the USA: The Desire to Go Green (Routledge Studies in Environmental Communication and Media)", Routledge Press, 2016.

Marsh, Leslie L. & Li, Hongmei, "The Middle Class in Emerging Societies: Consumers, Lifestyles and Markets (Routledge Research in Cultural and Media Studies)", Routledge Press, 2015.

Pollay, R. W., "Advertising, Propaganda, and Value Change in Economic Development: the New Cultural Revolution in China and Attitudes Toward Advertising", *Journal of Business Research*, 1990, 20 (2): 83 - 95.

Po., Lanchih, "Repackaging Globalization: a Case Study of the Advertising Industry in China", *Geoforum*, 2006, 37 (5): 752 - 764.

Prendergast, Gerard & Shi, Yizheng & West, Douglas, "Organizational Buying and Advertising Agency-Client Relationships in China", *Journal of Advertising*, 2001, 30 (2): 61 - 71.

Shao, Y. & Desmarais F. & Weaver & C. K., "Chinese Advertising Practitioners' Conceptualization of Gender Representation", *International Journal of Advertising*, 2014, 33 (2): 329 - 350.

Simmons, L. C. & Schindler, R. M., "Cultural Superstitions and the Price Endings Used in Chinese Advertising", *Journal of International Marketing*, 2003, 11 (2): 101 - 111.

Sinclair, J., "Globalization and the Advertising Industry in China", *Chinese Journal of Communication*, 2008, 1 (1): 77 - 90.

Stout, Daniel A., etc., "Changes in Consumption Values Reflected in Chinese Newspaper Advertising", *New Jersey Journal of Communication*, 2: 2, 1994.

Sun, Shao-yi, "Urban Landscape and Cultural Imagination: Literature, Film, and Visuality in Semi-Colonial Shanghai, 1927 - 1937", Dissertation for PhD, University of Southern California, 1999.

Sun, Zhen, "Celebrities, Products, and Presentation Styles: A Content Analysis of Celebrity-Endorsed TV Commercials in China", Dissertation for PhD, University of Utah, 2009.

Swanson, L. A., "People's Advertising in China: A Longitudinal Content Analysis of the People's Daily Since 1949", *International Journal of Advertising*, 2010, 15 (3): 222 - 238.

Tavassoli, Nader T. & Lee, Yih Hwai, "The Differential Interaction of Auditory and Visual Advertising Elements with Chinese and English", *Journal of Marketing Research*, 2003, 40 (4): 468 - 480.

Tse, David K., etc., "Becoming a Consumer Society: a Longitudinal and Cross-Cultural Content Analysis of Print Ads from Hong Kong, the People's Republic of China, and Taiwan", *Journal of Consumer Research*, Vol. 15, No. 4, 1989.

Wang, Dan, "Cultural Influence on Visual Depiction of Advertising Appeals Across the U. S. and Chinese Business Magazines", Dissertation for Master of Science, University of Kansas, 2009.

Wang, Jian, "Foreign Advertising in China: Becoming Global, Becoming Local", Publisher: Wiley-Blackwell, 2008.

Wang, Jian, "From Four Hundred Million to More than One Billion Consumers: A Brief History of the Foreign Advertising Industry in China", *International Journal of Advertising*, 1997, 16 (4): 241 - 260.

Wang, Jin, "Foreign Advertising in China", Iowa: Iowa State University Press, 2000.

Weber, I. G., "Challenges Facing China's Television Advertising Industry in the Age of Spiritual Civilisation: an Industry Analysis", *International Journal of Advertising*, 2000, 19 (2): 259 - 281.

Wue, Roberta, "Selling the Artist, Art, and Audience in Nineteenth-Century Shanghai", *The Art Bulletin*, Vol. 4 (December 2009).

Yin, Jiafei, "Selling to the 'Central Kingdom': a Survey of International Advertising in China", Dissertation for PhD, University of Missouri

Columbia, 1997.

Zeng, Liren Benjamin, "Globalization and Its Impact on Media in China: a Comparative Content Analysis of Visual Representation in Chinese and US Magazine Advertisements, 1979 - 1998", Dissertation for PhD, the Ohio State University, 2000.

Zhang, Jing, "The Persuasiveness of Individualistic and Collectivistic Advertising Appeals Among Chinese Generation - X Consumers", *Journal of Advertising*, Vol. 39, No. 3, 2010.

Zhang, Yuan, "Good for Me or Us? a Comparative Content Analysis of Individual and Collectivist Values and Orientations in Global and Local Television Advertising in China", Dissertation for PhD, University of North Carolina, 2004.

Zhao, Xin, "Adeology: Advertising as a Battlefield of Rival Ideology in Transitional China", Dissertation for PhD, University of Utah, 2005.

Zhao, X. & Belk, R. W., "Politicizing Consumer Culture: Advertising's Appropriation of Political Ideology in China's Social Transition", *Journal of Consumer Research*, 2008, 35 (2): 231 - 244.

Zhao, X. & Wang, J., "Regulating Political Symbols China's Advertising Law and Politicized Advertising", *Journal of Advertising Research*, 2011, 51 (4): 624.

Zhou, Nan & Meng, Linming, "Marketing in an Emerging Consumer Society: Character Images in China's Consumer Magazine Advertising", *Asia Pacific Business Review*, 1997, 3 (3): 105 - 117.

[美] 高家龙:《中国的大企业——烟草工业的中外竞争（1890—1930)》, 樊书华、程麟荪译，商务印书馆2001年版。

[美] 高家龙:《中华药商：中国和东南亚的消费文化》，褚艳红等译，上海辞书出版社2013年版。

［美］卡尔·葛凯：《制造中国——消费文化与民族国家的创建》，黄振萍译，北京大学出版社 2007 年版。

［英］卡尔·葛凯：《中国消费的崛起》，曹槟译，中信出版社 2001 年版。

李欧梵：《上海摩登——一种新都市文化在中国（1930—1945）》，毛尖译，北京大学出版社 2002 年版。

［法］米歇尔·谢瓦利埃、卢晓：《奢侈中国》，徐邵敏译，国际文化出版公司 2010 年版。

［美］王瑾：《品牌新中国：广告、媒介与商业文化》，何朝阳、韦琳译，北京大学出版社 2012 年版。

［美］叶文心：《上海繁华——都会经济伦理与近现代中国（1843—1949）》（繁体版），王琴、刘润堂译，（台北）时报文化出版企业股份社 2010 年版。

（二）西方学界其他参考文献

Hower, Ralph M., "*The Story of an Advertising Agency*: *N. W. Ayer Son at Work*", Cambridge, Mass: Harvard University Press, 1939.

Lears, Jackson, "Fables of Abundance: The Cultural History of Advertising in American", Basic Books, 1994.

Shudson, Michael, *Advertising*, "*The Uneasy Persuasion*: *Its Dubious Impact on American Society*", New York: Basic Books, 1984.

Williamson, J., "*Decoding Advertisements*: *Ideology and Meaning in Advertising*", Boyars: Distributed by Calder and Boyars, 1978.

Yu, LiAnne, "*Consumption in China*: *How China's New Consumer Ideology is Shaping the Nation* (China Today)", Oxford: Polity Books, 2014.

［美］阿里夫·德里克：《后革命氛围》，王宁等译，中国社会科学出版社 1990 年版。

［英］安东尼·吉登斯：《民族国家与暴力》，胡宗泽等译，生活·读

书·新知三联书店 1998 年版。

［法］奥利维耶·阿苏利：《审美资本主义》，黄琰译，华东师范大学出版社 2013 年版。

［美］保罗·梅萨里：《视觉说服——形象在广告中的作用》，王波译，新华出版社 2004 年版。

［美］本尼迪克特·安德森：《想象的共同体——民族主义的起源与散布》，吴叡人译，上海人民出版社 2016 年版。

［英］弗吉尼亚·伍尔夫：《一间自己的屋子》，王还译，生活·读书·新知三联书店 1992 年版。

［英］雷蒙·威廉斯：《关键词：文化与社会的词汇》，刘建基译，生活·读书·新知三联书店 2005 年版。

［加］马歇尔·麦克卢汉：《理解媒介》，何道宽译，商务印书馆 2000 年版。

［法］让·波德里亚：《消费社会》，刘成富、全志钢译，南京大学出版社 2000 年版。

［美］苏特·杰哈利：《广告的符码》，冯建三译，台北：远流出版公司 1992 年版。

［英］汤林森：《文化帝国主义》，冯建三译，上海人民出版社 1999 年版。

［英］约翰·费瑟斯通：《消费文化与后现代主义》，刘精明译，南京大学出版社 2000 年版。

［美］约翰·费斯克等编纂：《关键概念：传播与文化研究词典》，李彬等译注，新华出版社 2004 年版。

二　本土学界相关参考文献

毕莹：《文化视角中的中美广告差异研究》，硕士学位论文，西北大学，2013 年。

曹顺庆：《比较文学变异学研究》，《复旦大学学报》2006 年第 1 期。

曹顺庆：《变异学：比较文学学科理论的重大突破》，《中山大学学报》2008 年第 4 期。

曹顺庆：《从失语症、话语重建到异质性》，《文艺研究》1999 年第 4 期。

曹顺庆：《文论失语与文化病症》，《文艺争鸣》1996 年第 2 期。

陈本益等：《西方现代文论与哲学》，重庆大学出版社 2000 年版。

陈钢：《当代中国广告史（1979—1991）》，北京大学出版社 2010 年版。

陈静静、孙斌华：《跨文化传播的民族主义解读——丰田“霸道”广告个案研究》，《新闻大学》2004 年第 4 期。

陈龙：《媒介文化全球化与当代意识形态的涵化》，《国际新闻界》2005 年第 5 期。

陈培爱：《中外广告史：站在当代视角的全面回顾》，中国物价出版社 2002 年版。

陈翌霖：《〈申报〉广告视野中的晚清上海社会》，硕士学位论文，苏州大学，2005 年。

陈振锟：《论国货运动在中国现代化过程中的作用》，《中共福建省委党校学报》2000 年第 10 期。

程裕祯：《关于海外汉学研究》，《中国文化研究》1997 年第 2 期。

戴元光主编：《传媒·传播·传播学——全球化与广告新理念》，上海交通大学出版社 2008 年版。

丁俊杰、初广志：《中国广告传播研究轨迹》，中国传媒大学出版社 2015 年版。

杜积西：《1978—2008：中国广告审美意识的流变》，博士学位论文，西南大学，2013 年。

杜艳艳：《中国近代广告史研究》，厦门大学出版社 2013 年版。

范志慧、朱静：《美国的中国学：汉学从传统到现代的转身》，《河北大学学报》2008 年第 5 期。

傅守祥：《大众文化的市场逻辑》，《社会科学战线》2007 年第 2 期。

戈公振：《中国报学史》，生活·读书·新知三联书店 1955 年版。

葛兆光：《宅兹中国：重建有关中国的历史叙述》，《贵州文史丛刊》2002 年第 1 期。

何辉：《镜像与现实：广告与中国社会消费文化的变迁以及有关现象和问题》，《现代传播》2011 年第 3 期。

贺雪飞：《文化差异——跨文化传广告传播中的变量》，《新闻记者》2006 年第 6 期。

黄升民、陈素白：《社会意识的表皮与深层——中国受众广告态度意识考察》，《现代传播》2006 年第 2 期。

黄玉涛：《民国时期商业广告研究》，厦门大学出版社 2009 年版。

季进：《跨语际与跨文化的海外汉学研究——以海外中国现代文学研究为例》，《中国比较文学》2011 年第 3 期。

季进：《论海外汉学与学术共同体的建构——以海外中国现代文学研究为例》，《文艺研究》2015 年第 1 期。

蒋建国：《广告符号与消费主义文化批判》，《消费经济》2007 年第 1 期。

蒋晓丽、石磊：《传媒与文化：文化视角下的传媒研究》，华夏出版社 2008 年版。

鞠惠冰：《广告文化学》，北京师范大学出版社 2013 年版。

李东标：《爱国与商业的二重奏——孤岛时期〈申报〉广告研究》，硕士学位论文，安徽大学，2013 年。

李思屈：《广告符号学》，四川大学出版社 2005 年版。

李思屈：《中西方广告的女性符号比较》，《西南民族学院学报》2009 年第 9 期。

李婷：《广告摩登：近现代中国商业广告海报研究》，上海锦绣文章出版社 2011 年版。

李晓娟：《从报刊广告宣传看中国抗战的全民性——以孤岛时期的〈申报〉广告为例（1936—1937）》，硕士学位论文，首都师范大学，

2008 年。

廖慧贞：《浅析民国节日政治广告——以 1927—1937 年的〈申报〉节日广告为例》，《经济与社会发展》2013 年第 2 期。

刘海波：《跨文化广告传播伦理问题研究——从“辱华广告”看跨文化传播》，硕士学位论文，苏州大学，2008 年。

刘泓：《消费、象征和权力：广告文化批判》，海峡文艺出版社 2002 年版。

刘艳子：《我国广告与居民消费的相关性研究》，博士学位论文，武汉大学，2014 年。

陆扬主编：《文化研究概论》，复旦大学出版社 2008 年版。

马衍阳：《〈想象的共同体〉中的“民族”与“民族主义”评析》，《世界民族》2005 年第 3 期。

潘君祥：《近代中国国货运动研究》，上海社会科学院出版社 1998 年版。

潘君祥：《辛亥革命与上海国货运动》，《历史研究》1992 年第 1 期。

潘君祥：《中国近代国货运动》，中国文史出版社 1996 年版。

潘知常、苗青：《“耐克广告”事件：民族主义话语权力的滥觞》，《东方论坛》2007 年第 2 期。

庞菊爱：《跨文化广告与市民文化的变迁——1910—1930 年〈申报〉跨文化广告研究》，上海交通大学出版社 2011 年版。

彭小华：《贬低还是讨好？——消费文化语境下广告性别再现的解读》，博士学位论文，四川大学，2005 年。

钱理群主编：《现代文学编年史——以文学广告为中心》三卷，北京大学出版社 2013 年版。

钱小明、程麟荪：《略论二三十年代的中国“国货运动”》，《上海经济研究》1984 年第 10 期。

屈雅丽：《当代广告发展与消费审美化进程》，《中州学刊》2014 年第 2 期。

饶广祥：《广告符号学教程》，重庆大学出版社 2015 年版。

沈一兵：《论消费异化与广告伦理》，硕士学位论文，南京师范大学，2004 年。

苏士梅：《中国近现代商业广告史》，河南大学出版社 2006 年版。

孙钢：《房地产广告：一个时代变迁的真实文本》，博士学位论文，四川大学，2006 年。

孙会：《〈大公报〉广告与近代社会（1902—1936 年）》，博士学位论文，河北师范大学，2007 年。

孙美琳：《近 30 年中国电视广告中女性形象的建构》，硕士学位论文，中央美术学院，2013 年。

孙信茹：《广告与民族文化产业》，人民出版社 2011 年版。

孙肤宇：《〈新闻报〉广告与近代上海休闲生活的建构（1927—1937）》，博士学位论文，复旦大学，2009 年。

汤志耘：《中国广告中的西方广告影响因素——从文化角度看》，浙江大学出版社 2009 年版。

陶东风：《新型文化媒介人批判》，载《首都师范大学学报》2003 年第 6 期。

田琳：《中美广告中的文化价值比较研究》，硕士学位论文（英文），天津财经大学，2010 年。

汪前军：《〈大公报〉（1902—1916）与中国广告近代化》，中国社会科学出版社 2016 年版。

王菲、陈美玲等：《中国广告媒介研究的学术语境变迁——基于 1981—2008 年五本代表性期刊相关文章的实证分析》，《国际新闻界》2009 年第 5 期。

王皓：《中国网络广告女性形象研究：对中国网络平面广告的内容分析》，硕士学位论文（英文），浙江大学，2013 年。

王慧：《中国电视商业广告文化价值模式研究》，博士学位论文，复旦大学，2003 年。

王儒年：《国货广告与市民消费中的民族认同——〈申报〉广告解读》，《江西师范大学学报》2003 年第 4 期。

王儒年：《欲望的想象：1920—1930 年代〈申报〉广告的文化史研究》，上海人民出版社 2007 年版。

王晓路等：《文化批评关键词研究》，北京大学出版社 2007 年版。

温彩云：《中国女性杂志广告中的现代女性身体模式研究》，《新闻界》2015 年第 5 期。

温林博：《论 1927—1937 年的上海国货机制工厂联合会》，硕士学位论文，北京工商大学，2006 年。

吴新攀：《国货广告中的民族图景——以 20 世纪 30 年代的〈申报〉、〈大公报〉为中心》，硕士学位论文，安徽大学，2010 年。

吴兴明：《“理论旅行”与“变异学”——对一个研究领域的立场或视角的考察》，《江汉论坛》2006 年第 7 期。

吴意歌：《20 世纪二三十年代上海市民消费心理探析——以英美烟公司在华企业产品为例》，硕士学位论文，东华大学，2015 年。

向娟：《民族主义语境下的国货运动与〈申报〉广告 1912—1926》，硕士学位论文，安徽大学，2010 年。

徐敏玉：《商业视域下广告审美研究》，博士学位论文，吉林大学，2013 年。

薛可：《奢侈品品牌在中国的传播方式研究——以五大奢侈品品牌为例》，硕士学位论文，上海交通大学，2011 年。

杨海军：《广告舆论传播研究——基于广告传播及舆论的双重视角》，博士学位论文，复旦大学，2011 年。

杨海军：《中外广告史》，武汉大学出版社 2006 年版。

杨魁、文君：《“五四”时期国货广告对爱国主义消费仪式的构建——纪念“五四”新文化运动九十周年》，《甘肃社会科学》2010 年第 2 期。
于石光：《广告中的情感诉求对中美消费者影响的比较研究》，博士学位论文，北京外国语大学，2014 年。
曾欢欢：《电视广告符号与消费主义神话》，硕士学位论文，湖南师范大学，2006 年。
战淑桦：《跨文化广告传播初探》，《当代传播》2006 年第 6 期。
张爱平：《在民族的土壤上，洒下工业的种子——二十世纪上半叶的国货运动》，《档案与史学》2004 年第 4 期。
张殿元：《广告视觉文化批判》，复旦大学出版社 2007 年版。
张殿元：《世界性广告消费主义的文化批判》，《中南民族大学学报》2008 年第 2 期。
张华：《基于网络调查的广告效果研究》，博士学位论文，华东师范大学，2012 年。
张京媛：《当代女性主义文学批评》，北京大学出版社 1992 年版。
赵津晶：《我国商业广告中的消费主义文化研究》，华中科技大学出版社 2012 年版。
赵毅衡：《符号学》，南京大学出版社 2012 年版。
祝帅：《中国广告学术史论》，北京大学出版社 2013 年版。

后　记

本书是在笔者博士论文的基础上删改修缮而成的，立意构思并不复杂，主要是借鉴国内方兴未艾的海外汉学或国际中国学（再）研究，跳脱出广告研究的本土视界，从更为宽广的“以他观我”的视角来重新审视中国广告；而这一研究视角的转换意味着我们在广告研究领域将第一次面对一个学界的“他者”，并进而将其背后所牵连的萨义德意义上的东方学和更为具体的批判汉学/中国学的传统带到本土的广告研究视野中来。毋庸讳言，西方汉学界基于其特定的考察视角和知识生产模式，“异地重建”了中国广告，本书所做的主要工作就是对这一国内学界鲜有触及的“他者镜像”进行整理再现，并通过东方学和批判中国学的视角，对其中可能存在的东方主义、西方中心主义、学术民族主义乃至“妖魔化中国”等现象进行批判分析，借以“去芜存菁”，从而总结提炼出学界的“他者”对国内广告研究（学界）和产业发展（业界）有所补益的价值元素。

窃以为，这一构想算是另辟蹊径了，它甚至有可能延展成整个国内新闻传播学研究的一个新面向。但始料未及的是，自成文以来，围绕这项研究遭受的冷遇多于热情，尤其在课题申请方面，有时我甚至怀疑做这样“冷僻”的研究是否真的有价值。但环顾四野，国内诸多学科领域包括文学、历史学（包括党史）、语言学、社会学、政治学、经济学、国际关系学等早已经高度关注海外汉学和国际中国学研究，并从其优秀成果中汲取了大量有益的观点、方法和学理，同时有力廓清了其中存在的他者化、二元论、强制阐释等东方主义谬见，从更宽广的视野来看，这也是健康有序的中西方学术对话的一个重要组成部分。但是，在目前的新闻学和传播学领域，这样的气候还没有形成，学界的“他者”对我们来说还是一个陌生的物种，任其花果飘零，也不意其谬种流传。在“大变局”的背景下，我们的外交和媒体都已开始直面来自西方的挑战，作为其理论策源地的学术场，或许是时候变一变了。

但不管怎样，从相反的角度来看，本书也算是以广告研究为视点，在新闻学和传播学领域首次尝试对“他者”的研究进行系统全面的“再研究”和“反研究”，虽然结果未必能尽如人意，但也做出了属于我自己应该做和想要做的努力。

学术原是一场孤独的人间修行，想要行深致远，达到通透澄明的境界，其实走哪一条路都一样。

感谢我的授业恩师四川大学曹顺庆先生和师母蒋晓丽教授，在漫漫求知逆旅上，您们永远是我生命中不灭的灯塔！

感谢本书编辑陈肖静老师在审稿和编辑加工过程中提出的宝贵意见和严谨细致的校对修改！

感谢我的研究生汪筱瑜、徐韵宁同学在本书校对过程中付出的努力！

作为海外中国广告研究的首次尝试，书中难免疏漏和偏失，望请读者诸君和学界同仁多多批评指正，共勉进学。

辛丑年孟春　宽斋

黑龙江蓝皮书
BLUE BOOK OF HEILONGJIANG

黑龙江文学发展报告（2020~2021）

ANNUAL REPORT ON LITERATURE DEVELOPMENT OF HEILONGJIANG (2020-2021)

主　编 / 王爱丽　郭淑梅

社会科学文献出版社
SOCIAL SCIENCES ACADEMIC PRESS (CHINA)

图书在版编目(CIP)数据

黑龙江文学发展报告. 2020－2021 / 王爱丽，郭淑梅主编. －－北京：社会科学文献出版社，2021.9

（黑龙江蓝皮书）

ISBN 978－7－5201－9306－1

Ⅰ.①黑… Ⅱ.①王… ②郭… Ⅲ.①当代文学－文学研究－研究报告－黑龙江省－2020－2021 Ⅳ.①I206.7

中国版本图书馆 CIP 数据核字（2021）第 216619 号

黑龙江蓝皮书

黑龙江文学发展报告（2020~2021）

主　　编 / 王爱丽　郭淑梅

出 版 人 / 王利民
责任编辑 / 丁　凡
责任印制 / 王京美

出　　版 / 社会科学文献出版社 · 城市和绿色发展分社（010）59367143
　　　　　地址：北京市北三环中路甲 29 号院华龙大厦　邮编：100029
　　　　　网址：www.ssap.com.cn
发　　行 / 市场营销中心（010）59367081　59367083
印　　装 / 天津千鹤文化传播有限公司

规　　格 / 开 本：787mm × 1092mm　1/16
　　　　　印 张：21.25　字 数：315 千字
版　　次 / 2021 年 9 月第 1 版　2021 年 9 月第 1 次印刷
书　　号 / ISBN 978－7－5201－9306－1
定　　价 / 138.00 元

本书如有印装质量问题，请与读者服务中心（010－59367028）联系

《黑龙江文学发展报告（2020～2021）》
编　委　会

主编简介

王爱丽 黑龙江省社会科学院副院长、二级研究员，省级领军人才梯队社会学带头人，硕士生导师。担任中国社会学会副会长、中国社会学会生活方式专业委员会常务副会长兼秘书长、中国社会治理专业委员会副会长、中国东亚社会学专业委员会副会长、黑龙江省社会学会会长、黑龙江省社会工作协会名誉会长、黑龙江省妇联常委。哈尔滨工程大学特聘教授。现为黑龙江省优秀中青年专家，黑龙江省文化名家，国家社科基金项目同行评议专家，享受国务院政府特殊津贴专家。出版学术著作20余部，在《社会学研究》等刊物发表论文、研究报告数百篇，获省社会科学优秀成果一等奖3项，二等奖4项，获全国优秀皮书一等奖1项、二等奖3项，获评全国皮书专业化20年致敬人物。先后前往美国芝加哥大学、北卡罗来纳大学及香港中文大学做访问学者，进行合作研究。

郭淑梅 黑龙江省社会科学院二级研究员，省级领军人才梯队学术带头人，艺术社会学硕士研究生导师。享受国务院政府特殊津贴专家，黑龙江省文化名家。主要研究方向为现当代文学、少数民族文学、文化艺术与产业。主持国家社科基金项目及省社科规划项目、省艺术科学规划项目15项，主持省委宣传部等党委和地方政府委托项目25项。出版学术专著15部。在《文学评论》《光明日报》《民族文学研究》等报刊上发表论文多篇，获《中国社会科学文摘》《文摘报》等全文转载多篇。获黑龙江省社会科学优秀成果一等奖2项，获省文艺奖（文艺理论评论类）一等奖1项；获中国女性文学研究优秀成果表彰奖1项。

摘　要

《黑龙江文学发展报告（2020～2021）》对2019～2020年的黑龙江文学发展动态，对新时代黑龙江作家在新中国成立70周年、抗击新冠肺炎疫情、打赢脱贫攻坚战全面建成小康社会的时代背景下“深入生活，扎根人民”所做的突出贡献，对文学评论家、文学史专家在文学评论与文学馆阵地建设上所付出的艰辛努力，对黑龙江文学创作品牌化发展趋势等进行了全方位多角度的回顾和总结。

2019～2020年，黑龙江文学创作无论是数量还是质量都呈上升趋势。各门类文学创作扎实推进。为讲好黑龙江故事，传承黑龙江精神，让更多具有地域标识的文学精品进入大众视野，黑龙江作家将精力放在打磨精品、突出地域风格特色上。

文学发展新动向主要表现在如下几个方面。

第一，获奖层次高，精品力作不断涌现。仅2020年，全年各类文学奖项及征文奖共计200余项。其中，值得关注的是青年作家创作实力大增。杨知寒现实题材的短篇小说《大寺终年无雪》，沐清雨的长篇小说《无二无别》分别荣登2020年度短篇小说排行榜和网络小说排行榜。

第二，文学批评队伍实力强劲，彰显了丰厚的学术积累。2019～2020年，黑龙江文学批评界在论文发表、专著出版、文学馆展陈大纲书写、文学史70年回顾、文学蓝皮书发展报告编撰等方面均表现良好。文学批评队伍老中青三代布局理想，后发优势强劲。

第三，纯文学品牌化意识加强。2019～2020年，对黑龙江历史文化资源开发利用的文学创作以及期刊平台建设，经过多年的摸索，凸显其品牌化特征，如“野草莓丛书”“松花江上大型系列文学丛书”。再如，《北方文学》《北极光》《剧作家》等期刊全力打造纯文学高地，为推出体现黑龙江特色、黑龙江风格、黑龙江气派的精品力作，为培养新人提供优质平台。

这一时段，黑龙江文学发展过程中也存在一些问题。

一是获茅盾文学奖、鲁迅文学奖、五个一工程奖等高层次奖项面临压力。建议设立国家级奖项后期资助制度，还应有针对性地启动纯文学作品重点扶持制度，制定符合文学精品创作的支持方案。

二是人才流失情况依然严重。“北漂”“南下”对黑龙江青年创作人才仍有诱惑力。建议以黑龙江省为主，实现与其他省份共享人才机制。发挥“北漂”“南下”流动人才作用，尤其是为青年人才提供广阔创作平台和机遇。

三是加大网络作家IP变现力度。打造网络作家村、网络文学小镇，探索新发展模式。围绕精品IP，实现整个IP变现端协作开发的商业化运作。

Abstract

Report on Literary Development in Heilongjiang Province (*2020 ~ 2021*) has made comprehensive reviews and summarizes from all angles. It analyses the development trend of literature in Heilongjiang province from 2019 to 2020, reviews the outstanding contributions made by the writers in Heilongjiang province in the new era of "going deep into life and taking root in the people" under the background of the 70th anniversary of the founding of the people's Republic of China, fighting against the epidemic, winning the struggle against poverty, and building a moderately prosperous society in an all-round way. Besides, the report has made its review on the arduous efforts of literary critics and literary historians in the field of literary criticism and the construction of Literature Museum and the brand development trend of literary in Heilongjiang province as well.

From 2019 to 2020, literary creation in Heilongjiang province has showed an upward trend in terms of both quantity and quality. All kinds of literary creation have been promoted gradually. In order to tell stories in Heilongjiang province well, inherit spirit of Heilongjiang province and bring more literary works with regional identity to the public's vision, writers focus on the polishing of fine works to highlight regional styles and characteristics.

The new trend of literary development is mainly manifested in the following aspects.

First, the award-winning level is high, and excellent works are constantly emerging. In 2020 alone, there were more than 200 literary awards and essay awards throughout the year. Among them, it is worth noting that the creative strength of young writers has improved greatly. Yang Zhihan's realistic short story "*No Snow in the Great Temple All the Year*" and Mu Qingyu's novel "*No Two, No Difference*" respectively ranked in the 2020 short story list and the online novel list.

Second, the strength of the literary criticism team is strong, which highlights the rich academic accumulation. From 2019 to 2020, literary criticism in Heilongjiang province has showed a fine momentum in the publication of papers, monographs, the outline for exhibition of literary museums, the review of literary history for 70 years, and Blue Book of report on literary development. The layout of the three generations of literary criticism team maintains ideal with a strong advantage of latecomers.

Third, the awareness of pure literature brand has been strengthened. From 2019 to 2020, after years of exploration, the literary creation of historical and cultural resources development and utilization in Heilongjiang province, as well as the construction of periodical platform, has highlighted its brand characteristics, for example, "Wild Strawberry Series" and "Songhua River Series of Large-scale Literature". For another example, journals such as *Northern Literature*, *BEIJIGUANG* and *Playwrights* have made every effort to build a pure literary highland and launch excellent works with Heilongjiang province's characteristics, style and taste, providing a high-quality platform for training new talents.

During this period, there are also some problems in the development of Heilongjiang literature.

First, high-level awards such as Mao Dun Literature Award, Lu Xun Literature Award and Five-One Project Award are under pressure. It is suggested that the late-stage funding system of national awards be established, and the key support system for pure literary works be initiated, and the support scheme for the creation of fine literary works be formulated.

Second, the brain drain is still serious. "Drifting in Beijing" and "Going South" are still attractive to young creative talents in Heilongjiang province. It is suggested that Heilongjiang province be the base province to realize the mechanism of sharing talents with other provinces to give full play to the mobile talent groups named "Drifting in Beijing" and "Going South". In particular, it provides a broad creative platform and opportunities for young talents.

Third, the industrialization of IP for network writers is to be increased. Through creating a network writer village and network literature town, the new development model is explored. And around the high-quality IP, the collaborative commercial operation of the whole IP realization end is realized.

目　录

Ⅰ　总报告

Ⅱ　分报告

Ⅲ　热点篇

Ⅳ　专题篇

Ⅴ　附　录

皮书数据库阅读**使用指南**

CONTENTS

Ⅰ General Report

Ⅱ Sub-reports

Ⅲ Hot Topics

Ⅳ Special Topics

总 报 告

General Report

B.1

新时代：创作更多具有地域标识的文学精品

郭淑梅*

摘　要：2019～2020年，黑龙江文学界围绕新中国成立70周年、抗击新冠肺炎疫情、打赢脱贫攻坚战全面建成小康社会等大事件展开一系列文学活动。其间，省作协第七次代表大会召开，顺利完成换届工作。黑龙江文学馆在展陈大纲书写、馆内设计布展等方面进入实质性阶段。主力作家倾力创作具有地域标识的文学精品，获奖层次高，社会影响大。文学批评家整体亮相，批评家队伍整体实力提升并得到社会认同。文学期刊《北方文学》《北极光》《剧作家》向品牌化迈进。青年创作人才培养还要加大力度，网络文学精品 IP 价值有待打通各方面渠道，全力进行转化。

* 郭淑梅，黑龙江省社会科学院二级研究员，研究方向为现当代文学、少数民族文学、文化艺术与产业。

关键词： 黑龙江省 文学大事件 文学获奖 文学品牌

一 黑龙江文学大事件

2019～2020年，新时代黑龙江文学创作在新中国成立70周年、抗击新冠肺炎疫情、打赢脱贫攻坚战全面建成小康社会的时代背景下，翻开新的历史篇章。黑龙江作家深入学习贯彻习近平新时代中国特色社会主义思想和党的十九大精神，学习习近平总书记在文艺工作座谈会上的讲话精神，"深入生活，扎根人民"，赴基层一线调研采风，与这个伟大时代同呼吸共命运，自觉地承担起举旗帜、聚民心、育新人、兴文化、展形象的使命任务。

在省委宣传部指导下，黑龙江文学馆建设取得实质性进展。根据省委提出的"公益、开放、互动、展演"功能要求，省作协下大力气抓建设，反复对标，对每一项功能都精心打造，成效显著。2020年，省委省政府领导出席黑龙江省第七次文代会和第七次作代会开幕式。会议全面总结六代会以来省作协工作，规划今后一个时期工作任务，全力推动文学事业高质量发展。在第七次作代会上，黑龙江省作家协会完成换届。

（一）新中国成立70周年黑龙江文学界开展丰富多彩的纪念活动

1.《奋斗》杂志率先发表新中国成立70周年黑龙江文学发展回顾文章

2019年是中华人民共和国成立70周年，标志着中国历史进入一个新纪元。《奋斗》杂志专栏发表郭淑梅署名文章《勇立潮头唱大风》，纪念新中国成立70周年。文章从1958年中国作家协会黑龙江分会成立写起，回顾总结了黑龙江文学自现代以来的发展脉络和现实主义创作风格。

在文学传统上，黑龙江作家秉持现实主义文学传统，以反映时代风貌为己任，传承了萧红、萧军、金剑啸、舒群、罗烽、白朗等抗战文学先锋的家国情怀，也传承了延安文艺工作者为工农兵创作的文学理念。解放区小说《暴风骤雨》《无敌三勇士》《江山村十日》《原动力》和电影剧本《中华女儿》《赵一曼》《桥》等，在黑龙江大地上耸立起一座中国解放区文学高峰，成为新中国文学的前奏。在文学平台上，黑龙江文学期刊和报纸副刊传承了解放区期刊推出文学新人的使命，在培养作家方面成就显著。据不完全统计，解放区时期，全省约有 93 家报纸和杂志社。1947 年前创刊的文学期刊有《热风》半月刊、《文艺》周刊、《文艺工作》旬刊、《文艺导报》月刊等。1947 年后创刊的大型文艺期刊有《东北文艺》《部队文艺》《文学战线》《人民戏剧》《东北文化》等。这些期刊和报纸副刊培养了大批青年作家和业余作家，为新中国黑龙江省文学的发展繁荣储备了专业人才。

当代“十七年文学”历程中，黑龙江文学走在时代最前列，在全省大农业大油田大林业大矿山开发建设号角声中，进入选材、主题、结构、风格等多姿多彩的文学繁荣期。从新中国成立后黑龙江第一部长篇小说——林予的《雁飞塞北》开始，北大荒文学声名鹊起。此后，长篇小说《大甸风云》，话剧《北大荒人》《夜闯完达山》，散文小说集《荒野里响起号角声》《大豆摇铃的时候》，长诗《北大荒歌》等一系列作品树立起当代中国文学主流意识形态创作的标杆。

黑龙江作家把笔触深探到战争、剿匪、土改、工业、农村、城市等领域，使黑龙江文学题材丰富多样，多角度多侧面地反映伟大时代波澜壮阔的画面。尤其是经历过战争年代的老作家，重新焕发创作活力，为黑龙江文学打上深深的文化传承烙印。小说方面有巴波、鲁琪、潘青、张德裕、王忠瑜、郑加真、毕方、郭先红、张恩儒、肖英俊、韩统良、吕中山、屈兴岐等；散文方面有逯斐、谢树、林青、丁继松、平青、门瑞瑜等；戏剧电影方面有乌·白辛、丛深、关沫南、关守中等；诗歌方面有方行、吴越、沙鸥、梁南、中流、王书怀、赤叶、朱彩斌、刘畅园、钱英球、李二月、满锐、陆伟然、巴彦布、鲍雨冰、范震威、韩春、陈修文、李方元等。作家以饱满旺盛的创作激情，投身到开发建设伟大历史变革的书写中，及时地反映新中国开发建设的时代风貌，倾心成为时代鼓手和人民歌者。

新时期以来，文学本土化创作达到新高度。黑龙江作家的创作才华得到最大程度的释放。小说领域频频赢获国家级奖项。王毅的《笨人王老大》、张抗抗的《夏》、张林的《你是共产党员吗?》三部短篇小说同获1980年全国优秀短篇小说奖。张抗抗以《淡淡的晨雾》获全国优秀中篇小说奖。梁晓声以《这是一片神奇的土地》和《今夜有暴风雪》获全国优秀短篇小说奖和中篇小说奖，2019年又以长篇小说《人世间》获第十届茅盾文学奖。王凤麟以《野狼出没的山谷》获全国优秀短篇小说奖。韩乃寅推出“知青小说三部曲”《远离太阳的地方》。迟子建以中篇小说《北极村的童话》一鸣惊人，其短篇小说《雾月牛栏》《清水洗尘》，中篇小说《世界上所有的夜晚》三度获鲁迅文学奖，又以长篇小说《额尔古纳河右岸》夺得第七届茅盾文学奖桂冠，跻身中国当代最具实力的作家行列。阿成是著名城市小说经典作家，短篇小说《年关六赋》获全国优秀短篇小说奖，《赵一曼女士》获首届鲁迅文学奖。常新港在儿童文学领域久负盛名，连续四届获全国优秀儿童文学奖，代表作有《独船》《青春的荒草地》《陈土的六根头发》《五头蒜》等。格日勒其木格·黑鹤的作品两度获全国优秀儿童文学奖，代表作有《黑焰》《狼獾河》等。左泓是第一届《儿童文学》小说擂台赛银奖得主，《危险的森林》《猫王》《魔鬼河》等获广泛关注。孙少山短篇小说《八百米深处》获全国优秀短篇小说奖。这一时期，陈玉谦、王立纯、王鸿达、李汉平、葛均义、鲍十、陈明、陈力娇、唐飙、刘子成、李五泉、何凯旋、刘跃利、袁炳发、朱珊珊、薛喜君、老长、孙且等在小说领域辛勤耕耘，均有上乘表现。

纪实文学领域，程树榛的《励精图治》获首届全国优秀报告文学奖。贾宏图三获全国优秀报告文学奖，代表作有《大洋的此岸和彼岸》（合作）、《她在丛中笑》、《大森林的回声》。蒋巍三获全国优秀报告文学奖，代表作有《大洋的此岸和彼岸》（合作）、《在大时代的弯弓上》、《人生环行道》。张雅文的《生命的呐喊》获第五届鲁迅文学奖，其长篇小说《盖世太保枪口下的中国女人》作为国礼由习近平主席赠予比利时国王。此外，郑加真的《北大荒移民录》、修来荣的《陈龙传》等都是这一时期精品佳作。

诗歌领域，诗人林子以诗集《给他》突破书写爱情的禁区，在全国引起广泛反响。李琦以诗集《李琦近作选》获第五届鲁迅文学奖。这一时期，还活跃着冯晏、桑克、张曙光、包临轩、庞壮国、陈士果、文乾义、马合省、陆少平、潘虹莉、范震飚、潘洗尘、杨川庆、陈景文、艾明波、杨河山、陈丹妮、杨勇、陈爱中、曹立光、姜超、赵亚东等一批优秀诗人。

散文杂文领域，鲁秀珍的《返青集》、张爱华的《孤独女子》等一系列作品，在文学界赢得广泛赞誉。姜淑梅以《乱时候，穷时候》将散文聚焦成文化热点，引发读者追捧。江南尘杂文为时代鼓与呼，谷南泉随笔呈现盛世闲士风格。这一时期活跃着重阳、李云迪、潘永翔、吕天琳、孙玉民、张艾苓、王若楠、阎逸等散文作家。

戏剧文学领域，刘炎、相源臻的评剧《民警家的贼》，王毅的龙江剧《皇亲国戚》双获全国戏剧优秀剧本奖。杨利民作品获第四届全国优秀剧本奖、曹禺戏剧文学奖，其《黑色的石头》被誉为现实主义戏剧里程碑。全勇先初涉文坛以小说创作名世，后专攻影视剧剧本创作，成为影视界翘楚，获第十八届“白玉兰奖”最佳编剧。这一时期活跃着孟烈、王治普、杨宝琛、杨宝林、邵宏大、周树山、张明媛、费守疆、乙福海、李景宽、车连滨、杨北星、李明明、饶津发、兰景林、张建祺、谭博等一大批优秀剧作家。

回顾黑龙江文学70年发展历程，广大作家敏锐捕捉时代变革信息，关注生活中重大事件，描绘人性的本质特征，倾情投入伟大的社会实践，呈现出沉稳大气的现实主义创作风格。题材主题广泛开拓，作家思想自由奔放，文学形式异彩纷呈，作家对当代中国文学最高奖项尽收囊中的勇气和才华，为树立黑龙江形象、为文化走出去战略实施立下汗马功劳。

2. 省作协与佳木斯市文联作协共同举办“不忘初心牢记使命　庆祝新中国成立70周年”赴基层采风活动

2019年7月29日至8月3日，为庆祝新中国成立70周年，将“不忘初心牢记使命”主题教育工作引向深入，省作协与佳木斯市文联、佳木斯市作协共同举办了“不忘初心牢记使命 庆祝新中国成立70周年”——走进赫哲族调研采风活动。省作协党组成员、副主席司兆国带队，由省直单位和哈尔滨市获奖作家、网络作家、重点会员与佳木斯本土作家共计28人组成采风团，赴佳木斯、汤原、同江等地采风。作家采风团此行，还对佳木斯市作协工作、赫哲族作家创作情况展开了专题调研。

3. 省作协举行“庆祝中华人民共和国成立70周年”纪念章颁授活动

2019年9月24日，省作协党组成员、副主席司兆国代表党政领导班子走访慰问了省作协老党员和老作家代表，并举行“庆祝中华人民共和国成立70周年”纪念章颁授活动，感谢他们为文学事业做出的贡献，同时也为他们送去组织的慰问与关怀。国庆前夕，中国作协向从事文学创作70年以上的老作家颁发了荣誉证书，黑龙江省获此殊荣的老作家有马乙亚、王忠瑜、中流、任愫、李世昌、陈碧芳、黄益庸。

（二）黑龙江文学馆建设取得实质性进展

1. 黑龙江省委常委、宣传部部长贾玉梅到省作协调研

2019年5月30日，省委常委、宣传部部长贾玉梅到省作协调研，并主持召开黑龙江省文学馆建设工作协调会。省委宣传部副部长刘维宽，省委编办巡视员李东民，省发改委副主任孙景春，省财政厅副巡视员王红，省作协党组书记李红、主席迟子建，党组成员、副主席司兆国出席会议。

2. 省作协组织省内专家撰写展陈大纲

为贯彻落实省委书记张庆伟到省作协调研指示精神，着力提高文学公共服务能力，在省委宣传部领导下，省作协积极筹建黑龙江文学馆，组织流域文明专家喻权中、文学史专家郭淑梅、文艺评论家韦健玮承担黑龙江文学馆展陈大纲撰写工作。经过20余次专题讨论会以及向各相关单位征求意见，省作协确立展陈大纲基本框架，充分做到文学导向正确、史料准确翔实、展陈形式独特，客观全面地展示黑龙江文学发展成就。

3. 省作协不断精细完善展陈设计方案

邀请国内著名展馆设计公司设计展陈方案，数易其稿，坚持主线突出、

重点明确，从地域文化入手设计展馆陈列方案。力求达到色调温馨、举目书香的最佳效果。

4. 省作协调动各方力量，全力征集重要作家书信手稿

为征集到著名作家作品真迹，省作协调动社会各方力量，不遗漏任何线索，反复寻找相关人员，征集到珍贵的萧红萧军书信手稿以及现当代重要作家通信、手稿、墨宝、日常用品等，还邀请著名作家王蒙为黑龙江文学馆题写馆名。

建成后的黑龙江文学馆将有效地展示黑龙江文脉走向，聚焦黑龙江文学成就，推介黑龙江文学精品，组织国内外文学交流活动，开展面向大众的社会服务工作。全面发挥黑龙江文学馆“公益、开放、互动、展演”的功能，为黑龙江文化强省建设提供助力。

（三）省作协第七次代表大会召开，迟子建再次当选主席

2020 年 1 月 7 日，黑龙江省文学艺术界联合会第七次代表大会、黑龙江省作家协会第七次代表大会、黑龙江省社会科学界联合会第九次代表大会在哈尔滨开幕。省委、省人大、省政府、省政协领导同志出席开幕式。省委书记、省人大常委会主任张庆伟出席开幕式并讲话，中国作协副主席、书记处书记吉狄马加到会致辞。本次大会共有近 300 名作家代表出席。他们来自全省 13 个地市作协、8 个产业行业作协及省直作家代表团，平均年龄 55 岁，年龄最大的 93 岁，最小的 24 岁。老中青三代作家齐聚盛会，共商黑龙江文学事业繁荣发展大计。

同日，省作协召开第七次代表大会第一次全体会议。会议由省作协主席迟子建主持。省作协党组书记李红受省作协第六届委员会委托作了题为《高举旗帜　守正创新　奋力书写新时代龙江文学新篇章》的工作报告。报告详细回顾了第六次作代会以来黑龙江文学事业取得的成就，并提出了今后一段时期的工作思路和要求。省作协党组成员、副主席司兆国宣读了《关于修改〈黑龙江省作家协会章程〉的说明》。

1 月 8 日，黑龙江省作家协会第七次代表大会在哈尔滨闭幕。经过充分

酝酿，按照选举程序，会议选举产生了黑龙江省作家协会第七届委员会委员和主席、副主席、主席团委员。迟子建再次当选省作协主席。

（四）广大作家积极行动起来投身抗疫文学书写

2020年，新冠肺炎疫情横扫全球。全国人民万众一心抗击疫情，涌现了许多可歌可泣的英雄事迹。2020年1月31日，省作家协会发出《黑龙江省作家协会致全省广大作家和文学工作者的倡议书》，倡议全省作家迅速行动起来，书写和讴歌抗疫、防疫前线涌现出的英雄人物和事迹，展现举国上下万众一心、众志成城抗击疫情的感人事迹。倡议迅速得到广大黑龙江作家的响应。

省作协组织全省作家进行抗疫专题创作，累计创作出5000余篇抗疫主题优秀作品，营造了积极向上的抗疫思想舆论氛围。2月1日，迟子建在《黑龙江日报》天鹅副刊“抗疫专号”发表《春花依然盛开》，为黑龙江作家抗疫文学融媒专版开篇，此后天鹅副刊陆续推出“抗疫专号”共计10期。“抗疫专号”以名家之笔，撷取充满生活气息的感人故事，书写伟大时代，展现抗疫斗士风采，产生良好的社会效应。省作协在黑龙江作家网络平台连续推出18期题为“以笔为剑——黑龙江作家抗击疫情文学作品选”的专栏，刊发优秀文学作品400余篇。省作协的内部刊物《黑龙江作家》设立“抗疫作品”专刊，集中刊发“抗疫”文学作品40余篇。省作协全方位多平台地推出抗疫作品，充分体现出黑龙江作家“深入生活，扎根人民”的责任担当和为时代鼓与呼的使命感。

为鼓舞激励广大干部群众打好疫情防控阻击战，中共黑龙江省委宣传部联合省直宣传文化战线相关单位，开展了“强信心，暖人心，聚民心”主题文艺作品创作征集活动，聚焦抗击疫情工作中的生动画面和感人瞬间，讴歌抗疫英雄。在这次全省文学艺术战线的主题征文活动中，黑龙江广大作家积极投稿，上交征文稿件2100多篇。省作协组织评出161篇获奖作品，分设一二三等奖，其中一等奖14篇，二等奖49篇，三等奖98篇。著名作家陈力娇等14人获一等奖（见表1）。

表 1　文学类一等奖获奖名单

序号	作品名称	作者（主创人员）	单位（地区）
1	《我与你》	陈力娇	哈尔滨市
2	《家事》	袁炳发	哈尔滨市
3	《奋起前行》	龙艺宣	省直
4	《与一只鸟儿对视》	廉世广	哈尔滨市
5	《即将到来的春天》	高万红	哈尔滨市
6	《一座城和一个姑娘》	刘莉	大庆市
7	《当我们讨论疫情的时候，我们在讨论什么？》	安石榴	牡丹江市作协
8	《我必须写写我的护士》	水子	省作协
9	《灾难课堂》	艾苓	绥化学院
10	《我与你隔着茫茫人海》（组诗）	孔繁宇	大庆市
11	《永不放弃》（组诗）	庞景英	大庆市
12	《中国力量》（诗歌朗诵）	作者：费守疆 朗诵者：张万金	齐齐哈尔市话剧团
13	《戎装》（诗歌朗诵）	作者：吴海霞 朗诵者：毛杰	齐齐哈尔市话剧团
14	《庚子女孩儿》（诗歌朗诵）	作者：费守疆 朗诵者：艾美丹	齐齐哈尔市话剧团

资料来源：中共黑龙江省委宣传部黑宣通〔2020〕30 号文件。

在抗击新冠肺炎疫情过程中，地市作协也发挥了重要的舆论引导作用。大兴安岭《北极光》文学杂志社第一时间号召作家诗人和文学爱好者发挥时代先锋作用，征集抗疫作品数百篇，推出“抗击新冠肺炎疫情专号”《同休共戚战疫魔　八万兴安在冲锋》（总第 267 号 2020 年第 1 期）。其中姜红伟 2 万多字的《中国诗坛爆发“抗疫诗潮”档案》，更是饱蘸激情，以诗家治学的前沿性、史家撰述的客观立场以及报告文学先声夺人的磅礴气势，将疫情发生以来的抗疫诗歌分为五个板块——“各地诗人诗作喷涌、微信公号率先发声、新闻媒体推波助澜、诗歌网站诗情澎湃、诗歌杂志群起响应”，全方位地展示总结中国诗坛“抗疫诗歌”的成就，给读者强烈的心灵震撼。

各团体会员组织作家和文学爱好者书写抗击疫情战役中的感人事迹，其中大兴安岭、绥芬河、七台河、鹤岗、佳木斯、金融、牡丹江、北大荒作协征集作品均在200篇以上，黑龙江作家在抗疫文学创作中交出一份令人民满意的答卷。

（五）决战脱贫攻坚年开展采风征文活动

1. 开展“决胜全面小康　决战脱贫攻坚”采风活动

2020年是“十三五”规划的收官之年，是打赢脱贫攻坚战、全面建成小康社会的决战决胜之年。9月21～24日，省作协与齐齐哈尔市作协共同组织了“决胜全面小康　决战脱贫攻坚”采风活动。21日，在省作协党组成员、副主席司兆国带领下，采风团一行来到齐齐哈尔，与当地作家座谈交流。22日，采风团赴龙江第一村甘南县兴十四村参观村史展览馆、农机合作社、现代农业示范园、文体馆以及在建的体育场和粮油供应店等。兴十四村农业产业发展形势喜人，农民幸福感获得感增强，为采风团作家提供了丰富写作资源、激发了创作灵感。在甘南县山湾村，采风团到脱贫村民家中实地采访，对全面小康路上一个都不能少有了深刻体会。作家们表示，无论是兴十四村还是山湾村，美丽乡村都是靠艰苦奋斗换来的，社会主义新农村建设的典型，正是脱贫攻坚想要达到的目标。23日，采风团在富裕县小河东村调研当地芦苇扶贫产业项目，采访项目给农民带来的收益。让作家大为感慨的是，采风调研为作家的小说创作提供了很接地气的创作素材，像贫困户、驻村第一书记都是非常有分量的素材。富裕县友谊乡五家子村是柯尔克孜族聚居村，采风团参观了柯尔克孜族历史博物馆、白马湖并与村民和驻村第一书记座谈，村干部干事创业的事迹深深地感染了作家。

采风团在调研过程中不仅获得了创作素材，更重要的是体验到全省建成小康社会脱贫攻坚取得的巨大成就，广大帮扶干部寻找门路助力脱贫致富的先进事迹。这些为人民兢兢业业服务的好干部，正是作家应该为大时代书写讴歌的人物。

2. 开展“打赢脱贫攻坚战，全面建成小康社会”主题文学作品征集活动

从2020年5月至9月，省作协开展以“打赢脱贫攻坚战，全面建成小康社会”为主题的文学作品征集活动。全省作家和文学工作者积极参加征文活动，共上交征文作品198篇。这些作品从不同角度反映了在省委省政府领导下，黑龙江为“打赢脱贫攻坚战，全面建成小康社会”所取得的巨大成就，书写这一历史进程中所展现出来的感人故事，为助力黑龙江全面振兴全方位振兴营造了良好舆论氛围，提供了干事创业高质量发展的精神动力。主题征文活动最终评出60篇获奖作品，分获一二三等奖。著名女作家陈力娇等10名全省文学工作者和文学爱好者获得一等奖（见表2），20人获得二等奖，30人获得三等奖。

表2　黑龙江省作家协会脱贫攻坚征文一等奖评选结果

序号	作品名称	作者	体裁
1	《苍山之恋》	陈力娇	中篇小说
2	《来者皆亲》	警喻	中篇小说
3	《鸿雁声声》	韩文友	散文
4	《广厦小区的贾干部》	廉世广	短篇小说
5	《黎明的广场舞(组诗)》	黎光	诗歌
6	《鹰从草原飞过》	任青春	报告文学
7	《冰灵花》	凌波	短篇小说
8	《沼泽上也长庄稼》	马丽红	中篇小说
9	《每一粒泥土都是我灵魂的归途》	关玉梅	散文
10	《重量》	水子	诗歌

资料来源：李淅《陈力娇等作家获省作协脱贫攻坚征文一等奖》《黑龙江日报》客户端，2020年10月19日。

此外，在中国作协举办的年度“深入生活、扎根人民”主题实践活动中，著名作家陈明获2019年度“深入生活、扎根人民主题实践先进个人”称号，王鸿达、崔英春获2020年度“深入生活、扎根人民主题实践先进个人”称号。该活动是中国作协为更好地鼓励和引导广大作家坚持以人民为中心的创作导向，勇于承担起记录时代、书写时代的责任和使命而举办的。

2019 年起，中国作协在开展“深入生活、扎根人民”主题实践活动中，首次对个人进行表彰。上述三位作家长期坚持以人民为中心创作导向，深入基层调研采访，创作了许多优秀作品，为繁荣发展中国特色社会主义文学事业贡献了力量。

二　2020年黑龙江文学发展总体态势

2019～2020 年，黑龙江文学创作无论数量还是质量都呈现稳步上升态势。为讲好黑龙江故事，传承黑龙江精神，让更多具有黑龙江气派、黑龙江风格的优秀作品进入大众视野，这一时期，作家更为关注文学地理建构，倾力打磨具有地域标识的文学精品，形成独具黑龙江特色的文学阵营。

广大文学评论家长期扎根黑土地，对这片土地上辛勤耕耘的作家全力跟进，追踪文学作品所呈现的审美意蕴，不断地探索黑龙江文学发展规律，进行切实中肯的文艺批评，推动黑龙江文学创作，在历史文化资源开发利用、传承现实主义创作传统、捕捉具有时代价值展示时代风采的重大现实题材作品等方面，发挥了不可替代的作用。

（一）获奖层次高精品力作不断涌现

2020 年，省作协积极应对新时代新趋势以及人民群众新期待，聚焦文学精品创作，组织专业作家、合同制作家、广大会员作家，坚持以人民为中心的创作导向，“深入生活，扎根人民”，不断加大对黑龙江本土优秀历史文化资源的挖掘和原创作品的扶持力度，创作出一大批思想精深艺术精湛的文学作品。据不完全统计，2020 年全省出版 83 部作品，其中长篇小说 17 部，其他体裁 66 部。全年报刊及网络平台发表各种体裁作品 814 篇（部）。获各类文学奖项及征文奖共计 200 余项。其中，格日勒其木格·黑鹤的《鄂温克的驼鹿》获“第三届图画书时代奖”银奖和美国伊索荣誉奖，韦健玮获全国文学报刊联盟优秀编辑奖·致敬：资深文学编辑奖，李琦获第三届

辰百年学术研讨会、萧红研究专著和论文集出版、王观泉先生《怀念萧红》再版、萧红纪念邮票发行等，形成纪念萧红学术活动的集束效应，在国内外学术界产生广泛反响，从多角度反映了萧红家乡学者的研究实力和对萧红作品的理解水平，在宣传具有地域标识的萧红品牌价值方面，受到国内外专家学者一致好评和主流媒体的高度赞扬。

4. 智库项目《黑龙江文学发展报告》助力文化强省建设

新时代，为加强对青年文学评论人才的培养力度，省级领军人才梯队带头人郭淑梅主持申报黑龙江省社会科学院创新工程智库项目《黑龙江文学发展报告》并获准立项。该蓝皮书是关于黑龙江文学发展状况的年度报告，分门别类地对全省文学创作、重大文学现象、热点焦点问题进行了全面梳理、概括、评价和预测，突出年度文学的基本风貌、客观走向及其发展演进中的主要特点和存在的问题，并且围绕着黑龙江文学发展新动态、新特点展开理论分析评述，提出对策性咨询建议。

该蓝皮书是为全省青年文学评论人才量身定制的，全书分为总报告、分报告（长篇小说、中篇小说、小小说、散文、纪实文学、诗歌、儿童文学、影视文学、网络文学、文学理论与批评）、热点篇、专题篇（期刊、地域特色文情概览）等20余个篇目，约30万字。在省作协、省文化和旅游厅等合作单位的倾力协助下，该蓝皮书已连续出版2部，在全省文化界和作家群体中获得良好社会反响，受到上级主管部门和广大读者的青睐。该书对于培养全省青年文学评论人才，营造催生文学新人和文学巨匠环境，打造黑龙江风格气派的文学品牌，具有重要的现实意义。

（三）积极打造具有地域标识的文学品牌

黑龙江是文化资源大省，也是文学创作大省，黑龙江文学品牌化建设始于一次自上而下的历史文化资源保护挖掘开发利用调研活动，这次调研成果为黑龙江作家艺术家提供了历史题材创作资源，也为具有地域标识的品牌创作提供了素材基础。由省委宣传部领导挂帅，省社会科学院郭淑梅任首席专家的省哲学社会科学重大委托项目《黑龙江历史文化资源战略研究》①，重点阐释了“民族历史源流系列、红色历程系列、重大事件系列”等“十大系列”保护开发利用的核心内容，是覆盖全省宣传文化系统，涉及全省文学、艺术、历史、考古等若干领域与多个学科参与论证的重大历史文化工程。此项成果是黑龙江第一次盘点历史文化家底的结果，是黑龙江文化富矿首次集中亮相，重点解决了黑龙江历史文化资源转化为现实生产力的问题，推动了文学艺术进入品牌化阶段。

1. 集中推出文学丛书品牌

2011 年，市作协为落实省委宣传部挖掘历史文化资源工作推进会精神，开启了“弘扬本土文化　繁荣哈尔滨文学事业”的长篇小说创作工程，组织编写了一套“松花江上大型系列文学丛书”。该丛书包括 30 部长篇小说，一经出版在全国文学界引起良好反响，一些青年作家脱颖而出。

2012 年，省作协六届二次全委会指出，为落实省第十一次党代表大会精神，着力结合黑龙江历史文化资源展开特色创作。将选取具有创作潜质的部分中青年作家，出版具有地方特色的系列丛书“野草莓丛书”。目前，该品牌共出版 5 辑 25 部作品集。这批由全国知名评论家“操刀”点评的作品，取得较好的社会效益，展现了黑龙江中青年作家作品的影响力，为黑龙江主力作家地域性题材的创作奠定了基调。

2. 扎实推进杂志品牌化建设

2019 ~ 2020 年，黑龙江文学杂志《北方文学》《北极光》呈现出非同凡响的传播效果，影响迅速扩大，品牌化建设扎实推进。《北方文学》是享誉文学界的老品牌，2019 年正值其创刊 70 周年。《北方文学》杂志社在黑龙江省事业单位改革中脱离原主管单位省作家协会，并入省委奋斗杂志社。在省委奋斗杂志社编委会领导下，《北方文学》掀开新的历史篇章，努力推出体现黑龙江特色、黑龙江风格、黑龙江气派的文学精品，为优秀文学作品的发表和文学新人成长提供优质平台。一是重点策划主题专栏作品。2019 年第 10 期特别策划“庆祝中华人民共和国成立 70 周年专刊”，致敬 70 年来

---

① 郭淑梅：《黑龙江历史文化资源战略研究》，黑龙江大学出版社，2012。

为黑土地付出的人们。策划“纪念黄河大合唱首演80周年专刊”，展示《黄河大合唱》诞生及唱响大江南北的光辉历程。2020年策划“创刊70年薪火相传”“抗疫专辑”“脱贫攻坚全面建成小康社会”“纪念抗日战争暨世界反法西斯战争胜利75周年”等专题，获得广泛的社会反响。二是推出精品转载方面成效显著。发表中篇小说、短篇小说、小小说、报告文学、散文等44篇次，这些作品获《小说选刊》《小说月报》《小小说选刊》《微型小说选刊》《作家文摘报》等转载，多篇作品获文学专业奖，入选小说微小说排行榜。

《北极光》是在大兴安岭地委宣传部领导下，由地区文联主管主办的大兴安岭地区唯一面向国内外发行的纯文学期刊。1987年由《大兴安岭文艺》改为《北极光》以来，杂志社始终恪守纯文学办刊宗旨，培养了大批优秀作家诗人。2020年以来，新班子推出新举措，实施品牌战略。从2020年第1期起推出的作品陆续被《小说选刊》《小小说选刊》《微型小说选刊》等国家级专业刊物转载。与国家级省级刊物展开频繁交流，举办一系列主题征文评奖活动，搅动媒体关注热度，《北极光》微信公众号上线，受众群体扩大。2020年，《北极光》杂志社设置“主编推荐”栏目，全力推出本土作家原创作品，推动地方文化上新台阶。《北极光》入选第二十七届北京国际图书博览会BIBF“2020中国精品期刊展”。

《剧作家》前身《黑龙江戏剧》创刊于1979年，1985年更名为《剧作家》，由黑龙江省文化和旅游厅主管、黑龙江省艺术研究院主办，是享誉国内外的戏剧名刊。《剧作家》立足黑龙江，面向海内外，以弘扬地域文化、反映时代风尚、繁荣黑龙江戏剧为宗旨。

2019～2020年，《剧作家》围绕中华人民共和国成立70周年、中国共产党建党100周年等重大历史节点，精心打造一批原创重点戏剧，推出主旋律精品创作。《剧作家》共刊发了31部大剧本、29部小作品，本土剧本创作22部。其中主旋律创作有话剧《高天厚土》（编剧谭博）、《八百里高寒》（编剧董妮）、《不可磨灭的功勋》（编剧刘米扬）、《冬梅姐姐》（编剧王子），音乐剧《聂耳》（编剧蔚中）、《情动哈尔滨》（编剧王毅），清唱剧

《冰凌花》（编剧费守疆）等。戏剧创作连年丰收，与《剧作家》坚持本土化创作导向、扶持具有地域标识的品牌戏剧创作宗旨密不可分。

三 存在的问题与对策建议

2019 年，庆祝中华人民共和国成立 70 周年，从文学馆展陈大纲撰写等一系列黑龙江文学发展历程的回顾，可以明显看出黑龙江文学创作取得的辉煌成就。十九大以来，全省文学创作稳步发展，但总体上与习近平总书记提出的以人民为中心的创作要求还有一定的距离，与十九届四中全会“更好构筑中国精神、中国价值、中国力量”的时代要求还有不小差距。在实现省委十二届二次全会提出的“文化强省”建设目标过程中，黑龙江文学界还将面临更多挑战和亟待破解的难题。

（一）获高层次奖项面临压力

在迟子建凭借长篇小说《额尔古纳河右岸》获得第七届茅盾文学奖以来，东北三省文学界再无作品获得该奖项。第十届茅盾文学奖评奖前，黑龙江面临辽吉两省联合申报《唇典》的局面。尽管《唇典》最终未能获奖，但辽宁老作家孙惠芬《寻找张展》却入围前 10 名，充分展现了孙惠芬在长篇小说领域的创作实力。黑龙江籍作家梁晓声根据哈尔滨城市工人家庭生活创作的长篇小说《人世间》获奖，115 万字的鸿篇巨制展现宏大叙事格局，囊括了半个世纪的哈尔滨社会变迁史，读来令人感慨万千。从严格意义上讲，作为在黑龙江生活过的著名作家，梁晓声的获奖并不能算作黑龙江文学界获奖，只能算作对黑龙江作家的激励。

黑龙江影视剧、舞台剧创作面临同样压力。国家“五个一工程奖”由原来 268 项减少到 60 多项，奖项锐减目的是优中选优，刺激文艺“高峰”出现。如此少的奖项，分摊在热切求奖的全国各省份，竞争压力增大。

当然，文学创作并不是以获奖为目的，很多优秀作品并不一定能够拿到高层次奖项，但高层次奖项设置意在推出精品，众多优秀作品在一个竞争平台上无疑会促进文学创作繁荣发展。

建议黑龙江设立国家级奖项后期资助制度，国家级奖项是文艺精品衡量标准，获得国家级奖项不仅意味着创作者创作成果得到高度评价，也是为黑龙江争光，因此应加大后期资助力度，还应有针对性地启动重点作品扶持制度，制定符合文学精品创作的支持方案。

（二）人才流失严重

“北漂”“南下”对黑龙江青年创作人才仍然深具诱惑。黑龙江优秀的影视编剧多在“北漂”。原因是北京不仅影视创作行业资源丰富，而且政府支持力度也相对较大。北京仅影视剧立项资金每项就达300万元，相当于黑龙江一台大型舞台剧的投资。对于编剧人才来说，其吸引力毋庸置疑。

建议以黑龙江省为主，实现与其他省份共享人才机制，发挥“北漂”“南下”流动人才作用。吸引其以各种方法途径为家乡做贡献。尤其对青年创作人才要加大扶持力度，在待遇上留人，在情感上留心。为其提供广阔创作平台，给予其最大的关心爱护，保证未来创作队伍形成一定的接续机制。

（三）网络作家 IP 未能最大限度地开发

黑龙江网络作家主要集中在80后、90后创作群体，这些网络作家创作了大量优秀网络文学。2019～2020年，《渔火已归》（沐清雨）、《三寸人间》（耳根）、《月满长安》（吴半仙）、《重生似水青春》（鱼人二代）分别入选中国作协网络文学重点作品扶持选题名单。《翅膀之末》（沐清雨）获第三届网络文学双年奖优秀奖（2019）。在第二届网络文学征文大赛中，吴半仙、素衣凝香、就为活着创作的《锦绣鱼图》《冰魂》《绿水金山》分获未完结组一、二、三等奖。

据中国互联网络信息中心发布的第45次《中国互联网络发展状况统计报告》（2020），我国网络文学拥有4.55亿读者，注册作者1755万人，其中签约作家约61万。面对如此庞大的阅读市场，整体创作实力非常强劲的黑龙江网络作家网络 IP 却未能最大限度地变现。网络文学衍生品覆盖了影视剧、动漫、话剧、音乐、游戏、图书等领域。仅就耳根网络小说《一念永恒》改编的动画片在腾讯上线播放量就超过10亿次，精品IP变现的影响力强劲。

建议采取如下措施推进网络文学IP变现。

一是借鉴部分省份实行的网络作家村、网络文学小镇，打造网络文学产业，探索新发展模式。

二是建议网络文学跨界融合，企业电商可以与网站合作，构建“网络文学精品IP自带渠道资源+黑龙江特产”符号，或采用与企业品牌相连的精品IP商业化运营模式，推动精品IP具象化。

三是围绕精品IP，实现整个IP变现端协作开发的商业化运作。多行业布局既能节约经济成本又可以扩大精品IP影响力，实现“网文资源+渠道平台+黑龙江特产”一体化发展。

分报告

Sub-reports

B.2

长篇小说：北方大地上的人间烟火

金　钢*

摘　要：黑龙江长篇小说大多立足于本地的历史文化，精心描绘历史画卷延展中龙江大地上的时代风云和龙江人的家长里短、喜怒哀乐。在城市化迅速发展的今天，表现市民生活和城市的历史变迁是文学的重要主题，多部长篇小说描绘了哈尔滨、齐齐哈尔、大庆等龙江城市的历史变迁和社会人生。此外，抗日战争、老工业基地建设、开发北大荒等都是龙江历史上不能磨灭的重大事件，这些历史事件在龙江长篇小说中也有比较充分的展现。

关键词：城市文学　棚户区改造　抗战题材　北大荒

* 金钢，黑龙江省社会科学院文学研究所副研究员，研究方向为中国现当代文学。

长篇小说需要较长的时间来积累和写作，有的长篇小说需要十几年甚至几十年的时间来完成。回顾过去两年的龙江长篇小说创作，可谓成果丰硕。迟子建的《烟火漫卷》在《收获》2020年第4期发表，随后在人民文学出版社出版，并被《当代》（长篇小说选刊）转载。梁晓声的《重生》《觉醒》在天津人民出版社出版。唐飙长篇章回体小说《丹心向阳》在《纪检监察》杂志连载，在哈尔滨出版社出版。王鸿达的《青春岛》《警校生》《天下警察》《冷云》在中国文史出版社出版。陈力娇《红灯笼》在上海文艺出版社出版。重阳的《温暖的海水》在作家出版社出版。陈明的《侨居者》、宋成君的《我的建北》在黑龙江人民出版社出版。王晓东《融雪》的作品研讨会2019年9月17日在牡丹江垦区召开。2020年9月5日，梵可《哈尔滨女人》的读者分享会在哈尔滨的龙创·新世纪举行。这些作品大多立足于黑龙江本地的历史文化，精心描绘历史画卷延展中龙江大地上的时代风云和龙江人的家长里短、喜怒哀乐。

一　滚滚红尘中的城市

迟子建的小说创作已持续三十多年，而且保持了一种不疾不徐、悠然自得的节奏，即“长、中、短篇交叉并进，大概三五年一部长篇，中短篇的写作，则从未间断过”①。在2015年的《群山之巅》后，2020年迟子建完成了长篇新作《烟火漫卷》。这部小说面世之后广受好评，《当代作家评论》《中国当代文学研究》等期刊都辟专栏进行评论。关于《烟火漫卷》的主要评论文章如下。

表1　关于《烟火漫卷》的主要评论文章

题名	作者	来源	发表时间
超越苦难的人间烟火——论《烟火漫卷》	王悦	《文艺争鸣》	2021年1月25日
烟火漫卷处的城与人	王尧、牛煜	《当代作家评论》	2021年1月22日
百年冰城的温情画卷——评迟子建长篇新作《烟火漫卷》	周鹏	《当代作家评论》	2021年1月22日

① 迟子建、张学昕：《是星辰，还是萤火？》，《当代文坛》2019年第3期，第84页。

续表

题名	作者	来源	发表时间
“悬念”之结与“意外”之解——《烟火漫卷》中的叙事策略	李树欣	《名作欣赏》	2021 年 1 月 10 日
舞动生命　绽放烟火	谢愚	《金融时报》	2021 年 1 月 8 日
烟火漫卷中的精神守望与《晚熟的人》	王春林	《北京日报》	2021 年 1 月 8 日
从人间烟火的书写看人性现实主义追求——论迟子建长篇小说《烟火漫卷》	陈振华	《淮北师范大学学报》	2020 年 12 月 25 日
城市里的人间烟火——论《烟火漫卷》中的市井人生	刘明真	《中国当代文学研究》	2020 年 11 月 12 日
叙事装置、灵的启示和善的共同体——解读迟子建《烟火漫卷》的城市书写	陈培浩	《中国当代文学研究》	2020 年 11 月 12 日
没有上帝，只有人间——论《烟火漫卷》	栾梅健	《中国当代文学研究》	2020 年 11 月 12 日
聚焦城市生活的文学表达	陈华文	《湖北日报》	2020 年 10 月 28 日
在人间烟火中呈现城市的温暖	王小凤	《河北日报》	2020 年 9 月 11 日
迟子建长篇小说《烟火漫卷》：烟花易冷烟火常燃	金莎	《文艺报》	2020 年 9 月 9 日

资料来源：中国知网。

迟子建对哈尔滨这座北方城市的书写由来已久。笔者曾撰文梳理她的《晨钟响彻黄昏》（1994）、《伪满洲国》（2000）、《起舞》（2007）、《白雪乌鸦》（2010）等一系列关注哈尔滨城市生活的作品。[①] 在来到哈尔滨之初，迟子建有这样的困惑：“我背离遥远的故土，来到五光十色的大都市，我寻求的究竟是什么？”[②] 经历了三十年的时光，这个问题在《烟火漫卷》中得到了较为完整的解答。

在《烟火漫卷》的后记中，迟子建提到了一段尘封的往事：哈尔滨是父亲体味贫穷、饥饿之地，是浸透着父亲眼泪的城市。在那个物质条件匮乏的年代，乡村的广阔天地比大城市更容易谋得温饱，于是父亲决然地离开了哈尔滨。而在父亲出城三十余年后，迟子建实现了其个体的返城。转眼又一

① 金钢：《都市文学视野下的迟子建小说》，《文艺理论与批评》2012 年第 5 期。

② 迟子建：《原始风景》，上海人民出版社，2008，第 135 页。

个三十年过去，初来哈尔滨的失落和忧伤已渐渐淡去，迟子建对哈尔滨这座城市里的芸芸众生有了更为客观深入的体恤和理解。

自19世纪末以来，由于中东铁路修建等原因，哈尔滨迅速从一个松花江畔的渔村转变为国际化的大都市。随着哈尔滨城市的变化发展，对城市社会人生的描绘和对城市历史文化的挖掘，已成为本埠或曾经生活在这里的作家的重要创作主题。阿成的《马尸的冬雨》《生活简史》，梁晓声的《雪城》《人世间》，李汉平的《教堂街》《街坊》，李文方的《六角街灯》，孙且的《有一个地方叫偏脸子》等都是描写哈尔滨城市生活的佳作，而《烟火漫卷》无疑为哈尔滨城市主题增添了浓墨重彩的一笔。

应该看到，无论是城市本身的发展与改造，还是城市化进程给周边地区以及边远乡村带来的影响，都表明了城市与当代社会的密切关系。而随着互联网时代的来临，资讯传播日益快捷，知识、观念的传播变得方便、迅速，城市与乡村之间曾经清晰的边界也就变得模糊了。从这个角度，我们也可以理解王尧所说的：迟子建的“北极村”系列小说与“哈尔滨”系列小说并不是对立的[①]。而在《烟火漫卷》中，迟子建通过刘建国这个“爱心护送”车（私营救护车）司机的运营轨迹，勾画了一张以哈尔滨为中心、辐射黑龙江全省的文学地图。

关于城市的想象和文学表达，可以说是当代文学的重要创作路径，对城市的文学表达涉及当代中国社会发展的方方面面。迟子建的城市想象有一个显著的特点，即她笔下的城市不是孤立的，而是与郊区、与边远乡镇紧密关联，这或许是她作为一个进城者的先天优势。小说的女主人公黄娥是一个极具特色的进城者，她身上充满了自然生命的活力，这大概是她吸引翁子安的最重要原因。她不以男女之间的性事为丑，这与迟子建在《逆行精灵》《微风入林》等作品中所传达出来的自然生命观念是一脉相承的。

根据社会学家的研究，大多数从乡村进城的年轻女性并不愿意探索其聚居地之外的城区，她们害怕在城市复杂的路标和广告牌中迷路，也不愿意把

① 王尧：《熟悉和陌生的迟子建》，《扬子江文学评论》2020年第3期，第9页。

辛辛苦苦赚的钱用来坐车、吃喝，或买影院、景点的票。[①] 而黄娥不同，她“是个有超强记忆力的人，她走过的路，只要一次，就能记得”[②]，她甚至为儿子杂拌儿专门制作了哈尔滨地图和哈尔滨记事本，记载哪里会对儿子造成伤害。她试图用自己的智慧和勇气，为儿子铺平未来在城市生活的道路。因为城市在迅速变化，所以她的记事本也在不断修改增删，慢慢达到了一本书的厚度，从某种程度上看，记事本构成了一部进城者的私人城市生活史，而记事本或许也是《烟火漫卷》这部长篇小说的隐喻。

近三十年来，中国的城市化进程取得了巨大的发展，迟子建在哈尔滨生活了三十年，亲眼见证了这座北方城市日新月异的变化。《烟火漫卷》是迟子建叙写哈尔滨最全面也最直接的一部小说，读者可以跟随黄娥等人物的脚步走遍哈尔滨的街道和集市。值得注意的是，这些变化不仅集中于城市的外部特征，如城市的街道楼宇、大型商圈、高架桥与地铁等表象性景观，而且蕴涵于城市中芸芸众生的内心深处，浸染于城市文化的土壤之中。我们发现在物质条件飞速发展的同时，人们的内心是不安稳的，种种猫腻、不正之风存在于城市的暗影里。当黄娥有轻生之意时，她带着杂拌儿，走遍了哈尔滨的清真寺、圣·索菲亚教堂、士课街的阿列克谢耶夫教堂、圣母守护教堂、德国侨民的基督堂、文庙、极乐寺等宗教场所。多样化的宗教场所显示了哈尔滨城市复杂多元的文化品格，这种文化品格与哈尔滨城市发展史上所经历的殖民与移民密切相关。然而，即便有如此多的教堂、寺庙，似乎也难以安放进城者的心灵，黄娥精心制作的地图和记事本并没有派上用场，杂拌儿不辞而别，独自回到了故乡七码头。

在《烟火漫卷》中，虽然人来人往，纷繁热闹，但我却读到了人与人之间可怕的隔膜和人们内心的孤独。杂拌儿与黄娥相依为命，却因母亲的恋情“杀气腾腾”地出走；刘娇华和老李这对老夫妻一个精神出轨，另一个则想用肉体出轨报复对方；于大卫寻访丢失多年的儿子铜锤未果，竟暗地里

① 〔美〕张鹂：《城市里的陌生人：中国流动人口的空间、权力和社会网络的重构》，袁长庚译，江苏人民出版社，2013，第137页。

② 迟子建：《烟火漫卷》，人民文学出版社，2020，第103页。

怀疑铜锤并非自己亲生；就连用了半辈子的时光寻找铜锤，被所有人称为好人的刘建国，也曾因过于孤独苦闷，犯下了猥亵男童的罪过。在《烟火漫卷》中，迟子建有着像陀思妥耶夫斯基那样的对罪与罚的思考，即便是本质善良的人，也会因某些缘由犯下罪恶，而这罪恶不会随着岁月的流逝而被淡忘，反而会如心中的刺给人带来持久的痛楚。迟子建通过不断地进城与出城，寻找人性救赎的方法。黄娥背负着气死丈夫的罪逃离家乡来到哈尔滨，而刘建国则离开哈尔滨来到兴凯湖畔，用余生陪伴幼时被他猥亵而陷入自闭的武鸣。无论是进城还是出城，都是对罪的洗刷，对善的追寻。迟子建敢于直面人性的黑暗，她通过把个体融入群体中，融入浓烈的人间烟火中，使人与人之间的障壁瓦解，使人们的内心获得温暖。

迟子建曾说："生活中的我热爱世俗的烟火气。"① 《烟火漫卷》便是一部充满世俗烟火气的小说，这漫卷的人间烟火不仅存在于哈尔滨的黎明和傍晚，也升腾在兴凯湖畔和七码头的卢木头小酒馆里。

哈尔滨现代城市的兴起，与中东铁路的修筑紧密相关。在哈尔滨，俄罗斯侨民的故事像两条铁轨中的一条，永远留在这块土地上。"而另外一条，是同样作为建设者而撒尽毕生心血的我的父辈们的经历。这是两条永远不可相交而又须臾不可能分离的基础，承载着岁月的列车不断地从我的记忆中悄然驶过。"② 陈明的《侨居者》努力把零零散散的记忆碎片拼接在一起，有作家的亲身经历，有同俄侨后代的闲聊，有尘封的档案中的记载，最终形成的记忆拼图色彩斑斓，引人深思。

故事从那个特殊的年代讲起。本来就风雨欲来的铁路大院又搬来了"苏修特务"，危机波及每一家邻居。俄罗斯贵族后裔玛利亚有着不为人知的背景，加害她女儿瓦洛嘉的是谁？多年前，中国农民老高在一个暴风雨的夜晚，躲开日本人的巡逻艇潜到黑龙江对岸，接回了他的俄罗斯妻子和继女伏洛霞。从此他们生活在中俄边境的大杨子村，那里有很多和他们命运相似

① 迟子建、张学昕：《是星辰，还是萤火？》，《当代文坛》2019 年第 3 期，第 86 页。

② 陈明：《侨居者 · 写在前面》，黑龙江人民出版社，2019。

的人，有很多像瓦沙一样的中俄混血后代。小说描绘了近百年来，玛利亚和瓦沙等侨居者从乡村到城市，无处不在地和我们一起沉浮。在这你中有我、我中有你的生活中，相互宽容、影响和渗透，血液和文化的融合，使这片土地充满异彩。

在相当长的一个时期内，棚户区改造是当代城市发展过程中一个难以解决却又亟须解决的问题。《我的建北》是宋成君历经五年时间跟踪采访，创作、修改完成的。小说勇敢地介入棚户区改造这一重大民生工程，全面展现了齐齐哈尔市建华区建北新区棚户区改造进程中的汗水与泪水、艰辛与喜悦，让读者体会到棚户区改造既是一项民生工程，更是一项民心工程，“切实把这件好事办好”（李克强总理 2018 年 10 月 8 日在国务院常务会议上的讲话）着实不易。从某种意义上说，小说是对时代的艺术性记录。在 21 世纪社会飞速发展的时代背景下，即便是齐齐哈尔这座东北城市的东北角，每时每刻演绎着各种人生故事，也都足以动人心魄。改革开放以来，随着我国社会生产力的发展、科学技术的进步以及产业结构的调整，中国正在从传统乡镇社会向现代城市社会转型，在黑龙江这个以农业为主的省区，其城市化进程也是非常迅速的。而在这一过程中，人民群众的生活势必会受到巨大的影响。三十多年来，拆迁已经成为城市化进程中的一种常态，越来越多的人从平房搬进了楼房，或从老旧的多层楼房搬进了带电梯的高层楼房，应该说，生活的改变是全方位的，“拆迁”因此成为一个备受关注和争议的话题。文坛上也涌现出水杳杳的《拆迁》、李黎的《拆迁人》、王月鹏的《拆迁笔记》等作品，梁晓声的《人世间》、孔广钊的《太平，太平》等作品也有关于拆迁的叙述。《我的建北》的核心情节就是拆迁，小说中的段落布局，人物安排，都紧紧围绕着拆迁这一主题，层叠交错的意义结构增强了齐齐哈尔建北区作为小说中心的时空维度，同时全方位地展现出拆迁过程中底层民众的艰难、基层干部的奋斗、少数“钉子户”的欲望等种种人生图景。

《我的建北》开篇便掀开了一个盖子，这盖子像是一个陈旧的下水井盖，盖在一片方圆数公里的平房区上，盖住了污泥浊水、垃圾蛆虫，而一有雨雪天气，这些污秽就四处横流。生活在这样恶劣的环境里，夏季降雨积水成河，居民戏称这儿是“东方威尼斯”，冬季垃圾冻成冰山，堵死道路，作家调侃道：“鲁迅说过，人走多了，就成路了。这里是路走不过去，人就不走了。也算是句名言吧？”① 这虽然显示了东北人特有的幽默，但读者从中不难品出居民生活的苦涩。时至2011年，在黑龙江省第二大城市齐齐哈尔还有如此“水深火热”的“贫民窟”，实在令人惊心、痛心。盖子掀开以后，如何清除这些污秽，如何改善居民的生活，是党和政府必须直面的问题。《我的建北》塑造了棚改办主任魏福民、副主任唐鸣，社区主任沈雨露和李红梅等基层干部形象，这些人物生动鲜活，有血有肉。由于经常与群众接触，他们了解民生百态，基层干部往往是有故事的人。通过对这些人物的描写，小说展现出党和政府在面对民生问题时的责任和担当。小说引用了建北棚改的十一条感悟，本文摘录两条：“——棚户区改造是党和人民群众的共同心愿，更是政府的重要责任。——棚户区改造是党和政府对衣食父母的回报，更是亏欠的弥补。”② 从中可以看出，棚改一方面提升了百姓的生活条件和文明程度，另一方面也锻炼了基层干部队伍，产生了有利于构建社会主义和谐社会的综合效应。

总体看来，《我的建北》是一部现实主义力作。小说序言的题目为“不缺席”，面对当下发生的社会问题，宋成君“坚持走进去、蹲下身、埋起头、写出来，这是作家出色的职业状态”③。“不缺席”也就意味着要写小说应该写的，所谓应该写的，就是人类社会中现实存在的人生百态，苦辣酸甜，既不回避对丑恶的揭露和批判，也不吝啬对崇高的赞颂和弘扬，通过对现实生活的深入观察研究，钻研各种各样人物的生命世界，进而写出社会人生的丰富性和复杂性。《我的建北》中棚改工程遇到的艰难险阻、冲突事件不在少数，但凭借着全心全意为人民服务的宗旨，小说形成了一种坚实而又昂扬的声音，这种声音以民心民意为根本，化解了棚改工程中的难题，将焕然一新的建北区呈现在读者眼前。

---

① 宋成君：《我的建北》，黑龙江人民出版社，2020，第8页。

② 宋成君：《我的建北》，黑龙江人民出版社，2020，第278页。

③ 宋成君：《我的建北·代序：不缺席》，黑龙江人民出版社，2020，第1页。

作为梵可的第三部长篇小说，《哈尔滨女人》是以20世纪90年代至21世纪初为主要时代背景，以莫斯科和弥漫着俄罗斯文化魅力的哈尔滨为主要空间背景。小说讲述了哈尔滨女人金玉华与她的姐妹秦鸿雁、苏绣、华丽莉、夏彩霞、陈美娟、祁春燕、颜阿娇等众多女人之间，以及这些女人与她们的男人之间，几段爱恨情仇、悲欢离合、酸甜苦辣的故事。说起创作初衷，梵可表示，在全国来讲，哈尔滨女孩不仅漂亮、洋气，最重要的就是气质出众，“我想通过这本书，引起社会对以‘哈尔滨女人’为代表的东北女性的进一步关注，同时增添独具魅力的群体人物形象。”此外，梵可透露，她还有意将“哈尔滨女人”的IP形象，打造成30集连续剧，“目前，已经有好多投资方和导演，向我们抛来了橄榄枝，双方正在积极洽谈中。”

在《哈尔滨女人》读书分享会上，哈尔滨市作家协会主席唐飚从四个维度点评了《哈尔滨女人》的文学价值、影视价值以及作者梵可本人和这部作品在文坛的影响力，认为《哈尔滨女人》应运而生，第一次用文学作品的形式深刻描摹了哈尔滨女性的现代形象，有血有肉，细腻丰满，打造了城市IP，影响超群，电视连续剧更是值得期待！在分享会上，还呈现了《哈尔滨女人》有声书上线国内最大音频平台喜马拉雅，未来一段时间将以每天1～3集的频次推出有声版，全书40万字预计更新130集左右。

二　抗战题材写作的新成果

在《人世间》荣获第十届茅盾文学奖后，梁晓声又推出了长篇小说《重生》《觉醒》。从《雪城》《返城年代》的知青题材，到《浮城》《尾巴》的荒诞主义写作，再到《人世间》的现实生活题材，梁晓声的写作具有较为广阔丰富的内涵。《重生》是一个情节曲折的抗战故事，可称为梁晓声对自身创作的一个新突破。小说主人公王文琪是一个值得深入琢磨的艺术形象。他是东京大学日本文化史博士，但在那个特殊岁月里，他也只能藏身于家乡的村庄，教孩子们读书识字。如果不是一场敌寇扫荡的意外发生，他可能会继续“归隐”下去，凭着祖上的荫产，即便在乱世，也能活得相当不错。但在被日寇发现之后，他为了掩护乡亲，频频向敌寇阿谀献媚，被同胞视为叛徒，使得他在敌寇凶残和民族义愤的夹缝里苦苦挣扎。梁晓声截取了抗战大背景下的一个小切面，以一种细腻入微的笔触，描写了一个小人物与敌寇之间的博弈及由此在小人物身上展开的一段起伏跌宕的生死传奇。

“重生”这一题名暗喻了主人公生存的艰难。王文琪在夹缝里苦苦挣扎的同时，确也产生过惶惑与怀疑，所以他也一直在寻求一种心灵上的救赎。最后一刻，他笃定信念，手刃敌寇，无疑是从毁灭的断壁残垣中走向了新生，告别了曾经陷于两难之境迫于高压之下，战战兢兢、如履薄冰的行尸走肉般的日子，获得了心灵上的慰藉和救赎，获得了第二次生命。他把自己置于死地，因此而重生。而故事的高潮在“后来的事”，本以为从此之后不再饱受争议与怀疑，能够光明正大地走在阳光下的王文琪，由于其特殊经历和与敌寇一度的“交好”关系，使他在“文革”时期再次遭受到毁灭性打击，口诛笔伐带来的恐惧和威力不亚于敌人的枪炮。王文琪与妻子只能再度隐忍。那个动荡的年代过后，王文琪的“问题”得以纠正，“历史疑点”被宣布为无稽之谈，与此同时，身患重症多年的妻子奇迹般的痊愈。二人一起迎接新的曙光，涅槃重生，开启了又一段生命旅程。梁晓声借一件“抗战故事”的外衣，写出了人情、人心、人性，见证了一个知识分子在逆境中的人性之美。

《觉醒》讲述了一段湮没于岁月深处的童年往事，一个少女无心犯下过错，酿成了别人的悲剧和自己的苦果。尘封多年的悔愧，使她走上了漫漫忏悔和救赎之路，并以海外归人的身份，见证了中国故事。其间遭遇了不少纠葛，引发出一连串啼笑皆非的故事。梁晓声与共和国同龄，他经历过 20 世纪中国社会普遍经验的洗礼和淬炼，他的人生轨迹和文学表达，很大程度上就是新中国发展的映射。这些在《觉醒》里都有所体现。定居美国多年、在某大学任教授的小说主人公陶姮，在美国丈夫沃克陪同下回到中国，为了弥补她童年时期犯下的一个过错，她要向当事人当面忏悔。首先，这样一种角色的设定颇有深意，在特殊年代里成长起来的主人公，去国多年后，以海外归人的视角，来窥察既熟悉又陌生的中国，经历中国故事，印证中国感觉，其中也突显出中国传统与美国价值的碰撞。

20 世纪 70 年代后期至 80 年代初，文坛上涌现出一大批文化反思小说，也叫作“伤痕文学”，是新时期涌现出的第一个全新的文学思潮，以刘心武《班主任》、冯骥才《铺花的歧路》《雪夜来客》等为代表。当时“文革”刚过，百废待兴，作家恢复了创作自由。这些作品以反思的视角观照时代和人性，在当时产生了重要的影响。《觉醒》从某种程度上来说，亦可称之为“新文化反思小说”，这里的“文化”含义更广，不单指那段特殊岁月，更包含中国农村的前世今生、中美文化和价值观冲突等；反思的视角也更宏大，立足于 21 世纪，展开了国际视野。梁晓声善于描写卑微者在逆境中的人性之美，他一直被当作平民的代言人，通过他的作品我们看到了生活在社会底层小人物的酸甜苦辣，他们的追求及幻灭，他们的执著与无奈，他们的默默无闻所孕育的愤怒和反抗。透过《觉醒》，他想告诉读者，即使再渺小的生命，也可以通过自我牺牲和觉醒的意志之光，划破时代的黑夜，让短暂的生命迸发明亮的光辉。在对人性的窥探和历史的深思中，体味生命幽微处辽远的情义与感动。总体来说，这是一部充满现实思考和哲学意味的长篇小说佳作。

王鸿达的《冷云》（原名《冷云传奇》）讲述了冷云由一个追求新思想的师范女学生变成优秀中共党员的故事。八女投江的故事在人民群众中广为传颂：1938 年 10 月在黑龙江省牡丹江市林口县乌斯浑河，东北抗日联军八名女官兵，在指导员冷云率领下，与日伪军展开激战。她们主动吸引日伪军火力，使部队主力迅速摆脱敌人的攻击，但她们自己却被敌军围困河边。在背水战至弹尽的情况下，她们面对日伪军逼降，誓死不屈，毁掉枪支，挽臂涉入乌斯浑河，高呼“打倒日本帝国主义！”高唱国际歌，集体沉江，壮烈殉国，表现了中华民族同敌人血战到底的英雄气概。王鸿达以平实而又细腻的笔触，描绘了冷云短暂而又光辉的一生。她冲出和伪警察的痛苦婚姻，背着私奔的恶名投奔抗联。她是备受战士们尊敬的文化教员，每天在白桦树树皮上写字教大家认字。她丧夫别女，在西征途中，27 天粒米未进，仅靠吃野果、山蘑菇维持生命。为了掩护大部队，她和七个姐妹把日寇引向自己，子弹打光后，手挽手踏入汹涌的乌斯浑河。八名女战士分别是第 2 路军第 5 军妇女团的指导员冷云，班长胡秀芝、杨贵珍，战士郭桂琴、黄桂清、王惠民、李凤善和被服厂厂长安顺福。她们中年龄最大的冷云 23 岁，最小的王惠民才 13 岁。她们为中华民族的解放献出了年轻的生命，写下“八女投江”的壮丽篇章。

三　和平年代的守护者

警察是和平年代人民生活的守护者。王鸿达有一段在大庆市萨尔图区公安分局当民警的工作经历，警察题材小说是王鸿达创作的一个重要部分。2019 年，王鸿达出版了《青春岛》（原名《太阳岛》）、《警校生》（原名《青春斑驳》）、《天下警察》（原名《站台》）。《警校生》是一部反映警校学生的理想与信念的作品。作者集中塑造了王索林、黄立春、乔力、苏克、达一奇等警校学生，描述了他们的学习与生活，细腻地展现了他们的理想与信念。语言朴素平实，人物形象饱满深刻，作品生活气息浓郁，主题思想积极，有厚重感。

《天下警察》是王鸿达倾心创作的一部反映警察生活的长篇小说，以作者曾经经历的警察生活为原型，以 20 世纪 80 年代北方某个城市的站前地方派出所和铁路派出所发生的故事为背景，塑造了地方派出所所长林恒、指导员刘家友，民警蔡永井、刘铁北、王文生和铁路派出所警长申杰明等人物形象。都说“铁路警察各管一段”，可警察这种职业是没有地界的，天下警察是一家。蔡永井为抓漏网的逃犯牺牲在深山老林里，铁路派出所警长申杰明越过管辖地界解救被持枪罪犯劫持的人质英勇牺牲。此外，该书还塑造了刑警王国田、吴兴天、丁陶洁，农村派出所民警张亚文，小兴安岭山里派出所吕所长等多个人物形象。

四　庆华厂的前尘往事

陈力娇的长篇小说《红灯笼》，由著名文艺理论家、复旦大学教授陈思和先生作序，2019 年 8 月由上海文艺出版社出版发行，首发式在上海书展举行，这是国内第一部反映兵工战士的恢弘力作，全书 20 万字。系作者于 2017 年到黑龙江省北安庆华工具厂体验生活后，有感于昔日一代兵工战士的荣耀和奋斗精神而写就的。小说从东北小城一对普通夫妇对兵工事业的憧憬、误解、猜疑和拒绝开始，直到遇见枪械工程师的女儿李兰君，他们才从迷茫和绝望中觉醒，最后完成自我救赎并归于大爱。作品文笔婉约，选材独特，故事奇诡，情节引人入胜，创造了一个庄严而丰沛的小说世界，唤起读者共鸣。

陈力娇是中国文坛颇有影响力的作家，从事创作三十余年，写出许多脍炙人口、文学品位很高的文学作品。长篇小说《红灯笼》是她的扛鼎之作。这篇小说自发表之后获得社会各界的良好反响和认可，《文艺评论》2020 年第 1 期为她开通《红灯笼》评论小辑，著名文艺评论家汪树东等五位国内评论高手为《红灯笼》撰写评论文章，武汉大学中文系教授汪树东写下了《历史批判与灵魂塑像——评陈力娇长篇小说〈红灯笼〉》；首都师范大学现当代文学博士战宇婷写下了《黑暗中的一抹光亮——长篇小说〈红灯笼〉艺术特色简评》；河北科技师范学院研究生张攀波写下《蘸满温情的女性书写——读陈力娇长篇小说〈红灯笼〉》；中国矿业大学硕士生导师顾建新写下了《挥洒写风云　落笔生惊雷——评陈力娇长篇小说〈红灯笼〉》；河北省张家口学院文法学院教授王晓艳写下了《烛照苦难的圣光——陈力娇长篇小说〈红灯笼〉细读》；安徽大学文学院教授疏延祥写下了《冰雪之上的万花攒动——论陈力娇的长篇小说〈红灯笼〉》；牡丹江师范学院黄大军为此写下了《废墟上的花朵——陈力娇长篇小说〈红灯笼〉的死亡书写》。《文学报》《中华读书报》《黑龙江报》《生活报》均对《红灯笼》给予报道和发表书评，此外，刘小波的《2019 长篇小说：日常生活如何进入文学》

（《文学报》2020 年 1 月 27 日）也对《红灯笼》给予较高评价。可见这是一部 2019 年引起全国关注和好评的长篇小说。

五　北大荒知青生活的记录与反思

《融雪》是鸡西已故知青王晓东创作的以北大荒知青生活为题材的章回体长篇小说。在作品研讨会上，哈尔滨师范大学文学院孙时斌教授指出，《融雪》是一部典型的具有鲜明北大荒黑土知青特色的小说。它的与众不同在于，将鲜明的地域特色和时代特色的文化符号集于一身，全景式地展现了知青从动员下乡到返程回乡的全过程，其通篇所述能令读者找寻到当时现实生活的影子。主人公王云辉的塑造更是有着作者本身生活经历的融入，因此带有明显的自传体的特征。而小说所采用的章回体结构，则是对古典小说传统的承继和灵活使用，拟古不复古。作家王晓廉在表达对作者王晓东历经艰辛刻苦创作的精神的无限敬意的同时，指出《融雪》不同于那种主题先行、带有某种流行文学思潮的“先锋”作品，而是一部内容扎实、故事真实、思想积极充满正能量的带有个人体验的现实主义作品。它没有附会社会上那种彻底否定知青下乡运动的倾向，但也没有粉饰掩盖知青下乡后当地所存在的问题，而是忠实于自己的切身感受，真实再现那段青春时期的艰苦生活。丁媛博士将《融雪》置于蔚为大观的知青文化现象中，从心理学、发生学的角度评析了王晓东缠绵病榻数年，仍坚持笔耕讲述知青生活，原因在于其内心一段难解的知青情结。在“知青情结”所包含的战胜苦难、与困境抗争的坚强意志和顽强力量这一价值观念的引领下，作者王晓东在疾病折磨下坚持创作《融雪》，并赋予知青以“激情燃烧的群体”这样的盛赞。同时，“知青情结”也使王晓东这样的知青在适应和反抗新的历史境遇下产生了一种历史责任感和文化使命感，于是执起笔来留住历史、告知后人。

此外，重阳的《温暖的海水》以两位年轻的主人公唐闻禾与宋瑶林偶遇乡镇小站继而牵手的故事展开，从 20 世纪 80 年代到 21 世纪初，从中国的大北方嫩江到遥远的海南大东海，以挑战生命极限的意志驾驭人生为主线，以艾乐、艾乐表姐、李公民、老箪等人物生活遭遇为辅线，展开了一幅爱与梦的壮阔画卷。在这部作品里爱情、婚姻、友谊以及乡土乡俗都被打上了大时代的深深烙印。不同的道德观、人生观，人与自然，文明与愚昧，落后与先进等不断碰撞，不断发生矛盾冲突，甚至造成暴力流血事件。而唐闻禾和宋瑶林的情感关系也时常陷入危机，他们染上时下生活中普遍的精神焦虑症，在他们苦苦挣扎、试图解救濒临瓦解的婚姻过程中，发现市场经济竞争中的“蓝海”思考，激起他们的想象力。他们最终和解于蓝海，即人与自然、人与社会，人与自身的和谐创造。作品中广阔的空间抒写包孕式叙事使作品如大海一样前波后浪，文章构思清新出俗。

以这十余部作品来观察过去两年龙江长篇小说创作，难免会暴露出概观的疏漏。如有遗珠之憾，那也只能在日后的报告中补充了。比如笔者在报告结稿时，看到一则消息：陈伟忠的长篇历史小说《如果我一去不回》日前在中国华侨出版社出版，这是一部以原籍为黑龙江双城的抗日英雄张宗兰为原型的作品。在如今这个多元媒介的时代，长篇小说不仅以纸书的样态出现，还会以改编影视剧、微信公众号等形式呈现在读者面前，这就给我们提供了再次发现作品的可能。比如根据焦彦章的长篇小说《青谷子》改编的同名电视剧2021年在爱奇艺、黑龙江卫视等多平台上演，尚志发的《我的苍凉情歌》以原题《哈尔滨的青春期》在他的个人微信公众号“北风扬沙”上连载。而多样的呈现方式也显示了龙江长篇小说旺盛的生命力。

B.3
中篇小说：寒地民间的生命热度与温情书写

宋宝伟*

摘　要： 2019～2020年黑龙江中篇小说依旧表现出很强烈的现实主义的写作伦理，在底层写作、生命关怀、人性剖析、城市书写、乡土怀旧等方面，给予了深刻的思考和艺术的表现。既有对现实困顿生活的真切表现，也有对人性光辉的真诚礼赞，同时更有对当下城市委顿人生的批判。无论是历史题材还是现实题材，都表现出哲理化、寓言化特征。小说叙事灵活多变，语言坚实有力，对现代主义艺术表现手段的探索始终没有停止。

关键词： 黑龙江　中篇小说　底层写作　现代意识

2019～2020年黑龙江作家的中篇小说写作，整体上说，依然延续着21世纪以来的基本态势，更多地立足现实生活，表现现实生活的丰富与深刻，同时也对历史和现代进行多向度的开掘，呈现出对写作的积极探索。尽管中篇小说绝对数量不如短篇小说多，甚至也不及长篇小说，但是作为一种"中间体裁"，它继续发挥着"讲故事"的叙述优势，将当下社会中的乡村底层生活、都市情感、孤独与边缘的现代意识、官场沉浮、人性的卑微与坚

* 宋宝伟，哈尔滨师范大学文学院副教授，研究方向为中国当代文学思潮、中国新诗。

守等，进行了深刻而富有艺术表现力的呈现。

毫无疑问，当下文学正在经历着新一轮“转型”的阵痛，在市场化、视觉影像、网络化、类型化等多重因素的冲击与作用下，小说写作边缘化地位和处境相比 1990 年代并没有明显的改观，读者群体的流失导致小说写作不得不承受“无人喝彩”“自娱自乐”的尴尬。难能可贵的是，黑龙江作家在这变动不居、各种思潮转换异常迅速的时代，仍然以一种沉潜坚实的精神气质，坚守在文学的高地上，创生出深广厚重而又绚烂多姿的文本，犹如脚下这片血运旺盛的黑土地一般，在边陲之地默默践行着文学的神圣使命，构建着属于黑龙江的独特艺术空间，推衍着文学走向更为绚丽的恢宏。何凯旋的《千里奔丧》、瑚布图的《边境线上》、陈力娇的《和平山》《爱在今生》、申长荣的《松树的味道》《黑骨·鲜韭》、贾新城的《一番搾》《菩萨蛮》、杨勇的《摇摇晃晃》、薛喜君的《天堂酒馆》《2018 年的村庄》《后来的村庄》《向晚有落日》、孙戈的《她叫曲晓萍》、廉世广的《妖精泡渔村》、仁青青的《山雨欲来》、刘波的《匹夫》《遮了一点云》等作品，凭借丰富多元的艺术表现和深刻有力的思想传达，不仅展示了当下黑龙江中篇小说写作的实力，同时也呈现了作家对社会、现实、生活、历史、人性、生存等多个层面的深邃思考和写作的多种可能性。

一　底层写作的生命关怀与伦理坚守

乡村作为一种写作题材，在当下依然占据着文学的“半壁江山”，无论是在小说写作、散文、诗歌中，还是在“非虚构写作”中，乡村生活及其在城镇化进程中的变迁，仍旧是许多作家“青睐”并积极表现的素材。黑龙江作家在表现乡村生活方面，有着许多“得天独厚”的地缘优势，生活在这片丰饶的黑土地之上的人们，因为地处边陲、生活节奏相对缓慢而显得“变化”不大，在精神、性格、生活方式等层面依然保持着某些不受外界“污染”与影响的“天然”特征。这就给作家的乡村书写提供了丰富而纯粹的生活“样本”，人们可以透过作家的写作很好地了解黑龙江的风俗地貌与人文精神。这种略带“原生态”的生活气质，在当下“城镇化”“一体化”加速推进的背景下，显得可贵却也令人心生淡淡的感伤与遗憾。薛喜君的《2018 年的村庄》《后来的村庄》表现乡村在扶贫干部的带领下，艰难然而充满希望地完成脱贫攻坚任务的故事。薛喜君的创作始终保持着对现实生活准确而深入的介入感，并且努力坚持写作的个人化风格。当下乡村“扶贫”小说，往往因为“主旋律”的“导向”而呈现出“急就章”、简单化特征，在重视文学“政治正确”的同时，却忽略了乡村生活的复杂性。而薛喜君的小说并不局限于单纯表现扶贫干部的“光荣”业绩从而塑造扶贫干部的“光辉”形象，而是深入乡村生活的“根部”，挖掘造成乡村凋敝而生活艰难的深层原因。封闭、偏远、交通不便造成的经济落后以及人的狭隘、保守、麻木所形成的观念落后，都是小说极力呈现的社会真实。薛喜君在小说中塑造“驻村扶贫干部”形象不存在“观念先行”的问题，不是按照预先设计的“蓝图”写作，而是以现实生活为准绳，真实塑造了“扶贫干部”在乡村里以扶贫大局为重、为民解忧、无私奉献的可贵形象，同时也不回避他们每一个人所面临的生活烦恼和内心承受的精神压力。一个作家，只有投身时代的洪流中，贴近现实生活，选择那些最能展现时代气质和精神风貌的生活素材，全力表现时代的本质特征，既不“溢美”也不“矫饰”，他的创作才能取得超越性的成就。从这个角度来看，薛喜君的创作对时代生活是一种积极介入的姿态，并且秉持着一种现实理性精神，坚实地走在充满希望的文学之路上。

新世纪小说创作中，底层写作一直彰显着文学对自身责任的坚守，去表现那些生活在社会底层的人们被漠视的生存现状，作家用充满关爱、理解、同情的目光注视底层人们的生活，不仅使小说贴近了生活、关注了社会，更因为重拾写作伦理而提升了小说的品质。底层写作更加明晰了当下文学应该承担的责任与义务，也为新世纪小说写作带来了一次再创辉煌的契机。植根脚下这片土地和现实生活，书写这片土地上丰富而多姿的生活，展现作家对生活、现实、社会的理解，这是黑龙江作家始终坚持的一种创作理念。申长荣的《松树的味道》《黑骨 · 鲜韭》聚焦当下的煤矿工人的生存境遇，尤其是表现在矿难发生后，每个人对生命的理解和对此采取的行动，小说中既有作家对爱与责任的深沉呼唤，也表达了作家对漠视生命的极度愤怒。《松树的味道》讲述了煤矿发生透水事故导致两名工人被困井下，经过“漫长”而令人窒息的井上施救和井下自救，两名矿工终于得以生还的故事。申长荣在小说中营造了两个世界，里面充满了二元对立的元素：生存与死亡、希望与绝望、光明与黑暗、温暖与冷漠、关爱与无情、放弃与坚持，等等。小说既赞美了人性中善良、友爱、坚持、温暖等可贵元素，也深刻地揭露和批判利益驱动下的罪恶与冷酷无情。申长荣的小说始终存在一个绝对的道德信念，那就是同情，是一种长期生活在底层中间而自然形成的对弱势群体的浓烈而真诚的关注。这种道德感一方面赋予作品中的人物以人性的光辉，强调人物形象具有美好的正面品格；另一方面也体现作家对底层叙事的执著的坚守。

当下的文学写作日渐呈现出贫乏与苍白，读者很难形成强烈的阅读快感和兴趣，最为致命的原因就在于文学、作家与生活失去了基本的联系。换句话说，作家对生活的体现呈现出同质化特征，缺乏深邃而独特的理解和感悟。这种感受、认知的趋同性很大程度上是因为作家的生活“经验”多数来源于书本上的“知识”或影视剧、网络、手机等，作家的生活感知系统封闭而趋同，文学变成了“纸上的文学”，作家成了“经验”的“搬运工”。试想，这样的文学如何能打动读者并引起阅读、接受的兴趣？“虽说，小说是虚构的艺术，作家可以虚构故事、情节、人物，他与现实的紧张关系却是不能虚构的，真实性也由此而贯彻出来。我们称之为矫情的艺术的，就是虚构了作品内在的情感、精神，以及与现实的关系而造成的结果。现实是坚硬而无法逃避的，一个作品在何种程度上体现了真实性不单看作家对现实的洞察能力，还要看作家以什么态度来与现实相遇。”① 许多作家擅长“书斋化”写作，根本无法建构与现实之间的正确关系，“文学来源于生活”在

① 谢有顺：《通往小说的途中——我所理解的几个关键词》，载《文学及其所创造的》，海峡文艺出版社，2016，第365页。

他们看来似乎成了一种落伍的文学观念而遭到放弃。

黑龙江作家在小说创作中，始终坚持文学要反映生活，并且努力提升文学介入现实、社会的能力，作品体现出的勇气与良知甚至是愤怒，都在折射与现实的良性关系。廉世广的小说《妖精泡渔村》运用犯罪类型叙事手法将一个官场小说的故事设计得跌宕起伏、扣人心弦。小说讲述了一个人身处官场，幻想通过寻找更大“保护伞”而使自己“消灾避难”，最终却陷入阴谋绑架案的故事。小说的结尾采用了“微型小说”叙事惯常采用的“突转”手法，出乎意料却也合乎情理。任青春的小说《山雨欲来》则采用更为广阔的视角，描写了暗礁密布、错综复杂的官场斗争中的博弈、平衡、权术、隐忍、侥幸等诸般微妙而惊心的现实。故事叙述看似波澜不惊、中规中矩，实则处处体现了作家较为巧妙的构思，将身处官场旋涡中的人变身为“旋涡”之外的“旁观者”，这样使得小说叙述“超然”且“客观”，增强了小说故事的真实性，结尾处的“安全上岸”这一略带“反讽”的手法也足以令人深思。

二　历史书写中的人性烛照

在中国，小说写作有两个稳定的、核心的向度，一个指向乡土，一个指向历史。这源于中国人普遍存在着两个情结，一个是土地情结，一个是历史情结。同样，黑龙江小说写作这两个领域里也是建树颇多，尤其是乡土题材的创作已经形成具有鲜明地域特色和风格的“黑土地”文学。尽管黑龙江的历史文化底蕴远不及中原文化深邃厚重，也不及江南文化的灵秀多姿，但依然有自己的神韵。在这片神奇而丰饶的土地上孕育的龙江儿女，同样创生与演绎着属于自己的丰富多彩。当下的历史叙事，既非传统的宏大叙事，也非后现代理论下的戏说历史，而是将历史导引进日常生活的范畴，用充满烟火之气的民间视角演绎着世运的兴衰和人生的跌宕。小说在这里不再是“庙堂”正史的重演，而是市井小民的俗世生活史，在个人化、民间视域内探索这片大地流荡的历史精神以及民众的生命活力。

何凯旋的小说创作始终包蕴着强烈的民间精神，深入历史、生活最为细密的褶皱里，在艺术的虚构中探寻生活与生命的真相。小说《千里奔丧》以近乎“流水账”的手法，虚构一个“奶奶过世”、家人“千里送别”这样看似没有多少“故事性”的“平淡”情节。然而，小说的艺术张力恰恰体现在，“奔丧”只是作为故事的缘起，而小说的核心却是讲述了一个“家族”在半个多世纪里的“无悲亦无喜”、看似“平常”却也“惊心动魄”的变迁。传统、经典的“家族”叙事多属于宏大叙事，家族历史在“合乎目的”“合乎规律”地运行着，哪怕是最后的“分崩离析”都是“历史规律”作用下的必然结果，毋庸置疑。而何凯旋虚构的家族历史，却是把生活中最平常、最无聊的碎片收集、连缀起来，让这些轻飘、无意义的生活碎片叠加成生命不能承受的“重”。“千里奔丧”更像是一种“仪式”，一种向曾经的、沉重岁月的告别仪式。小说结尾处的“新生儿”与“奶奶离世”构成了一种隐喻，无论多么沉重多么无聊，生活依然在继续，一个家族的历史也在延续，这一“旧”一“新”的衔接更是人类永不止息的历史缩影。也许，何凯旋的小说并不“讨巧”，当然更不会“炫技”，这会影响读者的阅读接受。

这种“质朴”的写作风格在作家瑚布图的小说《边境线上》同样有很鲜明的体现。《边境线上》讲述了一个在崇山峻岭间发生的关于生命与人性的故事。北方广袤的森林总能发生许许多多充满传奇色彩的故事，在这几乎与世隔绝、神秘幽深的山林里，孕育着北方人强悍刚直的生命，其中既有对朴素天然的人格的殊死坚守，更有对卑鄙市侩的疾恶如仇，同时也寄托着作者对人与自然和谐共生的美好境界的希望与思考。人性是一个永恒的文学话题，也是一个常说常新的话题，古今中外无数作家都在用自己的视角演绎着文学的“人”的主题。陈力娇的《和平山》讲述了在残酷的战争环境下人性的丧失与重新发现。在这篇小说中，抗联、密林、女战士等被许多作家及影视编剧珍爱的抗战文学素材，被作家处理成一个背景，作家倾力演绎的是残酷战争背景下人性的扭曲、撕裂和回归。战争使人变成了“杀人机器”，但是人与人之间的“救死扶伤”甚至是一声“欧尼桑”（日语，哥哥的意思）的呼唤，都能将泯灭的人性唤醒。小说明显具有一种“反战”意味，以“和平山”命题，就是对“和平”的深切希望与吁求。作家马原曾说过，只有死亡每次都是新鲜的。多数小说家都不可避免地书写死亡，因为死亡犹如一面镜子，可以照见人性深处的高贵与孤勇，当然更能窥见人的欲望、卑微与丑恶。“任何一部小说——我现在谈论的仅仅是我认为好的小说——无论它写的是什么，不管主人公在最后一页里是否活着，它都受制于一个基本视野：它是在整个人生的尺度上看人、看事，也许小说呈现的是一个瞬间、一个片段，但是，作者内在的目光必是看到了瞬间化为永恒或者片段终成虚妄……小说在死亡的终极视野中考验和追究生命。”①

当下的文学写作正处于艺术表现的“静水流深”时期，也就是艺术表现方法穷尽了各种可能性，很难再做“花样翻新”的尝试了。当那种集体共鸣的、震荡人心的宏大文学性语境渐行渐远之际，小说可以阐释的历史/现实空间变得更加有限和狭小，只能在一种“剩余的想象”中步履维艰地摸索前行。但是，作家面对文学写作空间变窄这一世界性“命运”时，并没有消极沉沦、自我放弃，而是在有限的文学空间中尽可能将文学性增殖到最大限度。其中，文学与人性、文学与生命等“永恒”的话题就成为当下小说写作摆脱困境的突破口之一。刘波的《匹夫》塑造了一个兼具抗联战士与土匪双重身份的颇具传奇色彩的人物形象，强悍、不屈、民族正义感等元素使得人物生命感十足。虽然这也是一个“司空见惯”的文学题材，但小说运用某些“传记”文学的手法，以追溯家族前辈传奇历史的方式进行叙述，增强了小说的可读性，“正史”与“野史”的互补更增大了小说的真实感。在中国，乡土代表了民族与国家的基本经验，将乡土题材与历史题材聚合在一起，这不单单是一种文学策略，其实更是一种真实的历史呈现。刘波的另一篇小说《遮了一点云》则以反讽手法写出了乡村世界里的疯狂、荒诞和人性的卑微。一个在过去为村人所不齿的“劣迹斑斑”的人，一旦拥有了财富仿佛就拥有了整个世界，他以给村人“发奖金”的方式赢得过

① 李敬泽：《为小说申辩——一次演讲》，《天涯》2007年第1期。

去失落的尊严。荒诞的故事是当下社会现实的真实写照，同时也代表了作家对乡村世界在“现代化”变迁中的遗失与失落产生的深深思考。

三　城市写作中的现代意识

当下的城市写作往往都是伴随着作家对现代性的隐忧与思考，一方面在作品中揭示现代性丰富而深刻的内涵，另一方面也在“警示”和批判现代性作为一种社会思维和行为的危险性。换句话说，文学既要反映当下时代城市生活的丰富多彩，将都市场景作为彰显现代人意绪和生活经验的空间，同时也要深切表现出城市作为物质世界最有力的反映所引申出的关于欲望、孤独、漂泊等文学主题。在城市化进程逐渐加速的今天，城市书写正日益成为文学创作的重要领域，几乎与乡土、历史题材写作构成了“三足鼎立”的态势。黑龙江作家的城市书写已经形成一种“小传统”，梁晓声、迟子建、阿成、何凯旋、王鸿达、陈力娇以及孙且、杨勇、薛喜君、老长、刘浪、梁帅等，都曾倾力于书写现代人的城市生活，着力表现现代人的精神困境，以及城市化进程中人的分化与分裂。

杨勇的小说《摇摇晃晃》是对当代都市人生活的隐喻——空虚、无聊、寂寞以及人生的虚无与荒凉。小说以“京漂”人的视点描写了京城文化圈里的虚伪与做作，同时也写出了现代都市人精神空虚却自以为是的无聊嘴脸。小说颇有塞林格的《麦田守望者》的神韵，同时更是对乔伊斯的《尤利西斯》的“致敬”。小说中多次出现《尤利西斯》中的“语句”，既构成一种“互文”关系，同时也是小说主人公内心的真实感受。小说中的现代意味体现在人物自我与外部世界的巨大分裂感，内心的自我坚守承受着外部形形色色的“庸俗”的侵袭。尽管采用了近似于“碎片”化的叙事手法，故事性显得很弱，但是小说的实验性较强，这并非作家有意地“敌视”故事，而是因为作家无法相信那些线性的、符合因果逻辑的故事能够帮助自己实现文学写作的“野心”。更确切地说，小说的形式与表现的内容要形成高度的契合，对当下的凌乱不堪的破碎生活的表现，就需要这种“碎片”化的叙事手段。贾新城的《一番搾》则以更为“前卫”的艺术手法表现了现代人的自我分裂和精神危机。小说创造了一个内心和行为完全分裂的人物，在行为上，其不断地用离经叛道的乖张不羁挑战各种“清规戒律”，敢说真话，从不掩饰自己，喜怒哀乐直接表现出来；在内心里，却是一个懦弱、卑微、伪装甚至有些阴暗、龌龊的自我。小说表现了现代人的精神裂变，这种分裂绝非指向外部，而是直指人的内在自我。这种“分裂”与“反转”给读者造成很大的疑惑：从小说的叙事层面看，“分裂人”代表着有思想、敢行动的“本我”，隐藏起虚伪的、残弱不堪的“自我”；然而，从作家的创作层面看，究竟那个隐藏起来的内心是“真”，还是“行动”的人是“真”？孰真孰假，只有当读者真正理解了当代人的精神世界，才能进入小说的艺术世界，从这个角度看，这篇小说属于具有独特艺术风格的“小众化”的作品。另外，小说采用了“你”这一并不常见的叙述人称，使得叙事视点在现实空间与心理空间中自由地跳跃、滑动，增强了小说“亦真亦幻”的艺术效果，同时也强化了隐喻、反讽和戏仿等现代技巧运用的准确性。

文学如何介入、处理这个时代的生活，这是留给作家的一个命题，它是常谈常新，也是与时俱进、一个永远“在路上”的命题。在日常性、纪实性、非虚构文学“大行其道”的今天，仿佛文学的艺术性问题已经不存在，只要老老实实、“返璞归真”地叙述故事就是作家“最高”的任务。对小说写作容易产生两个认识误区，一个是只要有深刻、撼动人心的主题和生动、离奇的故事情节，艺术手段问题将不再重要；另一个是异常重视小说的表现形式，将写作看成一种技术操作，将小说当作自己“炫技”的舞台，完全不考虑读者的阅读接受。这两种认识误区都将导致文学的没落和冷清，前者导致“赢得读者失去艺术”，而后者则“赢得艺术失去读者”。面对瞬息万变、日日常新的生活，黑龙江的作家用自己的写作顽强地坚守文学的领地，不断尝试将文学引向现代美学氛围之中，建构更为复杂丰富的文学品质。

孙戈的《她叫曲晓萍》是一篇“青春成长”小说，讲述了几个中学同学之间的情感纠葛与人生际遇，尽管其中没有大悲大喜的情感波澜，也没有大起大落的人生遭际，一切都是如此的平淡、自然和真实，但是小说脉脉流溢着对生活认真的态度和对情感的珍视，着实令人感动，使人忽略了情节的平淡无奇以及叙事的“流水账”。这种平静的叙述是当下文学“小叙事”的共性特征，“原来倾向于追踪厚重的现实生存困境的叙事，或者说编织现代性的完整性叙事的作家也开始寻求一些更轻便的技巧来化解生活危机，这既是一种处理生活的观念，也是一种艺术叙述技巧，因为，大悲大恸似乎并不能让人体味到生活更细微的意义，而且也不是文学能在这个时代获得独特性意义的方式。”① 贾新城的《菩萨蛮》讲述一个白领丽人的人生的尴尬与苦闷——职场的成功永远无法掩盖情场失意的孤寂与落寞。作家试图给予这个平淡无奇的故事以一种哲理的思考，也就是当人生的“攻城略地、摧城拔寨”达到辉煌顶点的“得意”时，终究抵不住“领地陷落”的失意，一得一失之间尽显生活的真谛。虽然“人生不如意事十之八九”，但这就是生活的真相，拥抱而不拒绝生活，这才是人生该有的境界。

相较前述几位作家的城市书写，薛喜君的城市小说聚焦城市的“底层”，尽管面对的不是重大的社会问题或者社会矛盾，但是小说在表现普普通通的人物命运与遭际时，我们看到了作家对写作伦理的坚守。《天堂酒馆》讲述了一位教师在陷入情感与人生困境之际，在与学生的交往中得到重新认识人生、认识自己的机会，终于走出狭隘的精神空间，走上自我升华之路。薛喜君的另一篇小说《向晚有落日》同样塑造了一位有心灵伤痕的老师如何挣扎在自我与责任的矛盾之中，最终也没有使自己走出命运折磨的困境。学生被人身侵害的遭遇与教师当年的经历相同，尽其所能地帮助学生既是老师的一种责任，也是其自我拯救的机会，但在残酷的生存面前，尊严与正义已经变得非常廉价。这两篇小说直接指向了城市与乡镇中弱势群体留守儿童的救助和保护问题，使读者在对当下现实生活有清醒认知的同时，更多地产生对人性光辉的渴望与向往。与当下的“底层写作”不同的是，作

① 陈晓明：《守望剩余的文学性》，新星出版社，2013，第63页。

家并没有将小说的叙事单纯地设置在惯常的“知识分子”视角上，主人公不是一个纯粹的“旁观者”，而是让其一起深陷精神困境之中，拯救他人与自我拯救是同步的、一体的，这就使小说的叙事不再是简单的关怀此在、理解人世间的模式，借助主人公自我的精神剖析，无疑增强了小说在追问人性时的深度和烈度。陈力娇的《爱在今生》将关注点投向城市里的“酒吧女”，这是文学作品中不常出现的一个群体，即使在一些小说中出现也往往只是个体形象，多数作为“配角”存在，这样集中表现这一群体生活与生存状况的小说并不多见。作家用充满同情和理解的笔触，写出了她们在生存压力面前的屈辱生活以及对高洁与尊严的坚持和渴求。

评论家李建军曾指出，中篇小说作为一种介于长篇小说与短篇小说之间的过渡性文体，既有一定的内容含量，又比较符合中国人的阅读习惯和文化性格。与1980年代中篇小说的鼎盛期相比，当下中篇小说的创作数量远不及长篇小说和短篇小说，其中原因很多，既有外在的经济、文化、社会语境、出版传媒等因素，也有作家创作的自我考量以及文体自身特点的影响，可以说是内部与外部多重因素限制了当下中篇小说的发展。如果说，短篇小说追求故事的情节效果，长篇小说更倾向于表现人物的命运和小说的宏阔架构，而中篇小说则同时具有短篇小说的故事性和长篇小说的结构特点，因此更考验作者的叙事能力。黑龙江作家的中篇小说创作这两年整体数量呈现下降的态势，但是小说的质量却在稳步提升，并且作家深怀责任意识，并不只是想成为一个“讲故事的人”，因为当下的文学场域里充斥着太多讲故事的人；作家们深深知道，若想写出有文学价值的作品，让自己的文字普遍且持久地打动读者，必须将自己的目光和心灵投射在这片广袤的黑土地上，与身边的现实世界产生深刻的联系，并且有足够的精神和勇气去面对沉重的现实、社会乃至灵魂的问题。

B.4
小小说：龙江文坛绽放新生命

彭晓川　纪　丽*

摘　要：　2019～2020年，小小说作者依然饱含热情，捕获社会广角，讲述人生故事，书写人间冷暖，为黑龙江小小说发展笔耕不停。袁斌发的《非常》，陈力娇的《会游泳的女人》，安石榴的《一封家书》，其作品紧扣时代热点，写作越发细腻，延续着个性化的写作风格。作为黑龙江小小说作者中代表性人物，他们有着“压舱石”“稳定器”作用。而以邴继福、田洪波、于博、李艳霞、王立红等为代表的中坚力量发展势头强劲，他们快速崛起，代表性的作品开始脱颖而出，他们在表达独特的人性视角，叙写生存状态、揭示人性冷暖，编织故事情节上都有新的突破，他们为龙江小小说的发展默默地耕耘，贡献着自己的力量。

关键词：　龙江小小说　地域文化　情感叙事　人性捕捉

2019年、2020年两年，黑龙江小小说领域涌现出许多新人新作，作品紧跟社会热点，时代感强，视角广泛，取材丰富。2020年初一场突如其来的新冠肺炎疫情席卷全球，社会活动减少，人们生活都受到不同程度的影响和考验，部分城市封闭，民众居家简行，这些虽给文学创作者带来很多不

* 彭晓川，黑龙江省社会科学院文学研究所副研究员，研究方向为城市文学、城市文化；纪丽，黑龙江省社会科学院文学研究所研究实习员，研究方向为当代文学、少数民族文学。

便，但同时也提供了许多社会素材。在这一特殊时期，黑龙江小小说作者，依然饱含热情笔耕不停。

黑龙江小小说作家群体发展迅猛，而表现最为突出的是袁炳发、陈力娇、安石榴，他们的写作风格各异，地域特色突出，书写上笔风醇厚，语境沉稳而富有激情。

一　立意深远构架微巧：地域情感的独特感知

袁炳发作为黑龙江小小说的领军人物，2020 年创作了多部小小说作品：《玩伴》《非常》《辩解》《消无声息》《深处》《连环爱》《紧张》《张三的婚姻》《草原》《心念》《励志课》《留白》等等。袁炳发善于捕捉普通小人物的人生困境，其写作题材多以亲情、爱情、社会生活为主，他的写作聚焦人性深层的弱点，揭露社会的复杂，向读者传达生活哲理，并点醒人们对灵魂的自我救赎。袁炳发有着深厚的叙事功底，很会讲故事，写实意味极强，给读者带来较强的阅读体验。他的作品《非常》（《小说月刊》2020 年第 4 期）直击当下社会热点，讲述在抗击新冠肺炎疫情期间一个普通家庭所面临的困境和问题。护士长郭珊珊和齐小男结婚后，因琐碎的日常生活与婆婆多有龃龉，让每年年三十儿家里气氛格外紧张，夹在中间的齐小男也左右为难。这一年的农历二十八，郭珊珊突然打电话告诉齐小男今年过年不能去婆婆家了。郭珊珊解释说：新冠肺炎疫情很严重，随时可能会传播到本市，身为护士长的她，不能置身事外，第一时间就报名前往抗击疫情的第一线。工作了一天的郭珊珊半夜回家，无意间听到家里的丈夫和婆婆正在通电话，误以为婆婆又在电话里催促他们回家过年，但当听到电话里婆婆非但没有抱怨，反而说现在疫情形势严峻，让全家全力支持她、关心她，并叮嘱儿子这个春节重中之重就是照顾好珊珊的时候，郭珊珊泪流满面，对婆婆多年的不理解和矛盾自此化解。在中国的传统节日，希望儿女们春节回家过年的婆婆并没有错，因为春节不单纯是一个假期、一个节日，而是蕴涵着父母对儿女们的爱和牵挂，而回家过年对于每一个家庭来说是一种团聚，是一种亲情，更是和家人在一起的一种幸福、一种感恩。也正因为我国有着优秀的传统文化做根基，人们受传统文化的影响，在危机来临的时刻，才有顾大家舍小家，国家大爱在前、小家在后的思想，才使得我国的疫情防控获得成功，人民的生命得到很好的保护。“大是大非面前妈拎得清，没有国就没有家，我们家的事就不算个事了，春节都不要回来了”，婆婆的这一番话也正代表了全国所有医护人员家人的心声，也正是因为有着千千万万像婆婆这样的家人的鼓励和支持，医护人员才能安心地在一线抗击疫情，才使得我国能在短时间内就控制住疫情的蔓延。袁炳发在极短的时间里，捕捉社会热点，深挖人性的伟大和无私奉献。袁炳发的写作风格一贯深入人心，冲击人性深处，语言朴实自然，简洁而又老到。他的另一部作品《教育课》（《微型小说选刊》2020 年第 5 期转载）讲述一位单亲母亲省吃俭用给女儿菲菲攒了上大学的钱，而任性不懂事的菲菲却爱慕虚荣，喜欢与同学攀比，总是不停地向母亲要钱花，母亲既生气又心疼女儿，即使艰辛劳动也没能感化女儿，女儿反而认为这是母亲应该做的。直到菲菲又一次要钱买鞋，母亲要菲菲答应只要她同学马丽买，就给她钱。菲菲只好硬着头皮去找同学马丽。结果在煤场她看到了家庭贫困的马丽和母亲，在大雪天里，一起拉煤车挣钱。身为同龄人的马丽和娇纵的菲菲形成了鲜明的对比，这让菲菲瞬间了解到母亲的用心良苦和生活的艰辛。母爱是世界上最伟大的爱，教育孩子的意义在于唤醒，这位伟大的母亲用智慧，借助一场生动的教育课，唤起了女儿内心深处的理解，唤醒了女儿内心的向爱、向善。文学作品的意义就在于与读者产生共鸣，引发深思，唤醒人们的内心。小小说《红绸》（《小小说选刊》2020 年 10 月 12 日）讲述着老两口靠一家小煎饼铺子养活七个孩子，日子过得紧巴巴的，在外人眼里他们生活窘迫，而他们却过得知足从容。老两口的共同爱好是去江边跳忠字舞、扭秧歌、唱二人转，面对别人的嘲讽也若无其事。即使受伤了，也等伤好了继续跳，他们认为这样的苦日子，不跳干啥呢！老两口的苦中作乐、恬淡寡欲的生活态度是对自我生存困境的一种救赎。反映社会中小人物的生活状态是袁炳发小小说的写作特点，从中展示人间冷暖是他讲故事、刻画现实生活的一种方式。

陈力娇的文学创作已经有三十余年，发表过的文学作品众多，且不仅仅是在小小说创作方面。她可谓黑龙江文坛上当之无愧的实力派作家，2019～2020年她发表的小小说作品有《暗佑》《模拟落水》《卸货》《老秋》《日本寮母》《在一起》《品性》《星火》《很想回日本》《赎罪》《会游泳的女人》《深处》等。陈力娇小小说作品基本上还是以伪满时期开拓团的故事为题材，讲述日本关东军、开拓团与中国百姓之间的故事。但其作品《会游泳的女人》（《小说月刊》2020年第11期）却以日本本土居民为第一视角，讲述在特殊的历史时期，他们因为某种原因或自愿、或被迫，背井离乡到中国开拓的故事。战争年代，日本物资匮乏，百姓的生活到了绝境，为了缓解国内压力和满足无耻的殖民野心，日本政府诱骗国民到满洲去，承诺那里能满足国民的一切美好生活。日本国民山本为每日的温饱而挣扎，他本不想离开故土，认为别人的再好也是别人的。而山本的妻子却被村长说服带着两个婴儿偷偷地登上开向满洲的轮船。站在码头上的一位清洁工看着远去的轮船说："从满洲回来的人说'那边除了房子和地什么也没有'"，一旁的村长闻之吓了一跳，并叮嘱说"别和政府唱反调，小心丢了你的工作，国家还不是为了老百姓"。与此同时，在满洲的山本却因为在河边与一群男女争夺赖以生存的鱼，失手将一个女人打落水中致其溺亡。在妻子即将到达满洲的时候，山本却被判入狱。该作品虽然题为《会游泳的女人》但文中内容却没有提及任何一个会游泳的女人，作者想借此表述当人们在大的社会背景旋涡下，无论会游泳还是不会游泳，最终都将无力逃脱意外与无法预知的命运旋涡。作者没有带着仇恨，一味地批判侵略者，而是站在日本普通民众的角度，讲述那一时期日本国民的生存状态与无奈，以及为生活所迫的人对待现状的无力挣扎。陈力娇有着深厚的龙江情怀，是一位地域特色鲜明的龙江作家，她用极富张力的表述，穿透浓厚的历史烟云，展现战争岁月中民众的苦难与人性的异化，并以博大的悲悯情怀，探寻良知对人类的救赎。侵略、杀戮、苦难，是陈力娇"日本开拓团"系列小小说的主题，陈力娇用一个个鲜血淋漓的历史残片，赤裸裸地展露战争中触目惊心的人性之恶。她的另一部作品《品性》（《小说月刊》2020年第1期）讲述日本开拓团随关东军撤离后，丢下一群日本遗孤在难民营，曾经的开拓团团长的儿子宫本，依仗自己年龄最大，在难民营当起了头儿，他养尊处优习惯了，难民营的饭菜使他难以下咽，他便欺负同胞，恐吓日本男孩在规定时间内上街为他找香肠和面包，如果找不回就要杀死和男孩坐在一排的难民，如果男孩敢逃跑，更是炸毁难民营。胆小的男孩在街上努力搜寻目标，战战兢兢，不敢耽误时间，一个小时后才发现一个同年龄的中国小女孩从面包店里走出来，手里拿着面包和香肠，男孩欲要面包和香肠被拒绝后，尾随女孩到了一户中国人家。女孩的妈妈发现他是日本孩子后竟没有打骂，了解男孩想要食物的原因，最终将面包香肠送给了他，并告诉他："你给宫本拿回去吧，好好活着，争取回到日本去。告诉你的爸爸妈妈，不论什么时候都要待在自己的国家，别人的国家再好也是别人的。"殊不知这面包和香肠是女孩爷爷临终前的心愿，而且是女孩典当来的，年轻的中国妈妈附在奄奄一息的公爹耳边说："爹，放心走吧，你救活了好几百条人命，值了。"日本父母为了自保丢下孩子独自回国，日本遗孤为了生存而同胞相煎，博爱让中国妈妈放下了民族与家国的仇恨，帮助了日本遗孤，拯救了更多人的生命。历史时空下人性的善良与丑恶被赤裸裸地对照刻画出来。她的另一部小小说作品《很想回日本》讲述日本战败后，野百合、姗子和岛久子三位日本年轻母亲，带着孩子和财物结伴去间岛，由此回国。一路的艰难迫使她们有的选择抛弃孩子，有的选择放弃财物，直到体力透支，才遇到了两名赶马车的中国青年，万般恳求下，善良的中国青年放下血海深仇，认为不能见死不救，答应载她们一程。在半路上遇到了一伙被打散的日本关东军，日本女人像遇到救星一样，跳下车，跟着日本兵一起走向了回祖国的大路……故事的反转发生在几年后，两个赶车的中国青年去城里，却意外发现了姗子，惊讶地追问她为何没回日本，却得知了当年的日本兵将她们抢劫、轮奸，连孩子也都杀害了，姗子逃出来苟活至今。中国青年和日本兵形成鲜明的人性对比，在面对侵略者的妇女幼小时，宽厚善良的中国青年给予的是宽恕与拯救，而日本兵在同胞需要帮助时却痛下杀手，做出丧尽天良之事。文末的反转令人咋舌，前后两种人性的对比同样令人唏嘘。陈力娇曾说："一个作家，是否具有悲悯情怀是他（她）创作的根本，有没有这一点，决定他（她）创作的方向和底蕴。"秉持如此信念，作者试图为历史的灾难和人性的罪恶寻求出路。陈力娇作品多以悲悯的大爱实施救赎，从寒冷与破坏中看到人类的温暖，唤醒人类的良知，为血色弥漫"日本开拓团"的叙事染上一层救赎的底色，陈力娇用对正义的坚守和人性的捍卫，力图弥合战争中屠戮与罪恶带来的撕裂和创伤。

安石榴，原名邵玫英，两年间她发表的作品极为丰富，数篇作品被转载，可谓黑龙江"文静派"书写的作家之一，她的作品总能吸引读者静静地进入她的作品当中，去细细品味。2019～2020 年其发表的小小说作品有：《那一刻，到底发生了什么》《普通人》《六零后张学锋》《那些字，不会被风吹散》《三代》《住地窨子的人》《张化远》《乘客》《金句》《守墓人夜半惊醒》《雪夜人不归》《一窥》《收录机》《男愁唱》《一封家书》《喝酒的俄罗斯女人》《想念儿》。安石榴的写作总是给人一种在平静中荡起波澜的感觉，她的作品《一封家书》讲述着闯关东的老邱，独自一个人一路向北，走到哪儿算哪儿，有什么活就干什么活，过着飘零的生活。但他也干过一些让他后悔的事儿，他与人合伙在打劫一个大户时，开枪打死了一个婴儿，这使他很是后悔。随着时间推移，到老了，他还落下一身的病痛，干不了什么像样的活计了。然而，一个三伏天，他遇见了路过的歇脚打尖人——桩子，一聊还是同乡，听说家里的老娘还活着，还一直惦记着他，老邱哭了。老邱在路边呆呆地站着，站了好久，然后又开始哭了，拄着棍子磕磕绊绊回到自己的小泥房去了。一年多后，胡记杂货铺的老胡收到一封来自山东的信，信封上写着"烦请转交邱拴柱"，这封信以老娘的口吻，开头就把老邱责骂了一顿，说桩子回来说了你的事儿，你不孝啊，这么多年不回家，既不给家捎钱，也不捎信，真是白白生养你一回，老娘我都哭瞎了眼，哭白了头。但信在结尾处，老娘又说，以上都是我一时的气话，你活着就好，赶紧回家来吧，老娘想你。老邱捧着信哭得哇哇的。秋收时节到了，老胡突然觉得有点儿事儿，他往老邱的菜园子里一瞧，就有一种不祥的预感，老胡开门一看，老邱吊在大梁上，已经僵硬了。老胡想起那封信来，寻思着，应该给老邱的老家写封信，告诉一声，不然老邱的老娘又是日日夜夜盼望着，多么心焦啊。老胡打算找到信皮，抄下地址。可是里里外外找遍了，怎么也没有找到。故事中的老邱已无脸再回到山东老家，后悔的事、罪过的事太多了，一封家书是他放下一切安心离开世界的原因，他已了无牵挂，这是他用死来救赎自己。安石榴的小小说作品总是在平静的述说中，让人内心产生震撼，留给读者许多回味，让人们带着无限的想象去感受人性的悲楚。

她的作品总是让人在不经意间回味发生的故事，《守墓人夜半惊醒》（《时代文学》2019 年第 4 期）中守墓人夜半醒来，他是被哭声惊醒的。虽说是惊醒的，也并非表明他被吓到了。守墓人睁开双眼，虽处盛夏，山中夜半依然凉沁沁的，这三十余年，守墓人还是第一次遇到这种事，那哭声用一个字形容：悲。守墓人起床，披衣，轻轻开门，静悄悄地往碑林而去，他必须去，他对整个墓地负有责任。但他并不想惊扰那个女人，他只想看看女人目前的环境是不是安全。女人的哭声紧一阵慢一阵，说明那“悲”已经堵塞了气流，痛和苦凝滞、冲动又抵触，直等到那猛地涌上心头的悲恸渐渐消退下去，哭声才能重新响亮起来。这个女人就是这样，哭啊哭，哭啊哭。但此刻，守墓人什么也没想，他远远地站定，并不能更清楚地确定女人的具体行动，他连女人的影子也没看到，他想那伤心人一定是伏在地上了。他能确定的就是女人并没有点香或者烧纸。守墓人心一动，定定地站了一刻才慢慢转身，像来时那样静悄悄地往回走。回去的路是一个逐渐向下的慢坡，他小心地控制着步伐，不让脚步发出响声。一边想，这女人是怎么来的呢？守墓人心里回响起一声长长的叹息：这女人得遇到多大的难处呢？什么都不怕了什么都不顾了！他看了看停车场，停车场空无一物，只有月光微微颤动。守墓人轻手轻脚将角门的铁锁打开，把门开到最大，用铁钩挂牢。这才回到自己的小屋，他没有忘记把门房雨搭下面的小灯点亮。守墓人知道那伤心人只要站起来，打算回家，就会发现大门口的光亮。做好了这一切，守墓人慢慢爬到床上去，躺下了。安石榴的写作手法极其细腻，细节描写至微，语言平淡简洁，可见其在小小说的写作上造诣匪浅。故事通过守墓人的内心思动和女人的“哭”，使两个不曾见面的人却能感受到其背后所发生的故事，本该是看似令人惊恐、冰冷的故事，却能让读者从中细细品味其中的温暖。安石榴的小小说创作一直没有喧闹，不去大展大收，就那么静静地观察一个人，书写一个事，你不知道那个人从哪里来到哪里去，她的内心在想什么，作者一点都不透露，全凭你去揣摩，她总是让人默默地进入故事的场景中去慢慢体会。她在语言运用上充满着张力和想象，总是以一种安静的、没有功利的自由去写作，通过写作来抒发自己内心的情感。

二　新思维新作为：中坚力量势头强劲

近年来，黑龙江的小小说作家群体发展迅猛，层次分明，中坚力量发展势头强劲，为黑龙江小小说的良性发展打下了坚实基础。作为小小说创作的中坚力量，邴继福写作风格更加贴近生活，情感表达细腻，语言简洁质朴，他对黑龙江省伊春地区小小说创作发展功不可没。他的作品《喂窝子》（《金山》2020 年第 8 期）直击官场现状，当上副厅级纪检干部的“他”，廉洁自律、秉公执法，虽然工作业绩突出，但生活清贫，却也从容淡泊。一次同学聚会打破了“他”平和的心态。当了老板的同学赵连，表面上看于他无欲无求，却在暗中贿赂他。赵连称看在同学情谊上，借闲置的空房给他住，直到购物卡、宝马车等等，都被“他”一一接受。直到有一天赵连找到“他”让帮忙给市长打个电话要承包工程，使“他”没了主意，他找到老爹商量，而老爹只是带“他”去钓鱼，看到“他”钓不上来，老爹给了“他”一大块黄面团，告诉他得先喂窝子，果然不一会儿就钓上好大的一条鱼，高兴之余“他”突然醒悟过来，原来自己也被“喂窝子”了。邴继福的小小说时代气息强烈，警示现实社会中出现的种种问题。他在叙述故事时语言简洁，故事节奏紧凑，但总能收放自如，文末留给读者去感悟，去深思。郦继福的作品中常常蕴涵着启迪思想和人生道理，就像其亲身经历的真实故事一样，有点纪实文学的味道，在平淡的语言陈述中融入作家的深情与真情。

2019～2020年黑龙江小小说作家田洪波发表的作品有：《排序》《赛烟花》《特殊顾客》《空船》《请叫我麦子》《传奇》《消逝的时光二题》《大厂女婿》《纠结》《考试》等。田洪波的人物描写特点鲜明，故事情节表述简洁，充满寓意。他的作品《考试》讲述了通过考试，即将要从副科长提升为副场长的“我”，就在公示期间，被老爸一个电话叫回家里要接受他“考核”，考试内容却是钓鱼。不爱钓鱼的“我”看着老爸依据丰富的经验，根据所下鱼饵和河段位置，神准地预测出了所钓上来的鱼，被惊得目瞪口呆。老爸的考题就是让“我”写钓鱼的感受。原来，老爸是想借钓鱼来警示：即将拥有权力的人很可能变成不法之徒牟利的工具，作为领导干部，要防止出现被鱼钩钓上来的悲剧，要洁身自好，不要被心怀鬼胎的人利用。老爸用他生动的考试形式，传达了一条让“我”一生受用的人生哲理，父亲的温情和教诲，令读者深思。田洪波小小说的作品曾多次在国内获奖，多篇作品被选入国内初高中及院校试卷阅读题解，他的作品笔风质朴，多数以表述人间真情、揭示人性弱点为主，故事情节贴近百姓，但总是给读者一种酸涩的苦痛，他在黑龙江小小说领域里可称得上是佼佼者。他的作品《特殊顾客》（《高考阅读》2019年第12期）被选入江苏泰州九年级语文模拟试卷，讲述的就是开馄饨馆的夫妻，每天在靠墙的位置总是摆放一个特制的小桌，为了让一位衣衫褴褛、双目失明的老人吃上一碗热乎乎的馄饨。每次老人吃完馄饨，都是从怀中掏出几枚硬币，掷地有声地拍在桌子上，老郭都是微笑相送，并快速地把钱揣进兜里。然而有一天，一旁的“我”发现，那硬币不过是游戏币而已，而老郭只是说，他不是乞讨吗，他不是眼睛看不见吗，我这店不会因为他的一碗馄饨就给吃空了。一位普普通通、心地质朴的馄饨馆老板，为了顾及一位身有残疾老人的尊严，为了不伤老人的心，每天都给老人一碗馄饨吃，将这种人间博爱呈现给世人看，震撼了文中的“我”。

三　情感哲理人性：题材创作风格呈现新变化

2020 年黑龙江小小说创作风格丰富，多位小小说作家在表达情感、叙事哲理、揭示人性上有着不俗的表现。孙戈的小小说《失信》注重内心情感方面的表达。故事中，得了肺癌的父亲，知道“我”当了老板，很为我骄傲，一直想去我的公司感受一下办公室的气派。可是父亲并不知道，我所经营的公司正在遭遇大麻烦，自己可能随时都会被警方带走。所以，在面对父亲的心愿时，我只能一次次搪塞过去，答应父亲等他身体好一些，就一定带他去公司看看。父亲生病，在弥留之际却是嘱咐我注意身体，工作太忙，就别在医院多陪他了。直到父亲离去，我的承诺也没有实现，在社会上，我是“老赖”，而在父亲那里我也一样失信于父亲，却再也没有机会弥补了，这也成了我一生的遗憾。作品讲述了现实社会中普通人在中年时期生活的压力与窘迫以及朴实而又温暖的父子之情，情感的表述深入人心。龙江小小说后起之秀作家王哲在 2019 ~ 2020 年发表多篇作品：《匪患》《真相》《一种爱》《延续》《依恋》《风车》《最后一课》《农夫和他的木船》等，其中《最后一课》讲述了一位师生之间的情感故事，在教育岗位勤勤恳恳的柳老师是最不愿过生日的，因为每过一次生日，他离退休的日子就又近了一步。柳老师不想退休是因为他不想离开学生，也不想离开校园。他很会讲课，注重启发学生思路，让学生带着问题去阅读，学生们都喜欢听他讲课。但六十岁的生日还是说到就到了，从校长室出来的他一个人默默地来到学校的操场上。学生们爱戴他，不仅因为他是一名恪尽职守的老师，还因为他是一个可以交流讲真话的朋友。柳老师无儿无女，可柳老师从来也没感到过孤独寂寞，他把每一名学生都当成了自己的孩子。学生们都上课了，柳老师离开操场，步履沉重地向校外走去。柳老师来到老伴的墓碑前，用手摸着墓碑然后坐在地上说：告诉你一声，我今天退休了！清风拂面，墓碑无声。柳老师觉得老伴应该能听得到，也能体会他此时的心情……天黑了，柳老师不知不觉地又回到了学校，他像往常一样打开教室的门，站在了讲台上，他要上那最后一堂课。柳老师在讲台上朗读韩愈的《师说》，虽说课堂上一个学生也没有，但柳老师朗读得依然声情并茂。这时校长和教育局局长已经来到教室门外，他们听到了柳老师的朗读，都不约而同地用手擦拭眼泪……作品充分刻画出一名优秀的普通老教师在退休之际，对工作，对讲台，对学生，那种不舍，那种留恋，那种深情，作品深深触动了读者对老师的那种感激之情，触动心灵。王哲的另一部作品《农夫和他的木船》讲述了一个村子里农夫、商人和木匠的故事，农夫对待商人和木匠展现出真诚和热情，而商人和木匠对待农夫却是一脸的轻视和调侃。农夫不在乎，依旧憨厚朴实地帮助商人和木匠，不求回报。农夫的实心实意，并没有换来商人和木匠的尊重，二人总是把吃苦受累的工作推给农夫，自己坐享其成。当然他们偶尔也会被农夫的真诚厚道感动，而片刻的感动之后，商人和木匠还是经常合伙灌醉农夫。直到一年夏天，农夫根据多年经验判断，当年秋天一定会多雨，他让商人和木匠早做准备。但二人却对他一阵挖苦，无奈之下农夫向商人结了工钱，请木匠来造船，以备后患。直到洪灾来临的那天，农夫用木船搭救起木匠，却因为木匠造船时偷工减料，最终船被撞翻，木匠一家也被洪水卷走了。王哲善用隐喻的手法进行写作，表面上是写三个不同职业的人生活故事，实则暗讽一些虚情假意、逢场作戏的社会关系，只看到自己的利益，结果只能咎由自取。

龙江另一位小小说作家于博的作品《黄豆飘香》(《海燕》2020 年第 6 期）讲述新中国成立前，抗联小分队队长于放带领战士们在夜袭日军军火库的前一天，在油坊张海家歇脚。战士们好多日没吃上热乎乎的饱饭了，已是饥肠辘辘，喝完玉米面粥后，队长下令赶紧睡觉，一是保存体力，二是为夜袭养足精神。下午时刻，战士杨大刚和油坊张海的儿子打赌抽冰尜，结果把小孩的炒黄豆全部赢走了并吃掉了，气得于放训斥杨大刚欺负小孩，违反革命纪律，要处罚他，被张海阻拦下来，杨大刚也是跪着保证等打完仗，让队长随意处置。故事结尾，队长于放带着半碗炒黄豆来到抗联烈士陵园祭奠杨大刚，原来他在那场夜袭中牺牲了。文中的结局给了读者内心强大的情感冲击，革命战士在如此艰苦的条件下，为了祖国的胜利，视死如归，浴血奋战，直至今日也是我们不应忘怀的。

李艳霞的小小说作品多通过点滴之事和平凡的人反映社会问题，贴近生活，她善于捕捉在百姓身边发生的事。2019~2020 年她发表的作品有：《你未见过的生活》《身教》《破冰》《话痨》《军工》《谁最给力》《你有问题吗》《你知道“华丰”吗》《戒指》《请扫二维码》，其中《话痨》讲述的是一个患有阿尔茨海默病的老人，在火车上一直与人闲聊，一直不停地给人讲着家里的琐事，有的人还调侃她，可在文末当家人找到她时，她却不认识家人，只是那几句“我去看你二姨，她想吃海鲜河鱼了……”，“你又犯毛病了？我二姨不是在三年前就过世了吗……”。这段对话让人感到心酸，老人生活在自己的世界里，关心自己世界的人与爱，不认识现在的家人，不知是应该快乐还是痛苦。李艳霞从社会问题上的点滴小事入手，让读者关注社会上得了阿尔茨海默病的这部分群体以及他们的生活困境和让人泪目的故事。

2019~2020 年黑龙江小小说创作成果丰富，涌现出许多优秀的作家与作品，他们给龙江小小说创作增色不少，比如，擅长写中短篇小说的阿成创作出优秀的小小说作品：《王麻子膏药》《夜雨》《虚构生活》等。以描写母亲儿童题材见长的王立红小小说作品：《响鞭》、《糖葫芦女孩》、《红姑》、《将军箭》、《女孩》、《鸭声》、《蓝海豚》、《赤子心》、《猫眼》、《蝴蝶泪》、《天使》以及她的东北女人系列闪小说五题：《响鞭》《核桃》《大脚》《红姑》《马语》，闪小说五题：《夜光杯》《蛰伏》《化蝶》《红兔子》《菊殇》等。还有高振霞的小小说作品《山伢子》《婧婧》《蓝月亮》；隋蓉的《借钱》《住在树上的鱼》《糖人张》《姚锡九》《诱鹿》《花脸》；季节的《谁动了我的椅子》《骑摩托车的人》《包租婆》《电梯也任性》；乔迁的《大打大闹》《浮水》《一支队伍路过乔家屯》《溜羊李》《乔三爷》《张天五》《出口》《孤学》；尤秀玲的《李光平的豆腐》《大雪过后》；柴亚娟的《慧姐》《狗性》《这样的爱》《茫然》《颠倒》《心安》；于博的《九指》《大雪纷飞》《名医》《眼神》《会运动的猪》《画》《正言街》《饺子的故事》《黄豆飘香》；彭金桥的《报复》《商机》《差距》《特殊的扶贫》；隋荣的《诱鹿》《花脸》等等。他们都一直在为黑龙江小小说的创作发展默默地耕耘，贡献着自己的力量。

小小说的创作是平民艺术，贴近百姓生活，注重情节的曲折，讲究一步一转，引人入胜。其取材广泛，讲述身边的人与事，故事简洁明了，在融入自己思考的同时，感染读者。小小说创作限于字数篇幅，所有故事描写没有闲笔，都是为故事主题服务的，结尾处常常见转折点题之笔，语言自然、亲切、和气、简洁，常给人启发、深思和感悟。

B.5
散文：情系龙江　文育黑土*

王 威　侯 儒**

摘　要：黑龙江散文创作，有知青作家对第二故乡的热爱，有爱国主义精神的弘扬，有历久弥新的北大荒精神传承。黑龙江散文创作，在豁达中表现出更多的知性审美。在主题的选择上，故乡依然是作家们创作的源泉和动力。也有作家将视角转向2020年的新冠肺炎疫情，他们或观察或参与其中，书写了疫情中的平凡而温暖的人和事。

关键词：黑龙江　散文　文学创作

一　情之所系心向往之：张抗抗《北方》《南方》

著名女作家张抗抗无论在作品还是在各种演讲中，最常提及的就是自己与北大荒的缘分。作为杭州知青，特殊的年代赋予了作家特殊的人生经历，也正是这段经历成就了作家的创作成就。作为生活在北方的南方人，张抗抗在作品中充满了对南方家乡的怀念，那个承载着作家儿时美好记忆、少时青葱岁月的江南水乡，被作家赋予深情的笔触。相对于对江南家乡的向往，北大荒经历是作家不可割舍的重要人生经历。作家人生中最美好的那段时光都留在了黑土地上。作为知青张抗抗来到北大荒，从初时的茫然，到后来的习

* 本文系中国社会科学院大学2021年度“研究生科研创新支持计划”科学研究项目“多元视野下的中国当代文学研究”的阶段性研究成果，项目编号：2021－KY－38。课题组成员：王威。

** 王威，黑龙江省社会科学院副研究员，研究方向为文艺学；侯儒，黑龙江社会科学院助理研究员，研究方向为少数民族文学。

惯，恰如作家自己在作品中所说的那样：“我认为自己这个杭州人，早已名不符实——我是半个哈尔滨人。”

2019 年，浙江文艺出版社出版了张抗抗的两本散文集《南方》《北方》，作家将自己对“故乡”的眷恋之情融入其中，从江南的蒙蒙烟雨到东北的皑皑白雪，作家流连在从南到北的美丽风光和或细腻或粗犷的风土人情中。也正是这样的人生经历，让作家的作品既有江南的小桥流水，又有北方的豁达乐观。

（一）《南方》：童年和遥远的故乡

《生橄榄》中，张抗抗从诗人海涅的“冬天从你这里夺去的，春天会交还给你”写起。橄榄这种生长于南方的果实，硬而酸涩。作家在作品中赋予这小小的果子以对那个时代、那个给她重大影响的“陌生人”的深刻情感。“考不上也没关系，就像生橄榄，有人觉着是苦，有人却以为是甜。苦和甜，人和人的感觉还不一样哩……”“陌生人”出现在作家的生活中，为小小的她带来了纯真的快乐，为初长成的她解惑，慰藉了一个小小少年的心灵。然而那个“陌生人”却因为自己特殊的家庭背景而一次次与理想失之交臂，作家“那尚未受过挫伤的童稚心灵里，充满了一种对别人深深的同情，也有对自己未来的恐惧。我想到了自己，将来是否也有同样的命运在等着我？”作为一代知青，哪个人没有过这样的迷茫呢？

《母校》中，我们看到了作家对母校的爱，对继续学习的向往。“我的母校如同一艘气势磅礴、乘风破浪的远洋轮，载着我们驶向无边的知识的海洋，那急骤的上课铃声，真像是巨轮庄严的汽笛。”作为有着历史的名校，杭州一中曾是鲁迅先生工作过的地方，这是包括作家在内所有“杭一中”学生的骄傲，也是他们津津乐道的历史。“我想起我们上学时用过的校徽，上面有鲁迅先生娟秀的字迹。他曾在这所学校的前身——杭州两级师范学堂任教过。”这样一所有着光辉历史的学校，在那段特殊时期，被改成了“杭州炼油厂五七学校”。这个短暂的名字是一段特殊的历史标记，在作家的心中也留下了伤感的记忆：“从杭一中到炼油厂，是什么呢？鲁迅先生假如看到学生胸前别着‘杭州炼油厂……’的校徽，岂不是会眉头紧皱脸上堆满苦笑?”可这并没有影响作家对母校的爱，因为在那里是“第一次使我向往知识的海洋，在我的心里播下了对祖国和人民的爱的种子”。

父亲的故乡也是作家的故乡，在《南望长乔》中，作家回到那个叫做“籍贯”的故乡，虽非生她养她的地方，却是血液中牵扯不断的故乡。年轻的爷爷奶奶为了生活从南乔到上海，又从上海回南乔，从此，后辈无论在哪里都多了这样一个故乡，而“我们这些远方的游子也许从此不再回家，我们把老家带在身边了。它隐没在空气中的声波里，招之即来，挥之不去——哪怕仅仅有这么一种感觉，故乡也已成为永远”。从杭州到北大荒，从东北到华南，“一个不会说广东话的长乔人，却在北方的风雪中虔诚地遥望着它。那时候我恍然大悟，长乔对于我其实只是一种根性的象征。唯有自己创造的家园，才能将我引领上回家的路。”

张抗抗在她的作品中多次提及、描写德清的外婆家，因为那里不仅有外婆，还有妈妈的童年和自己幼时的美好记忆。一次一次、一年一年的“探亲”中，记忆中洛舍镇上那湿漉漉的青石板路、临水架筑的老屋以及带有窄窄廊棚的“南海”小街，土地庙、镇子西头那座古老的拱形大通桥，都随着岁月的流逝而消失。现实的故乡还在那里，而心里的故乡却再也回不去了，每次回乡的作家，总有一种难言的酸涩与遗憾在心里徘徊不去。作家曾在心里暗暗希望洛舍老镇老街老宅，也能像南浔、西塘那样的江南古镇一样被妥善保存，成为颇负盛名的旅游之地。但那已经成为一种儿时的回忆，一个永远不可再现的梦。

南方对张抗抗来说，除了有故乡，更有令她流连忘返的景色。从古城泰州，到乌镇的木心美术馆，无不刻画在作家的笔下。《君子不独乐》中，古城泰州因为有了爱国诗人范仲淹的足迹而更令人神往。“有两千多年历史的泰州古城，由于近千年前范仲淹在此留下的史迹，曾多次被浓墨重彩地记录与书写。史书和民间传诵的范仲淹的种种佳话，使得古城历久弥新，泰州凤城河景区亦有了重生的理由。”因一个人而成就了一座城。作家将自己的足迹和笔触留在那里也与这位千古传颂的爱国诗人有着密切的关系。“先天下之忧而忧，后天下之乐而乐。”“君子不独乐”，作家的爱国情怀与诗人在相隔千年的时空中共鸣。

《乌镇的倒影》中，作家并没有着力描绘红极一时的乌镇景观，而是将它的一隅——木心美术馆留在了自己的纸上。从西栅进入乌镇第一眼看到的便是木心美术馆。这座美术馆“不像美术馆了，而是一座文学馆。最喜欢馆内那一大间阶梯式的图书馆，全世界的艺术大师，沧桑肃然的面孔，在同一时间授课，人声喧哗，而又静谧无声”。散文中的这段描述与曾多次在那里流连的笔者的心思不谋而合。那座阶梯式的图书馆，是仰望文学世界的殿堂，里面不仅有木心对文学的理解，也是作家和许许多多文学仰望者驻足的天地。木心的文字和绘画相得益彰，诚如作家在散文中所说的那样“木心的文字，是绘画的倒影；木心的绘画，是文学的倒影”。

（二）《北方》：一个成为南方人故乡的地方

张抗抗在散文集《南方》中收录了一篇名为《夜航船》的散文，描写了五岁的自己随母亲乘夜航船回外婆家的经历，用孩童的视角观察着大人的世界，整篇文章充满了淡淡的哀愁。而到了《大江逆行》中，作家的笔调从容而宽厚。同样是客舱里，没有了《夜航船》中的动荡和难过，只有枕着自己行李睡去的老爷子；没有了因憋闷而呕吐的孩子，只有被妈妈搂着蜷在长椅上睡去的娃娃，“娃娃的口水淌出了一条小河……没有人抱怨，没有人责难”。“从黑河到漠河，逆流而上，只是在两岸恬淡的原野风光中打打扑克、唠唠嗑，若有江里的大鲤鱼、鳊鱼、鳇鱼上钩，就有了口福。”全篇散文的词语，充满了东北特色方言，是作家长时间生活在东北最好的见证。

《一个南方人眼中的哈尔滨》中，作家为读者描述了东北人的衣食住行。哈尔滨人的时髦历史悠久且全国知名，无论冬夏，无论严寒酷暑，从裙装到大衣，从凉鞋到棉靴，哈尔滨人总是可以穿出自己的风格，作家“从马斯洛健康人格的五个需要层次出发，来看哈尔滨人对服装的爱好，是否可见其中重要的一层：荣誉感的需求”。

都说东北“无美食”，但在作家笔下，哈尔滨的美食比比皆是。从餐桌的布置到用餐的方式，再到每一餐的内容；从驰名全国的特产哈尔滨红肠到东北凉菜，再到杂糅了哈尔滨人热情的火锅都是作家的最爱。尤其是火锅汤味道之复杂或者多元，可谓独创的“哈尔滨浓汤”，不仅体现了哈尔滨历史上的“俄罗斯风情”，也充分体现哈尔滨人兼收并蓄、融会贯通的口味与宽容胸怀。

说到住，早在1898年随着中东铁路的修建就已经开埠的哈尔滨，充满了异国特色。无论是赭红色的“洋葱头”大圆屋顶建筑、拜占庭式的东正教堂，还是太阳岛上形状各异的玩具似的别墅和中央大街光滑的石子路，都令作家深深着迷。俄罗斯风格的住宅和装修，干净的地板，镀金包铜的床栏，大拉桌盖上绣花或钩花的台布，双层的窗子，是哈尔滨人的家庭日常，可是在南方来的作家那里，这些成了新鲜而又时髦的摆设，从中也不难看出作家对这个第二故乡的喜爱。

每到冬天，哈尔滨就成了被冰雪覆盖的童话世界。曾经，冬天哈尔滨的街道就像作家在散文中所描写的那样“犹如一个巨大的溜冰场，一不留神就会摔个屁股蹲儿”。而这巨大的溜冰场也是哈尔滨孩子的乐园，“唯有上学的孩子，嘻嘻哈哈地专拣有冰的地儿走，一只脚往后一蹬，双脚一并，就从冰道上‘出溜’过去，想必比走路的速度快上好些。”

作家对哈尔滨描述从冬天到夏天。因一首歌曲而红遍全国的太阳岛，是夏天哈尔滨人周末度假的首选之地，作家为读者展现了夏天太阳岛上哈尔滨人的火热与绚丽，充满生活气息，“太阳岛的野游是哈尔滨人每年隆重的节日，于是啤酒红肠酸黄瓜松花蛋铺满杨树林间的草地，收音机的音乐回荡在太阳岛上空，白色的沙滩上闪烁着五彩缤纷的游泳衣——好一个绚丽的哈尔滨之夏。”言语中充满喜悦和欢欣，读来令人忍不住对太阳岛想往。

综观这两部散文作品，不难看出知青经历给作家留下了深深的烙印。尤其是在《南方》中，每一篇散文似乎都被作家与那个特殊的年代、那场特殊的运动和那段特殊的历史联系在一起，充满了忧伤的格调，因为南方为作家留下的是伤感的少年记忆。而到了《北方》，作家恰似被黑土地的宽广豁达感染了一样，笔调从容，令读者感受到乐观、宽厚的创作风格，也流露出作家对黑土地的热爱之情。

二　以史为鉴笔力铿锵：靳国君《陆游：铁马冰河入梦来》

靳国君将大半生都奉献给了黑土地的新闻工作，是全国著名的黑龙江"新闻人"。但在新闻之外，靳国君在散文创作上也是成绩卓著。他的散文风格恬淡隽永、夹叙夹议。散文中没有小情调也没有无来由的"为赋新词强说愁"，每一篇散文或描述一处景观，或讲述一个故事，背后都渗透着作家通过自己的经历领悟的人生道理。退休后的靳国君依然笔耕不辍，从散文创作到摄影作品的出版，总是给人带来惊喜。2019 年由黑龙江人民出版社出版的靳国君的《陆游：铁马冰河入梦来》是作家多年来笔耕不辍的心血结晶，也是作家散文创作的集大成之作。

（一）以史为鉴　刻画南宋众生相

宋朝是中国历史上动荡的朝代，尤其是南宋时期，软弱的王朝统治者偏居江南一隅，与北方少数民族政权相对峙。面对日益强盛的北方政权，南宋统治者为了一己之利而罔顾百姓的疾苦，一味地退让，"割地赔款"，激起了当时众多爱国人士的愤慨之情。

政治上的南宋是乱世，而在文学史上，南宋却是文人辈出。南宋有豪放且文武双全的辛弃疾，有位卑未敢忘忧国的陆游，有范成大、尤袤、杨万里……靳国君在散文《陆游：铁马冰河入梦来》中以主人公陆游为中心，辐射性地描写了与陆游同时代的爱国诗人。一生颠沛的陆游"位卑未敢忘忧国"，少年得志的辛弃疾"金戈铁马，气吞万里如虎"。他们性格迥异，但民族大义和爱国情怀却让他们惺惺相惜。

作品中，作家以陆游的人生经历为主线，从"我生学语即耽书，万卷纵横眼欲枯”的自幼学识过人到青年时期充满报国志向再到几经颠沛流离的官场和生活起伏，展现了陆游并未因此沉溺于个人悲喜与得失，依旧饱含抗战忧国、收复失地的决心。作品中，作家以史为据，不拘细节，钩沉索引，创作了这部散文文学作品。

作为著名的爱国诗人，陆游一直为后世所抒写。靳国君的《陆游：铁马冰河入梦来》打破了之前关于陆游创作的藩篱，别具一格，将前人好写陆游的“死去元知万事空，但悲不见九州同”的悲凉与“东风恶，欢情薄。一怀愁绪，几年离索”的苦情放置一边，以史实为背景，用史家之笔法，展现诗人陆游的人生经历、报国理想与爱国情怀。

（二）笔力铿锵　抒写爱国真性情

后人想到爱国就难免会想到陆游，其为人、其诗作都是爱国主义精神的典范。就像作家在作品中描述的那样，陆游的一生“居庙堂之高则忧其民，处江湖之远则忧其君”。几起几落的人生轨迹并没有让陆游像苏东坡那样寄情于江湖，诗人的一生都饱含爱国情怀，直至临终为后人留下了千古名句：“王师北定中原日，家祭无忘告乃翁。”

作品中，陆游生于离乱。小小的陆游跟着父母在乱世中颠沛，体会着“离乱人不如太平犬”的悲惨际遇，这也在小小的陆游心中播下了“剑指中原，还我河山”的爱国种子。然而，南宋王朝的统治者，无一能为陆游、辛弃疾、岳飞、虞允文等大批的爱国志士创造任何施展才能与抱负的空间。南宋历史上，一代代爱国人士前赴后继，却没能换回祖国山河的统一。

作家虽然在作品中描写了陆游颠沛流离、抱负未施的一生，但作品并没有丝毫的颓唐气息，字里行间都展露着诗人宠辱不惊、忧国忧民的爱国情怀。“得一官不荣，失一官不辱，地方全靠一官；吃百姓之饭，穿百姓之衣，莫道百姓可欺，自己也是百姓”。作品中，陆游以报国为志向，以爱民为己任，“身为野老已无责，路有流民终动心。”

文学创作源于生活高于生活，作家在《陆游：铁马冰河入梦来》中以南宋王朝的真实历史为依据，为读者展现了以陆游为代表的充满爱国主义精神的英雄群像。作家在动笔前大量查阅历史资料，使作品充满了厚重的历史感；创作过程中，作家运用春秋笔法成功地为读者创作了一部大气、深刻的散文精品。

三　芳华岁月适性和畅：闫语《你自己就是每个人》

闫语的散文总是让人感受到充满诗意的知性美，在《你自己就是每个人》中，诚如王干在序言中写到的那样，作为女性作家，闫语的文字有着女性的细腻、敏感，但绝对无时下流行女性散文的软弱和纤细，哲思让她的散文具有骨感和柔性。而在《你自己就是每个人》这篇堪称闫语代表作的“大作”中，闫语的思维能力，哲学的思辨水平，对人的价值和存在的认识，是叩问，也是回答，是自我，也是众生，足以和当代那些思想家的随笔相媲美。

《说给你听》中，准妈妈闫语对未出世的孩子充满了爱的期待。“我多么希望你有一双清澈的眼睛，能够透过这个世界上挽歌般安详的狂暴，看到一种难得的宁静与温馨；我多么希望在你发出生平第一声啼哭的时候，你的心如兰花般晶莹。”这是母亲对孩子的美好希冀。

紧接着，在《爱的方式》和《从左到右的温暖》里，闫语用诗意的语言刻画出三代人、两位母亲对孩子的爱。作为母亲，闫语希望在以后的日子里，无论遇到什么样的疼痛和委屈，女儿都可以坚强地面对。而“想到这些的时候，我的脑海不自觉地闪过了妈妈的身影”。自家偌大院子到处都是妈妈不停忙碌的身影……人们常说母爱伟大，但这伟大的爱因触手可及，却又常常被忽略，“就像这刚刚盖好的被子，简简单单却又无比温暖。”

在《你自己就是每个人》这篇充分体现作家创作特点的散文中，我们读到了作家对这个世界的认知，对世人冷静而自持的描述：“站在世界这个大房间里战战兢兢地打量生活，我没有看到什么，仅仅看到喧闹的人们在各自的小小角落，专注于自己的事情。像醉酒的开始，一种巨大的乏味暴露出事物的本相。”

作为黑龙江的散文作者，闫语对雪的热爱和描写恰好出自与生俱来的本能。散文集中收录了闫语多篇描写冬天和雪的散文。在《期待一场雪》中，冬天是被雪花说出来的季节。簌簌落下的雪，“从各种角度看去，就是各种不同的故事。我把自己写进了故事，在雪花翩然而至的亲吻中，我寻找着生命的另一种可能。”在《冬天的一个侧面》中，冬天是被一夜飞雪捎来的。在《有一场雪在哈尔滨等你》中，“雪，落在哈尔滨，是那种势不可挡的倾倒，浩浩荡荡，铺天盖地。”一场大雪过后，整个城市都变成了白色，房子不见了，院子不见了，路不见了，甚至连雪也不见了。作家笔下的雪是充满生命的，是冬天唯一的期待。在作家那里，冬天，不仅仅是季节；雪，也不仅仅是节气。雪是冬天人们投向这个世界的目光；是一种古老的气息；是一种听不见的天籁。

闫语对古典音乐的喜爱，在散文集的第三部分被作家抒写得淋漓尽致。从舒伯特到德沃夏克，再到帕赫贝尔；从《冬之旅》到《母亲教我的歌》，再到《D 大调卡农》，每一首曲子在作家那里都有着不同凡响的意义。《落入针眼里的一场大雪》中，作家与《冬之旅》“一见钟情”，打击乐器的声音在阿卡佩拉的那对大耳朵里极其微弱地展开，簌簌飘落的雪花仿佛就在作家的眼前化开。而《母亲教我的歌》激起了作家对母亲的思念与牵挂，“当阴晴不定的天气用力撕扯着我对母亲的想念，……当我幼年的时候，母亲教我歌唱，在她慈爱的眼里，音乐闪成泪花。”

喜欢《D 大调卡农》的听者，不同的人可以从音乐中得到不同的感悟，对于闫语来说，这首名曲恰好契合了她的某一理想，使其长时间着迷。《最初的爱情，最后的仪式》中，作家与作曲家心意相通，帕赫贝尔的爱情随着《卡农》的音符流淌出来，闫语在一遍遍聆听《卡农》的时候，也总会想到那句“执子之手，与子偕老”。“我仿佛看到先秦的一位将士正在征战的间隙翘首遥望家乡，而这一眼望出去，乖乖，看到的竟然是帕赫贝尔，两人目光相遇，就响起了《卡农》绝美的旋律。”

四　无私奉献勇于开拓：赵国春北大荒系列散文

千里沃野北大荒，留下了一代人的青春与汗水，铸就了北大荒精神，也留下了一代人的情感与回忆，成就了北大荒精神。北大荒精神是特定历史条件和极其艰苦的环境下黑龙江垦区广大人民群众在六十多年的开发建设中培育和锤炼出来的“艰苦奋斗、勇于开拓、顾全大局、无私奉献”的精神。北大荒精神不仅是黑龙江人的宝贵财富，也是全国人民共同的精神财富。作为老北大荒人，赵国春一直用他那对北大荒饱含深情的笔触，描绘着北大荒这一方天地，抒发着对北大荒的深情。作家将自己在北大荒的经历、遇到的人与事都呈现在纸上，让读者去感受北大荒人的勇敢坚韧，乐观豁达。

发表在2019年《北方文学》第13期上的《北大荒老作家赠书记》，讲述了作者自己与郑加真、平青、丁继松、窦强等北大荒老作家交往的过程。郑加真与赵国春相识已久，郑加真创作的《北大荒移民录》也为赵国春的创作带来了巨大的启发。《北大荒移民录》在北大荒文学史上占据着重要的地位，是当代古典主义精神的产物，是当代北大荒文学创作中一个新的转折点，具有里程碑的意义，被誉为“新中国历史和当代农垦史的缩影”。平青赠的《微笑的眼睛》、丁继松赠的《北疆散记》、窦强赠的《路漫漫》，都从不同的侧面描绘了北大荒的人和事，抒发了北大荒人对这片土地的热爱，作家赵国春将彼此间的交往过程付诸文字，也体现了北大荒人之间的深厚情感。

发表在2019年6月11日《中国文化报》上的散文《改家“陈明”》和发表在2019年6月20日《黑龙江日报·副刊》上的散文《“最佳男配角”陈明》，向读者展示了老一代北大荒人陈明默默付出、不求回报，看似平凡却令人心生感动的一生。赵国春在这两篇散文中将自己见到、接触到的陈明进行生动的刻画，使人物形象跃然纸上。作为我国现代著名女作家丁玲的丈夫，陈明注定被笼罩在妻子的光环之下。然而，这位满腹才华的年轻人，从与丁玲结合的时候起，就在默默地付出，支持妻子写作，哪怕丁玲多次要与之联合署名也被拒绝。尤其是在丁玲过世后，陈明把全部的精力都放在了对丁玲生前作品的整理和研究工作中，从未因丁玲丈夫这一角色为自己谋得一丝一毫的利益，而这不正是北大荒精神的体现吗?

发表在《北极光》2020 年第 10 期上的《亲亲我的馒头（外一篇)》和发表在 2020 年 9 月 22 日天津《滨海时报》上的《我的盘中餐》，这两篇散文向读者讲述了粮食在饥饿的岁月中的重要性和北大荒人对粮食的珍惜。作家在《亲亲我的馒头》中引用阿成在散文《六只小狼》中写的一段文字"在全国人民都挨饿的年代，粮食就是中国人的纲，就是民族的魂，就是每一个人的生命和情感的全部。"1960 年代后期，因为农场农业机械化程度还不高，如果麦收时遭受连阴雨天，成熟的麦子就泡在水里，人们穿雨靴子下地捞麦。把有限的好麦子就交给国家了，我们大约得吃一冬天又黑又粘的粘面馒头。这就是今天说的发扬北大荒"顾全大局"的精神吧。曾经的北大荒，如今的北大仓，作为全国最大的粮食产区，北大荒人并没有因此而浪费点滴的粮食。在《我的盘中餐》中，作家更提出了"节俭不仅是一种美德，更是一种精神"。这种精神更是北大荒精神的体现。

五　根植黑土妙笔生花：己亥庚子黑龙江散文纪

2019 ~2020 年的黑龙江散文充满了怀旧的情绪，这既是今天对之前的怀念，也是今天对未来的希冀。2020 年初，突如其来的新冠肺炎疫情让中国部分地方瞬间"停摆"。从新春的迅速集结到众志成城抗击疫情，全国人民整齐划一地听从党和政府的指挥。黑龙江的散文作家也积极投身其中，将疫情中的所见、所思付诸笔端，为这段正在发生的感人的"历史"提笔。

张君艳在其发表在《北方文学》2019 年第 10 期上的散文《雁阵书天（外二篇)》中回忆了自己儿童和少年时代和鸟类亲近的那段时光。各种鸟儿成为作者儿时的伙伴，捉鸟则成了作者儿时的游戏。少时村庄上空的大雁深刻地留在了作者的心里。"一次，我正躺在草垛上望天遐思，那移动的'人'字渐从天边而来，惊心动魄的灵动就这样撞入眼底。天在翅上，仿佛欲滴下它的蓝；我在翅下，一颗心已扶摇云间。”《故园三“大”》中，大园子、大菜窖、大粪堆，是半农半牧的畜牧场的产物。在那个时代，“看一个村子的人是否勤劳，要看粪堆高不高。”捡粪积肥是那时候孩子们的必修课。长大后，为生活千山万水远走他乡，故乡也许会落寞，但故乡的一切在时光漂洗后并不黯淡，故乡在每个人的心中，始终是绿色的，纯净的。

迟子建发表在《人民周刊》2020 年第 6 期上的《好时光悄悄溜走》，从十年前家乡的庭院聊起，那时候的房屋是“真正”的房屋，因为它紧紧连着土地。房屋里有父母和兄弟姐妹，“十年以前，我家还是一个完整的家庭。那时祖父和父亲都健在。”房前屋后还可以种上绿油油的蔬菜。十年前的人们还是闲适的，可以用蚯蚓钓鱼，而“我”喜欢凑上去看热闹，聊上几句。“十年以前我家居住的地方那空气是真正的空气，那天空也是真正的天空。”十年后，晚霞还是那样的晚霞，却已物是人非。

十年后，虽已在异乡生活，但每当看到街头卖达紫香、草莓和樱桃的乡下人，作家都会想起家乡，想起“那被阳光照耀着的门庭，那傍晚的炊烟和黄昏时落在花盆架上的蝴蝶，那菜园中开花而爬蔓的豆角、黄瓜以及那整齐的韭菜和匍匐着的倭瓜”。故乡在每个人的心中都是美好的代名词，作家用自己的笔回忆十年前的故乡，而不是今天的故乡，也许在作家的心中，故乡永远是十年前的样子。

2020 年《北方文学》第 7 期，发表了一系列散文来抒写新冠肺炎疫情下人们积极抗疫的故事。这场疫情，使正在经历的我们从身体到心里都发生了或多或少的变化。红雪的《爷儿俩志愿者》中，矮墩墩的退伍老兵李希龙和他白净、大高个儿的儿子 00 后大学生李星卓第一时间当上了疫情中的志愿者。从小区的门岗到为居民送菜，他们没有抱怨，不说辛苦，把每一件事都踏踏实实地完成，因为在他们心中，一直有一个人的名字——雷锋。曾经有人调侃，雷锋在这个时代已经落伍，但这场疫情，让我们看到了许许多多的新时代“雷锋”。他们也许平凡，但他们在疫情中表现的勇敢却令人感动。

赵景辉的散文《表姐被隔离的日子》中，从刚刚被隔离的憋闷，到看到邻居被确诊的恐慌，再到后来的释然，新冠肺炎疫情刚刚发生时每个人的情绪转换，在表姐身上体现得淋漓尽致。最后的释然不是无奈的接受，而是看到我们的政府、我们的人民警察、我们的志愿者等在这场疫情中的表现，群众安心、百姓放心。

高艳的《抗疫笔记》，作为疫情防控志愿者，作者记录了九天的时间里看到的人和事。东北的冬天，室外零下二三十摄氏度，而志愿者们就是在这样恶劣的环境下，常常在室外忙碌上四五个小时，从为小区居民发放门卡到为居民代买各种生活物资，一切都在高寒的天气中进行。整篇作品充斥着寒冷的空气，但这场疫情让我们看到了那些平凡而伟大的“无名英雄”，他们或捐出了自己的积蓄，或做着力所能及的事情。他们也许是奋斗在一线的白衣天使，也许是主动隔离在家的普通人。天气的寒冷，挡不住人们心中爱的那团火。在这特殊的十几天，那些普通人，“他们的良善如微弱之光，照耀曾经阴冷沉寂的城市和那些寒冷中的守夜人”。

综观 2019 ~2020 年的黑龙江散文，依旧是乡情浓郁。故乡的草木、庭院，故乡的人和事都是散文作家倾注创作激情的对象。作家们将脚下的黑土地融入自己文学的骨血，无论在故乡还是在他乡，黑土地上有作家的根和他们的灵魂。2019 ~2020 年的黑龙江散文，更加贴近现实生活，作家愿意用笔触更多地描画故乡的过去和现在。突发的新冠肺炎疫情让黑龙江的散文有了新的温度，作家将疫情中温暖与感动用自己的文字传递给每一位读者。

B.6
纪实文学：讲述龙江故事书写黑土情怀

庄鸿雁　郝　帅*

摘　要： 2019年和2020年，是两个不平凡的年份，世界处于百年未有之大变局，中国社会全面进入转型期。特别是2020年，正值全面深化改革和脱贫攻坚的决胜之年，又遭遇新冠肺炎疫情的突袭，2020年的中国人都深切感受到了个体生命与国家、民族的血肉联系。以非虚构方式反映现实与历史的纪实文学，在这不平凡的年份，发挥了文学轻骑兵的作用。2019～2020年黑龙江纪实文学记录了龙江大地上看不见硝烟的脱贫攻坚之战；记录了作为东北老工业基地曾经举步维艰的困难企业的凤凰涅槃；记录了抗击疫情过程中一个个感人的历史瞬间。

关键词： 纪实文学　龙江故事　黑土情怀

2019年、2020年是两个不平凡的年份，世界处于百年未有之大变局，中国社会全面进入转型期。特别是2020年，正值全面深化改革和脱贫攻坚的决胜之年，又遭遇新冠肺炎疫情的突袭，2020年的中国人都深切感受到了个体生命与国家、民族的血肉联系。以非虚构方式反映现实与历史的纪实

---

* 庄鸿雁，黑龙江省社会科学院文学研究所研究员，研究方向为地域文化；郝帅，黑龙江省社会科学院文学研究所助理研究员，研究方向为文化与旅游。

文学，没有缺席，尤其是报告文学，在这不平凡的年份发挥了文学轻骑兵的作用。2019～2020年黑龙江纪实文学体现它的责任与担当，记录了在龙江大地上看不见硝烟的脱贫攻坚之战；记录了作为东北老工业基地上曾经举步维艰的困难企业的凤凰涅槃；记录了抗击疫情过程中一个个感人的历史瞬间，构成了2019～2020年黑龙江纪实文学的主旋律。在2019～2020年黑龙江纪实文学作品中还推出了一系列新时代龙江人物的代表，其中有带领群众脱贫的驻村书记；有40年致力于新体制雷达事业的科学家；有将一生积蓄都捐献给家乡教育和公益事业的“中国第一位女空降兵”；有新中国第一位女拖拉机手；还有在疫情中默默奉献的医疗工作者群体……他们构成了2019年、2020年黑龙江纪实文学画廊中最美的风景。

一　记录时代大潮　书写黑土情怀

“文章合为时而著，歌诗合为事而作”，作为真实地记录和报告时代声音和风貌的报告文学更应肩负这一文学使命。为贯彻和落实习近平总书记在推进东北振兴座谈会上的讲话精神，黑龙江省委宣传部、黑龙江省作协组织作家宋君成深入中国一重集团，从2019年6月至2020年4月，五次采访，三易其稿，完成了4万余字的报告文学《而今迈步从头越》。

坐落在黑龙江省嫩江之滨的齐齐哈尔市富拉尔基区的中国一重集团公司（前身为第一重型机器厂）作为大国重器生产企业，是中国制造和中国力量的代表。2018年9月25～28日，习近平总书记在东北三省考察，并主持召开深入推进东北振兴座谈会。9月26日，习近平总书记来到中国一重，重点考察装备制造业自主创新情况，称赞其为“中国制造业的第一重地”。

报告文学《而今迈步从头越》以中国一重4年来的改革为主线，以独特的视角和细腻的笔触，从记述普通人物入手，塑造了一批一重人的群体形像。在这批群像中，有普通工人，有科研人员，有基层干部，有退休领导……作者以第一人称的写法，以“我”为线索，将他们的讲述和故事连缀在一起，构成了一重人自力更生、改革创新、浴火重生的发展历程。可以说，这部作品是东北老工业基地谋求全面振兴发展的一个缩影。

2020 年，以企业改革为题材的报告文学还有谢幕的《精神与速度——记哈尔滨空调股份有限公司党委书记、董事长刘铭山》。

有着近 70 年历史的哈空调公司曾被誉为“中国空冷设备制造的摇篮”，是公认的“中国空冷器旗帜”。但哈空调上市之后，曾一度因经营不善被警示退市风险。2018 年 7 月，刘铭山接过哈空调这个老企业的“帅印”，在哈尔滨市委、市政府的大力支持下，他“三斧”定乾坤，使哈空调凤凰涅槃，重振雄风，不仅成功摘掉 ST 的帽子，还创造了可观的收益。

《而今迈步从头越》《精神与速度》等报告文学以反映企业改革创新为主题，或者说是属于传统的工业题材报告文学。自新中国成立以来，社会主义经济建设成为时代的主旋律。70 年来，黑龙江作为重工业基地，其建设热潮和改革大潮成为报告文学创作的源泉，黑龙江报告文学在工业题材创作上也曾取得丰硕成果。从 1950 年代集体创作的《三十六棚——哈尔滨车辆工厂史》，刘白羽的《从富拉尔基至齐齐哈尔》，袁木、范荣康的《大庆精神大庆人》到 20 世纪 80 年代程树榛的《励精图治》，再到 90 年代蒋巍的《在大时代的弯弓上》、贾宏图的《她在丛中笑》等，涌现出一批批优秀的作家作品，并连续获得中国报告文学奖。时隔 40 年，《而今迈步从头越》穿越时空，与程树榛的《励精图治》在“中国一重集团”再次相遇。两部作品讲述的是同一企业在不同时期突破困境、再展雄姿的故事。

工业题材报告文学由于题材的局限，在创作上，文学性容易被忽视。丁晓原指出：“多工业，少文学，是工业题材报告文学创作易出现的问题。工业是写作素材，文学是本质属性，优秀工业题材报告文学是专业性、时代性和文学性的有机融合。”① 在这方面，《而今迈步从头越》很好地规避了这一矛盾，使人物品格与时代精神交汇，使作品的时代性与文学性有机融合。

2020 年是脱贫攻坚的收官之年、决胜之年。摆脱贫困一直是困扰全球

---

① 丁晓原：《工业题材报告文学——倾情描绘中国工业新征程》，《人民日报》2020 年 3 月 20 日。

的突出难题，但中国的壮举为全世界做出了榜样。2021 年 2 月 5 日，习近平总书记在全国脱贫攻坚总结表彰大会上的讲话中指出：“时代造就英雄，伟大来自平凡。在脱贫攻坚工作中，数百万扶贫干部倾力奉献、苦干实干，同贫困群众想在一起、过在一起、干在一起，将最美的年华无私奉献给了脱贫事业，涌现出许多先进事迹感人肺腑。”在这些优秀的扶贫干部中，黑龙江省桦川县驻村第一书记吕维彬就是其中一员，在黑龙江省委宣传部主办的“龙江最美人物”（驻村干部）评选中，吕维彬获得了“龙江最美人物”（驻村干部）荣誉称号。吕维彬不仅是一位优秀的扶贫干部，还是一位纪实文学作家，他亲笔创作、反映驻村扶贫工作和生活的纪实文学《黑土恋——第一书记驻村记》2019 年由哈尔滨工程大学出版社出版，这也是国内第一部由驻村书记创作的以扶贫工作为主题的纪实文学。

《黑土恋——第一书记驻村记》全书分为驻村随笔、驻村日记、驻村专访、驻村方略四个部分，作者通过白描的手法，用充满激情的文字、细腻的笔触和个性的黑龙江方言，将 233 个人物、24 件大事有机融为一个整体，全方位地记录了作家作为驻村书记和扶贫队长，在几年的扶贫工作中的所闻所见、所思所想、所作所为。《黑土恋——第一书记驻村记》不仅是驻村书记的实践“笔记”，更是一部有温度有厚度，充满人文关怀的文学作品。

吕维彬所驻的苏苏村，赫哲语义为“草木茂盛的家乡”。这个村子坐落于佳木斯市东北部，曾被视为软弱涣散村、贫困村、难点村。吕维彬带领驻村工作队员经过几年的努力，使苏苏村的面貌发生了翻天覆地的变化。不仅摘掉了“软弱涣散村、贫困村、难点村”三顶帽子，还把苏苏村建设成党建红旗村、生态样板村、产业标杆村、致富典型村、精神文明村、环境模范村的六星文明富裕村。

吕维彬现就职于中国农业发展银行黑龙江分行，他既是一位阅历丰富的干部，又是一位脚踏实地的作家。几十年来，他创作了近 200 篇短篇小说，1000 多篇散文、随笔。龙江广袤的黑土地成为他创作的源泉。“无论是小说还是随笔，都体现着斑斓的色彩和无穷的张力。”

2019年9月，国务院扶贫办和中国作协联合启动“脱贫攻坚题材报告文学创作工程”，组织20多名作家奔赴扶贫第一线，采访和书写全国脱贫攻坚战的壮阔历程。从哈尔滨走出去的著名报告文学作家蒋巍宝刀不老，他采访奔赴的第一站是黄土高坡上的陕西榆林，最后一站则是故乡黑龙江的佳木斯。2020年，蒋巍用脚步丈量、用激情写就的报告文学《国家温度——2019～2020我的田野调查》出版，其中《龙江篇：热血向南奔流》为本书压轴之作。《龙江篇》分为“桦川一张犁”“天下第一傻”“哈尔滨，雪花里的火焰”“马旭，走进书本里的铿锵尾声”四个小节，记录了发生在故乡黑土地上的一则则撼人心魄、感人肺腑的扶贫故事。蒋巍说：“挥笔成史，就是报告文学作家的光荣。作为时代的速记员，我们留下的是国家发展进步的足迹、人民奋勇向前的足迹。还有什么工作比这更精彩呢？所以，我愿意永远在路上。”① 报告文学评论家李朝全这样评价蒋巍的作品：“在报告文学领域中，报告性较强、文学性不足是较为显见的缺欠，而思想、激情、文采，则是蒋巍报告文学的三大特色。”②

此外，2019～2020年，黑龙江农垦作家赵国春还创作和发表了一批纪实文学作品，如哈尔滨工程大学出版社出版的纪实散文集《丁玲在北大荒的故事》和《北大荒文物的诉说》，还有散发于各种报纸杂志和网络媒体的《新中国第一个女拖拉机手》《寒地水稻的“神农”徐一戎》《艾青在北大荒》《荒原牧马人濮存昕》《十万转业官兵中文艺界的佼佼者》《英雄儿女大荒魂》等。作为北大荒的荒二代，赵国春立足黑土地，创作了大量的纪实文学作品。正如有学者评价的那样：“国春创作的高产在垦区作家群中无人能及，所涉题材之广泛更使同道不能望其项背。但说到广和大，往往易引起人们一丝隐忧，即大而易空，广则易散。然而熟悉他作品的人该有一个共识——在国春众多的著作中，无论写人还是记事完全不同

① 刘平安：《记录国家和人民奋勇向前的足迹——记报告文学作家蒋巍》，《光明日报》2020年7月11日。

② 刘平安：《记录国家和人民奋勇向前的足迹——记报告文学作家蒋巍》，《光明日报》2020年7月11日。

于那些虚胖、浮肿的文字堆积，篇篇均有扎实的内容，骨骼结实，血肉丰沛。……无疑，这一切都源自北大荒这片黑土地的滋养和浸润。是这片土地辉煌的历史、多元的文化、多彩的生活，以及一代代垦荒人可歌可泣的业绩为他的创作提供了充足的养料，更是一个作家对一方土地真挚的情感和严谨的创作态度使然。作为生于斯长于斯的荒二代，赵国春积几十年的潜心创作，以心血和汗水凝聚出的洋洋百万言正是对养育他这片土地的反哺。”①

2019～2020年书写黑土情怀的报告文学还有王军的《留得英名在人间——追记中国第一位女拖拉机手梁军》、张喜的《带农户创业　扶贫更扶志》《为老乡创业　为脱贫冲锋》、吴继善的《农工的嬗变》等，都从不同侧面记录了发生在龙江这片热土上的人和事。贾宏图的知青系列报告文学也通过网络媒体的转发和传播，不断吸引着新一代读者的目光。

二　平凡英雄时代楷模

张雅文是黑龙江省著名报告文学作家，也是一位高产作家。如今已77岁的张雅文仍宝刀不老，笔耕不辍。2019～2020年，她又采访了中国科学院、中国工程院院士，国家最高科学技术奖获得者——哈尔滨工业大学刘永坦教授，创作了报告文学《为你而生——刘永坦传》，其中部分章节发表于《北方文学》2020年第4期。

刘永坦是南京人，从20世纪50年代初来到哈工大读书，在哈尔滨工作生活了60多年。他长期致力于电子工程的教学和研究，特别是在新体制雷达系统与信号处理技术研究上做出了杰出贡献，可以说是中国对海探测新体制雷达理论体系的奠基人。他曾两次获得中国科技进步奖一等奖和一次特等奖，两次获得国家最高科学技术奖。2020年8月，他和夫人冯秉瑞把获得的国家最高科学技术奖800万奖金全部捐出，设立了永瑞基金，用于哈工大

① 李凤臣：《一卷风情录千年北大荒》，《文艺评论》2019年第1期。

电子信息学科人才的培养。

人民日报这样评价刘永坦："刘永坦凝聚了一支专注海防科技创新的雷达铁军，培养了两院院士等一大批科技英才，耄耋之年仍奔波在教学、科研一线，继续为筑起海防长城贡献力量。"《中国科学报》评价："刘永坦既是成就卓著的雷达技术帅才，同时又是善于教书育人的优秀教师。无论获得什么荣誉和头衔，他最看重的还是教师这一身份。作为人民教师，他觉得培养创新人才责无旁贷。"

张雅文的《刘永坦传》秉承其一贯的写作风格，饱含激情地还原了刘永坦40年冷板凳、60年三尺讲台的生涯和歌颂他在科研路上的钻研奉献精神和家国情怀。读者纷纷给张雅文留言："新时代的楷模，最可爱可敬的人""这才是真正的明星，这才是我们所要追求仰慕的国家栋梁"。

还有一位从龙江黑土地走出去的瘦小的老太太同样感动了无数人，她就是2018年度感动中国人物和全国道德模范、从木兰走出去的参加过解放战争和抗美援朝的中国"第一位女空降兵"马旭。她和老伴节衣缩食，将近千万的全部积蓄捐给家乡木兰，用于教育和公益事业。她的善举感动了无数人，黑龙江作家张喜就是其中之一。张喜说："87岁的马旭重回故里时，身上最贵的是15元的鞋子。她却捐出千万毕生积蓄，诠释一名共产党员的使命初心，用无声行动在人间写下无疆大爱！这样的人品还不值得我们感佩吗？这样的操守还不值得我们赞颂吗？这样的情怀还不值得我们歌扬吗？我将使出洪荒之力，用笔、用心、用情，用报告文学作家的良知，书写、记录、讴歌新时代英雄马旭和'马旭精神'！"2020年9月初，张喜终于得以赴湖北采访马旭，为创作报告文学《最美的木兰花》做准备。9月6日，从马旭家回到宾馆，张喜激动地写下了诗句："武汉黄陂，木兰山下。身居陋室，朴素为佳。单薄身躯，能量巨大。耄耋之年，博爱无涯。军中翘楚，使命必达。马旭精神，感动中华！"目前15万字的报告文学《最美的木兰花》已完成初稿。《最美的木兰花》作为中国作协2020年度定点深入生活扶持项目，预计6月出版发行，向中国共产党成立100周年献礼。

三 疫情中的最美“逆行者”

2020 年开年伊始，人类就遭遇了历史上从未有过的新冠肺炎疫情，其影响之广、时间之长，前所未有。面对突如其来的新冠肺炎疫情，多少医务人员和志愿者挺身而出，成为最美的逆行者。在抗疫最艰难的阶段，黑龙江省作家协会向全省广大作家和文学工作者发出倡议书，号召作家以笔为剑，书写黑龙江广大人民群众特别是医务工作者的抗疫故事，讴歌他们的奉献精神。黑龙江作家积极响应，创作了各种文体的文学作品，而报告文学则以“短平快”的方式记录下了一个个催人泪下的感人的瞬间。比如大兴安岭信鸿娟创作的《逆行，用生命守护生命——记大兴安岭地区人民医院驰援孝感的勇士》、齐齐哈尔杨春达创作的《九零后·火线·成长》、牡丹江高艳创作的《我的同学在重症医学科》等，真实记录了战斗在黑龙江省抗疫第一线和驰援湖北的龙江医务工作者的无私奉献的事迹。这些作品都无疑是疫情期间鲜活的时代报告，体现了报告文学的速度、力度和温度。

2020 年发生的新冠肺炎疫情，让哈尔滨人再次开启尘封的历史记忆，发生于 110 年前的那场大鼠疫，再次被人们提起。在抗击那场世纪大瘟疫的战斗中，挽救了千千万万个生命的伍连德博士则成为人们心中最美的史上逆行者和抗疫英雄。也许是历史的巧合，老作家孟久成历时一年多创作的 28 万字的长篇人物传记《伍连德在哈尔滨》于 2018 年末出版。

伍连德是第一个获得诺贝尔奖提名的中国人。110 年前，哈尔滨鼠疫暴发，伍连德临危受命，前往哈尔滨抗击疫情。他以其深厚的医学素养，仅用了两个多月时间就控制住了鼠疫的流行，并彻底消灭了疫情，挽救了千千万万东北人的生命。从此开启了中国科学防疫的序幕。伍连德在哈尔滨还创办了哈尔滨医学专门学校，即哈尔滨医科大学的前身，他是该校第一任校长。他发起建立了中华医学会，创办《中华医学杂志》。100 多年后，尤其是 2020 年新冠肺炎疫情肆虐期间，再次重温伍连德博士 100 多年前的英雄壮举，令人感慨万千。《伍连德在哈尔滨》提醒哈尔滨人，要铭记历史，不要忘记为这座城市做出过贡献的人们。

四　城市记忆

近年来在纪实文学中兴起了一批以城市为书写对象的作品，如叶兆言的《南京传》、邱华栋的《北京传》、叶曙明的《广州传》等，还原城市历史风貌，为城市立传代言。哈尔滨作为一个中西文化交融形成的具有独特历史文化的现代城市，近年来关于城市记忆的纪实文学作品也不断涌现，但多散见于网络媒体。哈尔滨出版社出版的纪实文学作品《哈尔滨记忆》系列丛书填补了部分空白。这套丛书由《731——石井四郎及细菌部队揭秘》《波兰人在哈尔滨》《哈尔滨（上）》《哈尔滨（下）》《满洲的情报基地——哈尔滨学院》《倾听哈尔滨的诗》《哈尔滨：鲜为人知的故事》《伍连德在哈尔滨》组成，其中除了《哈尔滨》为以真实人物为原型创作的小说外，其余均为纪实文学作品。而且只有哈尔滨老作家孟久成为中国本土作家，其余均为外国作家。

哈尔滨历史上的731特种细菌战部队，残害了大量中国平民，为尽人皆知的日本帝国主义侵华的历史罪证。关于“731”，已有多部文学作品问世。但《731——石井四郎及细菌部队揭秘》，作者以“二战”后50多年发现的石井四郎的两本日记为线索，采访了许多参加调查731部队的当事人，查阅了相关的美国资料，理清还原了“二战”后日本与美国盟军关于731部队的许多幕后交易，使731部队的许多罪恶的历史真相大白于天下。

《哈尔滨：鲜为人知的故事》，作者为当年生活在哈尔滨的俄侨叶莲娜·塔斯金娜。这部纪实文学以回忆为线索，让自己的亲身经历在作品中复活，使个体记忆与城市历史在作品中重逢，在时空交错中许多鲜为人知的哈尔滨城市历史画面浮现出来。

日本歌手加滕登纪子的母亲加滕淑子的回忆录《倾听哈尔滨的诗》，以第一人称的笔法，讲述了作者作为日侨在哈尔滨的生活故事，故事中既有动荡年代的悲欢离合，更有哈尔滨作为一个国际化的都市，其文化的包容留给她们的美好回忆。

《满洲的情报基地——哈尔滨学院》则为更具有史料价值的纪实文学作品。作者芳地隆之为日本国际问题学者，同时也是一位纪实文学作家。他的这部作品主要以史料为题材进行创作。《满洲的情报基地——哈尔滨学院》通过对大量历史亲历者的采访，还原了哈尔滨学院的前世今生，重现了这所学校的本来面目：1920 年由南满铁道株式会社第一任总裁后滕新平发起、井田孝平创办的日俄协会学校，创办之初名义上为培养俄语人才，增进日俄友好。九一八事变后，该校更名为哈尔滨学院，学校也逐渐演变为“培养对苏谍报人员的教育机关”。哈尔滨学院院址即今中宣街蓝天幼儿园内的那栋老楼。

申志远作为媒体人，近年来致力于挖掘哈尔滨城市文化的写作，在纪实文学的创作上崭露头角。他创作的多篇纪实文学作品，既有对历史事件钩沉，如《谍中谍范斯白在哈尔滨》《马迭尔绑架案》《老外道往事》，也有对亲历者个体记忆的书写，如《从童年开来的小火车》《一个台湾小学老师@哈尔滨后的奇遇》等。他从多种视角还原哈尔滨的城市集体记忆。

2019 年、2020 年是风云激荡的年份，历史和现实的诸多大事件在这一时段相遇。脱贫攻坚、抗击疫情、纪念新中国成立 70 周年、纪念抗美援朝 70 周年等重大历史事件值得作家大书特书，虽然黑龙江纪实文学没有缺席，但表现却不尽如人意，没有重现 20 世纪 90 年代的辉煌，主要原因在于报告文学作家后继乏人，一些长于宏大叙事的报告文学作家纷纷进入老年，虽然仍有张雅文等老作家笔耕不辍，但多数作家鲜有新作品问世。近年来组织创作和邀约创作成为纪实文学（主要是报告文学）的一种创作方式，如张雅文的《为你而生——刘永坦传》、蒋巍的《国家温度 2019—2020 我的田野调查》、宋君成的《而今迈步从头越》、张喜的《最美的木兰花》等。正如李朝全所评论的那样：“当下，多数报告文学创作是在宣传思想文化部门、出版社或相关机构、单位邀约下实施的，是一种组织化创作，作家们的采访创作得到了有效的扶持，被提供了种种便利和条件。组织创作和邀约创作在近年报告文学发展进程中起到了不可替代的重要作用。当然，在邀约创作中应力避片面性，追求全面真实，切不能让作品失真失实。作者还须努力保持创作主体的独立性，做到独立采访，独立调查，独立思考，独立创作。力避流水账、表扬稿、汇报宣传材料甚至类似广告作品的不良倾向。报告文学的文学性需要不断提升，须更加注重对人物的刻画，故事的挖掘，情节的铺陈和细节的捕捉，让报告文学更具感染力和吸引力。”① 希望黑龙江省有关部门在组织创作时，注重新一代报告文学作家的培养，鼓励他们积极投身到时代的洪流中，参与纪实文学的写作，重振龙江纪实文学的雄风。

① 李朝全：《2019 年报告文学：时代的风向标和晴雨表》，《中国作家》2020 年第 1 期。

B.7
诗歌：多元经验与技艺迸发

姜　超*

摘　要：2019～2020年黑龙江诗人坚持书写现实，在抗击新冠肺炎疫情、脱贫攻坚等方面倾力较多。诗人们在表现乡土时，有乡愁的美学，也有无奈的乡悲。在诗艺探索方面，桑克、赵亚东、杨勇的意象锤炼、诗体形式都有鲜明的自觉意识。

关键词：现实　经验　叙事

2019～2020年黑龙江诗歌经验图式清晰，可见时代洪流、生命涓流的投影。观物起兴，以个体的感知日常共在，开发反思潜能，依然是黑龙江诗歌的主脉。诗人首先要面对日常生活和社会环境，将视点投向“第一现实”，翻检纷繁错杂的物象，寻找情感的客观对应物；与此同时，从“第一现实”出发的经验、认知，诗歌的精神空间、美学品貌因此开疆拓土。略观2019～2020年的黑龙江诗歌创作，既有阅尽大千世界的篇章，呈现诗人的胸中大义、肩头责任，也有凝眸方寸天地的个体“幽鸣”，表现身边事物小小的悲欢。

黑龙江诗歌从未缺位现实，承继质文代变的传统，始终坚持在场的表达。在脱贫攻坚战中，黑龙江诗人响应号召，扑下身子，到乡村去，到田野中去，曹立光的《驻村工作队》、张永波《扶贫进行曲（组诗）》、水子的《重量》等诗歌作品，真实再现了脱贫攻坚的生动场面与诗人的心路历程。这些诗作诗风朴素，视点低垂，以叙事推动抒情的展开。这些诗人曾写作很

* 姜超，黑龙江省作家协会秘书长，研究方向为当代诗歌现象及诗学理论。

多质量上乘的乡土诗歌，而在暌违多年之后，他们用脚步再次丈量黑土地，再次体验劳动与汗水，再次领略集体与个体的力量，为脱贫攻坚这一宏伟时代进程提供了生动翔实的诗歌读本。值得一提的是，过去抒情的主体是作为写作者的“我”，秉持的是在远方的恋旧情结。而深入其中后，诗人到乡土现场，与鲜活的生活对接，写作者“我”与表现对象的“他们”在朝夕相处中情感交融，成为抒情主体的“我们”。在特定的时空，黑龙江诗人复活了久已陌生的抒情传统。

庚子事多变，鼠年开局惊（莫言诗）。在全省抗击疫情的战斗中，诗歌始终在场，不负担当，黑龙江诗人书写了诸多感心动耳的抗争乐章。这既是“事件的文学”，也是“人的文学”。黑龙江省作家协会与《黑龙江日报》联合推出“抗疫专号”，连续刊载的诗歌作品源自抗疫一线的观察，以不同视角探向医护人员、社区干部、快递员、公安民警、志愿者等，展现了国家、民族面对特殊疫情的坚毅、抗争、团结，展现了黑龙江人民的顽强抗争精神与热血担当，也真实抒写了个体历经惊魂动魄灾情的痛与爱。“英雄”“勇气”“担当”“胜利”等，成为抗疫诗歌的高频词汇。表现医护人员与病魔殊死搏斗、社区干部不畏严寒守卫的诗作接连涌现，这些诗作“有筋骨、有道德、有温度”，“崇高”这一久违的风格蓬勃复兴，让信仰的力量、团结的力量迸发出了耀眼的光芒。

生活中本就蕴涵着天真与经验之歌，诗人的任务就是吹去桌子上的浮尘，让字迹显现。与 20 世纪 90 年代日常化的诗歌相较，21 世纪乃至近几年黑龙江诗歌出现诸多新的表达诉求，表现出新的特征，这些问题引领我们靠近“时代”“生活”“现实”等话题的讨论与追问。诗歌写作永远离不开纵的继承（历史维度）、横的移植（国际文化），诗歌写作始终面临新的困境——如何以文本的现实呈现精神的现实。

一　独异的乡愁或复杂的乡悲

曾经有位批评家断言乡土文学即将消亡，然而多年之后乡土依然是一口深井，找到它依然有水喝。吾爱吾乡是古往今来乡土诗人的共同情结，新时期以来的诗人在前现代时期的诗歌伦理满是赞美。刘涛、古城天子、丁艳等诗人，一直在乡村生活，他们的诗作仍有对乡土世界的一腔热爱。“纯白的屋顶，茂盛着/叫作炊烟的庄稼”，丁艳在《火车驶过雪原上的黄昏》中描绘的场景有凝视也有回眸，在确认自身的精神居地之后，诗人内心能获得一种迷醉——返乡即快乐。物我一体的诗歌表达裹挟着浓郁的审美愉悦，这样的肉体之欢快然自生，于此身体历经的场景总是附带甜蜜的滋味，令诗人始终回望并反复表现这一体验。诗人徐书遐面对候鸟心有共振，“我举着相机在刚划开的泥泞里奔跑迎接一年来一回的亲人”。从高天厚土长大的黑龙江诗人，拥有比其他省份更多的农业文明的滋养，诞生的怀恋乡土的诗篇自然也数量可观。

“一直在种水稻的刘涛自言：一直游离在梦想的边缘，就像野地里一棵卑微的草一直没有走出命运的漩涡”。刘涛描述的是我们看似熟稔实则渐行渐远的乡村经验，他诗笔下的村庄带有明显的前现代意味，昭示着他始终生活在乡村并以原始思维思索的第一手经验。这样的乡村经验不偏不倚，既非代言也非转述，它血肉丰满又元气淋漓。“单纯而丰饶的生命体验来自村庄和田野，以中国农民在苍茫大地上的生死衰荣，庄严地揭示了民族生活中素朴的真理，在对日常岁月的诗意感悟中通向‘人的本来’”①。林建勋、鲁微继续创作有松脂味道的诗歌，边地的诗歌吟唱中充盈着原始风景之美。

诗人的天职是返乡，海德格尔的老话还将一直有效。“土块下面可能有几只蚂蚁在乘凉/请不要掀开//土块的上面可能会有几只蝴蝶歇息/请不要移开//我的村庄就像一块土块/我就是土块下的一只蚂蚁/我就是土块上的蝴蝶”，王立宪的《夏天》对美好传统的乡土吟唱，是通过构建高于日常的主体形象而完成诗意的建设的。王立宪、陈树照、红雪、道真、崔修建、张静波、冷雪等诗人，除了抱朴守素、低首自然和土地，还有很多令人肠断的血亲指认之作。这些诗作聚焦在乡村的阡陌上，记述物事，更怀恋人事，对以

① 第二届冯牧文学奖评语，《南方文坛》2001 年第 3 期。

血缘为纽带的家庭生活原初人际关系形态予以赞颂。这些诗作呈现了乡村世界的生死衰荣，美好的愿景如炊烟般上升，沉重的情愫似汗水般坠下。

综观乡土诗人的作品，土地、村庄、庄稼、炊烟、车、马、狗等意象还是高频词汇。迁居他乡的乡土诗人惯常于诗作中复现乡村世界的植物、动物物象，并打造诗意弥漫的意象，看似自然而然的随机选择，但与诗人根深蒂固的乡土认知高度相关。比如赵亚东的作品《原来的人》，讲述在他乡流转中首先涌上心头的是故乡的“炊烟”“马蹄”“烟草”等语汇。北小荒、青林、刘涛、王宏军、逯春生等诗人，梦里时时回望乡村万物，熟悉的乡下动植物则是高频率闪现的事物。这种原始情感认知方式被弗洛伊德称为“原发过程”，城市借居者在繁华都市中遇到愁烦事时，如同应激反应一样选择将动植物意象入诗。在城市频繁受挫后，诗人返回乡土寻找熟稔的物象，当作情感的客观对应物，更符合情感逻辑与主观选择。

水子的长诗《乡土中国》描摹了乡土世界的节节溃败情状，也刻画了城市借居者的两难境地——一方面，乡土世界发生了巨大裂变，空心化为表征的乡村让诗人觉得物是人非，返乡之后觉得家园被涂抹成为陌生的模样；另一方面，突然闯入城市的乡土诗人又面临都市的排拒与诱惑，其游离的身份渴望城市的认同，短期内难以融入城市。孙英辉的短诗《又是夕阳》频繁以物况人，迁居诗人多采用行走他乡回望故乡的视角，表达游走他乡、身若浮萍的感受。在他乡的诗人黎阳、陈树照、张永波等，使用的动植物话语，则是在对自我生命卑微性的喻指和自况。

但是，绝大多数诗人走在他乡的路上，乡土从“背景”跃向“前景”，诗人在现代化的喧嚣世界里较少表现恬适，诗作更多的是主体忧愤归途的美学表达。乡土世界，作为此在的尘世，与诗歌中永恒的彼在并不对位。乡关何处、记住乡愁、远方的乡悲，这些复杂的情愫统一于诗歌中，“乡心”的痛苦异变裹挟着越来越复杂的经验。比如王长军的诗作《子规啼鸣着》，“乡愁，是柔软带伤的丝织品/谁，穿着它走完了蚕的一生”。宋心海的《我和风都是这里的仆人》、红雪的《想象一匹马》、陈树照的《那是我经常下跪的地方》、黎阳的《生命驿站里的鸟鸣》、霜扣儿的《我和日光走在纸上》

等作品，都有着乡土物是人非的经验。

邢海珍的《白马》让人想起张枣的名诗《镜中》：

一匹白马走在白日里
一匹马拉一辆小车缓慢行走
白马是星辰，白马寥落
大街上已少有同类
白马不说什么，白马沉默着

诗中的抒情主体是谁？过去抒情的主体是作为写作者的“我”，秉持的是在远方的恋旧情结。

“空空的窗外，月光/像垂直的炊烟独自闪耀”，林建勋的《远去的稻米》由物及象，意象、幻象交织却朴素有力，个体的经验迅速成为很多人接受的普遍经验。让人稍微觉得遗憾的是，诗人们还是倾向于关注自我的体认，而忽视最普遍的存在，比如乡风的下滑、空巢家庭的存在，诗人们的“句秀”“骨秀”等形式上的努力固然重要，但“神秀”更需要真实、真诚、真挚。诗人对乡土世界（自然）的关怀，要有历史的温度，要去领会时代的敏感。诗人的灵视之眼，当如剑东《秋叶》所言：“每一寸光都有来处和归途/而那通向往事的矮墙/哪处是开始，哪处是结束。”诗人们当努力记取大地的悲歌，书写当代农村的心灵简史，记录生活的疲惫、人心的动荡、信任的崩溃。依然会有很多从乡土走出的诗人内心缠斗在乡村、城市二元对立的模式里，他们的血亲指认诗歌回望，既在品尝“针尖上的蜜”，又在做一只扑向乡村烛火的飞蛾。

二　现代都市的镜像显现

艾略特说：“诗歌的目的是在于用语言重新表现现代文明的复杂性。”现代空间日渐逼仄，黑龙江诗人也在经历从生活细节向心理细节的过渡，在作品中重构现实或再造现实。在21世纪不断跃进的纵深里，诗人的焦虑、忧思更为增添。如王长军写的诗句一样，“而此时，山坡上吃草的羊群/有几只，青草在它们体内起火/吐出来，竟是一朵朵罂粟花”，诗人坐困愁城、困兽犹斗的体验与日更新。新的生活经验、新的状况如布罗茨基所说：“作为一个二流时代的公民/我骄傲地承认我最完美的/想法全属二等商品，我把它们/当作与窒息搏斗的经验赠予未来”。是的，“与窒息搏斗的经验”，黑龙江诗人与时代问题、现实存在短兵相接，近年来涌现的大量诗作颇富思索之味，或出于自我的感知，或出自他异感发，这些庞杂细腻的私人经验交织缠绕，在新世纪尤为凸显。

朱永良的作品《世上的花园》，在平实简洁的话语中充满隐喻，“罪恶同美好都无法抵御/它们占满人所经历的世纪”。诗人看到了花开，也展示衰败，这就是人生全部的真实。诗歌不应掩盖真实而去选择媚俗，而该呈现“与窒息搏斗的经验”。陆少平的《虚拟世界》缱绻难平，“无法为外人道的心事/留存在现实的废墟中”，现实早已发生了千般变化，刻舟求剑式的写作必须转换，所以诗人多了反思和叩问，“虚拟从未虚拟/是最为真实的真实”。新的现实经验，逼迫诗人调整观物方式，变革语言、诗歌形式来表现现代文明的复杂性。

如薛定谔说：“我们能感知的多样性仅仅是一种表面现象，它们并非实在。”阎逸的《江畔夜话》有丰润的悬思，静观之下也有生活的落脚点，“而那么多故事被层层剥开：/意味着洋葱的背后/还有另一颗洋葱/使劲呛着俄罗斯厨娘的眼睛”。这样的诗作藏有诸多百转千回的牵扯，诗歌实在性的因素被刻意缩减，其间虚妄与灵动更多一些。黑龙江诗人近年来的创作已将惆怅作为美感的一部分，吟变乱，写忧伤，如斯作品的得法途径是“参”（领悟），而不是“摹”（翻版）。转角的散文诗《风》则溢满沧桑，“寒冬冰冷的气息穿肠而过的存在感，有病症的不离不弃……”洋溢诗作间的中年味道，叫人不堪直视。“我用新生的芽呼唤树的名字，呼唤被风劫持，/抵达他的耳畔的消息是微弱的心音。”谷莉的诗作将丰厚的人生经验淡化，以轻盈写沉重之思，用枯瘦来表现情感的丰腴。轻盈，绝对是一种观物方式的植入，它将引领写作者反思写作而不敢轻易落笔；它也是一种艺术的言说方式，用婉转来替代直诉，用空白来替代言说，用轻逸来替代沉重。

现代诗的本质乃思，黑龙江诗人晚近的诗糅进了许多思的成分，这有利于养成诗歌创作的自觉意识。安海茵的作品《栖身》借虚写实，“栖身于幽闭场所的欢愉，螺旋般/升腾，仿佛若有光/若有一丝惧意在未知时刻里消磨。”其空间充实并不源自实体意义的弥满，而是诗人不断以有限面积造无限空间。包临轩的作品《陌生》就有这样的意味，“我在迷路当中，依然努力倾听他们的哭泣/每一扇破损的窗子，那些空洞无神的眼/似乎凝望着什么，其实什么都没看见”。诗人质疑粗糙的现实生活，俯下身子倾听细小的声音，在日常生活里提纯生命的细节，将粗鄙的日常生活审美化；当然，诗中也蕴藏着深切的人文关怀，安慰着被侮辱与被损坏的灵魂。“他们游戏语言但不游戏精神，调侃幽默甚至痞气的外表，都掩饰不住内里直面反讽历史、现实积垢的一团愤怒之火，他们从事的是对外界关注大于心灵咀嚼的写作，虽然促使历史和现实积垢消解的愿望只实现了少许，但仅仅是其斗牛士似的姿态就值得人们钦敬。”①

杨河山的作品《我只能是我》，选择了变相的抗议，间接表达对生活与时代重压的挣扎与抗议。“我的前胸有一只青蛙/在某个月夜它还会发出令人感到聒噪的歌，/我喜欢这歌声。”感动人是诗歌的功能之一，而对人类存在的呈现、人性的洞察一样重要。桑克的诗作《雪夜读书人》暗藏如刃锋利，不论时代风雷如何炸响，诗人在岁月的蹭蹬中安常若素：

> 我都必须接受。而我更喜欢这样的场面——
> 雪下得很深的午夜，我坐在临窗的桌前看书，
> 关于春天的声音如何在闷罐子车厢中
> 低沉地回旋……

① 罗振亚：《20世纪中国先锋诗潮》，人民出版社，2008，第282页。

“闷罐子”的比喻并不难懂，其作用不是予人感动，而是想引人进入沉思默想的精神世界。诗作更像是一则唤醒生命的启示，接近冯至的“给我一颗狭窄的心，一个大的宇宙”。摆脱经验逻辑、伦理的牵绊，构建可贵的心灵空间，才是诗人创造的价值所在。桑克的诗作《挖坑的鼹鼠》，有着特别的观物视力和睿智表达：“鼹鼠啊，你的勤劳全都白费了——/白白的肺/呼吸着青年。”桑克的诗作注重经验的敬畏表达，讲求发现的锐度与表达的深度，比如此诗虚构了一个倾诉对象，在场景倾诉中摊开日常经验，而反转的表达带着鲜明的超验色彩。

李德武的诗作《写给三月的信》，以生活的真实描摹荒诞，生而孤独、遗世独立的感觉跃然纸上。“你并不能消除噪音，这是时代的赠予/请在里面，慢慢寻找音乐”，包临轩的诗歌《噪音与呻吟》里的诗歌主体不再是经验自我的模样，而是突出智识、灵觉的作用，推动文本挣脱现实的拘禁而抵达精神自由之境。田海君发表的作品《万物一体》，则有更广阔的宗教视野，众生之苦皆为我苦的胸襟，使作品多了澄明的底色。

“心上/万念三缄其口/有待一个破茧成蛹的过程/去面对整个世界。”安澜的诗句切近了诗人面对世界的语言思考问题。“三缄其口”与“破茧成蛹”，使人想起鲁迅关于沉默与开口的论断。沉默是诗人痛苦的至高见证。桑塔格说：“沉默是苦思冥想的地带，是思想成熟的萌芽阶段，是最终为言说争取到权利而经受的磨炼。”诗歌唯有与沉默结合，“沉默”的言说功能就与巴赫金的“双声语”同声相应。换言之，这一切如马尔库塞所言：“工业社会具有一些工具，可以把形而上的东西转变成形而下的东西，把内在的东西变成外在的东西，把心灵的探索转化为技术的探索。”① 诗人发现现代都市文明高歌猛进的同时，也顺便牺牲了人的原始野力和素朴。在本雅明看来，都市人具有“自由”和“限制”的矛盾结构。都市既给人以玫瑰色的诱惑，又给人以梦魇般的压抑。

20 世纪 90 年代，昌耀面对新变，觉得“是灵魂的百年焦虑和身心的火

---

① 马尔库塞：《审美之维》，广西师范大学出版社，2001，第 89 页。

狱酷刑。几乎是一派惨不忍睹的灾异之相。"① 新世纪的黑龙江诗人虽还有焦虑，但能够自适其心。在都市的诗意表达方面，诗人们既为都市"塑形"，又试图实现"立意"，通过诗艺的降格方式缓解世界的慌乱与人生的迷茫。诗人们将飞速发展变化时代的加速度改写为温柔的呓语。"极度的夜晚的存放/方向的蓝或者壮观的炫目"，潘红莉等诗人的感触毕竟不再排拒现代性了。但不论如何，更多诗人还是愿意拨慢时钟，陷入回忆当中，"一个越来越旧的人，唯有/褶皱、掉色和干净，顽固地新着……"，李玉明《叹息》里的诗句就是这种心态的范例。"越是在回忆美好的东西，就只能说明当下情状（特别是灵魂）越是困窘、无奈和凄惶，越是需要向往和想象中的世界来存放和驰骋他们的心灵；越是在纸张上建筑宁静、祥和、恬淡，只能说明他们有多么厌倦、苦恼而无能为力；越是在笔尖堆砌力量、斗志和情愫，就只能说明他们此在的消沉、疲软、孤独无援和对温暖与情爱的向往。"②

三 代际诗人的美学探赜与精神探索

书写有意义的生活，必须借助有价值的形式。张曙光的诗作《一首诗》，娴熟运用回环、复沓等手法。它是关于诗歌写作的艺术论，却更像自我灵魂觉醒的刻画。在诗歌创作时最难摆脱的是文以载道的传统，提笔就陷入言志的泥淖，千万人的大脑拟想的诗句高度趋同，这无疑是一种悲哀。李琦的作品《向日葵》几无技巧，所有词句像是深入灵魂根底的生命表达。"多好！它们在他最黯淡的时光/给他安慰和召唤，把他引向太阳/他则深情回馈，赋予它们神性和能量"。李琦的意象处理如入化境，其轻柔的嵌入起自沉静的感悟与思索。她的诗作更多呈现的是"心入于境"，主体与客体并不那么剑拔弩张，常常达到"神会于物"的清明之思。

---

① 燎原：《昌耀诗作精品赏析》，陕西人民教育出版社，2000，第139页。

② 王昌忠：《中国新诗中的先锋话语》，学林出版社，2008，第209页。

近年来，黑龙江诗人注重口语表达，纷纷习练小叙事，来完成历经事件中的灵魂震荡。苏美晴、水子的抗疫诗作，记述了医生、护士、社区工作者的具体抗疫经历，在叙事中塑造了平民英雄的形象。重新体验苦难、品味艰辛，重新打量生命与叩问存在，是黑龙江诗人在疫情期间完成个体经验历史生成的一种方式。

袁永苹、蓝格子、郭富山、红扣儿等诗人，广泛借鉴小说叙事、电影叙事的元素，试图弥补诗歌的先天不足。诗歌中的叙事要讲求平衡性，既需要借助叙事来重建想象力之通天塔，也需要超越目击道存的描摹。袁永苹的《回忆》《刘丽》等诗作注重细节融入叙事，在生活流中发现伦理的效力，又强调女性的敏锐的感受力。蓝格子的《日常》系列诗作聚焦情爱，置身于快节奏高频率的城市背景下，“阳光穿过窗帘的缝隙在地面晃动/就像两个人的心，在争吵之后/一阵一阵地，痉挛”，诗中的叙事重心在经验的模仿、呈现。

诗歌写作首先要形之于心，继而形之于手，更像是某种精神的物化过程。复现与传达情感、思想的物化能力，就是生成诗意的困难所在，黑龙江诗人正在突破这一屏障。吕天琳的作品《朝鹤》，就是情感与经验妥帖地经由语言合而为一的例证：

在天空翅膀是一种仪仗
它的羽毛上镶满阳光鸟群的前程
正在微凉的气流里向远处推进
……
看到了水汽中浮动的丹顶
看到了神的凝血在落日前隆重打开
看到了大地的胎记如同一枚淬火的篆刻

这些充满语言自觉的诗句，彰显着汉语之美，在现实书写和生活表达之外，散发着灵气四射的个人化书写的魅力。诗歌的自觉，既来自技艺上的自觉，也来自美学上的自觉，还来自认知上的自觉。

令人欣喜的是，一些黑龙江中青年诗人技术趋向精湛，诗歌的品质逐渐提升。黑龙江诗人的一些上乘诗作，源自诗人经验的深度、思考的锐度、技艺的高度。冯晏的诗作《美丽的哈瓦那》大抵有这些质素："历史像一群红蚁。/旧仇还在。/古老建筑，有断壁、残雕和碎瓦，/有不同肤色、辨别和窥视。"诗人桑克惯于以轻逸写沉重之思，以个人化的智识之心判断、省察现实。赵亚东精于打磨语言，在反复对词语的淬炼中释放想象力，焕发新的诗意。他的《暮雨》等诗作，通过各种变形来探索超常规的艺术搭配，以联想、想象拆解生活的表象而造出多姿多彩的诗境。"我们的对话是无声的/窗外的雨，突兀地插进来/那声音像是弯曲的手指/敲着昏暗的玻璃"。杨勇、赵亚东、林建勋、梁久明等诗人的创作，坚持与语言搏斗，与惯性决斗，力争让诗的语言贴身、贴心、贴肤。诗人梁久明始终面向荒野，在自然山水行走中致敬自然，坚持用"赋魅"来恢复自然的神性，试图让心灵回到本源；有时他展现给读者的是一幅淡淡忧伤的山水画，有时展现给读者的是满纸悲欣的大写意。

诗歌的写作难度与品质殊难分开。为情感赋形，耗尽了诗人一生的聪明才智。诗人面对语言，永远有将军面对无物之阵的惶惑。余小蛮的诗歌多为短制，文字看似普通而深藏能量，一旦爆开就是诸多锋利的弹片。她的诗作源自生活，维系着细小的经验独白。余小蛮的短诗《命运》颇具意蕴："下一任果核/是一副胆小的样子/她把籽藏在深深的心里不敢展示于人/爱得如此卑微/就像每天早晨迅速而敷衍的妆容/带着这个薄薄的假面/去上班了"。

还应提及的是，黑龙江诗人古典情怀的现代表达有自己的建设。杨勇的《山居秋暝》《夜雨寄北》《垂老别》以洗练后汉语整饬排列，看似融入古典，实则嵌入新的现实语境，在古今对照中生发奇异的诗意。笔者认为，其意主要在突出当今诗歌经验的独特与丰富性——今月曾经照古人，但月下的今人情思却是21世纪的感受。陈爱中的作品《冬日绥芬河》有诗句"潜袭的夜，狼的孤独/有诵经的虔诚和杀戮的认真"。他探入经典，故钩沉与古典底色却不是他的主要用意，在雅致的语言中建构精严的诗体，抖开"识悟的震惊”，派生了诸多灵动警醒之语。霜扣儿的诸多诗作更有古典文学的照拂，形式、用语之外却是现代的思绪。宋心海短诗《梦中剪影》氤氲着古典的气息：“窗外，下着一场古代的雨/一个现代的女子却在嘤嘤哭泣。”诗的含义很难说清，模糊的情绪如日本语言学家井筒俊彦所说：“混沌状态是意义的可能体。”

一些崭露头角的新诗人郭紫莹、郭婷、钟镛、陈陈相因、庞悠扬等，其诗歌有无限的青春活力，意象崭新且有创见，但他们热衷的经验还稍显浮华。黑龙江新诗人不仅要迎迓每天的曙光，还要关注所有的光影。

四　新的传播方式与外界评价

近年来，以泛在网、高速度、低时延、低功耗为特征的5G技术纵深发展，诗歌的形态、样态、生态渐进发生着改变。各种诗歌公众号越来越多，微信圈如火如荼地推介着诗歌，电子诗集也如雨后春笋般生长。诗歌的传播从来没有如此快捷，互动更是摩肩接踵。纸质文本、影音文本竞相在网络、微信上展陈，诗歌作品被立体化、多维化展现，文字、音频、视频交混而成的作品生成简易而常见。

读诗活动的泛在性也显著增强。虽然诗歌依然是小众传播的存在，但诗歌传播的媒介日新月异，参与人数与日俱增，担忧诗歌已死的声音可以休矣！喜马拉雅等读品平台广泛增加诗歌的朗读作品，参与者从蓬头稚子到白首老者，职业丰富而驳杂。金话筒主持人闻佳创制了“闻佳读诗”，就举办了多场黑龙江省优秀诗人的作品朗读会。

黑龙江诗人于2019～2020年斩获了国内很多奖项。李琦获得了第三届“草堂诗歌奖之年度诗人大奖”，再次为黑龙江诗歌界赢得了荣誉；她的诗集《山顶》，入选中国好诗人第五季。桑克的作品《哈尔滨》入选了《芳草》文学杂志“第四届汉语诗歌双年十佳”作品。冯晏获得了第四届中国长诗奖“最佳成就奖”。赵亚东获得第九届红高粱诗歌奖、华语诗歌实力诗人奖。邢海珍、宋心海分别获《中国诗人》2019年度诗人奖。曹立光的诗作，获得了第一届黑龙江省文学艺术英华奖（首届萧红青年文学奖）。水子获首届“浪漫海岸”杯国际华文爱情诗大奖赛一等奖。

继桑克、马永波、陈树照、赵亚东、曹立光参加素有“诗坛黄埔”的青春诗会之后，在牡丹江师范学院读书的纳兰（周金平）入选了2019年第35届青春诗会，当年还获得了“诗探索·第四届中国诗歌发现奖”。著名诗歌评论家耿占春评价纳兰的诗集《纸上音阶》时说：“犹如在生活的一切之上都将会显现出圣灵降临的异象，那是语言的光，是纳兰为我们弹奏的纸上音阶。”

2019年9月，诗坛名家云集青冈县，举办了第17届人天·诗探索“华文青年诗人奖”颁奖典礼暨研讨会。

在“中国最冷小镇”大兴安岭呼中区，姜红伟继续以一人之力丰富20世纪80年代诗歌纪念馆的建设。他出版了中国第一部大学生诗歌运动史料专著《诗歌年代——20世纪80年代大学生诗歌运动访谈录》上下卷，填补了诗歌史学研究的空白。在新冠肺炎疫情初期，姜红伟在全国较早收集抗疫诗歌，撰写了国内第一部全面记录“抗疫诗潮”的诗歌史集。更让人惊叹的是，姜红伟不但广泛收集诗歌资料，他撰写的大量文章还在《收获》《花城》《作家》《山花》《当代作家评论》《读库》等全国重要文学刊物、学术刊物发表，产生了广泛的影响。

2019年1月，绥化日报社创办的《猛犸象诗刊》，至今出版了近50期，引发了诗坛的热烈关注。获得鲁迅文学奖诗歌奖的诗坛名宿、新锐青年诗人、本土诗歌精英，纷纷在头版诗人、民间好诗、诗地理、诗坛传真、北方诗话等栏目上榜。《猛犸象诗刊》以短平快的审稿、质量为上的选稿标准、较短的出版周期、纸刊稿费较高的优势，迅速成为国内诗人竞相投稿的纸刊平台。

2020年，《东北亚》诗丛第二辑出版，杨勇的《不是》、阿西的《后疫》、舟自横的《可以》、杨拓的《画面》等诗集面世。

陈爱中牵头编辑出版的诗集《飞鸿踏雪：龙江新诗与版画七十年巡礼（1949—2019）》，采用宣纸印刷，首创版画作品与新诗作品的融合。

然而，黑龙江诗人面对和表现的现实还差强人意，以见证诗学来代替思考现实的做法还需要改进。从近年来的诗歌文本来看，其文化底蕴并不让人满意，很多诗人既不“养技”，也不“养气”，不断复制自己和热衷低水平的发表，探入时代反思生活的能力还有待加强。激荡的社会现实在黑龙江诗歌创作中并没有强烈的表现，除了面向文本本身，诗人还应始终坚持面向事实。雅斯贝尔斯说：“无论我想整个地把握现实也好，或通过个别的事实来把握它也好，最后现实总是我们的分析研究所达不到的那个边界。”只有带着思索现实问题的诗歌创作，才不会从时代中脱轨。当然，一味地指斥、批判现实，笔下永远阴天，这样的诗作也不足取。“尝试赞美这残缺的世界。/想想六月漫长的白天，/还有野草莓、一滴滴红葡萄酒。/有条理地爬满流亡者/废弃的家园的荨麻。/你必须赞美这残缺的世界。”已故大诗人扎加耶夫斯基的诗句值得后世诗人学习，他“尝试赞美这残缺的世界”的态度源自宽博的胸襟。

黑龙江有广袤雄奇的自然风光，有悠久的边地与民族传统，广大黑龙江诗人寄放肉身与灵魂的空间甚为辽阔。王宏军的短诗《写诗》很适合规劝走在路上的写诗者：“写诗/要有老中医的本领/把文字当作一根根/银针/打通/一道道淤塞的穴道和经络/让一个个/几近瘫痪的灵魂/再次站起来。”黑龙江诗人当有变脸的技巧，对生活的震荡与岁月的推移做到敏于感受、巧于表达，这需要诗人从“世态”向“心态”的转变，当然这更需要较高的诗学觉悟。

B.8

儿童文学：春深花盛一树香*

张珊珊**

摘 要： 2019～2020年黑龙江儿童文学呈现了更为多彩的样貌，获奖类型有了新的拓展。迟子建、梁晓声等成人文学作家跨界进入儿童文学的写作中，展现了儿童文学内部蕴藏的磅礴生命张力与宏阔的阐释空间；抗疫童诗，承担起时代担当；常新港的成长小说以鲜明的问题意识与地域特色继续为龙江儿童文学奉献经典作品；黑鹤的动物小说斩获多项国内外大奖；秦萤亮、廖少云、常笑予等人的幻想文学别具一格；大庆儿童文学与“冰雪儿童文学”逐渐形成品牌效应。

关键词： 跨界写作 成长小说 动物小说 幻想文学

回望2020年，百感丛生，悲欣交集。我们经历了极不平凡的一年，时间画上疫情笼罩的休止符，时代奏响逆势飞扬的最强音。“艰难困苦，玉汝于成”。这一年，虽然风霜雨雪、冷暖人心，但有最强的祖国磅礴伟力、最暖的家守望相助、最美的逆行英勇无畏、最真挚的守护共克时艰，用众志成城、大爱无疆书写感天动地的抗疫史诗，铸就艰苦卓绝的无上荣光。在时光

* 本文系黑龙江省哲学社会科学研究规划年度项目“新世纪黑龙江儿童文学研究”（项目批准号20ZWD212）阶段性研究成果。

** 张珊珊，黑龙江省社会科学院文学研究所副研究员，研究方向为东北地方文化、现当代文学。

的洗练与时代的铿锵中，2019～2020 年黑龙江儿童文学继续乘风破浪，在这个不平凡的春天，继续书写百花盛开的故事。

一　抗疫童诗　时代担当

“文章合为时而著，歌诗合为事而作。”黑龙江儿童诗坛积极发声，弘扬抗疫精神，勇担时代责任，记录生活的真善美，用美好的文字抚慰人心，给人力量。东方儿童文学网是大庆市儿童文学协会创办的东北首个、唯一一家儿童文学新媒体阵地，在举国同心、共抗疫情的时代主题下，发布儿童抗疫诗歌专题，展现家国情怀，以文字的方式贡献自己的力量，助力抗疫。王如《致敬，英雄》（组诗）、《逆行的鱼》（组诗），王芳《红手印及其他》（组诗）、木糖《爷爷，快把口罩戴上》（外六首）、车车《妈妈，早点儿回家》等儿童诗，以平白素朴、诗意简约的文字，饱满真挚的情感，展现童心、童趣中儿童的爱，儿童对他人、对社会、对世界最纯粹、最明净的爱。

郭沫若《儿童文学之管见》一文从儿童文学对人性熏陶的宏伟效力谈起，认为“儿童文学当具有秋空霁月一样的澄明，然而决不像一张白纸。儿童文学当具有晶球宝玉一样的莹澈，然而决不像一片玻璃。”[①] 儿童的心总是空灵剔透，儿童的爱总是感人肺腑，令人动容。王如的《借给你》：“我不知道你是谁/但是，我要把他们借给你/一个是我的姥爷/一个是我的妈妈/姥爷不仅仅是姥爷/妈妈也不仅仅是妈妈/姥爷是医生/妈妈也是医生……别怕，千万别怕/我把姥爷借给你/我把妈妈借给你/而我，一定会照顾好自己。”妈妈无疑是每一个孩子心中最珍贵的存在，诗中的小朋友忍痛割爱，把当医生的妈妈“借”去抗疫前线帮助别人，还懂事地表示会照顾好自己，让妈妈放心。这首诗以细腻的感情、深沉的笔触，将“无数人以生命赴使命、用挚爱护苍生”[②] 舍小家为大家的人间大爱，通过儿童天真善

① 郭沫若：《儿童文学之管见》，《民铎》第 2 卷第 4 号，1921 年 1 月 15 日。

② 《习近平 2021 年新年贺词》，2020 年 12 月 31 日。

良的语言表现得淋漓尽致，像涓涓细流沁润每一位读者的心灵。

书写不能忘却的纪念，《哨音》“你走了/在你的遗像面前/我为你祈祷/你走了/在你的灵魂面前/会不会有人醒来”；具有真切的现场感，描写疫情期间特殊生活场景的儿童诗《网课》《妈妈》《口罩》《演练》；赞颂以生命赴使命的抗疫英雄的《钟爷爷的表情》《逆行的鱼》《红指印》《我们都是战士》《爷爷，快把口罩戴上》；以充满想象力的笔触，描写儿童纯真、善良、温情、正义的美好心灵的《压岁钱》（王芳）“一个小女孩/捧出所有的压岁钱/她说：叔叔/请帮我买一支蜡烛吧/我要把它挂在天上/照亮武汉的夜空/再买好多好多的星星/我要送给他们/那些被病毒感染的人/就会看到光明”；木糖的《希望》《动物语言课》《写一封信》则以生命面前人与动物是平等的生命观照，来反思人类与动物的关系，唤醒人类的共鸣与共情。《动物语言课》以醇美的同理心写道：“为什么/没有一门/动物语言课/那样/我就会有许多新朋友/‘嗨，早上好。’/这是/我在和小喜鹊/打招呼/‘生日快乐。’/这是/乌龟八十大寿时/我的祝福/‘小心点，别冻感冒了。’/这是/我在电话里/跟北极熊说的话”，引发读者深切的灵魂共鸣。恰如诺贝尔和平奖获得者阿尔贝特·施韦泽在《敬畏生命》中所说：“善是保持生命、促进生命，使可发展的生命实现其最高的价值，恶则是毁灭生命、伤害生命，压制生命的发展。这是必然的、普遍的、绝对的伦理原则。”

二　奔涌前行　成果丰硕

21世纪以来，儿童文学独特的美学意蕴吸引越来越多的成人文学作家跨界儿童文学创作，“呈现了一种文学精神上的返璞归真与爱童之心焕发的文学意愿，并寻找到了富有特质的介入世界的话语方式。”① 展现了儿童文学内部蕴藏的磅礴生命张力与宏阔的阐释空间。少年读本系列《北极村童

① 崔昕平、王泉根：《2019年儿童文学：延续“热点”气象　呈现多面景观》，《文艺报》2020年1月20日，第3版。

话》《日落碗窑》《没有夏天了》《疯人院的小磨盘》《草地上的云朵》《百雀林》出版，这是迟子建专为少年儿童特别奉献的作品选集。迟子建并非以儿童文学作家闻名，但她作品中圣洁纯真的气质、温暖空灵的气息和儿童视角的故事，都与儿童文学有着千丝万缕的联系。神州北疆原始神秘的自然资源、源远流长的历史文化与东北黑土地上的精灵信仰，成为龙江儿童文学的精神源头与美学基础。关于自然、关于神性、关于黑土地，成为许多龙江儿童作家的共性书写。就像迟子建在这套丛书的自序《琥珀年华》里所写的："我想少年读者能够感受到温暖以外的东西，不是坏事。一个人在成长中刻意地避寒，就会成为温室的花朵。能够在暴风雪中勇往直前，才能成为顶天立地的人。"从这个意义上来说，这套"少年读本"真正是"茅盾文学奖得主献给少年人的成长引路书"。2019 年，第十届茅盾文学奖得主梁晓声专门为少年儿童创作的首部童话作品《梁晓声童话》由山东教育出版社出版。系列共有五册，包括《"小飞蛾"漫游记》《白鸭阿呷》《奇异的松鼠》《咪尼与凯迪》《两个孩子》，既有童真有趣的故事、宏大的想象力，亦有作者借故事传达的思辨和哲理，还有对城市文明发展的深层次的解读，体现了作者对少年儿童成长的关注和爱护与作者教育和娱乐相统一的创作理念。

黑龙江儿童文学作家在 2019～2020 年佳作迭出、成果丰硕，在奖项类别、作品数量、国际化方面，皆有新的扩展。2019 年，格日勒其木格·黑鹤的长篇小说《黑焰》荣获第三届"比安基国际文学奖"小说大奖，这也是中国作家首次获得该奖项；同年，黑鹤喜获首届"蒋风儿童文学奖"青年作家奖；2020 年，他和画家九儿联手创作的图画书《鄂温克的驼鹿》获得美国民俗学会"伊索荣誉奖"，龙江儿童文学在国际舞台闪闪发光，让世界儿童感受中国童书的精彩。秦萤亮的《百万个明天》荣获"2019 陈伯吹国际儿童文学奖"① 年度单篇作品奖、第十届"全球华语科幻星云奖"最佳

① "陈伯吹国际儿童文学奖"（CICLA）以"东方安徒生"陈伯吹的名字命名，前身是设立于 1981 年的"陈伯吹儿童文学奖"，是中国连续运作时间最长、获奖作家最多的文学奖项之一。2014 年，"陈伯吹儿童文学奖"正式更名为"陈伯吹国际儿童文学奖"，以表彰世界范围内对儿童文学事业做出卓著成绩的儿童文学创作者、儿童文学工作者和相关人士。

少儿短篇小说金奖；廖少云《大年初二》与任永恒《界江》分别荣获2019年第八届“周庄杯”全国儿童文学短篇小说大赛[①]三等奖、优秀奖；秦萤亮的《礼物》与任永恒《一座男孩子的桥》分别荣获2020年第九届“周庄杯”全国儿童文学短篇小说大赛一等奖、二等奖；2020年，廖少云的小说《夏日炎炎》与秦萤亮的童话《百万个明天》分别荣获第五届“《儿童文学》金近奖”[②]优秀作品奖；秦萤亮的《雪之国》荣获第二届“小十月文学奖”[③]童话组佳作奖。黑龙江儿童文学一直不乏风格迥异的名家经典，花开数朵，各表一枝。以50后常新港、王左泓等为代表的前浪笔耕不辍，以70后格日勒其木格·黑鹤、80后鲁奇等为代表的中浪佳作迭出，以90后常笑予、95后林日暖等为代表的后浪出手不凡，他们奔涌在龙江儿童文学创作的浪潮里，逐浪而行，高歌猛进。

2019～2020年黑龙江儿童文学主要获奖情况

奖项名称	奖项数量
比安基国际文学奖	1
“伊索荣誉奖”	1
陈伯吹国际儿童文学奖	1
“蒋风儿童文学奖”	1
全球华语科幻星云奖	1
“周庄杯”全国儿童文学短篇小说奖	4
《儿童文学》金近奖	2
小十月文学奖	1

① “周庄杯”全国儿童文学短篇小说大赛始于2011年，是国内唯一专门针对儿童文学短篇小说创作的专项赛事，每年一届。

② 《儿童文学》金近奖，是由中国作家协会、《儿童文学》杂志社和上虞区政府合作设立的全国性儿童文学奖项。该奖共设优秀作品奖、优秀插图奖、中国小作家奖等4个奖项，每两年评选一次。

③ “小十月文学奖”是由《十月少年文学》杂志发起设立的，旨在繁荣华语儿童文学创作，倡导“直击内心的童年书写”，支持和鼓励各种体裁儿童文学作品的创作与出版的奖项。2018年1月，首届小十月文学奖评选活动启动，曹文轩担任评审委员会主任。

三　现实题材的多元观照与地域呈现

成长小说天王常新港作为前辈作家依然笔耕不辍、著述丰富，以榜样的力量继续为龙江儿童文学奉献经典作品，命运的苦难成为文学生命的宝贵馈赠，黑土地为他的艺术想象拓展深远冷峻的艺术空间。他的青春成长小说带着鲜明的问题意识，解决青少年成长路上的心灵苦涩与人生困境，直抵儿童灵魂深处，真实地反映了当代少年的心灵成长与变化，丰富深化了儿童小说的价值蕴涵。“常新港小青春成长不烦恼系列”是针对“小青春期”的孩子成长过程中面对的各种人生痛点与困境的成长书，共有6部，每部作品都是一个独特的世界，让每一个孩子都能从中找到独一无二的自己。丛书包括探究战胜成长中的敏感心理的中短篇小说集《女孩不哭》、探究在他人的质疑中保持自信的中短篇小说集《钢板兽》、探究如何接受不完美的自己的短篇小说集《燃烧的太阳》、探究表达对家人的信任与关怀的中短篇小说集《冬天里的故事》、探究在小青春期与他人交往沟通的长篇小说《狂奔穿越黑夜》、探究面对家庭对自己过度管理的长篇小说《生锈的孩子》。其中，中篇小说《女孩不哭》以主人公于飞飞为中心，塑造了父母离异、师生隔膜、同学间竞争与嫉妒、青春期的朦胧情感等各种成长经历的初中生群像，刻画了他们或愤怒或叛逆或勇敢或迷茫的平凡生活；短篇小说集《钢板兽》包括《玻璃蛋中的那粒米》《积雪的舞蹈》《麦山的黄昏》《男孩子汪天洋》《请收藏我的声音》《我的村庄》《我们的夜晚》等9篇作品，集中表现了小青春期的男孩女孩们在成长经历中的状态，特别是渴望得到关注与活出自我，表现了孩子们在成人世界中复杂的内心活动；短篇小说集《燃烧的太阳》包括《金鱼头顶上没有钓钩》《雪原表情》《光明树》等11篇作品，集中描写了少男少女们在懵懂的小青春期遭遇的各种困惑和烦恼，最终在挫折和尝试中接受不完美的自己，获得成长的故事；中短篇小说集《冬天里的故事》包括《一位少年对默片的补充叙述》《羽毛也幸福》《球王龙山》《我自己的房间》《白桦林不说话》

《传染》《1972 年的花香》《狗标本》等 10 篇作品，集中表达了充满青春活力的男孩女孩渴望独立自主地成长，渴望家长增强对自己的信任的心路历程。长篇新作《三片青姜》则对具有鲜明“当下性”的代际冲突与教育观念冲突做出富有时代意义的解读。

长篇小说《寒风暖鸽》《冰城往事》都是讲述哈尔滨历史上的故事，较之以往的青春成长书写多了一分历史的厚重与深阔。《寒风暖鸽》“真实再现了 1946 年哈尔滨光复前后、新中国成立前夕中国社会的人情世相和历史洪流。小说书写了战争的残酷和可怕，也写出了战乱中童年的倔强和明亮，尤其是各国孩子在风雪酷寒的自然和社会环境的双重考验下，涌生出的坚强、乐观、智慧和勇气以及跨越国别的人道主义”[①]。《冰城往事》以童年的小故事完成了时代的大书写。小说描写了 20 世纪 50 年代，哈尔滨一个叫马万才的小朋友无意中吃了一次捡来的“粉肠”，而对粉肠产生刻骨的渴望，甚至他在梦中盖了一座香肠的房子。但困难没有泯灭他们对生活的希冀和向往，保留在童年心灵中的人性光芒依然照亮着平凡的生活。短篇小说集《漫画人物和可有可无的尾巴》也同样体现了作家对黑土地的眷恋，作品以精到老练、幽默灵动的语言，展现东北黑土地特有的厚重坚韧的地域文化底色和北方少年诚实、倔强、直率、豪爽的美好品格。

四　动物小说：由经典化到国际化

儿童对动物一直有着天然的亲近与喜爱，动物成为儿童文学创作不可或缺的角色。动物小说萌芽于 19 世纪的欧洲，直到加拿大作家欧内斯特·汤普森·西顿以写实主义写就《我所熟悉的野生动物》，取得不俗的文学成就，被学界公认为动物小说体裁的开创者。1928 年，夏文运在《艺术童话研究》中首次提出“动物小说”的概念。动物小说作为一种历史悠久的独

① 陈莎：《描摹成长的光亮——评常新港〈寒风暖鸭〉》，《文艺报》2019 年 12 月 16 日，第 6 版。

立文体，采用小说的艺术方式，加入现代生活的内容。“动物文学、生态文学较之其他文学样式更直接更有力地指向生命存在的价值、奥秘和瑰丽，指向关于竞争、共生、再生、自生等天人关系的生态思维，指向关于生命、关于生存、关于地球等‘人与自然的和谐发展’”。[①] 随着国际儿童文学交流日益深入，动物小说家格日勒其木格·黑鹤在2019～2020年接连获得国际奖项，龙江儿童文学作家在国际文化输出方面扮演着愈发重要的角色。

黑鹤作为动物小说新一代的领军人物，被儿童文学理论专家刘绪源先生盛赞为“中国的西顿”，他的书为读者们打开了认识世界的新的视野。2019年6月，黑鹤的长篇小说《黑焰》在19个国家的980部作品中脱颖而出，荣获第三届“比安基国际文学奖”小说大奖，这也是中国作家首次获得该奖项。“比安基国际文学奖”以俄罗斯著名大自然文学作家维达利·瓦联金诺维奇·比安基的名字命名，于2015年设立，该奖旨在表彰奖励以自然、动物为书写对象的优秀青少年作者、作品，提高当代大自然文学作品的社会意义。《黑焰》初版于2006年，曾获第15届冰心儿童文学新作奖大奖、第7届全国优秀儿童文学长篇小说奖、台湾“好书大家读”年度最佳少年儿童读物奖等多项荣誉，说明龙江动物小说步入由经典化到国际化的新阶段。同年，黑鹤凭借杰出的创作成就喜获首届“蒋风儿童文学奖”青年作家奖[②]。《黑焰》是一部构思精巧、内容厚重真实，让人动容的优秀作品。藏獒格桑的一生更像是一首魂系雪原、不忘初心的英雄史诗，一曲荒野生命的浪漫赞歌。作为草原优秀的牧羊犬，格桑和母亲一样，千百年来将忠诚与责任刻在骨血里，至死方休。当它的身体“来到这个冰凉的世界上的那一刻，直到有一天它也在冥冥的召唤之下走向草地尽头的雪山，它的一切都与这营地紧紧地维系在一起。它的祖先都是这样的，它的母亲是这样，它也将重复着藏

① 王泉根：《儿童文学新亮点》，《文艺报》2011年11月25日，第5版。

② “蒋风儿童文学奖”两年一届，旨在推动中国原创儿童文学发展，奖励在中国儿童文学创作方面取得杰出成绩的青年作家。蒋风先生是目前国际格林奖中国唯一获得者，首位中国籍的国际儿童文学研究会会员。

獒所做的一切”[①]。或许只有纯正的血统才有如此执著的信念与高贵的品格。格桑因主人的贪欲被转卖，由草原流浪到城市，几经辗转屡被辜负，但强悍的生命力让它从不放弃，直到遇见生命中真正的主人。黑鹤的文字诗意利落，极富文学色彩与画面的质感，充满瑰丽的想象。

2020 年，黑鹤和画家九儿联手创作的图画书《鄂温克的驼鹿》获得美国民俗学会“伊索荣誉奖”[②]，颁奖词称：本书的杰出之处在于，它在讲述一个有趣的传统故事的同时，也让人们了解这个传统民族的风俗习惯。同年，本书入选国际儿童读物联盟（IBBY）2020 年度荣誉榜单。国际儿童读物联盟是目前国际上最有权威和影响力的儿童阅读推广组织之一，拥有“小诺贝尔奖”之称的“国际安徒生奖”就是由该组织发起并负责评选的。IBBY 荣誉榜单每两年评选一次，包含超过 100 部在 IBBY 成员国出版的最新作品，所有入选作品被认为具有杰出的写作、插画及翻译。联盟荣誉榜单侧重作品特质——这些作品不仅代表着每个国家最高的儿童文学创作水平，同时也适合在全球范围内出版。目前《鄂温克的驼鹿》已拥有十余个国家的版权。展现最后的狩猎时代的《鄂温克的驼鹿》是黑鹤进军儿童图画书领域的首部作品，探讨了生命与生命之间的相遇与别离，相守与互助。

黑鹤在本年度的主要作品还有，历经 600 多个日夜跟踪拍摄的动物纪实摄影绘本《蒙古牧羊犬》、讲述两只小狼放归荒野的影像故事书《我和小狼》、讲述猛犬与主人互相守护的长篇小说《永远的守护者》、短篇小说集《呼伦贝尔草原的风》以及中短篇作品集《驯鹿天使》《遇见牧羊犬》《狼谷男孩》《驼鹿与飞马》等。

---

① 格日勒其木格 · 黑鹤：《黑焰》，接力出版社，2017，第 28 页。

② 美国民俗学会（The American Folklore Society）是美国关于研究和交流世界各地民俗知识的协会，于 1888 年 1 月 4 日成立于马萨诸塞州剑桥市，其创始人均为美国著名民俗学者。为了表彰以民间传说为主题的优秀青少年作品，美国民俗学会设立了伊索奖与伊索荣誉奖。获奖作品必须以图文并茂的形式呈现，增强读者对民俗文化的理解与认识。该奖项自 1992 年开始颁发，每年评选一次，每次评选出 1 ~ 2 部伊索奖作品、3 ~ 4 部伊索荣誉奖作品。

五 方兴未艾的幻想儿童文学

幻想文学是儿童文学幻想体中一个独特的文类，广义上的幻想文学包括梦幻、寓言、童话、传奇、科幻小说等多种类型。“幻想文学”产生于欧美，兴起于18世纪末19世纪初。兹维坦·托多罗夫最早在他的《奇幻文学导论》中定义幻想文学“奇幻就是一个只了解自然法则的人在面对明显的超自然事件时所经历的犹疑”①。新晋代表英国女作家罗琳（J. K. Rowling）的《哈利波特》将幻想文学带入全球化大众视野，极大地推动了这一文学类型本土化、大众化与流行化的发展。2013年，由北京师范大学中国儿童文学研究中心和大连出版社共同主办的“大白鲸世界杯原创幻想儿童文学奖启动仪式”在哈尔滨哈西万达广场举行。“大白鲸世界杯”原创幻想儿童文学奖是专为幻想儿童文学而设的奖项，以“保卫想象力”为主旨，具有跨界性、实践性与先锋性，被业界誉为“一项有文化远见、有文学情怀、有童年梦想的，致力于推动我国原创儿童文学进步事业的卓越工程”。黑龙江省的儿童幻想文学创作一直很出色与出彩，黑龙江省作家廖少云曾以幻想童话《云雀谷》《米米亚氆氇猫》两度荣获该奖项。近几年，刘慈欣凭借《三体》陆续斩获各大科幻类奖项，成为“中国科幻最大IP”。由于读者的阅读诉求与教育界对新时代保护儿童想象力的重要共识，科幻小说由小众的文学类型成功“出圈”，儿童幻想文学创作呈现欣欣向荣的发展局面。

《儿童文学》的金牌作家秦萤亮的《百万个明天》首发于《儿童文学》2018年7月、8月②，是本年度幻想文学的上乘佳作，先后荣获第十届“全球华语科幻星云奖”最佳少儿短篇小说金奖、“2019陈伯吹国际儿童文学奖”年度单篇作品奖、2020年第五届“《儿童文学》金近奖”。“全球华语科幻星云奖”成立于2011年，每年举办一次，由世界华人科幻协会评选并

---

① 〔法〕兹维坦·托多罗夫：《奇幻文学导论》，方芳译，四川大学出版社，2015，第38页。

② 资料来源于“2019陈伯吹国际儿童文学奖获奖名单”，http://ccbookfair.com/cn/category/page-list/detail!2019CICLAAWARDS。

颁发，评奖对象为规定年度期间全球发行的华语科幻出版物及相关领域杰出人物。星云奖标志着现代科幻诞生近200年来，首次有了覆盖世界华人科幻创作的奖项。刘慈欣曾获得首届星云奖。

《百万个明天》是一个发生在未来空间的，关于父爱的温暖小故事。小女孩安的爸爸是一位卓越的机器人科学家，妈妈是计算机专家。因为爸爸生病需要冷冻身体等待药物出现，在安6岁生日时，爸爸送给她一份生日礼物——爸爸亲自设计的一款和自己一模一样的机器人。爸爸不能陪伴的爱，全部被倾注植入机器人爸爸中，新爸爸不仅外形相似，甚至连穿的外套都散发着女儿熟悉的爸爸的味道，“爱女儿”是他接受的最高指令。机器人爸爸在回答女儿“爸爸，你爱我吗?”时说：“我就是为了这个使命诞生的。你爸爸教了我很多。他耗费最大的精力在这个模块上……陪伴你，照顾你，奋不顾身保护你，这都是爱，我知道几万种表达爱的方式……但是，爱究竟是什么呢？对我来说，爱也许只是一种算法……”可是人类没有发明永动机，机器人爸爸的爱意味着无限的运算，而这会加大机器的运转和能耗，最终因无用而被“回收”。“天若有情天亦老，月如无恨月长圆。”短小的篇幅，精妙的构思，将人类与机器人在“爸爸”的角色设定中实现了深切的勾连与互映。机器人因爸爸的爱而生，因执行爸爸的爱而失。小女孩对机器人爸爸的难过与不舍更加反衬出对父爱的眷恋与向往，真情真心才是对生命的感动与滋养的唯一源泉。在情感维度的表述中，作者用含蓄内敛、云淡风轻的语言将父爱之情表达得丝丝入扣、脉脉情深。无论在几维空间，爱是永恒的主题，小女孩安从未把机器人爸爸当作工具人，这体现了安的纯真与善良，人性的美好，书中的每一个角色都有着善的出发点，使作品充盈着温暖的氛围。秦莹亮的幻想小说在真实与虚构的分寸把握上十分微妙，透着亦真亦幻的朦胧滤镜，令人着迷于科学世界的混沌美感。“森碟”、暗网的隐喻“深网”、跟拍模式真人秀、冷冻人体、机器人服务等已知的真实中自然延伸出冷冻复苏的爸爸、进入家庭模式的机器人爸爸、进入“深网”的神器、机器人朋友凯文等幻想世界，这些硬核的逻辑书写，使读者即便认清“真实”也依然对“虚幻”难以抗拒。百万个明天的百万种可能，谁又知道哪个不是未来的模样呢？

诚如“全球华语科幻星云奖”评审授予《百万个明天》的颁奖词所说“小说恪守经典科幻小说中机器人与人类关系的定律，借助一个小女孩的视角和体验切入对人工智能的‘伦理’想象：精准周密的程序让 AI 产品为人类提供无微不至的照顾，但是人类的爱是否可以被替代；运算出来的感情是否有心灵的温度；这或许是该作品中人类需要共同面对的难题。作者以节制而富有表现力的语言、感伤与温暖交织的情感，让爱如同冰中之火在文本跃动。在爱中成长，不仅是故事中女孩的渴求，也是人类世界的永恒建设，这使作品具有了隽永的意味”。

90 后青年儿童文学作家常笑予以小说《没有翅膀的狗》荣获 2017 年“冰心儿童文学新作奖”，2019 ~ 2020 年其贡献了两部幻想长篇小说《黑猫叫醒我》（2019）与《宇宙牙齿》（2020）。《黑猫叫醒我》是一部与《尼克代表我》隔空对话遥相呼应的幻想小说，讲述了 10 岁小学生历经重选父母又意图回归的有趣故事。生活在“瓜果蔬菜最棒层间”（现实世界）的小学生于豆腐生活苦闷，有一双嘴巴厉害爱语言打压的不称心如意的父母和爱挖苦讽刺的房山老师。由于于豆腐无意中救助了一只叫黑七七的会说话、性格拽的神秘黑猫，而知道了“叠荡空间”和穿梭到“乱基因层间”（虚幻世界）的动作和咒语，在这里，她可以按照自己的理想重新选择父母，实现了现实空间的权利反转。在这个空间，她有基因匹配、自由选择、个性定制 3 种方式来领养父母。从机器人父母到二代父母，于豆腐逐渐意识到，“别人家的父母”就和父母眼中“别人家的孩子”一样，都是一种完美而单向度的期许，没有人是完美的。成长要学会独立思考再做选择，更要学会对选择负责任。于豆腐选择重新回到亲生父母身边，并非简单的轮回，而是思考后的慎重决定，是“我”真正意义上的长大与再出发。作品触及亲子关系中很隐秘的角落，许多孩子内心可能都有过深深浅浅的离家出走的念头，作品以清晰的逻辑架构、圆熟的语言功力、逼真确凿的细节刻画、充满趣味的情节安排，让真实与虚构呈现平等之美，引领小读者完成这趟心灵成长之旅。“透过文字，可以感受到常笑予良好的阅读与开阔的视野，又加之年轻人跃动的创造力，作品呈现出具有青春气息的语体风格，语言跳脱、俏皮幽默。常笑予的叙述手法也明显不拘于传统，起承转合跳转迅捷，情节饱满、信息丰富，加之开放性的结局设计，为作品增加了可堪玩味的文趣……标识出一个年轻作家很高的文学起点。”①

《宇宙牙齿》是一部有着宏大构架、广阔视野、恢弘叙事和科学精神的关于未来时代的幻想小说。由于地球生态被严重破坏，生活在“尘埃时代”的人们被国际联盟集体迁移到新的穹隆——高科技的“素钛时代”，这里安全而缺少生机，河流是模拟的，一切都是机械化。素钛时代有一群以曾曾祖母为代表的带着尘埃时代印记的老人，他们怀念那里的山河叠翠、鸟语花香，尘埃时代也生活着一群不肯搬离故土的人，两个时代由于小学生牧耳和马尾去尘埃时代完成考古课的结业考试发生了碰撞。尘埃时代还有人类生存，说明地球并非无可救治。小说以孩子的视角，反观人类生存、生命等宏大主题，体现了对生活的深度观察与思考，叙事中不乏幽默、探险、悬疑等新鲜元素，具有极强的趣味性与可读性。本书出版于2020年2月，其中一段情节描写如今看来颇有预见性意义。素钛时代诞生的孩子理解不了房挨房、楼挨楼、人挤人的群落生活，“爸爸妈妈说，人类疏离居住是为了安全。尘埃时代成为过去的原因之一就是疫病的暴发，人和人聚集在一起，传播速度快。恰恰人密集居住的地方也是经济文化繁荣发展的地方，所以一旦大规模疫病暴发，一个区域就可能一蹶不振。保持距离才是人类长久生存下去的良方。”“‘沙哑的琴’显然不这么想，说起那些带着烟火气的人挤人的日子，他总是一脸来自‘远古’的忧愁和向往。”② 每一个当下就是未来，人类未来的命运都是藏在对当下的珍惜中。“《宇宙牙齿》有一个短短的‘尾声’，混沌朦胧、浩瀚深邃，或许这几节文字、这一本书，都可理解为作者奉献出的她对地球、对人类的乡愁。因为一颗牙齿，她朝着宇宙深处张望了几眼，发现地球也是一颗需要更

① 崔昕平:《消融隔阂的幻像“层间”——评常笑予〈黑猫叫醒我〉》,《文艺报》2019年11月27日，第2版。

② 常笑予:《宇宙牙齿》，天天出版社，2020，第45页。

多保护的牙齿。作者是给了孩子希望的人，换句话说，其实是她身上的纯真一直没有完全褪去。”①

六　龙江儿童文学的品牌化建设

2020 年，大庆儿童文学创研基地成立。大庆原创儿童文学作品主要以“书系”形式面世，数量与质量并重，作品多次在国内外获奖。上海大学创意写作博士生导师、鲁迅文学奖获得者、著名儿童文学作家谭旭东，把大庆儿童文学作家队伍称为“东北军”②；《文艺报》以《从黑土里长出透明的童心——大庆儿童文学创作现象透视与观察》为题，对大庆市儿童文学的发展进行了分析，提出“大庆儿童文学现象”这一概念，逐渐形成自己的品牌效应。2020 年，大庆儿童文学协会作家再发力，继“温情疗愈儿童小说系列”出版发行之后推出“油娃成长儿童小说系列”，为大庆油田发现 60 周年和建市 40 周年献礼。该系列小说由 6 位中青年儿童文学作家作品集结而成，其中 5 部均为大庆作家新作，包括王如的《土窝窝学校》，讲述铁人王进喜建立土窝窝学校的前后以及 50 后油娃赵松华的成长故事；王芳的《干打垒》，讲述 60 后油娃谢英子的童年故事；赵春红的《小鱼儿》讲述 00 后油娃小鱼儿，在铁人榜样的激励下成长的故事；海兰瑞的《小豆包家家》讲述的是大庆土生土长、有着蒙古族血统、00 后小油娃家家的故事；木糖的《甜孩子》讲述的是古灵精怪的 80 后油娃李小糖，通过帮助养老院的皮影奶奶，传递温暖与善意的故事。

黑龙江少年儿童出版社，作为地方专业出版社，也是省内唯一一家少儿专业出版社。2020 年积极打造“冰雪儿童文学品牌”，成立“冰雪儿童文学创作与研究基地”，推出“名家冰雪童话”系列。这一系列是国内首部以冰雪为主题的名家原创儿童文学书系，汇集国内 12 名著名儿童文学作家作品，

---

① 冷玉斌：《她的幻想　她的乡愁》，《文艺报》2020 年 4 月 22 日，第 3 版。

② 谭旭东：《产业调整期的稳定发展：2018 年童书出版观察》，《编辑之友》2019 年第 2 期。

结合2022年北京冬奥会契机，为喜爱冰雪的小读者量身打造的美轮美奂的梦幻冰雪童话，将冰雪文化融入童话创作中，将自己对冰雪世界的感悟和思考呈现给孩子，字里行间流露出作家的童心童趣以及对冰雪世界的理解。一系列作品包括张秋生的《冰雪老人的秘密》、周锐的《局部地区有大雪》、冰波的《南瓜堡第一次下雪》、汤素兰的《北风和雪花的城市》、王一梅的《小旅鼠的冬天》、刘保法的《雪地里的童话》、北董的《北极熊的宝贝棉鞋》、杨鹏的《雪人的故事》、谢乐军的《不好惹的冰山》、王蔚的《下奶粉的幸福国》、车培晶的《跑起来呀，小木床》、肖定丽的《雪地里的胭脂熊》。该系列作品收录了这12位作家历年来作品中以冰雪世界为背景的童话短册，形成了12本风格迥异、题材多样、妙趣横生的冰雪童话作品集。

回顾与梳理2019～2020年黑龙江儿童文学创作，新时代的龙江儿童文学创作者呈现出更加自觉的创新意识、责任意识、品牌意识。相信未来的龙江儿童文学将步入更为开阔的新空间。

B.9

影视文学：数量少　质量精 叫好又叫座

丁　媛*

摘　要：　2019～2020年的黑龙江影视文学创作，数量虽少，质量却高。《逆罪》在同类影片中脱颖而出，原因就在于故事本身的精彩出众；《胜算》延续了谍战剧一直以来的爱国主义传统，并在素材选择和人物塑造上显出新意；《青谷子》展现了东北的地域风情，温暖殷切的情感通过人物塑造和人物关系的纯良表现出来；《185道口》《无话可说》《跟踪》三部微电影更注重展现人民警察在情与法之间的不二选择。

关键词：　恐怖片　谍战叙事　励志剧　微电影

2019年、2020年是不平凡的两年，面对新冠肺炎疫情的肆虐，我们开始显得茫然无措。但在党和政府的领导下，各行各业无不积极抗疫，勉力前行：白衣战甲逆行而上、社区工作者勤勉护家、辛勤园丁网上耕耘，影视工作者也投入抗疫洪流，为大银幕和小荧屏继续奉献着一幕幕光影故事，用艺术的方式和精神的盛宴舒缓着人们紧绷着的神经。这两年间，黑龙江影视文学作品被搬上大小银幕的数量并不多，一方面，这是艺术作品的创作规律和周期使然；另一方面，这与疫情对整个影视行业的巨大冲击相关。但值得一

* 丁媛，黑龙江省社会科学院文学研究所助理研究员，研究方向为影视文化、地方文化。

提的是，这一期间得以上映的作品却质量颇高：既有荣获电影文学创作最高奖项——“夏衍电影文学奖”的电影文学作品完美呈现于大银幕，也有在首届黑龙江省文学艺术英华奖中崭露头角的微电影吸引观众的眼球；既有万众期待的谍战剧乍起一轮春水，也有富有东北风情的励志剧温暖人心。可以说，2019～2020 年的黑龙江影视文学创作数量虽少，质量却高，既叫好，又叫座！

一 《逆罪》：好故事下的国内恐怖片逆袭

感受恐怖、诠释悬疑一直是人类特有的精神娱乐传统。有了电影以后，这一传统得以在其造梦机制下获得呈现：无数的诸如尖锐、暗黑、厌恶等独特的恐怖元素能够在光影交织中作用于人的感官；而生命的脆弱、面对命运的无力感、对未知的恐惧、自我的丧失等深层的本质恐怖则愈发能够赤裸地呈现。人们通过电影明目张胆地窥探这种恐怖，在审丑中释放心灵的隐秘、叩问生存的意义。因此，恐怖悬疑作品作为类型片始终在电影市场中占有重要的一席之地。

国内恐怖电影的创作比较独特的地方在于创作者在考虑电影故事本身之外，还要对特殊的电影审查制度额外斟酌。虽然改革开放后，电影审查制度对于电影的制作发行、放映流程等方面的管理愈发规范和宽松，但对恐怖悬疑片的限定仍然很多，如超自然现象的不能出现、对血腥暴力画面的禁止等，因此国内的恐怖悬疑类电影的创作在叙述思路、悬念设置、主题立意等方面就大受限制，以至于商业逐利下有些作品粗制滥造、逻辑漏洞百出。于是，很多恐怖悬疑类作品的创作者开始回归“好故事”的创作根基，从叙事的角度弥补视听表达限制的不足，奉献了不少艺术品质与商业价值皆具备的类型影片。90 后编剧兼导演娄晶晶创作的《逆罪》即是优秀恐怖悬疑类电影的代表作之一。这部小成本电影之所以能够在同类影片中脱颖而出，给观众以惊喜，一个重要的原因就在于故事本身的精彩出众。

《逆罪》主要讲述了几个素不相识、身份各异的人坐上了同一辆开往东北延寿村的大巴车上：带着孩子的单身妈妈、年轻的夫妻、警察、疲惫的中年男人。风雪夜行中，大巴车发生事故，所有人滞留投宿在了林家大宅。而这一夜正是已逝林家女儿林含雪的头七。于是，平静的晚上杀意四起，诡异的杀戮接踵而至，似乎谁都无辜，却又谁都不能置身事外。三十年前的情感纠葛、价值连城的珠宝、匪夷所思的巧合……各怀鬼胎的人在预先设定好的圈套中步步惊心，谁能全身而退？谁又能逃出生天？

一方面编者赋予故事以娴熟的叙事，将三十年的恩怨纠葛穿插在众多人物在一个夜晚的逃亡中，双线并进，繁而不乱。

这部电影的叙事主体是一个群体，即以三十年偶得的一颗夜明珠将分散的人群吸引在一起，通过群体间恐怖事件的制造，即中年男人的莫名惨死引起群体成员间的互相攻击和一起合作，在剥丝抽茧中，将不同人物的身份、出行的目的合理地展现在观众面前。这种群体冒险的叙事套路并不稀奇，多用于展现人与人之间的自私冷漠、互不信任，有利于对人性弱点的揭示，以赋予电影深刻的意味。而《逆罪》对于群体叙事主体的选择更多地则体现了一种叙事上的优势，即在主事件——“暗寻夜明珠”之外可容纳更多的子事件：中年男人与林含雪的情感纠葛、年轻夫妻的祖辈对林含雪犯下的罪行、单身母亲的妈妈在林含雪与情人私奔的时候向林含雪的父亲告密……这些林林总总的子事件讲述了破碎的友情、失望的爱情、悖逆的亲情等诸多世间情感，而老情人、旧闺蜜、亲母子等指向林含雪的人物关系也在子事件的展开中渐渐明朗起来。这样的叙事技巧使整个故事显得饱满生动、颇具张力。同时，《逆罪》叙事艺术的魅力还在于将三十年前的情爱恩怨于一夜间的群体冒险过程清晰地还原出来，颇有些对戏剧叙事方式的借鉴。具体而言，影片借助“碎片”展现回忆，并在回忆中为观众解开疑团，帮助观众形成清晰的释疑思路。在观众随着众人追问－解惑的过程里，电影不仅演绎了今夜无人入睡的惊险，也还原了三十年前难以释怀的情感纠葛。

另一方面，在主题立意上，《逆罪》于情节反转中挖掘了人性的复杂，颇具深刻的意味。

作为类型片，恐怖电影在诞生之初曾因基调黯淡、风格阴郁、迎合精神空虚的观众而缺乏思想深度和深刻内涵。也因此，在有关电影的各大奖项中，恐怖悬疑类电影位处边缘，实难登大雅之堂。而事实上，这类电影中不乏揭示人性、蕴涵文化的优秀作品，令观众在体验血腥暴力、悬疑恐怖的心灵高压之余，也会思索叩问。《逆罪》即属此类。事实上，从其篇名即可看出编剧赋予主题以深刻意味的良苦用心。“逆”者，“罪大恶极，极逆于常理”之意，各种逆伦之罪都可称为“逆罪”。佛教有“五逆罪”：杀父，杀母、害阿罗汉、鬪乱众僧、起恶意於如来所，亦被称为五无间业或五不救罪，《阿阇世王问五逆经》云：“若族姓子、族姓女为是五不救罪，必入地狱无疑。”[①] 可见，所谓“逆罪”即是最悖伦常、最为作恶之罪。影片中情欲、弑父、弃孙……无不是“逆罪”的发生，观众胆寒惊悚的同时，也深深畏惧着人性之恶的恐怖。而贪婪、自私、流言飞语下亲情的泯灭、友情的背叛、爱情的欺骗，更能引发观众对人性复杂的思索。影片最终的结局并非无差别的杀戮，而是在凶手的手下留情中呈现出了悲情与无奈，这又是《逆罪》不同于同类以死亡为归宿的恐怖杀戮电影的地方。观众在观影完毕后，除了体味到恐怖元素所带来的感官冲击外，还有着关于救赎与自我救赎的思考。

《逆罪》这部改编自《旅游巴士》的小成本电影的成功，源自剧本本身的优秀。和许多国内恐怖悬疑类电影一样，《逆罪》在叙述上具备了一个“好故事”的元素，将“为什么做”和“如何做”这两个核心问题交代得清楚明白，又在叙事的基础上引发了关于人性的深度思考，堪为国内新世纪恐怖悬疑类电影的优秀代表。

二 《胜算》：拥有国际化视野的谍战剧

随着电视剧产业的不断发展，电视剧类型日臻完善。在情景喜剧、武侠

① 《在伦理与推理之间——〈逆罪〉》https：//baijiahao. baidu. com/s? id = 162680230752654 2818&wfr = spider&for = pc，2019 年 3 月 1 日。

剧、言情剧、谍战剧、历史剧、军旅剧等各种题材电视剧齐头并进的当下，谍战剧迅速走上市场，受到观众的热捧和学界的关注。21 世纪以来，谍战剧作为主流话语的市场化变奏，更以势不可当之势迅猛发展，备受瞩目：从 2002 年的《誓言无声》到 2005 年的《暗算》，再到 2008 年的《潜伏》和 2011 年的《悬崖》《黎明之前》以及 2015 年的《伪装者》，谍战剧经历了黄金期如火如荼的发展，不自觉地形成一套相对稳定的叙事风格和美学规范。2020 年，黑龙江省由公安系统作家程琳创作的《胜算》在继承优秀谍战剧的创作基因的基础上，矢志创新，几经打磨，在北京卫视、广东卫视以及爱奇艺、优酷视频、腾讯视频播出，为世界反法西斯战争胜利 75 周年隆重献礼。

从继承的角度来说，《胜算》在主题上延续了谍战剧一直以来的爱国主义传统。

“中国的谍战剧在主题上弘扬中国社会中具有主流地位的爱国主义，表现国家机关和我们的谍战人员在出生入死的保卫着新生的共和国和社会主义建设。同时，中国的谍战剧则注重弘扬对我们的法律和制度的信任，对正义必将取得胜利和邪恶必将被击败的历史感和坚定的信心。中国的谍战剧在核心价值观上弘扬的是国家主义、集体主义、英雄主义，提倡为国家、集体牺牲个人伦理情感，表现出来的是主人公放弃个人情感和利益而具有为国家牺牲的英雄主义气概。”① 《胜算》也不例外。抗日战争是《胜算》的故事背景，中共高级特工唐飞打入伪满林河警察厅任刑事科长，在中共地下党林河省委书记程国勋和苏联远东情报局局长格拉西姆的领导下，执行苏军远东情报局的“穆丹乌拉”谋略行动，最终出色地完成了任务，粉碎了日本侵略者的阴谋。

除了对爱国主义传统的延续，谍战剧的主人公都被赋予坚定的革命信仰。《胜算》中的男女主人公也是如此。

信仰是革命者的一种认同和追求，它能改变一个人的生活轨迹，能赋予生命以纯粹的意义。优秀的革命者无不是具有坚定信仰的战士，他们对信仰

① 郝建：《中国电视剧文化研究与类型研究》，中国电影出版社，2008，第 312 ~ 313 页。

忠诚，甘愿为信仰去奉献。赋予信仰、描写人物的心灵成长轨迹也因此是很多谍战剧编剧的创作选择。比如《潜伏》中的余则成对共产主义的信仰是从无到有；《暗算》中的钱之江既信仰共产主义，也信仰佛教，后者是他心灵的栖息之所，而前者则是他为之奋斗的目标。《胜算》亦是如此。特工唐飞是有着坚定革命信仰的战士，最终他为了保全组织选择牺牲自己的生命。女主人公蔡梦本是一个民主抗日者，因国仇家恨而潜入日伪内部进行抗日活动，并没有什么政治信仰。在唐飞的影响下，最终她坚定地选择了信仰共产主义，并准备为之奋斗终身。

以上对于爱国主义的弘扬和对革命者有着坚定革命信仰的描写几乎是谍战剧的通约思想主题，观赏久了，难免造成审美疲劳。而若想在同质化的主题中脱颖而出，则或在讲述的故事本身、或在人物的塑造、或在叙事手段等方面显出些许新意，方能满足观众愈发成熟的审美期待。例如，在题材选择上，新世纪初期的谍战剧主要叙述政权建立之初公安机关对美蒋特务的反间谍活动，如《一双绣花鞋》《梅花档案》等；2005 年，适逢世界反法西斯战争胜利 60 周年，以《暗算》为代表的一系列谍战剧将“破译密码”“谍战监听”等隐秘战线的战争技术加入，并融入刺杀、刑讯等元素，满足了新世纪观众文化消费的审美心理；到了 2011 年，《悬崖》等谍战剧开始将家庭伦理融入宏大叙事，使观众在正邪的较量中窥破人性的复杂。可见，谍战剧本身在艺术上的层层突破，是此类型剧能够不断霸屏的重要原因。

《胜算》的文本创作在延续之前谍战剧的某些固有形式和风格之外，也显现出了诸多新意。

首先，在素材选择上，《胜算》取材于尘封多年、首次面世的苏军档案。编剧放眼世界格局，将核心事件的发生置于世界战场之中，中苏谍报人员联手，在复杂的战争环境中凭借过人的智慧和无畏的精神，出色地完成了任务，为世界反法西斯战争的胜利做出了贡献。编剧这种国际化视野的取材视角在敌我双方非此即彼的对立基础之上，融入国际合作，展现了不同国家谍报人员的风采，既是对国际战场的呈现，更是对谍战剧审美层面的又一突破。而之所以选择这样一个素材，编剧程琳真诚地说："是因为不希望生在和平年代的年轻人忘却历史、忘却用牺牲隐忍换取和平安宁的革命英烈。"[①] 这也充分体现出龙江编剧对历史的责任担当。

其次，在人物塑造上，主人公——中共高级特工唐飞既不是传统意义上的高大全式的英雄，也不是后来如《潜伏》中余则成或《悬崖》里周乙似的全能型特工，更不是《暗算》里如阿炳一般的有着严重缺陷的奇观化人物，而是略带喜感的痞警形象，这一形象在类型剧中并不多见，颇有新意。作为我党的王牌特工，唐飞因说话结巴而显得有些憨直和笨拙。同时，在开篇他因争风吃醋而被抓进监狱，也使他缺乏观众认知下中共特工应有的严肃、紧张的特质，而很难将他与那些本领高强、心思缜密的人联系起来。对此，导演殷飞认为："实际上没有一个标准规定说谍战戏不可以有幽默感和喜剧元素，在不影响故事的调性和表达的基础上，有些地方稍微轻松一点，反倒能更深层次地展现一个个活生生的人，这也是我们在创作之初就坚定的方向——'去标签化'、'去精英化'。"[②] 而主演柳云龙对这一人物设计也十分赞同："实际上他是在刀尖上行走，每天都在面对一些豺狼虎豹，他如果是个结巴，首先留给对方的印象就是比较憨厚，这也能给自己提供更多思考的时间和空间。"所谓细节之处见真章！这种对人物设计的细节感，正是编剧的用心所在。

值得一提的是，《胜算》的结局颇具浪漫主义色彩，唐飞虽打算以牺牲自己来保全组织，但最终凭借着卓然的智慧全身而退，并出色地完成了任务。女主人公蔡梦被唐飞大义感染，选择追随他的脚步，坚定地加入党组织。这看似完美的结局虽是情节推动下的必然，但更源自编剧程琳的审美情怀，是他的审美理想在创作中的实践。在他看来：善恶终有报、有情人终成眷属是观众不变的审美期待。"这是我创作的原则，所以

① 《编剧程琳解密〈胜算〉拍摄秘闻》，《新晚报》2020 年 8 月 3 日，第 8 版。

② 《柳云龙〈胜算〉突破形象，挑战结巴特工》，《新京报》2020 年 7 月 13 日。

唐飞和蔡梦最终必须在一起。”① 这样的结局安排不同于《誓言无声》《潜伏》等谍战剧中或多或少流露出的悲剧感，淡化了些许“使命”和“誓言”的庄严味道，却因有了些爽剧的意味而令观众获得酣畅淋漓的审美体验。

三 《青谷子》与《鹿鼎山下》：温暖纯情的励志剧

电视剧《青谷子》与电影《鹿鼎山下》是2019～2020年间两部比较优秀的主旋律影视剧作品。

《青谷子》在2015年成为年度优秀电视剧剧本扶植项目，拍摄后于2019年首度播出，是我国首部以感恩知青为基本情感基调的电视剧。该剧以1977年国家第一次恢复高考为背景，讲述了年轻知青女教师方格在黑龙江肇源县带领当地的孩子们参加高考的温情故事。

这部电视剧改编自焦彦章的同名小说。它以网络小说的面貌出现，率先在哈尔滨网吧上连载，在每天更新5000字激情创作28天后，吸引了众多读者。在创作接近全书1/3时，作品的点击量已经达到300万，读者留言1万余条。紧接着，凤凰网、新浪网、腾讯网、搜狐网将该小说推至首页。很多读者在读罢《青谷子》后，基于对作品的喜爱，竟去故事发生的地方探寻那些令他们感动的人和事。由如此知名的网络小说改编成电视剧，可以说机遇与风险并存：一方面强大的读者群体，注定该作品被搬上银幕时会备受瞩目，本身积累的读者群体会直接转化为电视剧的受众；另一方面，一千个读者眼中就有一千个哈姆雷特，因此，作品也注定会在瞩目中经历读者观众的严苛检阅。事实上，电视剧《青谷子》首先于2019年12月6日在江苏城市频道播出，2021年2月在黑龙江卫视重播。首播时由于播出频道受众范围较窄，因此并未引发较多关注。但在黑龙江卫视二轮播出后，根据同期电视剧收视率排行榜数据，《青谷子》获收视季军，应该说这是一个不错的成

① 《编剧程琳解密〈胜算〉拍摄秘闻》，《新晚报》2020年8月3日，第8版。

绩，是作品本身实力的明证。

《青谷子》的魅力在于其人与人之间情感的温暖殷切、质朴纯粹，用《章回小说》执行主编李凤臣的话说，“比我读过的同类作品更为清纯、质朴，所折射的时代影像更加深沉、厚重”，“如山间流出的小溪，田野间弥散泥土芬芳的青苗。”① 原著以这样的情感力量打动了万千读者的心，电视剧保留了原著中这份情感的质朴纯粹，用影像赋予这份情感以形和质。

《青谷子》所具有的真挚情感首先通过人物纯粹性格的塑造传递出来。《青谷子》人物众多、个性鲜明，人物经历丰富曲折，其所行所动都深深牵动着观众的心与情。主人公方格老师是比她的学生大不了几岁的女知青，她外表柔弱，内心坚强，对待学生认真负责，既关心他们的学习，也关心他们的生活。她初登讲台，别有用心的人散步流言飞语攻击她，调皮捣蛋的学生因误会而为难她。最终，她以自己的真诚和坚强打动了学生并带领学生在高考中取得佳绩，成为学生们心中期待的好老师。方格的学生中，焦大楼聪明机灵，却憎恶分明；乌日娜隐忍、善良，极富牺牲精神，令观众心疼怜爱；肖妮孤傲任性、争强好胜，虽有时蛮横无理，但也纯粹可爱……这些人物性格丰富，却繁而不杂，在简单中彰显着人性的单纯和美好。

其次，人与人之间关系的纯良也是《青谷子》能够传递出温暖而纯粹的情感的重要原因。例如，这里的两位主人公方格与焦大楼本是师生关系，因误会焦大楼在方格的课堂上调皮捣蛋，也因误会的解除他成了维护方格的重要力量；三驴子因养父母的溺爱，善恶观念淡薄，帮亲不帮理，在表达感情的时候一意孤行，不顾及他人感受，以至于伤害了别人。最终在方格和二犴子的影响下，他明白了善恶；乌日娜暗恋焦大楼，不满焦大楼对方格的关怀，却在方格需要帮助时挺身而出；隋大虎为人热心，不计回报地帮助村邻。但处事冒失，性格刚猛不通融，经常闹出笑话，是该剧中的喜剧担当……这些人物关系不是简单的爱与恨、喜与厌，他们之间没有沉重的原罪

① https：//baike. baidu. com/item/% E9% 9D% 92% E8% B0% B7% E5% AD% 90/865929? fr = aladdin.

和非此即彼的大恶大善，所有的人遵循着乡村中质朴的公序良俗，在小我利益的纷扰中吵吵闹闹，却也能够在大是大非面前做出正确的选择。如同袁炳发对小说的评论一样“他们有非常丰富的‘小我’，表现为绝对的自私自利。但是，总能在善良风俗之中得到调和，而使那些‘小我’和自私自利得到有效的约束。这是最令我动情的所在，让我看到了中国老百姓天赋善良的质地，这就是希望啊！我想，所谓呼唤纯情时代，不如重振‘公序良俗’的理念”①。

最后，《青谷子》的动人之处还在于它孕育于黑土地中，在这片沃野里生根发芽，裹挟着民间泥土的芬芳与读者相遇。电视剧以光影为文字赋予形质，将这份淳朴的民间质感呈现在观众面前。剧中人物语言是纯正的东北方言，直接爽利，仿佛东北人的性情，热烈火辣、直爽大气；剧中人物带着东北人日常生活中特有的幽默风趣，疾恶如仇却从不记仇；剧中呈现出的动人画面宛若一幅幅展开的东北地域风光画卷，令观众沉醉迷恋。尤其是频频出现、随风摇曳的青谷子意象，它们象征着即将到来的成熟和丰收，如同剧中即将高考的年轻人，在成长的阵痛里即将奔向属于各自的未来。

《青谷子》在遵照原著的基础上，用画面和声音还原了书中用文字构筑的世界：黑土地的芬芳、东北人豪爽、温暖的情怀、励志的故事都通过音画的力量传递出来。这更是黑龙江编剧对这片土地的深沉挚爱！

《鹿鼎山下》上映于国家全面建成小康社会的决胜之年（2020），是一部比较典型的主旋律电影，体现了国家鼓励大学生返乡创业的潮流。这部由鲁微编剧的电影讲述了大兴安岭经济转型时期，女大学生范萧瑜在父亲和乡亲们的感召下，回到鹿鼎山下带领乡亲们种植中草药，用第三代大兴安岭呼玛人的胆识和气魄建设美丽乡村，以企业带动乡村振兴发展的故事。

综合来看，电影《鹿鼎山下》的内容贴合边疆实际，切合了时代脉搏，抓住了经济转型时期大学生返乡创业的社会热点。为边远地域实施国家战略

---

① 袁炳发：《民间书写的魅力——评焦彦章长篇小说〈青谷子〉》，http：//www.chinawriter.com.cn，2012年7月27日。

提供了可借鉴的路径。影片中并没有慷慨激昂的口号，也并没有一味的写乡土生活有多么美好，而是用细腻的笔锋，更多的挖掘人物内心，将这个故事讲的很朴素又很热血，非常朴实接地气，充满着正能量。电影采取风光片的拍摄模式，通过外景呈现百年老县呼玛县的经济转型以及发展旅游文化产业所取得的成就。以最美的北国风光讲述中国最北部边境小镇的巨大发展成果，是对呼玛县实施乡村振兴战略和产业发展战略以及新农村建设发展历程的浓缩和再现。

四　《185道口》《无话可说》《跟踪》：公安文艺的剑胆琴心之作

2020年，首届“黑龙江省文学艺术英华奖”颁布，其中由哈尔滨铁路公安局选送的三部微电影《185道口》《无话可说》《跟踪》引人瞩目。这三部作品聚焦新世纪警人警事，在弘扬人民警察忠于使命、勇于担当、疾恶如仇、敢于牺牲、爱民为民、甘于奉献的崇高精神的基础上，也展现了他们在情与法之间的不二选择。

《185道口》讲述基层铁道民警老金在185道口工作34载，在即将退休的最后一天，他的辖区出现了盗窃案……谁是罪犯？故事由此展开。《无话可说》讲述的是郊外木材厂招聘来一个勤劳能干的小伙子，他到底是谁？为何而来？《跟踪》则讲述了卧底民警被妻子误会，最终忍辱负重完成任务的故事。三个截然不同的警事，在微电影形式20～30分钟的演绎下，情节紧凑，虽在表演方面略显稚嫩，但就微电影的草根属性而言，也算合格。

在叙事层面上，三部作品里《无话可说》略胜一筹。全剧围绕新员工小伙子小毕展开。小毕在郊外木材厂因勤奋肯干受到老板和老板娘的器重，但有些员工和老板的母亲却认为他很不简单。有的员工在闲谈中言及他像藏匿的罪犯，而老板母亲对刚嫁进来不到一年的儿媳妇也总是欲言又止，这些都给观众留下了悬念。而另一条线索是公安机关正在部署抓捕在逃五年的盗窃犯。于是，在观影之初，观众很容易将犯罪嫌疑人的身份与小毕联系起来。直到生日宴上，离家数载的老板兄弟回来，观众才恍然明白原来小毕是警方的卧底！整体而言，这部作品悬念迭起，情节险象环生，显得十分紧凑。在结尾处，创作者从老板娘的视角以闪回的方式将自己对小毕的种种维护一一闪现，以表现人民警察在执法过程中面对职责与情感时做出不二选择的主题。

值得一提的是，三部公安类微电影虽讲述了三个侦破故事，但创作者却没有仅仅停留在叙事层面上，即没有在案件的侦破和悬疑的消解中多下功夫，甚至如《185 道口》中，罪犯的抓获仅仅是一个闪回的镜头，没有丝毫侦破过程的展现。编剧着重于对人民警察情感的艺术观照。《185 道口》中，最后的盗窃犯是警察老金一直关注的身患疾病、妻子离去，还要抚养女儿的辖区群众。老金经常在日常生活中照料他的生活，最终，却在他被捕后，承担起抚养他女儿的责任；《无话可说》里，警察小毕对平时信任且关照自己的老板娘说："但是我不能说对不起！"简单的一句话，既道出了他对职业信仰的坚守，也流露出辜负信任和真情的无奈；《跟踪》更多地描绘了对卧底丈夫毫不知情的妻子的情感痛苦。在最终误会解除的时候，观众了解了人民警察在特殊时刻对家人的亏欠。可以说，这三部微电影虽然讲述了不同的故事，但不约而同地表达了同一个主题：更加关注人民警察在履职尽责过程中那些执法与情感相碰撞的角落，书写他们不仅要面对罪犯，坚守职业信仰，更要面对日常生活，守护自己的亲人和朋友。这样的主题在某种程度上超越了单纯的侦破类警察故事，在思想情感上更具深度和延展性。

B.10

网络文学：丰富多元的现实题材

郑　薇*

摘　要：　黑龙江省在网络文学创作方面形成了一支覆盖各种类型、年龄结构合理的创作队伍。2019～2020年在现实题材方面取得了不错的成绩，主流化、精品化趋势更加明显，现实题材作品质量显著提升，社会影响进一步扩大。2020年，受新冠肺炎疫情影响，网络文学观照现实、呼应主流价值的趋向更加明显，特别是医学类题材成为起点职业文中的热点。幻想类作品注重向文化经典汲取养分，更加注重弘扬中华优秀文化。在中国作协以及省作协组织的各类活动中，不断加强对网络作家的团结与引导，通过培训班以及各类文学活动倡导始终坚持正确的政治方向和创作导向，网络作家使命感和责任感普遍增强。在中国网络文学发展的进程中，黑龙江省作家展现出了优秀的创作实力和责任担当。

关键词：　主流化　现实题材　IP属性

近年来中国网络文学的发展，在作者自律、网站规制以及政府倡导等多方努力和推动下，从野蛮生长到不断呈现出作品的精品化、主流化倾向，涌现了大量人们喜闻乐见的优秀作品，为影视、游戏、动漫等提供了丰富的原创性资源，满足了人民群众多样化的精神文化需求。

* 郑薇，黑龙江省社会科学院文学研究所副研究员，研究方向为地方文化、网络文学。

一　网络文学创作主流化精品化趋势更加明显

2019～2020年的网络文学创作，现实题材作品质量显著提升，社会影响进一步扩大。幻想类作品注重向文化经典汲取养分，更加注重弘扬中华优秀文化。

网络文学历经二十多年的发展，呈现出题材类型丰富、内容“多元化”显著特征，形成了以都市类、历史类、幻想类为主的二十多个大类型、二百多种小分类。近年来，现实类作品整体崛起，二次元、体育竞技、科幻等类型不断出现，扩展与丰富网络文学的题材类型。2019～2020年度黑龙江省的网络文学创作在现实题材方面取得了不错的成绩。

2020年6月，中国作家协会发布网络文学重点作品扶持名单，包括32部作品，黑龙江省有3部作品入选，这一项目自2017年实施以来，每年都有黑龙江省作品入选，这些优秀作品展现出了作者的创作实力和责任担当。自2015年起由国家新闻出版广电总局和中国作家协会联合组织开展的“年度优秀网络文学原创作品推介活动”和中国作协网络文学委员会主办的“中国网络小说排行”（2020年更名为“中国网络文学排行”），都倡导现实题材创作，也是从制度层面建立了现实题材的生产引导机制，遴选追求真善美、传播正能量的优秀网络文学原创作品向读者推介，引导网络文学健康有序发展。特别是中国作家协会网络文学中心每年组织征集和评选重点作品扶持项目，入选作品以注重反映现实生活，描绘新时代新气象，书写中华民族伟大复兴中国梦，弘扬中华优秀传统文化，传播正能量为选题。一批讲述中国故事、彰显中国精神，能够满足大众阅读需求的作品脱颖而出。

黑龙江省有《渔火已归》（沐清雨）、《三寸人间》（耳根）、《月满长街》（吴半仙）、《重生似水青春》（鱼人二代）分别入选2019年、2020年网络文学重点作品扶持选题名单。其中《翅膀之末》入选“2018年度中国网络小说排行榜”，获得了首届泛华文网络文学“金键盘”奖（2018）、第三届网络文学双年奖优秀奖（2019）。此外，在“新时代的中国”第二届网络文学征文大赛中，吴半仙、素衣凝香、就为活着创作的《锦绣鱼图》《冰魂》《绿水金山》分获未完结作品组一、二、三等奖。杨知寒的《大寺终年无雪》、沐清雨的《无二无别》入选中国小说学会2020年度中国小说排行榜，其中《无二无别》是省作协2020年重点扶持作品。时小椴的《致平凡美丽的你》荣获第四届中国网络文学大会优秀网络文学IP奖。韩梓涵的《满城花开只为君》荣获第二届大湾区杯（全国）网络文学大赛最佳情感大奖。这些成果展示了黑龙江省在现实题材作品创作方面的实力。

据中国互联网信息中心发布的《第45次中国互联网络发展状况统计报告》（2020年），网络文学用户数量4.55亿，中国音像与数字出版协会发布的《2018中国网络文学发展报告》显示，国内网络文学创作者1755万，其中签约作者约61万，体量巨大的读者群体和创作群体，创造了巨大的市场容量和发展潜力。

目前，黑龙江省从事网文创作且签约的作者有几千人，分布在全省各个市县，其中大多数是兼职写作。加入黑龙江省作家协会的网络作家有69人，其中15人为中国作家协会会员。从全国来看，黑龙江省的网络文学作者不是最多的，但在内容创作方面还是具有一定的优势，男频、女频都有很多实力作者，网文类型也覆盖较为全面，创作队伍以“80”后、“90”后为主。特别是黑龙江有多位具有影响力的大神级作家，像耳根、鱼人二代、小刀锋利、胜己这四位资深“白金作家”，成名多年，仍然始终保持着高水准的创作以及不断寻求突破的创新能力。2019年，黑龙江省又增加两位新晋“大神”真熊初墨、育。他们在2019年阅文集团评选的“十二天王”中，从数百万作者中脱颖而出，他们的成绩不仅代表了千万读者的肯定，也代表了网络文学在本年度的最新实力。近几年，黑龙江省也涌现出一批兼具文学审美与网文特性的现实题材类型的优秀作者，比如沐清雨、吴半仙、蓝盔战歌（蓝盔之恋）、花都大少、梁不凡、一纸虚妄等。总的来说，形成了一支覆盖各种类型、年龄结构合理的创作队伍。从全国来看，黑龙江省的网文作者不算多，但具有较强的整体创作实力。

沐清雨以撰写行业言情小说见长，军旅三部曲《你是我的城池营垒》

《时光若有张不老的脸》《若你爱我如初》，民航系列的《翅膀之末》《云过天空你过心》《所有深爱的，都是秘密》等作品都获得了非常不错的口碑。近两年她的作品更关注当下的社会生活，在以中医文化为背景的作品《渔火已归》（2019）中，养老、扶贫、公益助学等社会问题都成为她小说探讨的主题，尽管主题宏大，但作者清新流畅的语言表述以及富有逻辑性和幽默感的欢脱风，使整个故事读起来都充满着年轻人的激情与乐观的灵气。《无二无别》（2020）以励志甜文的风格，赢得了读者的心。从民航题材、军旅题材到中医养生题材，她不断跳出舒适区，挑战新的领域，以日更3000字的慢速度，保证了文字的质量。2020年沐清雨出席了根据《你是我的城池营垒》改编的同名电视剧的开机仪式，亲眼见证自己的作品孵化成影视的过程。

吴半仙的《月满长街》（2019）以老城区拆迁改造、特色小镇建设为主线，讲述了一个外卖小哥意外成为特色小镇项目负责人，他克服种种挑战，让老街保持传统又焕发新生机的城市改造故事。《锦绣鱼图》（2020年）在轻松有趣的故事中展现了赫哲族的民族风俗与年轻人的日常生活。小说以主人公学习和经营非物质文化遗产“鱼皮画”的经历为主线，将当下最火的网络直播带货用于对传统文化产品的传播和营销，并在其间产生了奇妙的化学反应。传统文化与新媒体的融合，失业返乡的赫哲族青年刘三顺与村里唯一懂赫哲族鱼皮技艺的女孩付小青之间的反差萌，以及付小青的父亲鲜明的东北人性格，这些极具网感的元素使故事情节生动活泼、丰富有趣，加上作者驾轻就熟的悬疑手法的运用，大大增加了可看性。

蓝盔战歌完成了《维和先锋》《天网》《使命必达》等一系列描写维和部队和警察的故事，这些作品兼具故事的流畅性和情节的戏剧性，具有很强的感染力。最新作品《雪疆情缘》（2020）关注中国最北的小镇漠北村，在改革开放的背景下，通过中俄青年的跨国爱情故事，展现两国在社会、经济、文化方面的交流与融合。

2020年，受新冠肺炎疫情影响，网络文学观照现实、呼应主流价值的趋向更加明显，特别是医学类题材成为起点职业文中的热点。以阅文平台为例，从 2015 年至今，医疗题材数量年均增长率达到 40%，志鸟村《大医凌然》、真熊初墨《手术直播间》和手握寸关尺《当医生开了外挂》成为代表作。

书写未来科技，开创都市专业医学文先河的《手术直播间》（2019～2020）作者真熊初墨，以一种“虚拟”方式，实现了对现实生活的观照。小说讲述了一个普通医生在大脑中突然出现的“系统”的加持下变成医术精湛、妙手回春、救人无数的专家的故事，由于有“系统”的存在，医生变得无所不能，这一定是作者真熊初墨作为医生的期待和幻想，也是人类面对疾病的恐惧从而对掌握全能技术的渴望，这位有医生背景的作者在他的小说中实现了。小说以游戏升级的方式，让读者获得了“爽”感以及“硬核”的医学专业知识，也让作者一书成神。2020 年 6 月的新作《医者无眠》仍旧是医疗题材，写了疑似超忆症患者吴冕回到老家的故事，我们期待精彩继续。

现实题材的范围与内容不断拓展，特别是在一些创作中显示出地域文化赋予作家独特的叙事方式，具有东北地域特色的历史传说、民俗故事以及东北方言都在小说中有所呈现。一纸虚妄的《青山几重》讲述了东北林区守林员的故事；晨光路西法的《咸鱼的幸福生活》讲述了又“丧”又“佛系”的年轻人奋斗的故事；就为活着的《俗艺大师》是关于“二人转”的传奇；梧桐私语《我的右脑搭错线》、小喵妖娆《我家醋神被惯坏了》，这些作品从多角度反映现实生活，在以幻想类型为主的网络文学中，形成一股重回人间接地气的清流。

近年来，网文作者在关注市场、点击量的同时，在创作中更加注重文学性和审美，传承文脉、讲好中国故事逐渐成为他们的自觉追求，将黑龙江省独特的历史文化资源融入作品中，创作出了很多优秀的、富有东北地域文化特色的网文作品。男频文和女频文各具特色，男频文有着比较明显的英雄主义情结，东北人秉性中的勇敢粗犷、自带幽默感的方言，在各种类型文中都有所体现。女频文基本以言情为主，呈现出的是更接地气的小清新风格。总的来说，这些作品都具有内容轻松搞笑的正能量。如今网络文学历经探索、沉淀和磨合，逐渐找准了行业定位，网络文学行业发展路径也更加清晰。在中国网络文学发展的进程中，黑龙江省作家展现出了雄厚的创作实力和责任担当。

幻想类题材（包括奇幻、玄幻、穿越、重生）仍然是网文发展二十多年来最主要的类型，有大量的粉丝，黑龙江省的几位白金、大神级作家都是这一类型文的引领者，多年来他们勤奋努力、笔耕不辍，取得了不错成绩。耳根以《仙逆》《求魔》《我欲封天》奠定了其在仙侠类型小说中的地位，是“凡人流”修仙小说的代表作家之一。2020 年根据耳根小说《一念永恒》改变的动画片在腾讯上线，播放量超过 10 亿次。

鱼人二代的《重生似水青春》，贯穿着以爽为核心的叙事方式，让读者通过男主角的一次次成功获得心理上的满足与安慰。小刀锋利《大符篆师》（2019 年）、《第九星门》（2020 年），仍旧是仙侠类题材，在娓娓道来的叙事中逐渐融入作者的态度、观点以及对现实生活的思考，以懒散青年的修行之旅，回应对现实的关照。胜己《洪荒来了》（2020 年）以快节奏的叙述、很强的代入感吸引读者，获得了极高的点击率。

此外，科幻题材《九星毒奶》（育）、悬疑灵异小说《致命网购》（唐吉诃巴）、《追凶猎人》（康静文）等也都各具特色。

二　作家责任担当意识明显增强

在中国作协以及省作协组织的各类活动中，对网络作家的团结与引导不断加强，通过培训班以及各类文学活动倡导始终坚持正确的政治方向和创作导向，网络作家使命感和责任感普遍增强。

2020 年，省作协举办了新会员、新兴文学群体及基层文学工作者深入学习贯彻党的十九大精神和习近平新时代中国特色社会主义思想培训班和学习《习近平谈治国理政（第三卷）》培训两次线上线下相结合的政治培训，有 60 多位网络作者参与。

同时，省作协积极推荐网络作家参加中国作协举办的各项会议和培训班，2020 年，组织网络作家 30 人次参加了中国作协网络文学中心三期网络作家在线培训班。推荐沐清雨参加第六届中国网络文学论坛，推荐蓝盔战歌参加全国青年网络作家“青社学堂”专题培训班。

新冠肺炎疫情发生后，中国作协及时发出《致全国网络作家和网络文学工作者的公开信》，网络文学界迅速行动，捐钱捐物。2020 年 2 月，黑龙江省网络作家也积极响应行动起来，吴半仙、花都大少、万木争荣、一纸虚妄、小喵妖娆、美越、刑云流水、唐吉诃巴、花期迟迟、明月子时、张饭否、九朵蔷薇、秋日菠菜、三月海、北汉、蓝盔战歌、蓝浅 17 位网络作家第一时间筹款，购买了抗疫急需物资，捐赠给哈尔滨血液病肿瘤研究所。

2020 年 12 月，136 位知名网络作家在上海联合发出《提升网络文学创作质量倡议书》，黑龙江省作家沐清雨参与了联名倡议活动，呼吁全国网络作家坚持正确创作导向，传承中华文脉，承担时代责任，抵制低俗、庸俗、媚俗，反对抄袭跟风，提倡“降速、减量、提质”。进一步丰富和扩大网络文学的文学内涵，书写属于新时代的经典文学，努力成为中国新时代的文学代表，带动影视、动漫、游戏等下游文本向好、向优发展。这是时代对网络文学的要求，也是网络文学当下的使命。保持网络文学的优势地位，提升作品质量、突破同质化套路化等问题，成为网络作家们不约而同的诉求。

三　产业化融合仍需加强

今天我们在谈论网络文学产业时，不仅要关注意识形态领域的文学性，也要关注网文作为 IP 源头具有的带动相关产业发展的开发价值，网络文学的衍生品涵盖了电影、电视、话剧、图书、音乐、游戏等多种大众艺术的表现形式，这是网文的核心，也是凸显其影响力的重要因素，正是所谓“线上要 IP 值，线下要文学值”。

目前来看，在创作方面黑龙江省网文作者还是具有较强的整体实力，也取得了不错的成绩，但还没有形成聚集效应，如何利用现有的人才优势，以网络文学创作为核心，推动网络文学产业跨界融合，形成新媒体文化产业链，是未来网络文学产业发展的方向。

另外，建设网络作家村、网络文学小镇，打造网络文化产业，探索网络文学发展新模式，全国已有部分省市进行了尝试，并取得一定成绩。希望黑龙江省也可以借鉴成功模式，利用已经成立的哈尔滨市作家协会网络文学专业委员会、牡丹江网络作家协会以及初具规模的新文创产业基地优势，为更多作家成立工作室提供便利条件，引入战略合作伙伴，打造以网络文学创作为核心的新文创产业，努力成为国内领先的网络文学创作基地。

同时，推动网络文学与音频、短视频深度融合，这也是宣传地域文化的有效路径，让地处偏远的城市成为开放、活跃的有影响力的文化之都。

B.11

文学理论与批评：理论自觉　地域视野　时代脉搏

修磊　蒋叶*

摘　要： 2019～2020年，黑龙江文艺理论战线深入贯彻落实习近平总书记关于文艺工作的重要指示精神，勇担时代使命，敏锐捕捉时代变革、撷取现实中重大事件，倾情投身于伟大的社会实践，围绕马克思主义文论中国化历史与现实、女性主义文论的创新与在地化、古代文论研究的深化与拓展、西方文论的重读与再释、美学研究的返本与开新、文学理论的反思与重构等问题做出多方面探讨与梳理，推动了具有中国特色的文艺理论体系的建构。

关键词： 文艺理论　文学批评　地域性　东北文化

如果将哈尔滨解放当作黑龙江当代文学的起点，那么黑龙江当代文学已经足足走过75年的发展历程。在这片广袤无垠的黑土地上，曾经涌现出无数文学精英，他们以对文学最真挚的热爱、朴实与耐性、热情与浪漫，创作出众多代表黑龙江文化的脊骨与高度的佳作。与文学创作的连绵高峰相比，黑龙江的文艺理论与批评所取得的成绩似乎没有那么醒目，但是它却在与社会生活的不断交织碰撞中，如涓涓细流般不断与文学相互促进，产生了一批

* 修磊，黑龙江省社会科学院学习与探索杂志社副编审，研究方向为中国现当代文学；蒋叶，黑龙江省社会科学院文学研究所研究实习员，研究方向为现当代文学、文化产业、文学理论。

丰富的文学评论佳作，通过对地域性文本的深度阐发、对重大理论现实的不断反哺、对各种文学新现象的深刻认知，显现出龙江文学批评的深厚内涵与独特魅力，获得全国文艺批评界的关注和瞩目。

从1930年代东北作家群对延安文艺思想的自觉吸纳，到新中国成立后对“二为”方针及1950年代“百花齐放、百家争鸣”方针的自觉贯彻，乃至1980年代后，在肃清“极左”思潮的历次运动中以及后来伤痕文学、寻根文学、改革文学的历次探索中，龙江文学批评尽管不能说是真正摆脱了创作的附庸地位，但是批评家普遍开始产生建构自己的批评模式、批评尺度和范畴的意识，批评体系逐渐建立起来，在“文学主体性”及女性文学研究等领域都亮点频出，成为时代的领跑者和当之无愧的学术尖兵。

进入21世纪后，面对国内文坛众生喧哗的困境，文艺批评遭受到前所未有的质疑与信任危机。黑龙江的理论家们开始尝试运用全新的批评思路，从现实中寻找资源和批评方式，把文学批评引入现实，客观地解读文艺作品，坦率地指出某些文艺创作的乱象和硬伤，为国内文学批评界注入一股求真之风，在学术界产生了广泛积极的影响。

一　对重大现实问题的回应与反哺

（一）夯实理论基础　习近平文艺理论贯穿龙江文艺发展全过程

党的十九大报告指出，我国社会主要矛盾已经转化为“人民日益增长的美好生活需要和不平衡不充分的发展之间的矛盾”。从物质文化需要到美好生活需要，中国特色社会主义进入新时代，这一时期比历史上任何一个时期都更加接近实现中华民族伟大复兴中国梦的宏远目标。要实现这个伟大目标，文艺与文艺工作者的作用都是不可或缺的，“文艺事业是党和人民的重要事业，文艺战线是党和人民的重要战线”①。于是，为加强和改进宣传思

① 习近平：《在文艺工作座谈会上的讲话》，人民出版社，2015，第1页。

想文化工作和理论研究工作，党中央先后召开了文艺工作座谈会、哲学社会科学工作座谈会等重要会议。

2014 年 10 月 15 日，习近平总书记主持召开文艺工作座谈会并做重要讲话，深刻阐述了文艺和文艺工作的地位作用和重大使命，创造性地回答了攸关文艺繁荣发展的一系列带有根本性、方向性的重大问题，对在新的历史条件下做好文艺工作做出了全面部署。习近平指出实现中华民族伟大复兴需要中华文化繁荣兴盛，中国精神是社会主义文艺的灵魂，要创造出无愧于时代的优秀作品，坚持以人民为中心的创作导向，加强和改进党对文艺工作的领导，对繁荣发展社会主义文艺、建设社会主义文化强国具有指导意义。

2016 年 5 月 17 日，习近平总书记在哲学社会科学工作座谈会上指出："着力构建中国特色哲学社会科学，在指导思想、学科体系、学术体系、话语体系等方面充分体现中国特色、中国风格、中国气派。这是我国新时代哲学社会科学的发展方向和行动指南。"

文运同国运相牵，文脉同国脉相连。习近平总书记提出了适应新时代的新观点、新论断，文艺创作要坚持以人民为中心，以积极的文艺歌颂人民，积极培养和践行社会主义核心价值观，反映时代精神，与时代同频共振。广大文艺工作者要坚持以人民为中心的创作导向，高擎民族精神火炬，吹响时代前进号角，把艺术理想融入党和人民事业之中，推出更多反映时代呼声、展现人民奋斗风采、振奋民族精神、陶冶高尚情操的优秀作品，努力铸就中华民族伟大复兴时代的文艺高峰。

郭淑梅在《勇立潮头唱大风》中指出，龙江文艺工作者一直坚持"秉承现实主义文学传统以反映时代风貌为己任"，他们"传承了前辈作家敏锐捕捉时代变革、撷取现实中重大事件、描绘具有本质性特征事物的能力，倾情地投身于伟大的社会实践"。众多作家"既是投身建设的拓荒者又是具有文学素养的作家"，以亲历者、实践者的身份，紧扣时代脉搏，反映时代风貌。可以说龙江文艺工作者从新中国开发建设开始，就践行"以人民为中心"的创作原则。

2019～2020 年，龙江文艺工作者持续深入贯彻习近平同志系列讲话精神，着力构建龙江特色哲学社会科学体系。于文秀在《构建龙江哲学社会科学学科体系》中提出，“面对哲学社会科学发展的新形势新要求，我省应继续调整优化学科结构，充分利用学位点申报与‘双一流’动态调整等有利机遇，聚焦现代化新龙江建设，坚持立足学术前沿、聚焦现实问题”，提出龙江哲学社会科学的建设“既在学术研究领域保持优势，又在反哺社会发展上做出新的贡献”。要具有“龙江特色、龙江风格、龙江气派”。通过“加强马克思主义学科建设”“高峰学科建设与高原学科建设相结合”“加强冷门学科建设”“形成一批由领军人才、学术带头人和学术骨干组成的结构合理的学科创新团队”“建设好高端学科创新平台”的方式建设具有龙江特色的哲学社会科学学科体系，提升学科体系力量。

（二）勇担时代使命　以学术期刊为阵地构建龙江特色文艺批评体系

文艺创作作为社会精神财富生产的重要组成部分，并不局限于文字、文化的传播媒介作用，文艺作品的价值体现在产生经济效益，影响经济、社会的发展等重要作用，这就使其逐渐受到市场经济商业化、产业化影响。学术成果作为哲学社会科学工作者学术能力、学术价值的体现，与学者的社会地位、经济收益直接挂钩，这就容易导致“哲学社会科学领域存在一些不良风气，学术浮夸、学术不端、学术腐败现象不同程度存在”。于是在加快构建黑龙江省特色哲学社会科学学术体系的同时，与之相适应的科学评价体系应运而生。构建具有龙江特色的哲学社会科学体系，需要高端学科创新平台的参与和支撑，在《在加快构建中国特色哲学社会科学学术体系中担当使命》一文中，张晓校指出：“社科学术期刊是构建学术体系的重要主体发表、传播学术成果的窗口和阵地、载体和平台。由此可见，学术期刊与学术体系紧密相连。”①

① 张晓校：《在加快构建中国特色哲学社会科学学术体系中担当使命》，《中国社会科学报》2019年11月26日。

“构建中国特色哲学社会科学学术体系，学术期刊不仅要一如既往地坚持原创性，还应在此基础上，突出时代内涵。”只有这样，才能够不辱使命。学术期刊积极参与学术评价体系并发挥作用，服务于构建龙江特色哲学社会科学学科体系，“科学权威”“公开透明”是从一而终的原则。由此，张晓校提出“学术期刊作为窗口、阵地、平台发挥作用远远不够，还要积极推出学术批评，挞伐各种假冒伪劣，批判学术不端，维护学术研究的正义与良知，张扬优良学风”[①]。文艺工作者必须拥有高尚的道德准则，要把创新精神贯穿到创作的全过程，要守住底线，坚守初心，正确把握学术道德和学术成果之间的约束关系，做真善美的追求者和传播者、先进文化的践行者、社会风尚的引领者，要在正确的学术评价体系中，践行文化创造者的使命，实现自我价值。

（三）紧扣时代脉搏　新形势催生新作品

黑龙江省委十二届二次全会提出，为实现文化强省新跨越，助推黑龙江全面建成小康社会，作家要深入生活扎根人民创作无愧于时代的好作品。在实现全面建成小康社会的文化需求上，新的时代对黑龙江省作家提出了更高、更新的顺应潮流发展的要求。广大文艺工作者应当“以充沛的激情、生动的笔触、优美的旋律、感人的形象创作生产出人民喜闻乐见的优秀作品，让人们精神文化生活不断迈上新台阶”[②]。

要坚持文化自信，用中国笔调写出中国故事、用中国话语传递中国声音。2020年，新型冠状病毒引发的肺炎疫情肆虐中华大地，中国人民进行了顽强的战疫斗争，困难来临，社会各界团结一致，在没有硝烟的战场上坚忍不屈，与疫情做斗争，谱写了可歌可泣的英雄主义篇章。傅道彬在《点亮英雄主义的文学之灯》中写道：“文学从不会在苦难而伟大的生活中缺席。”从生活出发，从人民出发，在新时代提出的新问题面前，“广大文艺

---

① 张晓校：《在加快构建中国特色哲学社会科学学术体系中担当使命》，《中国社会科学报》2019年11月26日。

② 习近平：《在文艺工作座谈会上的讲话》，人民出版社，2015，第14页。

工作者紧扣时代脉搏，以文学的笔、以各种文艺形式表现中国人民在灾难面前英勇无畏的昂扬斗志，描绘了疫情肆虐中不畏生死、奋勇前行的英雄群体形象，用文学凝聚起万众一心、众志成城的战‘疫’力量。”在疫情中具有时代特色的战疫文艺悄然形成。

战“疫”文艺以爱国主义为主旋律，以英雄主义为主题，以社会各界尤其是基层工作者为主体。文学主体的微妙变化，也呼唤着英雄主义文学逐渐“从人民性出发，显示鲜明的个性，闪耀人性的光辉，具有历史反思精神，体现崇高的审美追求”。在民众中寻找英雄，在平凡中体现伟大，在寻常中追求崇高。响应习近平总书记在中国文学艺术界联合会第十次全国代表大会、中国作家协会第九次全国代表大会上关于文艺工作者创作方向的号召“广大文艺工作者要坚持以人民为中心的创作导向，高擎民族精神火炬，吹响时代前进号角，把艺术理想融入党和人民事业之中，推出更多反映时代呼声、展现人民奋斗、振奋民族精神、陶冶高尚情操的优秀作品”。

二　文学寻乡与现实主义文学批评的重建

众所周知，黑龙江的文化优势是地域辽阔，民族众多，黑土地的孕育加之中原文化的融入影响，使龙江文化散发出独特的魅力；但是也必须承认的是，龙江文化由于历史积累相对稀薄，文化人才相对稀缺，存在着“文风不盛”的弊端。进入新时期文学以来，黑龙江文学经过几代作家努力，获得了全国所有重要文学奖项，其中与批评家对黑龙江文学的关注和评介是分不开的，正像黑龙江省作家协会主席迟子建所说“文学批评的介入，让我们看到北国边疆文学星空的灿烂，也让我们发现龙江历史褶皱和现实深处有待挖掘的文学富矿”。对于龙江文学来说，文学地理学的研究方法无疑为提炼龙江文学精神、把握龙江文学命脉提供了有效的方式与手段。

2019～2020年，龙江文学批评最大的亮点无疑当属“龙江文学批评书系”（以下简称“丛书”）的出版发行。这部丛书是黑龙江省作家协会为扩大黑龙江作家和批评家在全国的影响力而采取的重要工作举措，如此大规模地整体推出黑龙江文学批评家文集，在黑龙江省还是第一次。它集中展示了龙江文学批评实力，对黑龙江文学事业的发展将起到积极的促进作用。这套由黑龙江人民出版社出版发行的丛书中每部书约 12 万字，汇集了罗振亚、王文秀、喻权中、郭淑梅、韦健玮、郭力、刘金祥、乔焕江、林超然、叶君、汪树东、任雪梅、陈爱中、金钢、王立宪 15 位批评家的文集，基本囊括了近年来在全国学术界较为活跃的黑龙江批评家的作品，这些作家构成老中青结合梯队合理的批评队伍，更是黑龙江文学批评走出低谷、趋向繁荣的表现，对黑龙江文学未来的走向产生重大意义。

李敬泽先生在《一种具有地方根基的文学批评——由〈龙江文学批评书系〉想到的》一文中提到一个很有意思的问题："一个地方对一个批评家能否产生类似于它对一个作家那样的塑造性影响？一个批评家，他能否将某种地方性影响内化于他的批评眼光，以至于我们是否可以想象一种具有地方根基的批评？"透过"龙江文学批评书系"，笔者认为答案是肯定的。海德格尔说："诗人的天职是还乡，还乡使故土成为亲近本源之处"，"故乡最玄奥、最美丽之处恰恰在于这种对本源的接近，绝非其他。"[①] 文学史家丹纳也曾指出，地理环境、种族和时代是决定文学发展的三个重要因素。和时代的波诡云谲相比，地域和种族因素对文学的形塑作用是更为直观且持久的，现代文学的基本向度正是在永恒还乡的终极关怀意义上建立起来的，一个作家的创作过程就是在向故乡回归并无限接近的过程。正是在这个意义上，进入 21 世纪后，龙江理论家们越来越多地开始自觉运用文学地理学的方法观照文学现象、解读文学作品，出现了很多产生重大影响的理论佳作。

"地方根基"，在我看来包含两方面因素：一方面，表现在其外在的研究对象上。在"丛书"收入的大多数文章中，批评家都是站在俯瞰黑龙江文学创作的高度，或透过区域文学研究的"个案"视角，阐释创作的普泛性规律问题，或从大文学的层面指点黑龙江文学显在与隐形的"迷津"，从

① 海德格尔：《人，诗意地安居》，郜元宝译，张汝伦校，广西师范大学出版社，2000，第 69 页。

诸多层面深入揭示出了黑龙江文学的实质性内涵，展现了批评家把握文学研究整体脉络的能力与勇气。另一方面，也是更为重要的，从“丛书”展现出来的内在品质、气象、格局来看，批评家体现出了一种别无二致的理论出发点和批评特质，即“批评家们将自己的故乡、自己的地方根基不仅仅理解为自己出发的地方，一种被生活和命运所给定的地方，他或许还可以把它化为一种选择和实践，化为一套问题意识”，“一种根植于黑龙江特殊历史、生活、文化和文学经验的文学批评”①。

“丛书”揽收了15位理论家的关于龙江文学研究的扛鼎之作。这些文章个人风格鲜明，地域色彩浓郁，从对现代时期以萧红为代表的东北作家群作品的持续深耕，到对以迟子建为领军人物的当代东北作家团体的不断关注，产生了很多令人眼前一亮的评论佳作，例如于文秀对文学史中萧红书写的考察，郭淑梅对龙江女性文学文脉的梳理，罗振亚对北大荒诗与西部诗美学差异的深究，刘金祥对文学中体现文化自信问题的强调，韦健玮对文学个案的精细解读，王立宪对写作者思想的沉思，陈爱中对哈尔滨写作的界定，郭力对黑龙江小说50年发展状况的描摹，林超然对心缘与地缘关系的响应，乔焕江对东北文学与现代文学关系的思考，喻权中对黑龙江大众文学四种面相的挖掘，金钢对现代东北文学中的俄罗斯人形象的理解……这些评论尽管角度各异、切入点不同，但龙江文学的根骨与风貌却被不断挖掘填充，逐渐地呈现出其执著人生、植根当下的现实主义底色。

“尽管在半个多世纪里龙江文学的具体作品形态不断变化，对现实主义的理解操作也存在着一些误区，但至少在理论倡导上一直推崇和坚持着现实主义，创作一直在当时理解的现实主义大潮之下谋求存在、发展和创新”②。在对龙江文学现实主义特征的总体确认下，评论家们创作了大量“走心”的评论，有对龙江文学取得成绩的热情赞美：“那轰动一时的‘黑龙江现象’令人颇为感奋，先是有‘北大荒的小说新疆诗’的美誉，继而‘北部

---

① 李敬泽：《龙江文学批评书序·总序》，黑龙江人民出版社，2019，第4页。

② 罗振亚：《阅读故乡》，黑龙江人民出版社，2019，第10页。

戏剧’火爆京城，再则‘黑土诗派’冲击全国；特别是一些作家、诗人不断地打造精品，使自己的名字频频在各级国家级评奖活动中闪光”；有对某些龙江小说创作技艺粗浅的尖锐批判：“某些作品的艺术感染力不强，缺乏一种抓人的魅力”；有对生长于北大荒土地的思考，热情地呼唤在这片“插根棒子都能发芽的”黑土地“播下思考的种子”，会有“金色的收成”；甚至有对“肤浅廉价的吹捧之风”的鞭挞。

韦健玮先生曾在21世纪初不无担心地指出当下文学批评的困境：“我们缺少的是真正的文艺评论，就是那种有一定的理论高度的，有着自己独立品格的，真正能从自己的感受、自己的理论思索、自己的审美取向出发的，甚至带有一定的贵族气的文艺评论。”[①] 此次龙江当代批评家以如此整齐、壮观的阵容出现在世人面前，也彰显出了龙江当代文学在全国文学版图中的独特位置和重要地位。

三　诗意的沉思与诗性的反哺

将这个问题作为单独一节专门提出，是因为在中国新诗的版图中，龙江诗歌始终是一个处于边缘却又无法忽视的存在。尤其在诗学理论方面，以罗振亚为代表的几代诗评家无论在追溯新诗传统、培育诗坛新人还是发扬诗学精神等方面都取得了众多成果，以至于学界一致认为，在国内诗歌理论界已经形成“南有龙泉明，北有罗振亚”的学术格局。

罗振亚的诗学理论是独树一帜的。因为他“兼具诗人、论家和师者三重身份，他的文字贯穿着一种复合的角色意识，他的研究也因之灵动、透彻和稳健”[②]。他的诗学批评按内容大致可以分为两类：一是对龙江文学尤其是龙江新诗的评论与点拨。从其2019年出版的《阅读故乡》可以看出，对龙江新诗的研究是他的学术起点，也是他情感最为真切之处。从早期对北大

---

① 韦健玮：《飞鸿雪泥》，黑龙江人民出版社，2019，第169页。

② 林超然：《心缘与地缘的文学呼应》，黑龙江人民出版社，2019，第17页。

荒诗歌与西部诗歌美学差异的探究开始，在对李琦、包临轩、张曙光、陆少正平等龙江诗人的持续关注深入点评中，我们看到他呼唤的其实是一种有灵性的智性写作模式。二是对“史”的追溯。思与史的贯穿是罗振亚一直立足的宏观维度。在1993年他出版的第一部诗歌研究专著《中国现代主义诗歌流派》以及后来陆续出版的《中国三十年现代派诗歌研究》《中国现代主义诗歌史》《朦胧诗后现代诗歌研究》《20世纪中国先锋诗派》《1990年代新潮诗研究》等专著中，罗振亚都力图找到一个“史”的视角，意图打通现当代，实现“论”与“史”的贯穿。“这种史论结合的形式让诗歌评论与研究并不仅仅局限于写史或纯粹的描述，在保持体系性与规范性的同时，又让诗歌评论与研究形式充满了活力与个性，当然也更能凸显批评家对现代诗歌整体风貌与具体文本的把握程度。”①

从某种意义上来说，陈爱中是罗振亚弟子中显得最为“老到”的一位。其诗学最大的特点、亮点，是他基于新诗语言本体论的现代中国新诗史研究。例如，他对胡适等五四时期新诗开创者的再评价，对新月诗派的规律化和格律化的诗学主张进行辨析，对现代主义诗派的内视角和现代想象质素的发掘，对现实主义诗歌的现代中国进程独到的解读，都有着相当深刻的哲思与逻辑力量。与此同时，他对20世纪诗歌语言本体状况、诗歌发展生态、地域诗歌群落等的关注，也是弥足珍贵的诗歌史研究领域的重要收获。尤其是《智性 · 异质 · 诗——陈爱中诗学论稿》一书中，“涌动着清明的理性主义与智慧的唯物主义，充盈着别样的纯粹性和丰富性”②。书中“多次重返历史现场，带着历史的同情和理性烛照，同时使用‘放大镜’‘望远镜’来观看研究对象，力图从历史的故道窥见诗歌鲜活灵动的河流，同时与同期的世界文学洪流作对照。这些研究讲求扎实考证，耐心辨析纷繁的史料而不为其所困，条分缕析推进论述，所下的结论往往不求宏大而显其精细”③。

---

① 刘波：《新诗研究及其批评的伦理——论罗振亚诗歌批评与研究》，《中外诗歌研究》2007年第3期。

② 姜超：《精准判断与细腻表述》，《文艺报》2020年4月10日。

③ 姜超：《精准判断与细腻表达》，《文艺报》2020年4月10日。

令人欣喜的是，龙江新诗研究新生力量在 2019 ~ 2020 年度也取得了多方面不俗的成绩。例如，邵波《视觉性的古典镜像——中国 1960 年代出生诗人的传统文化意蕴研究》（《文艺评论》2019 年第 5 期）提出，1960 年代出生的很多诗人都不约而同地接受中国古典文化滋养，将中华诗词歌赋种种古意斑驳的物象入诗，化用古诗的意象和意境传递诗思，是承续汉语诗歌的伟大传统的有益尝试。宋宝伟在《前卫与此在：新世纪先锋诗歌的文本特征》（《北方论丛》2019 年第 2 期）一文中指出，中国新世纪先锋诗歌始终坚守和延续以否定、叛逆、实验为显明特征的诗歌精神，切入当代人生存与生命体验中。“低诗歌运动”方式对抗、颠覆诗歌中固化的、陈腐的艺术观念；女性诗人的欲望化的身体写作传达出女性独特的生命意识，并冲击着诗坛的审美思维惯性；荒诞化城市诗歌写作表达了对当下后现代幻象的警觉与反思。这些颇具功力的学术创见不仅充实了当代诗学发展的独立空间，还见证了诗学在龙江土地上的勃勃生机。

四　文论的深化与拓展

20 世纪八九十年代，中国美学界曾掀起多次有价值的论争，包括 1980 年代关于文学主体性的争论以及 1990 年代展开的实践美学与后实践美学之论争。其中，以杨春时为代表的龙江文艺理论与批评界持续发力，广泛参与甚至引领了文艺理论的发展潮流，回应了当时文艺理论和创作中出现的新问题，对黑龙江文艺创作的健康发展起到了非常积极的作用。

进入 21 世纪以来，黑龙江大学、哈尔滨师范大学、黑龙江省社会科学院等高校和科研单位的学者在女性文学研究、马克思主义文论中国化、美学基本问题研究、古代文论的当代转型等方面多点开花，取得众多令人振奋的成绩。

郭淑梅多年来在女性研究方面颇多用力，她对女性审美品格的挖掘跳脱出当下一般引入的西方女性主义批评的视角，更多地从性别审视、人性批判、社会观照“潜入女性精神世界，体验女性族群的命运感和飞翔的自由境界，从而抵达女性成长的彼岸”。她主张通过文本细读，而非理论的凌空蹈墟，捕捉女作家的丝丝表情，探触女作家精神脉搏，最终达到“文本再造”的阅读境界。在《寻找与考证：萧红居地安葬地及纪实作品研究》一书中，作者遍寻萧红的足迹，透过翔实的史料，将这位“30 年代的洛神”身上蕴涵的文化基因、不断变换的试验性创作、自由书写的艺术境界展现于世人面前，成为学界研究萧红乃至现代文学不可绕过的重要资料。近年来，郭淑梅又于民间口述资源方面另辟蹊径，主持国家社会科学基金项目“满通古斯民族民间口述资源的女性研究”，通过挖掘整理满通古斯民族那些“‘打湿你的双眼，直抵你的心扉’的神话、英雄史诗、传奇、故事、歌谣”，将一些我们并不太了解的女萨满“乌布西奔妈妈”“恩切布库妈妈”“苏木妈妈”“尼山萨满”等召唤到台前，“展现其鲜活独特的地域性和民俗特征，探讨民间口述文化传承过程中，地域性女萨满叙事、女英雄叙事大量存在而母性精神、女性精神研究相对匮乏的问题。”[①] 这部书也是 2019 ~ 2020 年龙江学界最耀眼、最厚重的学术专著。

此外，2019 ~ 2020 年，龙江学界还针对马克思主义文论中国化历史与现实、古代文论研究的深化与拓展、西方文论的重读与再释、美学研究的返本与开新、文学理论的反思与重构等问题做出多方面探讨与梳理，以自身的努力回答时代提出的问题，推动了具有中国特色的文艺理论体系的建构。

① 郭淑梅：《满通古斯语民族民间口述资源的女性研究》，商务印书馆，2019，第 366 页。

热 点 篇

Hot Topics

B.12

年度热点作家：杨知寒的文学气场

郭淑梅*

摘　要：2019~2020年，90后作家杨知寒迎来了小说创作转折期，其《寡清》沉稳大气的叙事格调，为回族族群在现代社会冲击下分崩离析的传统民俗做最后的写照。在《大寺终年无雪》中她将目光投向中学生，围绕学生叛逆期的心理成长和家长担忧，触及未成年人社会问题，叙事更加稳健，语言愈发凝练，该书发表后被《中华文学选刊》《小说月报》转载。杨知寒19岁开始写作，从青春期急于倾泻的狂风暴雨式表达，到现在不慌不忙却直抵人心的写作，她已长成文坛的一棵参天大树。对于自带文学气场也可以说天赋异禀的杨知寒而言，随着人生阅历和经验积累她的创作还会有所精进，未来可期。

* 郭淑梅，黑龙江省社会科学院二级研究员，研究方向为现当代文学、少数民族文学、文化艺术与产业。

关键词：　杨知寒　青春写作　纯文学

看到杨知寒的《作茧》是在第五届黑龙江省少数民族文学奖评审会上，笔者当时即为她与众不同的语言组织能力而惊讶。如此年轻的女孩，对文字的把控能力之强，超越许多前辈作家。而后，在一次黑龙江省作协会上笔者见到杨知寒，干净秀气，俨然中学生，不谙世事的样子。很难与文字练达的写手对上号。午休时，她送我一本《上海文学》，其中其短篇小说《黄桃罐头》文字老到，细微处洞悉人心，在年轻作家中算是凤毛麟角。与其说天赋异禀，不如说是杨知寒的文学自觉始终在线。

一　青春：单刀直入的气度

写作，对于某些人来说，并非职业而是天赋的选择，一种无法抗拒的命定。对于 1994 年出生的杨知寒来说，在她 19 岁开启文学之旅时，正是离开故乡齐齐哈尔到风光秀丽的杭州读大学的青春如华的日子。就如许多东北年轻人一样，家乡是越走越远，甚至可能永远都不能回头。在求取生存的旅途中，动荡漂泊无所依傍是生活常态。杨知寒在与故乡的距离中开始了文学创作。她关起门来，日夜颠倒地写作。翌年，集成《作茧》（21 篇），由北方文艺出版社出版。19 岁写作，20 岁出版第一部短篇小说集，没有太多迟疑，没有任何预兆，似乎还没准备好就边走边跑直接上路了。

《作茧》是杨知寒求学途中心灵躁动的记录。在她构造的小说天地里，她化身为各色人等，主人公性格迥异、时空跨越极大、问题极为错综复杂，在虚构与想象中上下翻飞。但有些表达是相似的，即飞蛾扑火似的纵身一跃，不管不顾命运的安排，大起大落的情感伤怀，细如发丝的内心敏感与具体情节设置的冷酷残忍等，让阅读始终处于紧张状态。

单刀直入，是杨知寒给我的第一印象。她有能力和气度把你拉到她所设置的文学场域，让你面对一堆杂陈无序无从下手的乱麻，怔楞片刻转而在混乱中慢慢理出头绪，跟随着故事的脚步，直到阅读结束，对所描写的人物事件心中还是难以释怀，不断地思考推敲进行再创作。《暴食》开篇以分秒计算进行吃与不吃的心理较量，气氛控制得非常到位。讲的是主人公无法控制食欲的故事。人物关系非常简单，只有赵惜瑶、宋兆平、小文三个人物，而小文只不过是矛盾冲突的辅助，却写就了不知不觉的人生背叛和痛苦无奈。赵惜瑶由瘦变胖，由被爱到失爱，由无节制地吞食到内心焦虑，其心理活动与动作的细节描写都使这个题材突破审美界限而直抵人物病态的心理依赖症。作者无意探讨环肥燕瘦的时尚审美，而将重点放在夫妻关系疏离以及共同成长的缺失直至二人情感世界的崩塌。故事讲述的绝非简单的夫妻关系，而是女性放弃自我建设所造成的必然结局，这种警醒对于女性独立或依赖他人的自我选择而言，具有普遍意义。

青春写作在杨知寒而言并非写校园生活、小男生与小女生的青涩爱恋、人物对身体的自残等青春期躁动。在此，青春是不动声色的冷酷残忍，是摧毁和重获新生的力量。杨知寒青春写作的狠劲，赋予故事的看点在于男性变态狂的书写。《团聚》讲述变态父亲薛澄将自己女儿扣押在身边，诱惑孩子母亲瑞琴前来索要女儿，从而对母女进行虐待的故事。他点上烟塞进瑞琴嘴里，看着灼伤嘴唇抽搐的瑞琴，又趴在孩子身上施暴，不动声色地疯狂施虐直到瑞琴用刀将他刺死为止。杨知寒以近乎残忍的描写反映了亲缘关系无以摆脱的悲剧，挣扎在亲人之间的相爱相杀，女性杀夫的暴力犯罪是情感泛滥道德失范的严重问题，而对女性族群的同情在此溢于言表。《失耳》讲述画家陆湛和求师问教企图精进艺术却误入歧途，陷入有噪音控怪癖的老画家囚禁的故事。技艺高超的老画家喜爱夜里练嗓，他需要听众，听众无法容忍他古怪恐怖的声音，其女儿菩提无耳才能在噪声中生存。天真无邪的菩提最终成为两人控制和报复对方的棋子。菩提失爱后杀陆湛和取耳获知真相进而自杀。在天使与恶魔相遇中，扮演天使的是女性，女性又是弱势群体，必得被摧残到恍然大悟的那一刻才与对方同归于尽。方寸之间演绎出惊天动地的悲惨故事，是作者对女性陷入被控制境遇深深的悲悯。这里没有女权字样，却无处不闪现着女性主义立场的思考。

作者自述《作茧》是她留给青春的纪念，在《四号大街五号路口》中，有青春做伴的生活状态，室友沉醉于爱情不能自拔而她则喝罐酒后才能勉强沉溺而且是为了写作爱情小说。她的青春书写，表现的不只是被男人控制被囚禁的惨烈，还有为获得生存机会被机构盘剥的困厄，是真实的书写者故事，也是作者自身的生存故事。《光》里的苏桥是网络写手，每月 40 万字的底线，过了这个底线才有钱可赚，平均每天 2 万字的速度让她心力交瘁，直到累饿而死。死亡让她有了倾诉爱情的机会，她的文字生存着而肉身却已消失。在外人看来，她是个作家，她有一个月没出房间，房间散发着恶臭。她却灵魂出窍地与邻居共存，为别人无视她的存在而奇怪。作者书写爱情故事，不断地码字继续等待弃她而去的爱人归来。码字的苏桥，终归是活着的悲剧，无人知晓地死在写作中。写作在此成为一种寓言，是生与死的临界，是一份无人知晓的现实生存的艰难，游走其间，是一种非此即彼的选择，是一种无法兼顾的执著和放弃。故事结尾让人产生强烈的心痛，为着这份职业。

在杨知寒看来，青春年华时建构一种以相爱为基点的两性关系，是如此艰难，她的人物不是撕扯打斗着就是转身离去，留下默默地回忆用以支撑余下的日子。《喜马拉雅》里的纪梵云和李沉第十七次谈分手，仍然恋恋不舍寻找各种理由。李沉飘忽的语言终归让纪梵云离开，因为很爱所以离开，与其将来让爱情面目皆非莫不如让爱情死得体面些，永远活在两人心中。纪梵云在西藏拉萨与真心实意对她好的军人结婚，她并没有忘记李沉，那是她奉献出真爱的男人。军人丈夫执行任务牺牲后她才发现这是她本该爱着的人，现实往往会击打敲碎遥远的梦境。接下来，她抚养儿子脚踏实地，岁月把她打磨得像金刚钻一样耀眼，那些青春期飘忽的爱，比起军人给她的爱终归是荒谬的事情。

杨知寒的青春表达，是挣扎纠结的也是疯狂惨烈的。如同凤凰涅槃，烈火永生一样，留下一连串让人扼腕的叹息，带着杜拉斯式的忧郁和深情让人沉浸在永不消逝的幻境。小说集《作茧》，架构出一系列青春躁动的故事，尽管人物事件并不都是情爱之作。但就作者而言，是其青春期焦虑灼热心态的倾泻，是她准备进入成人世界的一次次预演，她感受她想象且书写下来，以一种不可商量的笔法，以一种坚定不移的表达。

故事中没有叙述爱情的单纯和美好，也没有将人物设计成老谋深算的模样，更多的是一种起伏变化的心情，一种复杂情绪的沉浸，一种来自内心深处的情感驱使。这种情感叙事以青春为切入点，由着人物心理变化一步步把故事推向深入，从而对人性对两性关系留下更多深入的思考。杨知寒的着力点在于对人性执著的探索，这正是她摒弃青春期躁动书写，从而充满“力道”直抵灵魂深处探秘的缘故。

《作茧》出版后，杨知寒在云文学网络推出长篇小说《寂寞年生人》（中国纺织出版社，2016），以高点击量成为网站力推作品，《寂寞年生人》亦是青春表达，是网络小说爱恨情仇模式化书写。女主角梅衣因爱情背叛而受难，怀着身孕只身远走他乡。在三个男人的狂热追求中选择年长的李沐然，然而从国外归来的李沐然的女婿竟然是梅衣前男友也就是她女儿青青的父亲。故事情节奇崛，吸引着眼球让读者欲罢不能。作者借助身份更高的男人凌驾于女主角前男友之上得以快意恩仇，给予女主角极大的同情和人格赞美。小说流畅自然，显示作者深谙网络文学之道，女主角因情受伤——独自挣扎——获得外界力量（爱情）——成功复仇。这种类型化小说，赋予女主角符号化反抗意义，对于男友的背信弃义，她选择了“不作你不闹你却鄙视你”。人格不经意间就在你之上。作者通过梅衣的自尊写出这个时代女性自尊自爱的符号化逻辑。

杨知寒如果继续置身于青春跑道，可能会变着花样地给人惊喜，她有青春题材的驾驭能力，但没有在这块领地里耕耘太久。《寂寞年生人》对她来说有些浅显，不足以发挥她所能抵达的内在深度和语言所生发的饱和度。如同大炮打蚊子，有些用力不上。她开始尝试家族叙事，这与她用语老到有直接关系，在日常生活更为琐碎的领域，在复杂的人际社交网络或者家族社会关系建构中，她的语言组织掌控能力发挥的余地更大。以她在网络小说领域追求速度测算点击率的打拼劲头，网络小说《沈清寻》一出手便惊艳网坛。故事背景设定在20世纪20年代末上海、杭州两地，讲述沈公馆沈老太和三个子女及孙女沈清寻的爱恨情仇故事。沈老太和姑姑的原型来源于杨知寒的亲戚。她发现不知觉的残忍之爱，比以爱为名义的操纵对人的摧残更甚，而沈清寻的诞生更适合于她深度挖掘人性的需要。尽管该小说依然延续了网络小说的模式化书写，但以家族书写的深厚笔力，迅速地扩大着她的文学版图。2015 年，作为云文学网旗下的签约作者，杨知寒以长篇小说《沈清寻》获 2015 年度第三届“中国网络文学年度好作品”优秀奖。

二　族群：血液里的基因禀赋

在文学场域里，复杂深刻是一个好作者必备的素质。静水流深，不事张扬，是杨知寒给我的第二个印象。她的作品不是浮于表面的言说，而是深入骨髓的看透，是对人性的深度挖掘，在同龄人中间具有明显独特的标识。杨知寒回族族群的社会身份认同，让她有了另一种不可多得的创作视角，少数民族身份所具备的便于从内部启用民族志功能为她获取素材提供了方便，回族族群将会是她未来取之不尽的创作资源。

回族是黑龙江十个世居少数民族之一，在全省县级以上行政区划中均有分布，形成大分散小集中的居住状态。杨知寒出生地齐齐哈尔市旧称卜奎，是黑龙江将军府所在地。元朝时回族曾到黑龙江宦游屯田，明朝嘉靖年间始出现定居。到清康熙年间，山东、河北、山西以及西北、北京、天津等地回族陆续迁往黑龙江，除一部分务农外，大多数回族经商为业。杨知寒小说中经常出现的齐齐哈尔市卜奎清真寺建于康熙二十三年，300 多年来是回族族群礼拜祭祀的活动场所。卜奎清真寺现已成为齐齐哈尔市一处国家级重点文物保护单位。围绕古老宗教场地建构小说，并使其当代化现实化，让杨知寒的小说平添了历史的厚重感与时代变迁的印痕。

在杨知寒的短篇小说《黄桃罐头》里，她写了江红玉、江福芝一对同父异母汉族姐妹与回族穆家之间的故事。在汉民族汪洋大海中，少数民族与汉族的民族融合已悄然发生。穆家在当地回民中是大户，挺有势力，姐姐江福芝嫁给回族的穆子清，让江红玉很是羡慕。穆子清在北京挣了大钱，家里住上楼房，一双儿女高鼻深目，有体面的颜值。江红玉家穷，经常提着两瓶黄桃罐头爬六楼去看望姐姐，想闻闻姐姐家里煮肉飘香的味儿又想巴结姐夫，得到的反而是各种嫌弃。羡慕变成执念使独身的江红玉决定过继个穆家子弟做儿子，为自己养老送终。穆子清将哥哥四爷的儿子过继给江红玉。围绕着抱养穆家孩子养老的事，江红玉一直对回族姐夫感恩戴德。多年后，养子江涛性子懒散，阴阳怪气，长相不像穆家人。他去南方闯世界，将私生子乐乐交给江红玉养。她时刻警惕有人抢孩子，计算着怎么养孩子，日子过得艰难。在得到姐夫死亡消息后江红玉第一时间赶去清真寺却被隔在门外。作为汉人，她得等到出殡当天才能进到寺里。穆子清葬礼极尽风光，占了清真寺一条街，还占了两个车道形成拥堵。“出殡的过程里有念经一项，从寺里请了五个阿訇过来，在院子里坐好了，底下跪满了穆氏子孙，跪向一个浅绿色长箱子，箱面上盖着块蓝绒毯，印着‘如梦方醒’四字，箱子上则印‘功过主认定’。他们边跪边等待接经，由每家的嫡子嫡孙，依辈分传递。阿訇念经的时候，棉被上铺满了膝盖，有些膝盖跪不着棉被，就跪在青石砖上，十二月的东北，砖面冻得冷硬，寒气渗进骨缝里。江红玉偷偷在一个小角落跪下来，她没资格接经，她只是想为姐夫跪一场。”① 从这场葬礼仪式的描写，见出杨知寒善用文字隐喻意义以造成内蕴复杂的语言风格，以跪棉被和砖的区别明示尊卑地位，连带着将寒冷季节点到为止，也暗含着冬天往往是收老人的季节。

在杨知寒漫不经心的描写中，故事进入打开包袱的一刹那。正是在穆子清葬礼上，江红玉得知一个消息，小涛根本不是穆家正经孩子，他是一个私生子。她心心念念要个穆家孩子让自己体面地过下半生的愿望落空。江福芝大家庭面临分崩离析，穆氏家族已成昨日黄花，江红玉都看在眼里。正吃饭时江福芝走过来，她不客气地让妹妹先走，说这饭是招待穆家人的。白事饭是整羊切成小块吃，每一块吐出来的骨头都由主家收好，一块不差地埋起来，作为穆子清的替罪羊，他一生便可消罪。回家时，江红玉给自己买了两罐从来舍不得吃的黄桃罐头，然后把嘴里的一块羊骨头吐在泥雪堆里。这最

① 杨知寒：《黄桃罐头》，载《上海文学》2018 年第 12 期，第 47 页。

后一笔活画出江红玉内心的愤恨，以对回民宗教的亵渎，报复穆家姐夫对身为汉族的她的不屑和欺骗，将故事推向高潮后戛然而止，留下关于民族关系的诸多回味。

《寡清》(《民族文学》2019年第7期)写的也是回族故事，以回族葬礼引出悲剧人物穆大芝。在年轻人对回族旧时生活风俗不谙所以时，穆大芝出场了。在辈分上她是年轻人中的老大，在与同辈人比较中，她却是失意之人。侍候因病卧床30多年的母亲葬送了她的如花岁月，使她无论在族群还是在社会上都始终找不到自己的位置。一个恪守回族规矩的穆大芝，在参加族中老人三周年祭祀时，65岁的她已经融不进任何一个新世界。杨知寒在刻画穆大芝形象时下笔不留情面，这个人物总是站也不是坐也不是，处于非常尴尬的境地。这个最想遵守规矩为母亲养老送终以图修得人生圆满的人，未能得到好结局。恰恰因为她的不小心母亲死于火灾，以至于母亲连正常葬礼都没有享受到，她的一生修行毁于一旦。穆大芝注定成为老规矩的牺牲品，为那些传统规约送葬。这种让穆大芝世界彻底崩塌的处理，是对回族传统已成往事的一种慷慨悲歌，穆大芝不仅是回族社会老规矩逝去的一个写照，也是当下中国进入老龄化社会所面临的现实问题的普遍反映。

杨知寒以回民家族的女性叙事，触及穆大芝同辈人侍候生病长辈的生活难题。在中国，一批“二战”后生育高峰期出生的孩子已迈入人生老龄化阶段，但她们要承担为父母养老送终的家庭责任。在族人从四面八方回故乡参加祭祀的时候，她们坐在餐厅、客厅里将话题拉到侍候老人临终安慰等事情上，悲伤气氛笼罩着房间。“几个女人想把话题岔开，可谁也没有使对力气，越想岔，越都只想到年年冬天，家族里那些熬不过的老人们，一个个枯叶一样地掉了。她们这些做小辈的，现在除了各家的丧事，也再没儿时那般齐聚的机会。”①

杨知寒以回族族群人生礼俗葬礼为切入点，对家族重大事件进程中所体现出来的生活本质浓墨重彩。聚集在故乡的族人，回来参加葬礼意味着家族传统对他们而言还是一种神圣的召唤，还能够将他们从各自生活空间中拽出

① 杨知寒：《寡清》，载《民族文学》2019年第7期，第32页。

来。事实上，当工业化城市成为昨日黄花，加之人口流动不能有效地制约时，聚居必然受到冲击而传统也会因此日渐消亡。传统也好，工业化也罢，都是以空间场域为载体的，当时代变迁不再需要提供传统和工业化时， 切都如花自落水自流，无法再凝聚人气。杨知寒以一个回族家族老人不断逝世的事件，揭示了大家族自身的没落以及与这种没落相关的工业化城市的消亡。与此同时，在回族穆家，不论是方寸之间的厨房客厅，还是在清真寺、坟地、街道等社交场所，一个民族的记忆正在慢慢地模糊起来。

三　故乡：真诚的问题写作

杨知寒是讲故事高手，她如同万能机器人一样运用多种素材建构小说，而故乡是她最朴素稚拙的情感归依。故乡写作与社会问题意识是她给笔者留下的第三个印象。实际上，很多大作家一生都在写故乡。美国的福克纳一辈子都在写美国南方那块“邮票大小”的地方。生于呼兰河畔的萧红，走遍千山万水，仍然要为故乡立传。对于杨知寒而言，她还年轻，故乡的素材没有更长久的发酵，她还来不及梳理生命中那个庞大的基因根系。然而，只几年的工夫，经历过青春期写作，故乡很快就进入她的视野。

从故乡到她就学的杭州，仅以目前中国交通发达程度而言，地理阻隔带来的问题可以忽略不计。关键在于地域经济和文化差异是存在的，陈旧老工业基地和新兴互联网电商城市两相比较，为年轻的杨知寒带来的精神冲击不言而喻。作为背井离乡的新移民，也有故土难离的情感。但这种离是青春挣脱束缚的离，是听从远方呼唤的离，是新生命破土而出的离，离的是老一辈人创建的故土，寻找的是新生命成长的沃土。

杨知寒在叙事中更多的是对社会问题的理性思考。不再辉煌的东北老工业基地人才外流所带来的地域性问题，让故乡题材映照出她内心深处的不安。她凭借犀利目光和对故乡的忧愁，一口气写下几个让人动容的短篇。她所运用的素材，大多是东北普通人所熟悉的事情，日常生活中俯拾皆是，她却能让这些素材变得鲜活生动。

《早新闻》将镜头直接探入东北一家电台直播间，通过大学毕业新上岗的主播“我”和“我”的领导老姨之间的传帮带，暴露出这份曾经光鲜亮丽的工作，已经到了无法支撑的局面。对于新闻播报内容是否新鲜无所谓，去年的新闻也可以堂而皇之地拿来播放，因为没有多少人在听，所有播出事故中以广告没放为最严重。杨知寒像是拿着放大镜，认真地审视主播的工作程序和内容。一个流程走下来，她清楚地看到，对于青年人来说，这是一份正在走下坡路的职业，在一个没有新闻的城市进行新闻直播实在是浪费生命。对于姥爷来说，他是国有企业辉煌的见证人，对于刚毕业的孙辈能接手这份职业，让家族中播音员饭碗传下去，他满心喜悦。“在他们那辈人的认知里，播音员仍是顶好的职业，不用走南闯北，在话筒里就闯了四方，起码在这个东北小地方，社交圈已扩大到极致了，至于传统媒体的逐日消亡，他们还看不到。”① 老姨是个业务尖子。杨知寒用几句话就写活了这个事业成功的东北大女人。她在桌上喝二两酒起身说去上个节目，跟上厕所语气没有差别。司机打进电话问询违章时反复地喊阿，勾，493，也没难倒她。“王师傅，你的车牌号是 AJ493，给你查了，一个红灯一个压线。还有，简单的英文字母该了解了，别老阿勾的。家里有上学的孩子吧？问孩子，学一会儿不耽误你拉活。”② 实际上，业务精湛的老姨眼见广电业萧条自己无法力挽狂澜，对于“我”准备辞去播音工作要去北京找机会并不诧异。杨知寒以极强的概括能力说出了大众内心忧虑。那些没有远见的行业操作如同在没有新闻的地方播新闻，在沙漠里开自助餐厅，在无人区建百货大楼。这些梦幻般的景象，表明老工业基地城市的年轻人早已走空，年轻人不再驻足，那未来又在哪里呢？这个问题仍然敲击着读者的心。

如果说《早新闻》揭开了传统广电行业在新媒体冲击下的没落以及城市年轻人外流严重的社会问题，那么《蓝雾弥漫》更进一步地加强了这种效果，让留在城市里的人内心焦虑，不知所以然。故事讲述了在外地工作的

① 杨知寒：《早新闻》，载《西部》2020 年第 3 期，第 20 页。

② 杨知寒：《早新闻》，载《西部》2020 年第 3 期，第 19 页。

我，回乡请同学做伴郎伴娘，引发同学之间剪不断理还乱的关系问题。同样，一些涣散无力缺乏生机的现象时刻地冲击着读者。主人公历年回故乡都会在葡萄咖啡店见同学张桂平。为了生存，葡萄咖啡店的菜品每年都有变化，且有着川菜西餐同处一个菜谱的设计，经营项目的混杂使其越来越不像咖啡店。在与张桂平和大姐聊天中，回顾每个人的命运，都显得与现实那么格格不入，虽然三个人坐在一起，但内心都藏有自己的问题，无法达成一致。大姐经常给我打电话，与男友感情不顺就会哭哭啼啼骂骂咧咧。“他手机上有人，我问，你看清楚了？大姐沉默了一下，说，我能嚎一会儿吗？就一会儿。”“我把手机从耳朵边上拿开一点，有爆炸般的声音传出来，嚎叫混着砸东西”①，这个说话不走心的直性子大姐，最终还是原谅了男友。

杨知寒在写同学关系时，更具有时下网络流行的各种嫌弃式描写。在语言使用上，会有一些调侃和故作高深的拽，如“咱还是聊点费脑子的事”，“他呲牙乐了一会儿，笑容像开关一样，很快平静”。也会有莫名其妙的解释，意在凸显人生无奈。比如，张桂平对大姐很反感，“从一开始我们三个人的关系就很莫名其妙，我是你的朋友，她是你的朋友，可我们不是朋友”。② 他这番话实际上是反抗她生拉硬扯将两个人置于朋友圈中。而我对张桂平的解释是，“我需要她。她絮絮叨叨的时候，让我感觉挺暖和的”。③同时，留在东北的张桂平因为医学院的工作安稳，在其他同学在外地打拼时，他被绑在原地。他空有一番干事业的热情，不得不采取周游世界的方法解决原地踏步的恐慌。大姐家庭和感情不如意，父亲死后她经常会给他烧纸。这些生活在原地的不容易，让远离故乡顺水推舟准备嫁给大自己 10 岁的老郑的我找到了平衡感，“大家这些年都学会了自己为自己找出口，张桂平旅行，大姐烧纸，我呢，也许是编故事”。④ 因此，远离故乡和老郑建立像是兄弟一样的夫妻关系也未尝不可。“今夜蓝雾弥漫，我们手牵在一起，

① 杨知寒：《蓝雾弥漫》，载《文学港》2020 年第 5 期，第 27 页。
② 杨知寒：《蓝雾弥漫》，载《文学港》2020 年第 5 期，第 30 页。
③ 杨知寒：《蓝雾弥漫》，载《文学港》2020 年第 5 期，第 30 页。
④ 杨知寒：《蓝雾弥漫》，载《文学港》2020 年第 5 期，第 31 页。

有理智作伴，有体面奉陪，大家都完整而健康”①，可见这是一桩无爱的婚姻，留给读者的是对婚姻本质的思考。

《大寺终年无雪》（《山花》2020年第1期）是关于中学生叛逆期的故事，讲述的仍然是我与故乡。我从外地回到故乡，遇到母亲同事常姨的求助，她女儿在学校上课时无缘无故地流泪，老师说不再给她排名了。我与常姨的聊天，循循善诱抽丝剥茧，颇有心理学家的意味，也有过来人的经验，让常姨对处于青春期的女儿的怪异举动的焦虑减少许多。比如，每天中午顶着烈日往江边走再回来，自言自语，不过是舒缓压力的方式，“高中生累，歇一口气能被甩出几十名，这是她给自己按摩神经呢。”② 女孩不与同学交往，“是青春期典型的交际障碍，长大了都能相处得开”。③ 常姨把女儿李故照片给我，让我去大寺开导她。于是，故事围绕着我与李故、我与魏子心以及各自家庭存在的问题展开，学校在此已隐身为背景。小说通过中学生成长中对异性爱的需求，姐妹情谊的建立，与父母的疏离，相对完整地展示了原生家庭在孩子青春期成长过程中的致命影响，深深地触及未成年人教育的社会问题。

杨知寒从最初青春题材写作的惨烈表达，到《大寺终年无雪》转变为淡淡地老成持重的人物心理探索，使故事向着更为复杂的人际关系方向发展。李故与母亲、魏子心与继父、我与父亲无法沟通的亲子关系现实，让事情脱离正常轨道进入无法控制的局面。杨知寒以心理探秘式的叙事方式，一步步将人物推向内心迷茫状态。在人物社会化人格建构过程中，作为青少年模仿对象的父亲正面形象严重缺失，在一片对父母辈的声讨和嫌弃声中，故事给人们提供了另一种看待青少年教育问题的角度，即所有学生的心理疾患，与原生家庭有关。学校应试教育排名制度作为来自社会一方的压力，与家庭问题一道成为压垮孩子的稻草。小说发表后被《中华文学选刊》《小说月报》转载，这篇小说对当下中国青少年心理问题的细腻描写和深度挖掘，

① 杨知寒：《蓝雾弥漫》，载《文学港》2020年第5期，第35页。

② 杨知寒：《大寺终年无雪》，载《山花》2020年第1期，第85页。

③ 杨知寒：《大寺终年无雪》，载《山花》2020年第1期，第85页。

在同类小说中出类拔萃，无疑显示了2020年杨知寒小说的创作实绩。

在杨知寒的小说创作中，还有一些让我动心的故事，比如用了一种悠远的叙事情调讲述的小说《邪门》（《山西文学》2020年第6期）。这篇小说风格上令我想起萧红的小说《牛车上》，叙事调子仿佛南柯一梦，听得人云里雾里的，等一切明了，却从故事中体会到深深的悲哀。《邪门》是姥姥在向我对象的父母讲述老姨夫齐学库的命运。故事是从多角度切入，先是姥姥讲齐学库农村孩子贫苦出身，在空军里面当兵，嘴巴特会哄人，“侍候首长那是一绝，别说侍候我这个丈母娘了”。[①] 接着转向第三人称客观叙述，交代老姨和他闪婚的盲目性。姥姥并不盲目，她相中齐学库并特意去空军部队考察，听说齐学库重情义脑瓜活，缺点就是好玩。姥姥后悔当初没有仔细地问问部队里的人，到底好玩是玩什么。直到结婚后有人绑架齐学库，姥姥去现场找他才发现赌输了五十万，“为搭救他出来，我姥卖了一套房，挪了些积蓄，人见老不少”。[②] 而后姥姥又帮助他换工作，支持他在外地好好干，干好了缓和夫妻关系。当老姨换了新姨夫以后，齐学库在外混得越发地不好，某天他单位来电话让直系亲属取公积金，才知道人已经没了。姥姥一直在帮助他改邪归正，终究事与愿违。姥姥的故事东一块西一块地讲，中间又穿插着第三者客观视角，一路下来，东拼西凑地把故事讲完整了，却是让人唏嘘再三。姥姥的故事通篇讲下来，作者就像控制着一根若有若无的线，为小说制造了一种飘忽断续的云山雾罩的气蕴，也内涵了齐学库这个人物特征。

2019~2020年，杨知寒在短篇小说创作领域脚踏实地辛勤耕耘，她对短篇小说创作贡献了自己的独创性，带有明显的创作标识。她对人物性格的描写，充分地撷取了地域性资源。东北语言中略带喜感的幽默，常常让她的人物尤其是女人的说话办事方式让人佩服之余忍俊不禁。《早新闻》中的老姨，《邪门》中的姥姥，都是立得住耐推敲的形象。她对人物心理的探究，

① 杨知寒：《邪门》，载《山西文学》2020年第6期，第15页。

② 杨知寒：《邪门》，载《山西文学》2020年第6期，第18页。

推动着小说向纵深发展，为读者提供了人物行为选择的复杂心理机制，也让人看到人际关系中无法消除的隔膜。她在推理悬疑领域蕴涵着巨大的潜力。她对文字语言的运用，简繁相济，步步为营，常有出人意料之笔。她对族群、故乡的忧思和对社会问题的深度思考，为她的创作平添了厚重的历史感，也预示了她将来在长篇创作领域收获成就的可能性。对于心无旁骛致力于文学创作的杨知寒来说，她才 20 多岁，繁花似锦，一切才刚刚开始。

B.13
年度热点作品：陈力娇长篇小说《红灯笼》

满　蛟*

摘　要：　《红灯笼》是作家陈力娇2019年发表的长篇小说，作品在现实主义的叙事中渗入浪漫主义情怀，将女性意识与时代变迁，家国情怀与自然精灵结合起来，通过塑造一系列“置死地而孤勇”的女性形象，真实而生动地再现了苦难年代的生活图景，咏赞了一代兵工战士与困难搏击的勇气和力量，发掘了静水流深的日常生活中的生命奇崛，书写了雄奇壮丽的北国史诗，表现出作家的温暖和大爱，为新世纪文学的创作提供了新的可能。

关键词：　陈力娇　兵工战士　生命奇崛　北国史诗　精神家园

21 世纪以来，越来越多的人退守到自己狭小的世界，较少关注深广的社会现实和时代变迁。文学世界亦是如此，很多小说作品只关注人物自身孤零零的情绪，陷入缥缈云端顾影自怜，却很少分析其产生的社会和时代背景。这样的作品虽然也能打动读者，但终究缺乏力量，难以给人精神上的鼓舞。相较于之前的创作，作家陈力娇最新出版的长篇小说《红灯笼》有了很大的变化，她超越了个人生活与感情的局限，积极地介入波澜壮阔的时代

* 满蛟，哈尔滨幼儿师范高等专科学校助教，研究方向为现当代文学。

中，在复杂缠绕的现实中发现了底层的经验和普通人身上坚不可摧的生长性力量，在厚重的黑土地上获得了充实而强大的精神给养，织就了一番慷慨激昂的生命气象，抒写了人民情怀，展现出更为广阔的视野和格局。

一　黑土情怀：雄奇壮丽的北国史诗

北安庆华工具厂曾是拥有几百亿固定资产的一代兵工巨魁，20 世纪 30 年代由张作霖创建，50 年代由沈阳搬至北安，其生产的枪械多达九百多万支，可装备 800 个步兵师。庆华是黑龙江的骄傲，也是全国兵工事业的骄傲。随着 2006 年破产，这座枪厂消失在历史的云烟中，但在很多人的心中，那段辉煌的历史不曾远去。小说《红灯笼》源自作家 2017 年去原北安枪厂体验生活的所感所想，作品介绍了很多关于枪械的知识以及枪厂的历史，呈现出一段波澜壮阔的岁月，用博大的胸怀气魄叙写了黑土地气势沉雄的乐章。

小说在历史中穿行，描绘了几个人物的遭际和命运，也写出了一个时代曾有过的辉煌和黯淡。在小说的前半部分，枪厂只是战士改梦寐以求的地方，直到华晓绪的登场，才揭开李兰君表面上是泥城剧团的名角，但私下里却在研制枪械的“秘密”。李兰君是那段光辉岁月中涌现出来的一位勇敢坚毅的兵工战士，她将美丽与坚韧集于一身，是一位深受人民喜爱的戏曲演员。她从小在枪厂长大，父母都是枪厂的枪械专家，她对枪械充满了热爱，并在研制枪械方面天赋异禀。由于父亲的关爱，她被迫远离了枪厂，但她对枪械的挚爱从未减退。为了党和人民，为了我国的国防建设，她将自己的全部心血都放在了研制 626 无声手枪上，并在机械厂张刚的支持下最终成功研制出“无声、无光、无烟”的新式手枪。她只愿做一名默默无闻的制枪人，无奈在特殊年代，她生不逢时，还因此被误当成敌特抓进监狱，后被执行枪决。

作品的精彩之处在于以群像的方式绘就了恢宏壮阔的时代图卷，并以今昔对照的方式表现了新时代中国文学应有的精神向度。个人命运被裹挟在巨大的历史洪流中，但在李兰君背后，张刚、冯家老爹、文英、乔米朵等一群人共同帮助李兰君，并将她的研制成果传递下去。骨子里的使命感和沸腾的热血，让一群孤独者抱团取暖，与大时代短兵相接，也让他们冒着生命危险做了自己一生最想干的事情，突破了生命的阈限，铸就了丰碑，创造出伟大而悲壮的生命灿烂。庄子有言：“指穷于为薪，火传也，不知其尽也。”个体人的生命必有终结的时刻，但精神意志却可以一直薪火相传。中国人最讲血缘，但李兰君与乔米朵等人并无血缘关系，却结成了一种超越亲戚关系的友谊，他们为了祖国和人民的利益挥洒汗水，甚至不惜献出生命，饱含了浓郁的集体主义情怀，用高扬的精神气象引发了现实的回响。革命的风暴终将过去，而底层人民在悲惨生活中相互帮助的故事情节依然能唤起人们善良的情感。

通过战小易形象的塑造，作家观察了一个逝去时代的狂欢，思考了冷漠对人的伤害，探讨了革命与人性的关系。战小易的个性与种种行为，来自他的父亲，来自那个时代、家庭、贫困生活的挤压，这让他的欲望更加急切。和当代青年人喜欢生活在自己建构的“小时代”不同，战小易生活在一个精神狂热的年代，因感受到现实的残酷而过早成熟，他整天想的都是大人的事。战小易对父亲的态度是矛盾的，一方面，他受够了父亲的家庭暴力，把父亲当成了反面教材，暗中发誓：“男人有能力要在外面使”“我将来不会打老婆”。另一方面，父子之情依然在延续，直至最终他残酷无情、大义灭亲地将母亲“杀人”的事情举报给公安部门。但总体而言，战小易的“早熟”中包含着自私的成分，他纵容欲望的膨胀，成了一朵“恶之花”。只因为他妹妹体弱挑食，而他希望母亲可以出去干活挣钱，就将幼小的妹妹抛弃在荒郊野外，且并无愧疚。他日后告发李兰君的行为更是罔顾了基本的人情，李兰君曾给他做过好吃的食物，给过他许多小人书和玩具枪，用小提琴为他演奏《东方红》。可无论对他多好，终究是徒劳的。战小易并非只想得到小人书，他还希望像《东海小哨兵》中的小红一样抓特务，使自己获得人们的重视，他也泰然自若地接受了一切“荣誉”和“褒奖”，但潜藏其后的人性荒寂是寒入骨髓的。小说描写李兰君在被行刑时，战小易“捂着耳朵跳着脚嘻嘻地笑，把这当成了游戏”，并且穿过嘈杂的人群，大声指责李兰君是坏蛋，想不到一位国家精英、枪械天才会因为一个小孩的告发而付出生命的代价。

小说中战小易的形象并非个案，在伤痕文学、反思文学中，类似的形象屡见不鲜。在那个逝去的时代，也确实有很多大义灭亲的人将自己朋友、师长、父母绑起来批判的事例。其中一些人因为有责任和担当，一直保持积极的生活态度；可还有一些人则永远在抱怨社会与命运的不公，不择手段地一味索取，甚至不惜害人。前者以乔米朵、文英为代表，后者以战土改、战小易为代表，作者都挖掘出了他们的人格极限。

理解苦难是当代文学的重要命题：在梁晓声的笔下，苦难被谱写成一曲悲壮的青春之歌；在余华的笔下，苦难成为一种符号化的展览；在路遥的笔端，苦难是平凡的人们获得温暖、生命确证的抗争对象。在《红灯笼》中，苦难澄映的是物质的极度匮乏，给人们带来精神压抑、生命创伤乃至人性扭曲，这些都在文字间展露无遗。但生活无论是富有还是拮据，有的人总是在为他人付出和承担的过程中感到幸福，有的人则寡廉鲜耻，在斤斤计较中不知餍足地向他人索取，这是小说中提出的一个思考题。

有两类作家，一类像爱丽丝·门罗、科尔姆·托宾等，他们将目光投注在日常生活的平凡琐事中，试图从中找到心绪的微妙变化。另一类如弗莱纳里·奥康纳、玛格丽特·阿特伍德，她们的作品则大开大合，将反常态的个性故事讲述出来。相对而言，陈力娇的创作偏向于后者，她的故事情节奇绝、大开大合、惊心动魄，却又在情理之中，用绚丽魔幻的笔墨写尽了一个时代的荒谬和悲哀。选择做一个温和沉稳的人，还是做一个勇往直前、拼搏向上的人是性格使然，但后者显然更符合东北或者说黑龙江人的气质。在学者王德威看来，"'东北学'研究不仅着眼现代东北的英雄演义或史诗事件，而更诚实面对种种阴暗、因循与困厄""今天的东北也许'自在暗中'，但我们所见的不必仅是'无物之阵'，太多的未可知的可能包含其中。以东北作为方法，危机也是契机"。[①] 反观黑龙江的文学谱系，总是与抗联、垦荒、

① 王德威：《文学东北与中国现代性——"东北学"研究刍议》，《小说评论》2021年第1期，第73页。

石油会战等历史事件紧密联结，大平原、大森林、大湿地，沸腾的意志、壮丽的悲怆，黑龙江人在与自然、日寇等搏斗的过程中获得了生命确证，博大厚重的黑土地文学自然而然地形成了慷慨悲壮、恢宏激昂的史诗品格，陈力娇的作品也深深地融入这种史诗气质。值得注意的是，她描写普通人的悲戚挣扎和强大的行动力，目的是发掘静水流深的日常生活中的生命奇崛，展现普通人的旺盛生命力。《红灯笼》中，乔米朵等人的悲剧命运固然无法搅动时代和历史，但在面对苦难时，她依然披荆斩棘、逆流而上、一往无前、不畏牺牲，隐隐地展现出力量和气势。

二　女性形象：置死地而孤勇

陈力娇的小说带有极强的女性意识，她曾塑造过许多女性形象。《红灯笼》之前作品中的女性形象多为一味付出、对生活没有过多需求、大气包容、不计较个人得失，像黑土地一般博大而厚实的类型，部分女性形象甚至没有名字，只以“她”或“女人”代指。这类女性形象的塑造，使得她的小说拥有了一种“地母情怀”：她“有意识地塑造出一类甘于奉献的女人，她们身上有一种像土地一样厚实可靠的品性，包容大气坚定不移”，这些女性形象“把读者带入女娲造人的古老传说，也使我们仿佛看到地母该亚把土地作为万物之母、石头作为人的骨骼拾泥造人的故事，母性的力量使其抚平伤痛，覆盖包裹起人世间沧桑”[①]。

《红灯笼》中的女性形象延续前作中坚韧博大的性格类型，但有了新的探索。乔米朵和李兰君的形象延续了现代文学中沈从文、曹禺、路翎等作家礼赞生命雄强野蛮、原始强力的传统。这种“原始情结”或“生命的蛮性”本质上是对自由个性的肯定和对自然原始生态的歌咏。陈力娇虽然是女作家，但她“并没有主流文坛中女性主义作品中的低语似的自我欣赏和迷醉以及变态似的对于灵与肉的问题的纠缠，反而有一种反抗的觉悟

① 郭淑梅：《陈力娇小说的“地母情怀”》，载《文艺评论》2015 年第 7 期，第 121 页。

和受到压抑的爆发，是一种类似于战士一般的姿态，是决斗，是控诉，是反驳”①。

李兰君是孤独的，小说写她“没有亲人，无依无靠，单枪匹马闯世界”。乔米朵是小说中真正的女主人公，小说开始就将她放置在一个近乎飘泊者的位子上：“娘家已经没什么人了，就剩下她自己了。”虽然不停遭受丈夫毒打，她依然努力养育着一双儿女，努力改善家里的物质生活，她知识不多，却很有见地，敢作敢为、有担当。打锅盖、找张天大和张刚帮助自己、向众人借钱、为齐补丁做妆老衣服……她自己不断在绝望的生活中苦苦挣扎，迸发出生命的蛮性，在绝境中抗争，也使得很多人愿意帮助她。乔米朵和李兰君的形象塑造，标志着陈力娇在女性意识和家国情怀之间完成了对女性成长母题的发展。

小说中有一段描写：“乔米朵就是一个能干的主，这谁都否认不了，她性格偏于男性，少于温婉，个子有点儿矮，但是她能力大，拎得起，放得下，男人办不到的事儿，她能办到，男人想不到的事，她能节外生枝，也能锦上添花。”② 在遇到李兰君之前，为了家庭，她什么都能忍受，但她的挣扎和抗争是没有方向的。李兰君是一束光明之火，两位女性在追寻善与美的路上相遇，这使得乔米朵开始探索生命中更多的可能，由绝望奔向希望，向死而生。

每个人都应该对自己的生活和家庭负责，如果干什么都有畏难情绪，不敢对自己严格要求，那么他的生活只能愈加虚无缥缈。小说中的战土改不算是坏人，但在一生中他也没干过什么真正的好事。在夹缝中艰难生存，他终日被愁云笼罩。一方面是住在乡村的母亲、妹妹和正在上学的弟弟需要他照顾，另一方面是自己的妻子和一双儿女。在天平的两端他显然更多偏向自己母亲和弟弟妹妹，因为在他看来：“我就是不往回交工资，乔米朵也不能眼看着两个孩子饿死。”但是他忽视的问题是妻子并无工作，妻子和孩子平时

① 李长英：《书房里的耐心》，载《绥化学院学报》2010年第6期，第19页。

② 陈力娇：《红灯笼》，上海文艺出版社，2019，第76页。

在家吃菜都不放油，为了让孩子能吃饱，她常常饿肚子，去捡菜叶，而好吃的鸡蛋、疙瘩汤都供他专门享用，他自己还时不时下馆子改善伙食。在酒精的麻醉下，他早已把对老婆孩子的愧疚心和责任感化作一腔愤怒乃至疯狂的拳打脚踢。为给女儿看病，他又欠了单位的钱。这并非多大的困难，可他却觉得天塌了，于是把妻儿当成累赘，这才进一步引发战小易将妹妹遗弃的行为。乔米朵要承受的压力显然比战土改大得多，但她选择采取行动，而战土改选择的是自我麻痹。这种逃避和退守的姿态在他“疯了”之后愈加明显，终于在偷电线、私藏子弹的事情暴露后将自己和家人陷入危险境地。小说中战土改曾说：“我不是装疯，我是有时候疯有时候不疯，老暴一向我要钱我就疯。”很显然，他不可能不知道盗窃是犯罪，偷电线事件在一定程度上表明了战土改本人的侥幸心理以及单纯软弱、外强中干的性格。在不自欺欺人、直面现实方面，乔米朵显然更加理智，她深知丈夫盗窃行为事实成立，无法抵赖，于是积极想出对策。

枪厂是战土改全部理想的所在地，并最终凝聚于一颗私藏的子弹上，他时常触摸谛视。这颗子弹一方面使他与枪厂发生隐秘的关联，另一方面则成为其好高骛远的象征。他想的不是如何好好活着，而是“站在高岗上还想着更高的岗”，他将更多的精力放在不该用的地方，比如爱慕虚荣的好奇心、不切实际的自我臆想，却不以不关心照顾妻子儿女为耻。战土改向我们展示了自私愚蠢的人如何让幸福的家庭不可避免地走向不幸乃至毁灭。

小说中男性人物形象中就是以战土改、华晓绪、张天大等为代表，他们怯懦脆弱、胆小怕事、没有主见，经不起打击，往往采用消极和逃避的方式面对困难，缺乏行动能力。当然也有有担当、有责任感，充满男性气概的男性形象，如张刚、冯化、刘文明等，还有八面玲珑、阴险狠毒一类，如老暴、董大洪等，但战土改一类人物显然更具典型意义。现实生活中，我们更像战土改，只是在一地鸡毛的凡俗世界中摸爬滚打、艰难前行的普通人，在想象中建立自己与社会的联系，罔顾真实的社会现实，把问题归结为命中注定。也会挣扎，但不知如何奋起，对待人生不够认真，不够郑重其事，最终将生活搞成一团乱麻，不可避免地坠入无底深渊。

小说结尾，乔米朵和战小易死去，这一情节的叙写深刻揭示了历史和现实的复杂性，其所能引发的思考也是无尽的。亚里士多德说过，悲剧是对于一个严肃的、完整的、有一定长度的行动的模仿。我们听到了太多的个体在沉默中抱怨，但是真正站起来坚持向前、勇于抗争的却寥寥可数。“在今天，一部好的文本，也许不是让我们可以躲在其中的乐园，而是会把我们驱赶到现实之中，使我们保持在场；当然，一部好的文本，还要使我们有勇气地在场，并在对现实的判断和思考中把这种勇气锤炼成智慧和立场。”[①] 在不能承受的泰山般的生命重压之下，乔米朵并未把梦想当成是自己内心的凝固风景，而是一直坚持努力抗争。她预知自己的结局，可依然不断地蓄积力量，在迅捷有力的行动中葆有昂扬旺盛的生命力，让生命深处最炽热的岩浆在一瞬间不可遏制地、强有力地喷射而出。她的自杀并非消沉和绝望，而是为他人、社会做出的“自我牺牲”，以另一种方式完成了自己的使命，并归于大爱。

在时代和社会大背景的形塑之下，乔米朵、李兰君不可避免地走向悲剧，最终“燃烧”了自己，照耀了世界，实现了人格涅槃，但她们展现了旺盛而野蛮的生命力，重新绘制了自己的命运图谱。这种绝望中的抗争是一种生成性的力量，显示着作家并未采取诗意化的方式与现实达成虚假的和解，读者也在真切的现实感中体会到作品的血泪、筋骨和温度，理解到唯有自救才能获救的道理，进而自觉地进行精神建构。

三　浪漫倾向：人性美的诗意表达

小说中有很多悬念、巧合、戏剧化的设计，显示出作家的功力。陈力娇擅长设置悬念，“她的小说由于悬念的设置，即使是在一般生活场景的叙述中，也有一种内在的张力”。[②] 比如战小易遗弃妹妹的事情暴露时，

① 乔焕江：《他胸中积蓄着风暴和惊雷》，黑龙江人民出版社，2019，第140页。

② 牛玉秋：《寻找灵魂的栖息地——读陈力娇的中短篇小说集〈青花瓷碗〉》，载《文艺评论》2012年第9期，第57页。

恰巧战小易的姑姑从他手里抢走了十元钱，最终导致战小莲何去何从成了悬案。小说中多次使用倒叙手法，先说出结果，再叙述事情原委，多条线索齐头并进，增添了作品的层次感。耐人寻味的是，在人类的世界之外，小说还描摹了一个动物的世界，而冯家又是沟通人的世界和动物世界的纽带。冯家一家人在小说中存在感略弱，但就像小说中的题目“红灯笼”一样，其实是温暖、力量和希望所在。如果说战土改一家是匍匐在地面，那么冯家则给人飞起来的感觉，尤其在讲述冯家与狼群关系的时候，充满了浓郁的传奇色彩和浪漫主义情怀，小说也由此由人的世界拓展延伸至人与万物共生共存的世界。作家通过这些情节的叙写寻找“完美的、绚丽的、洁净的精神家园”和“灵魂的栖息之地”，进一步探讨了人与自我、他人、世界、时代的关系，并由此提出了人与动物休戚相关的生态主题。

小说中，狼是“世界上最不简单的动物”，虽然它们也会偶尔吃家畜，但也是因为“有了难处”，否则它们并无食人之意。随着狼数量的减少，“草甸子上到处都是鼠洞，马踏上去会崴了蹄子，牛跑上去会跌伤脖颈，狍子也会丧失奔跑的能力，老鼠铺天盖地，人就该得鼠疫了”。[①] 人类闹了几年的饥荒，狼群也因为没有吃的东西而袭击了村庄，从而引发了狼与人的斗争。公狼托比和母狼芍药的 5 只狼崽儿被猎人用笼子锁住，而恰在此时，饥饿的战小莲将自己手中仅有的半块玉米饼拿出来给狼仔儿吃，给他们喝水，使他们不挨饿也不寂寞，有足够的力量坚持下去，随后她受了伤，被冯家收养。“星星和奶白是人类的使者，有时人类做不到的事，它们能做到。在李兰君死后，暴尸原野时，它们把树林里带有葱郁树叶的树枝覆盖在她身上，唯恐她受惊扰，让她安然入睡，保住她的尊严，表现了人与畜类最美好的和谐与心心相印。”[②] 在一些评论家看来，“倒是它们（星星狗和奶白狼）身上所体现出的人性的美好超越了人类的自身。两相比较，岂不令人汗颜，引

① 陈力娇：《红灯笼》，上海文艺出版社，2019，第 92 页。

② 陈力娇：《红灯笼·后记》，上海文艺出版社，2019，第 275 页。

人反省和思考，这种艺术的反衬手法大概也是作者想给人类的规劝和警示”。[①]

战小莲是小说中一个重要人物，她天真无邪、无忧无虑，喜欢去高家庄追逐蓝蝴蝶，呈现出健康而快乐的生命之美，却遭遇了无妄之灾。在双目失明后，她“忘记”了自己的前身，改名为冯捡花。她的“失忆”并非头部受到伤害导致的，被亲哥哥遗弃是她最不愿想起的痛苦往事，却使她在一瞬间长大了，她明白哥哥“当面叫你君子，背地把你看成羊”的真实情况，也学会了坦然自若地看待一切。当亲生母亲乔米朵因为她失明而哭泣时，她不仅安慰母亲不用难过，还轻描淡写地说：“‘瞎’字没什么了不起的，就是人的眼睛被主人放在一口井旁边了。”失忆和失明是一个转变，一种脱胎换骨，一种涅槃。作家为战小莲（冯捡花）赋予了新的定位：她是小说中唯一能够与狼亲近甚至交流的人。小说有不少笔墨给了猎犬星星和小狼奶白，小狼奶白被囚禁在笼子里的时候曾受到战小莲的照顾，于是逃生后与战小莲成为“最好的朋友”，它甚至没有跟随自己的“家人”回到蒙古草原，而是选择跟战小莲生活在一起。奶白聪明机智，却从不像它的哥哥们一般争强好胜，反而向往温情。它常常在人们的面前把耳朵耷拉下来，学几声狗叫来隐藏自己作为狼的身份，它享受了与冯捡花在一起的快乐时光，甚至与冯家的猎犬星星一直保护着这个家。猎犬星星与狼王托比之间维持了一种平衡，并彼此谦让了对方，它们甚至连同冯家父子、李小胆，与一群来自西伯利亚患了狂犬病的疯狼们进行了一场漫长的比拼，制止了疯狼传播病毒。

冯家一家人都勤劳朴实、心地善良。冯家老汉和儿子冯化都曾是猎人，老汉朴实沉稳、敦厚内敛、坚强勇敢，在一辈子与动物打交道的过程中深刻感悟到与人为善、道法自然，与自然和谐共生的道理。冯化在误伤人后勇于承担责任，自从他不当猎人改为种田后，他发现“燕子帮他捉虫，黄鼬帮他捉鼠”，在生了名为瘿的怪病后，狼也曾暗中帮助他。妻子

① 孟凡香：《〈红灯笼〉的精神气象》，载《黑龙江日报》2019年11月9日。

文英长得不算好看，两颗牙总是支在嘴唇外面，但她温柔贤惠、勤劳能干，她悉心照料冯捡花，努力让她学习知识文化、增长见识，让这个捡来的“女儿”感受到比亲生母亲还要多的爱。通过购买战小易鸡蛋等情节的反复烘托，直至最终李兰君把自己的研究成果托付给她，作者让文英成了爱的化身。

回视我国古代文学史，从《山海经》、魏晋志怪小说到唐传奇、元杂剧、明清小说，可以发现我国文学从来不缺乏充沛的想象和浪漫主义情怀。但与传统断裂的当代文学，或学习西方魔幻现实主义、意识流等流派，试图让文学超越现实；或者与芜杂的现实短兵相接，折断了想象的翅膀。《红灯笼》则试图继承古典文学浪漫主义传统，同时为文字注入自然意识和生命哲学，在希望与绝望之间抵达了一片辽阔而幽深的时空，筑造了一个富有灵性和诗意的精神家园。

罗曼·罗兰在《米开朗基罗传》中说：世界上只有一种真正的英雄主义，那就是在认清生活的真相后依然爱它。小说题目为《红灯笼》，红灯笼在小说中具有丰富的象征意味。在结尾处，面对将死的李兰君，乔米朵也做好了赴死的准备。她将家里的很多东西都赠予邻居，其中就包括一盏象征日子红火的红灯笼。当红灯笼升起时，乔米朵和李兰君在即将到来的死亡面前真切而实在地感受到吉祥、喜庆和对未来的展望。虽然在很短的时间内红灯笼就飘落了，但二人间的那一次无言的深情对视已经胜过万语千言。李兰君用毕生心血设计的无声手枪得以妥善保存，冯捡花与自己的养父母一家延续着善良和爱，这些都像升起的红灯笼一般给人以希望。

无论现实如何残酷凉薄、人性如何寂寞荒寒，作者依然能赋予主人公坚韧勇敢的性格、积极乐观的态度、浪漫主义的情怀，让他们用温情和爱的眼光看待世界，书写了震撼人心的北国史诗、生命史诗。在《红灯笼》中，陈力娇还创造了一个富有穿透力、超越性的思想空间，表达了对时代变迁的反思、对普通人命运的关怀、对一种理想社会的想象，展现了丰富真切的生活经验，呈示出蓬勃向上的精神力量。

B.14
年度热点现象：网络文学精品IP产业化融合

杨睿琦*

摘　要： 黑龙江网络文学人才济济，IP资源丰厚，商业潜力巨大，但开发利用不足。网络文学IP亟待运用符号、品牌、版权等进行跨媒介内容运营，跳出平台限制抵达跨界，从而实现潜在预估价值。借助IP资源，打造“网文资源+渠道平台+黑龙江特产”产业一体化发展，实现优质IP产业化融合，激发黑龙江经济发展活力，助推黑龙江经济步入高质量发展阶段。

关键词： 网络小说IP　IP新模式　优质IP产业化融合

中国互联网络信息中心发布的第47次《中国互联网络发展状况统计报告》显示，截至2020年12月，我国网络文学在线拥有4.67亿读者，注册作者1755万人，签约作家100多万人，存量作品约2500万部并以每年200多万部的速度增长。随着后疫情时代宅经济兴起，付费用户比重大大提升。根据统计局和中宣部的《2020中国文化及相关产业统计年鉴》可知，文化及相关产业增加值占GDP比重逐年上升，文化产业及相关产业增加值也呈逐年递增趋势。

---

* 杨睿琦，黑龙江省社会科学院研究生院硕士研究生，研究方向为艺术社会学。

据艾媒测算，预计 2021 年中国数字阅读行业市场规模将达到 416 亿元，网络文学 IP、新媒体文以及衍生品等多种业态联合拉动文化产业发展。

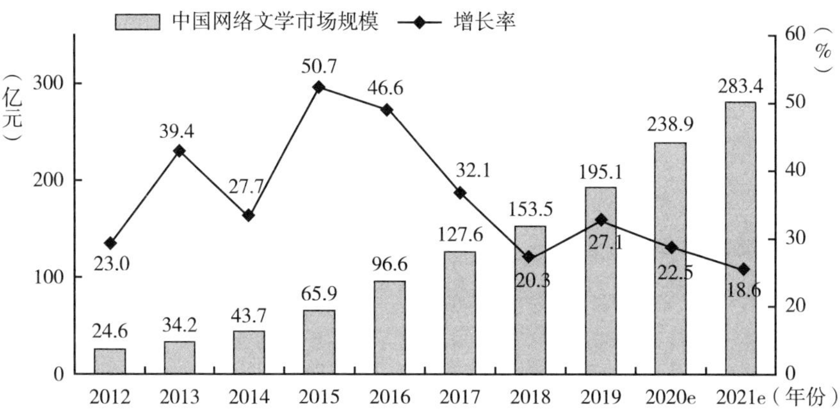

图 1　2012～2021 年中国网络文学市场规模及增长率

资料来源：《2021 中国数字文化产业政策汇总》。

一　黑龙江网络文学 IP 资源

黑龙江网络文学人才济济，粉丝队伍庞大，以精品 IP 主打。白金作家人均粉丝数量在 200 万人以上，人均累计创作网络文学作品 2000 万字以上。当当网络文学全国总部、古道网络文创基地、语音有声读物生产基地等落户牡丹江。其中耳根《一念永恒》网改动画，累计播放量 4 亿次，上榜 11 个月网改动画热门 IP 精选，在 QQ 听书上连载月榜第一。网络文学 IP 知识版权估值高达 1 亿元以上，堪称网文界的 IP 现象，我们选择其中代表性的人物分述如下。

耳根，原名刘勇，牡丹江网络作家，中国作家协会第九届全委会委员，起点仙侠类小说领军人物。《一念永恒》在起点中文网发布，获得千万次点击量，其网络改编动漫，累计播放量 4 亿次，上榜 11 个月网改动画热门 IP

精选，其 IP 知识版权估值高达 1 亿元以上，在 QQ 听书上连载月榜第一①，堪称网文界的 IP 现象。

八月长安，原名刘婉荟，哈尔滨网络作家，其青春系列《你好，旧时光》《暗恋 · 橘生淮南》《最好的我们》跨媒介生长速度惊人。电视剧《最好的我们》2016 年在爱奇艺首播，2018 年在浙江卫视周播剧场上星首播，同年在深圳卫视黄金档播出。电影《最好的我们》2019 年在内地上映，票房 4. 11 亿元。网络剧《你好，旧时光》2017 年在爱奇艺首播，豆瓣评分高达 8. 8 分，2018 年在深圳卫视黄金档上星播出。网络剧《暗恋 · 橘生淮南》2019 年在腾讯视频播出，2021 年在芒果 TV、腾讯视频播出。此外，八月长安还有网络小说的衍生产业，会出售其作品的周边联名产品如帆布包等。

吴半仙，哈尔滨网络文学创作基地创始人，至今创作各类型长篇小说二十余部，多部作品被改编为影视剧、有声小说、漫画、广播剧等，作品获“网易云”阅读年度最具 IP 价值作品奖、“爱奇艺”文学年度最具改编潜力奖。2020 年创作讲述赫哲族鱼皮画非遗传承故事的《锦绣鱼图》，在逐浪文学网连载，并与流行电商紧密结合，获全国网络文学现实题材主题征文大赛未完结作品组一等奖。

沐清雨，原名史鑫阳，军旅言情代表作家，中国作协会员，黑龙江省作协会员，鲁迅文学院学员，2018 年首届泛华文网络文学“金键盘”奖获得者，自 2008 年 5 月起在晋江文学城连载作品，已经售出多部影视版权。电视连续剧《你是我的城池营垒》于 2021 年 3 月 11 日在腾讯视频、优酷、爱奇艺首播。电视剧《云过天空你过心》由浙江华策影视股份有限公司出品。

真熊初墨，现居于大庆市，职业外科医生，阅文十二天王，都市最强新人王、大神作者。2019 年，他凭借以外科手术为主要内容的都市网络小说《手术直播间》突然崛起，吸粉无数。该小说描述了医德和医术并重的男主角郑仁将直播间和医疗系统结合，并将每一次外科手术都在专业网站上进行

① 邵燕君、王玉王主编《破壁书》，生活 · 读书 · 新知三联书店，2018，第 375 页。

直播以不断地提升技能。随着故事的推进，主角在其成长过程中汇聚了各种极具个性的人生，与护士呈现出了一个真实而有趣的医院环境，小说中对于医患关系的思考，很容易让读者产生强烈的代入感。该剧的影视版权已经售出，2020 年真熊初墨上线了新作《医者无眠》。

此外，鱼人二代、胜己、小刀锋利、梁不凡、潇湘冬儿、长宇宙、一纸虚妄、八匹、育、晨光路西法、蓝盔战歌、三月海、素衣凝香、就为活着、唐吉诃巴、梧桐私语等网络文学作家的精品 IP 资源均可跨媒介运营，在目标领域获得转换生长。

二　网络文学 IP 资源转化以及商业潜力

IP 是英文 Intellectual Property 的缩写，据韦氏字典，该词 1769 年首次被使用，指源自思想或智力工作的财产，比如想法、发明或过程以及与此相关的申请、权利或注册，具有非传播性特征。在中国互联网语境中，IP 不单是一个法律概念，而且综合了符号、品牌版权等多重含义，指具有长期生命力和商业价值的跨媒介内容运营模式①。中国网络文学界对 IP 的划分是基于预判和预估，这种估量本身可以参与 IP 建构，并会以“想象的现实”② 发挥一定作用。可以进行影视、游戏、动漫等多种形式的跨媒介平台开发。网络文学 IP 的价值在于能够进行跨界传播，覆盖了电影、电视、话剧、图书音乐游戏等文创产品的 IP 被称作优质 IP。

本文借助社会网络分析软件对国内网络文学 IP 研究进行分层并绘制图谱，通过分析网络文学 IP 文献资料分布情况，展开该领域的研究现状，深挖网络文学 IP 研究的新动态，通过软件对作者与关键词共现的网络知识图

① 尹鸿、王旭东、陈洪伟：《IP 转换兴起的原因、现状及未来发展趋势》，《当代电影》2015 年第 9 期。

② “想象的现实”，是以色列历史学家赫拉利在《人类简史》中提出的，指某件事只要人人相信就能作为共同信念产生力量并影响世界。参见尤瓦尔·赫拉利《人类简史》，林俊宏译，中信出版社，2014，第 33 页。

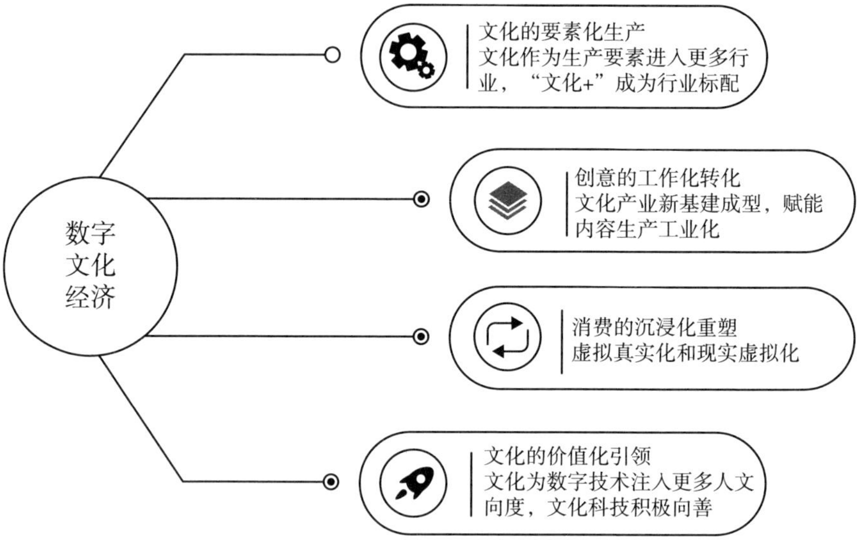

图2　数字文化经济的核心特点

资料来源：腾讯研究院和清华大学文化创意发展研究院联合课题组《文化科技融合2021迈向数字文化经济时代》报告。

谱进行数据分析，在“IP”和“网络文学”这2个最大的节点中，“IP”这个关键词与它共同耦合的关键词有网络文学、改编、影视行业、影视剧、短视频、动漫、游戏、漫画、原创内容、网红等；与“网络文学”这个关键词共同出现的有粉丝经济、主播、粉圈、IP电影、全产业链、版权运营、泛娱乐、资本市场、数字劳工等词条。

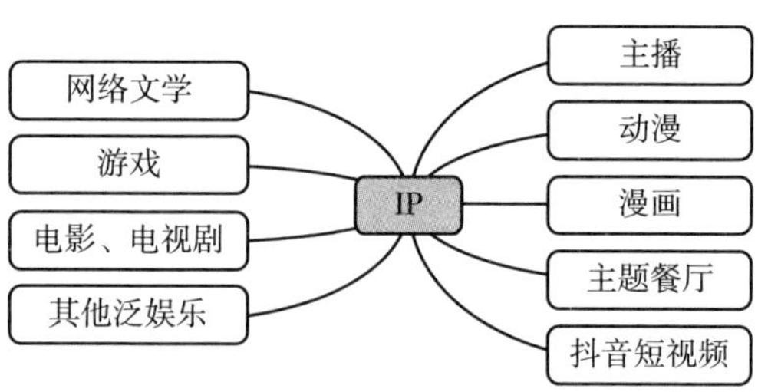

图3　网络文学IP孵化路径

从中国网络文学 IP 产业链发展模式变迁来看，网络文学产业链已经形成一种集合电子版权、出版权、影视与游戏改编权以及一系列衍生产品开发权的综合运营模式，网络文学 IP 产业从最初的仅限于在线付费订阅逐渐拓展为文本、动漫、游戏、影视等其他衍生周边产品统一运营的模式（于梦溪，2016）到网络文学初始作品文本、电视剧、电影、在线网络剧、游戏、音乐等，已经趋向于覆盖整个产业链，在网络文学积累的受众群体的消费过程中完成网络文学 IP 的变现（毕文轩，2017）。

中国网络文学逐步建立起上游的内容生产—中游的付费阅读—下游的版权分销和周边产品开发的全产业链运营机制。随着付费阅读市场的饱和，阅文集团提出新的合同，推行免费阅读制度，以“流量广告”购买读者阅读时间成为新的盈利模式。资本市场慢慢开始重视粉丝经济，各大平台推出了打赏、月票以及具有弹幕的“段评”“章评”等功能，晋江还有精彩的长评功能。各平台还利用作者的微博等各种社交账号进行引流，在微博“超话”晒出书粉们创作的手书、同人歌曲、同人作品，让粉丝参与作者作品的同人创作或者衍生作品，来获取更大的流量，然后收割全渠道费以及广告费，网络文学 IP 变现方式日渐丰富。

当网络文学作家成名后，其名字就会成为具有商业价值的 IP 符号，并转换成为一种具有长期生命力和商业价值的跨媒介内容运营模式。以影视制作、游戏改编、广告收入为代表的多元化业务组合逐渐成为大型网络文学平台的常规变现手段，在中国网络文学集团营收中所占的比重显著提高，优质 IP 的争夺也愈演愈烈。网络文学的要素化生产是指网络文学作为生产要素进入更多行业，“IP+”成为行业标配，从而打破文化产业边界，推动网络文学 IP 要素与实体经济融合发展，提升相关产业的经济附加值，形成文化 IP—要素转化—实体产业融合的链条。数字经济时代，IP 化的文化要素已经成为主流形态。根据腾讯研究院和清华大学文化创意研究院联合课题组《文化科技融合 2021 迈向数字文化经济时代》报告，网络文学 IP 变现现阶段一共有两种模式。

（一）网络文学 IP + 文旅

网络文学 IP + 文旅，即将网络文学作品中的内容和当地的旅游景点紧密结合起来，对作品中鲜明的人物形象、故事内容等进行再生产，即将作品原创故事内容 IP 进行数据化提取和改编开发，然后形成新的 IP 衍生产品（单体知识产权），成为可交易的文化要素进入市场中流通，和当地旅游产业相结合，此类 IP + 文旅模式得到了各地政府政策扶持，江浙沪等地方的发展形成了一定的规模，例如浙江绍兴《狼毫小笔》的文旅发展案例就颇有借鉴意义。网络文学作品《狼毫小笔》是一部以绍兴为背景的长篇奇幻小说，2018 年出版《狼毫小笔之云门香雪》实体书全 2 册，2019 年有声书（精品多人有声剧）在喜马拉雅 App 正式上线，它是 2016 年浙江省网络作家协会十大重点扶持作品之一，荣获 2017 年第二届网络文学双年奖优秀奖，其创作者莲清漪 2016 年获咪咕阅读新锐作家奖。小说《狼毫小笔》取材作者家乡绍兴柯桥，从年轻人喜欢的角度出发，通过穿越、神化等表现手法，生动还原了柯桥最原始古朴的风光场景和历史画面，将绍兴深厚的历史文化、民间风情、人文掌故等融于故事情节中。为此柯桥区与网络文学作品《狼毫小笔》深度合作，结合作品推出了“唐诗之路遗韵”和“书香兰韵花香”2 条旅游线路，不仅开拓了旅游营销的全新模式，而且激活柯桥本土的文化旅游资源。

（二）网络文学 IP + 实体商品、商圈

该模式即将网络文学 IP 和小微企业实体商品结合构建新的品牌，和实体产业融合发展。不仅能够延展 IP 产业链条同时可形成实体经济新的价值空间，网络文学 IP + 实体商品、商圈的模式在短视频 + 直播带货的内容电商趋势下以多元创意的内容作品连接泛产业，以“网络作品 IP +”形成粉丝认同成为泛产业链接的基础及营销和带货的新工具。例如《狼毫小笔》作者与相关产业集团签署了全面合作协议，共同开发产品，打造品牌“狼毫小笔”定制笔记本、福袋等一系列满是中国风的文创产品。网络文学IP +

通过抖音、快手等短视频平台的中介作用与小微企业直播电商联系起来，短视频符合商家生产者与用户的双向需求，5 分钟以内甚至 15 秒时长的短视频，正好符合碎片化环境的信息接收习惯，网文 IP + 通过短视频可以帮助企业打造品牌产品、品牌价值。《直播时代》涉及 152 个调研访谈、30 多个案例，讲述了快手短视频 + 直播带货新的经济范式下，商业是如何被重构的和 IP 品牌的构建和成长。随着数字化经济蓬勃发展，体验经济风生水起，无论是小微企业电商，还是旅游产业经济都得靠体验、创意等要素俘获消费者的心，未来发展趋势倒逼企业重视品牌价值。回归品牌，就要通过优质的内容和消费者进行深度沟通，网文 IP 可以起到一个桥梁的作用，网文 IP 可以为用户带来超越产品本身的价值和情感体验，满足用户在精神和情感上的需求，网文 IP 通过短视频的连接可以作为新兴营销技术工具，增强品牌和用户的黏性关系。网文 IP“铁粉”决定品牌传播效能，抓住对品牌高度参与购买较多的这部分客户群，就能将商圈产品销量拉伸。

数据显示，48% 的 00 后表示以优质 IP 为源头改编的作品中，自己有喜欢的虚拟形象（文学、动漫、游戏等二次元领域的角色），17.2% 的 00 后将虚拟形象当成自己的偶像，此外“磕 CP”也成了更具生产力的粉丝文化之一，引发了“饭圈女孩”磕 CP 的狂潮。2020 年由小说《孤城闭》改编而来的古装剧《清平乐》备受好评，其中包括“帝后 CP”在内的多个角色组成的 CP 受到不同粉丝的追捧，观众的情绪也随着剧中角色关系的变化而转变。随着 Z 世代逐渐成为网文受众的主要群体，网络文学 IP 的另一变现手段——打造 Z 世代[①]粉丝经济成了各发行方的主打方向。此外抖音直播等新形式也在逐渐渗透文化产业，为读者带来新的消费模式。比如故宫顶级文创 IP 的每次“出格”，2014 年一篇名为《雍正：感觉自己萌萌哒》的文章爆红，萌萌哒雍正再次回到当代人的视野成为名副其实的网红，此后故宫文创还推出了《穿越故宫来看你》《朕收到来自你妈的微信》等作品，故宫 IP

---

① Z 世代：95 年以后出生的群体，包括 95 后及 00 后，他们成长过程中逐渐适应电子设备使用，他们最开始接触笔记本电脑，然后是 ipod、iPad 等智能产品。Z 世代最在意自己的感受，消费模式也与上一代人不同。

与各路商圈合作，从衣服、口红、彩妆、钥匙扣、文具、书画到瓷器打造新品牌，一路靠卖萌卖出了 15 亿。[①] 江浙的模式将网络文学 IP + 文旅和网络文学 IP + 实体商品、商圈 2 种模式互补融合发展，以浙江网文 IP 开发为例，由衢州市网络文学故事衍生的以书画卷轴为发髻、浓粗到遮住眼睛的眉毛、心形胡子的新型 IP“南孔爷爷”，不仅形象呆萌可爱，更因为口头禅“逢考必胜”，在学生群体中广为流传，成为助考锦鲤的庇护神。“南孔爷爷”IP 形象不仅从漫画发展到周边，还衍生出主题特产商店等多种商业运营模式，受到大批年轻人追捧。商业模式主要为分账、品牌植入、微短剧孵化、主播直播带货，以文化的要素化生产、创意的工业化转化、消费的沉浸化重塑和文化的价值化引领为特征，将地方城市的文化资源、网络作品 IP 的流量红利和消费者感官融为一体。

三　黑龙江网络文学 IP 价值及存在的问题

目前，黑龙江经济形势比较严峻。据《中国统计年鉴》全国 31 个省区市官方统计数据，2020 年黑龙江 GDP 13699 亿元，人均 GDP 排名并不高。通过分析黑龙江省消费类零售总额，可以发现由网络文学 IP 为源头衍生的电子出版物及音像制品等同比增长 46.4%。从产业发展路径来看，经济结构性矛盾为 IP 产业提供了产业化融合发展的空间，后疫情时代 IP 类消费将会是中远期成长类行业

牡丹江是黑龙江网络文学重镇，当当网络文学全国总部、古道网络文创基地、语音有声读物生产基地等均落户牡丹江。牡丹江网络文学全国总部以地域特色文化为依托，借助网络文学人才聚集优势，结合影视基地资源，已完成对外招商项目建议书，这对黑龙江网络文学 IP 资源的开发利用和转化起到了带头作用。

在中国互联网语境中，IP 的重点不是产权，而是综合了符号、品牌、

① 吴长青：《网络文学 IP 生态与非市民化文化表征》，载《网络文学评论》2017 年第 3 期。

版权等多重含义，特指具有长期生命力和商业价值的跨媒介内容运营模式。发展网络文学 IP，关键在于能够进行影视、游戏、动漫等多种形式的跨界传播。在5G 推动下多行业联动发展的 IP 现象在全国非常普遍，网络文学衍生的国漫 IP 不断与多种业态结合，催生出主题餐厅、主题展、主题特产商店等多类型商业运营模式。

黑龙江网络文学 IP 在跳出平台限制实现跨界之前只有潜在预估价值，成功转化是其产业化的直接体现，网络文学 IP（孵化期）对改编变现来说非常困难，主要原因如下。

一是网络文学 IP 机制中存在彼此独立沟通不畅、行业壁垒林立等问题，以至于优秀网络文学 IP 找不到优秀资本投资转化。网络文学 IP 的初始阶段（网络文学作品孵化期）未经打磨，基本没有溢价空间，在红利期靠读者订阅、打赏有一些市场，随着付费阅读市场饱和，阅文集团开始推行免费制度，以“流量广告”购买读者阅读时间成为新的盈利模式，如果 IP 塑造不成功，整个产业可能无法形成一个完整的产业链。

二是文创信息不对称，观念陈旧，知识产权保障不力，正版 IP 极易被不法商家抄袭盗版。阅文等大多数企业集团为追求快速盈利变现，不重视网络文学作品的知识产权保护，没有拿到专利就将作者授权 IP 的衍生品大量出售，导致 IP 被迅速抄袭和模仿，作者无处维权。

三是特殊边疆地理位置为招商引资集聚资本效应带来不少限制。在资金不足情况下，仅仅把文创产业作为第三产业经济来发展的话，很难形成大规模产业链，在流量为王的市场竞争中难以与大资本抗衡。

四　新型 IP 产业化融合的对策建议

面对融资难、信息不通畅、地理位置偏等经济发展制约，黑龙江可以借助具有长期生命力和商业价值的网络文学 IP 跨媒介内容运营模式，带动新型 IP 产业化融合，从而成功逆袭。随着互联网 + 的崛起，黑龙江文化产业经济活力明显增强，各类文化产业市场主体 8.8 万家，其中规模以上文化及相关企业达到了264家。截至2018年实现营业收入总额55.8亿元。新洋科技有限公司、同源文化发展有限公司等一批民营企业不断发展壮大，新型IP产业化迎来黄金机遇期。

网络文学IP本质上是构建人所共知具有超强传播力的跨界连接符号，在不同场域产生连接效用。IP需要符号文本作为载体，黑龙江历来享有“大粮仓”“大森林”“大冰雪”“大界江”等美誉，为国家粮食和生态安全保驾护航。与之相关的生态粮油、山货、浆果、冷水鱼等地方特产本身也具有IP价值。比如，生态粮油类、山货类等货源充足。针对地方特性，企业电商可以与网站合作，构建“网络文学精品IP自带渠道资源+黑龙江特产”符号以及与企业品牌相连的新型IP商业化运营模式，推动新型IP具象化。围绕新型IP，实现整个IP变现端协作开发的商业化运作。这种多行业布局既能够节约经济成本又可以扩大新型品牌IP影响力。从而借助新型IP，实现“网文资源+渠道平台+黑龙江特产”一体化发展。具体建议如下。

（一）拓宽版权的商业渠道

借助品牌IP的高热度，丰富新型IP品牌的地方特产种类。打造官宣带有黑龙江特色文化底蕴的动漫形象。与小微企业合作改编和地方特产紧密相连的影视作品、动漫或者开发小游戏，使新型IP具象化。同时深度布局抖音、快手、淘宝、京东等新媒体电商平台，成立传媒MCN公会①，提高曝光量。树立品牌形象营销新型IP，吸引更多顾客购买地方特产。

（二）打造粉丝经济

网络文学IP具有庞大的粉丝群，与网络文学相关的产品天然拥有基础粉丝，构成新型IP产业化融合的内生动力。比如，利用吴半仙《锦绣鱼

① 传媒MCN公会：能给网文作者提供资源和渠道推广作品，主要负责招募、培养各种平台带货主播。

图》的影视、音像等渠道资源，以周边[①]、手办、漫画集等包装地方农产品特产或与小微企业合作，将“网络文学精品 IP 自带渠道资源 + 黑龙江特产”新型符号与小微企业品牌连接。运用社群运营形成新型 IP 社群矩阵，扩大客户群范围，增强新型 IP 与客户黏性关系，使客户通过社交功能寻找到兴趣组织满足个人需求。

（三）将网络文学作家吸纳进传媒公会，合作联动带货

与影视、动漫等渠道资源结合，生产周边、明信片、手办、漫画集等文创产品；还可以定期邀请粉丝参加线下交流会，传媒公会编创一些粉丝满意的剧本，角色扮演剧本杀小游戏吸引更多的线下顾客。与企业公司运营部门合作，对潜在客户进行大数据画像分析，针对客户调性举办促销活动，测算活动影响及 ROI，结合文创产品与同类竞品优势测算，开发满足年轻人调性的新型品牌 IP。

（四）对小微企业新型 IP 进行全方位保护，合法维护知识产权

新型 IP 产业化融合将助推黑龙江省经济步入高质量发展阶段。一是助力乡村振兴，通过“网络文学 IP 资源转化 + 小微企业 + 黑龙江特产”新型 IP，提高农副产品销售量，促进农民增收。二是新型电商模式可以拉动就业，提供像带货主播、运营等一些年轻化岗位，吸引年轻人返乡回流，助力农村电商发展，推进农产品产业链延伸。三是提高文化产业内容质量，改变旧有产业格局，解决文化产业融资渠道不畅等问题。四是推进小微电商和新型 IP 产业深度融合，壮大文化产业链市场，让新型 IP 产业激发黑龙江经济发展活力。

---

① 周边：像扭蛋、挂卡、模型这样没有多少实用价值，纯观赏收藏的被称为硬周边，相对价格较高，通常只有核心 fans 才会购买。另外我们常见的借用某个动漫形象生产的具有一定实用性的如文具、服饰、钥扣、手机链等商品被称为软周边，价格相对低廉。

专题篇

Special Topics

B.15

《北方文学》：七十年风雨兼程新时代续写华章

白荔荔*

摘　要：　《北方文学》创刊于1950年2月8日，前身是《黑龙江文艺》(周刊)。2019年4月，《北方文学》创刊70周年之际，在黑龙江省事业单位改革中被并入省委奋斗杂志社，主管主办单位由1959年确定的黑龙江省作家协会，变更为中共黑龙江省委奋斗杂志社，《北方文学》在其发展史上迎来了新时代新征程。《北方文学》编辑部在中共黑龙江省委奋斗杂志社编委会坚强领导下，坚持以习近平新时代中国特色社会主义思想为指导，积极抓住融入奋斗杂志社的整体发展有利时机，坚持正确的办刊方向和以人民为中心的创作导向，传承发扬文学期刊优良传统，团结、联系、服务作家，坚守文学品质，

* 白荔荔，中共黑龙江省委奋斗杂志社文化编辑室主任、《北方文学》主编。

记录人民奋斗，书写时代气象，呈现社会变迁，讴歌新中国发展，为繁荣社会主义文学事业积极贡献。努力推出体现龙江特色、龙江风格、龙江气派的文学精品；精心策划推出优秀文学作品，为优秀文学作品的发表和文学新人的成长提供平台。

关键词：　新时代新征程　文学期刊优良传统　优秀文学作品发表平台

《北方文学》创刊于1950年2月8日，前身是《黑龙江文艺》（周刊）。《北方文学》1959年第1期“编后记”中开篇写道：“从这期开始，本刊改名为《北方文学》，加上‘文学’二字，主要是为了叫得更明确一些。在改名的同时，本刊改由这次省文化大会正式成立起来的中国作家协会黑龙江分会主办。”

一　新时代新征程

2019年4月，创刊70周年之际，《北方文学》在黑龙江省事业单位改革中被并入省委奋斗杂志社，主管主办单位由1959年确定的黑龙江省作家协会，变更为中共黑龙江省委奋斗杂志社，《北方文学》在其发展史上迎来了新时代新征程。

（一）努力提高办刊质量，坚守文学阵地

《北方文学》始终坚持举旗帜、聚民心、育新人、兴文化、展形象的使命任务，传承发扬文学期刊优良传统，严格遵守“始终如一地将社会效益放在首位”的办刊原则，认真贯彻落实习近平总书记关于文艺工作的重要论述，牢牢把握正确政治方向和舆论导向，坚守意识形态主阵地，充分发挥主流媒体的宣传引导作用。

同时，继承并发扬《北方文学》的优良传统，多层次培养文学新人，广泛联系作家，着力推出优秀的文学作品。用文学的笔触讴歌新时代，以弘扬龙江精神，讲述龙江故事，传播龙江声音，抒发龙江情怀为己任，脚踏实地，做出贡献。

（二）主题出版与时俱进

《北方文学》2019 年第 10 期特别策划组织专刊——“庆祝中华人民共和国成立 70 周年专刊”，致敬 70 年里为了这块土地无悔付出的人们，受到读者好评。专刊共编选 19 篇文章，主要为约稿，包括纪实文学、报告文学、诗歌、散文等文学体裁。作者中既有全国知名的作家，也有黑龙江省的实力作家；作品思想性和文学性俱佳。用文学的笔触深情讴歌东北抗联精神、北大荒精神、大庆精神、铁人精神，也有对致力脱贫攻坚一线的驻村第一书记的讴歌，书写祖国的成就，记录个人的命运。

2019 年，《北方文学》策划了“纪念黄河大合唱首演 80 周年专刊”。专刊翔实展示了《黄河大合唱》诞生及唱响世界的历史，一些内容首次被披露，具有很高的珍藏价值。专刊文章感情细腻、文笔优美，通过对《黄河大合唱》创作者的回忆及对《黄河大合唱》传唱的描述，歌颂了中国人民伟大的抗日战争，歌颂了中华民族反抗侵略的不屈精神，展现了中华民族强大的民族自信心、自豪感。一部分专刊随经典合唱团在全国演出《黄河大合唱》时赠送给现场观众，加深了读者对《黄河大合唱》的了解。《黄河大合唱》专刊对弘扬爱国主义精神、促进文化事业的繁荣与发展起到了积极的推进作用。

（三）积极推出优秀作品

《北方文学》编辑克服困难，广泛约稿，推出了一批高质量的文学作品。

比如，2019 年第 3 期刊发申长荣创作的中篇小说《松树的味道》。小说通过一个小煤窑透水的突发事故，展现了在面对危机之时各色人物的不同表现，将井上相关责任人的冷漠和推诿、普通工友的坚持与担当，都刻画得有声有色。作者在处理被困于井下的两个人物时，更是充分揭示出了在极端环境中人的微妙心理和行为，平时看上去委琐狭隘的小人物，在面临生死抉择的时刻却闪耀出强大的人性的光辉。正像小说题目所暗示的那样，人心底的那些善与美好，平时可能被一些东西遮盖甚至压制着，但是就像松树，虽然死去多年，松香味道仍然浓郁。即便它的一部分汁液变成化石，百万年以后，它的气息仍然保留在琥珀里面。

作者本身就是一个煤矿工人，他所描写的人物，就生活在他身边。从人物的把握到语言的处理，准确而平实，表现出作者深厚的文学功底。

2019 年第 1 期刊发葛均义创作的短篇小说《茫河》。葛均义是黑龙江省著名作家，其代表作品《旗镇》、长篇小说《流放》，都以描写绥芬河历史风情见长，具有浓厚的历史文化意蕴。其作品以浓郁的北方风情、语言的艺术魅力征服了读者，小说一经发表，便在文坛引起强烈反响，是黑土地文学的一张名片。

短篇小说《茫河》是葛均义的短篇新作，小说将作家的人生体验与自然环境紧密结合，艺术地表现了曾经苦斗的一代人在人生暮年的“茫河情结”，引人深思，令人遐想，表现作家对人生深刻的思考，同时也刻画了一代人对逝去的年华的追忆与无奈，小说充满着一种人文情怀。

2019 年第 6 期刊发于小芙创作的散文长卷《顺流而下》。自然与人的关系是这篇散文的主题。本文从人对自然的选择、自然对人的养育起笔，无论是在那样一个困苦的时期还是之后的漫长岁月，这片土地的山水自然都是亦父亦母的角色。人们对自然的感情是爱中有敬、敬中有怕。可是出于活着的需要，他们不得不进入山林，去取用自己所需，甚至要毁掉大片的山林，种上粮食，人活下来了，山林少了。在多年以后，其后裔纷纷进入城市，又开始了另一段的迁徙。也有一部分人选择留下来，他们想到要反哺，种植树木，让山林重归寂静，让她休养生息，重现葳蕤。

本文有着追本溯源的况味，即人人都关心的哲学命题——我之所以为我的追问。写法上从回忆切入，又不止于回忆，有现实的烘托，从而使过去与现实浑然一体。同时本文也是多主题的，也反映了现代乡村的变化，还有现代人精神上的回溯。本文分为两个维度讲述，一个是时间维度，另一个是家族繁衍的维度，都好比河流，从一个源起，点滴汇集，逐渐开阔，直至海的方向。大气自然，行文晓畅俏丽，情理交融，引人深思，是一篇难得的佳作。

（四）开展文学活动　积极参加公益行动

2019 年 8 月，《北方文学》编辑部赴建三江、饶河调研，并就当地文学创作等话题与作者进行了座谈。

2019 年 11 月，《北方文学》编辑部去大庆调研文学队伍创作情况并与文学爱好者座谈。

《北方文学》始终坚持公益属性，将“公益”作为杂志品牌形象的重要组成部分，多年来积极参与公益事务。为庆祝新中国成立 70 周年，深入贯彻习近平总书记把满足人民精神文化需求作为文艺工作出发点和落脚点的指示精神，2019 年 5 月 17 日，社领导、《北方文学》编辑部同志与中国音协合唱联盟经典合唱团成员，共同走进中石油龙江销售公司，与一线职工唱响《我和我的祖国》；向一线工人赠送了新出版的《北方文学》杂志。

（五）2019年稿件转载情况

2019 年《北方文学》刊载的作品分别有 6 篇短篇小说、小小说、散文被《小说选刊》《小小说选刊》《作家文摘报》等报刊转载。

2019 年第 4 期收录的刘涛创作的短篇小说《继父老胡》入围由“青年文学杂志社”发起的 2019 年度“城市文学”排行榜。

二　致敬文学前辈，再现70年的历史传承

2020 年，是新中国历史上极不平凡的一年，也是《北方文学》创刊 70 周年，《北方文学》以在封二封三刊发黑龙江著名作家和《北方文学》老主

编、编辑鲁琪、巴波、关沫南等人的创作生平及照片的形式，并在2020年第2期封二刊发《北方文学》创刊号，回首初心，纪念创刊70周年，抒发薪火相传的文学情怀。

2020年，《北方文学》积极抓住融入奋斗杂志社的整体发展有利时机，继续坚持正确的办刊方向和以人民为中心的创作导向，团结、联系、引导、服务作家，坚守文学品质，记录人民奋斗，书写时代气象，呈现社会变迁，讴歌新中国发展，为繁荣社会主义文学事业积极贡献。努力推出体现龙江特色、龙江风格、龙江气派的精品佳作；精心策划、组织作家创作优秀文学作品，为优秀文学作品提供发表平台。

（一）注重推出现实题材作品，努力讲好龙江故事

推出村庄系列作品，为脱贫攻坚和全面建成小康社会提供文学的力量，推动新时代乡村题材文学创作与发展实践。

《北方文学》2020年第1期刊发黑龙江作家薛喜君的中篇小说《2018年的村庄》，以文学的视角反映脱贫攻坚和社会主义新农村建设的现实，作品直面现实生活，不回避矛盾，刻画满腔热情为农村脱贫做出突出贡献的驻村干部的形象。第10期、11期连载的薛喜君中篇小说《后来的村庄》，是《2018年的村庄》续篇，作家继续讲述驻村工作队的故事。第11期刊载薛喜君的创作谈《乡村是一座丰碑》，该文被中国作家网2020年11月19日转载。

第3期“抗疫专辑”编发10篇稿件，歌颂医务工作者逆行一线的英勇，记录普通人在特殊时期的生活，传递坚定战胜疫情的信心，弘扬积极向上的正能量。较好地体现了时效性与文学性的结合，有很强的感染力。

讲述龙江故事，传播龙江声音。2020年第4期刊发传记文学《为你而生——刘永坦传（节选）》，讲述2018年度国家最高科学技术奖获得者、两院院士、哈尔滨工业大学教授刘永坦的事迹，受到读者好评。

第6期刊发了齐齐哈尔作家宋成君创作的报告文学《而今迈步从头越》，以中国一重改革发展为背景，反映一重认真学习习近平总书记视察一

重时的重要讲话精神，勇于自我革新、实现高质量发展、最终重新崛起的艰辛历程。《黑龙江日报》于2020年7月13日起全文连载，黑龙江电视台《艺术龙江》栏目对作者做了专访。

为纪念中国人民抗日战争暨世界反法西斯战争胜利75周年，《北方文学》2020年第9期刊发黑龙江作家陈力娇的抗联题材中篇小说《和平山》，该文被《小说月报·大字版》2020年第11期转载。

为纪念创刊70周年，《北方文学》特辟“经典回眸”栏目，以重温优秀作品的形式，重新刊载了部分经典名篇，如张雅文的报告文学《走过伤心地》、梁晓声的短篇小说《这是一片神奇的土地》、孙少山的短篇小说《梧桐雨》、张爱华的散文《情感黑龙江》等。

11月起，北方文学编辑部在奋斗悦读室公众号推出北方文学微信公众号内容。

（二）精心组织稿源，葆有文学品质

2020年，《北方文学》刊发的作品在艺术风格上也各有千秋。孙少山的短篇小说《青蛇沟》（2020年第8期），是这位曾获全国优秀短篇小说奖的作家蛰伏三十年后的复出之作，小说刻画那个特殊时期的人物心理及特殊社会状态下的人性。作家功力犹在，在直叙平铺的写实推进中，融入自己对生活的体味和对人物的理解，小说意涵醇厚、蕴藉，别有一种韵味。申长荣的中篇小说《黑骨·鲜韭》（2020年第7期）并不过多地注重故事情节，而是基本以叙述作为手段，构成一种散漫而有意味的叙事风格。不仅突破了自己，而且使小说更耐读，更有蕴涵。戴军的小说《长满青苔的天井》（2020年第12期）以一个小中篇的容量，写出了一个女人的一生，作者以几个片段勾勒出一个活出了自己的“寻常”女人。其他如相裕亭的小说《盐河旧事》（2020年第4期），几乎没有什么故事性，而在作者不动声色的叙述中，陈年旧事亦如陈年老酒，越品越有滋味。陈美英的散文《骨科故事》（2020年第5期）则采用了类似于田野调查的方式，通过自己的切身体验，真实地反映了医务工作者的现状，非常有现场感。王海雪的短篇小说《寂静的

噪音》（2020 年第 6 期）把看似琐碎的日常片段冷静耐心地拼贴在一起，采用散点式的结构，在营造氛围上起到了奇妙的效果；文字细致从容，蕴涵丰富，很有表现力。一些栏目的文章也各有特色，《空谷手记》的哲理性思考，《与书同行》的散漫亲切而不乏深意，都使刊物的艺术表现力得到了很大的丰富。

（三）2020年稿件转载及获奖情况

1.《北方文学》2020年稿件转载

2020 年《北方文学》刊发的稿件，共有《和平山》《心窗》《而今迈步从头越》等 38 篇次的中篇小说、短篇小说、小小说、报告文学、散文、散文诗、创作谈等被《小说选刊》《小说月报》《小小说选刊》《微型小说选刊》《微型小说选刊 · 金故事》《作家文摘》《黑龙江日报》《扬子晚报》《2020 年中国微型小说精选》《中国当代文学选本》《中国年度优秀散文诗 2020 卷》、中国作家网等转载。

2. 两篇小小说获奖

2020 年第 1 期刊载的小小说《牛棚子　草垛子》（作者：安晓斯）获《小说选刊》杂志社等联合举办的 2020“武陵”杯 · 世界华语微型小说年度奖三等奖。

2020 年第 7 期刊载的小小说《心窗》（作者：李春华）获《小说选刊》杂志社和武陵区文联等联合举办的 2020“善德武陵”杯 · 全国微小说精品奖三等奖。

3. 入选排行榜

一篇小小说入选 2020 年度中国小说排行榜：2020 年第 7 期刊载的小小说《老枪》（作者：申平）入选“中国小说学会 2020 年度小小说 · 微型小说排行榜”（排名第 7）。

2020 年度中国小说排行榜由中国小说学会主办。来自全国各地的 27 名评委最终评选出 45 部上榜作品，其中长篇小说 5 部，中篇小说、短篇小说、网络小说和小小说 · 微型小说各 10 部。

两篇小小说入选“2020 年中国微型小说排行榜”：2020 年第 7 期刊载的小小说《老枪》（作者：申平）、2020 年第 8 期刊载的小小说《渑池来信》（作者：于德北），入选百花洲文艺出版社微型小说选刊杂志社主持的“2020 年中国微型小说排行榜”。

B.16
《北极光》：注重纯文学品牌效应创新北极风格

敖建梅*

摘　要：《北极光》文学月刊是在大兴安岭地委宣传部领导下，地区文联主管主办的大兴安岭地区唯一向国内外公开发行的纯文学期刊。《北极光》自1987年改为现刊名以来，三十余年始终坚守办刊宗旨、紧跟时代步伐，有效推动中国北方文学发展。近年来，《北极光》文学月刊实施精品战略，大力刊发优秀作品，陆续被国家级刊物选载；《北极光》文学月刊注重品牌效应，全力推出本土作家作品，入选中国精品期刊展；《北极光》文学月刊强化文学站位，紧扣时代脉搏，始终把社会效益放在首位；《北极光》文学月刊引得社会各大媒体关注，适时推出公众号，线上线下受众群体不断扩大。

关键词：北极光　纯文学　精品期刊

《北极光》文学月刊是在大兴安岭地委宣传部领导下，地区文联主管主办的大兴安岭地区唯一向国内外公开发行的纯文学期刊。《北极光》自 1987 年由《大兴安岭文艺》更名以来，始终恪守纯文学办刊宗旨，紧跟时代步伐，牢牢把握社会主义先进文化的前进方向，弘扬正能量，坚定文化自信，

* 敖建梅，大兴安岭《北极光》文学杂志社编审。

秉持文化自觉。三十多年来，《北极光》为大兴安岭林区培养了大量优秀作家、诗人，有效助推中国北方文学发展，促进了中国冻土带文学的繁荣。

一　实施精品战略　刊发优秀作品　广为选刊转载

2020 年以来，在新一届领导班子的带领下，《北极光》杂志社实施“精品战略”。《北极光》进一步明确办刊思路，紧跟时代步伐，从细节考量，从质量入手，从内容到形式，都有了飞跃式的提高与发展。纸张环保耐蚀，印刷精美，版式新颖独特，刊发的文章多次被选载与获奖，整体提档升级，向大刊迈出了坚实的一步。

《北极光》所刊载的文学作品整体提高了一个档次，纯文学办刊宗旨得到进一步明确，在文学的百花园中，努力绽放花朵，散发芳香。自 2020 年第 1 期起，《北极光》所刊发的作品陆续被国家级刊物选载，这是刊物质量品牌影响力之体现。第二、第三期合刊“小说经纬”栏目推出的《大雪过后》先后被 2020 年第 20 期《微型小说选刊》、2020 年第 12 期《小说选刊》选载。

“名家近作”栏目推出的《于德北小小说二题》中的《醉酒》《饮》分别被 2020 年第 13 期、第 14 期《微型小说选刊》，2020 年第 7 期总第 127 期《微型小说月报》《小小说选刊》《小说选刊》选载；第九期“名家近作”栏目推出的《宋笔记新编二题》中的《道士曹若虚》《朱朴的剑》分别被 2020 年第 11 期《小说选刊》、2020 年第 23 期《小小说选刊》选载；第十期“名家近作”栏目推出芦芙荭的《小小说二题》被 2020 年第 22 期《小小说选刊》选载。

二　注重品牌效应　坚守办刊初心　被评为精品期刊

《北极光》注重品牌效应，始终不忘办刊初心，把宣传大兴安岭、培养本土作家作为自己的使命与担当。为了培养文学新人，《北极光》从青少年文学抓起，专门设置了“儿童文学”专栏；尤为值得关注的是，“主编推荐”栏目重点全力推出本土作家作品。这些举措极大地鼓舞了本土文学爱好者的信心与勇气，他们也表示要好好珍惜这个平台，让文学的梦想从这里起飞。第 8 期刊发的著名评论家陈爱中的《兴安岭的谋远与宏阔》——《北极光》1～7 期读札则全方位多角度立体式地评论了《北极光》2020 年上半年所刊发的文章，产生了较大的社会影响；我国著名生态文学作家、中国生态作家协会主席李青松说：“《北极光》是一本野性而豪迈，且注重生命内在丰沛和高贵的生态文学刊物，放眼兴安岭，且看《北极光》！”

趁热打铁，《北极光》利用两期增刊分别刊发了刘继祥、孙喜军两位著名作家的原创长篇小说《水彩画》《人烟》，这两部有强大生命力的作品所获得的社会效益将是无可估量的，会极大地推动当地文学创作水平迈上一个新的台阶。

同时，为持续扩大刊物的影响力与发行量，2020 年《北极光》杂志社开展了与省级门营书店的合作，设置专柜陈列、销售，这也是其走出去的一个创造性的举措。

2020 年是不平常的一年。《北极光》率先在 2020 年第一期上刊发了“同休共戚战疫魔　八万兴安在冲锋”为主题的抗疫作品专辑，实现了一个出版者的担当与使命，引发了社会上广大的反响。其中“主编推荐”栏目刊发的著名作家、省政协副主席、省作协主席迟子建的作品《春花依然盛开》起到了名家效应。《北极光》入选第二十七届北京国际图书博览会 BIBF“2020 中国精品期刊展”。

三　强化文学站位　紧扣时代脉搏　精准发力文化

文学是人类共同的精神家园，文学也是引领人类进步的重要内动力。《北极光》始终把社会效益放在首位，这是期刊的社会担当，也是《北极光》的文化自觉与自信。2020 年《北极光》不惜版面，重磅推出公益广告图片四幅，刊发在封二最显著的位置，切实从自身做起，倡导爱环境重生态等社会效益强的活动，做公益，拾垃圾，在杂志社树立一种“我为公益先”的理念。2020 年 9 月 28 日上午，地区文联、北极光文学杂志社开展了垃圾分类、保护生态志愿服务活动，并向行人进行保护环境宣传。值得一提的是，有一位耄耋之年的作者不顾天冷雪滑，来到杂志社交上一沓手写稿，百忙之中的主编不仅亲自与老人家攀谈，更对这种精神给予了鼓励，并把老人家的手写稿敲成电子版后认真进行修改，刊发在第 11 期“诗意江湖”栏目。这就是《北极光》人的一种大爱人文精神。

《北极光》能够站在同领域同行业前沿，不断扩大视野，取长补短，并将交流刊物范围不断扩大，从 2020 年元月起，加大了与国家、省市级刊物的交流，与《散文选刊》《岁月》《绿风》《海淀文艺》《骏马》等互赠刊物，加强交流与学习。为迎庆建党 99 周年，《北极光》与大兴安岭地委宣传部、大兴安岭地区文联、大兴安岭日报社、大兴安岭广播电视台联合举办了“兴安万里　阅读有你”为主题的大型征文活动，2020 年《北极光》第 8 期出版了专刊，赢得了社会的广泛关注，并有 21 名作者获得了“优秀作品奖”，同时获得了奖杯与奖状。2020 年 7 月，《北极光》杂志社被大兴安岭地区全民阅读活动领导小组授予“先进集体”奖；鲁微作词的歌曲《追逐光明》在表彰抗击疫情优秀文艺作品中被中共黑龙江省委宣传部、黑龙江省文化和旅游厅、黑龙江省广播电视局、黑龙江省文学艺术界联合会、黑龙江省作家协会授予二等奖；杂志社共有四人抗疫作品入选地直机关工委创办的《岭上芳华》一书。

四　媒体强强联手　展开重磅宣传　扩大受众群体

《中国最北纯文学期刊〈北极光〉：恪守办刊宗旨　创造北极风格》一文引起了社会各大媒体关注，人民网、人民法治网、中国改革报、东北网、黑龙江网、澎湃网、兴安宣传都对它进行了广泛而深入地宣传报道，知名度与影响力进一步上升，读者受众群体呈几何级增加，一个独具地方特色且与互联网接轨的品牌刊物如一轮旭日正冉冉升起。《北极光》微信公众号也适时上线，受众群体不断扩大。

雄关漫道真如铁，而今迈步从头越！《北极光》以边陲风情为特点，以永葆初心为己任，众志成城，开拓进取，努力坚守纯文学办刊宗旨，以文学教化滋养人心。从《北极光》走出去的无数作家，有的甚至走向了全国乃至世界。正如期刊的名字一样，《北极光》已经成为中国最北最亮的那道炫目极光。

B.17

《剧作家》：围绕重大历史节点创新主旋律剧本

王彩君*

摘　要：　2019~2020年，黑龙江省各地的戏剧活动围绕新中国成立七十周年和建党一百周年这两个重大历史节点展开，新剧目创作既立足本土又结合实际，主要集中在反映现实、红色主题和重要历史事件等题材上，精心打造出一批重点戏剧作品。《剧作家》刊发了31部大剧本、29部小作品，其中，本土作品22部。

关键词：　戏剧动态　剧目创作　主旋律　戏剧理论

2019~2020年，《剧作家》秉持初衷，依旧关注黑龙江省戏剧领域的大事件及戏剧发展动态，助力新剧目创作，为戏剧理论和评论提供争鸣的平台。

一　黑龙江戏剧大事件与新动态

2019年，黑龙江戏剧紧紧围绕纪念中华人民共和国成立70周年展开。3月13日，黑龙江省文化和旅游厅在哈尔滨召开2019年全省艺术创作工作会议。会议由省文化和旅游厅艺术处处长杨柏婷主持。各市（地）、县文化

* 王彩君，黑龙江省艺术研究院《剧作家》编辑部主任，研究方向为戏剧理论。

（体）广电和旅游局负责同志，省、市、县文艺院团负责同志，省舞台艺术创作中心成员参加了会议。会议的主要任务是深入学习贯彻落实习近平总书记关于文艺工作的系列重要论述精神，传达贯彻全国艺术创作工作会议精神和省委、省政府关于文艺工作的部署要求，总结交流过去一年来全省艺术创作工作，紧紧围绕庆祝中华人民共和国成立70周年的重要时间节点，策划实施好相关创作和展演活动，积极谋划全面建成小康、建党100周年作品创作。

2019年黑龙江省舞台艺术创作中心于3月14日和12月25~26日在哈尔滨召开了两次剧本研讨会。第一次研讨会研讨了省评剧艺术中心的评剧《五姓人家》《凤凰城》、肇源龙江剧艺术中心拟排演的龙江剧《江湾里的女人》、大庆市的话剧《选择》、牡丹江和鹤岗联合创作的戏曲《丁玲在北大荒》五部剧本。第二次研讨会也研讨了五部剧本，分别是龙江剧《芦花谣》（9月29日已经首演），话剧《高天厚土》（完成连排），京剧《血沃冰花》（省京剧院已经立项），话剧《以身许国》（正在筹排），话剧《战争的遭遇》（排演前景良好）。这些作品紧扣时代主旋律，主题较为鲜明，思想内涵较为深刻，从不同的视角回顾历史，反映现实生活，体味社会百态、人情冷暖，追寻人物的生活足迹和人生轨迹，揭示了他们的内心世界和人文情怀，塑造了较为完整、真实、丰满的戏剧人物形象，有着独特的气息，表现出黑龙江省剧作家的创作热情和对戏剧艺术的个性理解与诠释。①

4月20日，第29届中国戏剧梅花奖现场竞演迎来黑龙江京剧院带来的京剧《战洪州》。梨园关派传人张欢在《战洪州》中扮演家喻户晓的穆桂英并摘获了“第29届中国戏剧梅花奖”这个中国戏剧表演艺术领域的最高奖项。《战洪州》是一出极具关（肃霜）派京剧风格的大戏，以穆桂英的传奇事迹为题材，讲述了北宋时期穆桂英受命挂帅，先行官杨宗保率军援助，将帅同心歼灭敌军、解围洪州城的故事。这出戏根据京剧和川剧改编而来，舞蹈和武打的场面很多，文武并重，对演员条件要求很高，表演难度极大。演

① 綦思骐：《2019年黑龙江省舞台艺术中心剧本研讨会综述》，《剧作家》2020年第1期。

员不仅要有文武兼备扎实的基本功，还要有良好的身体素质和丰富的舞台经验。《战洪州》既全面体现了演员的自身功力，又展示了省京剧院的整体阵容。此次，张欢主演的《战洪州》是恩师邢美珠亲授的。张欢通过扮演穆桂英展现了京剧旦行唱、念、做、打的多种艺术表现手法，如刀马旦的帅气、花衫的甜腻、青衣的大方和武旦的火炽。剧中的“马舞”一段，既有京剧传统的规范又融入现代化表现元素，令全国戏迷耳目一新。

2019 年 5 月 26 日、27 日，黑龙江省京剧院的《奇女无容》作为第十二届中国艺术节 51 台参演剧目之一，经过初评、公示等环节，入围第十六届“文华大奖”终评剧目，在上海宝山区委党校会议中心与观众见面。

6 ~ 8 月，“好剧在鹤城”——齐齐哈尔首届话剧节举办，此次活动得到了中国戏剧家协会、省文化和旅游厅、省文联的大力支持。辽宁省人民艺术剧院的《祖传秘方》、吉林市话剧团的《靰鞡草的故事》、大连市话剧团的《一诺千金》、哈尔滨话剧院的《良宵》、哈尔滨儿童艺术剧院的《梦境奇缘》及齐齐哈尔话剧团的经典剧目《风刮卜奎》《卜奎风云》《萧红》《雷雨》九部优秀剧目亮相话剧节。中国戏剧家协会副主席、中国话剧院常务副院长、著名导演王晓鹰进行了“戏剧讲座”。

7 月 8 日，由黑龙江省绥化市北林区龙江剧艺术中心创排的大型龙江剧《扶贫书记》作为黑龙江省“全国基层院团戏曲会演”的选送剧目，在中国评剧大剧院登台展演。2019 年度全国基层院团戏曲会演由中宣部、文化和旅游部共同主办，汇集了各省、自治区、直辖市的 31 台优秀剧目。大型龙江剧《扶贫书记》是黑龙江省唯一选送的表演剧目，标志着北林区的大型舞台剧创作质量和演艺水平在不断迈向新台阶。

9 月 4 ~ 5 日，黑龙江省龙江剧艺术中心的大型龙江剧《九腔十八调》剧组赴沈阳参加“菊苑流芳——第五届辽吉黑蒙四省区地方戏优秀剧目展演”，该剧书写了两代戏曲人坚守与传承地方戏曲艺术的感人故事，由著名龙江剧表演艺术家李雪飞领衔主演。龙江剧《刘胡兰》选段参加展演开幕式。

11 月 5 日，第八届“国际戏剧学院奖”（表演奖）在青岛东方影都大剧院举办了盛大的红毯仪式和颁奖典礼。齐齐哈尔话剧团选送的参赛作品《卜奎风云》从参展的百余部作品中脱颖而出，最终获本届大赛优秀剧目奖，该剧主演艾平荣获第八届“国际戏剧学院奖”最佳主角奖。《卜奎风云》是齐齐哈尔话剧团继《风刮卜奎》之后推出的又一精品力作。该剧从“庚子之变”讲起，讲述了卜奎城风云变幻三十余年的故事，体现了卜奎人坚强、勇敢、乐观、善良的品格和不谄、不媚、不屈的血性，展现了波澜壮阔的关东风情。

12 月 4 ~ 5 日，为庆祝新中国成立 70 周年、评剧诞生 110 周年，全面展示新中国成立以来评剧艺术取得的丰硕成果，黑龙江省评剧艺术中心的大型现代评剧《重返大山里》和经典传统剧目《乾坤带》赴北京参加“清莲雅韵——全国评剧展演”活动。演出结束后，在观众的强烈要求和期待下，著名评剧表演艺术家新凤霞的关门弟子、梅花奖获得者、国家级非遗传承人王向阳返场演唱了评剧《刘巧儿》选段，观众大呼过瘾。

2019 年 12 月 16 ~ 28 日，由中共黑龙江省委宣传部、省文化和旅游厅共同主办的“庆祝新中国成立 70 周年——黑龙江省优秀剧目展演”在哈尔滨举行。此次展演，在全省范围内精选了七部优秀剧目分别在哈尔滨的六个剧院隆重上演。话剧《风刮卜奎》荣获中宣部“五个一工程奖”，话剧《地质师》获得“文华大奖”，评剧《半江清澈半江红》入选“国家舞台艺术精品工程”，话剧《良宵》获得“东北三省话剧节”金奖，音乐剧《女神湖》获得国家艺术基金资助，京剧《奇女无容》和龙江剧《九腔十八调》这两部剧既体现了对戏曲艺术的传承，又凸显其创新之处。此次展演是全省文艺战线向新中国 70 周年华诞的深情献礼。70 年来，黑龙江省舞台艺术根植黑土大地，讲述龙江故事，取得了傲人成绩。20 世纪 90 年代，黑龙江戏剧曾引起全国轰动，引发“戏剧舞台的黑龙江现象”，八台大戏晋京展演至今令人记忆犹新；在周恩来总理倡导下创立的龙江剧，经过 60 年的建设发展，在全国新剧种中获奖最多、获奖规格最高，成为全国优秀戏曲剧种；省京剧院入选全国“十大重点院团”，省评剧艺术中心被评为国家级非物质文化遗产保护单位，省龙江剧艺术中心被评为全国地方戏创作演出重点院团，文艺院团影响力不断扩大；一代代享誉大江南北的文艺名家创作出一部部独领风骚的文艺精品，在历届重大艺术评奖中屡获殊荣，尽显龙江风采。

2020年，既是特殊的一年，又是难忘的一年。剧场演出按下暂停键，戏剧这一以演员与观众面对面交流为特点的表演形式，拓宽了演出领域走向网络。“云戏剧”“戏剧上线”“线上戏剧”……戏剧界展现出了前所未有的包容和创新意识。省文旅厅通过不断的尝试和探索，将文艺院团的展示平台搬到了网上，省直文艺院团云端系列演出由此隆重推出，演员从剧场来到线上，互联网+剧场的全新体验，让广大观众尽享云端魅力，其因疫情而感到烦躁不安的心灵也得到慰藉。

2020年，全省艺术创作工作会议在线上召开，省委宣传部围绕党和国家重大战略、重大活动和建党百年等重要任务，制定了全省优秀文艺作品创作生产三年行动计划，对近三年的文艺创作重点进行了部署。省文旅厅将2020年确定为迎接建党100周年艺术创作年。2020年和2021年艺术创作的核心任务要聚焦中国梦时代主题，以重大革命历史和现实题材创作为重点，围绕全面建成小康社会、中国共产党成立100周年、扶贫攻坚、抗击新冠肺炎疫情和黑龙江省“四大精神”、工业转型发展、保障国家粮食安全、生态环境保护、营商环境优化、持续改善民生等题材开展主题创作。省直院团重点创作好以三代铁人为原型的歌剧《铁人三部曲》，以感动中国2018年度人物马旭为原型的龙江剧《巾帼天兵》，以东北抗联老战士李敏为原型的京剧《血沃冰花》，以小说暴风骤雨部分情节改编的评剧《今日秋分》。力争两年内在全省推出一批具有黑土地域风格、在全国有竞争力的献礼精品，打造新时代新龙江舞台艺术的扛鼎之作。①

8月13~14日，黑龙江省艺术研究院主办的2020年庆祝建党100周年重点剧本研讨会在哈尔滨召开。这次研讨会选定的四部剧本全是黑龙江省庆祝建党100周年重点创作剧目——许丹担任编剧的龙江剧《巾帼天兵》、费守疆担任编剧的东北方言评剧《今日秋分》、谭博担任编剧的民族歌剧《铁人三部曲》、朱红赤担任编剧的现代京剧《血沃冰花》。四部剧本有三个显

① 张丽娜：《凝心聚力　担当作为　推动新时代全省艺术工作在创新中大发展——在2020年全省艺术创作工作暨培训会议上的讲话》，《剧作家》2020年第4期。

著的特点：一是剧本关注现实，大力唱响主旋律；二是本土文化特征突出；三是全是由黑龙江省剧作家创作。本次研讨会强化精品意识，以高标准、高质量的要求认真进行研讨，切实对剧本的进一步修改提高提出中肯的意见，为二度创作打牢坚实基础，创作出代表黑龙江省艺术水平的优秀剧目。①

为庆祝中国共产党成立 100 周年，文化和旅游部组织专家遴选出 100 部“百年百部”创作计划重点扶持作品、100 部“百年百部”传统精品复排计划重点扶持作品和 100 个“百年百项”小型作品创作计划重点扶持作品。黑龙江省的歌剧《铁人三部曲》、话剧《国之重器》《八百里高寒》入选“百年百部”创作计划重点扶持作品，话剧《地质师》、京剧《奇女无容》入选“百年百部”传统精品复排计划重点扶持作品，小品《不容易》入选“百年百项”小型作品创作计划重点扶持作品。

此外，在第 33 届和第 34 届田汉戏剧奖评奖活动中，由《剧作家》选送的剧本和论文喜获嘉奖。

第 33 届田汉戏剧奖

黄维若的话剧《贵胄学堂》获剧本一等奖

许丹的龙江剧《百米河边》获剧本三等奖

刘红的论文《东北地方戏“类型化”人物审美局限研究》获理论评论二等奖

曲士飞的论文《春天清晨　那抹暖阳——谈话剧〈窝头会馆〉的创作留白》获理论评论三等奖

第 34 届田汉戏剧奖

刘米杨的话剧《不可磨灭的功勋》获剧本二等奖

郭玲玲的大型儿童剧《水果部落梦想 +》获剧本三等奖

钟海清的论文《汉德克及其“骂观众”语境》获理论二等奖

张晓欧的论文《2018 中国话剧：理智之年》获评论二等奖

---

① 岳莹：《塑龙江英雄，为建党百年献礼——2020 年庆祝建党 100 周年重点剧本研讨会综述》，《剧作家》2020 年第 5 期。

二　刊发精品剧目　助力本土剧目创作

2019～2020年，围绕新中国成立七十周年和建党一百周年两个重大历史节点。《剧作家》刊发了黑龙江省各地的新剧目31部大剧本、29部小作品，其中本土作品22部。这些剧目形式各异、题材多样，有的弘扬主旋律，有的关注当下，有的本土特色鲜明，有的直面人性、直击心灵深处。

（一）主旋律作品一枝独秀

所谓主旋律题材并不是单指红色题材、爱国主义题材，它还包括一切有利于民族团结、社会进步、人民幸福和反映真善美的题材，话剧《高天厚土》（编剧谭博）、《八百里高寒》（编剧董妮）、《不可磨灭的功勋》（编剧刘米杨）、《冬梅姐姐》（编剧王子），音乐剧《聂耳》（编剧蔚中）、《情动哈尔滨》（编剧王毅），清唱剧《冰凌花》（编剧费守疆），现代戏曲《鲁福楼》（编剧费守疆）从多方面奏响了时代强音，唱响了主旋律。

大兴安岭地区艺术剧院出品的大型话剧《八百里高寒》讲述了时任大兴安岭铁道兵某师师长的姜家修同志看到往昔战友杜峥嵘的工程日志，回忆起了1964年冬铁道兵部队在零下50℃左右的高寒气温下进驻大兴安岭的“生命禁区”开发建设铁路的那段艰苦岁月。该剧以铁道兵的奋斗历程为缩影，展现了新中国成立七十年来中华儿女艰苦创业、建设国家的奋斗精神。通过艺术化的舞台呈现，将神奇瑰丽的大兴安岭和气势恢宏的“林海雪原”生动地呈现在观众面前。

话剧《高天厚土》讲述了兴旺村党支部书记华明面对种种困难，带领村民将吃了上顿就没下顿，生产靠贷款、生活靠救济、吃粮靠返销的“三靠大队”变成花园式现代化城镇的故事。该剧是以黑龙江兴十四村第一书记付华庭的真实故事改编。编剧深入生活，捕捉细节，将特定时期的历史事件真实生动地结构在剧作中。无论是影视作品还是舞台作品，农村题材反复出现，并不讨观众喜欢，故事本身也没有那么大吸引力，但全剧以情动人，把主人公华明表现得栩栩如生。小华明跟随父母从山东老家一路逃荒到大东北，从此就扎根在这黑土大地。他从小鬼灵精怪，在处理大呲花和银凤争鸡的事件中果断、干脆；他勉为其难当选为兴旺大队的党支部副书记，本想只干一年，可这一干就是一辈子；他眼光独特、胆大心细，用养殖四只细毛种公羊挣的钱，在未经上级部门同意的情况下私装拖拉机；他并不坚强，从小就爱哭，当组织要没收拖拉机时，他哭叽赖尿地求组织别没收拖拉机，怎么处分他自己都可以；他敢作敢为、勇于担当，在全国都在推行大包干、包产到户时，他因地制宜，顶着压力不分家；在不被理解、被怀疑的时候，他也彷徨、犹豫……该剧细致地刻画了华明在带领大家致富路上的心路历程，人物形象立体而丰满，展现了新农村、新农民步入小康社会的新风貌、新风尚。

大型龙江剧《青山忠骨》于2019年11月5日在齐齐哈尔市工人文化宫首演。该剧也是以黑龙江省英模人物为创作原型，在舞台上生动树立了优秀共产党员全心为民的艺术形象。

现代戏曲《鲁福楼》以1910年哈尔滨大鼠疫为时代背景，讲述了哈尔滨鲁福楼的掌柜萧建业及其一家与其他老百姓团结一心、众志成城抗击20世纪世界上最严重的一次流行鼠疫并最终取得胜利的故事。该剧还讲述了闯关东这一历时300年的大迁徙。萧建业是千千万万从齐鲁大地出发踏过山海关直至大东北这片荒蛮冻土的一员，他讲诚信、重义气，白手起家开了鲁福楼饭庄，他用勤劳的双手建造着第二故乡。当第二故乡蒙受灾难时，他们并没有临阵脱逃，抛弃这片敞开胸怀容纳他们的东北大地和待他们亲如手足的当地百姓，他们没有忘恩负义，与当地人共渡难关，战胜疫情。时至2020年冬，人们同样经历着疫情，在疫情面前，生命是那么渺小，那么可贵，又那么伟大。该剧通过历史事件观照现实，鼓舞着人们面对疫情的勇气，剧尾四个大红色酒幌缓缓升起，鞭炮齐鸣，众人仰天高喊“过年好”，在“一腔热血燃炮竹，我将长笑代长哭。龙的子孙挺傲骨，辈辈都是擎天柱”的伴唱声中落下帷幕。中华民族是不屈的民族，大难过去，必有后福。

清唱剧《冰凌花》和现代戏曲《鲁福楼》的编剧均是黑龙江省著名编

剧费守疆。费守疆特别擅长写红色题材和英雄人物，他的以八女投江为创作原型的评剧《半江清澈半江红》和歌剧《八女投江》从不同视角结构剧本，让人们看到了英雄人物也是平凡的人，也有女儿情、姐妹情、母女情。清唱剧，是一种大型套曲结构，虽有较鲜明的戏剧结构和情节，但它不同于其他戏剧形式，无舞台布景、灯光、道具，演唱者也不化装、不表演、只歌唱，没有出入场，一直在台上，由一名叙诵者专门叙说情节，常用来表现重大的历史。《冰凌花》分为《出走》《惜别》《留念》《强盗入侵》《冰凌花》《不屈》《星夜》《血浓于水》《就义》九个乐章，由叙述人讲述赵一曼这位嘉陵江岸边深宅大院里的普通女子，一步步成长为抗联战士的人生历程。编剧诗意地将圣洁的冰凌花隐喻赵一曼："一朵小花，冷无惧，生无憾，死何妨。"

齐齐哈尔话剧团的大型工业题材话剧《国之重器》以中国一重为原型。新时期，三菱重工高价供应我国核动力部件，对我国核电发展设置阻碍，于是中国一重肩负起自主研发核动力部件的责任，完成国家交给的重大任务。该剧打破了以往工业题材剧作陈旧的创作理念，向人们展示了"大国重器"产业中，一重人干事创业的能量及所散发出来的光芒，带给人们的是灯塔式的、里程碑式的效应。为实现中华民族伟大复兴，中国一重要装备中国，中国一重要走向世界，中国一重要书写辉煌，中国一重要成为国家顶梁柱。剧中主人公说："国之重器在一重，一重擎起民族魂。"

小品《心灵速递》取材于2020年抗击新冠肺炎疫情的事迹，通过小小的口罩结构剧作，考验人性。什么是人性？是孝心，是任何时候都得对得起自己的良心，是能够正视自己及时悬崖勒马，是在困难中能互帮互助。该剧还从侧面表达了对奋战在抗疫前线的社区工作者的敬意。作品短小精悍，以小小的"身躯"扛起大大的主题。

（二）多种题材绽放异彩

近两年来，主旋律作品虽然在黑龙江省的戏剧舞台上占据了半壁江山，但其他题材的戏剧作品也大放异彩，话剧《宝贵的青瓷》（编剧任永恒）、

《姊妹树》（编剧叶君）、《战争的遭遇》（编剧王庆斌），龙江剧《芦花谣》（编剧许丹），儿童剧《水果部落梦想 +》（编剧郭玲玲），杂技剧《冰秀·寻梦》（编剧王鑫彪），相声剧《根》（编剧刘骥）等给观众提供了不同的审美享受及思考角度。

由肇东市龙江剧艺术中心排演的《芦花谣》是依托独具地域特色的龙江剧这种艺术形式，以弘扬抗联精神为主要中心思想的大型剧目。该剧根据黑龙江省女作家王芳的长篇小说《血盖头》改编，剧中的女主角芦花，是封建社会中典型的绅士家庭中的一名女子，她幼年丧母，在大婚时又痛失丈夫，在经历一系列悲惨的人生经历后她毅然决然参加抗联，其曲折的人生经历揭示出家族与民族矛盾纠葛下人性的积极与美好。该剧立足以小切口讲述好故事，展现大题材。

音乐剧《情动哈尔滨》以转让中东铁路、日寇占领哈尔滨为背景事件，描写了哈尔滨市民周文儒一家与俄侨鲍里斯一家的邻里情、周思平与玛莎的跨国恋情、中俄两国人民共同抵御日寇的家国情，这所有的情感在哈尔滨生成，交织于美丽的松花江之上。该剧正如剧名一样，处处有情，以情动人。

以上两部剧作都有抗日元素，都是从本土文化中选取创作素材，都是对普通民众和小人物的抗日书写，情感曲折、丰富，通过对小人物人生经历的书写，唤起观众的家国感和民族感。

话剧《姊妹树》以黑龙江大学的校史为创作素材，也是以本土元素结构的剧本。全剧由著名外语教育家、黑龙江大学校长赵洵在姊妹树前和即将毕业的学生紫琪的对话拉开了回忆的序幕，回忆了她和王季愚携手共建黑龙江大学的经过和在共同的经历中建立起的姊妹情，也梳理了黑龙江大学的校史。王季愚是一个婚姻不幸的四川女人，独自拉扯着一双儿女，然而生活的种种不幸并没有阻碍她积极投身革命和兴办教育事业。从西南到东北，她将一生中最美好的时光都留在了这所她热爱的学校。女儿不理解她，怨她；学生爱她，敬她。就是这样一个女人，为祖国的翻译事业培养了大量的优秀人才，直至今日，黑龙江大学的俄语专业在国内也是屈指可数的。此外，该剧还意在告诉当下的年轻人，一生执着地做好一件事足矣。

话剧《宝贵的青瓷》讲述了民国时期瓷器匠人宝贵的故事，他讲信誉，手艺精湛，一直秉持祖训不修赝品，凭本事挣钱。然而生活捉弄了他，当楚掌柜帮他救回生命垂危的儿子时，他出于报恩帮其修复了假梅瓶，并一再嘱托只能摆在家里，不得以假乱真出售骗人。可是生活再次捉弄了他——梅瓶被卖，他历经波折追回梅瓶，并在众目睽睽之下将其砸毁。该剧从不同方面塑造了乱世时期的众生相，意在告诉人们做人一定要坚守道德底限，为我们中华民族铸魂。

话剧《战争的遭遇》讲述了“二战”前夕，四个国家的六个青年男女，原本是三对普通的异国恋人，生活幸福，爱情美满。当战争爆发后，他们在互相为敌的战场上相见，在一个无法逃脱、必须面对残酷死亡的空间里，他们遭遇了超出想象的冲突，他们谁都想要活下去。可是他们如何选择，是坚持和平的人生信条还是为国家做战争犯，其中有环境因素的推动，但也是人物性格所导致的必然结果。该剧很有深度，对和平主题的表达更有其深刻的内涵。

小剧场话剧《危情游戏》反映了社会底层人对命运的抗争。19 岁的农民工大男孩心地善良，虽然命运对他百般捉弄，但他仍坚守凭良心吃饭、靠双手挣钱。然而在经历老板对他的一再压迫和侮辱后，他决定绑架老板的女儿，来回击老板对他的压迫，争取自己应得的权益。剧中男孩绑架了老板的女儿，把她关在一座废弃的木板房里，在两人相处的一天一夜内，男孩和女孩从最初的敌对，到慢慢地互诉衷肠，他们相互了解彼此，相互慰藉。当第二天一早警察到来时，女孩为了救男孩，谎称男孩是她的男朋友，绑架也只是考验老板的说辞，剧情到此结束，给人们留下无限的想象空间。该剧既写出了社会底层人生活的辛酸与不易，也写出了有钱人的生活并非美满，生活中总是存在不如意，只要我们保持善良的初心，转角处便会出现阳光。

2019 年度国家艺术基金舞台艺术创作资助项目——大型儿童剧《水果部落梦想 +》是由黑龙江省艺术研究院的青年编剧郭玲玲执笔，青年导演遇君菡、綦思骐指导，哈尔滨儿童艺术剧院演出。经过四个月的精心打造，该剧于 2019 年 6 月 23 日在哈尔滨大剧院与观众见面。精湛的舞台表演、唯美梦幻的布景灯光、欢快感人的音乐舞蹈，瞬间把观众带入丰收的“水果部落”。《水果部落梦想＋》将水果拟人化，塑造了以草莓妹妹、榴梿小子和菠萝哥哥为代表的形象生动的水果人物，讲述了它们追梦的故事。该剧主创及表演团队很年轻，均为“80后”，这样年轻的团体赋予了该剧无限的想象和活力，受到了专家及广大观众的好评，尤其是小观众们的追捧。

新编皮影戏《哪吒与三太子》是根据传统神话剧《哪吒闹海》改编的，用现代视角给孩子们讲述了一个古老的故事，让孩子们在领略传统“龙江皮影戏”的操纵技巧的同时，弘扬了传统文化。

杂技剧《冰秀·寻梦》是黑龙江省杂技团重磅打造的冰上多元艺术盛宴，2019年完美收官。该剧塑造了一个健康、和平、绿色、智慧的大熊猫形象，并以其为主要人物和线索，讲述其怀着对“古丝绸之路”到“一带一路”的憧憬，寻梦世界的奇幻之旅。该剧在“音、服、道、效、化、视”等方面大胆创新，使中国元素与国际化符号、杂技技巧与故事剧情完美融合，实现冰上杂技演艺剧情化。

大型相声剧《根》是黑龙江省曲艺团自编、自导、自演的舞台作品，是黑龙江省曲艺团继《桃花巷枪案》《一只绣花鞋》《抗日大侠》之后，献给观众的又一部原创新作。该剧是庆祝新中国成立七十周年的献礼之作，展现了在新中国成立前恶势力当道、生灵涂炭的背景下，相声艺人凄惨的生活状况和对中国传统艺术执着、艰难的传承与坚守。通过刘华、大川、百灵和小葛等剧中人物错综复杂的感情纠葛和悲欢离合的故事情节，演绎了一场正义与邪恶的激烈较量。该剧在舞台设计上力求创新，突破静态表现，呈现多元立体的舞台效果，体现了舞台画面的唯美。

新编亲子类音乐剧《木兰前传》由黑龙江和广东两省的文化和旅游厅联合出品，哈尔滨中泰兄弟文化传媒有限公司、广东省演出有限公司共同制作，由黑龙江省评剧艺术中心的演员出演，这是戏曲演员出演音乐剧的初探。木兰替父从军的故事家喻户晓，该剧则另辟蹊径，以木兰从军之前的故事为背景，呈现方式不落俗套勇于创新，是一部有温度、高质量的作品。作为2019哈尔滨青年戏剧节的闭幕大戏，该剧是龙粤艺术界合作而结出的文化硕果，也是龙粤两地在文化产业层面又一次深度合作。

萧红是从黑龙江走出去的知名作家，中共黑龙江省委宣传部重视深挖萧红题材，歌剧《萧红》是黑龙江省继话剧《萧红》之后推出的又一力作。歌剧《萧红》由知名编剧黄维若执笔，中央歌剧院排演，描写了萧红从文学青年成长为进步作家的人生经历。

2019～2020 年上演新创剧目一览

作品名称	形式	演出单位	主创人员
《水果部落梦想＋》	大型儿童剧	哈尔滨儿童艺术剧院	编剧：郭玲玲 导演：遇君菡、綦思骐 舞美：李杨 服装：肖文雄 主演：侯冰玉、刘杨
《冰秀·寻梦》	杂技剧	黑龙江省杂技团有限公司	编剧：王鑫彪 导演：王举
《哪吒与三太子》	龙江皮影戏	哈尔滨儿童艺术剧院	编剧：王沛、康然然、廉兴利 导演：王沛 主演：康然然、王沛、廉兴利、邹雯晗
《芦花谣》	大型龙江剧	肇东市龙江剧艺术中心	编剧：许丹 作曲：王建仁 导演：李文国 舞美：李小乐 主演：吕秀华、张国义、闫培庆、慕旭娟
《根》	新编大型相声剧	黑龙江省曲艺团	编剧：刘骥 导演：刘骥 舞美：车承滨 主演：刘骥、辛越、赵子洲、聂毛
《木兰前传》	新编音乐剧	黑龙江省评剧艺术中心	编剧：叶君博 导演：李俊杰 作曲：潘君保 主演：王也、王志洋、齐彦章、杨丽、孙丽娜、张琦

续表

作品名称	形式	演出单位	主创人员
《青山忠骨》	大型龙江剧	龙江县龙江剧艺术中心	编剧：许丹 导演：许丹、冯志刚 作曲：郭宝华 主演：冯志刚、朱波、王志霞、张树臣、白景岩、崔军、张桂芹、张丽华
《国之重器》	话剧	齐齐哈尔市话剧团	编剧：李继合 导演：邢友江 舞美：车承滨 主演：赵永钢、孙丽艳、毛杰、董旭

2019～2020 年发表新创作剧本一览

作品名称	形式	作者	发表刊物	刊期
《天使来到 T 城》	儿童剧	李凤臣	《剧作家》	2019 年第 1 期
《一场特殊的聚会》	小品	李景宽	《剧作家》	2019 年第 1 期
《情动哈尔滨》	音乐剧	王毅	《剧作家》	2019 年第 3 期
《冬梅姐姐》	话剧	王子	《剧作家》	2019 年第 4 期
《跟踪追鸡》	小品	阿原、王治普	《剧作家》	2019 年第 4 期
《宝贵的青瓷》	话剧	任永恒	《剧作家》	2019 年第 5 期
《三代情缘》	现代评剧	王一亮、王庆斌	《剧作家》	2019 年第 5 期
《鱼香果甜》	拉场戏	苗俊英	《剧作家》	2019 年第 5 期
《冰凌花》	清唱剧	费守疆	《剧作家》	2019 年第 6 期
《水果部落梦想 +》	儿童剧	郭玲玲	《剧作家》	2019 年第 6 期
《摔宝瓶》	拉场戏	何苍劲	《剧作家》	2019 年第 6 期
《二黑与二丫》	小品	李景宽	《剧作家》	2019 年第 6 期
《桃花深情》	地方戏	王一亮	《剧作家》	2020 年第 1 期
《情系月亮湾》	现代戏	何苍劲	《剧作家》	2020 年第 2 期
《精人傻事》	小品	阿原、王治普	《剧作家》	2020 年第 3 期
《鲁福楼》	现代戏	费守疆	《剧作家》	2020 年第 4 期
《战争的遭遇》	话剧	王春阳、王庆斌、王一亮	《剧作家》	2020 年第 4 期

续表

作品名称	形式	作者	发表刊物	刊期
《高天厚土》	话剧	谭博	《剧作家》	2020 年第 5 期
《我是一个兵》	龙江剧	王延忠	《剧作家》	2020 年第 5 期
《危情游戏》	话剧	王子	《剧作家》	2020 年第 5 期
《姊妹树》	话剧	叶君	《剧作家》	2020 年第 6 期
《心灵速递》	小品	郭玲玲	《剧作家》	2020 年第 6 期

三　戏剧理论再攀新高峰

在坚持戏剧创作与戏剧理论并重的基础上，2019～2020 年《剧作家》除发表一些有思想、有温度、有品质的剧作外，还刊发了一些有深度的戏剧理论和有效的戏剧评论，包括对古今中外戏剧理论成果、前沿思维及世界戏剧未来走向的研究，对当今世界各地戏剧舞台上演的作品及不同风格流派的新剧目有效评析，观念新，涵盖面广，学术水平高，理论价值丰厚。

（一）深入的理论研究支撑艺术创作

习近平总书记指出："要根据时代变化和实践发展，不断深化认识，不断总结经验，不断实现理论创新和实践创新良性互动。"戏剧理论来源于戏剧创作实践，在戏剧创作的创新中不断深化，从而达到反过来指导实践、回归创作实践的良性互动。以《汉德克及其骂观众语境》《象征主义戏剧流派的出现与融合》《疫情下的中国戏剧发展》《话剧市井人物形象塑造研究——1994—2014 年曹禺戏剧文学奖获奖剧目系列研究》为代表的理论文章，从不同角度研究了古今中外戏剧学术发展中的不同方面，不仅是对戏剧研究百年成就的审视，也给戏剧创作提供了理论支撑。

（二）文艺评论推动戏剧市场发展

有效的戏剧评论不仅可以丰富和提高戏剧审美理论、繁荣戏剧批评，还能推动戏剧市场良性发展。《声身承载的市井记忆——云门2舞剧〈十三声〉观后》《一部写给当下与未来的历史剧——从〈我们的荆轲〉看莫言的历史剧和舞台艺术表现方式》《台湾青年视域中两岸的预言性寓言——观〈远方〉有感》《冷月何处话凄凉——〈金锁记〉戏剧改编的得失探究》《笔底笺上情与思——观小剧场越剧〈一个陌生女人的来信〉》《谜底在谜面之前——观王延松导演版〈日出〉》《隐喻的身体欲望——评英国国家剧院〈李尔王〉》《独白心灵的人生况味——现实题材戏剧视域下的〈豆汁儿〉》等都是对当今戏剧舞台上演剧作的评析，观点新颖、独到，从剧目本体出发，对戏剧艺术的现状、未来走向及演出市场做出合理的阐释，促进戏剧艺术和戏剧市场发展。

2019年，是《剧作家》创刊40周年。风雨兼程我们一路走来，面对读者真诚的信赖和期待，我们唯有不忘初心、牢记使命、砥砺前行，与时代同步、为时代发声。

B.18

《五味文学》：坚守在大山深处的企业文学

闫善华*

摘 要： 2001年创刊于塔河县电信局的《五味文学》，是黑龙江联通企业文化建设的一个闪光点，也是中国联通企业一本创办近20年的员工文学期刊。长期以来，《五味文学》紧扣企业发展脉搏，坚持宣传正能量、歌颂真善美，宣传联通企业发展建设成果，展示联通企业文化内涵，树立联通企业形象，提高员工文化素质，为企业发展做贡献。同时，《五味文学》也是塔河地域员工文学的重要组成部分，充分展示地域特点，弘扬地域文化，为企业和地域文化建设做贡献。

关键词： 文学内刊 弘扬主旋律 员工文化阵地

地处大兴安岭伊勒呼里山脉北麓的塔河县是大兴安岭中心腹地，具有深厚的文化底蕴，有一万多年的旧石器文化，有黄金古驿路文化，有大森林文化，有鄂伦春文化，有铁道兵文化，有开发建设文化、有知青文化、有冰雪文化、有界江文化等，有从这走出去的著名作家迟子建、诗人雪村等。所以这里也是产生文学的地方。

时间的河流，把岁月不断拉长。从 2001 年到 2020 年，创刊近 20 周年

* 闫善华，大兴安岭地区作协副主席，塔河县联通《五味文学》主编。

的《五味文学》一路走来，近20年的诗情文韵、经风历雨，留下了或深或浅的不平凡足印。

一 《五味文学》创刊背景

《五味文学》诞生在2001年的7月。起初仅仅是电信局的几个人聚在一起，谈天说地，工会领导说，看你们这些人都诗情画意的，能不能把你们的才华展示出来，写点小诗、小文的。咱们也创办一个诗社啥的，展示一下咱企业的文化和形象，这话题引起大家共鸣和热烈反响。

成立文学社这件事也得到局长赵志深大力支持。有关诗社的名字，经过一番热烈讨论，最后由局长赵志深确定为“五味文学”，《五味文学》就这样简单地诞生了。

其间，企业不断进行改革，但“五味文学”的名字沿袭至今，这本员工文学，伴随企业一路前行。

二 《五味文学》的发展壮大

成立文学社大家都积极参与，有的写诗，有的写散文，都欣喜地发给编辑闫善华。从初中就喜欢文学的闫善华，这回自己编刊物，心里特别高兴。由于稿件不是太多，不能做大开本的，闫善华为了能让这本刊物显得厚实一点，打印成A4纸折叠，让三张A4纸变成6个页码。这三张纸也不值得找出版社，所以就复印出来，钉在一起。

刊物做好后，开始邮给地区电信局领导，也邮给黑龙江省电信公司工会文乾义主席。之所以邮给文乾义主席，因为他喜欢文学，他在1973年就开始发表文学作品，他的作品在国家和黑龙江省都很有影响力。他看到这本在边陲塔河小县城创办的员工文学感到特别惊喜，这本简陋的员工文学小册子，就像在寒冷地带萌发的文学幼芽，显得尤为珍贵，因此，他给予极大的支持和鼓励，这更增加了五味文学社领导和编辑人员的信心。

由于当时从局长到工会主席，都动员员工进行创作，让员工把心里的美好和畅想都写出来，员工也都特别用心，写完就交给编辑闫善华。所以，从第1期到第21期，除1篇是大兴安岭地区员工写的，其余都是塔河员工写的。每个人能在这小刊物上发表一篇作品，都感觉特别高兴，有一种实现梦想的感觉。

后来省工会、电信局把这个刊物介绍给《黑龙江邮电报》（电信版）副刊《北极艺苑》编辑张晓峰，他又把它推荐给编辑部。至此，《五味文学》的作者就发展到全省电信系统。投稿的有省电信局的领导、有工作一线的员工，有机房的技术员，也有线务员。随着刊物的不断发展壮大，省外的联通系统文学爱好者也参与投稿。同时，也受到了国家著名作家、诗人的关注，他们说在大兴安岭深山里发起的文学，原汁原味，不做作，有原生态的感觉，所以，他们也把自己的作品交给《五味文学》发表。现在，作者群近600人的诗文书画在这本刊物发表。在塔河县领导的大力支持下，由最初的6页、50份订书器装订，到2018年变成16开本64页码的季刊。

三　《五味文学》硕果累累

截止到2021年，在《五味文学》20年的办刊过程中，这本员工文学取得很大成绩。其中部分作者的文学作品在《天津文学》《广州文艺》《章回小说》《飞天》《椰城》《小说林》《诗林》《湖海》《海燕》《旅游摄影》《绿叶》《生态文化》《雨花》《北极光》等国家级、省级、地级文学报刊发表，展示了黑龙江联通公司员工的文化素养和企业文化建设成果。编辑部还把《五味文学》创刊1～5年、6～10年的文学精品编辑成册，分别由黑龙江省联通工会和大兴安岭地区联通公司出版印刷，成为黑龙江联通公司员工的精神食粮。

塔河县从开发建设至今，属于大兴安岭文化高地，作为塔河联通公司的员工，大多数是大中专毕业生，有文化素养，其创办的《五味文学》，培养和带动一大批文学爱好者，并在文学创作上取得很大成绩。有的刚开始只写几句稚嫩的小诗、一篇小短文，经过不断的发表作品，现在都进步特别大，有的能写上万字的小说。佳木斯的宫明、嫩江的王云江、鸡东刘长胜，省公司的王皓、曹红伟、詹宇、武秋玲，大兴安岭邢秀芳、刘艳琴、王宇、齐秀梅、蔡华、勃利、刘芙蓉等，通过在《五味文学》发表作品，文学创作水平有很大的提高。作品由小资情调到大气磅礴，由抒发自己的情怀到歌颂大爱，创作内容十分广泛。

员工作者创作和发表作品数量特别可观。其中，姜凯出版散文集 1 部、闫善华出版散文集 4 部、关卫红出版文集 1 部。闫善华有 2 部散文集被黑龙江省图书馆收藏。他们三位先后加入黑龙江省作家协会，成为黑龙江的作家。在前些年闫善华就加入中国散文学会、2019 年还加入中国自然资源学会。

在这 20 年的过程中，这些作者共获得国家级、省级、地级、县级征文奖项达百余次。为黑龙江联通企业赢得荣誉，得到黑龙江联通企业各层领导的好评和认可。

《五味文学》这棵黑龙江联通公司的员工文学之树，结满全国联通员工作者的文学创作果实，他们看到《五味文学》，亲切地说："没想到遥远、寒冷的黑龙江省联通，还能创办员工文学，我们有找到家的感觉。"他们欣喜地把作品发到《五味文学》的邮箱里。从山东到山西、从河北到河南、从湖北到湖南、从安徽到广东、从天津到辽宁等省 20 多位联通员工作者，为《五味文学》投稿。同时，这本全国通信行业仅有的一本员工文学，不仅是黑龙江联通企业文化建设的闪光点，也是边陲塔河地域员工文学的园地，得到中国联通集团工会宣传处领导的认可。《五味文学》是中国联通企业唯一的员工杂志。

五味文学结硕果，山里开花山外香。《五味文学》从问世到现在，成了作家和文学爱好者关注的刊物。国家级的作家、诗人、书画家等，为了支持这本小刊物，同时也拓展和宣传黑龙江联通企业文化，将他们自己创作的大作发给小刊，提高了作品的质量。比如，20 世纪七十年代就在《诗刊》发表作品的李发模，还有中国著名作家梁衡先生、一级作家门瑞瑜与吴宝三等都对小刊情有独钟。特别是从大兴安岭走出去的茅盾文学奖获得者、黑龙江省政协副主席、黑龙江省作协主席迟子建，也特别关注这本文学。黑龙江省文学院院长何凯旋、《诗林》编辑安海茵、《黑龙江林业报》总编王宏波、《中国绿色时报》编辑李树一，还有大连的李皓、天津的张映勤，大兴安岭地委宣传部部长李佰铮，曾任大兴安岭文联主席沈志军、现任文联主席徐林，作协主席鲁微、名誉主席敖荣春等都在这里发表过作品。

《五味文学》从2002年起就得到省公司时任工会主席文乾义、副主席李书远的特别扶持，获得长足发展。在2007年6月《五味文学》编辑部组织全省作者参加在大兴安岭网通公司举行的座谈会；2009年12月9日，《五味文学》创刊100期座谈会在哈尔滨举行。这本员工文学杂志在企业不断发展和改革中，一直坚守文化自信的理念，员工作者用手中的笔，来歌颂祖国、歌颂党、歌颂企业、歌颂美好的生活。每一首诗都洋溢积极向上的旋律，每一篇散文都书写美好的时代。

《五味文学》也得到塔河地方政府各层领导的关注和支持。2016年，正值《五味文学》创刊15周年和即将迎来创刊200期之际，塔河县举行了庆祝活动，这本员工文学展示了塔河县员工文学发展的成果，为县域文化建设增光添彩。

在2019年秋季，黑龙江省联通公司总经理刘炳坤、副总经理兼工会主席于慧峰从省城千里迢迢来塔河调研，并拨冗到《五味文学》编辑部看望编辑人员，给予极大的支持和鼓励。在2021年7月，黑龙江省联通公司副总经理卢斌来塔河调研，也来到《五味文学》编辑部，了解塔河究竟有怎样的文化底蕴，才能产生这样一本黑龙江联通员工文学杂志，并坚持20年。听了编辑人员的介绍，他也特别感慨塔河这个富有诗意的小城，果然不凡。

从2001年到2021年，整整20年的时光，黑龙江联通企业飞速发展，塔河县小城文化氛围更加浓厚，但《五味文学》办刊的理念和宗旨没有变，而且迎来了创刊20周年的节点。在2021年7月21～23日，大兴安岭地区联通公司组织召开的《五味文学》创刊20周年座谈会在塔河县举行。黑龙江省联通公司副总经理兼工会主席于慧峰、工会副主席曲浩扬、企划部经理赵利滨，大兴安岭地区联通公司总经理王钢、副总经理兼工会主席冷维宁及黑龙江省联通公司各地市部分作者代表参加会议。这次座谈会，对黑龙江联通企业文化发展起到了极大的推动作用。

这几次《五味文学》座谈会，是黑龙江邮电有史以来为文学召开的盛会。历任黑龙江省联通公司总经理、工会主席，还有大兴安岭联通公司历届领导，对这一员工文学特别关爱和一如既往的支持，是这本刊物向前发展的动力。

2018 年在塔河县举行的 200 期笔会上，省公司于慧峰副总经理亲自写寄语，其鼓励和关怀让员工作者心里特别温暖，同时也是一份别样的鼓励。

从大兴安岭联通公司历届总经理于德贵、南海龙、王国军、张永胜、王钢，到工会主席苏林、金瑞芝、燕树林、冷维宁等领导，他们在繁忙的工作之余也拿起笔来为《五味文学》写寄语，意在支持和鼓励员工写作。

主编闫善华不仅编辑刊物，还带领作者奉献爱心。在汶川、玉树发生地震时，都出专刊，并动员作者将当期稿费捐给灾区。在 2020 年抗击突如其来的新冠肺炎疫情中，作者把歌颂白衣天使、坚守在防疫一线的干部员工的感人事迹的作品发给编辑部，编辑一期抗疫专刊，同时，把这期的稿费捐给武汉，奉献了一片爱心。

四 《五味文学》：一个人的编辑部

在近 20 年的编辑过程中，《五味文学》的编辑部只有一个人——闫善华。从 2000 年起因为企业改革减员，闫善华就退养了。2001 年《五味文学》创刊，闫善华就担负起编辑工作。正当小刊刚刚起步时，2003 年企业再次改革，裁减所有的聘用员工，闫善华也不例外下岗了。可闫善华认为这本小刊就像自己的孩子一样，如果停刊觉得可惜，而且有很多员工作者把这里当成精神家园。于是，她就坚持一期期地义务编发、邮寄。这样坚持了半年，她想，还是与省级领导沟通一下，省里领导说不能停，就继续做下去。至此，这本小刊又恢复了正常运转。如果那次不是闫善华的坚持，即使不能停刊，中间也会有断档。直到 2009 年因通信企业合并改革，她重新回到企业工作，在办公室担任文秘、业务经理等职务，还兼职负责编辑《五味文学》。

其实，做什么事都不是一帆风顺的，其中编辑闫善华体味最深。正如小刊的名字“五味文学”，啥滋味都有，有时那种委屈的泪水，只能流在心里。为了宣传扩大小刊在社会的影响，树立联通企业形象，她举行笔会等等，耗费了太多的心血，但她认为值得。让员工作者在这里抒发情感，歌颂企业和生活，这是正能量，只要对的就坚持。

这是一本员工文学，她说，自己只是为作者服务的。只想让这本小刊枝繁叶茂，只想为那些青睐小刊的员工作者保留一个心灵栖息之所，只想为在激烈的市场竞争中打拼的员工作者提供一个可以释怀的芳草地，只想不负系统各层领导的嘱托、关心和特别的扶持，忘不了那些员工作者见到她时那种对文学敬重和期待的眼神。

特别令她感动的是，黑龙江省联通公司副总经理、工会主席于慧峰在《五味文学》创刊 200 期时给予特别的支持，不仅及时协调系统内员工作者来塔河参加笔会的差旅费和请假等事项，还亲笔为创刊 200 期写了寄语，这是对她和员工作者最大的鼓励和认可，也是对小刊给予极大的希望。在 2019 年 9 月，于慧峰主席来塔河调研时，亲自到《五味文学》编辑部看望闫善华，询问办刊中还有哪些困难等，于主席的关怀如春风般的温暖，更增加了闫善华办好这本员工文学杂志的信心。于主席看到在塔河县文化特色展厅里还为《五味文学》设立一个展示的平台，心里特别高兴。领导的重视和嘱托，给了闫善华极大的鼓励和认可。

这二十年来，主编闫善华没休息过周六周天，也没休过年假，她把整个身心都投入编辑工作中。俗话说，麻雀虽小五脏俱全。从收稿子到选用，从排版到几次校对，从封面设计、制作到封二、封三、封底图片的选用，从写信封到邮寄时贴邮票、从办公室把信件运到邮政营业厅邮发；从计算稿费报账到稿费的邮寄……一个正规编辑部所有的程序，一项都不能少。有的时候给作者邮的样刊收不到，就邮第二次、第三次。其中还得填写作者登记表等等，一系列的事情都由她一个人来完成。有时排版好的稿子发到印刷厂有串行等错误，就得在印刷厂和排版员一点一点地调整，有时印刷厂排版员忙就得等着，常常等到晚上很晚，自己饿得饥肠辘辘的，有时排版到午夜，夏天时被雨浇，冬大被寒风吹……

一次给孩子做饭开启铁盒罐头时，闫善华不小心双手十指割破五个，为了不耽误按时出刊，她用不熟练的手指在键盘上一个个字地敲打，令一位地区来检查工作的领导深受感动。

如今，闫善华不仅担任《五味文学》主编，还担任大兴安岭地区作家协会副主席，塔河县文联副主席、作协主席。

这本员工文学杂志就这样在各界、各层领导的支持、扶植、厚爱下，犹如一朵生命力顽强的鲜花绽放在塔河这块人杰地灵、具有深厚文化底蕴的土地上。今后，杂志社将不负所望，继续担负起历史使命，与企业、与地域文化同呼吸、共命运。坚定文化自信，努力在新时代开启新征程，为联通企业和县域旅游文化发展续写锦绣华章!

B.19

《猛犸象诗刊》：寒地黑土的诗意回响

文可心*

摘　要： 作为绥化日报社推出的全国唯一地级党报主办的诗歌类报中刊，《猛犸象诗刊》在对外展示绥化风貌的同时，展现了更加丰富、全面的中国新诗创作风貌。同时，该刊把挖掘培养诗坛新人、推出关注生活与民众的优秀诗歌作品作为己任，努力为我国诗歌事业的繁荣发展做出贡献。

关键词： 寒地黑土　新诗　新人

距今1万至4万年之间，绥化市辖区的青冈县处于西伯利亚世界大陆冰川中心，有猛犸象等古动物在这里生存，可以说这里是猛犸象等古生物的故乡。

为大力发挥文化阵地作用，丰富市民文化生活，广泛传播高雅文化，繁荣文艺创作，丰富融媒体发布内容和阵容，同时向外域宣传推介绥化，打造绥化市的外宣名片和品牌，绥化日报社以猛犸象为名，创建了《猛犸象诗刊》，用诗歌的形式打开了一扇让绥化走向世界的大门。

一　“猛犸象”以诗歌为生命

《猛犸象诗刊》是黑龙江省绥化日报社推出的，全国唯一地级党报主办

* 文可心，绥化日报社主任编辑。

的诗歌类报刊。《猛犸象诗刊》于2019年1月4日创刊，由黑龙江省绥化日报社主办，是我国首家由地级党报主办的诗歌类报刊，也是绥化日报社探索“新闻+N”融媒体建设的实际举措。

《猛犸象诗刊》旨在推出中国当代诗人名篇佳作，重点刊发诗坛名家及成熟诗人的精品力作，充分展示中国诗坛的创作现状；同时大力推荐青年诗人的纯正好诗，扶持新人，为我国诗歌事业的繁荣发展做出贡献，并以此为阵地，向世界宣传绥化。

《猛犸象诗刊》由十三届全国人大常委会委员，中国作家协会副主席、书记处书记吉狄马加题写刊头，著名诗歌评论家李犁任特约主编。

《猛犸象诗刊》主要栏目有头条诗人、民间好诗、诗地理、诗选本、诗坛传真、致敬名家、李犁烹诗、北方诗话、诗之外、诗歌记忆、名诗荐读等。每月出版两期，每期8版。同时，《猛犸象诗刊》电子版（见《绥化晚报》电子版）与“猛犸象诗刊”微信公众号也于2019年1月4日同步推出。

《猛犸象诗刊》自创刊至今共出版40余期。这40余期报中刊，记载了“猛犸象”的成长历程，并让读者通过其稳步前行的足迹领略到当代中国诗歌的格局与方向、气质与风貌。同时，也让寒地黑土之上的绥化展现出独特的诗意与魅力。

《猛犸象诗刊》得到了绥化市青冈县的大力支持。青冈县是全国唯一的“中国猛犸象故乡”，是我国猛犸象化石产地。近年来，为展示猛犸文化魅力，打造“中国猛犸象故乡”这一闪亮的名片，青冈县一直致力于创建猛犸象文化产业品牌。2019年9月，青冈县成功举办了第17届人天·诗探索“华文青年诗人奖”颁奖典礼，林莽、李犁、杨川庆、包临轩等全国30多位著名诗人云集青冈，感受青冈文化魅力。同时，《诗探索》杂志社将采风创作基地落户青冈，著名诗人林莽为青冈县授牌。自2008年开始，青冈县还创办了端午诗会，目前已成功举办十三届，先后两次被省文化厅评为省级特色文化品牌。这些活动不仅助力青冈文化事业日益繁荣，也唤醒了群众对优秀传统文化的尊重与传承意识。青冈正以其别具一格、生机勃勃的文化特色声名远播，被越来越多的人熟悉和肯定。青冈县还将争取举办世界猛犸象诗人大会，用诗歌和文艺的形式着力打造猛犸象文化和外宣品牌，让经济发展注入文化基因和长久活力，让人民既有富贵和殷实，又有诗和远方。

二　500余名诗人在寒地黑土种下诗行

自创刊后，从“鲁奖”诗人到诗坛耆宿；从黑龙江本土诗人到全国各地诗界翘楚；从七旬老人到年轻的“零零后”；从专职诗歌创作者到业余诗歌作者，遍布全国的500余位诗人诗作先后登上《猛犸象诗刊》，在东北这片寒地黑土之上，种下了千姿百态、各具特色的诗行。

《猛犸象诗刊》出版以来，推出了头条诗人、民间好诗、诗地理、诗选本、诗坛传真、致敬名家、李犁烹诗、北方诗话等十余个栏目。

其中，“头条诗人”作为《猛犸象诗刊》的重磅专刊，迄今已推出一百余位诗人，他们以有情怀的写作、精彩的表达，充分反映了我国目前诗歌创作的多元化风格。

在创刊号集中推出的“鲁奖”（第七届鲁迅文学奖诗歌奖）诗人汤养宗、杜涯、胡弦、陈先发、张执浩的作品，集中展现了当代优秀诗人代表在诗歌创作上对生命与生活、社会与自然的思考与反省，及在传统写作与现代表达方式上的探索与突破；他们各自所展现出的独特风格，如汤养宗的从容与本真、杜涯的沉郁与明亮、胡弦的悲悯与理趣、陈先发的古典与细腻、张执浩的朴素与清洁，则进一步加深并拓展了读者对我国新诗创作的理解与认识。

在头条诗人中，还有一些别具风采的诗人，他们以无比鲜明的诗风呈现着个人对生活的体悟，也从多个侧面展现着当前我国社会生活的面貌。比如俗称“草根诗人”的张二棍，以深深扎根于大地的赤子之心，冷静、炽热地观察着生活，并将触角伸向微小而卑微的角落与细节，在不矫饰、不浮夸的文字间，洋溢着对万物的慈悲与善良，以最真实质朴的疼痛与喜悦锤击着现实与人心。具有丰富底层生活经验的东北诗人赵亚东，则用饱含温度与韧性的诗句高度浓缩着过往的疼痛、忧伤与迷惘，并在过滤与沉淀后，最终将一切升华为感动、温暖、希望与爱，催人泪下，也让人备感宁静与幸福。

乡土诗人梁梓的诗歌则呈现了另一种情景。他来自乡村，所有信手拈来的意象与经验在闪烁着原始、率真的光芒，词语与意境的崭新架构流淌出出人意料的情怀与气息，让传统意义上的乡村因此有了更丰富、更立体的形象和况味。

由著名诗人、评论家李犁为这些头条诗人撰写的"推荐人语"是《猛犸象诗刊》的拳头栏目。虽文字寥寥，但神凝意聚，言近旨远。李犁准确把握了诗人的创作脉络，以非常精辟和诗意纵横的语言总结了每一位头条诗人的创作风格，既肯定特点，也指出缺憾，优良的审美判断为诗者欣赏和学习诗歌提供了最精准的指南。

"民间好诗"专刊则充分体现了择新、纳新、出新的特点，所推出的作品注重呈现个人化和自由化的审美方向，为中国诗坛展现了一种独特的形象与思考。犀利老辣的赵小北、真挚深刻的老德、纯真灵奇的吉葡乐……他们的创作自由活泼、直率坦荡，每一首诗都在轻松中体现着思考，又在思考中深化着生活。

在"诗选本"专刊中，刊发了一百余位来自全国各地的诗人作品。本着大气、多元、包容、开放的办刊方向，竭力避免同质化，编辑选发了一大批风格各异、主题多样的作品，既反映出目前我国诗歌创作队伍的壮观与活力，也彰显出诗歌创作者对诗歌所葆有的真诚和敬畏，以及因此而在文字间呈现的血肉与呼吸、骨架与灵魂。

"诗地理"专刊虽以地域划分，但所选编的作品并未显现地域局限，作者反而会以更高远的视角观照家乡、观照生活，从熟知的日常中挖掘出隐藏的、不为人知的诗意。比如四川诗人鲜圣对家乡麦田、菜花地、雪与土等自然万物的描写，诗行中充溢着无比清新灵动的气息，读者从中会感受到充满生机又饱含诗情的四川大地风貌。

三　包容开放创新，是《猛犸象诗刊》的精神内核

在办刊过程中，《猛犸象诗刊》一直不断拓展空间，创新思维，兼收并蓄，已逐步成长为内容丰富、形式多样，具有鲜明特色的诗歌类报中刊。

为丰富诗刊内容，《猛犸象诗刊》陆续推出了诗坛传真、诗人表情、名诗荐读、北方诗话等专刊。

“诗坛传真”对国内重要诗歌活动及诗人创作动态进行了报道。

“名诗荐读”由哈师大博导陈爱中主笔，对我国新诗创作以来的优秀作品进行解读，文章短小精悍，切中要旨。

“北方诗话”刊发了部分诗人著作的评论作品，这些作品既高屋建瓴地总结和分析了诗人著作的艺术魅力与文本价值，也有力引导了读者品鉴欣赏诗歌。

该专刊还推出了著名诗人张执浩执笔的专栏“黄鹤楼下谈诗”，对杜甫、李白、王维等中国文化人物的创作脉络与人生历程进行了剖析与总结，从崭新的角度还原了诗人们既艰苦动荡又异彩纷呈的生活与诗歌水乳交融的峥嵘岁月，为读者从更多侧面了解诗人提供了一条独特的路径。

同时，该专刊还刊发了龙江诗坛代表人物姜超与赵亚东就诗歌创作进行的诗学对话：《倾听词语的声音，成为自觉的生命歌唱者》《诗歌意象：既是陈述，也是判断》《诗艺：奇异的剑术或道德的美学完成》，二人以深入浅出的语言和独辟蹊径的论述对当代诗歌的个体创作进行了深入的思考，充满了智慧的闪光与求新求异的探索，可谓新时代诗艺研究佳作。

为展示诗人们的多种艺术追求，《猛犸象诗刊》还别具一格地推出了“诗之外”专刊，发表了几位诗人的绘画、随笔等艺术作品，读者既能从中欣赏到诗坛耆宿林莽充满人文意蕴的绘画作品，又可在龙江诗人陆少平的小漫画中莞尔一笑……

“致敬名家”专刊详尽介绍了叶延滨、罗继仁、李犁等诗坛名家的创作经历与创作成就，为读者展现了诗坛名家的风采。

在“诗歌记忆”专刊中，作者苏历铭以饱含深情的笔触立体而多元地为读者展示了北岛、舒婷、张志民、谢冕、食指、张洪波、树才、潘洗尘等众多诗坛名家的生活经历与创作经历，由于资料丰富，文笔生动，令人读来备感酣畅淋漓，吸引了许多读者。

“诗歌记忆”专刊还分7期发表了杨川庆的长篇回忆性文章《沙鸥诗集经眼小记》，文章以翔实丰富的史料，图文并茂地展现了诗人沙鸥对诗艺的苦苦追求以及取得的艺术成就；同时，还以深情的笔触为读者呈现了沙鸥坚强开朗、孤介傲岸的形象和光明磊落、表里澄澈的品格。文章脉络清晰、行文严谨、细节生动，是关于沙鸥的不可多得的文献力作之一。

“李犁烹诗”作为《猛犸象诗刊》的拳头专刊，系统而多角度地向读者阐述了诗歌创作的内涵与外延，视野之开阔、思想之独到、阐述之深入、文笔之绚烂，在诗歌理论界可谓独树一帜，为《猛犸象诗刊》积累了许多读者。

“猛犸象诗刊”微信公众号随每期报纸出版更新，受到了大量粉丝关注，对“猛犸象诗刊”在新媒体上的传播及对诗人与作品更加广泛的宣传发挥了重要作用。其中精心打造的“秋滢读诗”栏目，由绥化日报社全媒体记者张秋滢主持，其声情并茂的演绎，为诗歌的艺术性进行了“美”的再创作，得到了大量好评。

四　在北国大地上，“猛犸象”正茁壮成长

《猛犸象诗刊》创刊以来，定位高远，视野开阔，选稿严格，推出了多期内容与版式完美结合的版面，短期内便在国内产生良好反响，大大提高了绥化的美誉度与影响力。

2021年，这头由黑土地孕育的“猛犸象”继续行进在中国诗歌的沃土上，力图展现更丰富、更全面的中国新诗创作风貌，挖掘培养更多的诗坛新人，推出更多关注生活、关注民众的优秀诗歌作品，努力在我国诗歌事业的发展进程中留下闪光而坚实的足迹。

中国作家协会副主席、书记处书记吉狄马加在接受绥化日报社党委书记、社长、诗人宋心海的采访时说，诗歌在任何一个时代都是人类最高级的精神生活，因此，《猛犸象诗刊》办得非常有意义；并指出办刊的责任是要选出好诗，选出真正有温度、有热度、有力度的作品；同时，要把地方的文化、差异化用诗歌的方式宣传出去。

在北国广袤的大地上，这头诞生于新时代的“猛犸象”，以诗为魂，以质为先，以新为求，汲取众长，坚守特色，正步履稳健、不拘一格地开拓进取。

B.20
地域特色文情概览

杨 勇 赵国春 王 瑛 孙代君*

摘 要： 黑龙江省作家协会下辖地市作协、产业行业作协等23个团体会员单位，会员遍布全省各地，这些地市行业作协作家长期在基层一线驻守，全身心投入文学创作，使得黑龙江基层创作呈现出对现实问题关注高频次、文学表达接地气、文学语言有灵气，又独具各自优长的地域特征。绥芬河作家协会广大会员扎根边疆，立足中俄口岸城市，开展独具边疆特色的口岸文学书写，成果显著。大型文学内刊《远东文学》声誉日隆。北大荒作家协会在非虚构文学、儿童文学等领域发展势头不减，基层文学平台更是层出不穷，力推人才。黑河市作家协会“弘扬文艺轻骑兵”精神，送文学下乡，助力“美在黑河”旅发大会和创建文明城市，多角度地开展文学创作活动。佳木斯市作协坚持抓队伍，抓人才，抓创作，抓精品，激发会员文学创作积极性，培养一批文学新人。2019年、2020年是黑龙江作家对外发表文学作品和获得奖项最多的两年。

关键词： 地市作协 文学活动 文学创作

---

* 杨勇，绥芬河市作家协会主席；赵国春，北大荒作家协会主席；王瑛，黑河市作家协会主席；孙代君，佳木斯作家协会负责人。

一　绥芬河市文情概览

绥芬河是中俄口岸城市，是中国对外开放的前沿。2019 年和 2020 年两年里，在省作协的领导下，绥芬河市作家协会会员立足本土火热生活，扎根边疆沃土，围绕改革开放、全民奔小康、抗击疫情等主题，勤奋耕耘，创作出了贴近生活的高质量文学作品。与此同时，作协积极开展丰富多彩的文学活动，积极加强组织建设和队伍建设，取得了令人欣喜的成绩。

（一）2019年绥芬河市文学创作及活动

1. 文学创作成就突出

2019 年，绥芬河市作家协会会员多次在《台港文学选刊》《草堂》《星星诗刊》《江南诗》《北方文学》《红岩》《小说林》《当代人》《诗林》《黄河文学》《散文诗》《椰城》《小说月刊》《文艺报》《南方日报》《黑龙江日报》等国家级、省级、地市级报刊发表诗歌、散文、散文诗、小说、小小说 200 余篇（首）。

（1）诗歌创作情况。一年来，诗歌继续保持良好创作态势，杨勇分别在《台港文学选刊》《草堂》《星星诗刊》《江南诗》《北方文学》《诗林》等国家、省、市级报刊发表诗歌 70 余首。舟自横在《草堂》《北方文学》《星星诗刊》《湛江文学》等国家、省、市级报刊发表诗歌 50 余首。另有阿西、万柏春、阿简等在《红岩》《诗林》《岁月》等发表诗歌 20 余首（篇）。

（2）小说创作情况。杨勇的中篇小说《摇摇晃晃的日子》在《小说林》第 2 期头题发表；葛均义的小说《黑水白山》（节选）在 2019 年 5 月《北方文学》发表；张伟东的小说《杏花居往事》在《北方文学》发表，《高加索的摩登时代》在《椰城》第 11 期发表；陈华的小说《更年》在《北方文学》发表；石长江的小说《愤怒的麻雀》在《北方文学》发表；赵志国的小说《琴师》在《北方文学》发表；牟喜文的小小说《卖瓜》

（外二题）在《北方文学》发表，另有多篇小小说在《今古传奇》《小小说月刊》《小说月刊》《羊城晚报》《北京晚报》等报刊上发表。牟喜文的网络小说《九瞳至尊》在 17K 文学网发表 160 万字，全书完结。网络小说《末日仙尊》自 2019 年 6 月开始在纵横中文网连载，已连载 45 万字。

2. 创作成果丰硕

郭婷的小说《小麦类卿》2019 年 10 月获“中国 90 后作家联谊会”主办的首届文无青年小说奖。徐景财的散文《粮本的情结》获省委宣传部、省委教育工委、团省委、省作协、省广播电视台主办的“建国 70 周年省征文大赛”一等奖。此次征文共评出一等奖作品 5 件、二等奖作品 9 件、三等奖作品 50 件、优秀奖作品 100 件。绥芬河市另有孟祥超《听奶奶讲那过去的故事》、时俊玉的《防空洞山》、许杰的《在你的风景里》、时振明的《爹心中的远方》、牟喜文的《一念永远》5 篇作品获三等奖，另有张善华、黄丽杰、曲香泓、郭婷、赵丛舒、张善海 6 人作品获优秀奖。

张丽英等合著的散文集《岁月深处》，于 2019 年 7 月出版（西安出版社）。这是一本以散文为主的五人合集，全书共计二十万字，其中张丽英作品八万六千多字。

杨勇的诗歌《中元诗》入选《诗悦读：陪孩子读好诗》（北岳文艺出版社）、《又过了一冬》入选《2020 年天天诗历》（中国青年出版社）、《农事诗》20 首入选《第三届诗探索春泥诗歌奖获奖作品集》（中国出版集团，现代出版社）、《蓝调》入选《21 世纪两岸诗歌览藏（戊戌卷）》（东方出版中心）；舟自横的诗歌《锁孔（外三首）》入选《星河诗刊》（人民文学出版社）；阿西的《阿西诗选 12 首》入选《新诗学》（北岳文艺出版社）；郭婷的诗评《有机的呼吸》入选《中国诗人》（东北师范大学出版社）。

3. 推出绥芬河作家专刊

2019 年 5 月省级期刊《北方文学》（中旬号），推出了绥芬河作家专刊，共刊发了绥芬河市 23 位作者的长篇小说（节选）、短篇小说、诗歌、散文及评论，全面展示了绥芬河文学创作成果及独特的多样性的地域文化，受到了广泛关注和好评。

2019年初，本地作家协会会员黄彬加入省作协，至此，绥芬河作家协会共有省级会员20人。10月15~20日，萧红文学院举办第十九届中青年作家培训班，经绥芬河作协推荐，萧红文学院严格筛选，绥芬河市作协会员万柏春、樊飞飞、焦润甲参加学习培训活动，进一步开拓了文学视野，提升了文学创作水准。航帆文友社一年里在文学活动和创作中表现突出，涌现出张多奎、徐景财、赵威、苑德祯等一批进步较快的本地作家。

2019年5月，绥芬河市作协张伟东的红色革命题材长篇小说《秘密战线》，经中国作协书记处审批获得中国作协2019年度定点深入生活项目，目前正在紧张有序的创作中。

文学期刊《远东文学》，继续引发国内文坛关注。截至2019年底，由绥芬河市作协主办的《远东文学》连续出刊4年，每年4期（总第16期），杂志大量发表俄罗斯、国内著名作家，本省作家及本地作家和艺术家的文学艺术作品，并与国内各地作家、杂志社交流，引起了文学界的关注。

《远东文学》作为一份全国内刊，9月16~21日，小说编辑陈华参加了中国作协主办的全国基层编辑培训活动，培训在武汉进行，为期一周，编辑陈华与全国内刊编辑互动交流办刊经验，取得了良好的学习效果。

4. 协会活动丰富多彩

（1）举办了第四届端午诗会。6月8日，市作家协会与市直属机关工委、今日绥芬河报社、蓝洋生态园联合举办了第四届端午诗会。此次有60余位作家参会，朗诵了39篇诗歌及散文作品，作家们一起品诗、吟诵、怀念先贤，弘扬诗词文化，传承屈原精神，诗会丰盛的文化大餐，不仅展示了百年口岸文坛诗歌创作的蓬勃生命力，更构筑了边境城市一道美丽的人文风景。

（2）成功举办了萧红文学院绥芬河骨干作家培训班。6月22日，由萧红文学院和绥芬河共同举办的萧红文学院绥芬河骨干作家培训班在图书馆正式开班。来自全市的50名中青年作家参加培训。绥芬河市委常委、宣传部部长石金奇出席开班仪式，对学员文学创作提出殷切希望。萧红文学院院长何凯旋出席开班仪式并致辞。此次培训班邀请了多位当前活跃在文坛的实力派评论家、学者、作家为学员授课。在为期三天的学习中，王左泓、俞胜、桑克、郭力、王春林、孙且等著名作家、编辑、学者，从不同角度、不同主题展开精彩授课。同时，还面对面地为学员们指导作品，给出专业性的点评，提高了学员的文学创作水平，极大提升了绥芬河作家的创作素质。此次活动被中国作家网、黑龙江作家网等多家网站报道。

（3）黑龙江省作协“龙江作家看龙江”调研采风团走进绥芬河。9 月 17 ~ 20 日，绥芬河作协接待了由省作协副主席司兆国带领，著名作家、诗人组成的庆祝新中国成立 70 周年“龙江作家看龙江”调研采风团。在为期 4 天的采风活动中，采风团与绥芬河作协会员和文学爱好者进行了深度交流座谈，了解绥芬河百年历史文化，并就文学创作情况进行调研，采风团成员针对绥芬河市作家创作方面存在的问题进行了解答，使基层作家受到鼓舞和启发，写作热情得到进一步激发。作家们深入绥芬河综合保税区、边境经济合作区、公路口岸、铁路口岸等地实地踏查、调研和采风，感受百年口岸改革开放以来取得的发展成就，参观嘎丽娅纪念馆、红色通道纪念馆、绥芬河市博物馆、中东铁路记忆馆，深度了解中俄文化交融的绥芬河城市密码。《黑龙江日报》、黑龙江作家网，中国作家网等多家网站都给予报道。

（4）成功举办“我和我的祖国”第五届金秋诗会。为庆祝新中国成立 70 周年，唱响爱国旋律，讴歌美好生活，展示文学边城魅力，9 月 19 日，由省作家协会、市委宣传部、市直属机关工委主办，市群众艺术馆、市作家协会、今日绥芬河报社联合承办了“我和我的祖国”绥芬河市第五届金秋诗会。诗会活动现场直播，共朗诵诗词及散文作品 20 余篇。诗人、作家们畅叙抒怀，用慷慨激昂的文字抒发对祖国的热爱之情和对绥芬河的美好希冀。著名诗人冯晏、桑克现场朗诵了其原创作品《收藏》和《阴天还是阴天》。黑龙江省作家协会党组成员、副主席司兆国带领著名作家、诗人一行聆听了朗诵会。活动在《我和我的祖国》的大合唱中落下帷幕，取得了极大成功。

（5）参与绥芬河市“声音的礼物”2020 中俄新年音乐诗会活动。12 月 18 日晚，绥芬河“声音的礼物”2020 中俄新年音乐诗会在体育馆举行。本届中俄新年音乐诗会以诗、乐、画的形式，尽展诗歌的魅力。绥芬河市作家协会会员参与了部分朗诵诗歌的创作和朗诵活动，《天使》《唱响新时代的北方谣》《黏在国徽上的一粒麦子》等绥芬河本土作家的原创作品，为绥芬河中俄文化交流增添了绚丽的一笔。

（6）邀请作家来绥采风、开展讲座活动。7月，上海市作协副主席、著名小说家薛舒等2人莅临绥芬河调研，与绥芬河市作协会员举行见面会并进行文学交流；8月，《芳草》杂志编辑、小说家郭海燕女士及作家石野到绥芬河调研，与绥芬河市作协成员举行见面会，进行文学讲座和交流；9月，著名诗人阿西从北京来绥，与绥芬河作协举办了“与诗人面对面”诗歌交流研讨活动。

（7）与密山市作协联合举办文学讲座活动。10月初，绥芬河市作家杨勇、舟自横、张伟东3人，赴密山市，与密山市作协举办了文学讲座活动。杨勇主讲了《一份散漫的现代诗歌讲稿》，谈了诗歌的创作认知和经验体会。舟自横、张伟东谈了创作经验并与密山市作协会员互动，进行了现场问答和交流。

（8）利用网络、微信公众号、报纸等阵地，发表传播文学作品。本市作家通过“诗人圈”“远东文学”等自办微信公众号发表诗歌、散文或者连载自己的长篇网络小说以及歌词等，与众多网络读者交流。据不完全统计，去年作家们利用微信平台、微博等发表的文章有500余篇（条）。绥芬河市作协与《今日绥芬河》报社合作，在《今日绥芬河》报上开辟“边城”副刊，为全市文学爱好者提供习作发表阵地。为本地写作者提供讲播和发表文学作品近300篇（首）。

（9）组织作协会员分组学习十九大精神。学习习近平总书记关于文艺的讲话精神，不忘初心，牢记使命，增强“四个意识”，坚定“四个自信”，更加自觉、更加主动地创作出好的文学作品，为人民大众服务。

（二）2020年绥芬河市文学创作及活动

1. 文学创作情况

2020年，绥芬河市作协出版1部诗集《镜中的浮士德》（人民文学出版社）。在国家级、省级、地市级报刊《天津文学》《北方文学》《草堂》《芳草》《星星诗刊》《星火》《少年文艺》《小溪流》《岁月》《海燕》《石油文学》《小说月刊》《鹿鸣》《散文诗》《北极光》《散文选刊》《牡丹》《黑龙江日报》等发表诗歌、散文、散文诗、小说、小小说200余篇（首）。其中，全年在国家级、省级以上报刊发表的文学作品91篇，有18篇文学作品获省级文学创作奖项。

（1）诗歌创作情况。一年来，诗歌继续保持良好创作态势。舟自横分别在《少年文艺》《草堂》《星星诗刊》《江南诗》《北方文学》《散文诗》《黑龙江日报》等国家、省、地市级报刊发表诗歌和散文70余（篇）首。杨勇在《北方文学》《星星诗刊》《岁月》《北极光》等报刊发表诗歌60余首。郭婷在《诗林》《散文诗》《诗探索》《中西诗歌》等发表诗歌和诗歌评论6（篇）首。朱晓晖在《青年文学家》《广州诗刊》等发表诗作十余首。

（2）小说创作情况。一年来，杨勇在《天津文学》发表短篇小说《当雪煮沸了黑土》，张伟东在《芳草》发表短篇小说《蓝眼睛》、在《鹿鸣》发表头题小说《杀过》，陈华在《海燕》发表短篇小说《吹口哨的人》。牟喜文网络小说《末日仙尊》在纵横中文网继续创作和连载。老作家赵志国正在创作一部长篇小说，目前正在修改中。

（3）作品获奖情况。一年来，绥芬河市作家有19篇（首）作品获省级文学作品奖。其中包括短篇小说4篇，小小说1篇，散文7篇，诗歌5首，其他类别作品2篇。在6月份黑龙江省“强信心、暖人心、聚民心”抗击疫情主题文艺作品创作征集活动中，绥芬河市8件文学作品榜上有名。其中万柏春的作品《被逆行者命名的春天》、赵威的作品《春息》、孙书林的作品《我是共产党员》获二等奖。郭婷的作品《红豆粥》、金鲲的作品《躲灾》、歌舒离垢的作品《不为过》、张善华的作品《我要去武大看樱花》、石长江的作品《有你在，边关无恙！——给中俄边境线上藏蓝色》获三等奖。在2020年10月份黑龙江省“打赢脱贫攻坚战、全面建成小康社会”征文中，绥芬河市作家赵威的小说《追逐》、黄丽杰的短篇小说《地摊儿》、邢淑燕的短篇小说《奶牛住进小凤家》、郭永宏的短篇小说《让蚕儿吐起丝来》、郭婷的诗歌《小伙子履历》等获二等奖。万柏春的散文《与一座桥的内心对白》、陈华的散文《捋山葱》、舟自横的诗歌《绥芬河自贸区放歌（组诗）》、徐景财的散文《狗剩子脱贫记》等获三等奖。另有舟自横的诗歌《卡口》获上海市作家协会举办的上海市民诗歌节诗歌奖项。陈华的散文《与妈妈书》获2020年6月“全国傅雷家书大赛”三等奖。

（4）出版印刷各类文学专著情况及作品入选和选载情况。杨勇的诗集《镜中的浮士德》于2020年7月由人民文学出版社出版，精选了70后诗人杨勇在2011~2016年创作的诗歌120余首。郭婷的诗评《有机的呼吸》入选《诗探索》（东北师范大学出版社）和《中西诗歌》等选本。杨勇的诗歌《白鹭记》入选《2019中国诗歌年选》（花城出版社）、诗歌《轮廓（组诗6首）》入选《读诗》（长江文艺出版社）、诗歌《苦雨》入选《群岛十年诗选2011——2020》（读书文化出版社）、诗歌《又过了一冬》入选《2020年天天诗历》（中国青年出版社）、诗歌《像海浪一样推论自己》入选《中国当代诗人诗选》（浙江工商大学出版社）、诗歌《科尔沁诗志（组诗13首）》入选《科尔沁诗篇——草原与360度敖包的心灵献歌》（内蒙古人民出版社）、诗歌《在契诃夫咖啡馆》入选《中国跨年诗选（2019~2020）》（北方文艺出版社）。

2. 思想政治学习情况

一年来通过各种学习形式，组织会员深入学习十九大精神、习近平谈治国理政精神、习近平总书记关于文艺的讲话精神。通过学习，会员们坚定了中国特色社会主义文化自信，明确了增强自身的“脚力、眼力、脑力、笔力”的方法，更加自觉、更加主动地投入文学创作和为人民大众服务实践中。

2020年8月4~5日，推选绥芬河市三名作家时振明、邢淑燕、朱晓晖参加省作家协会举办的新会员、新兴文学群体及基层文学工作者深入学习贯彻党的十九大精神和习近平新时代中国特色社会主义思想培训班线上学习。2020年11月24日，绥芬河市作协4名会员线上参加了省作协举办的学习《习近平谈治国理政（第三卷）》培训。通过学习，会员们更进一步理解了习近平新时代中国特色社会主义思想重大意义、精神实质、丰富内涵，表示要把学习成果转化为创作实践，学以致用，为绥芬河的文学繁荣发展贡献自己的一分力量。

3. 作家队伍以及文学阵地建设情况

2020年，绥芬河有本地会员90余人，有黑龙江省作家协会会员21人，中国作家协会会员3人。9月24～28日，黑龙江文学院第二十届中青年作家培训班在哈尔滨东北农业大学举办，绥芬河市作协邢淑燕、许杰参加了培训学习，并在学习归来后与绥芬河市部分作家会员分享了学习心得和感受。进一步开拓了会员的文学视野，提升了文学创作水准。10月份，绥芬河市作家杨勇参加了“黑龙江文学院嫩江中青年骨干作家培训班”文学讲座活动及黑龙江文学院组织的“迎接建党一百周年　边疆地区民族发展新风貌”黑河市文学创作采风活动。

加大对文学爱好团体的培训。一年里，绥芬河作协通过小讲座、改稿以及在《远东文学》发表作品等多种扶持形式对本市文学爱好者和文学社团进行培训指导。航帆文友社在文学活动和创作中表现突出，涌现出张多奎、赵威、徐景财、苑德祯等一批进步较快的本地作家。

由绥芬河市作协主办的内部交流刊物《远东文学》，继续引发国内文坛关注。截至2020年底，连续出刊4期。其中第一期为本土作家抗击新冠肺炎疫情文学作品专刊，及时有力地宣传了口岸战“疫”精神，第三期为本土作家文学作品专刊，呈现了本市的文学创作水准。第二期和第四期为省内及国内作家作品专刊，刊发了大量国内著名作家、本省作家及俄罗斯艺术家的文学艺术作品。刊物与国内各地作家、杂志社交流互动，引发了文学界的好评。

4. 协会活动开展情况

（1）开展防疫文学创作活动，为抗击疫情战胜疫情鼓与呼。绥芬河为国家级对外开放口岸，是抗击新冠肺炎疫情的前沿。绥芬河市作协积极参与，勇于担当社会责任和历史使命，聚焦“防控”工作中的第一现场和感人瞬间，创作鼓舞人心、激发斗志的优秀“防控”主题文学作品，深情讴歌奋战在一线的医务工作者和各行各业的无名英雄，充分展示了绥芬河市广大干部群众众志成城、共克时艰、打赢疫情防控攻坚战的坚定决心，助力绥芬河市疫情防控工作顺利开展。

一年来，绥芬河市作协创作了300余篇（首）抗疫诗歌、散文、小说、歌词等文学作品，并及时利用微信公众号、美篇等形式发布防疫诗文专辑，面向全市宣传。2020年《远东文学》第一期以专刊形式推出了绥芬河市作家抗疫文学专辑80余篇（首）精品，在黑龙江作家网推出“以笔为剑——黑龙江作家抗击疫情文学作品选”专栏，刊出26篇主题性防疫作品。创作的抗疫朗诵诗《致敬，向你最美的模样》等多篇作品被“学习强国”采用。在6月份黑龙江省“强信心、暖人心、聚民心”抗击疫情主题文艺作品创作征集活动中，绥芬河市作协有8件抗疫文学作品榜上有名，分获二等奖和三等奖。

（2）利用网络、微信公众号、报纸等阵地，发表传播文学作品。本市作家通过“诗人圈”“远东文学”等自办微信公众号发表诗歌、散文或者连载自己的长篇网络小说以及发表歌词等，与众多网络读者交流。据不完全统计，去年作家们利用微信平台、微博等发表的文章有400余篇（条）。

二　北大荒文情概览

北大荒，旧指黑龙江省嫩江流域、黑龙江谷地和三江平原广大荒芜地区。新中国成立后已建立密山、合江、黑河等垦区，盛产小麦、大豆、甜菜等（摘自2009年版上海辞书出版社《辞海》）。“北大荒”，原指黑龙江省北部地区尚未开发的原始荒原。它原来的含义，只是一个地域的历史名词。历史发展到今天，狭义的北大荒，就是指现在的黑龙江垦区，有5.7万平方公里。

北大荒文学，是指黑龙江垦区产生的一种文学现象和活动。她的诞生，要追溯到20世纪40年代中期。北大荒文学的迅速发展是在1958年春天，14万转业官兵进军北大荒，使黑龙江垦区由初期开发建设进入大发展时期，北大荒文学艺术也由幼苗发展成为挺立的树木。这一时期，军垦特色更为明显。从各军兵种转业来的大批文艺骨干，带来了军队重视文艺工作的优良传统。农垦局创办了自己的文艺刊物《北大荒文艺》《北大仓文艺》。在中国文坛公开打出了“北大荒文学”的旗号。

截至目前，垦区515名北大荒作家协会会员中，有110名省作家协会会员和15名中国作家协会会员。

（一）近年来北大荒文学创作的走向

北大荒文学发展史上，诗歌、小说、散文、非虚构文学等主要文体齐头并进，全面发展。后来，由于文学创作人才外流，有的文学体裁创作人才青黄不接，各种体裁之间发展不均衡。近年来，文学创作走向发生了变化。

1. 非虚构文学创作势头不减

历史上，北大荒涌现出一批非虚构文学作品，如郑加真《北大荒移民录》《中国东北角》、杨孟勇的《活下来再说》、赵国春的《荒野灵音》《一个女作家的遭遇》等等。近年来，仍然在笔耕不辍的作家有赵国春、吴继善、王军等，他们的作品丰富着北大荒文学艺术的宝库。

赵国春，1957年3月出生在集贤县二九一农场。中国作家协会会员、中国散文学会理事、北大荒作家协会主席、北大荒博物馆原馆长。其传记文学《北大荒的“管天人”》2007年12月入选第三届中国传记文学优秀作品。散文集《生正逢时》2008年荣获第三届冰心散文奖，2015年荣获中国散文学会颁发的“突出贡献奖”，传略收入《中国作家大辞典》《中国散文家大辞典》《东北文学60年》等书。

赵国春从事文学创作40多年，出版20多本文学专著，有一半是非虚构文学作品。其创作素材和采写对象基本没有离开北大荒。弘扬北大荒精神，是他作品的主旋律。2000年1月，他的第一本非虚构文学作品《荒野灵音·名人在北大荒》由北方文艺出版社出版，著名老作家丁继松撰文评价此书：“《荒野灵音》是一本文学性与史实性结合得比较完美的书。90多位人物形象生动，有血有肉，既写了他们投身边疆建设的无畏精神，又写了命运坎坷的遭遇。”2002年12月，由哈尔滨出版社出版赵国春第二本非虚构文学集《一个女作家的遭遇·丁玲在北大荒》，荣获第六届丁玲文学奖二等奖。2009年，创作这本书的成绩收入吉林人民出版社出版的《东北文学六十年》一书。2012 年 4 月，这本书经过赵国春几年的修改完善，由北方文艺出版社再次出版，名为《风雪人间北大荒》。2007 年 12 月，由黑龙江人民出版社出版赵国春第三部非虚构文学合集《永远的记忆·北大荒博物馆馆藏文物背后的故事》，2010 年 12 月，这本书荣获第八届丁玲文学奖二等奖。这些作品有重要的历史价值比一般意义上的抒情散文有着更高的现实意义。因为，他是把丰富的、枯燥的、有价值的北大荒开发建设历史，用形象的、读者喜闻乐见的文学，奉献给大家。

赵国春坚持结合工作，挖掘北大荒的历史文化资源，从中汲取创作的养料和素材，自身也从中不断得到思想升华和创作灵感。《黑龙江日报》《奋斗》杂志等媒体曾经撰文称他为："北大荒历史文化的记录者、守护者和传承者"。

吴继善，1950 年出生，辽宁岫岩人。满族，曾担任农垦日报社副总编辑，黑龙江省企业报协会秘书长、北大荒作协副主席、北大荒少数民族联谊会副会长，高级编辑，中国作家协会会员。曾出版报告文学集《通天时刻》《高地梧桐》等。生活在北大荒的怀抱里，作者自然对这片土地充满了感情。自 2007 年以来，吴继善在发表《奇思妙想楷矢山》《得闲一见老等山》等多篇纪实散文后，结合自己的亲身感受及他人的认识成果，以纪实和抒情相结合的笔法，进行了《神奇土地的文化记忆》的埋头写作。选题报送中国作家协会，入选"2015 年中国作协少数民族文学重点作品扶持项目"，这在垦区尚属首次。历时 3 年，于 2015 年 9 月将其完成，由黑龙江人民出版社出版发行。

2016 年 11 月，吴继善在黑龙江人民出版社出版 24 万字的长篇报告文学《新夸父传奇》，以生动的笔触记录了北大荒著名的气象学家蔡尔诚与艰苦的自然环境和命运抗争，为我国气象事业做出突出贡献的事迹。评论家任永恒在为该书撰写的序言末尾处这样写道："我在吴继善的笔下，有了如上的理解，心怀敬意的是，他充满诚意，心怀崇高的写作，为我们写出了一个从艰辛中走出来的科学家，一个与命运相搏的斗士，一个弱者的钢铁意志，一个真正体现北大荒精神的人。"

王军，1970 年出生，女作家，辽宁庄河人。中国作家协会会员、北大荒作家协会副主席。曾在《人民文学》《北方文学》《小说界》等刊物发表诗歌、小说、报告文学 300 余篇。部分诗作入选《中国诗典》《情爱文集》，并有作品《感悟》获省一等奖。著有诗集《荒原九色花》（与人合著）、《有水如歌》《流年诗梦》《灵感的拂晓》《相信春天》《亲近荒原》等。她的绝大多数作品是诗歌，近年来开始涉猎非虚构文学，起步就是长篇巨作，2011 年出版全面记录“共和国第一位女拖拉机手梁军”事迹的 28 万字传记文学《梁军传》，由工人出版社出版，2013 年再版。

2. 儿童文学创作势头上升

儿童文学作为北大荒文学的一个组成部分，起步于 20 世纪 50 年代末期，最鲜明的特点就是地域性和民族性。1980 年以后，北大荒儿童文学摆脱了既定的创作模式，走上了一个新台阶，视野更加开阔，出现了创作方法多元的变化。于是，常新港、王左泓等作家的名字就变得响亮起来，自从常新港、王左泓调离垦区后，北大荒的儿童文学创作一度出现低谷。

从近年来涌现出的儿童文学作者看，出类拔萃的要数金薇和廖少云两位年轻的女作家。

金薇 1974 年生于铁力农场，毕业于佳木斯农垦经济学校，中国作家协会会员。笔名风为裳、纤手破新橙。16 岁开始发表作品。先后在国家及省市级报刊发表作品 600 多万字，出版文学作品 34 部，多次获得《读者》《青年文摘》最受读者喜爱作者奖。她致力于儿童文学创作，在《儿童文学》《读者》《青年文摘》《中国儿童报》《小雪花》等报刊上发表校园小说、童话故事。在《中小学百科》上开专栏。两次荣获丁玲文学奖。2010 年，金薇被黑龙江省农垦总局评为首届“感动北大荒”人物。

金薇出版的 30 多部文学作品，有 1/3 是写儿童生活的。最早的一本是中国社会出版社出版的“大地双百丛书”系列第一辑《五月桃夭夭》。由中国作家协会主席铁凝为这套丛书作总序，著名儿童文学作家保冬妮为这部书撰写了序言。该书反映的是农场小学有一群快乐的孩子，他们和城里的孩子一样有着花季少男少女的喜怒哀乐，有着青春成长的各种小故事。金薇近年来的儿童文学作品代表作有“麻辣老师”系列：《芙蓉老师的 18 掌》《小樱桃老师的 36 计》《帅老师的 72 变》，2010 年被列入春风文艺出版社“七色狐丛书”出版。《仙人掌女生向前冲》被列入“意林少年励志小说系列”，2013 年由吉林摄影出版社出版。

廖少云 1970 年生于尖山农场，从小爱好文学，中学期间开始写作并发表作品，2000 年入省文学院学习，黑龙江省作家协会会员，多次在《女子文学》《中国电视报》《散文》等报刊上发表小说、散文、报告文学。近年来，廖少云开始从事儿童文学创作。2018 年，廖少云的儿童短篇小说《走马灯　灯走马》获得华语儿童文学中国故事短篇大赛三等奖，童话《米米亚氆氇猫》荣获黑龙江文艺奖二等奖；2019 年儿童小说《站街》《夏日炎炎》《大年初二》分别发表在《儿童文学》头条和《少年文艺》，其中《大年初二》获得江苏省作协和上海儿童文学出版公司举办的第八届“周庄杯”全国儿童文学短篇小说大赛三等奖。2020 年廖少云的小说《如诗如画》在《读友》发表；《走马灯　灯走马》3 月收入《2019 年中国儿童文学精选》，小说《暴风雪停了》《看电影》发表在《儿童文学》。小说《如诗如画》获第五届“读友杯”全国儿童文学大奖赛优秀奖；《暴风雨来了》获《少年文艺》年度优秀小说奖。

（二）两年来的文学创作成就

1. 创作一批反映北大荒历史和文化的作品

2019 年 1 月，赵国春退休后继续潜心北大荒的历史文化研究，一次完成《北大荒文物的诉说》《丁玲在北大荒的故事》《北大荒文艺史略》修订工作，这些书被列入“北大荒历史文化丛书”由哈尔滨工程大学出版社出版。著名作家贾宏图为该套书撰写了序言。两年来，赵国春还在《中国文化报》《北方文学》《黑龙江日报》《奋斗》《中国农垦》《滨海时报》《文存阅刊》《中国作家网》《学习强国》等报刊和网站发表作品 80 多篇。红孩撰写的赵国春散文集《荒原上的冷暖情怀》序言《每个人的写作都是历史的记录》，8 月 14 日发表在《北大荒日报》。金恒宝撰写的关于《赵国春文集》的评论文章《黑土画卷北大荒》，发表在2020年12月28日《文艺报》。2011年由上海文艺出版社出版的散文集《我们的北大荒》，至今还在日本大阪东方书店销售。

赵宝海在《诗刊》《中华诗词》等发表诗词100余首，并在《诗刊》发表诗歌评论《物我全息诗便真》，被诗歌理论界称为具有突破性的意义。《楹联30题》入选黑龙江美术出版社出版的《黑龙江当代楹联作品四集》。在“中国诗歌网”“作家在线”等十多家电子媒体总计发表诗歌300多首。

赵亚东诗歌《归隐记》（4首）在《人民文学》第5期发表；组诗《再见或遗忘》（22首）在《花城》第1期发表，《花城》微信公众号同时推出创作谈、随笔、访谈等共计4期。诗歌《顶撞落日的牛》在第6期《诗潮》发表后，被第7期《青年文摘》转载，还在《黑龙江日报》《北方文学》《山东文学》《当代小说》等报刊发表诗歌50多首。

刘宏分别在《北方文学》《黑龙江日报》等报刊发表短篇小说、散文、文学评论等10篇。岳静华的散文《挑夫》《荷塘秋韵》《生命之河》收录于上海教育出版社出版的《中小学生语文学习》，诗歌《你的身影》发表在《小说》杂志社主办的专集《驰援的声音》和《全球抗疫诗选》。王征雁在《海外文摘》发表散文《象牙手戳》，在《散文选刊》发表散文《跟鼠》。刘文在《小说月刊》《今古传奇》《中外精短文学》等报刊发表小小说作品9篇。王恕在《中华文学》《诗刊》《北方文学》等报刊发表诗歌作品20余首。

红兴隆的张长英创作的8万字的少儿侦探小说《真假绑架案》由天津新蕾出版社出版。宝泉岭的陈勇创作的文学作品集《在路上》由百花文艺出版社出版。王立国的诗集《用你的名字呼唤我》，由哈尔滨工业大学出版社出版，列入哈工大百年校庆丛书。建三江80多岁老作家曲洪智的作品集《岁月留痕》，宝泉岭的潘光明诗集《逸情遣怀》，由北京时代华文出版社出版。王青松的作品集《岁月留声》，由中国图书出版集团出版。

开展“抗疫”文学创作以来，垦区共在纸媒、电子媒体发表作品500

多篇。刘宏创作的“抗疫”内容的小说《老王的秘密》发表在《黑龙江日报》“天鹅”副刊“抗疫专号”上。《北大荒作家》开设了《抗疫专辑》栏目，集中刊发包括已故诗人张玉林在内的22位作家的抗疫文学作品。

2. 一批作品荣获各种文学奖项

两年来，有一批有影响力的作品在全国文学大赛中获奖。赵国春的传记文学《寒地水稻的“神农”徐一戎》，荣获中国传记文学学会主办的“微微动人——我和祖国话情长”成人组微传记征文奖。纪实文学《苏联专家赠送王正林的怀表》，荣获《中国农垦》杂志社举办的“燕塘杯”“见证”话题征稿二等奖。廖少云的儿童小说《大年初二》获得江苏省作协和上海儿童文学举办的第八届“周庄杯”全国儿童文学短篇小说大赛三等奖。李一泰诗歌《娘》荣获山东作家协会举办的弘扬沂蒙精神全国征文大赛一等奖；散文《侄子红旗》荣获萧军文学研究会纪念改革开放四十周年全国文学大赛金奖。岳静华散文《记忆中的脆枣》荣获《北极光》杂志举办的“人生记事杯”全国散文诗歌大赛一等奖。16篇作品荣获中国农垦“品牌故事”征文奖。获奖作品占全国农垦系统近1/2。

3. 基层单位搭建一批有效创作平台

两年来在继续办好《北大荒作家》杂志的同时，指导和鼓励基层作协建立创作平台，取得良好成效。哈尔滨作协利用总局网站和管局信息港平台，组织会员积极开展微电影、小品和小说散文诗歌等不同体裁的文艺创作，及时发掘人才，推荐人才，发现和培养了一批年轻的文学爱好者，为文学创作的繁荣奠定了坚实基础。建三江作协创建了《建三江文学》《江柳文学》《建三江作家大视野》等平台，并编辑出版了《建三江文学作品选》。北安作协结合实际，创办了微刊《文人墨客驿站》，目前已有1678名爱好者关注，两年发刊200余期。九三作协的《职工文苑》2019年重点推出刊发了庆祝新中国成立70周年征文中的获奖作品，受到读者的青睐。红兴隆作协北方诗词文苑成立一年来，在微信平台发微刊130期，刊发诗词近4000首。

4. 扎实开展多种文学活动

文艺人才的培养，离不开良好的文艺氛围，良好的文艺氛围必须依托活动这个载体。

九三作协在大豆文化节期间，举办了征文和朗诵比赛，收到180余篇作品，出版《九三职工文学作品集》。建三江作协组织12名作家分别赴常州和山东辛集，与当地作家协会进行南北文学交流，开展三次座谈，推出了一批新作品。齐齐哈尔作协举办了“我与祖国共成长”庆祝新中国成立70周年征文比赛和“从我家（乡）的变化看改革开放”征文比赛。红兴隆作协与双鸭山市作协联合开展“走进红兴隆垦区”采风活动，创作诗歌、散文作品43首（篇），作品很好地展现了北兴农场的风土人情，扩大了红兴隆垦区的影响。

（三）举办“赵国春北大荒系列文学作品朗诵会”

为进一步传承弘扬北大荒精神，2020年11月15日，北大荒作家协会与黑龙江朗读联盟、北大荒文创集团在哈尔滨共同举办了“赵国春北大荒系列文学作品朗诵会”，共有200余人参加。朗诵者声情并茂，与大家分享了《毛主席给北大荒人的一封信》《王震与北大荒的故事》《荒原“牧马人”濮存昕》《我是北大荒人》等17部赵国春作品节选，令听众时而激情澎湃，时而潸然泪下。《人民日报》客户端、《香港商报》《凤凰新闻》等40多家报刊网站发表转载。

三　黑河文情概览

（一）2019年黑河市文学创作及文学活动

2019年黑河市作家协会在组织文学创作、开展文学活动方面取得了新的成就。

1. 文学创作

黑河市作协全年共创作各种体裁的作品300余篇（首），其中在公开发行刊物上发表的有100余篇（首），有多篇作品获得省级奖项。其中较有代表性的如下。

墨凝的短篇小说《继续往前走》发表在《椰城》2019年第3期；小小说《俄罗斯工棚的一夜》发表在《短篇小说》2019年第4期；散文诗《回乡笔记》（二章）收入《中国年度优秀散文诗2018卷》（新华出版社，2019年，第1版）。

王平的散文诗《鄂乡的雪》（外二章）发表在《北方文学》2019年第8期（上）；散文诗《诗意的乡村，美美的城》荣获黑龙江省委宣传部、省作协、省广播电视台等联合举办的庆祝中华人民共和国成立70周年“我和我的祖国”主题征文优秀奖；散文诗《腊月辞典》（三章）入选《2019中国年度作品·散文诗》。

侯波的散文《从“洋货街”到“国货街”》发表在《党的生活》2019年第6期；散文《心河里流淌的声音》荣获黑龙江省“我和我的祖国”主题征文优秀奖；散文《大烟袋里看风俗》发表在《党的生活》2018年第12期，并荣获2019年“纪念改革开放40年”征文优秀奖。

边庆祝的诗歌《意料之外》（外一首）发表于《诗选刊》2019年第3期；寓言《生下来就奔跑》收入《2018年度中国儿童文学精选》（希望出版社，2019年，第1版）；寓言《白马和黑马》荣获全国寓言文学单篇最高奖“第十三届金江寓言文学奖”。

高杰的散文诗《布偶》（外一章）发表在《散文诗世界》2019年第4期。张连明的散文《北方的白桦树》荣获黑龙江省“我和我的祖国”主题征文三等奖。张华诗的散文《最后的猎刀》发表在2019年2月2日《黑龙江日报》“北国风”副刊。

安文生的散文《嫩江玛瑙》发表在2019年9月20日《黑龙江日报》“北国风”副刊；散文《读书不觉春已深》荣获“书香社会，阅读人生”主题征文优秀奖，并入选2019年4月黑龙江大学出版社出版的《书香社会·阅读人生：主题征文大赛获奖作品集》。闫晓东的《乡下积肥》等4篇散文先后发表在《黑龙江日报》“北国风”副刊；非虚构作品《杜鹃花红映兴安》发表在《中国林业》2019年第5期；非虚构作品《一株七十岁的玉米》发表在《椰城》2019年第10期。另有散文分别发表在《生活报》和《黑龙江林业报》；散文《小波同学的新时代》荣获黑龙江省“我和我的祖国”主题征文二等奖；贤哲的《腊八饭》等7篇散文先后发表在《黑龙江日报》“北国风”副刊，另有多篇散文分别发表在《黑龙江林业报》《劳动午报》《精神文明报》《沈阳晚报》等。

朱佳美的诗歌《风把禾苗又吹高一寸》发表在《扬子江诗刊》2019年第1期；散文诗《爱上没有水的海》（外二章）发表在《散文诗》（上半月）2019年第2期。北方（方勇）的诗歌《我守候的咫尺天涯》发表在《散文诗》（青年版）2019年第2期，并有散文等作品发表在《黑龙江林业报》《中国社区报》等报刊；诗歌《无悔的选择》荣获黑龙江省“我和我的祖国”主题征文优秀奖。

张久武诗歌《一段老江道》2019年9月入选CCTV礼宾书《中国当代诗歌大词典（第三卷）》（团结出版社出版）；诗歌《一条河的距离》等二首诗入选四川民族出版社出版的《飞鸟的天空》诗集（2019年当代作家联盟精选）。

五大连池市作家协会组织编写的诗歌、散文、小说合集《山水情韵》于2019年11月由黑龙江地图出版社出版。

2. 文学活动

2019年黑河市作家协会注重组织建设，着力搞好培训活动，弘扬“红色文艺轻骑兵”精神，全年开展了多次采风活动。

（1）抓深入生活，发挥红色轻骑兵小分队的积极作用。市作协大力弘扬“红色文艺轻骑兵”精神，以实际行动践行新时代文学创作者的职责使命，为更好地开展送文化下基层活动，努力发挥文艺小分队、读书小分队、原创作品小分队、朗诵小分队的积极作用。一是为创建全国文明城助力。2019年5月15日，召开了“创建全国文明城、创作文学作品”座谈会。2019年6月15

日，召开了创建全国文明城市征文作品分享会。二是深入开展美丽乡村（黑龙江黑河段）村容村貌村民改革开放40周年巨大变化采风活动。共开展采风活动6次，采访了爱辉区20多个村屯，宣传农业示范园区、乡村的亮点。三是积极开展“创文”“创作”采风活动。2019年6月30日，先后参观了利源达专用车制造有限公司、坤鹏生物科技有限公司，中俄天然气管道工程，黑龙江大桥工程。通过采风，会员们深切地感受到了当地丰富多彩的社会生活，挖掘到了很多精彩的、具有一定社会价值和写作价值的素材。四是帮助公路管理处在国道、省道建立的临时停车点和服务区开展写故事、写诗词活动。

（2）抓读书活动，推介好书丰富精神食粮。2019年5月27日，市作协在普希金书店举办了原创作品朗诵会。王瑛主席做了简短发言，12位作协会员分别朗诵了自己的原创作品，黑河学院分会会员也同时参加了此次活动；2019年6月8日，市作协黑河学院分会、齐齐哈尔大学文学社、黑河学院青创坊联合举办了原创作品交流分享会。

（3）抓纪念活动，鼓励多出作品出好作品。在建国70周年之际，市作协组织拍摄诗歌朗诵MV，以此来抒发爱国爱党情怀，热情讴歌大美家乡。市作协十余名诗歌爱好者参与了本次活动。围绕建国70周年这个主题，以市区取景拍摄诗歌朗诵MV的形式，从不同角度表达了对国家的热爱和对未来的美好憧憬，把建国70年来的生活变迁与黑河城乡经济社会发展成就呈现在大众眼前，体现了会员们不忘初心、牢记使命，以实际行动为祖国繁荣富强建功立业的昂扬斗志。

（4）抓互访活动，中俄作家畅谈创作感想。2019年9月23~25日，市作协会员与爱辉区图书馆工作人员组成中国青年诗人代表团，赴俄罗斯布拉戈维申斯克市参加文学交流活动。9月23日下午，代表团参加了《彩虹集》青年作家推介会及俄罗斯作家协会主席伊万先生见面会。9月24日上午，代表团参加了“青春——创作季”中俄青年诗人见面会，并举行了中俄两国诗人诗歌朗诵友谊比赛。

（5）抓培训活动，促进作家队伍素质提升。市作协于2019年4月21日，在普希金书店举办了“边庆祝和他的闪小说、寓言故事”主题讲座活动；于 2019 年 5 月 10 日，在逊克县举办了“庆祝建国 70 周年闪小说、寓言基础知识学习暨改稿会”；于 2019 年 10 月 3 日，在孙吴县举办了“庆祝建国 70 周年市作协赴孙吴县文学创作专题讲座”。

（6）抓组织建设，促进作家队伍规范管理。2020 年，市作协荣获省作协授予的“文学组织工作奖”。市作协建立健全作家档案库，积极指导各县市区作协的工作。各县市区作协分别组织召开了本地作家代表大会，通过协会章程，选举了新一届机构领导成员。在此基础上，各县市区积极发挥自己主办的文学刊物的作用，如北安市的《乌裕尔》，五大连池市的《连池文艺》，嫩江市的《嫩江文苑》，孙吴县的《孙吴文艺》，逊克县的《红玛瑙文艺》，爱辉区的《瑷珲》。为本土作家开辟了文学园地，繁荣了地方文学创作。

（二）2020年黑河市文学创作及文学活动

2020 年黑河市作家协会在组织文学创作、开展文学活动方面迈上了一个新的台阶。

1. 文学创作

黑河市作协全年共创作各种体裁的作品 400 余篇（首），其中在公开发行刊物上发表的有 200 余篇（首），并多次获得省、市级奖项。其中较有代表性的如下。

王瑛的散文诗《俄罗斯画》（组章）发表于《岁月》2020 年第 9 期。

墨凝的短篇小说《单曲循环》发表于《北方文学》2020 年第 10 期；散文诗《打折的生活》（二章）发表于《星星散文诗》2020 年第 7 期，另有三章散文诗发表于《散文诗》（上半月）2020 年第 11 期；诗歌《有一种距离叫生与死》收入《全球抗疫诗选》（世界文化艺术出版社，2020 年）。

王平的散文诗《有信仰的民族》发表在《散文诗》2020 年上半月刊第 5 期。王月梅的报告文学《握住希望　启航明天——记黑河市爱辉区四嘉子满族乡西四嘉子村扶贫纪实》2020 年 10 月荣获黑龙江省作家协会组织开展的“打赢脱贫攻坚战、全面建成小康社会”主题征文三等奖，并入选辽宁民族出版社出版的《向祖国报告：记全国少数民族地区扶贫战线上的典型人物》一书。

侯波的散文《风雪中的值守》发表在《贵州民族报》散文中国2020年4月刊，并获得由中共黑龙江省委宣传部、黑龙江省作协等单位主办的征文比赛三等奖；散文《守护黑河》2020年7月荣获黑龙江省委宣传部、省作协举办的“强信心、暖人心、聚民心”主题文艺作品征文三等奖；报告文学《扶贫路上贴心人》获得由黑龙江省作协主办的征文比赛二等奖，并入选辽宁民族出版社出版的《向祖国报告：记全国少数民族地区扶贫战线上的典型人物》一书；长篇小说《雪猎》入选中国作家协会2020年度少数民族文学重点作品扶持项目。

高振杰的诗歌《读坤河》获得由黑龙江省作协、齐齐哈尔文联主办的征文比赛优秀奖。

赵颖的散文《新冠肺炎疫情下平凡的我们》获得2020年全国青年作家文学大赛散文组二等奖；散文《阳光照亮扶贫路》获得黑龙江省“档案见证小康路　聚焦扶贫决胜期”征文三等奖。张连明的散文《母亲》发表在《课外生活》2020年第11期。

李广力的散文《火电“烟”云》发表在《脊梁》文学双月刊2020年第2期；王洪梅的散文连环画《姐姐一家三口的“抗疫”路》发表在《老年日报》2月22日刊。吴凤久的诗集《吴凤久诗歌专辑》在2020年12月经世界汉语文学出版社出版。诗歌《归燕》（外一首）发表在《鸭绿江》2020年6月刊。

贤哲的散文《北国春雪》等4篇分别发表在《黑龙江日报》2020年北国风副刊。闫晓东的散文《嫩江的夏天》发表在《黑龙江日报》北国风2020年7月刊；诗歌《亲爱的，黑龙江在等你》发表在《北大荒文化》2020年第2期。石茵的诗歌《故乡的小雨》发表在《澳门晚报》2020年7月14日；在2020年《青年文学家》“至尊爱情金玉良缘”爱情诗大赛中获得“勿忘我”奖项。

彭金桥的小说《隔离》荣获黑龙江省委宣传部、省作协举办的“强信心、暖人心、聚民心”主题文艺作品征文三等奖。张善弘的散文《今生能

有多少事　为教后世可传家》2020 年 8 月 17 日发表于中共中央宣传部“学习强国”学习平台，并在 2020 年 8 月获中共黑龙江省委宣传部、中共黑龙江省委教育工作委员会举办的“最美脱贫攻坚奋斗者”征文二等奖。

2. 文学活动

2020 年，在省作协的指导下，在市委宣传部、市文联的领导下，黑河市作家协会圆满完成了各项工作任务。

（1）为抗击疫情助力。疫情初期共征集诗歌、小小说、散文、口号等上百篇（个）。作协会员 90% 是公职人员，除了在单位捐款、支部捐款外，响应作协号召，累计爱心捐款 7100 元。

（2）为旅发大会助力。在公众号上发表“美在黑河”系列原创美图美文 8 期，展示黑河的生态美和人文美。

（3）为创建文明城助力。在省文明办组织的“少年中国梦　出彩中国人”活动中，市作协推荐了 15 篇学生作品，有 2 篇获三等奖。

（4）举办“乡村振兴”系列采风活动 12 次。赴爱辉镇窦集屯 3 次，采拍采写民族英雄窦尔敦祠堂遗址的围栏、平整、立碑的全过程。创作了 20 首诗歌、4 篇散文。

赴张地营子乡霍尔沁村采风 2 次，给 80 岁的老村长、老文学爱好者送书送笔墨。

赴西岗子镇坤站 2 次，了解驿站文化。

赴瑷珲镇 3 次，参观瑷珲历史陈列馆、知青馆、海关馆、瑷珲森林公园、瑷珲研学基地、郭家大院、姚福升故居等，进行爱国主义教育。

赴瑷珲镇外三道沟、外四道沟 2 次，参观“醉美 311 国道”。

（5）8 月 2 日，组织部分会员，走进爱辉区坤河达斡尔族满族乡，开展以“达满文化之旅坤河行”为主题的采风活动，创作了报告文学 1 篇，散文诗 1 篇，散文 3 篇，古体诗 5 首，现代诗歌（含组诗）3 首，并在《黑河晚刊》发表专版，弘扬了坤河地域特色以及达满民族文化。

（6）8 月，与黑河市华泰地产集团、黑河日报社专刊部联合举办“华泰杯”征文大赛，共收到征文稿件百余篇，并评出奖项，召开了“华泰杯”

征文大赛颁奖晚会，激发了广大文学爱好者的创作热情。

（7）7 月 21 日、9 月 28 日 2 次赴沾河开展“送文学　下基层”志愿服务，并成立黑河作家协会沾河分会，在《黑河晚刊》发表文学作品专版，宣传绿色生态。

（8）9 月 15 日赴逊克宝山乡采风，在《北极光》《黑河日报》发表歌颂“北红玛瑙”主题诗歌、散文 6 篇。

（9）10 月 11～14 日黑河市作协与省作协在嫩江联合举办二百余人参加的“黑龙江文学大讲堂”、七十余人参加的“黑龙江文学院嫩江中青年骨干培训班”，十余名作家组成的“黑龙江作家采风团”参观了墨尔根博物馆、高峰森林公园、南山公园以及社会主义新农村示范村：前进镇繁荣新村、科洛镇石头沟村。

（10）10 月 15～17 日黑龙江作家代表团赴爱辉区新生乡、瑷珲历史陈列馆、外三道沟知青民宿、外四道沟汽车营地参观。

（11）10 月 24 日、11 月 28 日在新华书店举办 2 期“我最喜爱的一本书”推介会，推荐介绍黑龙江本土作家迟子建、王左泓等作品。

（12）获省级优秀图书奖的书籍《国境线上的美丽乡村》共收入 15 章 40 篇稿件，其中，市作协会员撰写了 36 篇稿件。

四　佳木斯文情概览

佳木斯市作家协会带领和团结作家和文学爱好者，高举习近平新时代中国特色社会主义思想的伟大旗帜，坚持抓队伍，抓人才，抓创作，抓精品，激发会员参加文学创作的积极性，培养出一批文学新人。2019 年、2020 年是对外发表文学作品和获得奖项最多的两年，作家会员整体实力开始凸显。

（一）2019年佳木斯市文学创作跃上新台阶

1. 开展“讲写作，讲团结，讲正气”的“三讲”活动

3 月 10 日，召开了习近平总书记在看望参加全国政协十三届二次会议的

文化艺术界、社会科学界委员时发表重要讲话的座谈会。会议提出，作协组织一要把讲政治、讲大局，作为作家队伍建设的首要问题。二要建立人才梯队，形成人才成长的激励机制。要创作出无愧于时代的文学作品，推动佳木斯文学事业繁荣发展，促进多出精品、多出人才。三要夯实市作协的组织建设，培养文学人才，推进佳木斯文学繁荣。会议要求，作家深入学习习总书记讲话，在当前新的形势下，对会员提出了更高的政治要求、更高的标准，把增强作家的脚力、眼力、脑力、笔力作为建设作家队伍的标准。作家们表示要牢记总书记的嘱托，坚持以人民为中心、与时代同步，传播正能量，推动佳木斯文学事业繁荣发展，确定市作家协会工作的新思路。12 月 1 日，市作协举办“学习贯彻中央第十九届四中全会精神，繁荣佳木斯市文学事业”座谈会。市作协班子成员、中层干部、各县（市）作协主席 30 多人参加了会议，集体学习了《中共中央关于坚持和完善中国特色社会主义制度，推进国家治理体系和治理能力现代化若干重大问题的决定》。会议提出，今后市作家协会要深入学习中共十九届四中全会文件精神，以四中全会精神作为工作的指导思想，开展“新时代文学”创作活动，要把作家和文学爱好者团结和组织起来，按照习总书记新时代理论，围绕着文学创作，开展各项活动。另外，会议还部署两大任务，一是培养文学人才；二是创作出优秀作品。

2. 抓文学带头人，推选“签约作家”

抓“签约作家”，出精品；抓第三梯队，促提高；带动第二梯队大发展，做到学有榜样赶有目标，扎实推进人才培养。从 3 月开始，在会员中酝酿和推选“签约作家”，根据会员文学作品的出版成果，获得国家、省市开展的文学作品大赛奖励以及对文学创作的实际能力等方面对“签约作家”考核。经过个人申请、组织推选，“签约作家”推选委员会集体讨论确定名单，由上级部门授予佳木斯市签约作家荣誉称谓。经过两个多月的时间完成了评选工作，筛选出佳木斯市在长篇小说、短篇小说、散文、诗歌、报告文学、评论、少数民族文学、网络文学等领域的领先人物。在签约作家形成的基础上，组建长篇小说、短篇小说、散文、诗歌、剧本、报告文学、网络文学、少数民族文学等“创作委员会”，各委员会齐头并进，全面发展。

5月26日，市作家协会举行了隆重的首届签约作家颁证仪式。首批签约作家29人：王延才、于洪福、谷春萍、邢涛、袁大为、王善常、王智君、郑德强、刘长春、田承友、乔桦、王长玲、朱宜饶、姜福祥、常保荣、谷莉、贾权、董亚杰、张德山、徐景艳、李丽杰、咸永彬、姚金翎、李鸿岩、沈艳玲、王秋霞、孙玉民、吴彩云、孙子钧。会上发布了《佳木斯市签约作家管理办法》。“签约作家”制度旨在鞭策作家，也赋予其责任，使其发挥领头雁的作用。

3. 请进来送出去，千方百计培养文学新人

一方面，在推行“签约作家”制度的同时，按照考核标准选拔出在小说、散文、诗歌，报告文学等方面做出突出成绩的拔尖人才；另一方面，采取请进来送出去的办法培养人才。5月选派刘颖、朱宜尧、袁大为、霍艳艳、刘志英等五名作家，参加省作协举办的培训班。10月经过作品考核申报，继谷莉、袁大为之后，王长玲、朱宜饶、咸永彬参加了萧红文学院第十九届中青年作家培训班。7月，省作协党组成员、副主席司兆国带领葛均义、王鸿达、薛喜君、袁炳发、朱成玉、沐清雨等黑龙江省著名作家来佳木斯与佳木斯市部分骨干作家一道采风，为期一周的时间为市作家会员提供了与著名作家接触沟通和向其学习的机会，让佳木斯市作家增长了知识，开阔了眼界。

4. 围绕庆祝新中国成立70周年，组织开展文学创作活动

庆祝新中国成立70周年，开展创作100人动人故事、100件感人事件的“双百”征文活动。新中国成立70周年，70年砥砺奋进，我们的国家发生了天翻地覆的变化。市作协引导广大作家深入生活、扎根人民，用心、用情、用功书写伟大时代，写好佳木斯人奋斗圆梦的故事。通过组织作家开展写“双百故事”征文比赛活动，选出优秀作品和优秀人物，出版了一部“双百故事文丛”。这部文丛，以个人与国家的关系为视角，用文学的形式生动展现在党的领导下新中国取得的辉煌成就，生动展现人民追求幸福努力奋斗的精神风貌，通过描写生活、工作在各层面的人物，从不同侧面和角度，反映在市委和政府的领导下，新中国成立70年来佳木斯社会、思想等多方面所产生的巨大变化。结合“双百”征文，评选出优秀作品，选送参

加中国作协开展的“我和我的祖国”征文比赛。5月结束创作，其中小说32篇、散文88篇、报告文学18篇、诗歌77篇，共计215篇作品，从中评选出45篇优秀作品：一等奖6篇，二等奖14篇，三等奖25篇。7月29日晚，佳木斯市作家协会在佳木斯大学礼堂举行了庆祝新中国成立70周年“双百征文”颁奖晚会。省作协副主席司兆国，佳木斯市委常委、宣传部部长宫秀丽等领导出席活动，并为获奖者颁奖。

走进人民中间，组织采访佳木斯各行各业的优秀人物并撰写《与你同行》报告文学集，歌颂新中国成立70年来取得的丰功伟绩。市作协组织29名作家，历时45天，深入工厂、学校、机关，走进田间地头采访英雄模范人物，挖掘隐藏在人物背后的故事，倾听朴素的讲述，捕捉感人的瞬间，记录生动的画面，采写出了一篇篇感人肺腑的报告文学作品。《与改革同行》这部书稿20万字，堪称44位英模人生与岁月的写真集，也是对佳木斯市改革开放伟大历史进程的忠实记录与深情回眸。

5. 抓特色活动，展现作协的凝聚力和生命力

读书和写作是市作协对会员的两大要求。市作协读书部开展的一月两次读书活动已经成为作协的常规工作，在每月分享一本书的基础上，又建立网上打卡读书制度，在新华书店开设了说书角，一月举办一次读书人讲书活动，每周一讲，带动全民读书，向读者推荐一本书活动已经进入大学和社区。

3月31日，市作协召开部署写好佳木斯故事暨《与改革同行》分享会。对《与改革同行》报告文学的作品，逐篇进行讲评，对出现的共性问题进行讲解指导。作者代表李振科、乔桦、沈艳玲、王秋霞、刘颖、苏晓慧分别谈了各自的创作体会。几年来，市作协坚持一年一部集体创作的报告文学，一边写、一边讲、一边评、一边感悟，让会员在写作中提高。经过四部报告文学的创作，一支撰写报告文学的人才队伍已经形成。

4月13日，为迎接2019年世界读书日，促进全民阅读，打造书香校园，市作协带领作家走进大学，与佳木斯大学人文学院和佳木斯大学图书馆共同举办了“名家读书系列讲座——现代诗歌鉴赏与写作”。“4.23世界

读书日”市作协在新华书店举办了“我最喜欢的一篇文章”读书分享会。市委宣传部副部长余鸿和市委宣传部机关干部以及市作协会员、市朗读爱好者、书店读者120多人参加了活动，对宣传读书和引领全民读书起到了积极作用。11月30日，市作协在新华书店成功举办了“我是讲书人”读书分享活动。会员对《平凡的世界》《安娜卡列尼娜》《假如给我三天光明》《终身成长》等书进行了读后感受分享，把自己对作品的理解和受到的启迪，通过“我是讲书人”的场合，讲给更多的人听。通过读书讲书，向社会传播读书的伟大意义。每一场都给观众留下了美好而深刻的印象。活动后孙代君作了总结讲话，首先他对本次“我是讲书人”读书分享活动给予充分肯定，对几位讲书人进行了点评。他希望这项活动长期坚持办下去，推动更多的人多读书，读好书，以丰富自己的内涵和素养，并创作出更多的优秀文学作品。

传播文学也是一项重要任务。市作协建立“声动三江”朗诵平台，以此带动和培养了一大批朗诵人才，他们进社区、进农村、进工厂，把作家写出的作品通过朗诵传播出去。3月9日在新华书店举行了“走进春天”朗诵会，近百人参加了活动。这是由市作协活动部发起、声动三江朗诵部承办、市作协诗词部和新华书店共同协办的活动。作协朗诵活动非常的活跃，坚持每月一次，在社会上有着较强的影响力，成为佳木斯市作协的一张文学名片。

《佳木斯作家》微信群，每周六开展“八点相约”作品讲评活动，对由各县（市）作协和各作家会员组推荐的会员作品组织讲评，通过讲评会员作品在网络课堂学习和交流，会员普遍反映“现身说法”，受益匪浅。2019年11~12月市作协利用五个周六晚上，在“八点相约”活动中，开展了名家讲座活动。孙代君、谷占江、王智君、乔桦等分别就报告文学、小说、散文的语言以及写作技巧等对会员进行了培训，每次听讲人数都在200多人。

为了解决无活动场所的难题，市作协与佳木斯大学建立了合作的关系。一是建立文学创作基地，解决了读书沙龙活动场所；二是与佳木斯大学人文学院合作，建立作家文学课堂，人文学院为作家开设“文学理论课”，由作家为大学生讲授“文学创作的实践课”；三是市作协与佳木斯大学图书馆合作，在图书馆建立“佳木斯作家作品馆”，本土作家出版的书籍可以在馆里收藏、展示和利用。“佳木斯作家作品馆”成为对外宣传的窗口。2019 年 7 月省作协副主席司兆国和省内的部分著名作家参观了作品馆，市委宣传部等有关部门和友邻地市作协也多次来馆参观，给予很好的评价。市作家协会利用佳木斯大学的基础资源和人文资源，发展作家事业。

发挥纸刊和网络媒介作用，解决会员作品发表的渠道。《佳木斯作家》微刊年发稿量 145 篇。《佳木斯作家》微刊，在省内外产生影响。同江市作协的《同江作家》微刊，汤原县作协的《鹰山文学》，桦南作协的《七星峰》等文学刊物受到读者欢迎。全年会员网络发稿 1448 篇，报刊发稿 317 篇。佳木斯市作协鼓励作家对大报大刊投稿，与国家、省报刊建立联系，为会员发稿创造机会。

深入基层挖掘历史和文化资源。3 月 15 日，孙代君带领《佳木斯作家》微刊编辑部部分成员来到抚远市，在抚远副市长郑祥云陪同下考察了抚远市的自然文化景观，根据孙代君创作的《东极的由来》传说故事，提出了在抚远市建设东极公园的设想。《东极的由来》传说故事，对于建设佳木斯市地标文化、拓展抚远市旅游景观有着重要意义。4 月 20 日孙代君带领骨干作家走进桦川县黑龙江大地酒业有限公司谋划企业文化，为产品注入文化的灵魂。作家一行了解企业酿造技术的发展历史，利用桦川县五国城点将台等历史文化遗址，挖掘“苏家店”酒坊 700 年的基因传承，创作出了《北国龙酒的传说》作品，为企业产品注入历史文化的品牌内涵。

一年两次采风活动是市作协的制度要求。8 月 11 日，市作协一行 50 多人来到了有着“三江门户”之称的勃利县进行为期一天的采风。参观了“勃利密塞博物馆”“日本侵华遗址”，游览了国家森林公园“勃利西大圈”，并与七台河市作协进行了互赠图书等文化交流活动。

从 2015 年开始，每年召开全市作协年会已成为惯例，在年会上总结和表彰先进，汇演会员自编自演的文艺节日。1 月 12 日市作协召开了 2018 年度总结表彰大会，来自汤原、桦南、桦川、富锦、同江、抚远等县（市）

的会员共247人参加了活动。

6. 发展会员，抓好基层组织的建设

深入县（市），调研基层组织建设，了解农村作家的创作情况，解答会员提出的创作疑问，解决会员作品发表和生活等难题。6月18日，孙代君带领市作协班子，到同江市、桦川县、汤原县开展为期一周的作协县（市）组织建设调研活动。对同江市和富锦市组织不健全问题，及时向当地党委有关部门协调沟通并最终得到解决。12月20日同江市作家协会召开了第一次会员代表大会。10月15日，孙代君、朱春龙等市作协领导，携带慰问品，深入乡村登门走访慰问薛庆云、邢书文、高凤华等生活困难老作家，了解他们的生活和创作状况，鼓励他们坚持文学理想，创作更多好作品。

坚持入会标准，吸纳优秀文学人才。4月25日市作协发布新的会员发展管理办法，并从5月1日起实行。提出发展会员要注重品德考核，实行两名介绍人负责制，要求会员公开发表作品在三篇以上。6月18日开展学习和传达《黑龙江省作家协会文学工作者职业道德公约》的活动。

截至2019年12月30日，根据会员数统计，市作协有国家级会员7名，省级会员132名，市级会员508名。3月22日有9名作家被省作协批准为省作协会员：许振杰、于百川、苏晓慧、邢书文、咸永彬、谷莉、姜福祥、舒耘华、刘士军。

选派优秀会员参加各项活动。4月19日，诗人作家谷莉应邀到福建福鼎参加《海外文摘》全国作家文学采风活动。10月14日，赫哲族作家孙玉民应邀出席全国少数民族文学创作会议，并观礼了第十届茅盾文学奖颁奖典礼。其间孙玉民还接受了《文艺报》记者的采访。

2019年11月30日，推选孙代君、乔桦、景文玺、陈树照、赵仁庆、王延才、孙玉民、王智君、王善常、袁大为等10人，作为省作协第七次代表大会代表。

7. 作品发表呈井喷态势，会员的创作潜质开始显现

2019年1～12月，会员在省级以上报刊发表的文学作品共计112篇。其中，中篇小说3篇，短篇小说17篇，小小说1篇，报告文学2篇，散文

41 篇，诗歌 35 首，其他类别文学作品 13 篇。

（1）2019 年报纸杂志发表作品情况

王善常发表作品：小说《鱼王》，收入《十月 · 少年文学》2019 年第 12 期。小说《红鱼》，收入《意林》2019 年第 7 期。小说《野兽帮的学生时代》，收入《当代小说》2019 年第 2 期。小说《不怕了》，收入《北方文学》2019 年第 6 期。小说《迷失方向的少年》，收入《陕西文学》2019 年第 4 期。小说《养父》，收入《速读》2019 年第 7 期。小说《大白牛》，收入《中华文学》2019 年第 11 期。散文《酒与村庄》，收入《华夏散文》2019 年第 7 期。诗词《水调歌头》，收入《心潮诗词》2019 年第 1 期。

谷莉发表作品：散文诗《你从遥远的星星上返回》，收入《海外文摘》2019 年第 5 期。散文诗《缺角地图（五章）》，收入《星星 · 散文诗》2019 年第 4 期。诗歌《半夏（组诗）》，收入《上海诗人》2019 年第 6 期。散文《从太姥山到天湖，我一直在找你》，收入《海外文摘》2019 年第 9 期。诗歌《电影院（外二首）》，收入《北斗诗刊》2019 年上半年刊。散文诗《微光及其他（组章）》，收入《诗歌风赏》2019 年第 2 卷。诗歌《穷人的口哨（外二首）》，收入《品位 · 浙江诗人》2019 年第 6 期。

王长玲发表作品：散文《我来到你的城市》，收入《文学月报》2019 年第 7 期。散文《我的书店情节》，收入《速读》2019 年第 6 期。散文《做家教的日子》，收入 2019 年 8 月 23 日《作家报》。散文《樱桃树下的欢笑》，收入 2019 年 12 月《北大荒日报》副刊。

陈树照发表作品：诗歌《蚯蚓》入选《2019 天天诗历》（中国青年出版社）。诗歌《有点力就会把你刺痛》入选《2018 年中国新诗排行榜》（陕西师范大学出版社，2019）。诗歌《那是我经常下跪的地方》2019 年 12 月刊发在《天津诗人》（2019 年冬之卷）。组诗《大雪埋葬了故乡》2019 年 12 月刊发在《诗东北》[2019 年 12 月（上 · 下合卷）]，陈树照诗歌《万家灯火》入选《中国年度优秀诗歌 2018 卷》。

发表在《北方文学》2019 年第 6 期上的作品：谷春萍的散文《忘了姓名的同学》，王起的散文《家谱》，初金梅的小说《背叛者》，田承友的小说

《二舅》，郑德强的小说《贩狗父子》，姜永明的小说《竞聘》，喻时林的小说《吻》，滕敦太的小说《泡脚》，陈彩虹的诗歌《陈彩虹的诗》，王上的诗歌《王上的诗》，王忠环的诗歌《王忠环的诗》，张伟辉的诗歌《张伟辉的诗》，李延军的诗歌《李延军的诗》，孟祥海的诗歌《乡愁－五首》，李鸿岩的散文《父亲结》，张文学的散文《倔强的父亲（外二篇）》，张同的散文《回望俄罗斯》，李阳的散文《风雪中恩人走来》，韩杰的散文《老茶的味道（外一篇）》，王丽群的散文《榆钱儿轻轻摇童年》，李小木的散文《给女儿要官》，闻言的散文《土墙的记忆》，臧贞凤的散文《丁香情节》，周丽丽的散文《田园居》，翟淑娴的散文《一碗萝卜汤》，许敬山的散文《大金鹿》，金玉丽的散文《浪漫情人节》，徐景艳的散文《吃福》、《家乡的小河》，刘锐霞的诗歌《送行，春天的驿站》《回家的路》《我点亮一盏心灯》《雪花，我梦中的童话》《思乡的重阳》《走在四月的春风里》《我的远方在路上》，郭宏的诗歌《别》《等待》《我常常在想》《落雨的日子》，邵锦平的散文《牵手》，王玉萍的小说《奔跑的白手绢》、诗歌《想象一朵花开》，王秋霞的散文《我欠他一个再见》《一只小狗和一个鹦鹉的生死诀别》，李晓春的散文《雪之恋》，潘幔的散文《爱，是亲情的近距离》。

孙子钧发表的作品：小说《山崴子里有狼》，发表在《草原》2019 年第 9 期。其发表在《民间故事》上的作品：《毕拉哈拉的小岛》（2019 年第 9 期）、《深山奇遇》（2019 年第 2 期）、《蚂蚁河》（2019 年第 3 期）、《寂静除夕夜》（2019 年第 4 期）、《荒原里的村庄》（2019 年第 5 期）、《废墟旁的小屋》（2019 年第 6 期）、《乌拉浑山》（2019 年第 7 期）、《四马架》（2019 年第 9 期）、《木屋村遗梦》（2019 年第 10 期）、《嘎尔当的炊烟》（2019 年第 11 期）。

田世庆发表的作品：散文《永生难忘的开荒会战》，发表在 2019 年 10 月 17 日《北大荒日报》副刊。散文《坐火车看变化》，发表在 2019 年 11 月 19 日《北大荒日报》副刊。

邵锦平发表的作品：散文《童年的村庄》，发表在《中国散文家》2019 年第 10 期。散文《教师的骄傲》，发表在《速读》2019 年第 11 期。

张裕怀散文《一片绿洲让人心向往》，发表在 2019 年 4 月 11 日《解放军报》。散文《冬至的味道》发表在 2019 年 12 月 22 日《解放军报》。

佟金亮发表的作品：散文《童年的端午节》，发表在 2019 年 6 月 14 日《黑龙江日报》副刊。诗歌《新时代我为你骄傲》，发表在《前进论坛》2019 年 10 月 1 日。散文《欢喜过年》，发表在 2019 年 2 月 3 日《北方时报》。

董亚杰诗歌《微诗 6 首》，发表在 2019 年 7 月 19 日《作家报》。耿春雷小小说《掏了一只鸟》，发表在 2019 年第 5 期《北大荒文艺》。柴玉平报告文学《责任那边是幸福》，发表在 2019 年第 4 期《北方人》。张志成诗词《迎五一干群齐努力》，发表在 2019 年第 4 期《吉林邮政报》。王秋霞散文《我的初心未改　你的风雨兼程》，发表在《黑龙江保险》2019 年第 10 期。刘颖散文诗《红豆祭》，发表在《作家报》2019 年第 6 期。孙代君散文《父亲的遗产》，发表在 2019 年第 5 期《党的生活》。

田墨龙在中国作家网发表的作品：2019 年 11 月 18 日，小说组合《斯文志系列》（20 篇）。2019 年 8 月 31 日，田墨龙小说组合《王晓菲系列》，2019 年 9 月 6 日，小说组合《曲晓蔓系列》，2019 年 10 月 29 日，散文集《怅惘童年》，2019 年 11 月 6 日，诗论《姑妄谈诗》，2019 年 11 月 19 日，文论《写作的中间地带》。在中国作家在线网刊发作品：2019 年 7 月 25 日，发表小说《孩子明年高考》，2019 年 7 月 29 日，发表散文《萝卜白菜，各有所爱》。

于百川在中国作家在线 2019 年 1 月，发表报告文学《亮师傅的手锤》，短篇小说《真情写人生》。孟祥海在中国诗歌网 2019 年 1 ~ 12 月发表诗歌《孟祥海的诗歌 90 首》。

（2）2019 年书籍出版情况

景文玺长篇小说《起死回生》由群众出版社出版发行。王智君短篇小说集《八十一枚金币》由中国文史出版社出版发行。李文湘《同江往事》由北方文艺出版社出版。王国勋、孙代君电影文学剧本《孙西林》2019 年 3 ~ 10 月在《佳木斯电视报》连载。

8. 获奖作品硕果累累，创造佳木斯历史好成绩

2019 年 1 ~ 12 月，会员获省级以上奖项的文学作品共计 33 部（篇）。书籍中，长篇小说 3 部，短篇小说 2 篇，小小说 3 篇，散文 16 篇，诗歌 7 首，其他类别作品 2 篇。

在省作协举办的“我和我的祖国”征文比赛中，佳木斯市作家作品获得一等奖 1 篇，二等奖 2 篇，三等奖 4 篇，优秀奖 6 篇。共计获奖 13 篇。田墨龙散文《牧鞭上的那颗红缨》获得一等奖。董亚杰散文《远去的炊烟》、王智君散文《炉果渣》、刘长春散文《三代人的火车头》、苏晓慧散文《军营里长大的小白杨》、陈树照诗歌《我和祖国》、霍艳艳散文《回乡》等作品获得三等奖。获优秀奖的作品有六篇：朱宜尧散文《冰封的热土》，马宝翠散文《为我打开了一扇窗》，姜永明散文《火车情缘》，苏云鹏散文《火车从老家河边飞过》，石晓明散文《消失的耳锅》，王建岭诗歌《三江情》。

作协会员创作硕果累累。

咸永彬儿童长篇小说《大草原和小布多》，2019 年 6 月获得由上海市文联评选的“上海好童书”奖。2019 年 4 月入选黑龙江省宣传部“黑龙江省第五批全民阅读书目”。

袁大为长篇网络小说《抗战之我为纨绔》，2019 年 12 月在掌阅新风尚 · 书山中文网首届征文大赛中入围前 50 名，是掌阅 · 书山中文网从该网站 500 多部签约作品中选出的。

周岩散文诗《一棵小树》，2019 年 12 月获得由冰心文学会主办的第十五届全国青少年冰心文学大赛一等奖。散文《执着追梦，不负韶华》2019 年 12 月获得由红旗出版社、全国妇女报社主办的第七届全国“书香三八”读书征文活动优秀奖；2019 年 11 月 1 日，获得由黑龙江省林业工会主办的“书香三八”读书征文三等奖。

崔文闪小说《最好的风水》，在 2019 年 6 月 6 日由中国寓言文学研究会、北京辰麦通太图书有限公司主办的“巨人之路”杯首届华语闪小说大赛中获优秀奖。小小说《跟踪》，2019 年 1 月 3 日在由广东省人民政府、羊

城晚报、广东楹联学会主办的广东省“守护和谐·反对邪教”微型小说大赛中获优秀奖。

孟祥海的诗歌《念奴娇·云》，在2019年10月由中国散文网、华夏博学国际文化交流中心主办的第五届中华情全国诗歌散文联赛中获金奖。

王秋霞的散文《我的初心未改　你的风雨兼程》，在2019年9月26日由黑龙江保险学会组织的“不忘初心，携手奋进，庆祝中华人民共和国成立70周年”征文评选中获三等奖。

王小岛的诗歌《在一片泥土中伫望春天》（外三首），2019年10月2日在“诗意人生精彩纷呈”最具人气诗人全国网络大赛中获三等奖。

王书东的诗歌《咏抓吉赫哲渔村》2019年9月在《老年日报》举办的“逐梦七十载深情颂祖国”征文大赛中获优秀奖。佟金亮散文《新时代，我为你骄傲》2019年10月，在由前进论坛杂志社主办的庆祝新中国成立70周年暨人民政协成立70周年征文大赛中获二等奖。郑德强的小小说《一定让你富起来》在2019年7月22日东三省坤健灵芝杯小小说征文比赛中获三等奖。

田墨龙、吴彩云的歌词《神奇的赫哲》，2019年8月5日在中国音乐家网举办的2019“唱响中国——国庆70周年”盛典上获词曲金奖。邵君的歌词《我要飞翔》2019年8月5日在“2019《唱响中国》第四届中国优秀词曲、演唱、演奏、歌舞群星盛典”上获作词铜奖。

（二）2020年佳木斯市文学创作呈现蓬勃发展态势

2020年是一个特殊的年份，突出三个时间节点：一是突发新冠肺炎疫情；二是脱贫攻坚收官年和决胜年；三是中国人民抗日战争暨世界反法西斯战争胜利75周年。一年来，佳木斯市作协就是围绕着这几个重大历史节点，按照讲政治的要求，紧密结合国家形势，围绕党的中心工作开展活动，取得了良好的成绩，表现出作家协会的历史担当和责任。

1. 战“疫”宣传，作协冲锋在前，以文学作品的力量鼓舞和引领人们不怕困难团结起来战胜疫情

武汉突发新冠肺炎疫情，在全国打响抗疫阻击战之时，市作协以敏锐的

政治嗅觉迅速反应，1 月 26 日向全市作家及广大文学爱好者下发了抗击新冠肺炎疫情文学创作的倡议书，掀起了全市宣传抗击疫情的热潮。市作协提出不传谣、不信谣，积极投身文学创作的要求，积极响应佳木斯市委、市政府的号召，引领会员投身到新冠肺炎疫情阻击战之中，在医院、社区、机关、企业等单位发挥着骨干中坚力量的作用。文学工作者拿起手中的笔，创作出一篇篇诗歌、散文、小说，讴歌抗击疫情的先进人物，书写一个个救死扶伤的感人故事。仅 10 天时间就创作文学作品 356 篇，用诗歌、散文、日记等文学作品形式，引导和鼓舞民众战胜疫情，表现出了作家的责任和担当，为打赢这场疫情阻击战助力、加油!

2020 年 2 月 2 日，市作家协会自动发起了支援武汉抗疫募捐活动。广大会员积极响应，三天共募集捐款 5700 元，并于 6 日及时转交到佳木斯市红十字会。在募集捐款过程中，市作协了解到有许多会员都分别在单位和作协多次捐款，还有的匿名在红十字会、慈善总会捐款、捐物。

2020 年 1 ~3 月，为适应抗疫宣传的需要和解决大量作品发表的问题，作协迅速启动《佳木斯作家》文学微刊和《佳木斯作家之家》公众信息网络平台，开辟战胜疫情的专栏，大批次地刊登作家采写的抗击疫情的动人故事。为了扩大文学作品的传播面和增加点击率，作家们把所采写的作品通过“中国作家在线”“头条新闻”等媒体发表。同时在市文联网络平台“战疫文苑”栏目组稿 35 篇，在省作协网站“防疫利剑”栏目组稿 358 篇，市作协“声动三江”音频开辟“战疫”专栏，组织 35 名朗诵者，采写创作诗歌 58 首，录制音频，在多家网络平台播送，深受群众欢迎。市作协与佳木斯市广播电台、电视台、经济生活广播、文艺交通广播联合制作战“疫”有我有你为爱发声——佳木斯市广播电视台抗“疫”诗歌作品展播：郭宏《抗“疫”诗歌——风雨彩虹》，李鸿岩《拐点》《时代英雄》《为你送行》，刘锐霞《向你致敬》，霍艳艳《担当》，姜永明《铁路人的坚守》等。特别是 3 月 9 日，乔桦创作的《我和我的城一起苏醒》，由王燕朗诵、富饶导演的原创视频片，在佳木斯广播电视台播出后产生良好反响，潘丕生等会员走进佳木斯电视台大型直播间抗击疫情特别节目，直播朗诵作家作品长达 30

分钟。作家的抗疫作品通过无线电波传送到千家万户，把作家创作的作品变成无形的力量，为打赢防“疫”战做出贡献。

2. 疫情期间佳木斯作家微信平台展现优势，活跃的线上活动促进了文学创作的发展

2020 年 3 月以后，市作协充分发挥佳木斯作家微信平台的作用，在以往开展的每周六一次“八点相约”点评作家作品的基础上，开辟了“声动三江朗诵周相约”和“讲书人月相约”线上活动。

“声动三江”朗诵平台，是《佳木斯作家》微刊的一款栏目，经几年的经营和建设起到传播文学、培养人才、活跃队伍的重要作用。为了培养朗诵人才，该平台在作家朗诵微信群开展名家讲座，传授朗诵技巧，建立导读员制度，在线上举行会员朗诵会。同时，“声动三江”朗诵平台线下在新华书店创办了“周相约朗读者”活动，为朗读者创造了表演实践的机会，到目前为止“周相约朗读者”活动进行了 16 场。另外，平台组织会员先后参加省图书馆 4 月 5 日举办的“祭奠清明”活动和“中华诗词云诗会”的线上活动，4 月 19 日代表市参加全省国学会的快手朗诵《书中自有春日》线上朗诵活动等。到目前为止，《声动三江》朗诵平台已在线上开展“春天，与经典同行”“畅读美文，我醉快乐”“感恩母亲”“父爱永恒”“端午情思”“红色的七月”主题朗诵会，朗诵的作品多数是作家自己创作的作品，每次活动组织严密，主持、点评、总结工作井然有序，会员的朗诵水平得到了很大的提高，成为佳木斯传播文化的一支优秀队伍。

自 2017 年开始，在佳木斯作家微信空间每周六晚上八点开展“八点相约”作家作品讲评活动，到 2020 年底为止共计开展 113 期讲评，会员在文学理论与实践方面受益匪浅。从今年开始该讲评活动改名为“名家文学讲堂”，几位副主席谷占江、景文玺、李阳、陈树照等亲自主讲《文学创作中的几个问题》《从农民到记者》《诗歌那点事儿》等课程；大学文学博士舒云华主讲《古典诗词鉴赏方法》，微刊执行主编王智君主讲《成功在细节》，签约作家乔桦、谷春萍主讲《小小说创作的几点体会》《浅谈我对小说创作的几点体会》。每一次的讲座，讲者精心地备课，群里事先发出主讲通告，

各会员组、县（市）作协联络员精心组织会员参加，并且对主讲制作录音小程序，事后发群里，供会员反复收听。每期反响热烈，会员对下期充满着期待。根据统计收听人数达到2285人次。自2019年7月开播以来主办方收到评论体会万余条。同江市、桦川县作协组织会员集中上线收听，并课后组织研讨。

读书部开展的读书分享和读书沙龙活动已经成为市作协的标志性活动，形成了制度化和规范化。读书部创新工作方法，早在2018年就推出了线上读书打卡小程序，有300多名会员和读书爱好者参加，有力地推进了读书活动的开展。新冠肺炎疫情发生以来，读书部利用佳木斯作家微信平台举办了线上“讲书人我来讲书”活动，吸引了广大会员和文学爱好者踊跃参加。4月25日，应长城书店的邀请，读书部成功举办了“龙江读书月主题”作家签名售书活动。孙代君、王智君分别携新书散文集《幸福的桃子》和小说集《八十一枚金币》与读者见面，并为购书者签名留念。

5月16日，黑龙江宣传“要情直通车”以佳木斯市作家协会举办全民读书月、三江杏花节系列活动为主题，报道“围绕节日主题，举办线上朗诵。运用新兴媒体，开展数字化阅读。突出城市特色，举办征文活动。动员社会力量，宣传优秀作品。发挥自身优势，形成长效机制。”该报道点击率达到2094人次。

3. 坚持以人民为中心的创作导向，围绕党的中心任务开展文学创作工作，创作成果丰硕

（1）主题创作

市作协在文学创作上突出党的中心任务，集中精力突击完成各个阶段的创作任务。

在疫情期间，市作协组织作家完成战役文学创作的同时，积极组织采稿，参加省委宣传部、省作协组织的战胜疫情的征文，采写抗击疫情作品867篇，投稿230多篇。

市作家协会完成《一方水一座城》宣传读本的书稿创作。2019年11月，黑龙江省松花江佳木斯段入选水利部公布的第一批示范河湖建设名单，

佳木斯市将松花江段打造成防汛安澜河、生态安全河、农业命脉河、冰雪旅游河、文化传承河，实现“河畅、水清、岸绿、景美、人和”。为了全面展示佳木斯市松花江示范河湖美建设的成就，省水利设计院编辑出版松花江佳木斯示范河湖美宣传读本。该书的文字部分由作协承担完成，成立了以孙代君为组长的文学创作组，包括王智君、乔桦、谷莉、王长玲、邵锦萍等六名成员。历时一个多月的时间，对松花江佳木斯铁路桥至江川农场江段沿线的湿地、农场、村落、城市、古迹、农田等，组织踏访、调查、收集资料，以松花江佳木斯段示范河湖防洪、生态、农业、文化及冰雪为基线，突出北方地区大冰雪、大农业、大湿地等特色，采取多种文学写作手法展示松花江的妖娆美丽，用文字反映松花江佳木斯示范河湖多姿多彩的故事。书稿五万多字，由黑龙江人民出版社出版，并受到专家的好评。

以“铭记历史　缅怀先烈，继往开来，歌颂祖国”为创作主题，为纪念中国人民抗日战争暨世界反法西斯战争胜利 75 周年，市作协组织全市作家开展了一系列的纪念活动。共创作诗歌、散文 154 篇，《佳木斯作家》微刊发纪念作品的专刊号，《佳木斯日报》副刊发专版，并且从中优选出 9 篇，作为朗诵作品。为了扩大宣传影响，在新华书店举行了纪念中国人民抗日战争暨世界反法西斯战争胜利 75 周年大型朗诵会，桦南、桦川、汤原县等作协的会员近百人参加了纪念活动。13 个节目，表演新颖，打破常规的朗诵形式，其中《背叛》《战火中的战友情》《抗战英雄　永垂不朽》用演诵的形式，把鲜活的抗联战士演绎得真切感人。

与桦川县委合作采写桦川县脱贫攻坚报告文学集《大地情怀》。桦川县委举行了采风启动仪式，孙代君做了“写好脱贫攻坚故事是我们作家的历史使命”的讲话。组织 22 名作家，来到桦川县扶贫攻坚的最前沿，深入田间地头，来到老百姓的中间，与桦川县扶贫工作的参与者、受益者、见证者一道，讲述好、记录好桦川县的脱贫攻坚故事，以文学的方式呈现、总结和宣传桦川县扶贫工作成就，展现一幕幕、一幅幅催人泪下的扶贫工作的动人画卷。会员采写的报告文学作品大量发表在《佳木斯日报》和《法治在线》等报纸杂志上。《大地情怀》扶贫报告文学集已由团结出版社出版。

与市法学会合作开展法治文学征文活动。今年初市作协与市法学会联合下发法治文学征文的通知，一年以来，会员共创作出法治题材的诗歌、散文、小说、报告文学等200多篇，评出诗歌奖10篇、散文奖15篇、小说奖20篇、报告文学奖12篇，苏晓惠的长篇小说《滨江利剑》和乔桦的中篇小说《山魂》被评为特别奖。12月19日佳木斯市政法委、市司法局等单位举行了隆重的“佳木斯法治文学作品”表彰大会，会上有61篇作品受到奖励。

（2）自发创作

①由孙代君主编、团结出版社出版《黑土地文萃》丛书9部，包括白一墨的《沧海回眸》，赵强的《风把记忆吹成花瓣》，邓淑娟的《听雪诗词》，周国的《韵醉东极》，田墨龙的《都是因为你》，李丽杰的《亲亲打碗花》，孟祥海的《富锦地名故事》，佟金亮的《朝露》，周岩的《婉约人生》。

②肖殿昌15年前采访了274名抗美援朝参战老战士，拍照配文集结成《没有光环的英雄》一书，描述了那个时代抗美援朝保家卫国的“最可爱的人”的英雄事迹，展示他们战场英勇不怕牺牲，回国后不居功自傲，不向国家伸手，毅然回乡务农建设社会主义国家的无私奉献的精神。为英雄唱赞歌，是对抗美援朝战争将士的纪念，也是向抗美援朝胜利70周年和中国共产党建党100周年的献礼作品。

③大量作品在省级以上报纸杂志发表，质量数量取得突破性的进展。

对外发稿是检验作协工作和会员写作水平的重要尺度，也是锤炼作家的一项重要工作。从去年开始作协对签约作家提出了对外投稿的具体要求，并且组织了对外投稿的经验交流会，促进对外发稿的质量发展。从去年开始，对外发稿出现了井喷的态势。今年作协会员在省内外公开发行的报纸杂志上发稿259篇。

王善常发表在杂志上的作品36篇，其中有：散文《落在村庄的雨》（《海燕·儿童文学》2020年第2期）、《杀年猪》（《运河》2020年第1期）、《触摸死亡的一天》（《新工人文学》2020年第1期），中篇小说《太阳越升越高》(《新工人文学》2020年第3期)、《不屈的尘土》(《新工人文学》2020年第2期),短篇小说《一个女人的冬天》(《岁月》2020年第7期)、《咱俩是朋友》(《短篇小说》2020年第4期)、《丢了一块地》(《短篇小说》2020年第5期)、《父亲的白马》(《当代小说》2020年第5期)、《大白牛》(《中华文学》2020年第3期)、《犀牛望月石》(《雪莲》2020年第8期)、《叫我一声爹》(《躬耕》2020年第9期)、《奔跑的父亲》(《青少年文学》2020年第5期)。

王小岛作品有:诗歌《打开一坛陈年老酒》外二首(《邳州文学》2019年秋季刊)、《献给爱情》组诗(《关东美文》2020年第1期)、《秋夜里,写给AL的情诗》组诗(《新玄幻诗刊》2020年第7期)。散文诗《往事》组章,发表在《关东美文》杂志2020年第5期。诗歌《人间与磨难》入选《大爱无疆》——郭小川林区纪念馆抗击疫情诗书画征文作品集。诗歌《雪的光芒或怀念》,入选《新诗歌》特刊2020年第5期。诗歌《黑马》,入选《诗刊》2020年6月上半月刊。诗歌《秋日了悟》组诗,入选《九天文学》2020年第六期(香江出版社)。诗歌《唱给你听》外二首,发表在《现代诗美文》2020年七月刊。

谷莉作品有:散文诗《悲欣交集》(组章)和《茅台恋歌》(组章),发表于《星星·散文诗》2020年第2期第2届全国青年散文诗人笔会专号。散文诗《你听,风在说话》(组章)发表于《散文诗》2020年第7期。散文诗《深处的咏叹》(组章)发表于《上海诗人》2020年第4期。《谷莉的诗》(15首)发表于《诗意人生》杂志第22期。诗歌《我有难以启齿的荒芜的疼痛》(组诗)发表于《湛江文学》2020年第10期。散文诗《月光鸟》(组章)发表于《诗潮》2020年11月号。

年度入选选本:《我有难以启齿的荒芜的疼痛》入选《2021天天诗历》(霍俊明主编)。《缺角地图》(五章)入选漓江版《2019中国年度散文诗》(王剑冰主编)。散文诗《礼物》(外一章)入选《2919中国年度作品·散文诗》(邹岳汉主编)。

乔桦作品有:小小说《太阳的童话》(《中国煤炭报》2020年3月6

日)、《巷口》(《海燕》2020 年第 7 期)。散文《采风散记》(《黑龙江作家》2020 年第 2 期)、《瓦里霍吞古城》(《黑龙江日报》2020 年 10 月 16 日副刊)、《乔桦的诗歌》(《北方诗刊》2020 年第 3 期、第 4 期),小说《草莓青　草莓红》(《唐山文学》2020 年第 10 期),小小说《太阳的童话》(《中国煤炭报》2020 年 3 月 6 日)、《巷口》(《海燕》杂志 2020 年第 7 期),散文《芦苇村童谣》(《双鸭山日报》2020 年 10 月 1 日)、《乔桦诗歌》(《诗林》2020 年第 3 期和第 4 期)。

邵锦平作品有:散文《漫步中华巴洛克》发表在 2020 年 8 月 13 日《人民日报》海外版。小说《行走的驿站》,发表在 2020 年《中国铁路文艺》第 10 期。小说《候车大厅》,发表在 2020 年《中国铁路文艺》第 10 期。散文《候鸟的天堂》,发表在 2020 年 7 月 26 日《黑龙江日报》副刊"北国风"。散文《穿越时光隧道》,发表在湖北省《速读》2020 年第 4 期(下)。散文《花开两朵》,发表在海南省《时代作家》2020 年第 3 期。散文《长安社区五品官》和散文《秧歌情》,发表在黑龙江农垦老年大学主办的《红叶》2020 年 7 月总 64 期(上)。散文《飞到云朵上的牧歌》,发表在《鄂尔多斯》2020 年第 10 期。小说《向南向北》,发表在《金田》2020 年第 4 期。小说《我在你身后》,发表在《星星草》2020 年第 25 期。散文《父亲的黄昏》,发表在《躬耕》2020 年第 1 期。小说《瓢泼的城市》,发表在《躬耕》2020 年第 2 期。散文《半生归来仍恋你如初见》,发表在《北京文学》网站,后发表在《北方文学》内刊交流。散文《父亲的黄昏》,发表在《情感读本》,后转载《杂志选刊》。

田承友作品有:小小说《吴老二点荒》,收入 2020 年 5 月 6 日《中国应急管理报》副刊。小小说《大姐》,收入 2020 年 6 月 4 日《中国应急管理报》。散文《我的老师我的同学》,收入《情感文学》2020 年总第 25 期。小小说《摆渡》,收入《金麻雀·金雀坊》2020 年总第 1453 期。小小说《同学》(三题),收入《北方文化》2020 年第 9 期。小小说《彩礼》,收入《中国文学》2020 年第 8 期。小小说《老王的烦心事》,收入《金麻雀·金雀坊》2020 年总第 1478 期。小小说《幸福》,收入《金麻雀·金雀坊》

2020 年总第 1484 期。短篇小说《叛逆期》，收入《内蒙古扎鲁特旗文学》2020 年第 9 期。小小说《离婚协议》，收入《齐鲁文学》2020 年冬季卷。小小说《亲情》，收入《金麻雀·金雀坊》2020 年总第 1530 期。小小说《倔人李东浩》，收入《九大文学》2020 年第 10 期。小小说《一盘锅包》，收入《金麻雀·金雀坊》2020 年总第 1534 期。

刘长春作品：小说《巡道班的故事》，收入《中国铁路文艺》第 10 期。小说《道口道口》，收入《黑龙江作家》第 4 期。

杨金玉作品：《碗》（外三章），发表在《散文诗》2020 年第 8 期（总第533 期）。

王建岭作品：散文《我与我的空中课堂》，发表在 2020 年 4 月 6 日《吉林日报》。诗歌《我的家》，发表在 2020 年 6 月 1 日《呼和浩特日报》。

喻时林作品：小小说《小强的婚事》（2020 年 4 月 11 日《中国应急管理报》），故事《迷山》（2020 年 9 月 5 日《中国应急管理报》），散文《我愿做一朵山花》（2020 年 10 月 2 日《中国应急管理报》）。小小说《相逢是首歌》（《东方文学》刊物第 32 期）。

王明远作品：诗歌《春天，我们种风景也种梦想》，发表在 2020 年 3 月 27 日《中国税务报》税苑。诗歌《闻松》（外一首），发表在 2020 年《诗潮》第 6 期。诗歌《你的眼睛》，发表在 2020 年 7 月 12 日《中国税务报》税苑。诗歌《闻松》2020 年入选 2019 年新华出版社出版的《中国年度优秀诗歌》。

苏晓慧作品：散文《那年，河水上漂浮的花》，发表在 2020 年 3 月 11 日《龙溪文学》。诗歌《在落满尘埃的路口等你》，发表在 2020 年 3 月 24 日《百花园诗刊》。散文《军营里长的小白杨》，发表在 2020 年 8 月 1 日《九天文学杂志》。

田丽英作品：散文《辛苦啦，快递小哥》，发表在 2020 年 3 月 31 日《上海新金山报》副刊。散文《口罩，我想称一称》、诗歌《向他们致敬》，发表在 2020 年 4 月《上海新金山报》副刊。散文《妈妈的布褂》，发表在 2020 年 5 月《上海新金山报》副刊母亲节特刊。散文《帽子的秘密》，发表在2020年6月1日《上海新金山报》副刊。诗歌《亲爱的，我想做你的新娘》、散文《被垛》，发表在2020年6月《上海新金山报》副刊。散文《不是因为喜欢》，发表在2020年7月20日《上海新金山报》副刊。散文《老父亲》，发表在2020年9月22日《上海新金山报》副刊。

金玉丽作品：小小说《小抠老杨》，2020年4月发表在黑龙江作家网，小小说《名师》发表在《小说林》2020年第6期，小小说《遗憾》发表在《今古传奇》2020年第8期，小小说《我们的小说林“老管”》发表在2020年《教师报》第1期。

董亚杰作品：诗歌《想象一朵花开》，发表在2020年10月1日《北方诗刊》，诗歌《这场“战役”》，发表在2020年6月5日《奉天诗刊》。

范桂荣的书评散文集《幸福的桃子》，发表在2020年第5期《黑龙江作家》。谷岩的小小说《大梅的心事》，发表在《中国铁路文艺》2020年第6期。李承彧的报告文学《昔日百姓忧愁，今朝村民同乐》，发表在《奋斗理论圈》《奋斗》2020年第3期。

4. 开展丰富的文学活动，激发会员创作热情

2020年9月15日，开展纪念中国人民抗日战争暨世界反法西斯战争胜利75周年系列活动。市作协组织46位会员，参观了日军侵华罪证陈列馆。会员们表示，要担当起作家的使命，拿起手中的笔，挖掘佳木斯抗联辉煌的历史，写出更多的抗联文学作品，让爱国主义的抗联精神代代传承。接着，会员们高举佳木斯市作家协会的旗帜，结队来到佳木斯烈士陵园，在这里举行了缅怀抗战先烈的祭奠活动。会员手持鲜花列队肃立在“革命烈士纪念碑”前，举起右手齐声宣誓：铭记历史、缅怀先烈，不忘初心、牢记使命，做先进文化的传播者，做法治精神的弘扬者，做人民利益的维护者，做社会责任的担当者，为实现中华民族伟大复兴的“中国梦”奋斗不息。宣誓后会员齐声高唱《义勇军进行曲》。然后向革命烈士纪念碑三鞠躬，向革命烈士纪念碑敬献鲜花，瞻仰夏云杰等抗联烈士。

9月23日，市作协开展了“作家走进法院”活动，会员一行10人来到佳木斯铁路运输法院，先后参观了诉讼服务中心、执行指挥中心、荣誉室、

廉政文化厅、审判法庭等场所，在诉讼服务中心，讲解员介绍了诉讼服务流程及跨域立案、移动微法院网上诉讼平台，发放了“打官司不求人”宣传手册。会员亲身感受司法的公平正义，体会司法威严，感受法治理念，体悟法院文化，了解法院工作，自觉遵守法律法规，学会用法律武器维护自身合法权益，为今后建设好法治文学奠定了基础。

9 月 12 ~ 13 日，组织 46 名作家会员走进查干湖进行采风活动。通过两天的查干湖采风，会员领略了查干湖的圣洁与美丽，被大湖湿地、草原风光感染。这次采风活动，达到了凝聚人气、增进友谊、切磋创作技艺、促进提高的目的，深受会员欢迎。在采风期间，会员边采风边创作，写出许多激情的诗句，按照采风要求，会员都交了作业，《佳木斯作家》微刊连续刊发了两期会员作品。

2020 年 10 月 31 日在佳木斯大学图书馆举行佳木斯作家作品馆揭牌暨市作协向佳大图书馆捐赠图书仪式。佳大图书馆在佳木斯作家作品馆的基础上增加了面积和设施，增设了作家作品展示馆。市作协向佳木斯大学图书馆捐赠书籍共计 261 本，到目前为止有近百名作家的近千部书籍进馆收藏。

10 月 31 日在佳木斯大学图书馆召开了 2020 年全市作协工作会议。各县（市）作协主席、作协各部办负责人、各作家会员组长参加了会议。各县（市）主席汇报了 2020 年工作，孙代君在会议上做了工作总结和下一步作协工作的部署，会议讨论了《佳木斯市作家协会“十四五规划”（2021 ~ 2025）文学创作五年规划》。会议提出调整创作思路，抓好 2021 年建党 100 周年征文和主题创作，做到早构思、早动手，争取主动，争取获奖。集中精力开好今年的年终总结表彰大会。决定出版《佳木斯作家》散文卷、诗歌卷、小说卷。

5. 组织建设得到加强，基层作协活动出现新气象

1 月 6 日，黑龙江省作家协会第七次代表大会在哈尔滨召开。杜爽、孙代君、景文玺、陈树照、孙玉民、王延才、赵仁庆、王智君、王善常、袁大为代表佳木斯市作家协会参加了会议。乔桦作为省作协代表团成员参加了省文联第七次代表大会。孙代君、孙玉民、赵仁庆等 3 人当选省作协第七次代

表大会全委会委员。

发展市级作协会员50名，市级会员共计558名。新入会员趋于年轻化，吸引更多的文学人才加入作家队伍，作协的整体文学素质在提高。崔文、邵锦平、王明远、王小岛、王建岭、李文湘被增补为佳木斯市签约作家，目前签约作家达到了35名。

许振杰、刘禹宏、姜永明、于洪福、张德山、徐景艳、李文湘、田墨龙、王长玲、石晓明、孙子钧、王铎等参加了省作家协会举办的新会员、基层文学工作者深入学习贯彻党的十九大精神和习近平新时代中国特色社会主义思想网络培训班。王善常、李爱华、金玉丽参加了黑龙江文学院第20届中青年作家培训班，金玉丽的散文《忠诚的伙伴》和小说《安琪的秘密》在学员作品讲评会上得到老师的点评。

各县（市）作家协会体制得以理顺，同江市成立了作协，并且诗词协会和作协进行了整合，一套人马两块牌子；富锦市也做了更名和班子的调整，文学工作者协会改为作家协会，桦南县作协完成了换届工作。除了汤原县作协原来有办公室以外，其他县（市）都没有办公场所，今年桦南县、同江市、桦川县都落实了办公地点，同江市作协还举行了隆重的作协挂牌仪式。

12月19日，举行了2020年佳木斯市作家协会总结表彰大会，表彰了佳木斯大学人文学院、新华书店、东极大明食品有限公司、佳木斯大学图书馆等“文学创作基地”先进单位；表彰同江市、汤原县、桦南县、桦川县等“作协工作先进单位”；颁授王智君等10名作家“文学创作成就奖”；授予《炊烟》《父亲的咳声》等6篇作品“东极大明”文学奖；分别授予许振杰等30名会员干部“作协工作先进个人”称号、马玉影等30名会员“优秀会员”称号；评选30名“优秀朗诵者”。播放了2020年佳木斯市作家协会一年工作回顾纪实纪录片《我们走在大路上》。孙代君在会上做了2020年工作总结和对2021年工作部署的讲话。会后举行了隆重的“耕桑耘梓谱华章”文艺汇演，各作家会员组和各县市作协都展演了自编的节目，激发了全市会员的文学创作激情。

6. 参加省文学征文创作，喜获丰收

为了激励会员创作，市作协每年都按照国家宣传的主题，组织专题的征文创作活动，为参加省组织的征文获奖打下基础，五年来，在省组织的各项征文赛事中，佳木斯获奖量较多。获奖，说明会员作品得到认可，也说明这些年来市作协扎实地抓队伍抓写作，作协队伍的整体素质在提高，成绩开始显现。

参加黑龙江省河湖长办、省水利协会组织的宣传河湖作品征集评选活动。市作协根据河流的分布，组织了“河湖美创作组”，对分布全市各县（市）的河流进行了踏察挖掘，写出了35篇河湖故事，并组织投稿，作品展现了佳木斯市河湖生态魅力，挖掘河湖文化精神内涵，寻找河湖历史人文故事，宣传河湖文化知识。全省共收到文学类作品112篇，经专家评审，评选出10个获奖文学作品。孙代君的《世外桃源——柳树岛》，温国远的《三江的色彩，三江的歌》和李振科的《新开溜儿》获三等奖。邵锦平的《大雁滩候鸟的天堂》获优秀奖。佳木斯作品获奖数占全省的1/3。

参加黑龙江省作家协会以“打赢脱贫攻坚战、全面建成小康社会”为主题的征文活动。在集体创作桦川县脱贫攻坚报告文学的基础上，市作协组织了散文、小说、诗歌创作共计102篇，并组织投稿47篇。省作协评委对188篇参评作品进行评审，共评出60篇获奖作品，一等奖10篇，二等奖20篇，三等奖30篇。其中，佳木斯市获得二等奖4篇，三等奖11篇，共获奖15篇，占全省获奖量的1/4。

获二等奖的作品有：王起的短篇小说《杨海》，邹德恩的中篇小说《葫芦仙子》，董亚杰的诗歌《一个村庄的素描》，姜振海的短篇小说《老石说事儿》；获三等奖的有：刘长春的纪实小说《扶贫那些事》，喻时林的短篇小说《一个也不能少》，苏晓慧的纪实小说《辣椒红了》，乔桦的报告文学《光阴的故事》，李文湘的短篇小说《飞来的五万元》，张德山的报告文学《一个也不能少》，孟祥海的短篇小说《第一书记和他的村史馆》，田承友的报告文学《康书记的民情手册》，李振艳的散文《“周扒皮”牛了》，叶春林的散文《扶贫日记》，孙代君的散文《我的一颗心脉动一群人——我的扶贫故事》。

参加黑龙江省委宣传部、省作家协会等多部门组织开展的“强信心、暖人心、聚民心”主题文艺作品创作征集活动。新冠肺炎疫情以来，市作协把战斗在抗疫第一线的生动人物和事件作为文学创作的重点，创作了几百篇诗歌、散文和小说，用文学作品去鼓舞人、激励人战胜疫情。在全省征文评奖中佳木斯市作品5篇获得了二等奖，7篇获得三等奖。

二等奖（5篇）：董亚杰《这场战“疫“》，谷颖《春雪》，杜爽《相依》，王明远《忏悔》，李晓春《鲜活的生命，前线的风景》；三等奖（7篇）：田墨龙《吓出一身冷汗》，张晓慧《跟踪》，王春敏《迷途的春雪》，孙玉民《小小口罩》，孙代君《疫情面前》，鞠云河《挺身而出》，乔桦《中国人的模样》。

其他获奖情况如下。

赵仁庆荣获2020年黑龙江省青年文学奖。谷莉散文诗《我在没有你的地方喊你的名字》获得全国首届散文诗音视频作品大赛优秀奖（苦咖啡朗诵）。邵锦萍的散文《半生归来仍恋你如初见》参加《北京文学》70年创刊活动征文大赛并获奖。

王小岛作品获奖情况：2020年2月，诗歌《没有马车的冬天》获“新中国华语诗歌皇帝争霸赛”金奖。主办单位：燕京文化艺术交流协会/CCTV央视礼宾书编辑总部/燕京文化集团五大文学研究院。2020年4月19日，诗歌《雪的光芒或怀念》获2020年度中国诗歌会“诗人的力量”征文大赛金奖。主办单位：中国诗歌会。2019年10月2日，诗歌《伤痕》外二首获“诗意人生　精彩纷呈”最具人气诗人全国网络大奖赛三等奖。主办单位：北大荒文学馆。2019年9月7日，诗歌《十月》获牡丹江市“庆祝建国七十华诞”征文诗歌组金奖。

附　　录

Appendices

B.21
2019~2020年黑龙江省作家协会文学大事记

刘瑷源 整理*

一　2019年黑龙江省作家协会文学大事记

1月21日　省作协党组书记李红、主席迟子建分别走访慰问了黄益庸、中流、郭先红、门瑞瑜等老作家，代表省作协向老作家们致以诚挚的问候和新春的祝愿，将作协组织的温暖和关怀送达老作家。

1月28日　迟子建的《候鸟的勇敢》入选“人民文学出版社2018年度十五大好书”。

2月27日　《光明日报》刊发了省作协主席迟子建的文章《播撒“野草莓”的芬芳——致敬那些可爱的作家和评论家们》。

3月22日　黑龙江省作家协会六届八次全委会在哈尔滨召开。会议由

* 刘瑷源，任职于黑龙江省作家协会。

省作协主席迟子建主持。会上，变更了第六届全委会委员，讨论发展了一批新会员，审议通过了《黑龙江省作家协会六届八次全委会工作报告》，评选出了2018年度先进团体会员，总结省作协2018年工作，部署2019年工作。

4月23日 由国家图书馆、中国图书馆学会、学习强国平台联合全国图书馆界共同开展的“读经典学新知 链接美好生活”世界读书日特别活动在国图艺术中心举行。活动仪式上，第十四届“文津图书奖”的获奖及推荐图书名单揭晓。格日勒其木格·黑鹤的作品《鄂温克的驼鹿》获奖。

5月27~31日 黑龙江省作家协会在哈尔滨举办了青年会员及新兴文艺群体深入学习贯彻习近平新时代中国特色社会主义思想专题培训班。来自全省各地的80余名青年会员、自由撰稿人和网络作家参加了此次培训班。

5月30日 省委常委、宣传部部长贾玉梅到省作协调研，并主持召开黑龙江省文学馆建设工作协调会。省委宣传部副部长刘维宽，省委编办巡视员李东民，省发改委副主任孙景春，省财政厅副巡视员王红，省作协党组书记李红，主席迟子建，党组成员、副主席司兆国出席会议。协调会后，贾玉梅在省作协进行工作调研，并主持召开调研座谈会。

6月4日 由接力出版社、俄罗斯莫斯科州立综合图书馆携手共同设立的第三届“比安基国际文学奖”颁奖典礼在俄罗斯莫斯科总统图书馆举行，黑龙江省作家格日勒其木格·黑鹤的作品《黑焰》荣获小说大奖。

6月17~18日 中国作协书记处书记鲁敏一行，在省作协党组书记李红，党组成员、副主席司兆国陪同下赴齐齐哈尔调研。

6月18日 为加强黑龙江省文学工作者职业道德建设，加强行业自律，促进黑龙江省文学界风清气正，推动社会主义文学大繁荣大发展，省作协制定了《黑龙江省作家协会文学工作者职业道德公约》，在会刊《黑龙江作家》以及“黑龙江作家网”刊登并向所有团体会员下发。

6月22~24日 省作协与绥芬河市共同举办了“萧红文学院绥芬河骨干作家培训班”，来自绥芬河市的51名中青年作家参加了培训。

6月21~24日 由黑龙江省作家协会萧红文学院和延边作家协会主办，黑龙江省朝鲜族作家创作委员会承办的“2019黑龙江省朝鲜族作家文学培训及采风”活动，在鸡东和密山两县市成功举办。来自全省各地的六十多位朝鲜族作家和文学爱好者参加了这次培训和采风活动。

6月12日 黑龙江省作家协会“不忘初心、牢记使命”主题教育工作会议在省作协会议室召开。省委第十五巡回指导组副组长张德才、成员王雁斌，省作协党组书记李红、主席迟子建，党组成员、副主席司兆国及省作协机关、事业单位全体党员、干部参加会议。会议学习传达了中央、全省、省直宣传文化系统“不忘初心、牢记使命”主题教育工作会议精神，党组书记李红对省作协开展“不忘初心、牢记使命”主题教育进行动员部署，第十五巡回指导组副组长张德才在会上讲话。

7月19日 省作协党组成员、副主席司兆国和黑龙江文学院院长何凯旋做客FM99.3黑龙江高校广播《PS早安秀》节目，向广大听众介绍了70年来黑龙江省文学创作取得的巨大成就以及举办“我和我的祖国”主题活动对于黑龙江省文学创作的促进作用。“我和我的祖国”主题征文活动是为庆祝新中国成立70周年，由省委宣传部、省委教育工委、共青团黑龙江省委、省作协、黑龙江广播电视台联合举办的。征文活动共征集到近1500篇作品。经过一审、二审和主办单位联评，共有164篇作品分获一、二、三等奖及优秀奖。

7月29日至8月3日 为庆祝新中国成立70周年，将“不忘初心、牢记使命”主题教育工作不断引向深入，省作协与佳木斯市文联、佳木斯市作协共同举办了“不忘初心 牢记使命 庆祝新中国成立70周年”——走进赫哲族调研采风活动。省作协党组成员、副主席司兆国带队，组织省直、哈尔滨市获奖作家、网络作家、重点会员与佳木斯本土作家共计28人，组成采风团，赴佳木斯、汤原、同江等地采风，并就佳木斯市作协工作、赫哲族作家创作等情况展开专题调研。

8月19日 由黑龙江省作家协会、中共齐齐哈尔市委宣传部、齐齐哈尔市文学艺术界联合会、黑龙江扎龙国家级自然保护区管理局、齐齐哈尔市新闻传媒中心主办的第八届扎龙诗会系列活动在齐齐哈尔开幕。

8月31日 省直机关庆祝新中国成立70周年“我和我的祖国”大合唱

活动进行第七场演出。省作协合唱团在省作协党组书记李红和副主席司兆国的带领下深情演唱了《我和我的祖国》《祖国不会忘记》两首歌曲。

9月17～20日 省作家协会与绥芬河市作家协会共同组织“庆祝新中国成立70周年——走进绥芬河”调研采风活动。

9月24日 省作协党组成员、副主席司兆国代表党政领导班子走访慰问了省作协老党员和老作家代表，并举行“庆祝中华人民共和国成立70周年”纪念章颁授活动，感谢他们为文学事业做出的贡献，同时也为他们送去组织的慰问与关怀。国庆前夕，中国作协向从事文学创作70年以上的老作家颁发了荣誉证书，黑龙江省获此殊荣的老作家有：马乙亚、王忠瑜、中流、任愫、李世昌、陈碧芳、黄益庸。

10月14～15日 由中国作家协会和国家民委主办的第六届全国少数民族文学创作会议在北京召开。省作协作家代表团由省作协副主席包铁军（黑鹤）带队，代表团由黑龙江省优秀少数民族作家孙玉民、陆少平、杨美宇、侯波等四人组成。会上，各位代表踊跃发言，积极接受采访，展现了黑龙江省少数民族作家的良好精神风貌。

10月15～20日 萧红文学院第十九届中青年作家培训班在哈尔滨东北农业大学成功举办。来自全省各地的44名中青年作家参加了本届作家班的学习。省作协党组成员、副主席司兆国代表党政领导班子在开班仪式上作了讲话。

10月27日 首届“蒋风儿童文学青年作家奖”颁奖典礼在武义城市展示馆举行。蒙古族作家格日勒其木格·黑鹤获奖。

11月1日 由黑龙江省作家协会组织策划的“龙江文学批评书系”由黑龙江人民出版社出版发行。这套书系汇集了于文秀、王立宪、韦健玮、叶君、乔焕江、任雪梅、刘金祥、汪树东、陈爱中、林超然、罗振亚、金钢、郭力、郭淑梅、喻权中（以姓氏笔画为序）等15位批评家的文集，集中对黑龙江文学、黑龙江作家进行评介。

11月14日 2019陈伯吹国际儿童文学奖颁奖仪式在上海举行，黑龙江省作家秦萤亮的作品《百万个明天》获得了本年度单篇作品奖。

11 月 18 日　第十八届百花文学奖 16 日在天津揭晓，迟子建的《候鸟的勇敢》荣获第十八届百花文学奖中篇小说奖。

11 月 21 日　黑龙江省作家协会第六届主席团第十次会议在哈尔滨举行。省作协主席迟子建主持会议，省作协党组书记李红，省作协党组成员、副主席司兆国以及省作协第六届主席团成员出席会议。会议审议通过了《关于召开省作协第七次代表大会的决议》《黑龙江省作家协会第七届全省委员会组成办法》《黑龙江省作家协会第七次代表大会代表条件、分配原则及推选产生办法》《黑龙江省作家协会第七次代表大会特邀代表产生方案》以及其他有关工作方案。根据《黑龙江省作家协会章程》，会议审议通过了调整省作协第六届全委会团体委员等事项。

11 月 22 日　由黑龙江省作家协会、齐齐哈尔高等师范专科学校、齐齐哈尔市文学艺术界联合会主办的“网络文学梦 自强中国梦”青年作家吴琼事迹报告会在齐齐哈尔举行。省作协党组成员、副主席司兆国，报告团成员吴琼在会上作报告。500 多名齐齐哈尔高等师范专科学校的师生聆听了报告。

11 月 22 日　齐齐哈尔市作家协会第六次代表大会隆重召开。黑龙江省作家协会党组成员、副主席司兆国出席会议开幕式并讲话。

11 月 24 日　第二届茅盾文学新人奖揭晓。省作协推荐曹立光、金薇等 2 位作家申报第三届茅盾文学新人奖，耳根（刘勇）获第二届茅盾文学新人奖·网络文学新人奖提名奖。

11 月 29 日　中国作协“深扎”主题实践活动经验交流暨全国创联工作联席会议在四川省绵阳市召开，黑龙江省作家陈明荣获“深入生活、扎根人民”主题实践活动先进个人称号。

12 月 6 日　第十届“茅台杯”《小说选刊》年度奖颁奖典礼在中国现代文学馆举行。迟子建的作品《炖马靴》荣获第十届“茅台杯”《小说选刊》年度奖短篇小说奖。

12 月 24 日　2019 年收获文学排行榜在安徽蚌埠举办颁奖仪式。迟子建的作品《炖马靴》荣登 2019 年收获文学排行榜中短篇小说榜榜首。

12 月 30 日 黑龙江省新的社会阶层人士联谊会成立大会在哈尔滨召开。省作协推荐的 20 位网络作家会员中，刘勇（耳根）当选副会长，林晗（鱼人二代）当选理事。省作协领导及十余名会员参加了成立大会。

12 月 31 日 《黑龙江省作家协会所属事业单位机构改革方案》（黑编〔2019〕199 号）下发，省作协对照《方案》要求，扎实推进事业单位改革工作任务。

二 2020年黑龙江省作家协会文学大事记

1 月 6 日 在省作协第七次代表大会开幕前夕，省作协主席迟子建和党组成员、副主席司兆国看望了参加会议的中流、门瑞瑜、于志学、姜淑梅、张爱玲、边瑾等老作家及代表团的部分作家代表。

1 月 7 日 黑龙江省文学艺术界联合会第七次代表大会、黑龙江省作家协会第七次代表大会、黑龙江省社会科学界联合会第九次代表大会在哈尔滨开幕。省委、省人大、省政府、省政协领导同志出席开幕会。省委书记、省人大常委会主任张庆伟出席开幕会并讲话，中国作协副主席、书记处书记吉狄马加到会致辞。全省作家代表近 300 人出席会议。

1 月 7 日 省作协召开第七次代表大会第一次全体会议。会议由省作协主席迟子建主持。省作协党组书记李红受省作协第六届委员会委托作了题为《高举旗帜 守正创新 奋力书写新时代龙江文学新篇章》的工作报告，详细回顾了第六次作代会以来黑龙江文学事业取得的成就，并提出了今后一段时期的工作思路和要求。省作协党组成员、副主席司兆国宣读了《关于修改〈黑龙江省作家协会章程〉的说明》。

1 月 8 日 黑龙江省作家协会第七次代表大会在哈尔滨闭幕。经过充分酝酿，按照选举程序，会议选举产生了黑龙江省作家协会第七届委员会委员和主席、副主席、主席团委员。迟子建当选黑龙江省作家协会第七届委员会主席，这是她继上一届担任省作协主席后，再次当选。司兆国当选黑龙江省作家协会第七届委员会专职副主席。王洪达（王鸿达）、包民权（包临轩）、包铁军（黑鹤）、全勇先、刘勇（耳根）、何凯旋、林晗（鱼人二代）、郭力、唐彪（唐飙）（按姓氏笔画排序）当选黑龙江省作家协会第七届委员会兼职副主席。乙福海、王若楠、冯晏、朱宏宇、孙世群（孙且）、李红、李树泉（桑克）、杨勇、张驰、张志军、张爱玲、陈力娇、姜超、袁炳发、梁帅、程琳（按姓氏笔画排序）当选黑龙江省作家协会第七届委员会主席团委员。会议聘请王左泓、王立民、王阿成、李琦、何中生、常新港为省作协名誉副主席；聘请27位作家为黑龙江省作家协会名誉委员。会议审议通过《关于通过黑龙江省作家协会第六届委员会工作报告的决议》《〈黑龙江省作家协会章程（修正案）〉的决议》《黑龙江省作家协会第七次代表大会决议》。

1月9日　省委常委、宣传部部长贾玉梅接见了新当选的省作协、省文联、省社科联领导班子成员，省作协主席迟子建、省作协党组书记李红省作协副主席司兆国出席。

1月15日　中国人民政治协商会议黑龙江省第十二届委员会第三次全体会议举行闭幕会。迟子建当选政协黑龙江省第十二届委员会副主席。

1月15日（公示）　程琳获黑龙江省第十届“德艺双馨艺术家”称号。

1月31日　黑龙江省作家协会发出致全省广大作家和文学工作者的倡议书。

2月1日　作为《黑龙江日报》“天鹅”副刊“抗疫专号”开篇，《黑龙江日报》独家刊发著名作家迟子建抗疫文章《春花依然盛开》。

2~6月　省作协与省委宣传部等多家单位共同开展“强信心、暖人心、聚民心”疫情防控题材文艺作品征集活动，省作协负责文学作品的征集及评审工作。经过两轮评审，最终102篇文学作品获奖。

4月2日　何凯旋的中篇小说《兴凯湖》获首届大益文学双年奖最佳小说奖。

5月　全勇先的电影《悬崖之上》由导演张艺谋指导拍摄，计划2021年上映。

5~9月 省作协开展以“打赢脱贫攻坚战、全面建成小康社会”为主题的文学作品征集活动。9月29日召开评审会，共有60篇作品分获一、二、三等奖。

6月 曹立光诗歌《汨罗江》荣获由分享通信集团联合《诗刊》社、《读者》杂志主办的“粽情诗意”诗歌大赛三等奖。

6月29日 由黑龙江省作家协会举办的报告文学《而今迈步从头越》作品研讨会在哈尔滨市召开。黑龙江省作家协会党组成员、副主席司兆国主持会议。黑龙江省委宣传部文艺处副处长肖书宬，黑龙江省著名评论家韦健玮、郭力，作家唐飙，齐齐哈尔市作协主席赵秀华，齐齐哈尔市作家协会秘书长李天笑，报告文学《而今迈步从头越》作者宋成君等出席会议。

7月9日 2020年黑龙江省作家协会主席工作会议在哈尔滨召开。由于疫情缘故，出席会议的人数有限，主要有省作协主席迟子建，省作协党组书记李红以及在哈的省作协副主席。省作协党组成员、副主席司兆国主持会议。会上李红书记作工作报告，总结了省作协2020年上半年工作，并对2020年下半年工作进行了安排。

7月15日上午 黑龙江省作家协会组织部分作家、评论家在黑龙江分会场收看了中国作协举办的全国新时代乡村题材创作会议。

7月15日下午 黑龙江新时代乡村题材创作会议在哈尔滨召开。省作协党组成员、副主席司兆国主持会议，黑龙江省近年来在乡村题材创作方面较为突出的作家、关注相关问题的评论家和省作协相关处室工作人员出席了会议。

7月30日 由黑龙江省作家协会策划、人民文学出版社编辑出版的“野草莓丛书”第五辑正式出版发行。

7~12月 省作协与省文联共同开展第一届“黑龙江省文学艺术英华奖”评选工作。省作协负责该奖项中萧红文学奖的征集、评审工作，由省作协主席团委员和省内著名作家、评论家组成评审委员会，于10月12日和10月26日分别召开初评会和终评会，最终评出包铁军（格日勒其木格·黑鹤）、杨艾琳（杨知寒）、林晗（鱼人二代）、曹立光（荒原狼、黎光）、闫美娜（闫语）5位获奖作家。

8月4~5日 黑龙江省作家协会举办了新会员、新兴文学群体及基层文学工作者深入学习贯彻党的十九大精神和习近平新时代中国特色社会主义思想培训班。受新冠肺炎疫情影响，本次培训以网络直播授课的形式进行。参加培训班的学员有2020年加入省作协的新会员、网络作家、基层文学工作者和部分省作协第七届委员会委员，培训班开班仪式由省作协党组成员、副主席司兆国主持，省作协党组书记李红出席开班仪式并作动员。

8月10~11日 第九届扎龙诗会系列活动在鹤城举行。黑龙江省作家协会党组成员、副主席司兆国率省作协副主席、黑龙江文学院院长何凯旋和著名诗人吕天琳、杨勇等出席了一系列活动。

8月21日 省作协在马迭尔宾馆举办萧大忠先生捐赠萧军萧红手稿仪式。省政协副主席、省作协主席迟子建，党组书记李红出席捐赠仪式。迟子建主席代表省作协接收了中国现代文学著名作家萧军先生的长孙萧大忠先生捐赠的萧军萧红手稿，党组成员、副主席司兆国主持捐赠仪式。省作协副主席、黑龙江文学院院长、文学馆馆长何凯旋向萧大忠先生颁发了收藏证书。

9月12日 黑鹤《鄂温克的驼鹿》获第三届图画书时代奖银奖。

9月21~24日 省作协与齐齐哈尔市作协共同组织了“决胜全面小康决战脱贫攻坚”调研采风活动。采风团由省作协党组成员、副主席司兆国带队，并与当地作家进行了座谈交流。

10月12日 黑龙江文学院举办嫩江文学大讲堂活动。邀请河北省作协副主席、河北师范大学文学院教授、第四届鲁迅文学奖获得者李浩为嫩江文学爱好者作了题为“需要审视的文学常识”的讲座。嫩江市文学爱好者100余人聆听了讲座。

10月13日 迟子建的中篇小说《候鸟的勇敢》荣获“第六届郁达夫小说奖”中篇小说奖。

10月25日 由中国作协诗歌委员会和成都市文联指导，《草堂》诗刊社、成都商报社主办，成都杜甫草堂博物馆协办的第三届草堂诗歌奖近日颁发。黑龙江著名诗人李琦获第三届草堂诗歌奖“年度诗人大奖”。

11月3日 “中国一日·美好小康——中国作家在行动”全国作家联

动大型文学主题实践活动启动。省作协组织省作协会员、齐齐哈尔市作协秘书长李天笑代表黑龙江省参加，下沉到齐齐哈尔市富裕县民乐村采访扶贫干部先进事迹。

11 月 17 日　黑龙江作家网发布黑龙江省作家协会 2020 年重点作品扶持选题名单，共有 8 位黑龙江省作家的作品获得扶持。

11 月 24 日　省作协举办了学习《习近平谈治国理政（第三卷）》培训。通过线下讲座、线上同步直播相结合的方式，带领广大党员干部、作家会员共同学习。参加线上学习的有各团体会员负责人及部分省作协会员，共 200 余人。

12 月 6 日　迟子建荣获“第五届林斤澜短篇小说奖”杰出短篇小说作家奖。

12 月 17 日　迟子建的长篇小说《烟火漫卷》被评为人民文学出版社 2020 年“20 大好书”。

12 月 19 日　迟子建的长篇小说《烟火漫卷》荣登第五届长篇小说年度金榜（2020）。

12 月 20～22 日　中国作协 2020 年度“深入生活、扎根人民”主题实践经验交流暨创联工作会议在深圳举行。会议期间，中国作协表彰了“深入生活、扎根人民”主题实践工作成绩突出的单位和个人，黑龙江省作家王鸿达、崔英春获得“‘深入生活、扎根人民’主题实践先进个人”称号。

12 月 28 日　迟子建的长篇小说《烟火漫卷》荣登 2020 年收获文学榜·长篇小说榜。

12 月 30 日　迟子建的长篇小说《烟火漫卷》荣登中国小说学会 2020 年度长篇小说排行榜。

12 月 31 日　迟子建的长篇小说《烟火漫卷》荣登文学报 2020 年度好书榜。

12 月 31 日　黑鹤《鄂温克的驼鹿》获伊索奖（美国）。

2021 年 1 月 2 日　迟子建的长篇小说《烟火漫卷》入选 2020 年亚洲十大小说。

B.22

2019~2020年黑龙江省文学领域主要创作成果及获奖情况

纪 丽 整理*

一 长篇小说

陈力娇

《红灯笼》，上海文艺出版社，2019。

陈明

《侨居者》，黑龙江人民出版社，2019。

迟子建

《烟火漫卷》，人民文学出版社，2020。

重阳

《温暖的海水》，作家出版社，2019。

梁晓声

《重生》，天津人民出版社，2020。

《觉醒》，天津人民出版社，2020。

宋成君

《我的建北》，黑龙江人民出版社，2020。

唐飙

《丹心向阳》，哈尔滨出版社，2020。

* 纪丽，黑龙江省社会科学院文学研究所研究实习员，研究方向为当代文学、少数民族文学。

王鸿达

《警校生》，中国文史出版社，2019。

《天下警察》，中国文史出版社，2019。

《青春岛》，中国文史出版社，2019。

《冷云》，中国文史出版社，2020。

二　中篇小说

陈力娇

《爱在今生》，《大平原》2019 年第 4 期。

《和平山》，《北方文学》2020 年第 9 期，《小说月报 · 大字版》2020 年第 11 期转载。

董岐山

《边境线上》，《广西文学》2019 年第 7 期。

何凯旋

《千里奔丧》，《大家》2019 年第 6 期。

贾新城

《一番搾》，《北方文学》2019 年第 5 期。

《菩萨蛮》，《中国铁路文艺》2020 年第 9 期。

廉世广

《妖精泡渔村》，《文学月报》2019 年第 6 期。

刘波

《遮了一点儿云》，《四川文学》2019 年第 9 期。

《匹夫》，《石油文学》2020 年第 6 期。

任青春

《山雨欲来》，《岁月》2019 年第 1 期。

申长荣

《松树的味道》，《北方文学》2019 年第 3 期。

《黑骨·鲜韭》,《北方文学》2020 年 7 月·上旬刊。

申志远

《维罗妮卡的吉他》,《小说林》2019 年第 1 期。

孙戈

《她叫曲晓萍》,《妇女之友》2019 年第 5 ~9 期连载。

萧笛

《乜河镇·1936》,《小说月报·原创版》2019 年第 4 期。

薛喜君

《天堂酒馆》,《朔方》2019 年第 3 期。

《2018 年的村庄》,《北方文学》2020 年第 1 期。

《向晚有落日》,《朔方》2020 年第 9 期。

《后来的村庄》,《北方文学》2020 年第 10 期、第 11 期连载。

杨勇

《摇摇晃晃的日子》,《小说林》2019 年第 4 期。

三　小小说

袁炳发

《玩伴》,《小说月刊》2020 年第 2 期。

《非常》,《小说月刊》2020 年第 4 期,《小小说选刊》2020 年第 13 期转载。

《辩解》,《小说月刊》2020 年第 6 期。

《悄无声息》,《小说月刊》2020 年第 8 期,《微型小说选刊》2010 年第 18 期转载。

《深处》,《小说月刊》2020 年第 10 期。

《连环爱》,《小说月刊》2020 年第 12 期。

《紧张》,《小小说选刊》2020 年第 10 期,《微型小说选刊》2020 年第 21 期转载。

《张三的婚姻》，《微型小说选刊》2020 年第 13 期。

《教育课》，《草原》2020 年第 2 期，《微型小说选刊》2020 年第 5 期转载。

《百灵》，《精短小说》2019 年第 12 期，《微型小说选刊》2020 年第 7 期转载。

《心念》，《山西文学》2020 年第 7 期，《微型小说选刊》2020 年第 15 期转载。

《励志课》，《海燕》2020 年第 7 期，《微型小说选刊》2020 年第 16 期转载。

《留白》，《百花园》2020 年第 9 期。

《红绸》，《小小说选刊》2020 年第 10 期。

陈力娇

《暗佑》，《小说月刊》2019 年第 1 期，《微型小说选刊》2019 年第 7 期转载。

《模拟落水》，《小说月刊》2019 年第 3 期。

《卸货》，《小说月刊》2019 年第 5 期。

《老秋》，《小说月刊》2019 年第 7 期。

《日本寮母》，《小说月刊》2019 年第 9 期。

《在一起》，《小说月刊》2019 年第 11 期。

《品性》，《小说月刊》2020 年第 1 期。

《星火》，《小说月刊》2020 年第 3 期，《微型小说选刊》2020 年第 11 期转载。

《很想回日本》，《小说月刊》2020 年第 5 期。

《赎罪》，《小说月刊》2020 年第 7 期，《小小说选刊》2020 年第 13 期转载。

《兵马俑》，《小说月刊》2020 年第 9 期。

《会游泳的女人》，《小说月刊》2020 年第 11 期。

《深处》，《小说月刊》2020 年第 10 期，《微型小说选刊》2020 年第 22

期转载。

安石榴，原名邵玫英

《那一刻，到底发生了什么》，《青岛文学》2019 年第 1 期，《小小说选刊》2019 年第 4 期转载。

《普通人》，《安徽文学》2019 年第 2 期，《微型小说选刊》2019 年第 7 期转载，《小小说选刊》2019 年第 9 期转载。

《六零后张学锋》，《连云港文学》2019 年第 1 期，《微型小说选刊》2019 年第 8 期转载。

《那些字，不会被风吹散》，《山西文学》2019 年第 4 期，《小小说选刊》2019 年第 9 期转载。

《三代》《住地窨子的人》《张化远》，《天池小小说》2019 年第 12 期。

《乘客》，《百花园》2019 年第 4 期。

《守墓人夜半惊醒》，《时代文学》2019 年第 4 期，《小小说选刊》2019 年第 16 期转载。

《雪夜人不归》，《小小说月刊》2019 年第 9 期（上），《微型小说选刊》2019 年第 21 期转载。

《一窥》，《芒种》2019 年第 9 期，《小小说选刊》2019 年第 19 期转载。

《男愁唱》，《北方文学》2019 年第 12 期。

《俗事二题》，《百花洲》2020 年第 2 期，《小小说选刊》2020 年第 17 期转载。

《一封家书》，《芒种》2020 年第 4 期，《小小说选刊》2020 年第 9 期转载，《微型小说选刊》2020 年第 10 期转载。

《住地窨子的人》（外一篇），《天池》2019 年第 12 期，《小小说选刊》2020 年第 2 期转载。

《收录机》，《小说月刊》2019 年第 12 期，《微型小说选刊》2020 年第 19 期转载。

《喝酒的俄罗斯女人》，《百花园》2020 年第 1 期，《微型小说选刊》2020 年第 13 期转载。

《金句》,《百花园》2019 年第 6 期,《微型小说选刊》2020 年第 1 期转载。

《想念儿》,《百花园》2020 年第 12 期。

田洪波

《排序》,《椰城》2019 年第 9 期。

《赛烟花》,《山西文学》2019 年第 12 期。

《特殊顾客》《空船》《请叫我麦子》《传奇》,《高考阅读》2019 年第 12 期。

《消逝的时光二题》,《小小说选刊》2019 年第 21 期。

《大厂女婿》,《小说林》2020 年第 5 期,《微型小说选刊》2020 年第 22 期转载。

《纠结》,《小小说选刊》2020 年第 17 期。

《考试》,《小小说选刊》2020 年第 11 期。

邴继福

《犟猫》,《玉融文学》2019 年第 1 期。

《童年的麻花》,《小小说大世界》2019 年第 2 期。

《夹肉》,《思维与智慧》2019 年第 3 期。

《老“马神”》,《小小说月刊》2019 年 3 月上半月刊。

《喂窝子》,《金山》2020 年第 8 期;《微型小说选刊》2020 年第 17 期转载。

隋蓉

《借钱》,《岁月》2019 年第 5 期。

《住在树上的鱼》,《安徽文学》2019 年第 7 期,《小小说月刊》2020 年第 2 期(下)转载。

《糖人张》,《小说月刊》2019 年第 8 期,并入选《2019 中国精短小说年选》。

《姚锡九》,《唐山文学》2019 年第 12 期。

《诱鹿》,《天池小小说》2020 年第 5 期。

《花脸》，《天池小小说》2020 年第 6 期。

季节，原名李季

《谁动了我的椅子》《骑摩托车的人》《包租婆》《电梯也任性》，《娘子关》2019 年第 6 期。

《对峙》《风儿》，2019 年入选吉林出版集团《花开的声音》。

乔迁

《大打大闹》，《百花园》2019 年第 2 期，《小小说选刊》2019 年第 6 期转载。

《小打小闹》，《百花园》2019 年第 2 期。

《浮水》，《天池》2019 年第 4 期。

《一支队伍路过乔家屯》，《小小说选刊》2019 年第 6 期。

《溜羊李》，《微型小说选刊》2019 年第 8 期。

《乔三爷》，《嘉应文学》2019 年第 5 期，《小小说选刊》2019 年第 16 期转载。

《张天五》，《小小说月刊》2019 年第 6 期。

《真帅》，《百花园》2019 年第 7 期。

《出口》，《小说月刊》2019 年第 9 期。

《孤学》，《百花园》2019 年第 11 期。

于博

《九指》，《百花园》2019 年第 1 期。

《雕神》，《今古传奇》2019 年第 5 期。

《大雪纷飞》，《天池》2019 年第 6 期。

《名医》，《小说月报》2019 年第 8 期。

《眼神》，《百花园》2019 年第 8 期。

《会运动的猪》，《小说月刊》2019 年第 9 期。

《画》，《芒种》2019 年第 10 期。

《正言街》《饺子的故事》，《辽河》2019 年第 10 期。

《黄豆飘香》，《海燕》2020 年第 6 期，《小小说选刊》2020 年第 14 期转载，《微型小说选刊》2020 年第 13 期转载。

王哲

《匪患》，《唐山文学》2019 年第 258 期。

《真相》，《岁月》2019 年第 378 期。

《小小说三题——〈歉意〉〈规矩〉〈坦率〉》，《北极光》2019 年第 264 期。

《一种爱》，《今古传奇》2019 年第 12 期。

《延续》，《海燕》2019 年第 12 期。

《依恋》，《小说林》2020 年第 1 期。

《风车》，《辽河》2020 年第 7 期。

《最后一课》，《教师报》2020 年第 7 期。

《农夫和他的木船》，《岁月》2020 年第 10 期；《小小说选刊》2020 年第 22 期转载。

王立红

《响鞭》，《传奇故事·闪小说》2019 年第 1 期。

《糖葫芦女孩》，《微型小说选刊》2019 年第 3 期。

《红姑》，《荆楚闪小说》2019 年第 2 期。

《将军箭》《梨花泪》，《洮湖》2019 年第 2 期。

《女孩》，《海燕》2019 年第 2 期。

《鸭声》，《石首文艺》2019 年第 4、5 期合刊。

《弹弓》，《小说林》2019 年第 4 期，《小小说选刊》2019 年第 18 期转载。

《琴音》，《小小说月刊》2019 年第 5 期（上）。

《蓝海豚》，《小说林》2019 年第 6 期。

《赤子心》，《小小说月刊》2020 年第 1 期，《传奇故事·闪小说》2020 年第 1 期转载并入选 2020 中国闪小说精选。

《天使》，《红玛瑙》2020 年第 2 期。

《风先生》，《荆楚闪小说》2020 年第 2 期。

《猫眼》，《海燕》2020 年第 10 期。

《蝴蝶泪》，《台港文学选刊》2020 年第 6 期，《文化龙岩》2020 年第 10 期转载，获“赤帜阳杯”世界华人闪小说大赛二等奖。

东北女人系列闪小说五题《响鞭》《核桃》《大脚》《红姑》《马语》，《金鹤》2020 年第 2 期。

闪小说五题《夜光杯》《蛰伏》《化蝶》《红兔子》《菊殇》，《金鹤》2020 年第 3 期。

闪小说五题《拿手好戏》《空椅子》《五秒》《馒头花》《飞天劫》，《金鹤》2020 年第 4 期。

李艳霞

《你未见过的生活》，《古蔺文学》2019 年第 2 期。

《身教》，《湛江文学》2019 年第 7 期，《水城文学》2019 年第 12 期转载。

《破冰》，《湛江文学》2019 年第 7 期，《水城文学》2019 年第 12 期转载。

《话痨》，《华文小小说》2019 年第 9 期。

《军工》，《金山》2020 年第 9 期；《红安文艺》2020 年第 3 期转载。

《谁最给力》，《金山》2020 年第 9 期。

《红绸》《杀年猪》，《古蔺文艺》2020 年第 2 期。

《你有问题吗》《你知道“华丰”吗》《戒指》《请扫二维码》，《水城文学》2020 年第 11 期。

孙戈

《位置》，《小说月刊》2019 年第 10 期。

《高考前夜》，《天池小小说》2019 年第 12 期。

《拥抱》，《百花园》2020 年第 4 期。

《失信》，《啄木鸟》2020 年第 4 期；《小小说选刊》2020 年第 10 期转载。

尤秀玲

《包衣捏儿麻》，入选《2019 中国年度作品微型小说》。

《李光平的豆腐》，《小说选刊》2020 年第 5 期。

《大雪过后》，《小说选刊》2020 年第 12 期，《微型小说选刊》2020 年第 20 期转载。

柴亚娟

《颠倒》，《小说选刊》2020 年第 6 期。

《心安》，《小说选刊》2020 年第 10 期。

高振霞

《山伢子》《今古传奇》，《小小说专刊》2019 年第 9 期。

《婧婧》，《新青年》2020 年第 11 期。

《蓝月亮》，《小小说大世界》2020 年第 7 期。

彭金桥

《商机》，《红玛瑙文艺》2020 年第 1 期。

《报复》，《红玛瑙文艺》2020 年第 2 期。

《差距》《特殊的扶贫》，《红玛瑙文艺》2020 年第 3 期。

柴亚娟

《慧姐》，《芒种》2019 年第 4 期，《小说选刊》2019 年第 5 期、《小小说选刊》2019 年第 8 期、《微型小说选刊》2019 年第 16 期转载；并入选《新中国七十年微小说精选》。

《狗性》，《小说月刊》2019 年第 8 期。

《老康游戏》，《今古传奇》2019 年第 12 期。

《这样的爱》，《作家周刊》2019 年 11 月 16 日。

《茫然》，《辽河》2019 年第 12 期。

《颠倒》，《小说选刊》2020 年第 6 期。

顾长虹

《爱国者号》，《短小说》2019 年第 6 期。

《机智》《规矩》《职责》，《短小说》2019 年第 6 期。

《天火》，《呼伦贝尔日报》2019 年 8 月 31 日。

鸿鸣

《金七爷》，《小小说大世界》2019 年第 6 期。

《格桑花》，《三门峡日报》2018 年 11 月 21 日，入选《微型小说选刊》2019 年第 3 期。

葛勇

《父亲》，《海燕》2019 年第 6 期。

阿成

《王麻子膏药》，浙江文学出版社出版，《小小说选刊》2020 年第 6 期转载。

《夜雨》，浙江文学出版社出版，《小小说选刊》2020 年第 6 期转载。

《虚构生活》，《百花园》2020 年第 12 期。

四　散文

张抗抗

《北方》《南方》，浙江文艺出版社，2019。

靳国君

《陆游：铁马冰河入梦来》，北方文艺出版社，2019。

闫语

《你自己就是每个人》，作家出版社，2020。

迟子建

《好时光悄悄溜走》，《人民周刊》2020 年第 6 期。

赵国春

《北大荒老作家赠书记》，《北方文学》2019 年第 13 期。

《改家“陈明”》，《中国文化报》2019 年 6 月 11 日。

《“最佳男配角”陈明》，《黑龙江日报·副刊》2019 年 6 月 20 日。

《亲亲我的馒头（外一篇）》，《北极光》2020 年第 10 期。

《我的盘中餐》，《滨海时报》2020 年 9 月 22 日。

张君艳

《雁阵书天（外二篇）》，《北方文学》2019 年第 10 期。

红雪

《爷儿俩志愿者》，《北方文学》2020 年第 7 期。

赵景辉

《表姐被隔离的日子》，《北方文学》2020 年第 7 期。

高艳

《抗疫笔记》，《北方文学》2020 年第 7 期。

鲁微

《大山里的小精灵》，《文汇报》2020 年 10 月 24 日。

闫善华

《〈鄂伦春族小唱〉的故事》，《散文选刊》（下半月原创版）2019 年第 6 期。

《红豆白桦情》，《生态文化》2019 年第 2 期。

《人性的光辉》，《小说林》2020 年第 2 期。

《伊勒呼里山的杰作》，《中国自然资源报》2020 年 7 月 9 日 8 版副刊。

《爱的迁徙》，《旅游摄影》2020 年夏季号。

《生命是一盏灯》，《北极光》2020 年第 10 期。

《植物的境界》，《绿叶》2020 年第 11 期。

《留在柜门里的思念》，《辽河》2020 年第 12 期。

五 纪实文学

张雅文

《为你而生——刘永坦传》（节选），《北方文学》2020 年第 10 期。

孟久成

《伍连德在哈尔滨》，哈尔滨出版社，2018。

宋君成

《而今迈步从头越》，《北方文学》2020 年第 6 期。

吕维彬

《黑土恋——第一书记驻村记》，哈尔滨工程大学出版社，2019。

蒋巍

《国家温度》，作家出版社，2020。

谢幕

《精神与速度——记哈尔滨空调股份有限公司党委书记、董事长刘铭山》，哈尔滨出版社，2019。

赵国春

《丁玲在北大荒的故事》《北大荒文物的诉说》，哈尔滨工程大学出版社，2019。

张喜

《带农户创业　扶贫更扶志》，《中国双拥》2020 年第 4 期。

《为老乡创业　为脱贫冲锋》，《农民日报》2020 年 3 月 1 日。

吴继善

《农工的嬗变》，《北大荒文化》2019 年第 5 期。

信鸿娟

《逆行，用生命守护生命——记大兴安岭地区人民医院驰援孝感的勇士》，黑龙江作家网，2020。

杨春达

《九零后 · 火线 · 成长》，黑龙江作家网，2020。

高艳

《我的同学在重症医学科》，黑龙江作家网，2020。

申志远

《从童年开来的小火车》，《北方文学》2020 年第 6 期。

《一个台湾小学老师@哈尔滨后的奇遇》，《新晚报》2019 年 2 月 21 日。

六　诗歌

安海茵

《蒙昧以及光》（组诗），《星星》2019年第22期。

《当我在暗夜中走了很久》，《诗歌月刊》2020年第5期。

安澜

《被埋藏的火焰》，《上海文学》2020年第2期。

包临轩

《暗紫》，《作家》2019年第9期。

《自然》，《诗刊》2020年第12期。

曹立光

《时光的酒》（组章），《星星·散文诗》2020年第3期。

《钻塔不需要赞美》，《石油文学》2020年第4期。

《阳光下的蝴蝶犬》，《阳光》2020年第8期。

陈爱中

《热罗尼姆斯教堂》（外一首），《星星》2019年第34期。

《七月》，《诗林》2020年第1期。

陈浮

《玉兰花》，《猛犸象诗刊》2019年第7期。

《在春天，遇见我的前世今生》，《北大荒文化》2019年第4期。

冯晏

《白雾》（组诗），《作家》2019年第10期。

《冯晏自选诗》（组诗），《芒种》2020年第1期。

《海边风景》，《江南诗》2019年第4期。

郭富山

《有双眼睛在头顶高悬》，《海燕》2019年第3期。

《乡间旧事》（组诗），《岁月》2019年第3期。

红雪

《返回牧场》，《海燕》2019 年第 2 期。

《石油颂》（组章），《星星》2019 年第 15 期。

《光阴的炊烟》（组诗），《诗林》2020 年第 2 期。

浩蓝

《我不要大海》（组诗），《北方文学》2019 年第 1 期。

姜超

《河流的故事》，《诗林》2020 年第 1 期。

《酒：火水的美学合奏》，《诗潮》2020 年第 4 期。

姜红伟

《空城计》（外一首），《辽河》2020 年第 3 期。

李琦

《向日葵》，《人民文学》2019 年第 3 期。

《拾捡昌耀诗文集》，《诗选刊》2019 年第 9 期。

吕天琳

《在你所在的地方生根开花》（组诗），《诗林》2020 年第 6 期。

蓝格子

《星星·散文诗》《蓝格子》（组诗），《汉诗》2019 年第二季。

《日常》（五首），《草堂》2019 年第 10 期。

李德武

《朽木上的木耳》（三首），《江南》2020 年第 1 期。

《李德武的诗》，《诗歌月刊》2019 年第 11 期。

李玉明

《石油礼赞》（组诗），《诗林》2019 年第 5 期。

刘涛

《苦苦的药片和炫彩的胶囊》，《长江诗歌》2019 年第 12 期。

鲁学民

《在穆棱河边》，《上海诗人》2019 年第 5 期。

《画像》《试想》等，《陇南文艺》2019 年第 3 ~4 期。

鲁微

《极地漫步》（诗集），上海文艺出版社 2019 年 8 月。

《极地漫步》（组诗），《北方文学》2019 年 10 月。

潘红莉

《俄罗斯之旅》（组诗），《绿风》2019 年第 6 期。

《像呼吸一样的春天》（组诗），《扬子江诗刊》2020 年第 1 期。

桑克

《罗湖附近的风景》，《诗刊》2019 年第 24 期。

《桑克的诗》（组诗），《作品》2020 年第 1 期。

《融雪之城》（组诗），《扬子江诗刊》2019 年第 2 期。

宋心海

《骨灰》（外二首），《诗探索》2019 年第 3 辑。

霜扣儿

《石嘴山笔记》，《散文诗》2019 年第 24 期。

《恒河》，《星星》2020 年第 2 期。

孙英辉

《又是夕阳》（外一首），《诗选刊》2019 年第 1 期。

水子

《它们体内是有天籁的》，《扬子江诗刊》2019 年第 1 期。

《她在光里》，《辽河》2020 年第 2 期。

王长军

《意象》，《诗刊》2020 年第 9 期。

《诗三首》，《诗潮》2019 年第 11 期。

王立宪

《王立宪组诗》，《北方文学》2020 年第 11 期。

王平

《诗意小城》（三首），《北方文学》2019 年第 1 期（下）。

邢海珍

《我带着山光水色回家》,《诗林》2019 年第 5 期。

《幽州台上》(外二首),《诗歌月刊》2020 年第 11 期。

闫善华

《在雪的世界搁浅》,《诗林》2020 年第 1 期。

《在抗击病疫的战争里》(组诗),《北极光》2020 年第 1 期。

杨勇

《散板》(组诗) 等,《江南诗》2019 年第 9 期。

《阿穆尔宾馆之夜》《阿穆尔宾馆之晨》,《星星诗刊》2019 年第 2 期。

《回乡偶书》(组诗) 7 首,《台港文学选刊》2019 年第 3 期。

余小蛮

《海螺》(组诗),《扬子江诗刊》2019 年第 1 期。

袁永萍

《刀锋与坚冰》(组诗),《十月》2019 年第 6 期。

《琴声》(9 首),《今天》2019 年第 120 期。

杨河山

《好像出席假面舞会》(组诗),《诗潮》2019 年第 7 期。

张玉宏

《冬天的紫雾》(组章),《散文诗》2019 年第 2 期。

张曙光

《一首诗》,《诗刊》2019 年第 24 期。

《从波德莱尔到纽约派》(外二篇),《诗歌月刊》2020 年第 11 期。

赵亚东

《那些草紧裹我的身子》(组诗),《作家》2019 年第 12 期。

《丢失的马匹独自返回家中》,《诗刊》2019 年第 24 期。

《再见或遗忘》(组诗),《花城》2020 年第 1 期。

七　儿童文学

梁晓声

《梁晓声童话》系列5册套装《“小飞蛾”漫游记》《白鸭阿呷》《奇异的松鼠》《咪尼与凯迪》《两个孩子》，山东教育出版社，2019。

常新港

《三片青姜》，青岛出版社，2019。

《我竟然是一只小公鸡》，天地出版社，2019。

《寒风暖鸽》，天天出版社，2019。

小说集《漫画人物和可有可无的尾巴》，广西师范大学出版社，2019。

“常新港小青春成长不烦恼系列”《女孩不哭》《钢板兽》《燃烧的太阳》《冬天里的故事》《狂奔穿越黑夜》《生锈的孩子》，中信出版社，2020。

《冰城往事》，福建少年儿童出版社，2020。

格日勒其木格·黑鹤

长篇小说《永远的守护者》，浙江少年儿童出版社，2019。

中短篇作品集《遇见牧羊犬》，化学工业出版社，2019。

中短篇作品集《狼谷男孩》，化学工业出版社，2019。

中短篇作品集《驼鹿与飞马》，化学工业出版社，2019。

中短篇作品集《驯鹿天使》，化学工业出版社，2019。

纪实摄影绘本《蒙古牧羊犬》，海豚出版社，2019。

短篇小说集《呼伦贝尔草原的风》，现代出版社，2019。

影像故事书《我和小狼》，海豚出版社，2020。

廖少云

《看电影》，《儿童文学》2020年第9期。

《近在咫尺》，《小星星》2020年7·8月。

《暴风雪停了》，《少年文艺》（上旬版）2019年第12期。

秦萤亮

《夜之书》，《少年文艺》（上旬版）2019 年第 Z1 期。

《想当侦探的日子》，《阅读》2020 年第 26 期。

《记忆中的明亮时光》，《阅读》2020 年第 27 期。

王如

《土窝窝学校》，石油工业出版社，2020。

王芳

《干打垒》，石油工业出版社，2020。

木糖

《甜孩子》，石油工业出版社，2020。

海兰瑞

《小豆包家家》，石油工业出版社，2020。

常笑予

《黑猫叫醒我》，天天出版社，2019。

《宇宙牙齿》，天天出版社，2020。

任永恒

《断在江边的小路》，《东方少年·快乐文学》2019 年第 6 期。

八　影视文学

娄晶晶

电影《逆罪》（2019 年 3 月）获奖：2013 年“夏衍杯”优秀电影剧本奖。

鲁微

电影《鹿鼎山下》（2020 年 8 月）。

程琳

电视剧《胜算》（2020 年 7 月）。

焦彦章

电视剧《青谷子》（2019 年 12 月）入选国家新闻出版广电总局 2015 年度优秀电视剧剧本扶持项目。

汤艳庭

微电影《185 道口》获奖：2020 年首届“黑龙江省文学艺术英华奖”。

贾新城

微电影《无话可说》获奖：2020 年首届“黑龙江省文学艺术英华奖”。

贾新城

微电影《跟踪》获奖：2020 年首届“黑龙江省文学艺术英华奖”。

九　网络文学

小刀锋利

《大符篆师》，起点中文网。

《第九星门》，起点中文网。

梁不凡

都市《王牌大高手》，纵横中文网。

都市《护国战神》，掌阅文学，2020. 8. 17 至今连载中。

唐吉诃巴

《燃烧吧！铁甲!》，不可能的世界小说网，2018. 3 ~ 2020. 8。

《我不是杀马特》，爱奇艺轻小说，2019. 1 ~ 2019. 5。

吴半仙

《诡镇》，网易云阅读，2019。

《龙血少年》，爱奇艺文学网，2019。

《月满长街》，逐浪小说网，2019。

《锦绣鱼图》，逐浪小说网，连载中。

小喵妖娆

《你是我戒不掉的心动》，红袖添香网，2018. 1 ~ 2020. 8。

《我家醋神被惯坏了》，红袖添香网，2019. 8 ~2020. 6。

八匹

《婚姻生活的微分定理》，起点中文网，2019. 5. 7 ~2020. 6。

耳根

仙侠《三寸人间》，起点中文网，2018. 5. 29 至今连载中。

二月生

《你的味道我喜欢》，晋江文学城，2020. 4 ~2020. 6。

《快到我的坑里来》，晋江文学城，2020. 6 ~2020. 7。

锦瑟

《神医萌妻：将军宠上天》，阿里文学，2018. 12 ~2019. 9。

虎钺

《秘密使命》，纵横中文网，2018. 6 ~2021. 1。

花柒迟迟

《重生之农门娇女》，采薇书院，2019. 10 ~2020. 12。

九斗

《夺命阴阳岛》，阿里文学，2017. 8 ~2019. 5。

就为活着

《俗艺大师》，逐浪网，2019. 3. 14 ~2019. 5. 31。

《绿水金山》，逐浪网，2020. 6 至今连载中。

蓝盔战歌

《维和先锋》，逐浪网，2018. 11 ~2019. 6。

《雪疆情缘》，逐浪网，2019. 8 ~2020. 6。

《使命必达》，逐浪网，2020. 3 至今连载中。

梁不凡

《王牌大高手》，纵横中文网，2018 ~2019。

《护国战神》，掌阅文学，2020. 8. 17 至今连载中。

美越

《豪门新娘》，红薯中文网，2018. 8 ~2019. 4。

《天价宠儿：老公求放过》，红薯中文网，2019. 8. 23 ~2020. 3。

沐清雨

《渔火已归》，晋江文学城，2019. 4 ~2019. 8。

《无二无别》，晋江文学城，2020. 4 ~2020. 7。

燃烧飞鹰

《鹰霸九霄》，起点中文网，2018. 9 ~2019. 5。

任恩硕

《听，花开的心跳声》，火星小说网，2018. 11 ~2019. 3。

三月海

《颜少 V587：调教小逃妻》，花语女生网，2017. 8 ~2019. 3。

胜已

都市《洪荒来了》，起点中文网，2020. 4 至今连载中。

伪戒

《正道潜龙》，17k 小说网，2017. 12 ~2019. 8。

《第九特区》，17k 小说网，2019. 10 至今连载中。

温暖的裸色

《读心男友使用说明》，起点中文网，2019. 3 ~2019. 11。

邢云刘水

《猎密者》，起点中文网，2019. 11 ~2020. 2。

一纸虚妄

《我的江湖碎一地》，阿里文学网，2018. 8 ~2019. 5。

《旧木逢春》，阿里文学网，2018. 10 ~2019. 7。

《降妖贱师》，阿里文学网，2018. 11 ~2019. 9。

《青山几重》，逐浪网，2019. 9. 2 ~2020. 4。

雍九

《鲁班书》，九域文学，2018. 6 ~2019. 3。

鱼人二代

《重生似水青春》，2018. 3. 9 至今连载中。

育

《吞噬进化》，起点中文网，2018.2～2018.8。

《九星毒奶》，起点中文网，2018.10～2020.5。

长宇宙

《小河山》，晋江文学城，2018.5.21～2019.5.23。

晨光路西法

《咸鱼的幸福生活》，起点中文网，2019.6.30 至今连载中。

真熊初墨

《手术直播间》，起点中文网，2018.10.26～2020.5。

《医者无眠》，起点中文网，2020.6 至今连载中。

梧桐私语

《陈蜗牛的追爱日记2 笨鸟先肥》，爱奇艺小说网，2020。

《致命目击》，阿里文学，2019～2020。

秋日菠菜

《硬核悍妻：楚少步步紧逼》，花语女生网，2019.4～2021.1。

十　文学理论与批评

（一）论文

于文秀

《构建龙江特色哲学社会科学学科体系》，《黑龙江日报》2019年5月20日。

《论台港及海外中国现代文学史中的萧红书写》，《学习与探索》2019年第12期。

《历史、故乡、记忆的别样书写——格非〈望春风〉解读》，《当代文坛》2019年第6期。

徐志伟

《社会学视角的建立与20世纪30年代作家对乡村危机的重释》，《贵州社会科学》2019年第9期。

《〈祝福〉中的“我”为何决计离开鲁镇》，《中学语文教学》2019年第8期。

《从废名到沈从文：乡土中国形象的再生产与文化民族主义的建构》，《青海社会科学》2019年第4期。

陈爱中

《石头醒来之后——从赵亚东的近作谈起》，《廊坊师范学院学报》（社会科学版）2019年第3期。

陈爱中、包临轩、冯晏、杨勇等

《足迹："诗在哈尔滨"——一场关于新诗的对话会》，《黑龙江社会科学》2019年第2期。

韩伟

《中国美学空间意识的早期发生及演化》，《社会科学战线》2019年第10期。

《生命·意象·审美意识——评朱志荣教授主编的〈中国审美意识通史〉》，《上海文化》2019年第8期。

《论中国礼乐精神及其呈现形态》，《西北师范大学学报》（社会科学版）2019年第9期。

马汉广

《陈望道美学思想寻踪及启示》，《学习与探索》2019年第4期。

张奎志

《在经典中作原创——谈中国原创音乐剧的经典化创作》，《艺术评论》2019年第6期。

张奎志　亓元

《在现实主义创作中传递正能量》，《中国社会科学报》2019年2月18日。

邵波

《视觉性的古典镜像——中国1960年代出生诗人的传统文化意蕴研究》,《当代文坛》2019年第5期。

《坚守现实主义　抒写家国情怀》,《中国社会科学报》2019年8月26日。

傅道彬

《“乐经不缺”与周代音乐经典的体系性构成》,《哈尔滨工业大学学报》(社会科学版)2020年第1期。

《〈左传〉的政治流亡者形象》,《名作欣赏》2019年第10期。

《“君子曰”与〈左传〉的历史感伤情怀》,《学术交流》2019年第10期。

《〈尚书〉与早期中国文学的宏大叙事》,《北方论丛》2019年第5期。

田刚健

《“美是生活”抑或“美是生命”——车尔尼雪夫斯基美学意蕴及当代价值再探》,《俄罗斯文艺》2019年第4期。

《俄罗斯国家认同底色中的文化认知意象》,《中国社会科学报》2019年3月26日。

胡元翎

《词曲统观视角下明代词曲互动研究》,《中国社会科学报》2019年7月2日。

金钢

《北方城市上演的人间悲喜剧——读〈人世间〉兼论梁晓声创作》,《黑龙江评论》2019年第5期。

《弘扬民族文化　强化民族意识——评〈民族意识与沦陷区文学〉》,《中国文化论衡》2019年第1期。

张晓校

《在加快构建中国特色哲学社会科学学术体系中担当使命》,《中国社会科学报》2019年11月26日。

郭淑梅

《勇立潮头唱大风》,《奋斗》2019 年第 22 期。

《萧红〈黄河〉的文学地理建构》,《山西大同大学学报》(社会科学版)2019 年第 10 期。

《萧红重庆战时文学地理建构》,《文艺评论》2019 年第 5 期。

宋宝伟

《史家视野与诗性言说:论罗振亚诗歌研究体系的建构意义》,《东吴学术》2019 年第 6 期。

《新时代的诗歌精神与使命》,《星星》2019 年第 29 期。

《前卫与此在:新世纪先锋诗歌的文本特征》,《北方论丛》2019 年第 2 期。

姜超

《时空分延与记忆迭代——2017—2018 年黑龙江中篇小说述评》,《文艺评论》2019 年第 6 期。

《为事物重新命名——论宋心海诗歌意绪指向》,《文艺评论》2019 年第 5 期。

《〈人世间〉的检视与打量》,《辽宁日报》2019 年 9 月 16 日。

冯毓云

《我们向阿尔都塞学习什么?》,《学术交流》2019 年第 10 期。

《当代文艺学的“历史化”转向与创新》,《学习与探索》2019 年第 9 期。

陈才训　陈晨

《〈聊斋〉直是古文——论〈聊斋志异〉与古文的渊源关系》,《蒲松龄研究》2019 年第 3 期。

侯儒

《赫哲族“伊玛堪”保护成就与发展路径探析》,《黑龙江民族丛刊》2019 年第 1 期。

相华

《饶河赫哲族地区发展情况调查报告》，《黑龙江民族丛刊》2019 年第 1 期。

汤洋

《黑龙江流域少数民族的艺术文化》，《黑龙江民族丛刊》2019 年第 3 期。

刁乃莉

《关于中华民族传统文化科学价值的思考——以赫哲族伊玛堪为例》，《黑龙江民族丛刊》2019 年第 4 期。

郭淑梅

《哈尔滨叙事：萧红城市地理镜像》，载阎纯德主编《女作家学刊》第 1 辑，作家出版社，2020。

于文秀

《新时期以来女性文学研究范式与批评实践审思》，《天津社会科学》2020 年第 7 期。

陈才训

《20 世纪初文学观之变迁与中国古代文学学科的初创》，《江淮论坛》2020 年第 2 期。

《中国古代小说观的文化解读》，《中国社会科学报》2020 年 11 月 25 日。

陈才训　周慧敏

《古代小说的文化属性及其对小说创作之影响》，《学习与探索》2020 年第 5 期。

陈爱中　朱星宇

《认同视域下的新时期少数民族新诗论》，《南京理工大学学报》（社会科学版）2020 年第 1 期。

陈爱中

《论实证思维对现代白话及新文学观念的建构》，《学术交流》2020 年第 7 期。

《论左翼新诗与汉语现代化》，《中国文化评论》2020 年第 1 期。

林超然

《〈杜晚香〉与丁玲北大荒文学记忆》,《小说评论》2020 年第 6 期。

林超然　高方

《论寒地黑土文学生态与龙江精神呈现》,《文艺评论》2020 年第 3 期。

宋喜坤

《东北解放前戏剧研究导论》,《学术交流》2020 年第 4 期。

《东北解放区戏剧的多元艺术特征》,《戏剧文学》2020 年第 2 期。

修磊

《新世纪文学中人民性问题的回溯、重构及当代价值》,《当代作家评论》2020 年第 6 期。

金钢

《东北解放区小说综论》,《励耘学刊》2020 年第 1 期。

（二）著作

于文秀

《文学批评与文化阐释》,中国社会科学出版社,2019。

《诗意的沉思与守望》,黑龙江人民出版社,2019。

郭淑梅

《满通古斯语民族民间口述资源的女性研究》,商务印书馆,2019。

《月光女神的歌吟艺术》,黑龙江人民出版社,2019。

黄任远

《中国绝唱伊玛堪》,黑龙江教育出版社,2019。

《中国民间文学大系　史诗(黑龙江卷　伊玛堪分卷)》,中国文联出版社,2019。

《赫哲族图画文字》,黑龙江教育出版社,2019。

王立宪

《写作者的思想》,黑龙江人民出版社,2019。

韦健玮

《飞鸿雪泥》，黑龙江人民出版社，2019。

叶君

《写作的诚意》，黑龙江人民出版社，2019。

任雪梅

《跬步》，黑龙江人民出版社，2019。

刘金祥

《镜像与界域》，黑龙江人民出版社，2019。

林超然

《心缘与地缘的文学响应》，黑龙江人民出版社，2019。

金钢

《生活中的光与暗》，黑龙江人民出版社，2019。

郭力

《沃土繁华》，黑龙江人民出版社，2019。

喻权中

《边缘的魅力》，黑龙江人民出版社，2019。

皮 书

智库报告的主要形式
同一主题智库报告的聚合

皮书定义

皮书是对中国与世界发展状况和热点问题进行年度监测，以专业的角度、专家的视野和实证研究方法，针对某一领域或区域现状与发展态势展开分析和预测，具备前沿性、原创性、实证性、连续性、时效性等特点的公开出版物，由一系列权威研究报告组成。

皮书作者

皮书系列报告作者以国内外一流研究机构、知名高校等重点智库的研究人员为主，多为相关领域一流专家学者，他们的观点代表了当下学界对中国与世界的现实和未来最高水平的解读与分析。截至 2021 年，皮书研创机构有近千家，报告作者累计超过 7 万人。

皮书荣誉

皮书系列已成为社会科学文献出版社的著名图书品牌和中国社会科学院的知名学术品牌。2016 年皮书系列正式列入“十三五”国家重点出版规划项目；2013~2021 年，重点皮书列入中国社会科学院承担的国家哲学社会科学创新工程项目。

中国皮书网

（网址：www.pishu.cn）

发布皮书研创资讯，传播皮书精彩内容
引领皮书出版潮流，打造皮书服务平台

栏目设置

◆ **关于皮书**

何谓皮书、皮书分类、皮书大事记、皮书荣誉、皮书出版第一人、皮书编辑部

◆ **最新资讯**

通知公告、新闻动态、媒体聚焦、网站专题、视频直播、下载专区

◆ **皮书研创**

皮书规范、皮书选题、皮书出版、皮书研究、研创团队

◆ **皮书评奖评价**

指标体系、皮书评价、皮书评奖

◆ **皮书研究院理事会**

理事会章程、理事单位、个人理事、高级研究员、理事会秘书处、入会指南

◆ **互动专区**

皮书说、社科数托邦、皮书微博、留言板

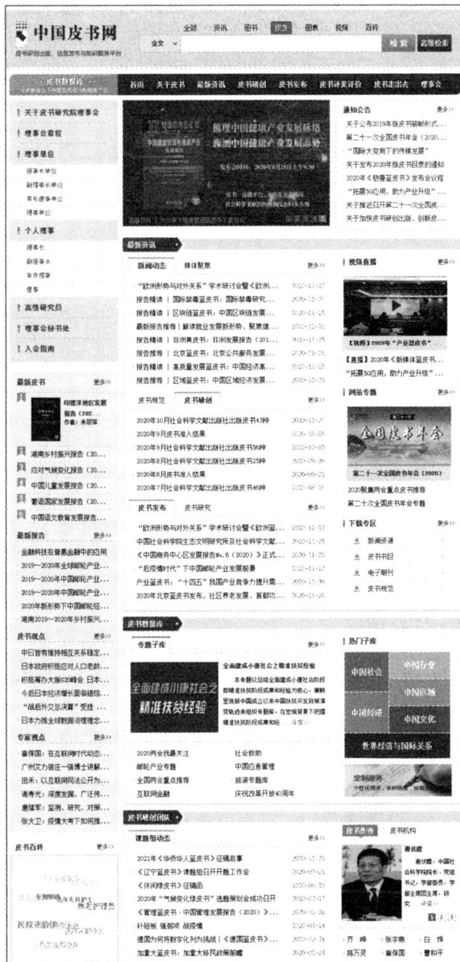

所获荣誉

◆2008 年、2011 年、2014 年，中国皮书网均在全国新闻出版业网站荣誉评选中获得“最具商业价值网站”称号；

◆2012 年，获得“出版业网站百强”称号。

网库合一

2014年，中国皮书网与皮书数据库端口合一，实现资源共享。

中国皮书网

S 基本子库
UB DATABASE

中国社会发展数据库（下设 12 个子库）

整合国内外中国社会发展研究成果，汇聚独家统计数据、深度分析报告，涉及社会、人口、政治、教育、法律等 12 个领域，为了解中国社会发展动态、跟踪社会核心热点、分析社会发展趋势提供一站式资源搜索和数据服务。

中国经济发展数据库（下设 12 个子库）

围绕国内外中国经济发展主题研究报告、学术资讯、基础数据等资料构建，内容涵盖宏观经济、农业经济、工业经济、产业经济等 12 个重点经济领域，为实时掌控经济运行态势、把握经济发展规律、洞察经济形势、进行经济决策提供参考和依据。

中国行业发展数据库（下设 17 个子库）

以中国国民经济行业分类为依据，覆盖金融业、旅游、医疗卫生、交通运输、能源矿产等 100 多个行业，跟踪分析国民经济相关行业市场运行状况和政策导向，汇集行业发展前沿资讯，为投资、从业及各种经济决策提供理论基础和实践指导。

中国区域发展数据库（下设 6 个子库）

对中国特定区域内的经济、社会、文化等领域现状与发展情况进行深度分析和预测，研究层级至县及县以下行政区，涉及省份、区域经济体、城市、农村等不同维度，为地方经济社会宏观态势研究、发展经验研究、案例分析提供数据服务。

中国文化传媒数据库（下设 18 个子库）

汇聚文化传媒领域专家观点、热点资讯，梳理国内外中国文化发展相关学术研究成果、一手统计数据，涵盖文化产业、新闻传播、电影娱乐、文学艺术、群众文化等 18 个重点研究领域。为文化传媒研究提供相关数据、研究报告和综合分析服务。

世界经济与国际关系数据库（下设 6 个子库）

立足“皮书系列”世界经济、国际关系相关学术资源，整合世界经济、国际政治、世界文化与科技、全球性问题、国际组织与国际法、区域研究 6 大领域研究成果，为世界经济与国际关系研究提供全方位数据分析，为决策和形势研判提供参考。

法律声明